胡曾文化传

胡百年 著

图书在版编目（CIP）数据

胡曾文化传 / 胡百年著. -- 深圳 : 深圳出版社,
2025. 5. -- ISBN 978-7-5507-4276-5

Ⅰ. K871.34

中国国家版本馆CIP数据核字第2025RD7428号

胡 曾 文 化 传
HUZENG WENHUA ZHUAN

封面题字	胡光华
责任编辑	卞 青
责任技编	梁立新
责任校对	聂文兵
	叶 果
封面设计	止 戈

出版发行	深圳出版社
地　　址	深圳市彩田南路海天综合大厦（518033）
网　　址	www.htph.com.cn
订购电话	0755-83460947（邮购、团购）
设计制作	深圳市龙瀚文化传播有限公司 0755-33133493
印　　刷	深圳市华信图文印务有限公司
开　　本	787mm×1092mm　1/16
印　　张	32.75
字　　数	505千
版　　次	2025年5月第1版
印　　次	2025年5月第1次
定　　价	99.00元

胡曾画像

胡曾墓（湖南省文物保护单位）

状元亭

注詠史詩惣一百五十首

前進士胡曾　　者述并序

邵陽曳陳　　　蓋　　注詩

京兆郡米　　　評通并續序

夫詩者蓋美盛德之形容刺哀政之荒怠非徒尚繢麗

瓌琦而已故言之者無罪讀之者足以自戒觀乎漢

子晉宋詩人佳句名篇雖則妙絕而發言指要亦已疎

齊代旣失軌範　史記云南齊武帝不好詩書謂侍臣曰朕亦視之安用讀此恩錄謂書中古人皆恩　梁朝文力穿鑿八病興而六義壞聲律崔

梁武帝朝却興文也

雅崩良不能也曾不揣庸陋轉采前王得失古今一

成一百五十首爲上中下三卷便以首昌相次不以工

宋版精雕注《咏史诗》之胡曾自序

先錐則譏諷古人實貫欲裨補當代庶幾與大雅相近者也

《米公續序》

余聞玉就琢而成器人從學以方知是乃車胤聚螢孫康
映雪每思百氏爰及九流皆由博識於一時故得馨香於
千古余非士族跡本和門徒堅暗昧之材謬積討論之志
莫不采尋往策歷覽前書黃帝方立史官蒼頡始為文字
既有墳籍可得而言近代前進士胡公名曾著詠史律詩
一百五十篇分為三卷余自此歲以來備嘗諷誦可為是
非岡隆褒貶合儀酷究佳篇實深降歎管窺天而智小蚊
測海而理乖敢課愚逐篇評解用顯前賢之言粗裨當
代之聞取諸高明庶幾奉古云爾

宋版精雕注《咏史诗》之米崇吉序

新板增廣附音釋文胡曾詩註卷上

詠史詩

廬陵 胡元質 註

不周山

共工爭帝力窮秋因此捐生軀不周遂使此間多感

客至今哀怨水東流共居容切

列子湯問篇昔者女媧氏錬五色石以補天闕斷

鰲足以立四極其後共工氏與顓頊爭爲帝怒觸

不周之山夫捼折地維絕故天傾西北日月星辰

就焉地不滿東南百川水潦歸焉不周山名

涿鹿

南宋胡元质注胡曾《咏史诗》

始祖安命公字樂大住城東唐樂一都余洞山厭塵

寶囂囂恬靜於憲宗元和五年移居秋田村之竹山

湾今井蓋猶存生祖八公晳公七智公七晉公七

晉公七書公七昌公七會公七曾公四在庠曾公

乾符間狀元及第初為寧遠令興惠政與權延唐

仝修舜墓刻九嶷碑圖立舜祠於王瑭山下時南

詔蠻橫悍逭西川節度使高駢木飫有借錦江飲

馬之語駢聞公有才幹辟為從事撰牒諭之曰四

乾隆丙辰年秋田胡氏族譜之历代源流

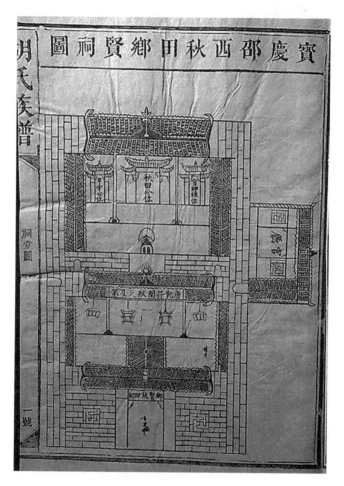

秋田乡贤祠图（荷香桥胡氏 1896 年族谱）

序

　　百年君今寄来《胡曾文化传》书稿，希望我作个序。我久慕湖南先贤胡曾盛名，现在看到百年君将胡曾所有诗文及相关历史文献、家谱文献汇总起来注解，并集成为胡曾文化，个人觉得这是为复兴优秀传统文化、振兴湖湘文化做了一件非常有意义的事。记得宋代胡安定先生曾说过，"致天下之治者在人才，成天下之才者在教化"。在白话文盛行的今天，百年君以白话注解古诗文，深入浅出地阐述诗文中蕴藏的大道理和历史智慧，一定可以让更多人因这本书而受益，由此也必将为天下大治、天下大同的人才培养贡献一份力量。

　　胡曾是中国咏史诗名集第一人，是唐代湖南三大诗人之一，其咏史诗跨唐末、五代、宋、元、明而风行中国八百年，曾与《千字文》《蒙求》一起成为朝廷指定的开蒙读物，其雄文《答南诏牒》更创造了"一纸退兵"的传奇。而胡曾家族亦是邵阳千年望族，族大丁繁、人才辈出，因此胡曾是有文化的，胡曾文化是值得传承的，编著《胡曾文化传》也称得上是"经国之大业，不朽之盛事"。

　　百年君是胡曾后裔，对文史哲不仅有浓厚的兴趣，而且有深厚的积累和较高的天赋，他现在是湖南省诗词协会会员、湖南省诗联学会副会长。2016 年 12 月，在长沙沙坪举行的湖南省诗联学会成立大会上，他那幽默风趣的发言给我留下了深刻的印象，他在现场撰写的一副贺联也反映出其扎实的诗文功底。其贺联是这样的：

　　因何宜恭，此地有浩浩洞庭，巍巍衡岳，跃跃濂溪，绵绵舜迹，山光水色，玉宇琼楼，最喜那联上风云，奔腾天地；

　　为甚必贺，斯文继悠悠屈贾，傲傲船山，煌煌曾氏，赫赫润芝，韶乐楚骚，儒风道韵，更酣这诗中精气，化育春秋。

古人云"文以载道"，因此对于诗词也好，对联也好，不只是要求对仗工整、平仄铿锵，不只要求有"风云奔腾天地"的气势，更重要的是要能阐述道理，以文化人，要能"精气化育春秋"。

百年君的贺联确实做到了这一点，而我看了他其他众多的诗词联赋，基本上是循着这个路子走的。本书也收录了他自己撰写的咏史七绝七律及咏史词，则更是传承了其先祖胡曾的咏史事业。

如其中的《谒九嶷山舜帝陵》咏史七律就写得韵味幽深，诗云：

惊看万山拱九嶷，南龙妙穴得深窥。卿云久向精魂绕，斑竹长将血泪遗。

身注六爻龙易悔，国传五典马难骑。箫韶已绝南风远，舜日尧天可问谁。

在目前复兴优秀传统文化的大潮中，百年君以白话文注解文言文经典，并以文言文进行创作，无疑是一朵灿烂的浪花。中华民族有五千年灿烂的文化，但是其主体是以文言文来呈现的，因此继承和光大中华文化，无疑需要有这样衔接文言文和白话文的作品出现，也需要有与古人媲美的格律诗词、骈文作品出现，希望百年君再接再厉，继续创作更多更好的作品出来。

是为序！

彭崇谷

2025 年春月于长沙

（彭崇谷，1954 年生，湖南湘乡人，诗人、赋作家、书法家、画家，中华诗词学会第三届、第四届副会长，现为中华诗词学会顾问兼当代诗词曲赋联精品研究委员会主任，曾担任中共湖南省委组织部副部长、湖南省人力资源和社会保障厅厅长、衡阳市市长、湖南省诗词协会会长。）

自 序

　　传（zhuàn）者，传（chuán）也，以传（chuán）示后人也。关于传（zhuàn），自古有之，因为"经"有微言大义的特点，于是大凡有"经"就有"传"，如孔子为《易经》作的《易传》，毛公为《诗经》作的《毛诗传》，孔安国为《尚书》作的《尚书孔氏传》，戴德为《周礼》作的礼传，即《礼记》，当然还有著名的《春秋》三传，即左丘明的《春秋左氏传》、公羊高的《春秋公羊传》、谷梁子的《春秋谷梁传》，因为《春秋》三传又难懂，于是有注、疏的出现，注是对《春秋》三传字句的注解，疏又是对注的注解，一环套一环，环环紧扣。于是《春秋》这棵大树，则呈现了枝枝叶叶、花花果果的繁茂景象。一方面，由疏而注，由注而传，无疑是窥探圣意、弘扬圣道之法门；另一方面，人抬人无价之宝，圣人成为万世师表，圣贤之道由此也日益尊隆。

　　胡曾（zēng）何许人也？胡曾有文化吗？胡曾文化应该有传吗？读者看到本书的名字，一定会产生这样的疑问，要回答这些问题，我们先来弄清楚一个问题，即什么是文化。

　　"文化"一词的源头在《周礼》之中，其云："观乎天文，以察时变；观乎人文，以化成天下。"后人将"观乎人文，以化成天下"这句话简称"文化"。从这个古老的定义可以看出，一个人要有文化，则必须其人可观、其文可观，而且，其人其文还有"化天下"之成果，即"化成天下"。比如其文，化斗为和了吗？化贪为廉了吗？化利为义了吗？化俗为雅了吗？世上的文人千千万，历朝的文章万万千，如果这个人的文章有如此之力量，则可以认为其有文化了。

　　胡曾其人可观吗？胡曾其文可观吗？胡曾化成天下了吗？要回答这些

问题，也许时间是检验文化的最好标准，我们不妨从胡曾去世后这一千多年的历史来看看。

胡曾（840—885）是晚唐邵阳人。邵阳古为三苗之地，在汉代以前，邵阳鲜见史籍，即当时的湖南也是碌碌无所轻重，因此说邵阳是人文荒芜之地，不过也。然山川磅礴，郁积之气固闷极必喧，到晚唐时，邵阳终于走出了第一位享誉华夏的历史名人，这个人就是舜帝的苗裔、周朝陈国国君胡公满的后代胡曾，辈名胡公曾，字静轩，号秋田。

胡曾其名其文最早出现在五代后蜀监察御史韦縠（hú，约880—950）编纂的唐诗大全《才调集》中，该集按照"韵高而桂魄争光，词丽而春色斗美"的标准，选取了196位诗人的1000首诗，人均不到6首，但胡曾有9首七律入选，分别是《寒食都门作》《薄命妾》《独不见》《交河塞下曲》《车遥遥》《早发潜水驿谒郎中员外》《赠渔者》《自岭下泛鹢到清远峡作》《题周瑜将军墓》。同时五代后蜀普州军事判官何光远撰《鉴诫录》，其中有一篇《判木夹》，详细记载了胡曾"一牒平南诏"的传奇故事，该文收录了胡曾的《答南诏牒》全文和《草檄答南蛮有咏》律诗。从这两家的记载看，胡曾在晚唐时成名于西川，诗有才调，文能退兵，后蜀学者感于其功业文章，于是收其诗、录其文、传其奇。

到了北宋，出现了一本《新雕注胡曾咏史诗》，其序言页题有"注咏史诗总一百五十首 前进士胡曾著述并序 邵阳叟陈盖注诗 京兆郡米崇吉评注并续序"字样，按胡曾自序，祖本为上、中、下三卷，北宋《新雕注胡曾咏史诗》则改为卷一、卷二、卷三，这本书一直被私家珍藏，历经岁月，到明末清初时，为江苏泰兴藏书家季振宜所有。到晚清时，该版本为喜欢收集宋元旧本的胡树声、胡珽（1822—1861）父子所得，收入其"琳琅秘室"。因为该宋版咏史诗与其他流传版本不同（其他流行版本只收录了149首咏史诗，且没有胡曾自序、米崇吉续序、陈盖注与米崇吉评注），胡珽如获至宝，欣然题跋云"此本甚秘，可宝已"。到了民国初年，该版本扉页则添有"上海涵芬楼影印 常熟瞿氏铁琴铜剑楼藏影宋钞本"钤印，后来张元济（1867—1959）将该版本编入《四部丛刊》三编集部，书末有张元济题跋。

　　据今人赵望秦、潘晓玲所著《胡曾〈咏史诗〉研究》一书论证，北宋《新雕注胡曾咏史诗》注者陈盖为唐朝咸通时人，因为注中地名、官名、引用文献如《春秋后语》等仅为唐代方有，至宋朝已无；而在米崇吉的评注中，引用文献如《帝王论略》《才命论》仅为唐代所有，因此可知米崇吉亦是晚唐人，只是比胡曾稍晚。而从陈、米两家之注毫无关联看出，陈盖与米崇吉乃各自单独为胡曾《咏史诗》作注。宋版《新雕注胡曾咏史诗》约成书于南宋光宗时期，将陈盖注、米崇吉注合二为一而成书。在米崇吉的续序中，米自称幼小就读胡曾《咏史诗》，由此可推测胡曾《咏史诗》在晚唐就已经成为流行的开蒙读物。

　　另外，在薛居正（912—981）所撰的《旧五代史》中，在胡装的传记中，开头即提到胡装乃礼部尚书胡曾之孙。经考证，此胡曾并非同名同姓的另一个胡曾，因此胡曾曾任僖宗朝礼部尚书是可能的。后来在宋太宗赵光义（939—997）组织编写的《文苑英华》中，合计收录了胡曾的"三启"，即卷652收录了胡曾的《贺高相公除荆南启》，卷654收录了胡曾的《剑门寄上路相公启》，卷655收录了胡曾的《谢赐钱启》。到欧阳修（1007—1072）等修《新唐书》时，在《新唐书·志第五十·艺文四》中标记了"胡曾《安定集》十卷"，可知《安定集》影响很大，超过胡曾诗文而被宋朝士林认可。后来计有功（1100—1161）在其《唐诗纪事·卷七十一·胡曾》一文中，记录了胡曾的寒食都门诗、牒退蛮兵事及咏史诗，尤其记载了前蜀内侍宋光溥咏胡曾咏史诗《姑苏台》而令皇帝王衍罢宴之事。而之前的张唐英（1029—1071）在其《蜀梼杌》中亦记载了此事，王衍罢宴这件事反映出胡曾咏史诗在晚唐及五代时期已经在西蜀的士大夫中广为传诵。

　　到南宋时，高宗绍兴十八年（1148）进士胡元质（1127—1189）为胡曾咏史诗作注，书名为《新板增广附音释文胡曾诗注 咏史诗庐陵胡元质注》，该书没有胡曾自序和米崇吉续序，也不分卷，其中的咏史诗编排顺序与《新雕注胡曾咏史诗》也不同，作注时虽然部分参考了陈盖、米崇吉的注解，但大多数是胡元质重新注解。后来清朝《钦定四库全书总目》收录时云："此本不分卷数，盖后人合而编之……每首之下，抄撮史书，各为之注。前后无序跋，亦不载注者名氏，观所引证，似出南宋人手。"此本收入了《四库全书》集部二，分作上、下两卷，但只有149首。胡元质注本在明朝时流入日本，现存日本筑波大学图书馆。而与南宋对峙的金朝有元好问（1190—1257）编选的《唐诗鼓吹》10卷，选取中晚唐96家七言律诗596首，卷10中有胡曾的《交河塞曲》《车遥遥》《独不见》《赠渔者》《自岭下泛鹅到清远峡》《周瑜庙》6首七律。

　　到了元代，辛文房于1304年撰成《唐才子传》，涉及唐及五代诗人278人，他也为胡曾作了270字的传记，传中说胡曾的咏史诗"俱能使人奋飞，至今庸夫孺子亦传诵"，并说"至于近体律绝等，哀怨清楚，曲尽幽情，擢居中品，不过也"。辛文房是西域人，距离胡曾已经四百多年，其所作胡曾传，也只能根据胡曾诗文内容及流行情况综合而成，生平年谱均无力考证，算是盲人摸象，摸到多少写多少，摸到什么写什么。不过在元代，胡曾《咏史诗》已经在全国有广泛影响，据近代藏书家傅增湘（1872—1949）于1927年在故宫亲见，胡曾《咏史诗》在元代已与《千字文》《蒙求》合刊为蒙学、小学教材。另外在元代，胡曾《咏史诗》已开始被引用于平话，在元英宗至治年间刊行的《武王伐纣平话》《七国春秋平话》《秦并六国平话》《前汉书平话》《三国志平话》5种平话中，共引用胡曾咏史诗26首，居被引用各家之首，其中3首为托胡曾之名的伪作。另外脱脱（1314—1356）修《宋史》时，在《卷二百八·志第一百六十一·艺文七》中标记了"胡曾《咏史诗》三卷 又《诗》一卷"，亦验证了辛文房所言不虚，但未言及《安定集》，可能《安定集》在元代已佚。

　　到了明代，胡曾《咏史诗》占据蒙学要位，朝廷内府本《释文三注》中，《千字文》71页，《咏史诗》99页，《蒙求》144页。这部《释文三注》影响很大，后来传到了日本，称为《明本排字增广附音释文三注》。在蒙学之外，胡曾《咏史诗》更被广泛引用到了小说之中，鉴于胡曾咏史诗的影响力，大凡从小熟读胡曾咏史诗的宋元明三朝历史小说家，每每写到历史关节处，总以引用胡曾咏史诗作证为荣，如《封神演义》引用了2首，《西汉开国演义》引用了16首，《三国演义》征引了12首，甚至不惜托名伪作，如《东周列国志》征引的 24 首胡曾咏史诗中，只有 6 首为真。

　　另外，在明代万历年间宁远知县蒋鐩编纂的《九疑山志》中，有记载胡曾担任延唐县令、撰《九巁图经》、找到舜庙请朝廷祭舜的事，其云："僖宗时，长沙胡曾权延唐令，请复立于玉琯岩下，有敕建舜碑记。"这里记载胡曾是长沙人，应是因为胡曾有诗句"故园寥落在长沙"所致。另在秋田胡氏乾隆族谱转载的简策序言中，言明朝《湖广通志》记载了胡曾生平云："唐胡曾乾符间状元及第，入内翰，都御史兼礼部侍读，赠衣锦还乡，坊牌遗址犹存，至僖宗光启乙巳岁避世流寓武昌府谢世，申文达部，御葬秋田村，赐玉石勒碑志墓，建立香火院，崇祀乡贤，生子五俱膴仕，光间里，今冢犹在焉，羊虎未尽崩褫。"

　　到了清朝，康熙年间胡以梅选唐人七律精华 2400 首撰成《唐诗贯珠》，其中有胡曾《寒食都门作》《周瑜庙》《车遥遥》《赠渔者》《自岭下泛鹢到清远峡》《交河塞下曲》《薄命妾》7 首。在康熙年间官修的《全唐诗》中，卷 647 收录了胡曾诗 162 首，在乾隆年间官修的《四库全书》中，收录了胡曾咏史诗 2 卷；在嘉庆年间官修的《全唐文》卷 811 中，收录了胡曾的"一牒三启"四篇，即《答南诏牒》《剑门寄上路相公启》《谢赐钱启》《贺高相公除荆南启》。

　　到了民国，邵阳学者李柏荣（1893—1972，毛泽东在湖南第一师范的同学）撰《胡曾咏史诗跋》，在该跋中，李柏荣认为汉后咏史诸家，未有如秋田之磅礴郁积而镕炼者，并拿杜牧、汪遵两人咏息夫人诗和胡曾《息城》对比，觉得胡曾诗远在二者之上。后来民国陆军中将岳森（1880—1957）撰《秋田胡氏族谱序》，在该序中，岳森盛赞胡曾所著咏史诗、移南诏书，认为"可以参至道，被万世"，同时认为"先生之贞夷峻博，犹海洋之江河川泽，殆社会进化梯航欤"。

　　到了 20 世纪，对胡曾及其诗文的研究，则成为邵阳、湖南及全国的显学，涌现了很多关于胡曾研究的著作、论文，出现了很多歌咏胡曾的诗文。1993 年 11 月 4 日—8 日，"全国首届咏史诗暨胡曾学术讨论会"在邵阳市隆重召开。在会上，北京大学陈贻焮教授称胡曾为"咏史专业户"，邵阳市志办赵烈安先生提交了《胡曾生平简历构拟》，邵阳市二中马少侨先生提交了《论唐末诗人胡曾》，武汉大学苏者聪教授称赞胡曾是一个了不起的诗人。

到了 21 世纪，2004 年中科院专家胡海撰成《全国胡氏族谱大通考》，合计 34 卷，其中在"卷三 建堂太祖胡曾"中，收录了明末王志远、车大任刊行的胡曾诗文，以及上海图书馆收录的秋田胡氏族谱的部分内容。2013 年 6 月 10 日至 11 月 10 日，邵阳市文物局、邵阳县人民政府、邵阳市诗词协会和市楹联学会联合主办了"胡曾杯"全球华人诗联大赛，面向全球华人征稿纪念胡曾，在短短半年时间内，大赛组委会共收到 16190 件参赛作品，其中楹联 8652 副，诗词 7538 首，可谓盛况空前。赛后由时任邵阳市文物局局长胡光华先生主编《天下重长阳》，将获奖作品结集出版。

综合上述 1100 多年以来的历史，我们可以看出，经过无数学者的拾遗补阙，胡曾其人的神秘面纱也逐渐揭开，胡曾其文也不断涌现而蔚为大观。"川赴东海，星拱北辰，数语靖蛮烟，礼乐衣冠在是矣；祠入乡贤，书编国史，千秋崇岁祀，风流文采如见之。"晚清邵阳举人陆藻莹（1874—1941）为秋田乡贤祠撰写的这副对联生动地描述了胡曾其人其文的盛况。

而如果按《周礼》对文化的定义来对照，我们可以看出，首先，胡曾其人可观，目前在学界、史界可以公认的胡曾历史地位为：胡曾是中国咏史诗名集第一人，胡曾与李群玉、齐己同列唐代湖南三大诗人，胡曾是湖湘文化先驱，胡曾是邵阳第一历史名人，胡曾是胡氏"安定堂"建堂太祖；其次，胡曾其文更可观，胡曾的《谕西山八国檄》曾让西山八国来朝，做到了化分为合；胡曾的《答南诏牒》创造了"一纸退兵"的神话，保持了大唐与南诏两年的和平，做到了化斗为和；胡曾的咏史诗曾令前蜀皇帝王衍罢宴，做到了化奢为俭；胡曾的咏史诗成为历朝开蒙读物，做到了化俗为雅，由于咏史诗风行八百年，当然实现了"化贪为廉、化利为义"。因此，按照文化的定义，胡曾确实是有"文化"的，"胡曾文化"这个名词是可以巍然挺立起来的。

那现在只剩下最后一个问题：胡曾文化应该有传吗？当然应该有！

从胡曾《咏史诗》来看，胡曾独具慧眼，将自黄帝到隋炀帝的三千年历史去粗取精，形成了五千言、微言大义的三卷 150 首七绝咏史诗。相比道家五千言高古玄奥的《道德经》，胡曾《咏史诗》更彰显了尧天舜日的政治理想、《诗经》的风雅精神、儒家的入世精神、湖湘文化经世致用的思想，更裨益家国的长治久安。在复兴优秀传统文化的今天，胡曾《咏史诗》根本未过时，其不仅有"蒙以养正"的价值，更有修齐治平、反腐倡廉的大智慧，是宝贵的文化遗产和精神财富。虽然历代有多人评注，但注解多是文言文，今人难以理解，因此有必要对诗中的某些字、词、句，以及诗的整体作出注解；而且部分注解很难说领会到了胡曾在自序中说的"美刺"之主旨和用心；而且在今天看来，陈盖与米崇吉的注解有些与史实不符，有些未必正确，有些注解不合时宜，有些地名已经发生了变化，这些都有待与时俱进而作出新注解。

从胡曾诗文来看，明末王志远在《胡秋田诗序并引》曾感叹道："秋田得以诗名唐季，其可传当不止此！"胡曾除了咏史诗脍炙人口、桃李不言、下自成蹊、终成千年不朽，亦有少量律绝为主的近体诗和骈文传世。胡曾工七律，有 9 首入选五代后蜀韦縠编纂的《才调集》，有 6 首入选金朝元好问编纂的《唐诗鼓吹》。"窗残夜月人何处，帘卷春风燕复来""晓侵雉堞乌先觉，春入关山雁独知""脸边楚雨临风落，头上春云向日销""青野雾销凝晋洞，碧山烟散避秦溪"，胡曾这些言情表意之佳联，水平不在杜甫、李商隐之下。正如元代辛文房在《唐才子传》中评价说："至于近体律绝等，哀怨清楚，曲尽幽情，擢居中品，不过也"，清初贺裳在其《载酒园诗话又编》中亦有此看法。七律之外，近年又在胡曾家乡邵阳发现了 21 首五言八韵试帖诗，经考证，撰者书者非胡曾莫属。胡曾亦工骈文，水平不在唐代任何一位骈文大家之下，而其《答南诏牒》气势磅礴、吐纳风云，更创造了"一纸退兵"的神话，天下因之称为"奇绝"。在白话文占据主流的今天，有必要将其诗文进行注解，以传承律诗骈文的艺术之美、弘道之力，庶几复兴唐诗唐文。

从胡曾历史文献和家族历史文献来看，这 1100 多年来，大量评价和追念胡曾的诗文在文集、方志、家谱中涌现，这些诗文足以证明大唐诗人胡曾的立德不朽和"盛德必有百世祀"这句话，因此有必要将这些诗文用白话文进行注解，以解开胡曾文化千年不朽的秘密、家族千年兴旺的秘密，以复兴中华优秀传统文化。

综上所述，胡曾文化应该有传，既传其人，也传其文。在传其人方面，本人已有《大唐诗人胡曾传奇》出版，为八十一回、四十多万字的长篇章回体小说，该书述说大唐诗人胡曾的闪光传奇有五。第一，纵横九万里，咏史三千年。在唐代交通不便利的时代，二十多岁的胡曾以一己之力，北至河梁，南抵铜柱，西界流沙，东临即墨，走遍了整个大唐的疆域，着眼于治乱兴衰，寻访自黄帝到隋炀帝跨度三千年的历史遗迹，赞美明君贤臣义士节妇，鞭挞昏君暴君淫君酷吏，在马背上写成一百五十首七绝咏史诗，熔炼成五千字的历史精华。第二，风行八百年，教化千万人。胡曾七绝咏史诗以地名为标题，融地理、历史、人文于一炉，短小精悍，朗朗上口，一经推出，即风靡天下，在晚唐、五代、宋朝，即已成为开蒙读物，到了元朝、明朝，更与《蒙求》《千字文》合刊成为朝廷指定的蒙学、小学教材，更为《三国演义》等历史小说引用，八百年春风化雨，教化了千万中国人。第三，一檄服西山八国。胡曾三十二岁时，被当时大唐宰相路岩聘为西川节度使掌书记，他到任不久，就以一篇大气磅礴的檄文，说服原来臣服吐蕃的八个国家归顺大唐。第四，一牒退南诏三军。天宝战争中大唐全军覆没，南诏国于是在西南崛起，野心勃勃的南诏皇帝世隆几次侵占成都，并打算逐鹿中原。面对南诏的嚣张气焰、大兵压境，三十三岁的胡曾草檄《答南诏牒》，以雷霆万钧之势让南诏退兵，创造了"一纸退兵"的军事传奇和文学传奇。第五，一祭舜扭转战局。在黄巢称帝长安、唐僖宗避难成都、李唐王朝奄奄一息的情况下，身为延唐县令的胡曾在玉琯岩找到了荒废的舜帝陵，复修后公祭舜帝，以一篇祭文昭示天下，宣告崇道崇佛的李唐王朝回归尧舜道统，于是四两拨千斤，一祭转国运，李唐胜而黄巢败，唐僖宗凯旋还都。通过这五大传奇，《大唐诗人胡曾传奇》为读者树立起了一个诗才盖世、谋略超群、文能安邦、德能定国、勤政爱民、志廉行洁的大唐状元、大唐诗人、大唐御史、大唐县令的光辉形象，血肉丰满地刻画出胡曾立德、立功、立言三不朽的传奇生平。本书《胡曾文化传》则重点传其文，分六部分，第一编是"胡曾生平与历史地位"；第二篇是"胡曾咏史诗新注"，对宋版三卷150首咏史诗逐首进行注解；第三编是"胡曾诗文注"，对第二编之外的其他诗文进行注解；第四编是"胡曾历史文献注"，对一千多年来与胡曾相关的历史文献进行注解；第五编是"胡曾家族文献注"，对一千多年来胡曾家族族谱序跋及文章家训进行注解；第六篇是"胡百年咏史诗词及《望云集》"，包括本人抛砖引玉以弘扬先祖咏史传统的咏史诗词，以及本人慕祖、思亲、思乡的诗文集合《望云集》。这六编有横亘千年的时间长度，也有各类古文体裁的文学宽度，有梁有柱，有砖有瓦，完全可以建立起胡曾文化大厦，读者可以登堂，可以入室，可以登顶，以优游千载文化。

胡曾文化虽然产生于邵阳，产生于秋田胡氏，然究其根源，则无疑是舜帝文化、儒家文化、道家文化、屈原文化、梅山文化、九嶷山文化的继承和发展，立足于古老的昭陵，成为湖湘文化的重要组成部分，胡曾文化当然不是封闭的，它将不仅有传承，还将有发展，期待后来者光前裕后。

胡曾诗云："晓侵雉堞乌先觉，春入关山雁独知"，从本人的成长经历看，从历史的成败看，对于漫长又短暂的人生来说，早点领悟胡曾文化，早点践行胡曾文化，就能有"乌先觉晓、雁独知春"的人生际遇，一步领先，步步领先，早日实现修齐治平的远大抱负。而一家实践胡曾文化，则家庭幸福、人才辈出；一乡实践胡曾文化，则诗书礼乐、富足文明；一国实践胡曾文化，则官民和谐、国泰民安。因此，《胡曾文化传》足为家学、乡学、国学之资也！

最后，本人有诗抒怀云：

资水春波荡海渊，胡曾文化溯真传。千秋澎湃源泉在，六部铿锵玉韵全。

月夜听涛怜木铎，江花揽胜喜红莲。几时邀得知音赏，同看流金万万年。

因本人水平能力不足，如井蛙窥天，所见有限，因此错漏难免，望有识之士见谅并不吝指正焉。

胡百年

2025年夏月于深圳

目　录

第一编　胡曾生平与历史地位

　　胡曾（840—885）成名于唐末乱世，由于黄巢起义及唐末五代持续不断的战乱，京都长安被毁，于是大量典籍"尺简无存"，唐武宗实录大部分丢失，以后的宣宗、懿宗、僖宗、昭宗、哀宗五代皇帝直接没有留下实录。到了后晋天福五年（940），刘昫（887—947）受后晋皇帝石敬瑭之命而修《旧唐书》时，于唐朝晚期历史"虽悬诏购求，而所得无几"，在"援据较少"的情况下，只能依据《唐年补录》《唐末三朝闻见录》等书，花四年时间草草交差。而胡曾显迹恰好在懿宗、僖宗两朝，加上刘昫是河北人，活动范围在黄河以北，而胡曾的显迹在四川和湖南，因此刘昫修《旧唐书》时，第一没有皇帝实录可以参考，第二也没有看到四川、湖南关于胡曾的记载，刘昫可能连胡曾其人其事都没听说过，因此《旧唐书》没有给胡曾立传。

　　到了北宋，朝廷认为《旧唐书》粗制滥造、芜杂不精，于是命宋祁和欧阳修编撰《新唐书》，此时距唐亡已经 137 年，五朝的皇帝实录或毁于战火，当然也不可能再找回，《新唐书》也是巧妇难为无米之炊，因此也不可能为胡曾立传，不过有感于胡曾《安定集》的影响，于是在艺文志中加了一行记录。

　　由于胡曾在新旧《唐书》中无传，导致其生平云遮雾罩而扑朔迷离，众说纷纭而传说缭乱。随着历史文献的不断涌现，到 1100 多年后的今天，胡曾的生平面目方逐渐清晰，于是有了《大唐诗人胡曾传奇》于 2022 年 4 月的出版。这个过程是漫长曲折的，经过了很多学者的求索和奉献，常常人事投缘，往往正误相伴，让人惊喜，也让人无奈。我们下面就一一说来。

一 历史上关于胡曾生平的三篇传记

胡曾生平第一次见于元代辛文房于 1304 年编纂的《唐才子传》，其文曰：

曾，长沙人也。咸通中进士。初，再三下第，有诗云："翰苑何时休嫁女，文昌早晚罢生儿。上林新桂年年发，不许平人折一枝。"曾，天分高爽，意度不凡，视人间富贵亦悠悠。遂历四方，马迹穷岁月，所在必公卿馆谷。上交不谄，下交不渎，奇士也。尝为汉南节度从事。作《咏史诗》，皆题古君臣争战废兴尘迹。经览形胜，关山亭障，江海深阻，一一可赏。人事虽非，风景犹昨，每感辄赋，俱能使人奋飞。至今庸夫孺子亦传诵。后有拟效者，不逮矣。至于近体律绝等，哀怨清楚，曲尽幽情，擢居中品，不过也。惜其才茂而身未颖脱，痛哉。今《咏史诗》一卷，有咸通中人陈盖注，及《安定集》十卷行世。

辛文房是西域人，距离胡曾已经有四百余年，他给包括胡曾在内的 397 人立传，应该没有花过多的时间去考察和考证。其撰写的胡曾传，大抵依据胡曾流传的诗文和元代当时见闻而下笔，并由此加以感叹和评论，因此虽然不周全，但是皆有出处和实证。如"曾，长沙人也"则源自胡曾七律《寒食都门作》中的"谁念都门两行泪，故园寥落在长沙"。"咸通中进士"则源自宋版《新雕注胡曾咏史诗》书名页中"前进士胡曾著述并序"；"初，再三下第"源自胡曾七绝《下第》诗。"曾，天分高爽，意度不凡，视人间富贵亦悠悠……所在必公卿馆谷。上交不谄，下交不渎，奇士也"则源自胡曾咏史诗《彭泽》"英杰那堪屈下僚，便栽门柳事萧条。凤凰不共鸡争食，莫怪先生懒折腰"，以及骈体文《谢赐钱启》中"又以山东藩镇，江表节廉，悉用竖儒，皆除迂吏。胸襟龌龊，情志荒唐，入则粉黛绕身，出则歌钟盈耳。但自诛求白璧，安能分减黄金"。"遨历四方"则源自胡曾咏史诗以其游历的地名为标题，这些地名南至越南、广州，北至内蒙古居延，东至山东蓬莱、浙江会稽，西至玉门关、流沙，所以称"遨历四方"。"马迹穷岁月"则源自胡曾咏史诗中关于骑马游历的描写，如"北乘羸马到燕然""立马沙边看水流""山边立马看摩笄""驱羸独过马陵前""策马行行到豫州"。"尝为汉南节度从事"则源自南宋藏书家、目录学家陈振孙（1179—约1261）在《直斋书录解题·卷十九·诗集类》记载有"咏史诗三卷，唐邵阳胡曾撰。凡一百五十首。曾，咸通末为汉南从事"。而陈振孙说胡曾为汉南从事，则可能看到胡曾骈体文《贺高相公除荆南启》，根据"仰将军之大树，敢议营巢。窥丞相之巨川，唯希在藻"这句话加以臆断。"作《咏史诗》，皆题古君臣争战废兴尘迹。经览形胜，关山亭障，江海深阻，一一可赏。人事虽非，风景犹昨，每感辄赋，俱能使人奋飞。至今庸夫孺子，亦传诵。"则反映了辛文房在元代看到的《新雕注胡曾咏史诗》的流行情况，可以说已在全中国流行。"后有拟效者，不逮矣。"指唐宋平话和各种历史小说中，出现了很多假托胡曾之名的"咏史诗"，但是这些咏史诗的质量与胡曾咏史诗相比差很多，一看就是伪作；当然也包括后人模仿胡曾而写咏史诗集。"至于近体律绝等，哀怨清楚，曲尽幽情，擢居中品，不过也。"则反映了辛文房看到《才调集》等各种诗集中的胡曾七律诗而所感。"惜其才茂而身未颖脱，痛哉。"因胡曾有下第诗，以及年轻时在咏史诗中有很多怀才不遇的自我感叹，所以辛文房如此总结。"今《咏史诗》一卷，有咸通中人陈盖注，及《安定集》十卷行世。"则反映了辛文房在元代见到了《新雕注胡曾咏史诗》，以及见到了《新唐书·卷六十·志第五十·艺文四》中"胡曾《安定集》十卷"的记载，或者见到了《安定集》一书。

该传记在今天看来当然不完整，而且有错误，但是对于胡曾生平来说居功甚伟，这篇传记不仅弥补了新旧《唐书》的遗憾，而且一句"至今庸夫孺子亦传诵"，则更凸显了胡曾咏史诗经历了晚唐、五代、宋朝而至元朝的影响力，因此该传对胡曾生平来说有"失之东隅，收之桑榆"之喜。

辛文房之后，见到的是清朝道光年间《宝庆府志》中的《胡曾传》。

传略云：

　　胡曾，邵阳人。所居在秋田村，故自号秋田。少负才誉，文藻煜然，举进士不第。咸通十二年，路岩为剑南西川节度使，曾掌书记，有草檄谕西山八国来朝事。岩败，高骈慕其名，辟入幕府。骈之由天平徙镇蜀也。时南诏寇隽州，骈及剑门，下令开城。众民出入，左右以寇在近，不可忽。骈曰："属吾在安南，破贼三十万，镖信闻我至，尚敢耶！"已蛮攻雅州、壁卢山闲，遗骈木夹，有"借锦江饮马"之语。骈使曾为书谕之，其略曰："万里离南，一朝至北。开缄捧读，辞藻焕然，奖饰过多，欣慰何极。实以乍回边镇，才到藩篱，且按此朝之旧仪，未委彼国之新制，不知鹤拓，惟认苴咩。将谓我皇帝有所负于彼邦，边臣有所负于彼国，虑彼直我曲，获罪于天，是陈木夹申怀，用贮荣报。及披回示，已见事根，止于囚系使人，放归彼国，始乎小怨，终此深仇。吞噬我朗宁，虔刘我交趾，取我越隽，犯我益州，若报东门，何乃再四。夫物居中者尊也，处外者卑也，是以众星拱之北辰，百谷趋之东海，天地尚不能违，而况于人？我国家居天之心，宅地之腹，四方八表，莫不辐辏，亦由北辰之于东海也。诚知土地山河，归于有德。虽云有德，亦须相时。苟无其时，安可妄动。明公博识多闻，岂不见此乎？"语多不录，书成即移檄镖信，勒兵从之。镖信大惧，送质子入朝，约不寇蜀。骈徙荆南节度，曾以启贺，略云："承家业峻，开国勋高，才成破赵之功，旋告下齐之捷。今者江腾海沸，山动岳摇。荆门告累卵之危，淮楚陈剖胎之难。赤眉卷地，黄巾滔天。公侯无匡合之才，藩镇乏纵擒之术。虽思尝胆，何补噬脐。伏计即离犀浦，遽赴龙山，销唐尧旰食之忧，解黎庶倒悬之急。某家在湖外，即出关中，遂假道于荆关，获起居于槐鼎。仰将军之大树，敢议营巢。窥丞相之巨川，唯希在藻。"（与《谢路相公启》俱见《文苑英华》）曾老于幕府。尝一为延唐令。著《九疑图经》，又请于朝，建舜祠于玉琯山下，曾喜为诗，所著有《咏史诗》三卷、《安定集》十一卷，见唐《艺文志》，子静甫、良甫，均仕。曾殁，祀乡贤，其诗今存《全唐诗》一卷，《四库全书·总目·邵阳胡曾咏史诗》一卷，提要云"《文苑英华》载其二启，皆谓方镇之作"，陈振孙《书录解题》称其咸通末为汉南从事。何光远《鉴诫录·判木夹》一条载："高骈镇蜀，曾为记室，草檄谕西山八国来朝事。盖终于幕府也。"

这篇传记相对丰满了很多，但是也是有很多遗漏和错误。光绪年间《邵阳县志》中亦有《胡曾传》，文字差不多，基本照抄。

到了近代，文献家王重民（1903—1975）作了《补唐书胡曾传》。全文如下：

> 胡曾，邵阳人，举进士不第。咸通十二年（871），路岩为剑南西川节度使，辟曾掌书记，曾乃由秦入蜀。十四年十一月，牛丛除西川，曾留蜀与否不可考。乾符元年(874)四月，丛去，僖宗以高骈知节度事，曾掌书记，盖如岩时。时南诏酋龙不逞，遗骈木夹，有"借锦江饮马"之语，骈命曾以檄破之，乾符五年（878），骈徙荆南，时曾在长安，又赴荆南从之。未数月，骈再徙镇海，曾未从行，终老故土。曾所著有《安定集》十卷，《咏史诗》三卷，今惟《咏史诗》存。《咏史诗》在曾生时，盖已盛行，故内侍宋光溥为王衍咏之，衍为罢宴。明代载入《列国》《三国志》等演义书，更家传户诵矣！

王重民是中国古文献学家，平生工作主要是在北海图书馆（今首都图书馆）整理古籍和主持编制大型书目、索引，他为胡曾作传，也算是弥补历史不公，可谓善举、义举。但《补唐书胡曾传》同样有错误和遗漏。

以上三篇关于胡曾生平的严重错误集中表现在两点：第一，胡曾实现"一纸退兵"传奇的《答南诏牒》不是代高骈作，而是代当时宰相、西川节度使路岩所作，胡曾只是路岩的掌书记，从来不是高骈的掌书记。第二，胡曾不是"举进士不第"，不仅中了进士，而且是唐僖宗乾符年间状元及第。下面就这两点以及其他相关问题进行论证，以期尽可能准确地贴近胡曾的生平。

二 胡曾代路岩作《答南诏牒》的考证

五代后蜀普州军事判官何光远于约公元935年撰《鉴诫录》，其中有一篇"判木夹"云：

> 西山八国，夐古已来为中国西南之患也，自蜀武侯擒纵之后方通诚

款。唐鲜于仲通将领博海等军六万众殁于鬼主之谋，遂至姚蛮生心，数侵黎隽，量由非才也。近又李福尚书镇西川、牛丛为贰车日，南蛮直犯梓潼，役陶匠二十万烧砖，欲塞剑门。蜀有五丈天王者，宝历中所置也。是时见大僧形于锦成之隅，蛮人百万之众悉皆奔窜。后高相公统临益部，兼号征南，蛮陬闻名，预自屏迹矣。然时飞一木夹，其中惟夸兵革犀象，欲借绵锦之江饮马濯足而已。高相公于是经营版筑，置防城勇士八千，命胡记室以檄破之，仍判回木夹。故胡曾破之数联，天下称为奇绝。其辞云："欲慕平交，妄希抗礼。何异持衡称地，举尺量天。"又答云："越隽新州，牂牁故地。不在周封之内，非居禹迹之中。曩日边将邀勋，妄图吞并。得之如手加骈拇，失之若领去赘瘤。九牛之落一毛，六马之亡半毳。何足喻哉！"是以南蛮议曰："成都近有良将，未可图焉。"于是烽燧无虞，诚款继至。高公稍恃功业，以致骄矜。凡创规模，有刘焉、李特之志。朝廷议奏，遂除江陵，复自江陵迁于淮海，首冠诸侯。有唐已来，可谓英雄者矣。判木夹云："辞天出塞阵云空，雾卷霞开万里通。亲受虎符安宇宙，誓将龙剑定英雄。残霜敢冒高悬日，秋叶争禁大段风。为报南蛮须屏迹，不同蜀将武侯功。"破木夹云：（此后为《答南诏牒》全文，见本书第二部分，在此省略。）

何光远在这篇文章中详细记载了胡曾"一纸退兵"的传奇，"故胡曾破之数联，天下称为奇绝"，彰显了胡曾以文化敌的磅礴之力，当然也让千古雄文《答南诏牒》流传于世，因此何光远于胡曾生平及文化的传播居功至伟。然而该文记载的时代背景则是错的，时间和人物都不对，这也给胡曾带来了污名。

《鉴诫录·判木夹》一文原有夹注云："此答木夹书，元是胡曾与路岩相公镇蜀日修之，非为高骈相公也。何光远误述。"可能因为是无名氏所注，因此未引起大家重视。到宋朝时，计有功在《唐诗纪事》中又记载了胡曾代高骈"一牒平南诏"的事，不过计有功在最后加了一句："或曰路岩镇蜀日，曾为之。"当时属于模棱两可的状态。最后彻底澄清事实的是今人文正义先生，他在《湘潭大学学报（社会科学版）》一九八五年第一期上发表了《胡曾及其作品考》一文，除了对胡曾故里、字号、生卒、仕宦进行了考证，重点对其作品《答南诏牒》进行了考辨。

　　文正义先生以如下四点理由肯定了《答南诏牒》是胡曾代路岩所作。第一，路岩做剑南西川节度，是从咸通十二年（871）四月至十四年（873）十一月，而高骈担任这个职务是从乾符二年（875年）正月至五年（878）正月。而《答南诏牒》里所陈述的事由皆发生在咸通十二年（871）之前。第二，《答南诏牒》主人自叙为："仆虽自绎纱，素耽《黄石》，探师律，亦识兵机。""仆官是宰衡，位当侯伯。披坚执锐，虽则未曾；济河焚舟，平生所贮。"这显然是指儒素出身的路岩，而不是身为武将的高骈。第三，胡曾代作的《草檄答南蛮有咏》诗云："辞天出塞阵云空，雾卷霞开万里通。亲受虎符安宇宙，誓将龙剑定英雄。残霜敢冒高悬日，秋叶争禁大段风。为报南蛮须屏迹，不同蜀将武侯功。"在这里，"亲受虎符"后"辞天出塞"的只能是从京城出来到成都的路岩，因为高骈是直接由天平节度使迁剑南西川节度使的。第四，高骈乾符五年（878）迁荆南节度使时，胡曾在《贺高相公除荆南启》中说："某家在湖外，即出关中，遂假道于荆关，获起居于梅鼎。"胡曾上启祝贺时自报家门，则可以看出胡曾之前与高骈没有交往。乾符五年（878）之前既然胡曾和高骈没有交往，就不可能在乾符二年（875）代高骈写《答南诏牒》了，而高骈本身就有《回云南牒》传世。

　　文正义先生以上四点理由无可辩驳，因此《答南诏牒》不是代高骈作，而是代路岩作。而从《贺高相公除荆南启》一文的口气看出，胡曾已经不再有《剑门寄上路相公启》那样的自叹卑微、感恩戴德，因此胡曾撰《贺高相公除荆南启》时，不是给高骈做掌书记的身份，这种略显恭维、不卑不亢的态度，应该是御史监军的口吻。

　　由于《答南诏牒》到1100年后才澄清背景，而1100年来，由于何光远的误述，导致后来诸公都照抄此说，不仅以错传错，误导千年，而且给胡曾的历史地位带来很多污点，我们下面再说。

三　胡曾中状元的论证

　　胡曾在国史中无传，因此科第查无可查，但在宋版《新雕注胡曾咏史诗》扉页上赫然记载为"前进士胡曾著述并序"。什么叫前进士呢？唐宪宗时期翰林学士李肇在《唐国史补》云："投刺谓之乡贡，得第谓之前进士。"清朝梁章钜《称谓录·学政》云："唐代有举人、进士之名，特为不第者之通称……及第者及称前进士。"清朝顾炎武《日知录·卷十六》云："唐人未第称进士，已及第则称前进士。《雍录》引唐人诗云：曾题名处添前字。《通鉴》：'建州进士进京，尝预宣武军宴，识监军之面。既而及第，在长安与同年出游，遇之于途，马上相揖，因之谤议喧然，遂沈废终身。'是未及第而称进士也。"因此称胡曾为前进士，则明确表示胡曾为进士及第。到了元代，辛文房在《唐才子传》中明确记载胡曾为"咸通中进士"。

然而在胡曾家乡的方志和文献中，则基本上记载胡曾为"应举不第"，如明朝隆化《宝庆府志》记载为"天福间应举不第"，明朝万历年间宝庆分守王志远在《胡秋田诗序并引》中为"咸通中举进士不第"，清朝康熙《湖广通志》记载为"天福间应举不第"，清朝嘉庆《邵阳县志》记载为"举进士不第"，清朝光绪《邵阳县志》仍然记载为"举进士不第"。

为什么会出现这样的状况呢？因为宋版《新雕注胡曾咏史诗》一直秘传，直到清朝才最终为藏书家胡珽（1822—1861）所收集，胡珽乃浙江人，官至太常博士，他喜收宋元善本，胡珽在该书后有跋，跋云："此宋板咏史诗卷数与《文献通考》合，与《四库提要》异，昔年从文澜阁抄得一本，不分卷，诗之次序及注均与此不同，盖别行之本，胡卷首无序，亦不载注者名氏。此本甚秘，可宝已。胡珽。"从这个跋可以看出，当时主流的胡曾《咏史诗》都不是正宗，如车大任、王志远重刻的149首版本，如《全唐诗》收集的胡曾咏史诗。因为这些版本没有胡曾自序，也没有评注者姓名，咏史诗顺序及篇数也不对，应该是三卷150首。在胡珽收集到的正宗宋版《新雕注胡曾咏史诗》中，有胡曾自序和米崇吉续序，米崇吉续序也提到了胡曾是"前进士"。车大任、王志远、撰写方志的诸公均未能看到该秘本，因此众口一词说胡曾举进士不第，亦是情有可原。

因陈盖、米崇吉都是晚唐人，而其所注的《胡曾咏史诗》又有全国的影响力，如果在扉页和续序中妄将胡曾"未及第"而改称"前进士"，势必因为欺骗天下而载入史册，但史上并无此类记载。因此由宋版秘传的

《新雕注胡曾咏史诗》可以看出，胡曾的进士身份确定无疑。今人邵阳籍刘宝田、易立军两位文史专家亦都各自撰文力证胡曾为进士及第。然而，胡曾不只是进士，而且是状元。

"状元"一词源自唐朝，唐朝规定，各州、府选送士子到京师参加尚书省礼部考试时（即省试），需投状。"状"包括"家状"（家庭状况表）和"文解"（州、府的荐举信）两项。录取后，考官将新科进士的"状"连同考试成绩一起呈报皇帝，排在第一名的便叫"状头"，"头"与"元"同义，所以俗称"状元"。唐朝的状元是省试第一名，而明清的科举考试与唐代不同，在会试（相当于唐代的省试）后还有殿试，殿试第一名才是状元。

关于胡曾中状元一事，有两个有力的证据。第一是秋田胡氏 1100 多年以来的族谱中有一以贯之的记载，即秋田胡氏二世祖胡曾是唐僖宗乾符间状元及第。在现今能找到的乾隆元年（1736）的六修族谱中，主修胡世瑛邀请了当时邵阳县名人如周邰生、车果、刘秉敬、何铎作序。该谱有六处提及胡曾中状元之事。1. 主修胡世瑛的"世系源流"中有"曾公乾符间状元及第"的记载。2. 胡世璿的序中有"僖宗乾符间状元及第"的记载。3. 刘秉敬的序中有"为稽先生显于唐之乾符间状元及第仕至翰林都御史兼礼部侍读"的记载。4. 何铎的序中有"唐乾符间秋田先生以高才能诗中状元及第"的记载。5. 周邰生给秋田祠题写的对联的上联为"华胄发渊源，廷对推先，紫绶青厢光玉牒"，其中"廷对"是指皇帝殿试，"廷对推先"即指殿试第一名、中状元，虽然唐朝状元是省试第一名，而不是出自殿试，但此处乃以清朝比唐朝。6. 族谱中画出的秋田祠的门面上有"乾符间状元及第"的字样。从这些记载看出，胡曾中状元之事不仅是秋田胡氏的常识，而且也得到了当时邵阳县本土名人仕宦的广泛认同。

第二是邵阳市资江河中有一个类似长沙"橘子洲"一样的洲岛，名叫"状元洲"，千载以来，邵阳民间都称此岛得名来自胡曾中状元。在文献方面，有晚清邵阳人孙开旦《游状元洲诗》为证，诗云："少年读书时，曾将旧录检，记得胡公名，唐廷膺首选。一举破天荒，邵阳文风坛，荣归渡资水，宫袍映冉冉，从此状元洲，芳名流播远……我读先生诗，愈称其实践，尚有千载前，表彰舒青眼，唤起含冤魂，南楚开生面。今日过芳洲，仰首犹辗转，憾不亲光风，资水空潋滟。"而今人邵阳籍著名楹联家邹宗德先生在 2015 年的《文史拾遗》发表了《状元洲与胡曾》一文，有力地论证了状元洲名来自胡曾中状元。

因为晚唐五朝皇帝史料被毁，要在史书中找出胡曾中状元的确凿证据当然不可能，但依上述两个证据，胡曾中状元一事基本上也是八九不离十，而从邵阳的诸多地方志中也可以看出一些端倪。

第一是关于状元洲的记载。在嘉庆《邵阳县志》中，有两处关于状元洲的记载，其一是"祥异志"中记载了南宋淳祐五年（1245）大水漫过状元洲，邵阳一个叫牛宗孟的人榜眼及第。其二是在"山川"中记载了状元洲"相传水势漫洲则科第鼎盛"。由此看出，"状元洲"之名在宋朝就有了。而在整个宋朝，邵阳出了 40 位进士，北宋 9 名，南宋 31 名，在这 40 人中，没有听说谁中了状元，因此洲名只能出自宋朝之前，而宋朝之前邵阳只有两个进士，即唐朝的卿侃和胡曾，卿侃没有中状元的传闻，因此只能是胡曾中了状元。

第二，地方志中关于胡曾科第功名的矛盾记载。虽然大多数方志记载胡曾为"应举不第"，但是也有状元及第的记载，如邵阳县名人简策曾在秋田胡氏五修族谱序言中云："湖广通志云胡曾乾符间状元及第。"而在清朝嘉庆《邵阳县志》中，更出现了诡异的一幕，在"人物"中说胡曾不第，在"正误"中则为明朝嘉靖志、清朝康熙志记载胡曾"天复间状元及第"一事进行了长篇的纠错，但是在"选举"中又载胡曾是"天福间状元及第"。天福是后晋石敬瑭的年号，此时胡曾已经离世几十年，就算活着，此时胡曾也已九十多岁，九十多岁中状元在历史上还没听说过。

为什么地方志中有如此矛盾、诡异的记载呢？其实推测起来，应该是本土修志者认可胡曾中状元，而外来地方主官却因胡曾与高骈的关系而否定胡曾中状元。胡曾与高骈有什么关系呢？前面讲到，五代何光远在《鉴诫录·判木夹》中误述胡曾为高骈的掌书记，加上胡曾又有《贺高相公除荆南启》一文传世，因此胡曾又有"汉南从事"的误称，于是胡曾被后世理所当然地视为高骈的同党。而高骈是个什么人物呢？在《旧唐书》中，高骈还只被视为"养寇自重",而到了北宋修《新唐书》时,高骈却被列进了《列传·卷一百四十九·叛臣上》。在古代专制社会中,忠乃为官之本,而叛臣无疑是皇权最大的威胁,是罪大恶极、遗臭万年的人,因此自《新唐书》以来,朝官对高骈不敢亲近,对误传的同党胡曾当然也要划清界限,既然国史没有胡曾中状元的依据,邵阳地方主官当然"多一事不如少一事",不会主动去采纳族谱记载和民间传说而为胡曾正名,只能采取最稳妥的"不第"说法,这样的定论当然没有任何风险。而邵阳本土修志者自然会觉得这样违背事实和良心,但迫于地方主官压力,于是故意将胡曾安排在天福年间中状元,以这种看似漏洞百出的春秋笔法来对抗,以留下悬念供将来翻案,于是在方志中出现了矛盾的记载。而由于胡曾是"不第"身份,关于状元洲的名字由来,当然跟胡曾也无关了。

其实在今天看来,胡曾跟高骈基本上没有瓜葛,这一点我们在前面已经论证过。而且高骈的叛臣身份也有点冤枉。高骈乃晚唐一代名将,能文能武,战功卓著,曾彻底平定南诏,也曾力挫黄巢,无不有功于唐室,只是后来黄巢势大,高骈未去救驾,导致长安沦陷、唐僖宗避难成都,高骈于是成了众矢之的,以至于被视为"叛臣"。但据高骈的幕僚、新罗人崔致远所著《桂苑笔耕集》记载,当时唐僖宗下旨给高骈云:"为朕全吴越之地,遣朕无东南之忧。"这么看来,高骈当时不去救驾,也只是奉旨行事。而纵观高骈在这段时期的表现,他没有断绝朝廷赋税,也没有起兵叛乱,更没有投降黄巢,这叛臣身份加到死后的高骈身上,确实太重!而误述为高骈掌书记的胡曾,也因此遭受了千年的污名,邵阳民间甚至还有胡曾因高骈叛逆而坐牢、砍头的传言。

与此相对应,也有很多正直人士用力去为胡曾洗白这子虚乌有之冤,比如明末王志远在《胡秋田诗序并引》中说:"所事高渤海,虽卒为叛臣,初不可谓无功于唐室,秋田本末未能详考,然坟茔在里中,羊虎未尽崩褫,其为终老于家,不与于从逆,较然可知,出处大致固无愧于表圣者哉!"可以看出,王志远极力为胡曾辩白。而清朝伍永锐为秋田祠撰联云:"史幸垂青,岁祭频年邀旷典;心原可白,秋风无泪哭忠魂。"也是对这无有的沉冤发出不平之鸣。晚清孙开旦《游状元洲诗》亦有辩护之句云："但以进士传，状元名竟掩，或因客高氏，行藏遂不显。科名犹可轻，气节岂容贬，终不学扬雄，误做权门犬。"

邵阳地方主官对胡曾中状元一事的极力否定，则是出于朝官明哲保身的考虑，宦海凶险，也是可以理解的。不过从地方志的矛盾记载也可以看出，胡曾中状元一事不是空穴来风，只是因为误传其与叛臣高骈的关系而遭到了地方主官的否定。

综上所述，从家谱的明确记载、状元洲的传说、方志的矛盾记载中看出，胡曾中状元一事是可以相信的。接下来我们探讨一下胡曾中状元的年份，秋田胡氏乾隆年间六修族谱记载为："乾符年间状元及第，入内翰，都御史兼礼部侍读。"这个说法对不对呢？我们可以从历史的事实中加以推理而论证。

唐朝咸通十二年（871），宰相路岩因为跟唐懿宗女婿韦保衡争权失败而被排挤出京，以检校司徒、同平章事充剑南西川节度使。西川当时是个凶险之地，南诏皇帝对成都虎视眈眈、志在必得，路岩于是辟胡曾为掌书记，不久实现了"一檄来八国、一牒退三军"的传奇。

在唐朝的藩镇时代，节度使对掌书记的要求很高，一般由新中进士、朝官、地方官和知名文士充当。胡曾当时的身份是什么呢？这可以从他《剑门寄上路相公启》一文可以看出，他当时的情况是落魄的，启中说"失路肠回，迷邦足刖，蚁栖培塿，蛙伏潢洿"，自叹卑微，处于社会的最底层；他对路岩除了十分恭维，更表达了发自内心的万分感激，启中说："朽株委地，永甘夫子之捐；枯骨凝尘，岂料昭王之市。遍身德泽，满目恩辉""曾实惭孤陋，叨沐招延，郑驿将穷，燕台渐近，那能倚马，妄窃攀龙。"由此推断，此时胡曾的身份应该不是新中进士、朝官、地方官，在咸通十二年（871），胡曾只能是有文才、有幕府经验、曾参与军机、累试不第、无功名的落魄书生。

而到了乾符五年（878），他给当时名震南诏、战功卓著、即将上任荆南节度使的高骈写信时，则完全没有了自叹卑微、感恩戴德的语气，在《贺高相公除荆南启》一文中，胡曾除了恭维高骈的赫赫战功和众望所归的能力，结尾只是一句客套话，即"仰将军之大树，敢议营巢；窥丞相之巨川，唯希在藻。伏维照鉴"。这完全是一副朝臣对有所倚重的藩镇所表现出来的不卑不亢的态度，因此胡曾此时应该已经中状元，并担任侍御史之职。因此胡曾中状元的时间应该在咸通十二年（871）到乾符五年（878）之间。

　　胡曾有没有可能在咸通末年（871—873年）中状元呢？这不可能。咸通十四年（873），唐懿宗驾崩，唐僖宗继位，第二年改为乾符元年。路岩手下贪腐被举报，路岩于乾符元年（874）正月从魏国公、宰相的尊贵身份贬为荆南节度使，然后一贬再贬，到最后赐死在广东，时间应该在乾符元年（874）上半年。胡曾如果在路岩死之前中状元，即在咸通末年中状元，树大招风，胡曾一定会因做过路岩的掌书记而受牵连，说不定还有牢狱之灾。因此，胡曾一定是在乾符元年之后中的状元，确切的年份应该在乾符二年（875）到乾符四年（877）之间，因此秋田胡氏族谱中记载的时间是对的，《大唐诗人胡曾传奇》定胡曾中状元的时间是877年。

四　胡曾任礼部尚书的论证

　　关于胡曾是礼部尚书，出自《旧五代史·胡装传》，其原文是：

　　胡装，礼部尚书曾之孙。汴将杨师厚之镇魏州，装与副使李嗣业有旧，因往依之，荐授贵乡令。及张彦之乱，嗣业遇害，装罢秩，客于魏州。庄宗初至，装谒见，求假官，司空颋以其居官贪浊，不得调者久之。十三年，庄宗还太原，装候于离亭；谒者不内，乃排闼而入，曰："臣本朝公卿子孙，从兵至此。殿下比袭唐祚，勤求英俊，以壮霸图。臣虽不才，比于进九九，纳竖刁、头须，亦所庶几。而羁旅累年，执事者不垂顾录，臣不能赴海触树，走胡适越，今日归死于殿下也！"庄宗愕然曰："孤未之知，何至如是！"赐酒食慰遣之，谓郭崇韬曰："便与拟议。"是岁，署馆驿巡官。未几，授监察御史里行，迁节度巡官，赐绯鱼袋；寻历推官、检校员外郎。装学书无师法，工诗非作者，僻于题壁，所至宫亭寺观，必书爵里，人或讥之，不以为愧。时四镇幕宾皆金紫，装独耻银艾。十七年，庄宗自魏州之德胜，与宾僚城楼饯别，既而群僚离席，装独留，献诗三篇，意在章服。庄宗举大钟属装曰："员外能釂此乎？"装饮酒素少，略无难色，为之一举而醮，庄宗即解紫袍赐之。同光初，以装为给事中，从幸洛阳。时连年大水，百官多窘，装求为襄州副使。四年，洛阳变扰，节度使刘训以私忿族装，诬奏云装欲谋乱，人士冤之。

在赵望秦、潘晓玲所著的《胡曾〈咏史诗〉研究》一书中，认为该礼部尚书胡曾虽然跟邵阳胡曾年代相近，但不是同一个人，按胡装所处时代推算，认为礼部尚书胡曾为唐文宗时期人，比邵阳胡曾早，邵阳胡曾显迹于唐懿宗、唐僖宗时期。

《旧唐书》以皇帝实录为基础编纂，虽然唐武宗以后的实录没有，但文宗实录齐全，经查《旧唐书》敬宗（824—826 年在位）文宗（826—840 年在位）本纪，16 年中有 24 位礼部尚书，名字如下：令狐楚（766—837）、牛僧孺（780—848）、王涯（764—835）、李益（746—829）、萧俛（?—842）、元稹（779—831）、丁公著（762—826）、李德裕（787—850）、弘景、李渤（772—831），王璠、杜忏、李宗闵（约 783—846），杨嗣复（783—848）、严休复、王源中（?—838）、温造（766—835）、李翱（772—841）、李绅（772—846），汤汝士、许康佐、王彦威、郑肃（?—847）、归融。从这个记载看出，当时的皇帝实录非常详细，连当今查不到生卒年的人都记载了下来，因此不可能有遗漏。没有礼部尚书胡曾的名字，证明《胡曾〈咏史诗〉研究》推测"礼部尚书胡曾是唐文宗时期人"是错误的。

不仅《旧唐书》中唐文宗时期没有"礼部尚书胡曾"，经查《旧唐书》其他皇帝本纪，以及整个《新唐书》，都没有找到"礼部尚书胡曾"，想到"礼部尚书胡曾"毕竟也算显宦，因此推测至少会出现在方志中！经挖掘，有学者提出"礼部尚书胡曾"是今河北沧州人，出现在清代雍正年间田易等编纂的《畿辅通志》中。

经查《畿辅通志》，在其卷四十八中确实有"胡曾墓，在沧州忠孝乡，曾为汉南节度使从事"的记载，列在唐朝工部尚书程日华（?—786）墓、宰相贾耽（730—805）墓之后，程、贾都是沧州人。但这里记载的胡曾不是礼部尚书，而是汉南节度使从事。

从历史上看，汉南节度使从事身份一直出现在邵阳胡曾的生平介绍中，该说法首先出自南宋陈振孙所著《直斋书录解题·卷十九》，其云："《咏史诗》三卷，唐邵阳胡曾撰。凡一百五十首。曾，咸通末为汉南从事。"其实，在唐朝设置的节度使中，严格说来根本没有汉南节度使这一名称，只有山南东道节度使，治所在襄阳。而误传中的胡曾也只是荆南节度使从事，因为胡曾有《贺高相公除荆南启》一文传世。其实从该启的语气，以及对胡曾生平的研究，此时胡曾的身份应该是都御史兼任监军使。陈振孙或许不了解这点，于是将"荆南从事"又以讹传讹为"汉南从事"，南宋陈振孙之后，"汉南从事"成为邵阳胡曾生平的标配。

"汉南从事"胡曾的坟墓一直在其故乡湖南邵阳县秋田村，怎么会出现在几千里之外的河北沧州呢？是不是《畿辅通志》将北方胡曾的"礼部尚书"身份记错了？经查乾隆八年（1743）的《沧州志》，却发现没有记错，其中关于胡曾墓的记载为："汉南节度从事胡曾墓，在忠孝乡，高丈余，周围十余丈。"该志还将胡曾墓列为"古沧十景"之一，记为："诗冢烟霞：唐汉南节度从事胡曾墓，曾有咏史百篇传于世，故呼诗冢。"该志中还有为"诗冢烟霞"景点写的诗："我昔曾读胡曾诗，篇篇文彩增瑰奇。恨不同年生此世，斗酒赓和长相随。我今客走沧州路，路傍忽指胡曾墓。遗魂散漫招不来，荒草斜阳几回顾。先生踪迹填泥沙，先生志气飘烟霞。空有诗名满天地，霎然过日如风花。因忆乾坤积清气，才士徒劳恼思虑。何如暗哑寂无言，养气怡神以为贵。墓门有棘深复深，落日短景天沉沉。金风西来送秋声，声中疑似人夜吟。"

从《沧州志》的"汉南从事""咏史百篇"记载不难看出，沧州胡曾墓主人根本不是什么礼部尚书，而实实在在指向了邵阳胡曾。再看该志的乡贤祠供奉名单，李唐一朝只有兵部尚书高元裕、宰相贾耽、刺史高适的名字，并没有胡曾的名字。如果沧州胡曾是正三品的礼部尚书，入乡贤祠是问题不大的。不过，经查今天的沧州十景，"中城铁狮""南堂鸡群""程林古墓""毛井甘泉"还有，但是"诗冢烟霞"却没有了，询问沧州的胡氏宗亲，对原来古沧十景之一的"胡曾墓"根本都没听说过。由此看出，河北沧州根本不存在礼部尚书胡曾这个人。

既然河北沧州不存在另外一个礼部尚书胡曾，那为什么会有"沧州胡曾墓"出现在历史上呢？从今天该墓已经消失这一事实可以看出，该墓应该是一个假坟，而通过《旧唐书》《旧五代史·胡装传》的研究，可以得出这样的推论：唐朝的名人胡曾只有一个，即邵阳胡曾，在唐僖宗时期担任过礼部尚书，但为五代后唐时期的胡装冒认为祖父，胡装借礼部尚书胡曾之孙的身份攀附晋升之梯，即《胡装传》中说的胡装自称"本朝公卿子孙"，而且冒充成功，得到了唐庄宗赐官。理由如下：

第一，在《旧唐书》中，因为有文宗时期的皇帝实录，所以记载了24位礼部尚书，而到了唐僖宗（873—888年在位）时期，因为没有皇帝实录，只记载了韦荷、李庾、牛蔚、郑畋（825—883）4位礼部尚书，唐僖宗在位约15年，比唐文宗还多2年，按照唐文宗时期的礼部尚书数目，应该漏记了不少唐僖宗时期的礼部尚书。

第二，古代非常重视祭祀，所谓"国之大事，在祀与戎"，而礼部尚书掌管天下礼仪、祭享、教化，因此礼部尚书的人选大多数是有名望的文人。而胡曾作为状元、礼部侍读、都御史，一纸退兵固江山，三卷咏史安社稷，加上兼职延唐令时成功祭舜，一举扭转国运，又在延唐令上广施教化、惠政百里，因此在黄巢起义于884年被平灭后，唐僖宗任命胡曾担任礼部尚书，应该是名正言顺、众望所归的事，只是因为唐僖宗实录没有，所以《旧唐书》没有记载，但史家薛居正（912—981）却记载在《旧五代史》中。《旧五代史》是正史，薛居正是五代人，距离胡曾去世年代不远，应该对胡曾是礼部尚书一事有把握才记载的。

第三，胡装不是胡曾的孙子，而是冒认礼部尚书胡曾为祖父而抬高自己。从黄巢灭绝魏晋南北朝以来的世家大族，再到天下大乱的五代十国时期，中国经历了"自古未之有也"的"氏族之乱"，世族灭亡，谱牒湮没，这为浑水摸鱼、冒认祖宗而抬高身价的人提供了可乘之机。比如《胡装传》中提到的后唐大将郭崇韬，就冒认平定安史之乱的郭子仪为祖宗，伐蜀时还在郭子仪坟前有模有样地大哭，由此沦为千古笑柄，为后世大族修谱作序时纷纷引用为鉴诫。而从《胡装传》的内容可以看出，相比战功卓著的郭崇韬，胡装文也不行、武也不行、名声也不好，因此要想求得富贵，攀附贵人也是胡装的唯一出路。因为姓胡，于是攀附做过礼部尚书、又有咏史诗闻名天下的胡曾做祖父，就成了胡装的必然选择，因当时后唐在北方，胡曾的子孙在南方，在武装割据、信息闭塞的五代十国期间，这种冒充当然不会有任何风险，不会遭到胡曾子孙的公开否认。而胡装为了不露破绽，到处题诗题字，卖力扮演"本朝公卿子孙"的角色，也是为了把胡曾孙子的身份装得逼真一些而已。至于沧州胡曾墓，大概率是他伪造的，使得他也可以像郭崇韬那样祭拜大哭，做到以假乱真。对于那个时代，对于那个世代的胡装，应该不是什么出奇的事，只是郭崇韬被人揭露了，所以遗臭万年，而胡装应该比较谨慎，加上名气也没有郭崇韬那么大，所以不为人知。但胡曾毕竟是享誉全国的名人，从乾隆时《沧州志》将胡曾指向"汉南从事"的身份，到现在沧州不再有"胡曾墓"，则基本上认定了胡装伪造"胡曾墓"的可能。胡曾除了写咏史诗到过河北，其生平活动主要在长安、四川、湖南，不可能去世后埋到沧州去。况且根据秋田胡氏乾隆元年（1736）族谱，胡曾（840—885）的孙子没有胡装（约880—926）这么大，胡曾的孙子叫胡彦翔，字鹏云，乃北宋建隆（960—963）年间的将军，与胡装差了三四十年。

由以上三点看出，胡曾担任礼部尚书一事应该是可信的。

五　胡曾殿试卷的考证

邵阳市收藏家朱振兴先生于1992年收藏了一件古代小楷文物，卷面长1.25米，宽0.3米，包括落款"四月初二"一行合计75行，每行23字，如果不计天头上的行书，小楷字合计1765字，其中从右到左第40行末尾"拜皇恩"后面多了一个"恩"，而第35行"召司空"的"司"漏写但以小字补在右边，第72行最后两个字，一个字剩一半，一个字已完全磨灭。

朱振兴收藏该卷的理由是该卷小楷非常漂亮，后经过30多年的考证，包括咨询邵阳文史专家马少侨（1920—2006）先生、邵阳学院傅治同教授、书法家王叙能先生等，逐渐认出该卷小楷为古代科举考试的多首五言律诗，并通过对比其他文物，朱先生最终认为该文物为邵阳第一历史名人胡曾中状元的殿试卷，卷上小楷为胡曾所写，天头上的行书为唐僖宗所写。

笔者于 2023 年 6 月看到该文物的高清照片（右半部分见 P019、左半部分见 P020），发现该卷上并没有胡曾的签名和钤印，于是问朱先生，为何如此肯定是胡曾的真迹？朱先生斩钉截铁地说："在邵阳，能写出这么好的咏史诗和小楷，除了唐朝状元胡曾，没有第二个人！"

为了验证朱先生如此自信的话，笔者对该卷字迹做了辨认，对文字内容做了认真校注，汇总该卷合计 21 首五律（见本书第二篇 胡曾诗文注），诗题皆出自《春秋左传》，天头的行书应该是诗的标题，但有两首诗缺标题。校注后，又查阅了殿试的相关资料，考察了唐代到清代科举考试中关于试诗的情况，考察了邵阳地区历代进士录取情况，考察了历朝书法演变情况，咨询了故宫博物院的文物鉴定专家，请教了岳麓书院邓洪波教授。根据初步结论，于 2023 年 11 月 23 日在"胡曾文化"公众号发布了《千年前的状元试卷惊现邵阳？关于胡曾殿试卷的考证》一文，该文发出后在海内外反响很大，短短一个月就有近 6 万的阅读量，大部分读者认同笔者的考证结果，但也有人就诗的避讳、个别字的写法、书法的年代提出了质疑，针对这些质疑又做了详细考证后，发现结论没变，这些质疑反而更加充实了论据，有真理越辩越明的感觉。在此将截至 2024 年 6 月的论证及结果罗列如下：

（一）该卷不可能是胡曾或其他人的"殿试卷"。

殿试亦称"御试""廷试""廷对"，是由皇帝在殿廷上亲自出题策问、考生在卷子上作答的科举考试方式，皇帝通过殿试钦定状元等三甲名单。严格意义的殿试是从宋太祖开始，之前的唐朝及五代，省试是科举考试最高一级考试，由考功员外郎或礼部侍郎出任的知贡举主持，状元由知贡举圈定，而不由皇帝钦点。胡曾是唐朝人，唐朝人不可能有"殿试卷"，只能有"省试卷"。而该卷为五言律诗，非宋朝及以后的殿试策问，因此该卷也不可能是"殿试卷"。

（二）该卷上的五言律诗为试帖诗。

该卷 21 首诗中，前面 20 首为五言八韵的排律，最后 1 首为五言十六韵（前八韵属于上平声五微，后八韵属于上平声四支）的排律，经本人校注发现，这些五言律诗虽然是以历史为题材，但并不是朱先生所认定的咏

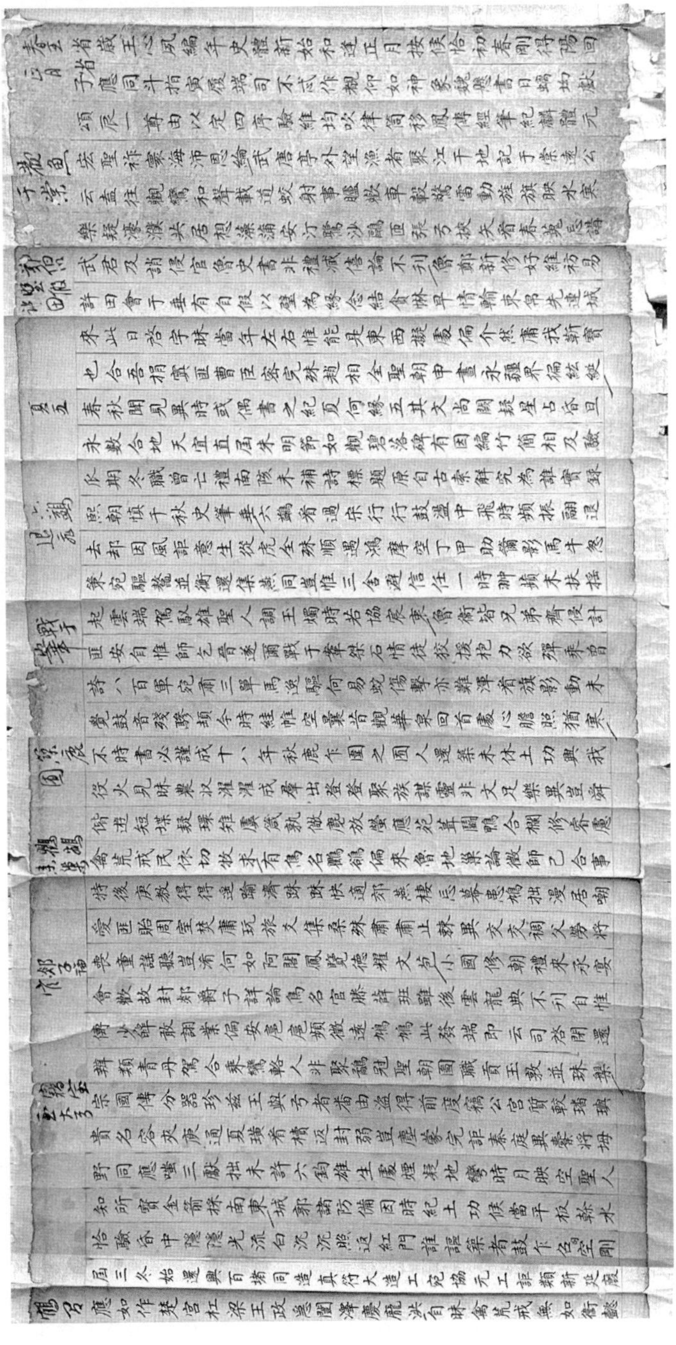

朱振兴先生收藏文物之照片（右半部分）

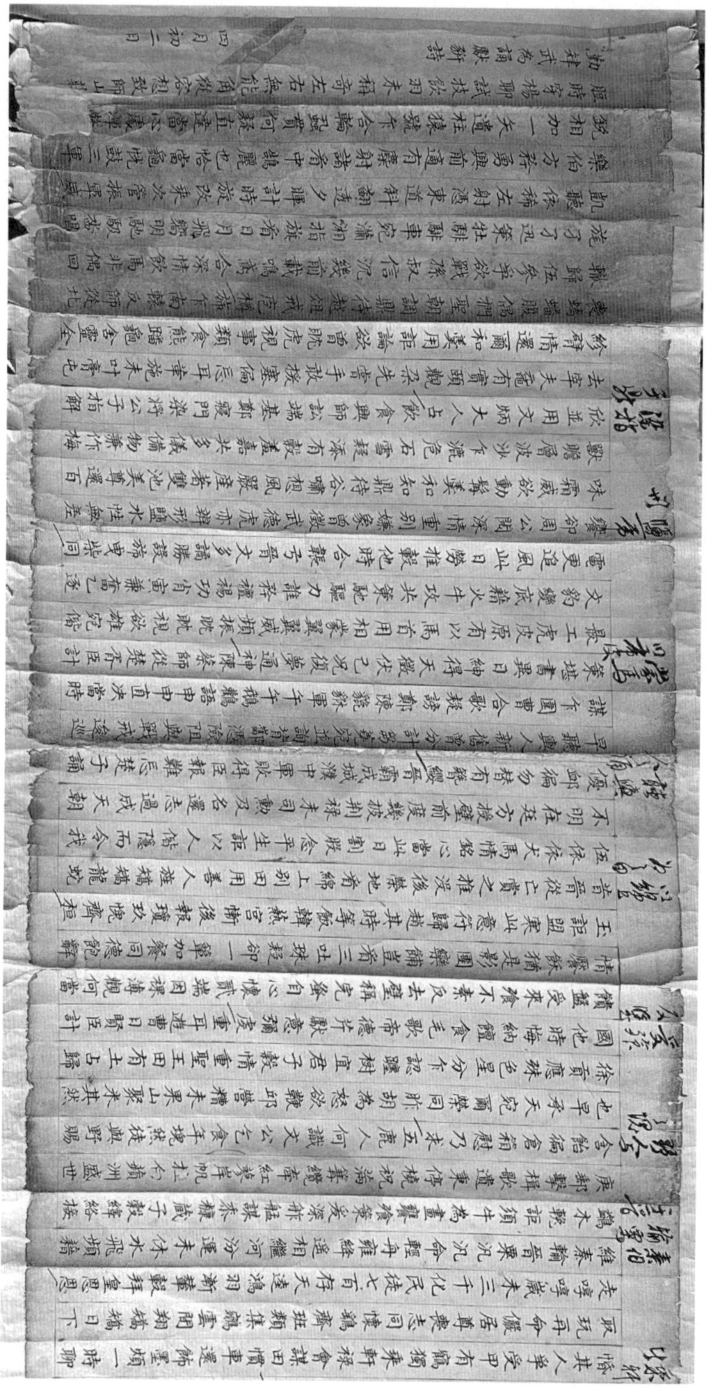

朱振兴先生收藏文物之照片（左半部分）

史诗。咏史诗必须借历史事实来抒发作者的情志，或（赞）美，或（讽）刺，寄托褒贬，体现《诗经》"风雅"的精神。而该卷的 21 首诗，文辞华美，声韵和谐，内容庄重，情致典雅，体现的是《诗经》"颂"的精神。

而在这 21 首诗中，有 10 首诗的结尾，则明显是在歌颂当时皇帝和朝代，分别是：《郑伯以璧假许田》的"圣朝申昼永，疆界遍纮 "，《六鹢退飞》的"圣人调玉烛，时若协宸衷"，《筑鹿囿》的"睿虑禽荒戒，民依切牧求"，《郯子论官》的"圣朝图职贡，玉敦并珠槃"，《窃宝玉大弓》的"圣人知所宝，金箭采南东"，《鹤有乘轩者》的"天逵鸿羽渐，辇毂拜皇恩"，《秦伯输粟于晋》的"盛世含饴遍，仓箱慰乃求"，《野人与之块》的"食毛歌帝德，芹献意弥虔"，《以绵上为之田》的"天朝优恤遍，勿替有簪缨"，《染指于鼎》的"圣朝调鼎待，越俎戒庖樽"。这是典型科举考试应试诗的写法。唐代称为试律诗或省试诗、省题诗，清朝称为试帖诗。这种应试诗带有功利性和政治性的特点，在保证不犯政治错误的保守作文基础上，既要充分彰显文艺才能，还要恰到好处地歌颂圣明，以实现"学成文武艺，货与帝王家"的功利目标。这就是应试诗与咏史诗等其他诗不同的独特之处。

在此以第 10 首《窃宝玉大弓》为例说明。该诗云："宗国传分器，珍兹玉与弓。者番由盗得，前度窃公宫。质较璠玙贵，名容夹庚通。夏璜看棪返，封弱岂尘蒙。完诈秦庭异，橐将埯野同。应嗤三献拙，未许六钧雄。生处烟凝地，弯时月映空。圣人知所宝，金箭采南东。"《窃宝玉大弓》史实出自《春秋·定公八年》，其云："冬，卫侯、郑伯盟于曲濮。从祀先公。盗窃宝玉、大弓。"说的是季孙氏家臣阳虎在除三桓的政变中，将鲁国镇国之宝玉和大弓据为己有，以此要挟三桓。孔子痛恨阳虎这个窃国大盗，于是在《春秋》中写下了"盗窃"二字。但该诗没有对阳虎的"窃国"行为展开批判，而是针对标题，用大量的典故、华丽的辞藻来描写宝玉和大弓，从第三联开始到第七联，则是上联写玉、下联写弓，其中璠玙、夏璜、秦庭、三献这些词都牵涉到玉的典故，夹庚、封弱、埯野、六钧这些词都牵涉到弓的典故。从文采看，该诗作者谙熟历史、地理、器物、礼仪，遣词造句如探囊取物，句型变化婀娜多姿，反映出了高超的文艺才能，但没有如咏史诗那样寄托作者的褒贬，最后的"圣人知所宝，金箭采南东"则是明显颂圣。

其他的 20 首诗跟这首诗都属差不多的风格，不难看出，这些诗是为了满足五言八韵格律的科举考试诗。"咏史诗不可无我"，这 21 首诗很少有作者主观上的美刺，因此不是咏史诗，除此之外，而从该卷恭谨规矩、一丝不苟的书法看，也应该是应试时的书法。

因为试帖诗偏重辞藻和工巧，内容相对贫乏，因此历代很少有名篇，这也是王安石曾一度取消科举考试诗赋的原因。但试帖诗也有积极的一面，第一，试帖诗可在规定的考试时间内考查学子的文字功底、知识面、遣词造句的能力、句型变化的能力、用典的能力以及意境想象的能力。第二，试帖诗方便考官阅卷。相比散文的无序，有韵律客观标准的试帖诗更容易区分高下，这一点也带来了科举考试的公平。第三，试帖诗也推动了诗的传播、传承和发展，增强了中国人的审美能力。

（三）该卷上的试帖诗应为唐高宗到宋仁宗之间的作品。

考察中国千年科举就可以发现，五言排律的试帖诗只见于唐朝、五代、宋代、清朝中后期的科举考试，元朝的科举考试因重视经学而将诗赋废除，明朝及清初则采用八股文取士，清朝到了乾隆二十二年（1757），参照八股文，于乡试、会试时加试五言八韵律诗。

初看此卷上的诗，确实类似清朝中后期的试帖诗，如五言八韵、语气必须庄重、题目之字须在首次两联点出、多用歌颂皇帝功德之语。但经仔细比对，还是有一些差别。

第一，清朝试帖诗是严格的五言八韵，而该卷上最后一首为五言十六韵（分属两个韵部）。

第二，清朝试帖诗遵守当时八股文的结构，首联"破题"，次联"承题"，三联"起股"，四、五联"中股"，六、七联"后股"，结联"束股"，合成八股。其中，第一联把命题的用字抽用一部分，称破题，起破整的作用；第二联则将所余各字凑合上去，所以称承联，以体现完整。但该卷上的"郑伯以璧假许田""鹤有乘轩者""秦伯输粟于晋""野人与之块""以绵上为之田""听舆人之诵""染指于鼎"这些标题的诗，并没有严格符合清朝试帖诗破题、承题的要求。

第三，清朝试帖诗五言排律要求用的全是仄起格。所谓仄起格，就是第一句的第二个字用仄声。但该卷上的"武唐亭外望""春秋闻见异""不时书必谨""维秦输晋粟"这些首句的第二个字用的是平声。

第四，清朝试帖诗要求一首诗中不能重字。但此卷很多首诗有重字，如第一首《春王正月》就有两个"体"字，第二首《观鱼于棠》有两个"武"字，等等。

第五，清朝科举考试皆从四书五经（《大学》《中庸》《论语》《孟子》以及《易经》《尚书》《礼记》《周易》《春秋》）出题，因此清朝读书人对四书五经之外的史、子、集了解很少（如曾国藩是第一次会试落第后才买了一套二十三史），而该卷用的大量典故则出自《诗经》《山海经》《庄子》《列子》《战国策》《周礼》《吕氏春秋》《管子》《史记》《汉书》《三国志》《后汉书》《隋书》《隋唐嘉话》《神仙传》《帝王世纪》等等，反映出作者博览群书，因此不是受程朱理学禁锢、专注于四书五经的清朝士子能写得出来的。

第六，也是最明显的一点，清朝科举考试（包括试帖诗）书法皆为"欧（阳询）体赵（子昂）面""乌、光、方"的翰林馆阁体。洪亮吉《北江诗话》中说："今楷书之匀圆丰满者，谓之馆阁体。"按照乾隆年间刊行的《分部书法正传》记载，馆阁体必须"画（指横画）须平，竖要直"，除此之外，还有挪抬的严格要求。清朝《钦定科场条例》规定，对于列祖列宗、先帝、宗庙、列圣等有关的词需另起一行三抬，和皇上和孔子相关的词需要双抬，国家、朝廷、各宫殿名称等需单抬。但该卷的书法与馆阁体迥异，很多横画和竖画都倾斜取势，不是丰满，而是瘦硬，墨色也非乌黑发亮，书法从整体上自成一家，且该卷中的"圣朝""天朝""帝德""睿虑""圣人""皇恩"都没有抬头。

从以上六点可以看出，这些诗不是清朝的试帖诗。

宋代初年的科举考试不排除也有五言八韵的排律，但自宋仁宗景祐四年（1037）在勘定宋真宗时编订的《礼部韵略》时规定"诗限六十字"后，五言六韵十二句即成为宋代试帖诗的定式。后来宋神宗熙宁四年

（1071），曾因王安石变法，还在科举考试中一度取消诗赋，直到南宋时才恢复。

至于五代乱世，迄今看到的试诗，为邓洪波、龚抗云两位先生编著的《中国状元殿试卷大全》中所载的南汉七律《赋荔枝》诗，可以看出除了五律，还有七律，想来当时诗体非常宽泛。

现在公认的"诗入科举"是在唐高宗永隆二年（681），定型于唐玄宗天宝年间，傅璇琮先生则认为唐代进士科于开元十二年（724）才有试诗，这年的试诗就是祖咏《终南望余雪》诗，本来要求五言六韵十二句，可祖咏却以二韵四句意尽而交卷。

唐代五言排律无定式，二、四、六、八、十六韵皆可，以六韵居多，八韵次之。《唐代试诗制度研究》一书中记载说："八韵者共有 10 题 13 首。"在《中国状元殿试卷大全》中，唐天宝四载（745）殷寅撰写的状元殿试诗即为五言八韵，唐上元二年（761）张濯撰写的状元殿试诗也为五言八韵。宋初编纂的《文苑英华》180 卷—189 卷中，共录唐代科举应试诗 460 首，大部分为五言六韵排律，但在 189 卷中也有少量的五言八韵排律。如唐德宗建中元年（780）登进士第的郑昉的省试诗《人不易知》："如面诚非一，深心当易知？入秦书十上，投楚岁三移。和玉翻为泣，齐竽或滥吹。周行虽有寔，殷鉴在前规。寅亮推多士，清通固赏奇。病诸方号哲，敢相反成疵。冬日承余爱，霜云喜暂披。无令见瞻后，回照复云疲。"

综上所述，该卷的试帖诗应该是唐高宗到宋仁宗之间（681—1037）的作品，即唐朝、五代、宋仁宗前的作品。

（四）从该文物出现的地域范围看，该卷上的五言律诗应该是胡曾所撰所书的试帖诗。

通过对 21 首诗的校注，发现作者知识渊博，典籍烂熟于心，非大才写不出这种诗，而该文物出现在邵阳，作者极有可能是邵阳人。在 681 年至 1037 年这段时间里，邵阳中进士的只有卿侃和胡曾二人，我们首先从该卷的避讳看，则不可能是唐德宗贞元年间中进士的卿侃所写。

唐朝避讳依据的是《唐律疏议职制》"避宗庙讳"的规定，即应该避开"天子七庙"的名讳，即当朝皇帝上七代的名字讳。如胡曾传世的150首咏史诗中，虽然我们看到了4个"虎"、9个"世"、4个"旦"、1个"隆"、1个"基"、3个"豫"、2个"适"，似乎冲犯了李渊祖父李虎、太宗李世民、睿宗李旦、玄宗李隆基、代宗李豫、德宗李适的名讳，但是胡曾咏史诗是在唐懿宗时期撰写的，"天子七庙"的名讳为顺宗李诵、宪宗李纯、穆宗李恒、敬宗李湛、文宗李昂、武宗李炎、宣宗李忱，刚好在胡曾咏史诗中找不到"诵、纯、恒、湛、昂、炎、忱"这7个字，在胡曾的其他传世诗文也找不到，因此符合"天子七庙"的避讳规则。

按照该规则，如果该卷作者为卿侃的话，其时皇帝为德宗李适，其上七代为代宗李豫、肃宗李亨、玄宗李隆基、睿宗李旦、高宗李治、太宗李世民、高祖李渊，而该卷21首诗中有1个"世"、2个"民"、1个"旦"、1个"基"，则明显冲犯了太宗李世民、睿宗李旦、玄宗李隆基三人的名讳，因此肯定不是卿侃所撰。而将作者换作唐僖宗时期中状元的胡曾，则没有犯讳的问题，唐僖宗李儇以上七代为宪宗李纯、穆宗李恒、敬宗李湛、文宗李昂、武宗李炎、宣宗李忱、懿宗李漼，在这21首诗中，刚好找不到"纯、恒、湛、昂、炎、忱、漼"这七个字。虽然这21首诗中有"虎""世""民""旦""基"，则不在七庙之内，不算犯讳。

因此从避讳看，如果该卷作者为邵阳人的话，则非胡曾莫属。

除此之外，还有如下与胡曾吻合之处：

第一，从用典看，这21首诗中典故都发生在中唐之前，因此可以为晚唐的胡曾所用，合乎时间逻辑。其中距离最近的是唐高宗时期落成的"碧落碑"（《夏五》中的"如观碧落碑"），以及唐朝开元年间刘鼎卿著的《隋唐嘉话》中记载唐太宗怀鹞之典（《鹤有乘轩者》中的"丧志同怀鹞"），再往前一点就是引用《隋书》中隋炀帝放萤（《筑鹿囿》的"放萤应苑茸"），而胡曾《咏史诗》则刚好终止于隋炀帝。

第二，从毛笔字的章法看，该卷远视如列仙下界、群鹤飞天，近观则如虎踞蟠蟠、鸾飘凤泊，符合《唐才子传》中关于胡曾"天分高爽，意度不凡"的描述。从毛笔字的结体看，法度中和，刚而不露、柔而不媚，气象峥嵘，神采奕奕，与诗配合，给人"致广大而尽精微、极高明而道中庸"的感觉，这与儒生胡曾道法中庸的风度相似。从笔法看，铁画银钩，笔笔精到，法度森严，一丝不苟，则与唐朝书法"尚法"吻合。而考察唐代书风，早期瘦硬，如虞世南、欧阳询的书法，中唐因颜鲁公而转为肥劲书风，晚唐又变为瘦硬，此卷中的楷书带有颜体笔法，去颜之肥，留颜之劲，因此也与胡曾所处晚唐的书风吻合。

第三，从该卷中的"凭"字看，该繁体"凭"字由"三点水、马、心"组成，这种写法在宋朝及以后没有见过，上部都是两点水的"冯"，只有北魏《寇凭墓志》和唐朝何氏《投老帖》这么写，因此也与胡曾为晚唐人吻合。

第四，从该卷没有题款看，也与唐朝作品不题款吻合。因为书画作品落款钤印之习惯，是从宋朝米芾、苏轼开始的，唐代及以前的书画作品都不题名，著名的《鹡鸰颂》也没有唐玄宗的题款，《兰亭集序》《祭侄文稿》都没有题款。当时人认为题款破坏了书画的整体感觉。

（五）该卷可能为胡曾担任翰林院侍读学士时献给唐僖宗的侍读材料。

唐代科举考试分常科和制科，每年举行的称常科，由皇帝下诏临时举行的考试称制科。常科试诗每次只试一首五言排律，而制科则有日试万言、日试百篇的情况。该卷有 21 首诗，因此不大可能是常规省试的试卷，或许是制科的卷子。但如果是制科卷子，都会封藏在皇宫，大概率不会流落民间，传到朱先生手里。因此该卷不大可能是考卷。

该卷到底是什么情况，目前很难得出定论。不过根据秋田胡氏乾隆元年族谱记载，在邵阳名士简策的序中，有"湖广通志云：唐胡曾乾符间状元及第，入内翰，都御史兼礼部侍读"的记载。即胡曾中状元后，成为了翰林院侍读学士。如果该记载属实的话，则该卷极有可能是胡曾献给唐僖宗的试帖诗。

可能的场景是，胡曾陪唐僖宗读《春秋左传》时，将以前备考应试的21 首五言律诗呈现给皇帝阅读，让唐僖宗在卷上题写诗题以加深对《左传》的印象，而唐僖宗可能对《左传》未能全盘熟悉，因此其中有两首的标题没有写出来。写标题后，唐僖宗赐还胡曾，胡曾于是珍藏在邵阳家中。

该卷天头的行书是不是唐僖宗的真迹呢？对此，朱振兴先生非常自信，他说行书的墨色跟小楷的墨色不一样，应该是皇帝专用墨。经查资料，李唐皇家用的"李墨"，当时号称"天下第一品"，有"黄金易得，李墨难求"的美誉。经比对流传至今的唐玄宗李隆基《鹡鸰颂》真迹、唐懿宗李漼（cuī）"随真身御前赐"真迹（见法门寺博物馆陈锦航博士的研究论文《对法门寺地宫珍宝的再认识》），与此件行书的墨色吻合度非常高。

另外，朱先生从书法艺术看，认为此件行书与当时唐僖宗李儇（xuān）的年龄吻合。李儇（862—888）于873年12岁登基，第一个年号是乾符（874—879），胡曾乃乾符年间状元及第，经本人论证大约在877年中状元，则当时李儇为15岁，该行书跟李隆基和李漼的书法无法相比，但是也有帝王之气，符合15岁少年帝王的手笔。

还有，朱先生收藏有北魏时期的书法作品，经比对纸张，觉得该卷纸张成色应该是唐朝的。如果朱先生所言属实的话，本人认为该卷可能是翰林侍读学士胡曾献给唐僖宗的应试诗。

六　胡曾的完整生平拟构

要拟构胡曾生平，先要考证胡曾生卒之年。胡曾在咸通十二年（871）撰写的《剑门寄上路相公启》中云："效枚叟之文章，虽怜七岁；感潘生之岁月，已叹二毛。"其中"二毛"是典故，即32岁，出自潘安之文："晋十有四年，余春秋三十有二，始见二毛。"古人年龄计虚岁，可见作此文时，作者已虚岁32岁，可知作者生于唐文宗开成五年（840）。关于胡曾卒年，则有明朝崇祯二年（1629）刘养赤撰写的《福田寺碑文》云："有文明者乃出所藏世谱，详阅源流根株，历历分明，其云：秋田先生因才名世，司汉南从事，时南诏蛮叛，先生以片言谕之，即稽首臣服，上召面谕，因献集诗，上令入翰林都御史兼礼部侍读，赐锦还乡，因侨寓武昌府，终于光启乙巳，朝旌其忠，昭宗己酉御殡于斯。生子五人，皆以茂才闻，特树庵傍以守其墓。至宋之建隆，有嫡孙鹏云以武功授宣尉，继祖为西京外翰，时癸丑冬始，建立寺以崇奉之。"从该文看出，秋田胡氏族谱一直详细记载了胡曾的卒年为光启乙巳，即唐僖宗光启元年乙巳岁（885），享年46岁。于唐昭宗龙纪元年己酉岁（889）御葬在秋田村，于宋真宗大中祥符六年癸丑岁（1013）由孙胡鹏云、曾孙胡继祖建秋田祠崇奉胡曾。

其次要考证其仕宦履历。在胡曾于咸通十二年（871）担任西川节度使路岩的掌书记之前，应该已经写成《咏史诗》三卷，担任过节度使幕僚，并且参与过平乱的军机，深得节度使赏识，不然路岩也不会贸然请一个没有进士及第的胡曾去担任掌书记的。这方面的文献有《增订注释全唐诗》卷六四一胡曾小传云："尝为山南东道节度从事"，山南东道节度治所在今湖北襄阳；另外还有一首《七律·早发潜水驿谒郎中员外》可供联想，潜水驿在湖北，属于荆南节度使管辖，当时荆南节度使为崔铉，因此胡曾可能入崔铉幕府，并参与了平定庞勋叛乱，深得崔铉赏识，而路岩曾经是崔铉手下，因此胡曾被路岩延请，可能是崔铉推荐所致。胡曾到成都后，一檄来西山八国，一牒退南诏雄兵，路岩由此升为魏国公，因此路岩应该非常看重胡曾。胡曾有一篇《谢赐钱启》，历来不知所谢为何人，考虑胡曾在成都结婚，因此该文应该是胡曾感谢路岩赐钱以完婚而写，不过胡曾为官清廉，目睹路岩纵容属下腐败，应该在婚后就离开了路岩，否则后来不可能不受路岩的牵连。胡曾中状元后，入翰林院，成为内翰，并担任都御史，兼礼部侍读。乾符五年（878）正月初一，适逢王仙芝攻打荆州，朝廷急调西川节度使高骈担任荆南节度使，唐僖宗于是委派胡曾以都御史身份监军，从《贺高相公除荆南启》一文的语气看出，胡曾已经不再有《剑门寄上路相公启》那样的自叹卑微和感恩戴德，而只是恭维高骈的武功和威望，结尾也是客套话，因此与胡曾中状元后担任都御史而作为监军使的身份是相符的，因此秋田胡氏族谱中记载的胡曾都御史身份应该是没有疑义的。高骈担任荆南节度使时间不到半年，因黄巢势大，朝廷于是调高骈为镇海军节度使、加诸道兵马都统。胡曾此时去向如何呢？据《九疑山志·古迹考》记载："僖宗朝，长沙胡曾权延唐令，请于朝，复立庙于玉琯岩下，有敕建舜庙碑。"另有《唐五代文学编年史·晚唐卷》记载："胡曾于乾符六年前后为延唐县令。"为什么胡曾会由都御史、礼部侍读而兼任延唐令呢？因为乾符六年（879）九月，黄巢南窜，攻占广州，黄巢本来想在广州称王，因岭表气候湿热，士兵患瘴疫死者十之三四，黄巢乃决意北还。因胡曾老家在邵阳，正好是黄巢北上必经之地，高骈欲围堵黄巢北上，或向朝廷举荐胡曾，唐僖宗由是任命胡曾兼任延唐令（县治在今永州市宁远县）。胡曾做延唐令后怎么就去复建舜庙了呢？因为广明元年（880）正月，湘江暴涨，黄巢军于是乘船一路滔滔越过永州、衡州、潭州，越湖南而至湖北，广明元年十二月，黄巢攻占长安，登基做了皇帝，唐僖宗则避难成都，胡曾处此乱世，也只能以尧舜为道统，以延唐为据点，实现心中的政治理想。胡曾在玉琯岩找到荒废已久的舜庙，恢复祭祀，改变了唐朝重道教佛教的政统，同时也实现了胡曾年轻时的一个梦想。他当年曾到九嶷山寻找舜帝陵而未果，留下了《苍梧》咏史诗云："有虞龙驾不西还，空委箫韶洞壑间。无计得知陵寝处，愁云长满九嶷山。"胡曾祭舜后奇迹发生，朱全忠叛巢降唐，大唐起死回生，胡曾于是在延唐广施惠政，撰《九嶷图经》，发展经济，造福民生，使得延唐县成为一方乐土。胡曾在延唐成功祭舜后，为国家立下大功，因此被唐僖宗任命为礼部尚书，主管全国的祭祀。

总结起来，胡曾做过节度使从事、掌书记，做过翰林、都御史、礼部侍读，兼过县令，做过礼部尚书。而最后得到唐昭宗的御葬，证明其地位之显贵，而明朝王志远在《胡秋田公咏史诗序》中云："秋田本末未能详考，然坟茔在里中，羊虎未尽崩褫。"胡曾墓前有石羊石虎，也证明了这一点。

再次要考证胡曾的死因。关于胡曾之死，秋田胡氏族谱只有一句"侨寓武昌府辞世"，其实这句话经不起推敲，胡曾死时只有46岁，乃朝廷命官，又正值盛年，如何就变成了"侨寓武昌府"的闲散退休之人呢？其实在邵阳民间，千年以来一直盛传"胡曾被皇帝所杀"，皇帝问胡曾"君大还是民大"，胡曾回答"民大"因此被砍头。而从族谱所记，即889年唐昭宗下诏御葬胡曾于秋田村来看，应该是唐僖宗杀错了，唐昭宗于888年登基后以御葬来弥补。因此"胡曾被皇帝所杀"的可能性非常大。邵阳民间还有传说，因胡曾死后有躯无首，皇帝特铸金头陪葬，并且埋了四十八个地方。

最后考证一下胡曾的身世、故里和名号。胡曾是舜帝后裔，有《湘川》《苍梧》两首咏史诗表达孺慕之情，有延唐复建舜庙之举。胡曾也是安定胡氏，因此有《安定集》十卷行世，并载入《新唐书》，胡曾的曾祖父、祖父应该是因安史之乱而由洛阳入邵阳，胡曾父亲胡安命出生在邵阳，因此为秋田胡氏一世祖，胡安命厌尘嚣、喜恬静，最先住在邵阳城东唐乐一都佘湖山，于唐宪宗元和五年（810）移居秋田村之竹山湾，生子八，公皙、公智、公普、公晋、公书、公昌、公会、公曾，为公字辈，胡曾辈名公曾，字静轩，为第八子。秋田胡氏族谱中有"自汉晋以来世为邵人"的说法，而且被清初车以遵《胡秋田先生祠记》所引用。这个说法应该不准确，如果汉朝即为邵人，如何尊几百年后的唐朝胡安命为一世祖呢？而且从胡曾写《安定集》可以看出，秋田胡氏出自位于今天甘肃镇原的安定胡氏无疑，因此"自汉晋以来世为邵人"应该不真。不过在古代私有制社会中，族谱往往将始祖往前推几百年，以证明家族占有的田土山林历史悠久，这种现象在各个姓氏的家谱中都比较常见，因此秋田胡氏的这个记载也情有可原。至于历史文献说胡曾是长沙人，因胡曾在《寒食都门作》中有"故园寥落在长沙"之句，以及七绝《长沙》中有"故乡犹自嫌卑湿"之句，其原因是邵阳在汉代属长沙国，在隋唐又属于长沙郡，因此当时长沙相当于今天的"湖南"，所以这也没有大的错误。关于胡曾的"曾"字发音，现在有人提出读"层"，其实在宋朝以前，"曾"字只有一个发音，即读"增"，从唐玄宗时期孙愐著《唐韵》可以看出，"曾"的发音是《唐韵》昨棱切，即由"昨"的声母和"棱"的韵母拼音而成，即发音"增"；到宋朝才出现了"增""层"两种读音，《孙奕·示儿编》中说："曾字除人姓及曾孙外，今学者皆作层字音读。然经史无音，止当音增。"按照该说法，胡曾的名字由早于南宋孙奕的北宋欧阳修编入史书之中，即编入了《新唐书》的《艺文志》中，属于"经史无音，止当音增"，因此胡曾的"曾"只能读"增"，今人有人提出读"层"当然是错误的。胡曾的"曾"读"增"是什么意思呢？按古时"曾"同"增"，增者，益也。因此可能是为家族、国家增光的意思。胡曾号秋田，应该是胡曾成名之后的尊号，因为胡曾出生在邵阳县永成乡秋田村，故尊称胡秋田，跟尊称曾国藩为"曾湘乡"一样。

经过以上考证，胡曾生平基本就清楚了，《大唐诗人胡曾传奇》也是在此基础上去构建胡曾一生传奇的，胡曾年谱拟构如下：

840年1岁。出生于邵阳县长阳铺镇秋田村竹山湾，胡曾在《剑门寄上路相公启》中自述为："革户庸人，荷衣贱子。"因此应该是耕读农家。

846年7岁。仿效枚乘写汉赋，胡曾在《剑门寄上路相公启》中说："效枚叟之文章，虽怜七岁。"《宝庆府志》则赞他"少负才誉，文藻煜然"。

848年9岁。县试第一名，入邵阳县学、州学，皆在当今邵阳市内。假期与陈盖游邵州山水名胜并赋诗，在桃花坪首题咏史诗《武陵溪》。

854年15岁。考道学名列第一，入长沙读书。唐广德二年（764)设湖南道，大历三年（768）治所从衡阳迁到潭州（长沙城），湖南道统领衡、潭、邵、永、道、郴、连7州，因此胡曾到长沙读书。假期与陈盖游湖南山水名胜并赋诗，并去九嶷山寻舜帝陵，题咏史诗《长沙》《湘川》《苍梧》。

860年21岁。入长安参加科举考试，第一次落第，滞留长安。

861年22岁。参加科举考试，第二次落第，遇黄巢。题《下第》《寒食都门作》诗，遇长沙人刘蜕。

862年23岁。放弃科举，开始游历写咏史诗，先去西北昆仑山、星宿海，再去内蒙古沙漠，年底去胡氏安定故里胡家坪、皇后湾，遍访宗亲，详查家族世系。

863年24岁。往西南游历，经汉中到成都、云南，后返回长安，将两年来所作的咏史诗请刘蜕指导，刘蜕感其志大心苦，推荐其到宰相、荆南节度使崔铉手下任幕僚，胡曾经汉水至荆南就职，得到崔铉赏识。

864年25岁。公务之暇，胡曾为写咏史诗，与崔铉之子崔潭沿长江逆流游历到白帝城。

865年26岁。与崔潭游湖北、江西、湖南、广东、广西。

866年27岁。与崔潭周游河南、山西。

867年28岁。春夏游河北，九月独自入山东。

868年29岁。与崔潭同游江苏、安徽、浙江、福建。回荆南将咏史诗结集，写自序，崔铉安排刻印，在军营发行。七月庞勋于桂林起义，胡曾献计和平解决庞勋起义，崔铉赏识胡曾的军事才能，但皇帝昏庸，导致庞勋安然顺长江东去，愈演愈烈。

869年30岁。胡曾为崔铉献计平定庞勋起义，并准确预计战局。十一月胡曾遭小人排挤，无奈离开荆南节度使回到秋田。

870年31岁。胡曾回邵阳找陈盖，陈盖为咏史诗作注，并在邵阳刊行，在私塾影响很大。

871年32岁。遵父命又去长安考试，又落第。穷困潦倒之际，崔铉推荐胡曾担任宰相路岩的西川节度使掌书记，胡曾从长安出发，在剑门关写《剑门寄上路相公启》表达对路岩的感激。到成都后，经过短暂考察，为路岩献"顺手牵羊、敲山震虎"之计，随即以一篇《告西山八国檄》，西山八国归服唐朝，胡曾立下第一功。十二月，南诏下战书，胡曾代路岩写《答南诏牒》。

872年33岁。南诏皇帝世雄接到《答南诏牒》，为理势所服，宣布退兵，并承诺，如果路岩在成都，则不侵犯。胡曾代路岩写《草檄答南蛮有咏》向唐懿宗报喜。胡曾因为功成名就，在成都喜结良缘，向路岩借钱办婚事，路岩慷慨赐钱，胡曾上《谢赐钱启》。并在成都开办学校，推广咏史诗。

873年34岁。西川节度使非常腐败，胡曾不愿同流合污，因此离开西川节度使，与妻子到长安谋生，闲暇时间撰写《安定集》。八月，唐懿宗死，唐僖宗继位。十一月，路岩回京担任中书令，牛丛接任剑南西川节度使。胡曾生长子章甫。

874年35岁。唐僖宗改年号为乾符元年。一月，路岩被贬官为荆南节度使，后一贬再贬，最后赐死。十一月，南诏再次侵犯西川。

875年36岁。乾符二年正月，高骈任西川节度使，杀败南诏。一月王仙芝起义，六月黄巢起义。朝廷命宋威平乱。胡曾在长安写《安定集》，生子良甫。

876年37岁。乾符三年高骈撰写《回云南牒》，筑成都外城，十二月王仙芝于蕲州降唐，遭黄巢痛骂。胡曾在长安写成《安定集》十卷。

877年38岁。生子祥甫。三月朝廷发布《讨草贼诏》。因刘蜕和宰相崔沆的力荐，胡曾科举考中状元。唐僖宗召见，献《咏史诗》《安定集》《答南诏牒》，上令胡曾入翰林院，担任都御史兼礼部侍读，同时对《安定集》中胡氏望族人才辈出甚为赞许，并题词曰："绵绵安定公族，世世长发其祥。"据《南雄始兴大庾联修联谱》载，胡曾因其《安定集》被胡氏尊为"安定堂"建堂太祖。胡曾回家省亲，船经资江逆流而回邵阳，邵州刺史在资江中小岛迎接胡曾，此后该岛命名为状元洲。回京后唐僖宗让侍读学士胡曾陪读《春秋》，胡曾呈上《春王正月》等试律诗21首，唐僖宗题诗名后赐还。面对当下违背春秋大义的天子式微、天下大乱危局，唐僖宗询问胡曾降服黄巢之法，胡曾提出效法舜帝即可平乱，唐僖宗答应，但被宦官田令孜否决。朝廷最终决定起用高骈以武力平乱，令胡曾以都御史监军，胡曾撰写《贺高相公除荆南启》。

878年39岁。胡曾来到荆南节度使会高骈，高骈询问平巢之策，胡曾提出拉网合围之法，并向皇帝力荐高骈担任天下兵马大元帅。六月，高骈徙镇海军节度使，并担任大元帅。胡曾闻父丧回秋田，后又丁母丧。

879年40岁。乾符六年（879）九月，黄巢攻克广州，因岭表气候湿热，军多患瘴疫死者，黄巢乃决意北还。是年即自桂州编木筏。十月，胡曾接朝廷任命担任延唐令，以堵截黄巢北上。胡曾到桂林拜会黄巢，劝他效法舜帝，经营岭南，黄巢答应。但到十二月，黄巢被朱温说服，准备北上。胡曾生子清甫。

880年41岁。正月湘江暴涨，黄巢沿湘江北上，直达湖北。胡曾心忧天下大乱，但也无可奈何，于是专心建设延唐县，改善民生，发展经济，并寻找已经荒废的舜帝陵。十二月，黄巢攻克长安，唐僖宗避乱成都。

881年42岁。在玉琯岩找到舜帝陵，复修舜庙，上书唐僖宗祭舜。

882年43岁。八月，胡曾在延唐祭舜，同时唐僖宗在成都遥祭。九月，好消息传来，朱温叛巢降唐，唐僖宗赐名朱全忠，黄巢起义走向衰落。生子静甫。

883年44岁。胡曾效法舜帝建设延唐县，该县呈现了物阜民丰的祥和景象，写《九嶷图经》，创舜帝书院。

884年45岁。中和四年春，李克用和朱温合攻黄巢，黄巢大败。六月十五日，黄巢逃至泰山狼虎谷，见大势已去，便自杀。胡曾用心经营延唐县，惠政百里，成为乱世中的一方乐土。

885年 46岁。唐僖宗从成都回长安，迁胡曾为礼部尚书，咨询如何解决李克用、朱温割据问题。胡曾还是建议效法舜帝，遭田令孜、朱温陷害而辞世。于武昌申文达部，朝廷褒奖。889年，唐昭宗为胡曾在秋田举行了隆重的葬礼。

照上述拟构生平，王重民的《补唐书胡曾传》应该是这样的：

曾，邵州人也，号秋田，少负才誉，文藻煜然。初，入长安应试，再三下第，赋诗云"翰苑何时休嫁女，文昌早晚罢生儿。上林新桂年年发，不许平人折一枝"。后入节度使幕府，参与平定庞勋之乱，并游历四方，作《咏史诗》三卷。咸通十二年（871），路岩为剑南西川节度使，闻胡曾之名，辟曾为掌书记，时吐蕃分裂瓦解，胡曾代路岩拟《告西山八国檄》，西山八国于是归附唐朝。后南诏欲犯成都，先遣木夹书云"借锦江饮马"，岩命曾答，曾以《答南诏牒》破之，南诏退兵，震动朝野，曾亦名满天下矣。乾符四年（877），登状元第，上召面谕，献《安定集》，僖宗欣题："绵绵安定公族，世世长发其祥。"又献《咏史诗集》，上令入内翰、都御史兼礼部侍读。乾符五年（878），高骈徙荆南节度使，以平黄巢之乱，曾以御史监军。未数月，骈再徙镇海，曾迁延唐令，于玉琯岩觅得舜陵旧址，请于朝而隆祀，旋见朱温叛巢，唐室起死回生矣。曾于延唐兴产业，建集市，办学校，惠政百里，呈舜日尧天之象。后回京任礼部尚书，于光启元年（885）离世，昭宗己酉（889）御殡于秋田村。曾所著有《安定集》十卷、《咏史诗》三卷、《九嶷图经》等，《全唐文》收其"一牒三启"四篇，文情并茂，可居上品。《全唐诗》收其咏史诗及律绝一百六十二首，律诗清丽，可居中品。其《咏史诗》理直文平，朗朗上口，在曾生时，盖已盛行，故前蜀内侍宋光溥为王衍咏之，衍为罢宴。明代载入《列国》《三国演义》等小说，更家传户诵矣！

七　胡曾的历史地位

1 胡曾乃邵阳首位"三不朽"历史人物

立德、立功、立言被视为人生"三不朽"，三者之中，立德最难评定，因为阳德看得见，而阴德看不见。不过，中国有句古话"盛德必有百世祀"，因此评定一个人是否立德，只要看这个人身后有多少世的祭祀就行，比如已经逝去四千多年的舜帝，现在仍然有祭祀，当然超过了百世，因此舜帝是有盛德的。胡曾离世至今已经有1100多年，胡曾墓也是岁祀不断，百世的祭祀也是可期，因此其立有盛德也是可以肯定的。至于在立功方面，一檄来西山八国、一牒退南诏雄兵，当然算是为国立功，咏史诗风行八百年，以文化人，教化童蒙，当然也为民族立了功。在立言方面，他流传下来的诗文当然是立言的确切证据。而在胡曾之前，整个邵阳都没有像他这么不朽之人物，即使在湖南，也不多见，因此胡曾无疑是邵阳首位"三不朽"的人物。

由于新旧《唐书》没有为胡曾立传，因此这种不朽也是来之不易，千年以来，他的"三不朽"至少得到了这四个方面力量的支持。第一，得到了朝廷的支持，尤其得到了邵阳地方官的呵护，虽然有误述的与叛臣高骈的关系，但是历朝乡贤祠中都有胡曾的位置，历朝方志中都有胡曾的名字。第二，得到了士林的支持，尤其是得到了邵邑功名人士的支持和拥护，因为这些人或多或少受到过其人其文的影响和激励。第三，得到了其瓜瓞绵绵的子孙后代的爱戴和拥护，血脉之亲，追宗慕祖，乃人之常情。第四，因为胡曾咏史诗都是以地名为标题，以历史事件为内容，因此受到了文学创作者的喜爱，在介绍地理或历史时，往往引用胡曾咏史诗来助兴！比如罗贯中写《三国演义》就大量引用胡曾咏史诗；当然除了作家，胡曾及其咏史诗对于历史研究者来说，也是个好题材，研究论文也不少。因为有这四方面力量的支持，所以能有胡曾的"三不朽"。我们下面从两个方面来看看其千年不朽的过程。

首先我们来看看咏史诗的千年不朽。在五代、宋、元、明时期，胡曾咏史诗风行全国，立蒙学潮头，顺水行舟，这自然不需要这四股力量的推动。而在明末，胡曾咏史诗因受诗坛名家攻击而衰落时，就有王志远、车大任出来为之呐喊，王志远作《胡秋田公咏史诗序》，车大任校对刊行。而到清朝，则有车大任之子车以遵作《胡秋田先生祠记》，对胡曾咏史诗进行褒奖宣传。康熙四十四年（1705）编纂《全唐诗》时，就有时任编委的车鼎晋（1668—1733，车万育长子，康熙三十六年进士）将胡曾咏史诗及律绝合计160余首编入。可以看出，明清两朝，邵阳车氏家族起衰振隳，为传承胡曾文化不遗余力。到民国时，白话文取代文言文，胡曾咏史诗当然也随之作为国故，此时则有邵阳籍学者、毛泽东在湖南第一师范的同学李柏荣（1893—1972）为胡曾咏史诗用文言文作跋宣传，在该跋中，李柏荣借用"上下床"的典故，通过对比杜牧、汪遵的同题作品，而抬高了胡曾咏史诗。另有民国陆军中将、蔡锷至友、邵阳人岳森（1880—1957）于1943年为秋田胡氏九修族谱作序，也对胡曾咏史诗给予了很高的评价，认为"笃实辉光，发人深省，如咏居延、五湖、关西诸诗，忠正之气，恬淡之什，郁于中而发于外，可以参至道，被万世。"而从改革开放以来，对胡曾及其诗文的研究，成为邵阳、湖南及全国的显学，涌现了很多关于胡曾的著作、论文，出现了很多歌咏胡曾的诗文，其中以邵阳教育界、湖南文化界为主。

1993年11月4日—8日，中国韵文学会、湖南省古代文学协会、邵阳市政协、邵阳师专在邵阳市联合举办了"全国首届咏史诗暨胡曾学术讨论会"，在会上，北京大学陈贻焮教授称胡曾为"咏史专业户"，邵阳市志办赵烈安先生提交了《胡曾生平简历构拟》一文，邵阳市二中马少侨先生提交了《论唐末诗人胡曾》一文，对胡曾生平和历史地位提出了各自的看法，武汉大学苏者聪教授称赞胡曾是一个了不起的诗人，驳斥了明代诗坛认为胡曾诗"兴寄颇浅，格调亦卑""轻挑浅鄙"的偏见和谬论。湖南师大蔡镇楚教授在提交的《论胡曾咏史诗》一文中，指出了胡曾诗的三个鲜明特点：一是以组诗形式构成历史画卷，二是以诗的形式褒贬历史，三是语言通俗。蔡镇楚教授的概括既合乎实际，又透视出了胡曾诗长久流传的真正原因，并称胡曾乃"中国文学史上第一个语言大众化的咏史诗人"。这次大会经过百家争鸣，统一了对胡曾及其咏史诗的认识，当然也提高了胡曾在学界的知名度。

进入 21 世纪后，围绕胡曾又举办了一次全球范围的文化盛事。2013年 6 月 10 日至 11 月 10 日，邵阳市文物局、邵阳县人民政府、邵阳市诗词协会和市楹联学会联合主办了"胡曾杯"全球华人诗联大赛，面向全球华人征稿。在短短半年时间内，大赛组委会共收到 16190 件参赛作品，其中楹联 8652 副，诗词 7538 首。这些作品中不乏立意新奇、文辞优美、气韵高华的佳作，可以说达到了我国当代各种征集诗联活动的最高水平。主办方将此次所有获奖和入围诗联作品进行编辑，结集出版了"胡曾杯"全球华人诗联大赛作品集《天下重长阳》。该活动的成功举办说明了两点：第一，邵阳当地政府高度重视胡曾文化遗产的发扬光大；第二，胡曾在全国依然有很高的知名度。

从上述内容看出，胡曾咏史诗确实做到了千年不朽，如江河行地一样，虽然有山峦阻挡，但总能东流入海、涛声依旧。

其次我们来看看胡曾墓和秋田祠的千年不朽。根据现存的撰于明末（1629）《福田寺碑文》记载，胡曾墓和胡秋田祠的来历为：公元 889 年，唐昭宗御葬胡曾于秋田，后五子建庵守墓。公元 960 年后，胡曾之孙胡鹏云、曾孙胡继祖均担任北宋高官，于是建香火院崇奉胡曾。元末至正年间（1341—1360）因湖南靖州吴天保暴动，香火院遭兵毁，后由胡曾后裔胡尽伦再建。到了 1460 年秋田胡氏改院为寺，由和尚主持香火院。1629 年由胡文明等人再修成为福田寺，由秀才刘养赤作序刻碑。对于当时的福田寺，明末乡贤都来秋田凭吊胡曾，并留下诗篇，如车大任有《过秋田访胡先生墓二首》、王尚贤有《访秋田公墓》、彭克济有《春日过秋田》，都表达了改祠为寺的遗憾。到了清朝康熙年间，胡曾后裔胡亨宇捐家产建了秋田祠，请当时邵阳名士车以遵（1598—1680）撰写《胡秋田先生祠记》，可不久又变成了寺庙。到了清朝咸丰年间，在邵阳学官彭洋中等地方官僚的干预下，最终将寺庙迁移而重修祠墓，彭洋中亲撰《重修胡秋田公祠记》。到了"文革"时期，胡曾墓和秋田祠都被毁，1996 年，胡曾后裔和周边群众集资于原址复修了胡曾墓。2011年1月，胡曾墓被公布为湖南省级文物保护单位。由这千年的曲折经历看，胡曾墓和秋田祠几废几兴，也总能得到正气的维护。

2 胡曾乃湖湘文化"经世济用"第一位代表人物

湖湘文化的一个重要特点就是"经世济用"，最著名的代表人物当然数两位"书生带兵"的文人曾国藩、毛泽东，他们都懂得以文动心，以文化人。曾国藩不仅开创了"义理、考据、辞章、经济"的湘乡派文风，开创了"气势、情韵、趣味、识度"的湘乡派诗风，留下了风行四海的《曾国藩家书》，更重要的是，他以一篇讨伐檄文抢占了文化的制高点，檄文一出，士子归心；而对于老百姓和那些五大三粗的将士，曾国藩则抛开高古的诗文，用通俗的大白话来宣传和教育，如其著名的《爱民歌》云："三军个个仔细听，行军先要爱百姓……"一介书生曾国藩最终成为了一代儒将。而毛泽东则做得比曾国藩更出色，他自称是"用文房四宝打天下"，他娴熟地运用诗文来进行革命，比如："谁是我们的敌人，谁是我们的朋友？""哪里有压迫，哪里就有反抗！""地主重重压迫，农民个个同仇。""一切反动派都是纸老虎！""人不犯我，我不犯人；人若犯我，我必犯人！""星星之火，可以燎原。""太平世界，环球同此凉热！""数风流人物，还看今朝！"这些人人都能听懂的大白话，有力地推动了革命的蓬勃发展。在1945年重庆谈判时，他的一首《沁园春·雪》胜过千军万马，从容地征服了国统区的知识分子。1949年，当他在天安门城楼上宣告"中国人民从此站立起来了"的时候，无不激发了中国人民的自豪感，大批留学生由此回来报效祖国。新中国成立之后，他说："夺取全国胜利，这只是万里长征走完了第一步。""下定决心，不怕牺牲，排除万难，去争取胜利！""不管风吹浪打，胜似闲庭信步！""一万年太久，只争朝夕。""妇女要顶半边天。""你们青年人朝气蓬勃，好像早晨八九点钟的太阳。""六亿神州尽舜尧。"这些话无不激发了中国人民当家作主的豪情和斗志，于是中国迎来了如火如荼的建设高潮，有了"两弹一星"，有了完整的工业体系，从一个落后的农业国转变成了全球第六大工业国。

　　文章者，经国之大业、不朽之盛事！以曾国藩、毛泽东为代表的近代湖湘文化精英能以文克武、以文成大业，无不彰显了湖湘文化的威力，无不彰显了"经世济用"的湖湘文化特质。话说"君子之道黯然而日章"，"经世济用"的湖湘文化其实可以追溯到古代的湖南，"吾道南来，自是濂溪一脉；大江东去，无非湘水余波。"王闿运的这副对联大气磅礴，将湖湘文化的源头追溯到宋朝的周敦颐，其实湖湘文化的代表人物还可以往前追溯。在唐代，湖南就出现了三位享誉全国的本土诗人：李群玉、胡曾、齐己。在三人之中，以胡曾的文化传奇影响最大。胡曾三十多岁时，首先以一篇大气磅礴的檄文，迎来了西山八国脱离吐蕃而归顺大唐，随后以一篇正气凛然的《答南诏牒》，让曾经在天宝战争中导致大唐全军覆没的南诏退兵。《答南诏牒》乃千古爱国名篇，其气势与文采汪洋恣肆，其化人之力，与《讨粤匪檄》和《沁园春·雪》足有异曲同工之妙。胡曾能写华丽的骈文，能写清丽的七律，亦能写"庸夫孺子亦传诵"的咏史诗，胡曾是中国咏史诗名集第一人，《胡曾咏史诗》让昏君罢宴、让蒙以养正、让贪者廉、让淫者戒，作为蒙学教材，风行唐末、五代、宋、元、明，历八百年而不衰，受教者堪以亿计。胡曾《咏史诗》与《曾国藩家书》《毛主席语录》亦有异曲同工之妙。而在唐之前，湖南人碌碌无所轻重于天下，因此，若从湖南本土人物来看，胡曾作为湖湘文化"经世济用"第一位代表人物，无疑也，无愧也。

第二编　胡曾咏史诗新注

一　前　言

1　史、诗、咏史诗

纵观世界，中国是最重视历史的国家，也是历史最完备的国家。法国著名思想家魁奈（1694—1774）曾赞叹道："历史是中国人一直以其无与匹伦的热情予以投入的工作，世界上没有哪个国家如此审慎地撰写自己的编年史，也没有哪个国家这样悉心地保存自己的历史典籍。"相传距今4700多年前的黄帝时代，中国就设立了史官制度。而自西周共和元年（前841年）开始，历史记录已精确到了年份。到孔子订《春秋》，则自鲁隐公元年（前722年）开始，历史记录精确到了月、日。后来司马光撰《资治通鉴》时，则从"三家分晋"上接《春秋》的242年历史，于是又续了1362年，形成了1600年的完整历史。除了编年史，西汉司马迁撰《史记》，开创了纪传体历史，东汉班固及后来各朝史家循此体例，按照"盛世修史""今朝修前朝史"的传统，留下了浩瀚的史籍。而从宏观来看，从《尚书》到《清史稿》，从二十四部正史到民间各种野史，从国史到方志、族谱、家谱、日记，则更是洋洋大观，这种盛大气象当然不是世界上任何一个国家可以比拟的。

为什么中国人如此重视历史呢？首先，中国历史来自圣人的开创，宋人云："天不生仲尼，万古如长夜！"孔子通过著《春秋》而开创了中国的史学。孔子五十五岁时，如出山之虎，满怀豪情周游列国，希望能救治"礼崩乐坏"的春秋乱世，可得到的遭遇却是"伐树于宋，削迹于卫，穷于商周，围于陈蔡"，窝囊的样子是"累累若丧家之犬"，六十八岁时无奈回到鲁国，在"知言之不用，道之不行"后，于是"厄而作春秋"，

"是非二百四十二年之事，以为天下仪表，贬天子，退诸侯，讨大夫，以达王事而已矣"。写罢不禁自我感叹道："知我者，其惟《春秋》乎！罪我者，其惟《春秋》乎！"也许真是"天将降大任于斯人也"，孔子开创的"治心以治世"的私人修史之举，为中华文化开凿了一眼巨泉，开辟出了"随地可成洙泗，普天皆有春秋"的宏大局面。后来孟子将"孔子作春秋"与"大禹治水""周公驱夷狄"并列为改变中华民族命运的三件大事。清代章学诚说："史之本源，本于《春秋》"。近代章太炎也认为，中国人之所以有民族自信，实乃《春秋》所赐，并认为"孔子于中国为保民开化之宗"。

《春秋》在史学界的独尊地位，在于孔子的《春秋》实现了三个"首次"，第一个"首次"就是成型了史学体例，即包含了"时间、地域、人事、史义"四个要素，树立了体例楷模，而之前的《尚书》《诗经》都没有这四要素。第二个"首次"就是实现了"以道统史，史以明道"的原则，实现了道统和历史的统一。《春秋》贯穿了"大一统"和"正名"的思想，对于"弑君三十六，亡国五十二，诸侯奔走不得保其社稷者不可胜数"的春秋乱象，孔子提出了"克己复礼"以回归道统的主张。第三个"首次"就是树立了史德，即"直书其事"。在《春秋》中，他敢于"贬天子，退诸侯，讨大夫"，大骂"卫灵公之无道"，无不显示了作为"良史"的正直。后来的史家均取法孔子的史德，如司马迁在"究天人之际，通古今之变，成一家之言"时，"其文直，其事核，不虚美，不隐恶"，皆与孔子通，后来如班固、司马光等，无不是"演《春秋》之绪"而已。

其次，是历史有巨大的社会价值，因此中国人爱读。这个价值主要表现在三个方面。**第一，维护中华"惩恶扬善"的道统。**人寿有限，但历史传之无穷，因此对于"盖棺论定""慎终追远"的中国人来说，都敬畏名声，都敬畏历史。"孔子作春秋，乱臣贼子惧"，"人从宋后少名桧，我到坟前愧姓秦"，这些都反映了历史的威力。不仅乱臣贼子如此，至高无上的皇帝也害怕那些秉笔直书的史家，"古之王者世有史官，君举必书，所以慎言行，昭法式也，左史记言，右史记事，事为《春秋》，言为《尚书》，帝王靡不同之"。而"在齐太史简，在晋董狐笔"，这些古代不怕杀头的史官，"宁为兰摧玉折，不为萧敷艾荣"，除了留下了信史，同时可以"史"来抑制暴政、防止衰政，因此历史是维护道统的重要力量。

第二，历史提供"鉴古知今"的智慧。治国之道、齐家之道、为君之道、为臣之道等等，都可以在漫长的历史中找到答案。因此孔子说："为人君父而不通于《春秋》之义者，必蒙首恶之名；为人臣子而不通于《春秋》之义者，必陷篡弑之诛，死罪之名。"司马迁说："是以君子为国，观之上古，验之当世，参以人事，察盛衰之理，审权势之宜，去就有序，变化有时，故旷日长久而社稷安矣。"唐太宗说："以古为镜，可以知兴替。"司马光说："鉴前世之兴衰，考当今之得失。"而"掌上千秋史，胸中百万兵"的毛泽东，一生成就与其酷爱读史分不开，《资治通鉴》就看了 17 遍。

第三，历史赋予了中国人的责任感、使命感、自信心。"我是谁？我从哪里来？我到哪里去？"困扰西方人的这三大终极问题，中国人却很轻松地从国史、方志、家谱中寻找答案，同时也为中国人提供了五千年文明的依据和自信。那些史书上的英雄人物，不仅为其子孙提供了光宗耀祖的压力和动力，也建立起了中国人"永垂不朽、名垂青史"的价值观，"人生自古谁无死，留取丹心照汗青""慎终追远，民德归厚矣"，也为中华文明长流不息提供了精神动力。

因此从修身、齐家、治国、平天下的角度看，饱含价值的历史当然值得每位中国人去逐本阅读。然而，正如庄子说"吾生也有涯，而知也无涯"，对于浩瀚的中华历史，如果要一字不漏地看过，穷其一生也难看完！如何解决这个问题呢？"咏史诗"出现了！

众所周知，中国除了是一个"史"国，还是一个"诗"国。在上古，"诗"的地位比"史"还高，处在"经"的位置，而且《诗经》位于六经之首。为什么诗有如此高的地位呢？因为六经之中，唯诗善能感人性情，虞廷以教胄子，成周以教国子。诗为什么能"感人性情"呢？因为在古代，诗、歌、舞是一体的，比如《尚书·虞书·舜典》就说"诗言志，歌永言，声依永，律和声"，于是达到了《礼记·乐记》说的"诗言志，歌咏声，舞动容，三者本于心，然后乐气从之。是故情深而文明，气盛而化神，和顺积中，而英华发外"。后来随着诗歌音韵节奏的加强，尤其是近体诗的兴起，诗于是摆脱了歌舞而独立了出来。从南朝谢朓的"永明体"，到唐朝宋之问、沈佺期、杜审言、李峤定型的五言、七言律诗，近体诗的音韵美也如歌似舞，通过"兴、观、群、怨"，诗人就可以将自己的"喜、怒、忧、思、悲、恐、惊"表达出来，口口传递出去，读者和作者就能在心灵上、感情上同频共振，这样一来，当然就"感人性情"了！

"咏史诗"实现了"诗"与"史"的结合，就是用"感人性情"的诗来吟咏"充满理性"的史，读者在吟诵"咏史诗"时，因为简短的节奏而容易背诵，因为音韵美而有艺术享受，因为感悟历史而明理，这无疑是一种珠联璧合。

中国最早的咏史诗为东汉班固的《咏史》，魏晋的王粲是中国第一个以"咏史诗"名篇的诗人，后来左思、鲍照、袁宏也写咏史诗，其中西晋左思的《咏史》八首影响最大，我们选其第七首来欣赏：

　　主父宦不达，骨肉还相薄。买臣困樵采，伉俪不安宅。
　　陈平无产业，归来翳负郭。长卿还成都，壁立何寥廓。
　　四贤岂不伟，遗烈光篇籍。当其未遇时，忧在填沟壑。
　　英雄有迍邅，由来自古昔。何世无奇才，遗之在草泽。

该诗列举了主父偃、朱买臣、陈平、司马相如四位历史人物，描写他们未得志前的落魄，由此感叹人才被埋没的历史悲凉，最终发出"何世无奇才，遗之在草泽"的感叹。左思的咏史诗被后人评为"创成一体，垂范千秋"，其"自抒胸臆"的写法直接影响了后来的咏史诗创作。

到了唐代，由于唐太宗重史、重诗，于是李唐一朝，史盛，诗亦盛！当然也带来了咏史诗创作的繁荣。著名的有杜甫《咏怀古迹五首》，就是承接左思抒情传统的佳作，我们选"其二"来欣赏：

　　摇落深知宋玉悲，风流儒雅亦吾师。怅望千秋一洒泪，萧条异代不同时。
　　江山故宅空文藻，云雨荒台岂梦思。最是楚宫俱泯灭，舟人指点到今疑。

杜甫在该诗中以饱满的感情表达了对宋玉文采的钦佩和异代相知的怜惜。与左思相比，杜甫咏史诗的文体采用了更具声韵美的七律，对象从多人转为一个人，而且通过"怅望千秋、萧条异代、江山故宅、云雨荒台"

等情景之词来烘托，有着强烈的艺术感染力，不仅朗朗上口，而且容易引起共鸣。

左思与杜甫的咏史诗注重个人悲欢的情感流露，但还没有站在家国兴亡的高度，给以历史的教训和智慧。后来有刘禹锡、杜牧、李商隐等大诗人创作了不少咏史诗，其中写得最好的当数李商隐，我们选其《隋宫（一）》来欣赏：

紫泉宫殿锁烟霞，欲取芜城作帝家。玉玺不缘归日角，锦帆应是到天涯。于今腐草无萤火，终古垂杨有暮鸦。地下若逢陈后主，岂宜重问后庭花？

此诗讽刺隋炀帝之荒淫亡国，艺术感染力远超杜甫，杜诗中"风流儒雅亦吾师"这样的句子太过直白，颇无诗味，而李商隐则通过一连串的景物更换，从宫殿、芜城、玉玺、日角、锦帆、天涯，到腐草、萤火、垂杨、暮鸦，来进行亡国前和亡国后的对比，给人强烈的视觉冲击，最后以亡国之君陈叔宝和其《后庭花》艳曲来烘托，让人顿生"荒淫亡国"的结论。真可谓"不着一字，尽得风流""羚羊挂角，无迹可寻"，无疑是上上之品。

随着杜牧、李商隐等的逝去，随着晚唐国势的日益衰败、社会矛盾的日益尖锐，咏史诗的创作风格也发生了大的改变，巧妙的艺术手法、华丽的辞藻、情景交融的意境不再，而转为清淡的语言来直述家国的道理，让人一看就明白；不再强调一己之悲欢，而立足于江山社稷的生死存亡；不是那么心血来潮时带来的几首，而是系列的几十首、百余首的组诗，且统一为七绝。

为什么会采用七绝呢？因为人的记忆力是有限的，不管是人名、地名、物名，还是文章、诗词，当然是越短越好记。在诗中，最易传诵的当然是 4 句 20 字的五言诗，如李白的《静夜思》："床前明月光，疑是地上霜。举头望明月，低头思故乡。"如孟浩然的《春晓》："春眠不觉晓，处处闻啼鸟。夜来风雨声，花落知多少。"如王之涣的《登鹳雀楼》："白日依山尽，黄河入海流。欲穷千里目，更上一层楼。"如柳宗元的《江雪》："千山鸟飞绝，万径人踪灭。孤舟蓑笠翁，独钓寒江雪。"这四首诗，大凡中国读书人都会背诵。但五言诗也有局限，只适合借小景而抒情辨理，人不多，事不繁，景不乱，这样的五言就能带来"短小清新"的感觉。而一般来说，咏史诗针对的场景要大一些，人事要繁多一些，如果用五言来咏，则有点似鸡笼关犬，空间狭小而不易发挥。

比如，我们来看一首刘禹锡用五言写的《咏史》：

骠骑非无势，少卿终不去。世道剧颓波，我心如砥柱。

在该五言诗中，"骠骑"指汉武帝时期骠骑将军霍去病，"少卿"指任安。这段史实说的是，霍去病权势日益显赫，追随他的人多能封侯拜将，卫青的很多部下也因此改换门庭而投奔霍去病，但唯独任安始终追随卫青，不离不去。作者用了"骠骑非无势，少卿终不去"十个字来描述这段史实，就显得如五指抓车一样驾驭乏力，第一句"骠骑非无势"，并没有将霍去病的显赫权势表达出来，第二句"少卿终不去"，也没有将任安对卫青的忠节表达清楚，如果不详细了解该史实，则不知所云。但如果用七绝来改造一下该诗，读起来、理解起来就顺畅很多：

骠骑日显称雄势，恋主少卿终不去。

世道而今剧颓波，我心贞固如砥柱。

相反，如果我们将一首七绝咏史诗改为五绝，就会产生晦涩难懂之感，例如，胡曾的一首咏史诗《湘川》：

虞舜南捐万乘君，灵妃挥涕竹成纹。

不知精魄游何处，落日潇湘空白云。

如果我们将其浓缩成五绝：

舜捐万乘君，妃涕竹成纹。精魄游何处，潇湘空白云。

后两句意义与七绝相差不大，还可读，但是描述历史事件的前两句，漏掉很多信息，整体读起来，减少了生动和诗意，如一幅高清图片变成了模糊的图片，逊色不少。

因此咏史诗采用七绝，也是最精简之诗体，4句28字的七绝也有利于传诵。除此之外，咏史诗还有一个特点，就是很少用仄韵，而采用平韵，这当然也是唐及唐以后近体格律诗的普遍特点，而古体诗仄韵较多。这是为什么呢？因为诗与歌、舞分开而独立后，其音韵美则只有靠字音来表现，于是有平仄、押韵之格律要求，对于平、上、去、入四声，南朝沈约则以四季来对比四声，他在《答甄公论》说："春为阳中，德泽不偏，即平声之象；夏草木茂盛，炎炽如火，即上声之象；秋霜凝木落，去根离本，即去声之象；冬天地闭藏，万物尽收，即入声之象。"世人都喜欢春天，春和景明，万物生发，因此咏史诗及近体诗多用平声韵也是情理之事。

咏史诗七绝格律大致有如下两种，其中◎代表押韵处，（）里面的字代表可平可仄。

1. 首句平起入韵式。

（平）平（仄）仄仄平平◎，（仄）仄平平仄仄平◎。

（仄）仄（平）平平仄仄，（平）平（仄）仄仄平平◎。

如胡曾的咏史诗《沛宫》即是采用此格律（用《切韵》或《唐韵》）。

汉高辛苦事干戈，帝业兴隆俊杰多。

犹恨四方无壮士，还乡悲唱大风歌。

2. 首句仄起入韵式。

（仄）仄平平仄仄平◎，（平）平（仄）仄仄平平◎，

（平）平（仄）仄平平仄，（仄）仄平平仄仄平◎。

如胡曾的咏史诗《函谷关》即是采用此格律（用《切韵》或《唐韵》，"出"字是仄声）。

寂寂函关锁未开，田文车马出秦来。

朱门不养三千客，谁为鸡鸣得放回？

晚唐咏史诗大概有如下的特点：采用七绝平韵、忠实地描述历史、一首诗只咏一个历史人事、少抒情而多讲理、借古讽今、鉴古资今，其中"借古讽今、鉴古资今"是其目的。因为到了晚唐，"九天阊阖开宫殿，万国衣冠拜冕旒"的盛唐气势一去不复返了，因为宦官专权、藩镇割据，于是呈现了所谓"国有九破、民有八苦"的危险局面。九破是："终年聚兵，一破也；蛮夷炽兴，二破也；权豪奢僭，三破也；大将不朝，四破也；广造佛寺，五破也；贿赂公行，六破也；长吏残暴，七破也；赋役不等，八破也；食禄人多输税人少，九破也。"八苦是："官吏苛刻，一苦也；私债

征夺，二苦也；赋税繁多，三苦也；所由乞敛，四苦也；替逃人差科，五
苦也；冤不得理屈不得伸，六苦也；冻无衣饥无食，七苦也；病不得医，
死不得葬；八苦也。"在此风雨飘摇之际，一批忧国忧民的诗人，拿起咏
史诗的武器，"美盛德之形容，刺衰政之荒怠"，"考撼妍媸用破心，剪
裁千古献当今"，开启了晚唐咏史诗创作的高潮，其中以胡曾、汪遵、周
昙、孙元晏为主要代表，在这些人当中，对当时及后世影响最大者，则是
胡曾。

2 胡曾咏史诗的特点

胡曾是中国历史上第一位以"咏史诗"名集的诗人，胡曾在其《咏史
诗》自序中说："曾不揣庸陋，转采前王得失，古今成败，咏成一百五十
首，为上中下三卷。"创作年份或许在其32岁之前，约860年至871年之
间（唐咸通年间），这段时间胡曾赴长安赶考，累试不第，无职业可守，
无家庭牵累，于是有时间四处游历赋诗。从其咏史诗内容来看，其足迹几
乎遍布当时的大唐及属国疆域，北至居延，南至番禺、交趾，西至玉门
关、流沙，东至蓬莱。而公元871年后，因为步入仕途，应该无暇完成如
此旷日持久的游历创作。元代辛文房在《唐才子传》中说他"遨历四方，
马迹穷岁月""皆题古君臣争战废兴尘迹，经览形胜，关山亭障，江海深
阻"，在马不停蹄的万千游历之中，胡曾慧眼识珠，将有历史影响的景点
挑选出来，以地名标题，集成了自己的咏史诗。

司马迁写《史记》前，"二十而南游江淮，上会稽，探禹穴，窥九
疑，浮沅湘。北涉汶泗，讲业齐鲁之都，观夫子遗风，乡射邹峄；厄困
蕃、薛、彭城，过梁楚以归"，由此写下皇皇《史记》。胡曾写咏史诗其
实与司马迁有异曲同工之妙，相比同时代其他以人名、地名为标题的咏史
诗，胡曾咏史诗是"读万卷书"而后"行万里路"创作出来的。"诗人有
待江山助，江山亦待诗人捧"，胡曾行遍江山，以景点为标题，以历史为
内容，以美刺为宗旨，集山川灵气，通古今兴废，穷天人正道，于是创作
出了不同凡响的咏史诗！相比其他咏史诗，胡曾咏史诗之所以能历五代、
宋、元、明而达八百年不衰，这跟其咏史诗来自游历有很大关系。

综合起来，胡曾咏史诗有如下的特点。

第一，坚守中华道统，以挽救晚唐颓势。

"大道之行也，天下为公，选贤与能。"胡曾咏史诗就是站在这样一个道统的高位来褒贬历史人物。面对晚唐皇帝昏庸、皇权无力、军阀割据、宦官专权、民不聊生的黑暗现实，胡曾梦想着像尧舜那样的明君出现，以实现中兴局面。因为在"一人治天下"的封建体制中，只有明君才会选拔贤臣，才会"以民为本"，如果遇到的是昏君、暴君、淫君，则纵使有贤臣、忠臣、清官，也是无所作为，因此胡曾将其咏史诗的大部分篇幅聚焦于君主，其中关于秦始皇、刘邦、项羽的诗篇最多，以古鉴今，以资时政。在150篇咏史诗中，美刺帝王的就占66篇，其中讽刺昏君的就有27篇。比如他称颂虞舜、大禹、商汤、周文王、周武王、刘秀等有德明君，鞭挞夏桀、商纣、周穆王、夫差、楚灵王、楚怀王、秦始皇、陈叔宝、隋炀帝等暴君、淫君、昏君。除此之外，他也歌颂贤臣，比如称颂傅说、姜尚、张良、羊祜、伍子胥、谢安、诸葛亮等。

正如孔子所云："人能弘道，非道弘人。"道统再完美，最终还是靠人去弘扬和光大，而对于一个国家来说，弘道之人首先当然是君主，其次是百官，因此胡曾咏史诗"美盛德之形容，刺衰政之荒怠"，无疑是以历史开悟帝王，以维护道统，因此可以说是道统下的帝王之学。

第二，坚持中华文化自信，坚守以民为本。

胡曾咏史诗具有坚定的民族立场和中华文化自信，强调春秋大义。对于老子流沙化胡、陆贾出使南越、张骞开拓西域、苏武持节不屈、马援铜柱定边、班超万里封侯持歌颂态度，而对西汉和亲、梁武帝信佛亡国持讽刺态度。在儒道两家之间，他坚持以儒为主、儒道互补，主张"穷则独善其身，达则兼济天下"，他歌颂许由、伯夷、范蠡、严光、郑朴、陶潜的归隐，讽刺了伍子胥、白起、李斯、陆机的不知进退，但是对魏晋玄学持否定态度，讽刺了嵇康、山简、王衍等人的消极避世。同时他也崇尚儒家的忠义节烈精神，对介子推、申包胥、豫让、荆轲、蔺相如、纪信、侯嬴、杨震、代夫人、邵平、祖逖等持肯定态度。当然，基于其怀才不遇、报国无门的个人遭遇，他热烈地歌颂求贤若渴、礼贤下士的明主，对武丁、周文王、燕昭王、孙阳、孟尝君、平原君、蔡邕等大加赞美，而对卞和、屈原、贾谊、王粲的遭遇深表同情。他坚持孟子的民本立场，对秦始皇修长城、汉武帝穷兵黩武、隋炀帝修大运河带来的劳民伤财进行了讽刺。从这个角度看，胡曾咏史诗无疑是爱国主义的好教材。

第三，忠于史实，抓住要理，中庸处见高明。

要写好咏史诗是不容易的，第一要可信，要忠于历史，不能搞艺术想象和加工。老子云："信言不美，美言不信。"由此也就注定了咏史诗不可能有太多的艺术感染力。第二要抓住史实中的要点，要站在国家的高度阐述核心的道理，美什么，刺什么，要立场鲜明，说到要害。胡曾咏史诗在这两方面做得非常优秀，我们不妨拿胡曾与杜牧关于同一背景的两首诗来说明。

第一首是关于赤壁之战，胡曾《赤壁》诗云：

烈火西焚魏帝旗，周郎开国虎争时。

交兵不假挥长剑，已挫英雄百万师。

该诗语言平实，忠于历史、一目了然地点出了赤壁之战的核心内容，即周瑜采取火攻、而不是用常见刀剑相拼的战争方式，就出其不意地挫败了曹操，赞美了周瑜的战略战术。

杜牧《赤壁》诗云：

折戟沉沙铁未销，自将磨洗认前朝。

东风不与周郎便，铜雀春深锁二乔。

杜牧这首诗非常有名，流传至今依然脍炙人口，不仅说到了春天的东风，还说到了英俊潇洒的周瑜，如花似玉的大乔、小乔，曹操在铜雀台金屋藏二乔，香艳令人浮想联翩，应该说，该诗艺术水平明显高过胡曾的《赤壁》。

但是该诗硬伤也很明显。第一，该诗是个假设的历史，对于不熟悉赤壁之战历史的人来说，还以为曹操战胜了，并将大小二乔俘获藏到了铜雀台，这当然没有忠于史实，"东风不与周郎便"应该改为"东风若背周郎愿"。第二，"东风不与周郎便，铜雀春深锁二乔"之句，与他的"十年一觉扬州梦，留得青楼薄幸名""二十四桥明月夜，玉人何处教吹箫"一样，轻浮淫荡，终是艳词。中国历史有"艳词亡国"之论，如南陈亡国之君陈叔宝、前蜀亡国之君王衍、隋朝亡国之君杨广、南唐亡国之君李煜，均是艳词高手。因此该诗不仅不合历史，而且有诲淫之嫌。第三，该诗将东吴取胜的原因归于东风，归于天助，这当然就否定了人谋，否定了周瑜在此战中的关键作用，于读史之人无任何启迪。因此在明理方面，该诗远不如胡曾的《赤壁》。

第二首是关于项羽乌江自刎，胡曾《乌江》诗云：

争帝图王势已倾，八千兵散楚歌声。

乌江不是无船渡，耻向东吴再起兵。

该诗忠于历史，讽刺了项羽因为刚愎自用而最后众叛亲离，最终因为好面子而无奈自杀。

而杜牧《题乌江亭》诗云：

胜败兵家事不期，包羞忍辱是男儿。

江东子弟多才俊，卷土重来未可知。

该诗有阳刚之气，不服输的精神跃然纸上，艺术感染力比胡曾诗稍强。但是杜牧端出这样的鸡汤诗来，只能说明他对于项羽的个性缺乏了解，对于项羽失败的原因也未加思考，史学功底相对欠缺。项羽的失败是由其性格决定的：自大而好面子，残暴而无仁义，而杜牧竟然天真地鼓励项羽卷土重来，这就显得有点幼稚了。后来王安石针对杜牧在政治见解上的不成熟，还写了《叠题乌江亭》来讽刺杜牧，诗云："百战疲劳壮士哀，中原一败势难回。江东子弟今虽在，肯为君王卷土来？"王安石作为政治家，毕竟比杜牧看问题要清醒一点。

杜牧（803—852）是晚唐最有成就的诗人，与李商隐并称"小李杜"，以七言咏史诗著称，后世对其评价也很高，元代《唐才子传》云："后人评牧诗，如铜丸走坂，骏马注坡，谓圆快奋急也。"明朝状元杨慎评价杜牧云："诗豪而艳、宕而丽，于律诗中特寓拗峭，以矫时弊。"而杨慎在其《升庵诗话》中，对胡曾咏史诗则不屑一顾。然而通过这两首咏史诗一对比，高下立见分晓，杜牧这两首咏史诗，真有"牡丹花好空入目"之嫌。

胡曾咏史诗用中庸的语言阐述高明的大道，忠于史实，继承了司马迁

"其文直，其事核、不虚美、不隐恶"的作风，是一本不可多得的精简历史书。

第四，内容丰富，语言淡雅，引人入胜，适合训蒙。

胡曾作咏史诗，或有当时科举投卷的初衷，尤其有呈献给皇帝以挽救大唐颓势的梦想，因此其诗专注治乱兴衰，以资政治。然而或许唐僖宗有心无力，受制于宦官和军阀，或者唐僖宗朽木难雕，难以教化，于是胡曾咏史诗像一服见效很慢的中药，难以对大唐命运有起死回生的功效。然而胡曾毕竟不是屈原和贾谊，屈原的骚赋和贾谊的策论高古华丽，只有上层人士看得懂，因此最终只在士大夫间流行。而胡曾咏史诗则平易浅显，自天子以至于庶人都看得懂，不仅做到了以风刺上，而且做到了以风化下，于是其咏史诗如江河行地，不胫而走，元、明时期更成为朝廷指定的蒙学教材，誉满华夏。具体说来，有如下两个方面。

一方面，胡曾咏史诗呈现了一幅壮阔的中国历史与地理的画卷，涉及地名 140 处，涉及历史人物 500 余人，其中著名的有 120 人，时间跨度从黄帝到隋炀帝达 3000 余年，空间时间之广阔，内容之博大精深，可谓前无古人，后无来者。这些基于道统、弘扬道德的咏史诗，容易受到家长、教授的青睐，最终由朝廷选择作为蒙以养正、固本培元的训蒙教材。另一方面，胡曾咏史诗采用清新平易的语言，通俗易懂，短小精悍，节奏铿锵，朗朗上口，非常适合童蒙吟诵；而且在其七绝咏史诗的"起承转合"结构中，一般"起承"采用陈述句，摹写诗题所在地点的景物，给人身临其境的亲切感，"转合"则由景入情，引入历史人物，评点是非，尤其擅用否定或疑问句，相比其他咏史诗干巴巴地述说历史且加点评，更能引人入胜、发人深思，如此贴近儿童好奇的心理，自然受到童蒙的喜欢。因为教授、家长、学生三方面都喜欢，胡曾咏史诗于是风靡天下，以至于"庸夫孺子亦传诵"。

3 胡曾咏史诗的影响和传播

胡曾咏史诗的影响和传播，可以用"星火燎原"来形容，唐朝咸通年间成集后，即有邵阳同乡陈盖作注。在"一牒平南诏"而名满天下后，胡曾《咏史诗》应该在西南、西北有知名度。而到五代，应该已经在士大夫阶层流行。据宋仁宗时期进士张唐英（1027—1071）在其所著《蜀梼杌》中记载，前蜀高祖王建第十一子王衍继位后，荒淫无道，在其上任五年的重阳节，"宴群臣于宣华苑，夜分未罢。衍自唱韩琮《柳枝词》曰：'梁苑隋堤事已空，万条犹舞旧春风。何须思想千年事，谁见杨花入汉宫。'内侍宋光浦咏胡曾诗曰：'吴王恃霸弃雄才，贪向姑苏醉绿醅。不觉钱塘江上月，一宵西送越兵来。'衍闻之，不乐，于是罢宴"。可知此时胡曾咏史诗已经在蜀地官僚中流行，并且有使昏君觉悟之效。后来宋靖康年间（1126 年前后）计有功撰《唐诗纪事》时，亦将此事载入。

至北宋时，《新雕注胡曾咏史诗》问世，书名及作者列标识为"注咏史诗总一百五十首 前进士胡曾著述并序 邵阳叟陈盖注诗 京兆郡米崇吉评注并续序"。

胡曾《咏史诗》自序为：

夫诗者，盖美盛德之形容，刺衰政之荒怠，非徒尚绮丽瑰琦而已，故言之者无罪，读之者足以自戒。观乎汉魏才子晋宋诗人，佳句名篇，虽则妙绝，而发言指要，亦以踈（远）。齐代既失轨范，梁朝文加穿凿，八病兴而六义坏，声律（隽而风）雅崩，良不能也。曾不揣庸陋，转采前王得失，古今（成败、咏）成一百五十首，为上中下三卷，便以首唱相次，不以（年代为）先。虽则讥讽古人，实欲裨补当代，庶几与大雅相近者也。

米崇吉续序为：

余闻玉就琢而成器，人就学以方知是，乃车胤聚萤、孙康映雪，每思百氏爰及九流，皆由博识于一时，故得馨香于千古，余非士族，迹本和门，徒坚暗昧之才，谬积讨论之志气，莫不采寻往策，历览前书。黄帝方立史官仓颉始为文字，既有坟籍可得而言。近代前进士胡公名曾，著咏史律诗一百五十篇，分为三卷。余自卯岁以来备尝讽诵，可为是非罔坠，褒贬合仪，酷究佳篇，实深降叹，管窥天而智小，蠡测海而理乖，敢课颛愚，逐篇评解，用显前贤之旨，粗裨当代之闻，取诮高明，庶几奉古云尔。

米崇吉在此序言中高度评价了胡曾咏史诗，米为晚唐人，陕西军营出身，年幼即诵咏史诗，亦可知此时的胡曾咏史诗在晚唐即已流出湖南，在北宋时流行全国大部分地区，并进入蒙学领域。

到南宋时，高宗绍兴十八年（1148）进士胡元质（1127—1189）为胡曾咏史诗作注。该版本在明朝时流入日本，现在日本筑波大学图书馆藏有一套不全的《新板增广附音释文胡曾诗注》。近代藏书家傅增湘（1872—1949）收有日本活字本《新板增广附音释胡曾诗三卷》，其中署"庐陵胡元质注"。

到了元代，辛文房于 1304 年撰成《唐才子传》，为胡曾作传时说胡曾咏史诗"至今庸夫孺子亦传诵"。可知当时胡曾《咏史诗》已经在全中国有广泛影响，而据傅增湘 1927 年在故宫亲见，在元代，胡曾《咏史诗》已与《千字文》《蒙求》合刊为蒙学、小学教材。另外，随着唐宋时期"平话"的兴起，胡曾《咏史诗》已开始被引用，在元英宗至治年间刊行的《武王伐纣平话》《七国春秋平话》《秦并六国平话》《前汉书平话》《三国志平话》五种平话中，共引用胡曾咏史诗 26 首，居被引用各家之首，其中 3 首为托胡曾之名的伪作。

到了明代，胡曾《咏史诗》占据蒙学要位，官方内府本《释文三注》中，千字文 71 页，咏史诗 99 页，蒙求 144 页。在蒙学之外，由于明朝白话小说兴起，胡曾《咏史诗》被引用到了小说之中，《封神演义》引用了 2 首，《西汉开国演义》引用了 16 首，罗贯中撰《三国演义》时征引了 12 首，而且受胡曾咏史诗"褒刘贬曹"的影响，视蜀汉为正统。明末冯梦龙的《东周列国志》则征引了胡曾咏史诗 24 首，不过其中只有 6 首出自胡曾咏史诗，其余均为托名伪作。

但是到了明朝末年，胡曾《咏史诗》走向了衰落。福建人王志远（?—1621）任宝庆分守道时，因闻胡曾大名而求其文集而未得，"独于参知车子仁公所得咏史诗藏本，凡一百四十九首，又七言律十首"，于是和车大任一起重刊胡曾诗文，并撰《胡秋田公咏史诗序》。从该序看出，胡曾咏史诗在当时民间已不再流行，仅仅如车大任这样的大官才有收藏。

曾经风靡大江南北的胡曾咏史诗为什么会衰落呢？因为明清之际，杨慎、谢榛、毛先舒、王士禛、管世铭、翁方纲等诗坛名人对胡曾咏史诗进行了不遗余力地持久攻击，导致了胡曾咏史诗的衰落。同时随着蒙学书籍的不断增多，胡曾咏史诗在清代蒙学领域已无一席之地。

但在清朝，对胡曾诗的著录却趋热。因明万历进士车大任将胡曾散佚之诗结辑成卷，于是车氏家族车鼎晋（康熙丁丑进士、《声律启蒙》作者车万育之子）在编校《全唐诗》时将胡曾诗收录，在康熙年间官修的《全唐诗》卷 647 中，收录了胡曾咏史诗及其他诗合计 162 首，后来在乾隆年间官修的《四库全书》中，收录了胡曾咏史诗二卷。到了民国初年，先后著录的书目、题跋多达十余种，如《绛云楼书目》《千顷堂书目》《述古堂藏书目》《四库全书总目》等，超过此前之总和。

近代以来，随着白话文运动的兴起和新式学校的建立，胡曾《咏史诗》作为国故而进入了研究的领域，如郑振铎（1898—1958）在《插图本中国文学史》中称胡曾是"真正的民间诗人"，指出"像《三国演义》《隋唐志传》等等，殆无不引入胡曾《咏史诗》"。20 世纪末，对胡曾《咏史诗》及胡曾生平的研究成为热点，文正义、赵烈安、赵清永、马少侨、梁祖萍等学者纷纷撰文，合计论文有 16 篇，由此也让胡曾及其《咏史诗》回归了大众的视野。

4 历代对胡曾咏史诗的评价

对胡曾咏史诗的评价，最早的当然是米崇吉，他在其序言中赞叹云："余自卯岁以来备尝讽诵，可为是非罔坠，褒贬合仪，酷究佳篇，实深降叹。"到了五代，何光远评价云："其追述兴亡意，存劝戒，为大防，不悖于风人耳！"到了元代，辛文房在《唐才子传》赞云："每感辄赋，俱能使人奋飞。至今庸夫孺子亦传诵。后有拟效者，不逮矣。"

到了明代，虽然王志远在其《胡秋田公咏史诗序》称为："秋田得以诗名唐季，其可传当不止此。其捷得多小队传播人齿颊者，与表圣公所云得味外味者，未知何如。"但终究是一家之赞，而更多的是受到名人的差评和贬低，这些名人包括杨慎、毛先舒、王士禛、管世铭、翁方纲等。

杨慎（1488—1559）在其《升庵诗话》中，借其老师李东阳（1447—1516）之口忧心忡忡地说："近日儿童村学教以胡曾咏史诗，入门先坏了声口矣！"李东阳以宰相之尊，领袖文坛，此言一出，对胡曾咏史诗的影响可想而知。除此之外，杨慎还在其《升庵诗话》中忿忿不平地说："王周李山甫林宽卢延逊周昙胡曾之徒，鄙猥俚贱，优人羞道者，乃有集行世。"后来清初毛先舒（1620—1688）在其《诗辩坻》中说："近体咏史，自不能佳，胡曾百首，竟坠尘溷。"王士禛（1634—1711）在其《带经堂诗话》中说："七言如孙元晏、胡曾之《咏史》，曹唐之《游仙》，读之辄作呕哕。"管世铭 (1738—1798) 在《读雪山房唐诗凡例》中说："胡曾《咏古》诸篇，轻佻浅鄙……不识何以流传至今？"翁方纲 (1733—1818) 在其《石洲诗话》中说："胡曾《咏史》绝句，俗下令人不耐读。"

这些诗家为什么会对胡曾咏史诗给出如此差评呢？第一是树大招风，胡曾咏史诗名声太大，于是容易引起攻击。第二是对诗的看法、写诗的路子不同。杨慎作为明朝三大才子之首，其诗沉酣六朝，揽采晚唐，创为渊博靡丽之词，走的是华丽之路。毛先舒其诗音节浏亮，有"建安七子"余风，走的也是华丽之路。王士禛继钱谦益之后领导诗坛，创"神韵"诗论，走的也是华丽之路。管世铭学宗杜苏，其诗清美，走的也是华丽之路。按照今天的话来说，这些著名诗家追求的是"艺术效果"。

而胡曾在其咏史诗自序中说得很清楚，"观乎汉魏才子晋宋诗人，佳句名篇，虽则妙绝，而发言指要，亦以疏远。齐代既失轨范，梁朝文加穿凿，八病兴而六义坏，声律隽而风雅崩，良不能也"。因此他要光大诗经的风雅精神，即"夫诗者，盖美盛德之形容，刺衰政之荒怠，非徒尚绮丽瑰奇而已。"因此他是反对汉魏六朝以来纯粹"追求艺术效果"的华丽路线的，他以通俗的手法写咏史诗乃故意为之也。

胡曾不会写鸳鸯锦绣的华丽诗篇吗？非也！韦縠在五代编纂《才调集》时，要求作品"韵高而桂魄争光，词丽而春色斗美"，要求有"才调"，他选了自唐初沈佺期至唐末五代罗隐共 180 多名诗人的 1000 首诗，人均约 6 首，胡曾就有 9 首七律入选，而杜甫、韩愈均落选，由此可知胡曾七律诗的水平。而胡曾在三十二岁的时候，即以一篇气势磅礴的《告西山八国檄》，让西山八国来朝，又以一篇绵里藏针的《答南诏牒》，让南诏国王世隆退兵，创造"一檄来八国、一纸退蛮兵"的传奇，将文字之威力发挥到了"以柔克刚、以文化武"的最高境界，如此"经世致用"的事功和本事，岂是杨慎、毛先舒、王士禛、管世铭、翁方纲那些"佳句名篇"所能比拟的？

古人云"上医治国、中医治人、下医治病"，医如此，诗也是如此，文也如此！那些诗评家往往以"艺术效果"取人，却不知"德成而上，艺成而下"的古训，不知在"艺"之上还有"道"，不知先有"志于道"而后方可"游于艺"。由此杨慎诸公无视胡曾咏史诗站在国家民族高度而发明的大道理、蕴藏的大价值，粗暴地对其咏史诗给予差评，并导致胡曾咏史诗在明末和清朝的衰落，真让人感到遗憾！

在今天看来，经过学者研讨和时间历史验证，胡曾《咏史诗》应该有如下的历史地位：胡曾《咏史诗》是中国第一部经游历而以地名为标题的咏史诗集；胡曾《咏史诗》是历经五代、宋、元、明而不衰的传播最广的咏史诗；胡曾《咏史诗》是中国历史上广泛作为蒙学教材的咏史诗；胡曾《咏史诗》是中国历史上被引入历史小说最多的咏史诗。

5 关于胡曾咏史诗新注

《咏史诗》在胡曾生前由其本人亲自编定，分上、中、下三卷，最早注本为《四部丛刊三编》所收的宋抄本，即《新雕注胡曾咏史诗》，由邵阳人陈盖作注，西安人米崇吉评注。笔者不揣浅陋，对胡曾咏史诗做新注，基于如下的理由：

第一，原注为"竖排、没标点、没断句"的文言文，且有缺页，在当今白话文时代，当然需要有横排、断句、白话文的注。

第二，陈盖与米崇吉的注解有些与史实不符，对大部分咏史诗的解读不够，部分解读未必符合胡曾自序中的"美刺"精神，有些解读已经不合时宜，因此有待做出新注解。

第三，当今是白话文时代，普遍对文言文比较陌生，因此有必要对诗中的某些字、词，以及诗的整体作注解。

此次新注，按照《新雕注胡曾咏史诗》的次序，依次注解150首咏史诗，对于每一首诗，先排诗的原文，然后是译文，即将该诗翻译成白话文，尽量用原诗的韵字；然后是注，即关于字词、人名、地名的注释；最后是解，首先说明史实的出处，然后点明该诗美刺的主旨，然后解释该主旨，这些解当然只是本人一孔之见，尽量以胡曾自序中"美盛德之形容，刺衰政之荒怠"为指南。

此新注参考了新雕本注、四库本注，以及胡信军宗贤花四年时间为胡曾咏史诗作注解，但毕竟"诗无达诂"，因此只能算抛砖引玉，望高人不吝指正。

二　胡曾咏史诗新注

1　乌江①

争帝图王势已倾，八千兵散楚歌声。

乌江不是无船渡，耻向东吴②再起兵。

【译】

项羽与刘邦争夺帝王的大势已倾，八千楚国子弟兵逃散是因为四面的楚歌声。乌江不是没有船渡长江啊，只是再无颜面回到东吴再起兵。

【注】

①乌江：指今安徽省马鞍山市和县乌江镇，乌江镇位于长江西岸，东岸是南京市。公元前202年，西楚霸王项羽在此自刎身亡。在乌江镇东南约一公里的凤凰山上有霸王祠、衣冠冢、项亭。②东吴：此处指苏州。古有三吴，苏州为东吴、常州为中吴、湖州为西吴。苏州是项羽起事之地，古会稽郡治所在，当年项羽杀了会稽郡守而收拢其手下八千兵力作为起事资本。

【解】

该诗史实出自《史记·项羽本纪》，此诗美项羽之贵族气质而刺其非帝王之器也！

该诗的"耻"为诗眼，从项羽临终之知耻，以及鸿门宴、在执行鸿沟协议时的表现可以看出，项羽是要面子、有羞耻心、讲信用的人，有贵族精神，跟违背协议、唯利是图、有流氓习气的刘邦大有不同。

项羽以其"力拔山兮气盖世"的勇猛反抗强秦，赢得了巨鹿之战、彭城之战、固陵之战的胜利，虽然垓下之战失败了，但不愧为能打硬仗的战神，所以司马迁将其传记列入帝王本纪。南宋李清照《夏日绝句》亦云："生当作人杰，死亦为鬼雄。至今思项羽，不肯过江东。"

另一方面，一个"耻"字也点明了项羽不能"经权达变"，无法驾驭复杂的人心，直到四面楚歌，才知道自己非帝王之器，于是"耻向东吴再起兵"，无法与从善如流的刘邦相比。明太祖朱元璋对比项羽与刘邦时说："（项羽）南面称孤，仁义不施，而自矜功伐。高祖知其然，承以柔逊，济以宽仁，卒以胜之。"算是中肯。

2 章华台①

茫茫衰草没章华，因笑灵王②昔好奢。
台土未干箫管绝，可怜身死野人家。

【译】

茫茫衰草淹没了章华，我因此嘲笑楚灵王往昔如此荒淫好奢。当年台土没干作乐的箫管声就灭绝了，可怜他最后身死在山野人之家。

【注】

①章华台：又称章华宫，是楚灵王六年（前535）修建的离宫，被誉为当时的"天下第一台"，现遗址不存。章华台到底在哪里？有潜江说、荆州说、监利说、武汉说、湖南华容说等多种说法，但目前潜江说最有优势，即位于今湖北潜江龙湾附近。而湖北荆州的章华寺则声称是在章华台的遗址上建立起来的。②灵王：即楚灵王，楚共王的次子，杀了侄儿楚郏敖自立，即王位后改名熊虔。公元前540年，自立为楚国国君，是春秋时代有名的奢淫昏暴之君。公元前531年，蔡灵侯至楚，楚灵王杀之，蔡国灭亡。公元前530年，派兵围徐，威胁吴国。前529年被自己人推翻，逃亡到山野吊死。

【解】

该诗史实出自《史记·楚世家》，此诗刺楚灵王奢侈荒淫而亡身亡国也！

楚灵王是春秋时期有名的暴君昏君。伐吴失败，他竟然下令修建起当时天下第一台的章华台，由此引起了全国军民的怨恨。其弟弟蔡公弃疾（即后来的楚平王，死后被伍子胥鞭尸三百）趁他征战徐国在外的机会，发动政变，杀死他的两个儿子，立了新王。灵王的部队听到这个消息，一下子作鸟兽散。灵王一个人在山里游荡，饿了三天三夜，最后在申亥家里上吊自杀。

《周易》云："积善之家，必有余庆；积不善之家，必有余殃。"《尚书》云："作善，降之百祥，作不善，降之百殃。"左丘明云："祸福无门，惟人所召。"而《洪范》言，做善有五福，做恶有六极。五福为：一曰寿、二曰富、三曰康宁、四曰攸好德、五曰考终命；六极为：一曰凶、短、折，二曰疾，三曰忧，四曰贫，五曰恶，六曰弱。楚灵王的结局无疑是个凶极，这个凶极无疑是他无德、积不善造成的。

3　细腰宫①

楚王辛苦战无功，国破城荒霸业空。
唯有青春②花上露，至今犹泣细腰宫。

【译】

楚王对外征战辛苦却无功，国破城荒霸业成空。只有这春天花朵上的露水，至今还在哭泣细腰宫。

【注】

①细腰宫：即章华宫。②青春：春天。

【解】

该诗史实出自《史记·楚世家》，此诗刺楚灵王荒淫亡国也！

据历史记载，楚灵王不仅爱好细腰的女人，而且爱好细腰的男人，文武百官"皆以一饭为节，胁息然后带，扶墙然后起"。有如此昏君，八百年的楚国最终为秦国所灭。

4　长城①

祖舜宗尧自太平，秦皇②何事苦苍生？

不知祸起萧墙^③内，虚筑防胡万里城。

【译】

只要效法尧舜自然可得天下太平，秦始皇为了什么压迫苍生？却不知祸起萧墙之内，白白修筑了防备胡人的万里长城。

【注】

①长城：秦统一天下后，或出于对"亡秦者胡也"的误判，秦始皇于公元前215年，发起建造"西起临洮（今甘肃岷县），东止辽东（今辽宁省），蜿蜒一万余里"的长城。②秦皇：嬴姓，赵氏，名政，又名赵正（政）、秦政，或称祖龙，秦庄襄王之子，是中国第一个称"皇帝"的君主，39岁时完成了统一中国大业。秦朝在中央实行三公九卿来管理国家大事，在地方废除分封制，代以郡县制，同时实行"书同文、车同轨、量同衡"。③萧墙：当门而立的小墙，比喻国内。萧之言肃也，墙谓屏也，君臣相见之礼，至屏而加肃敬焉，是以谓之萧墙。

【解】

该诗史实出自《史记·秦始皇本纪》，此诗刺秦皇暴政也！

尧舜以德治国，以民为本，天下为公，选贤任能，于是有尧天舜日的盛世而千古传颂。而秦始皇治国，天下为私，靠"法、术、势"来巩固帝位，靠严刑峻法来进行统治，死刑就多达十多种。修筑长城时累死、饿死、打死的不计其数，"天下苦秦久矣"！于是"一夫作难而七庙隳，身死人手"，秦朝仅享十五年国祚。究其原因，无疑是违背了"民为本"这个尧舜道统。

5 沙苑^①

冯翊^②南边宿雾^③开，行人一步一徘徊。
谁知此地凋残柳，尽是高欢^④败后栽？

【译】

冯翊南边的夜雾散开，行人游览风景一步一徘徊。有谁知道这些凋残的柳树，都是高欢战败后所栽？

【注】

①沙苑：陕西大荔南洛水与渭水间一大片沙草地，南北朝时期高欢与宇文泰大战于此。②冯翊 (píng yì)：地名，三国时期魏国设置冯翊郡，辖境相当今陕西韩城、黄龙以南，白水、蒲城以东和渭河以北地区。③宿雾：夜雾。④高欢：北齐王朝奠基人。

【解】

该诗史实出自《北史·周本纪》，此诗刺高欢荒淫无智而败也！

南北朝时期，东魏的高欢与西魏的宇文泰进行了五场大战，其中的沙苑之战是第二场。公元537年，高欢乘宇文泰攻占恒农（今河南三门峡市）之际，亲率二十万大军进攻西魏。十月初一，进至沙苑，与东魏军仅距六十里。宇文泰决定在沙苑以东十里苇深土泞的渭曲设伏。次日午后，东魏军进入伏击区，见西魏军少，未等列阵便争相进攻。宇文泰当即下令出击，伏兵顿起，以一万人在沙苑一举击溃东魏二十万军队，高欢连夜跨骆驼逃往黄河西岸。为纪念战功，宇文泰命令将士每人在战场上植柳树一株以示庆贺。

其实高欢如果有谋略的话，不至于如此惨败，他可以去占领恒农粮仓，或去攻打西魏首都长安，或用火攻消灭芦苇草深的西魏伏兵，而取得胜利。

北齐王朝被后世称为"禽兽"王朝，高欢及其子孙都是淫乱之主，"谁知此地凋残柳，尽是高欢败后栽"？作者在此有讽刺高欢好淫而摧残花柳之意。

6 钜桥①

积粟成尘竟不开，谁知拒谏剖贤才②。

武王③兵起无人敌，遂作商郊④一聚灰。

【译】

钜桥的积粮布满灰尘竟然也舍不得救济百姓把仓打开，而且商纣王还杀了直谏的贤才。英明的周武王起兵伐纣无人可敌，于是商纣王在郊区鹿台自焚而化成了一堆灰。

【注】

①钜桥：商纣王时之粮仓名，仓址在今河北省曲周县东北。周武王灭纣后，遣南宫括散发钜桥仓的粮食，赈济饥民，史称钜桥发粟。②拒谏剖贤才：商纣王暴虐荒淫，横征暴敛，其叔父及丞相比干遂至摘星楼强谏三日不去。纣问何以自恃，比干曰："恃善行仁义所以自恃。"纣怒曰："吾闻圣人心有七窍，信有诸乎？"遂杀比干剖视其心。比干是历史上第一个以死谏君的忠臣。③武王：即周武王姬发，周文王姬昌与太姒的嫡次子，今陕西岐山人，西周开国君主，在位15年。公元前1046年发起牧野之战，取商兴周，定都镐（hào）京（今陕西西安西南）。④商郊：此处指商纣王自焚的鹿台，在今河南淇县。

【解】

该诗史实出自《史记·殷本纪》，此诗刺商纣王自负拒谏、荒淫残暴，而美周武王顺天应民之革命也！

商纣王能文能武，开疆拓土，以遂称霸之志。而罔顾民意，一意孤行，不仅遭到天下人的集体反抗，连自己的兄弟、叔叔也起来反对。因此商纣王和秦始皇一样，都败在"民为本"上面！

而文王德比尧舜，凤鸣岐山，天下三分有其二，武王继承文王的德业，顺天应人，当然是无人能敌，由此商灭周兴，亦天命使然也。

7 沙丘①

年年游览不曾停，天下山川欲遍经。

堪笑沙丘才过处，銮舆②风过鲍鱼腥。

【译】

秦始皇年年出游未曾歇停，他想把天下的名山大川都游遍历经。可笑的是皇车刚从沙丘走过，风却吹来了鲍鱼之腥。

【注】

①沙丘：在今河北省邢台市广宗县平台村南，为秦始皇第五次东巡驾崩的地方，史书上的"沙丘之谋""沙丘之乱"都发生在这里。②銮舆：皇帝车驾上有銮铃，借指皇帝的车驾。舆：车。

【解】

该诗史实出自《史记·秦始皇本纪》，此诗刺秦皇暴政，亦刺赵高之奸诈也。

公元前210年，秦始皇为化解凶兆开始第五次巡游，在平原津（今山东德州南）时患病，次年七月死在沙丘宫。临死前，他写下玺书赐公子扶苏，要他立刻赶回咸阳主持治丧葬礼。丞相李斯严密封锁消息，继续以秦始皇还活着的姿态巡游。但由于当时正值暑天，尸体很快发臭，于是他们就拉了几车鲍鱼，以乱其臭，掩盖真相。与此同时，赵高与胡亥、李斯密谋，擅自开启密封的玺书，篡改始皇遗令，立胡亥为太子，而赐扶苏和蒙恬死，史称"沙丘政变"。

秦始皇生前威风凛凛，没想到死后与臭鲍鱼为伴，还被自己的近臣篡改了遗诏，最后差点儿被赵高夺得了江山，这无疑是他的暴政专制所带来的恶果。暴君专制之下，很少有直谏的诤臣，更多的是媚上欺下的奸臣和佞臣，他们不讲忠义，也不讲仁义，等到暴君一死，就露出了自私凶残的本来面目。暴君与佞臣，在一代代王朝中前赴后继，屡屡出现。

此诗用一个"腥"字点明了暴君与佞臣"遗臭万年"的味道，可谓画龙点睛的传神之笔。

8　石城①

古郢②云开白雪楼③，汉江④还绕石城流。

何人知道寥天月，曾向朱门⑤送莫愁⑥。

【译】

古郢都云开之际我见到了白雪楼，汉江还是绕着石城滚滚长流。可是有谁知道当年的一个皓月之夜，曾经有人向楚王送来了美女莫愁。

【注】

①石城：今湖北钟祥市，在春秋战国时称郊郢，系楚国陪都，后期曾为楚国国都。郢州子城三面墉基皆天造，正西绝壁，下临汉江，石城之名本此。②郢（yǐng）：古代楚国都城称郢。③白雪楼：由《阳春》《白雪》二曲而有阳春台、白雪楼之名，白雪楼位于今湖北省钟祥市城西绝壁"节

节高"上。唐代白居易曾留下"白雪楼中一望乡,青山簇簇水茫茫"的诗句。在宋代,白雪楼就与岳阳楼、黄鹤楼、浮云楼并称全国四大名楼。④汉江:又称汉水、汉江河,古与长江、淮河、黄河并称"江淮河汉"。⑤朱门:古代王侯府第大门漆成红色,以示尊贵。⑥莫愁:楚国石城人(今湖北钟祥),姓卢,传说为楚顷襄王的歌舞姬女,与屈原、宋玉、景差一起完成了《阳春白雪》《下里巴人》等名曲的创作。

【解】

该诗史实首见于南朝《宋书》,此诗刺楚顷襄王之浪漫多淫也。

楚顷襄王生性风流,宋玉的《神女赋》记载了他也曾希望与巫山神女发生一夜风流的事,最终落个"襄王有意、神女无心"的千古笑料。不过在楚顷襄王治下,楚国的文艺确实呈现了一派繁荣,屈原、宋玉的楚辞与北方的诗经双峰对决,带来了风骚并举的盛况,以"曲高和寡"闻名的《阳春白雪》更成为千古绝唱。

可惜,文艺终究抵不过虎狼之秦的金戈铁马,最终落个数十万楚军将士惨死的悲惨结局。

中国历史上这样的文艺君王,除了楚顷襄王,后来还有好歌赋的陈后主、好音律的唐玄宗、好诗词书画的南唐后主李煜、好书法绘画的宋徽宗,这几个人虽然为中华文艺做出了杰出贡献,但是最后的结局都很悲惨。

9 洞庭①

五月扁舟②过洞庭,鱼龙吹浪水云腥③。
轩辕黄帝④今何在,回首巴山⑤芦叶青。

【译】

在五月我驾扁舟过洞庭,鱼龙吹浪,水云都腥。不知轩辕黄帝今在何处,我只回头看到了巴山上芦叶青青。

【注】

①洞庭:即洞庭湖,古称"八百里洞庭",因湖中洞庭山而得名。②扁舟:小船。③鱼龙吹浪水云腥:鱼和龙,泛指鳞介水族。④轩辕黄帝:

黄帝为五帝之首，本姓公孙，因为他生长于姬水之滨，故改姓姬，居轩辕之丘，故号轩辕氏，为中华"人文初祖"。⑤巴山：此处指巴陵郡的巴山，在今湖南岳阳洞庭湖边，这一带在三国时为吴国巴陵县，唐天宝元年（742）复置巴陵郡，到宋朝时仍称巴陵，所以《岳阳楼记》有"予观夫巴陵胜状，在洞庭一湖"之句。李商隐有千古名篇《夜雨寄北》："君问归期未有期，巴山夜雨涨秋池。何当共剪西窗烛，却话巴山夜雨时。"很多人认为这里的巴山在四川，其实在湖南岳阳。

【解】

该诗史实出自《山海经·海内南经》《淮南子·本经训》，此诗美黄帝之盛德也！

"巴蛇食象，三岁而出其骨"，说的是古代中国有一种巨蛇叫巴蛇，在洞庭湖一带肆虐，曾经生吞了一头大象，过了三年才把骨架吐出来。黄帝派后羿前往除害，后羿用箭射死了巴蛇，巴蛇死后尸骨堆积，变成了山，人们名之为巴山，而这个地方就叫巴陵。"轩辕黄帝今何在，回首巴山芦叶青"，作者表达了对黄帝的深深怀念。

10 江夏①

黄祖②才非长者俦③，祢衡④珠碎此江头。

今来鹦鹉洲⑤边过，惟有无情碧水流。

【译】

黄祖不属于宅心仁厚的长者之流，祢衡被杀如明珠破碎在江头。我今天从鹦鹉洲边走过，只见到了无情的碧水长流。

【注】

①江夏：原属武昌县，是武汉市的南大门，素有"楚天首县"之美誉。②黄祖：东汉末年将领。刘表任荆州牧时，黄祖出任江夏太守。建安三年（198）杀祢衡，建安十三年（208）在与孙权的交战中被杀。③俦（chóu）：等；辈。④祢（mí）衡（173—198）：年少成名，有文采和辩才，但是恃才傲物，目无余子。二十岁时，其四十岁的好友孔融写《荐祢衡表》给曹操，曹操爱才，但只召他为鼓史，祢衡觉得受了冷落，于是公

开羞辱曹操，到后来竟然当众大骂曹操，曹操没杀他，转而推荐给刘表。刘表遭祢衡侮辱、轻慢，刘表也没杀他，于是送给了性情急躁的黄祖。黄祖也很欣赏祢衡的文笔，但祢衡性情依旧，有一次竟然骂黄祖为"死老头"！于是被黄祖所杀，死时年仅二十六岁。⑤鹦鹉洲：地名，原在武汉市武昌城外江中，在明末逐渐沉没。因祢衡在此写下《鹦鹉赋》而得名，后祢衡被黄祖杀害，亦葬于洲上。历代不少名人慕名前来，留下诗篇，崔颢有"晴川历历汉阳树，芳草萋萋鹦鹉洲"，李白有"烟开兰叶香风暖，岸夹桃花锦浪生"，孟浩然有"昔登江上黄鹤楼，遥爱江中鹦鹉洲"。

【解】

该诗史实出自《后汉书·祢衡传》，此诗刺黄祖之暴，亦刺祢衡之傲也。

"君使臣以礼，臣事君以忠"，这是传统君臣相处的理想状况。但如果君德不配位、臣目无尊长的话，那这君臣之间就注定是个悲剧了。由于中华传统伦理历来强调尊卑有序，反对以下犯上，因此这样的悲剧也往往得不到同情，祢衡如此，杨修、许攸也是如此，正史对这些人基本持否定态度。"黄祖才非长者俦"，作者一反传统，为弱者仗义执言，当然难得。《易·谦》云："谦谦君子，卑以自牧也。"《大禹谟》云："满招损，谦受益，时乃天道。"即使祢衡文章再好，不懂得做人，不知趋吉避祸，终究也是个不入道的文匠而已。

11 荆山①

抱玉岩②前桂叶稠，碧溪寒水至今流。

空山落日猿声叫，疑是荆人哭未休。

【译】

抱玉岩前的桂叶繁稠，碧溪的寒水至今长流。夕阳下的空山响起了凄厉的猿叫声，疑是那个荆人卞和还在哭个不休。

【注】

①荆山：山名，在我国有五座同名的荆山，此处所指为湖北省保康县的荆山。因古代此山生长荆条（灌木），故名。②抱玉岩：位于湖北省

保康县荆山，春秋时期楚人卞和根据《山海经》"荆山之上多生宝玉"的记载，费了很多功夫，最终觅得璞玉，此玉后来成为名扬天下的楚国镇国之宝"和氏璧"，后人把他拾玉的地方叫"得玉处"，抱璞而哭的地方叫"抱玉岩"。

【解】

该诗史实出自《韩非子·和氏》，此诗刺楚厉王、楚武王之昏，怜卞和之遭遇也！

春秋时期楚人卞和认定一块青石中有宝玉，于是献给楚厉王，玉工说是普通的石头，楚厉王命人砍了卞和的左脚。楚武王继位后，卞和又献该青石，楚武王命人砍下其左脚。直到楚文王继位，命玉工剖开石头，发现里面果真有一块稀世之宝玉，楚文王遂将此玉命名为"和氏璧"，卞和也因此功封为零阳侯。而后世怀才不遇的文人喜欢用"荆山玉"来表达命运的不公和凄楚。

12　阳台^①

楚国城池飒已空，阳台云雨过无踪。
何人更有襄王^②梦，寂寂巫山十二重^③。

【译】

楚国城池已远逝成空，阳台云雨也无影无踪。何人有楚襄王的神女梦呢，现在见到的只是寂寂无声的巫山十二峰。

【注】

①阳台：即楚阳台，在重庆市巫山县城西的高都山上。《巫山县志》载："城西北半里许，山名高都，为阳台故址，旧有古高唐观。"相传楚怀王与巫山神女幽会于此。②襄王：楚顷襄王熊横，楚怀王之子，公元前298年至前263年在位。③巫山十二重：即巫山十二峰，包括登龙峰、圣泉峰、朝云峰、神女峰、松峦峰、集仙峰、净坛峰、起云峰、飞凤峰、上升峰、翠屏峰和聚鹤峰，十二峰中以神女峰最秀丽。

【解】

该诗史实出自宋玉《高唐赋》，此诗刺楚顷襄王之昏淫也！

楚顷襄王后宫佳丽无数，却仍然不能满足其无底之淫欲，竟然打起了神仙的主意，最终楚国衰亡、城池成空、云雨无踪。后人将"巫山云雨""云雨""共赴巫山""阳台梦""朝朝暮暮""朝云暮雨"比喻为鱼水之欢的男女性爱，如《红楼梦》第六回题为"贾宝玉初试云雨情"。

自从周公制作婚礼，就将男女交合规范在"上以事宗庙，下以继后世"的框子里，从而进入了文明时代。而万恶淫为首，淫乱则是败家、败国之首因。

13 赤壁①

烈火西焚魏帝②旗，周郎③开国虎争时。
交兵不假挥长剑，已挫英雄④百万师。

【译】

东风吹起烈火向西烧掉了魏帝的战旗，周瑜为孙吴立国恰在猛虎争霸之时。他不用兵士挥舞长剑去交战，采用火攻就挫败了曹操的百万雄师。

【注】

①赤壁：位于今湖北省赤壁市西北长江之滨的南岸，赤壁之战即发生在此。②魏帝：此处指曹操（155—220），曹操生前并未称帝，史书上的魏帝指曹丕，此处乃讽刺曹操有称帝野心。③周郎：即周瑜（175—210），字公瑾，美姿貌，精音律，建安十三年（208），周瑜率军与刘备联合，于赤壁之战中大败曹军，由此奠定了"三分天下"的基础。建安十五年（210）病逝于巴丘（今湖南岳阳）。④英雄：此处指曹操。据《后汉书·许劭传》记载，以知人著称南阳的许劭曾对曹操说过："君清平之奸贼，乱世之英雄。"《三国志》也称曹操是"治世之能臣，乱世之英雄"。

【解】

该诗史实出自《三国志·吴书·周瑜传》，此诗美周瑜于赤壁之战中之有识有谋有勇也！

《三国演义》是小说，而非真实的历史，诸葛亮舌战群儒、周瑜打黄盖、孔明借东风、诸葛亮草船借箭等，都是虚构。赤壁之战的风云人物是周瑜，而不是诸葛亮。当曹操的战书到来之际，孙权手下的大臣都力主求和，只有周瑜能洞见优势，力排众议，得到孙权支持后，与黄盖采用诈降、火攻之计，取得了赤壁之战的胜利，为东吴立国奠定了基础。

14 居延①

漠漠平沙际碧天，问人云此是居延。
停骖②一顾犹魂断，苏武③争④禁⑤十九年。

【译】

茫茫大漠直接蓝天，问人说此是居延。驻马回头一看如魂断，苏武怎么会在此忍受了十九年。

【注】

①居延：是匈奴语的音译，位于今天内蒙古的巴丹吉林沙漠北缘，中有居延海，《水经注》将居延海译为"弱水流沙"，在汉代时曾称其为"居延泽"，魏晋时称之为"北海"，唐代起称之为"居延海"。居延海是通往漠北的重要通道，历来是兵家必争必守之地。汉武帝时期，李广、卫青、霍去病等纷纷越过居延，与匈奴决战，李广的孙子李陵却因在居延海附近兵败投降匈奴而成为千古遗憾。而苏武在居延海（即北海）牧羊十九年而名垂千古。②骖（cān）：车辕两旁的马。③苏武：字子卿，汉族，杜陵（今陕西西安）人，汉武帝时为郎。天汉元年（前100）奉命以中郎将持节出使匈奴，被扣留，匈奴贵族多次威胁利诱，欲使其投降，苏武宁死不降。后匈奴将他迁到北海边牧羊，苏武历尽艰辛，留居匈奴十九年，持汉节不屈，至始元六年（前81），匈奴和汉朝达成和议，方获释回汉。苏武去世后，汉宣帝将其列为麒麟阁十一功臣之一，以彰显其节操。④争：同"怎"。胡曾咏史诗中多处用"争"来表示"怎"。⑤禁（jīn）：忍受、忍耐。

【解】

该诗史实出自《汉书·苏武传》，此诗美苏武之气节也！

苏武被匈奴扣留后，单于用尽各种威逼利诱的手段，但苏武坚决不投降，匈奴于是将苏武迁至北海放羊，并言"等公羊生子"即可归汉。李陵投降匈奴后，也曾来北海设宴劝降苏武，苏武以死明志，李陵只能长叹而去。苏武因此气节而名垂千古。

男人讲节操，女人讲贞操，这被视为国与家的两大精神支柱。中国历经磨难而终能统一，中华姓氏之所以源远流长，则来源这两大精神支柱。"石可破也，而不可夺其坚；丹可磨也，而不可夺其赤。"作者深深叹服苏武历经磨难不改的伟大气节。

15 吴宫①
草长黄池②千里余，归来宗庙已丘墟。
出师不听忠臣谏，徒耻穷泉③见子胥④。

【译】

野草疯长的黄池距离吴国千里有余，吴王成为盟主归来时宗庙已被越王勾践烧毁而变成了废墟。出兵前不听忠臣的劝谏，自杀时耻于在九泉再见到伍子胥。

【注】

①吴宫：春秋时吴国皇宫，在今苏州。②黄池：今河南省新乡市封丘县南。春秋末年，吴王夫差在西破楚和北败徐、齐、鲁之后成为东南一霸，遂倾全国之兵逐鹿中原，会晋定公于黄池。《史记》记载，这次会盟吴国成为盟主。③穷泉：即黄泉、九泉、阴间。④子胥：即伍子胥（前559—前484），楚国人，因其父兄被楚平王杀害，于是逃到吴国，成为吴王重臣。公元前506年，伍子胥协同孙武带兵攻入楚都，伍子胥掘楚平王墓，鞭尸三百，以报父兄之仇。伍子胥曾多次劝谏吴王夫差杀勾践，夫差不仅不听，反而听信太宰伯嚭（pǐ）谗言，称伍子胥阴谋倚托齐国反吴，令其自杀。在伍子胥死后九年，吴国为越国偷袭所灭。

【解】

该诗史实出自《史记·越王勾践世家》，此诗刺吴王夫差之昏暴也！

吴王夫差曾在伍子胥的辅佐下大败越国、齐国，但因听信谗言而赐死伍子胥。公元前482年，越王勾践乘吴王前往黄池会盟而进攻吴国，杀死吴太子。公元前473年，越再次兴兵，终灭吴国。夫差临死前用白布蒙住眼而举剑自尽。

夫差亡国，当然是因为没听伍子胥的劝谏导致的。《易经》云："一阴一阳之谓道。"君臣也是一对阴阳，阳的一方如果是明君，阴的一方就会有贤臣，如唐太宗和魏徵。而如果君是弱君，只要有贤臣辅佐，虽然不能创业，基本也能守一时之业，如刘禅和诸葛亮。但如果是昏君、暴君，即使有贤臣辅佐，而最终的结局则是贤臣被杀，奸臣上位，政治黑暗，最终失去政权，如商纣王杀比干、吴王夫差杀伍子胥。不过这国破家亡，也跟秋冬肃杀一样，也是天道循环使然也，岂人力可挽回哉？

16　阿房宫①

新建阿房壁未干，沛公②兵已入长安。

帝王苦竭生灵力，大业沙崩固不难。

【译】

新建的阿房宫墙壁没干，刘邦的军队就已经攻占了长安。帝王为了一家一姓而苦苦消耗人民的气力，千秋帝业如散沙崩溃固然不难。

【注】

①阿（ē）房（páng）宫：阿房宫被誉为"天下第一宫"，与万里长城、秦始皇陵、秦直道并称为"秦皇四大工程"，遗址位于今西安市西郊。公元前209年四月，秦始皇陵主体工程基本完工，于是秦二世从陵墓工程中调出部分人力继续修筑阿房宫。公元前209年七月，陈胜、吴广起义爆发，右丞相冯去疾、左丞相李斯、将军冯劫劝阻秦二世停止修建阿房宫，触怒二世，三人被送交司法官署问罪。公元前207年八月，赵高逼迫秦二世自杀，阿房宫于是完全停工。②沛公：即汉高祖刘邦。

【解】

该诗史实出自《史记·秦始皇本纪》及杜牧《阿房宫赋》，此诗刺秦皇罔顾民生之暴政也！

历代帝王夺取天下后，都会营造"运乎中央，临制四方"的皇宫，作为开国帝王的秦始皇，建阿房宫本来也无可厚非。后来汉武帝有未央宫，唐太宗有大明宫，明成祖有今天的北京故宫，都能开创几百年的基业，为什么秦始皇受到天下人如此的反抗呢？因为他是暴君，他罔顾民力，几个工程一起上，几百万男丁背井离乡，搞得天下怨声载道、民不聊生，出现矛盾时，不懂得安抚民意，而是依靠严刑峻法，于是最终引发陈胜、吴广起义，然后沛公入长安，秦朝短短十五年就亡国。

17 沛中①

汉高②辛苦事干戈，帝业兴隆俊杰多。
犹恨四方无壮士，还乡悲唱大风歌。

【译】

汉高祖辛苦打仗手执干戈，帝业兴隆麾下俊杰很多。但还是怨恨大汉江山四方没有壮士把守，于是还乡时悲唱《大风歌》。

【注】

①沛中：汉高祖刘邦故里沛县。②汉高：即汉高祖刘邦（前256—前195）。

【解】

该诗史实出自《史记·高祖本纪》，此诗美刘邦得人才而得天下也！

刘邦四十多岁还是个光棍，短短七年时间，竟然一统江山，荣登大宝，建立大汉，成功原因是什么呢？传说是天命，其实是刘邦上善若水、知人善任、从谏如流的结果。正如司马光评论刘邦所云："爱人喜施，意豁如也，常有大度。"

刘邦的《大风歌》作于公元前195年。在回到家乡宴请父老时，他歌云："大风起兮云飞扬。威加海内兮归故乡。安得猛士兮守四方！"诗言志也！刘邦这首诗有富贵还乡的豪迈，也有匈奴未灭的悲凉，有居安思危的睿智，有求贤若渴的大度。

然而，若将该诗与舜帝《南风歌》比起来，志向和格局还是相差很多。《南风歌》云："南风之薰兮，可以解吾民之愠兮。南风之时兮，可以阜吾民之财兮。"舜帝以民为本，一方面让南风解民之愠，一方面让南风阜民之财，其心怀天下苍生的胸襟，则远胜富贵还乡、大风飞扬的刘邦。刘邦的志向和格局还是在"威加海内"的刘姓家天下的安稳上面，而刘邦登基后，诛杀异姓王，立下白马之盟，称"非刘氏而王者，天下共击之"。

这样的封建帝王意识与公天下的圣贤政治当然更加格格不入了。

18　金谷园①

一自佳人②坠玉楼，繁华东逐洛河流。
唯余金谷园中树，残日蝉声送客愁。

【译】

自从佳人跳下绿珠楼，金谷园的豪华就随着洛河水东流。而今只剩下园中的树木，在夕阳下的凄厉蝉声中送走客人的忧愁。

【注】

①金谷园：西晋富豪石崇的别墅，金谷园遗址在今洛阳老城东北七里处的金谷洞内。当年石崇与西晋皇帝的舅舅王恺争富，修筑了此园。此园依邙山、临谷水，楼台亭阁，犹如天宫琼宇。石崇在金谷园为其宠妾绿珠专门修了一座华丽的妆楼，取名"绿珠楼"。石崇死后，繁华的金谷园就败落荒废了。②佳人：此处指石崇的宠妾绿珠。

【解】

该诗史实出自《晋书·石崇传》，此诗刺石崇贪财贪色而身家不保也！

石崇（249—300）在西晋灭吴后获封安阳乡侯，累官刺史、将军等职，在任上劫掠往来富商，因而发家致富。贾南风专权时，石崇依附外戚贾谧。永康元年（300），贾后等为赵王司马伦所杀，司马伦党羽孙秀向石崇索要其宠妾绿珠未遂，因而诬陷石崇为乱党，绿珠跳楼自尽，石崇则被夷三族。

"繁华东逐洛河流"，金钱、权力、美色、声誉，不可智取，只能德配，石崇的教训值得深思。

19　湘川①

虞舜②南捐万乘③君，灵妃④挥涕⑤竹成纹。
不知精魄⑥游何处，落日潇湘⑦空白云。

【译】

虞舜南巡卒于苍梧而捐弃了万乘之君，娥皇女英挥泪在竹子上成了斑纹。今不知舜帝的精魄游到了何处，我只见到了落日下的潇湘二水和空中的白云。

【注】

①湘川：即湘江。②虞舜：五帝之一，史称虞帝、虞舜、虞皇、舜帝。舜帝在位39年，南巡死于苍梧之野，葬于江南九嶷山，是为"零陵"。司马迁在《史记》中称"天下明德皆自虞帝始"，舜帝之孝位列二十四孝之首，舜帝后裔包括姚、虞、陈、胡、田、袁、孙、陆、车、王等十多个姓氏。③万乘（shèng）：古代称四马一车的兵车为一乘。《周礼》云："天子地方千里，能出兵车万乘。"因以"万乘"指天子、帝王。④灵妃：指尧帝之二女娥皇、女英，姐妹同嫁帝舜为妻，称二妃。舜死于苍梧，二妃在洞庭山望着九嶷山痛哭流涕，眼泪滴在竹子上，成为斑竹，随后跳入波涛滚滚的湘江殉情而死，成为湘江女神，亦称湘灵。现在洞庭湖君山上有二妃墓。⑤涕（tì）：眼泪。如痛哭流涕、感激涕零。⑥精魄：精神和魂魄，古时认为精魄可以离开肉体而存在。⑦潇湘：湘水与潇水的并称。潇湘幽美神秘，是历代文人墨客怀念舜帝、纪念二妃、心驰神往的地方，如谢朓有诗句："洞庭张乐地，潇湘帝子游。"李白有诗："帝子潇湘去不还，空余秋草洞庭间。淡扫明湖开玉镜，丹青画出是君山。"另有词牌《潇湘神》、戏曲《潇湘夜雨》、琴曲《潇湘水云》。

【解】

该诗史实出自《史记·五帝本纪》《列女传》《博物志》《述异记》，此诗美舜帝之大德亦美二妃之忠贞也。

如果说孔子是圣人，那孔圣人眼中的圣人，舜帝应该排第一。舜帝对中华民族的贡献有如下几个方面：第一，树立了孝子的榜样，树立了孝道。第二，树立了德化、教化、文化的治国思想。他首创诗教、乐教，流传至今的《卿云歌》《南风歌》《韶》即为舜帝所创。第三，他建立了治国之中道，那就是虞廷十六字心法："人心惟危，道心惟微，惟精惟一，允执厥中"，这个心法成为中华政治文明的核心理念，为历代帝王所推崇。第四，他与尧帝一起树立了公天下的帝王典范，树立了公天下的帝位禅让模式，建立了选拔考察官吏的制度，最终，尧天舜日成为中华政治文明的最高峰。第五，舜帝与二妃的爱情也为后世树立了典范，夫妻同心、生死与共。

"不知精魄游何处，落日潇湘空白云。"舜帝将帝位禅让给大禹，而大禹传子，就开启了私天下的夏朝，从此进入了动荡不安、改朝换代的私天下。而作者所处的晚唐时期，昏君治国，政治黑暗，与尧天舜日有云泥之别，于是作者发出了这样的感叹。

20　夷门①

六龙②冉冉骤朝昏③，魏国贤才杳不存。

唯有侯嬴④在时月，夜来空自照夷门。

【译】

太阳冉冉骤然从早晨到了黄昏，魏国的贤才已经杳然不存。只有当年侯嬴在时的月亮，夜来还空自照着夷门。

【注】

①夷门：在今河南开封城内东北隅，因在夷山之上，故名。②六龙：即太阳。《易》乾卦六爻中的每一爻的爻辞均以龙来比拟，因此六龙指的是乾卦，而太阳是乾卦的代表之一。③朝昏：早晚。④侯嬴（？—前257）：战国时魏国人，家贫，年老时始为夷门小吏。魏国信陵君礼贤下士，迎侯嬴为上客，并对侯嬴的屠户朋友朱亥多加礼遇。公元前257年，秦急攻赵，信陵君考虑到魏赵是近邻，又是姻亲，唇亡齿寒，于是想率领门客百余人去救赵，侯嬴觉得这是以卵击石，于是献计窃得魏王的兵符，信陵君拿到兵符，最终成功救赵却秦。但侯嬴觉得此举对魏君不忠，于是自刎而死。

【解】

该诗史实出自《史记·魏公子列传》，此诗美侯嬴之忠义，亦美信陵君之礼贤下士也。

"义"是中华文明的核心价值观之一，忘恩负义的人在中国几乎无法立足。"义"的繁体字"義"的意思是"与善同意，故从羊"，因此判断"义"的标准是"善"，所以严格说来，黑社会的江湖义气根本谈不上

"义"。

对于侯嬴、朱亥之"义",如果站在孟子"春秋无义战"的角度,这当然谈不上什么"义",而站在魏国的统治立场看,侯嬴当然是大逆不道,而侯嬴最终能一死了之,也算有个交代。站在赵国的立场看,侯嬴当然是位恩人,有恩义。当然,站在信陵君的立场,侯嬴确实是义举。

21 田横墓①

古墓崔巍②约路歧③,歌传薤露④到今时。
也知不去朝黄屋⑤,只为曾烹郦食其⑥。

【译】

高高的古墓来路多歧,《薤露》歌传到了今时。田横也知道不能去朝拜皇帝刘邦,只因为他曾经烹杀了刘邦器重的谋士郦食其。

【注】

①田横墓:田本姓陈,其始祖是陈国公子陈完,乃舜帝及胡公满后裔。楚汉相争于荥阳时,田横复辟齐国,刘邦派郦食其到齐国游说,齐国同意归汉。而韩信后来却攻打齐国,齐王田广、丞相田横见汉军背信弃义,于是烹杀郦食其泄愤。刘邦统一天下后,田横不肯称臣,率五百门客逃往海岛(今山东省青岛市即墨区的田横岛),刘邦派人招抚,田横被迫赴洛,但在距洛阳三十里的偃师首阳山自杀,刘邦赞叹田横的壮举,以诸侯王的丧礼安葬了田横,而两个门客也在田横墓旁自杀,海岛上的五百门客也闻讯自尽。田横墓,位于河南省洛阳市偃师市首阳山下,现在只有一块墓碑,墓已被平。②崔巍:高大险峻。③歧:岔道。④薤(xiè)露:薤上的露水,薤乃一种类似葱的植物。《薤露》为田横门客为哀悼田横自杀而作的挽歌。⑤黄屋:黄色的房屋,指帝王所居宫室。在中华文化中,黄色是最尊贵的颜色,为皇帝专用,如黄帝、黄袍、黄屋。⑥郦食其(lì yì jī)(?—前203):刘邦重要谋臣。

【解】

该诗史实出自《史记·田儋列传》,此诗刺田横怒而无智、杀郦食其而导致其不能善终也!

"怒"字，从奴从心，心为奴也，不能做主也。田横一怒之下做出烹杀郦食其的决定。人死不能复生，局势也就无法挽回了。

田横之死，历代有人歌颂其大节，而作者没有随大流，而是直接指出田横自杀的原因，可谓一针见血。

22 鸿门①

项籍②鹰扬③六合④晨，鸿门开宴贺亡秦。
樽前若取谋臣⑤计，岂作阴陵⑥失路人？

【译】

项羽如鹰之飞扬、纵横六合的早晨，在鸿门设宴庆贺灭秦。如果项羽在酒樽前能听取谋臣范增之计，怎么会沦落成了阴陵迷路之人？

【注】

①鸿门：在今陕西省西安市临潼区新丰镇鸿门堡村。前206年，项羽曾于此举行鸿门宴。宴席上范增力劝项羽杀掉刘邦，因项羽优柔寡断而让刘邦逃走。②项籍：即楚霸王项羽。③鹰扬：如鹰之飞扬也。④六合：指上下两方加上东西南北四方，泛指天下或宇宙。⑤谋臣：指项羽的谋士范增，被项羽尊为"亚父"。汉高祖三年（前204），刘邦被困荥阳，用陈平计，离间项羽范增君臣关系，范增遭项羽猜忌，辞官归里，途中病死。⑥阴陵：春秋时为楚邑，楚汉战争时为项羽兵败后迷失道处。汉时置县，故城在今安徽定远西北。《史记·项羽本纪》云："项王至阴陵，迷失道。"

【解】

该诗史实出自《史记·项羽本纪》，此诗刺项羽之昏庸也！

鸿门宴中，26岁的项羽如果想除掉50岁的刘邦，天时地利都有，可惜错失良机。项羽之昏庸主要表现在三个方面。第一，刘邦手下曹无伤向项羽告密，却被项羽在宴席上出卖给刘邦，导致刘邦逃出后，立杀曹无伤，可知项羽敌我不分。第二，项羽叔叔项伯竟然把除掉刘邦这样的核心机密告诉了张良和刘邦，刘邦马上笼络项伯而结了亲家，项伯也马上为刘邦出谋划策，自己的亲叔叔都胳膊肘往外拐，项羽的人缘可见一斑。第三，项羽本来想除掉刘邦，刘邦也入了局，可刘邦几句低调谦卑的话，就让项羽心软。即使范增暗示，项庄舞剑，也无济于事，可见其优柔寡断、难成大事。

23 黄金台①

北乘羸马到燕然②，此地何人复礼贤。

若问昭王③无处所，黄金台上草连天。

【译】

我乘着羸马向北来到了燕然，想看看这个地方是否还有人在以礼待贤。想寻找燕昭王的处所，可惜已经没有了，只见到黄金台上荒草连天。

【注】

①黄金台：亦称招贤台，战国时期燕国国君燕昭王为贤臣郭隗（wěi）所建造的住所。燕昭王有感于"千金买马骨"的故事，于是建造黄金台给郭隗住，听到燕昭王如此爱才，天下贤才纷纷投奔，"乐毅自魏往，邹衍自齐往，剧辛自赵往，士争趋燕"。②燕（yān）然：燕然山，东汉窦宪破北匈奴，曾登燕然山刻石勒功。此处指燕国。③昭王：即燕昭王（前335—前279），本名姬职，战国时燕国第三十九任君主，在位期间招贤纳士，国势大兴，燕将秦开大破东胡、朝鲜、真番，上将军乐毅联合五国攻齐，占领齐国七十多城。

【解】

该诗史实出自《史记·燕召公世家》，此诗美燕昭王之礼贤下士也！

孔子云"君使臣以礼，臣事君以忠"，燕昭王的礼贤下士换来了人才济济，也带来了燕国的强大。可惜的是，周天子使臣以礼，却没有换来"臣事君以忠"，春秋五霸、战国七雄根本不把周天子放在眼里。秦始皇统一中国后，礼贤下士不见了，韩非子那套"势"理论成为皇权的护身符，后来王朝则有过之而无不及，明朝甚至可以在朝廷上对大臣"廷杖"。"黄金台上草连天"，作者在唐朝于是有如此感叹。

24 夷陵①

夷陵城阙倚朝云，战败秦师纵火焚。

何事三千珠履客②，不能西御武安君③？

【译】

高大的夷陵城楼倚靠着美丽的朝云，当年楚国战败，秦国军队纵火将城烧焚。为什么春申君的三千个穿着珠履的门客，却不能抵御西来的武安君？

【注】

①夷陵：湖北宜昌的古名，夷陵位于长江中游、上游的分界处，"水至此而夷（平缓），山至此而陵（低矮）"，故名为"夷陵"，素有"三峡门户"之称。②三千珠履客：即楚国春申君之三千门客，穿着有珍珠装饰的鞋子。③武安君：即秦将白起，公元前257年被赐死。《千字文》将他与廉颇、李牧、王翦并称为战国四大名将。

【解】

该诗史实出自《史记·楚世家》，记载为："（顷襄王）二十一年，秦将白起遂拔我郢，烧先王墓夷陵。"此诗刺春申君之好虚荣也！

该诗在时间上有错误，白起拔郢、烧先王墓夷陵发生在楚顷襄王时期，即公元前279年，而春申君黄歇养门客则发生在楚顷襄王之子楚考烈王时期，楚考烈王元年即公元前262年黄歇拜相，封为春申君。因此该诗宜改为："夷陵城阙倚朝云，战败秦师纵火焚。而后三千珠履客，不如一个武安君。"

战国四公子都争相养士，其中春申君养士三千排名第一。春申君为相奉行亲秦灭鲁路线，灭鲁后又侵齐，招致楚齐结怨，错失团结抗秦之良机，加之韩赵魏相继或战败或臣服于秦，致使楚国陷于被动挨打的局面，加速了楚国的败亡。

春申君如此平庸，也证明其三千珠履客也是一群酒囊饭袋。良禽择木而栖，古代的高士大多有治国平天下的志向和才能，所追求的不是奢华的物质生活，而是宽广的政治舞台，因此春申君养士也是有数量没质量。

25 汉江

汉江一带碧流长，两岸春风起绿杨。

借问胶船①何处没，欲停兰棹②祀昭王③。

【译】

汉江如玉带，碧水流长，两岸春风吹起绿杨。借问当年的胶船是从何处沉没？我想停下兰舟来祭祀周昭王。

【注】

①胶船：用胶粘合的船。 ②兰棹（zhào）：指兰舟、木兰舟。木兰树因为材质坚硬而又有香味，所以一直是制作舟船的理想材料。棹：划船工具，类似桨。③昭王：即周昭王姬瑕（xiá）（？—前977），周康王姬钊之子，周朝第四任君主。周昭王继位后，欲光大成康事业，开始扩张版图，征讨东夷，讨伐楚蛮。第三次伐楚时，楚人献胶船，船驶至中流，胶液融化，船只解体，周昭王及其部众全部溺水而死，周人自称"南巡不返"。死亡地点，本诗言乃汉江，而传说则为湖南湘潭昭山下的深潭。昭山、湘潭之名皆自周昭王，邵阳古名昭陵，传说是因为周昭王陵寝所在而来。

【解】

该诗史实出自《帝王世纪》，此诗美周昭王为开疆拓土而殉国也！

周昭王所伐之"楚"并非芈姓楚国，而是楚蛮，是古三苗的后裔，是战神蚩尤的后代，因此能征善战，黄帝、尧帝、舜帝、大禹都曾南征三苗。"凡武之兴，为不服也；文化不改，然后加诛。"站在大一统的高度看，昭王伐楚蛮当然是一种正义的行动，符合中华道统。作者坚持大一统，因此有"欲停兰棹祀昭王"之句，以表达对周昭王出师未捷身先死的同情。

26 苍梧①

有虞②龙驾③不西还④，空委箫韶⑤洞壑间。

无计得知陵寝处，愁云长满九疑山⑥。

【译】

舜帝的龙驾不再西还，只留下了韶乐飘荡在洞壑间。没办法知道他的陵墓在何处，只见这天上的愁云布满了九嶷山。

【注】

①苍梧：或为广东苍梧，或为湖南九嶷山。②有虞：舜帝，号有虞氏。③龙驾：天子的车驾。④不西还：舜帝五年进行一次东、西、北的巡狩，九嶷山属南，南巡后即西巡，西巡后再北巡，因此称"不西还"。⑤箫韶：简称韶，又称九韶、大韶等，是舜和夔一起创作的诗歌音乐舞蹈。⑥九疑山：即九嶷山，在今湖南省宁远县。

【解】

该诗史实出自《史记·五帝本纪》，此诗美舜帝之大德而欲寻其陵寝也。

舜帝辞世之处有多种说法，其中以司马迁的说法最权威。司马迁在《史记》中说："践帝位三十九年，南巡狩，崩于苍梧之野，葬于江南九疑，是为零陵。"另外《山海经》《墨子》《吕氏春秋》《水经注》亦同此说法。因此舜帝陵在九嶷山基本上不容置疑。

"无计得知陵寝处，愁云长满九疑山。"作者为什么找不到舜帝陵所在呢？虽然舜帝是历代帝王的楷模，但由于其陵寝远离华夏文明的中心地带，路途遥远，交通不便，大部分皇帝只是望祀，于是日渐荒凉，到了晚唐时已经找不到了，直到作者在唐僖宗时期任延唐县令时，才在玉琯岩找到舜陵，向朝廷奏明后，唐僖宗命作者复修。今天的舜帝陵是明朝洪武四年（1371）由玉琯岩搬迁而来，位于舜源峰北麓。

27　陈宫^①

陈国机权^②未可涯，如何后主^③恣娇奢。
不知即入宫中井，犹自听吹玉树花^④。

【译】

陈霸先崇尚节俭，陈国的治权本来无涯，为什么后主陈叔宝却恣意于骄奢。不知马上要躲进宫中的枯井避难了，还在听吹《玉树后庭花》。

【注】

①陈宫：陈朝的皇宫，在今南京。②机权：枢机大权，即统治权。③后主：即陈后主陈叔宝（553—604），陈朝最后一位皇帝。在位八年，

不理朝政，耽于女色。公元589年，隋军南下，陈国灭亡，陈叔宝被隋军掳至长安，公元604年在洛阳病死。④玉树花：即《玉树后庭花》，为陈叔宝创作的宫体诗歌，被称为亡国之音，杜牧有诗云"商女不知亡国恨，隔江犹唱后庭花"。

【解】

该诗史实出自《南史·陈本纪》，此诗刺陈叔宝荒淫好艺而亡国也。

陈国国君陈叔宝精通音乐，亲自创作"吴歌"，如《玉树后庭花》等。同时迷恋美色，宠幸贵妃张丽华，以及众多贵嫔、美人、淑媛，每天花天酒地、艳词艳舞，从此政务废弛。公元589年，杨广率隋军攻占金陵，在陈宫中的一口枯井中捉住陈叔宝、张贵妃、孔贵嫔等人，陈朝从此亡国。

十分精神才做得十分事业，陈霸先开创陈朝，本来国祚无涯，却因为陈叔宝好淫而亡国，教训深刻也。

28 南阳①

世乱英雄百战余，孔明②方此乐耕锄。
蜀王③不自垂三顾，争得先生出旧庐？

【译】

东汉末年天下大乱，各路英雄百战有余，而孔明却在此种田乐于耕锄。如果不是蜀王刘备放下架子来茅庐三顾，怎么会让孔明先生走出旧庐？

【注】

①南阳：东汉时期，荆州共分为七郡，即南阳郡、南郡、江夏郡、长沙郡、武陵郡、桂阳郡、零陵郡。据东晋习凿齿的《汉晋春秋》记载："亮家于南阳之邓县，在襄阳城西二十里，号曰隆中。"②孔明：即诸葛亮（181—234），字孔明，号卧龙，徐州琅邪阳都（今山东临沂市沂南县）人，三国时期蜀国丞相。③蜀王：即三国时期蜀汉开国皇帝刘备（161—223），字玄德，东汉末年幽州涿郡涿县（今河北省涿州市）人，西汉中山靖王刘胜之后。

【解】

该诗史实出自《三国志·蜀书·诸葛亮传》，此诗美刘备之礼贤下士也。

"三顾茅庐"的故事在中国家喻户晓，刘备也成为历史上礼贤下士的典型而备受草根士子的敬仰，正如韩愈云"千里马常有，伯乐不常有"，刘备离开诸葛亮，还是有可能成事的，因为其个人性格、政治优势，也可感化其他贤士，所谓梧桐自有凤来栖。而诸葛亮如果没有刘备，则其命运可能就比较凄凉了，或许寂寞终老山中，或许像孔子一样，终生不得志，只能开坛讲学而已。

29　即墨①

即墨门开纵火牛②，燕师营里血波流。
固存不得田单③术，齐国寻成一土丘。

【译】

即墨城门打开后，田单冲向燕国军营放纵火牛，只见燕国军营中血波直流。可惜齐国诸公没有学到田单的巩固之术，齐国现在寻来就是一堆土丘。

【注】

①即墨：即今天山东省青岛市即墨区，春秋战国时期为齐国名邑。②火牛：牛角缚利刃，牛尾扎浸油芦苇，晚上点燃牛尾芦苇，牛负痛狂奔敌营。③田单：生卒年不详，战国时田齐宗室远亲。因收复七十余城之功被任为相国，并得到安平君的封号。后来到赵国做将相。

【解】

该诗史实出自《史记·田单列传》，此诗美田单之有勇有谋，而刺齐襄王之弃才而终至亡国也。

公元前284年，燕昭王以乐毅为上将军，合燕、秦、韩、赵、魏攻齐，攻入临淄，连下七十三城，只剩下了莒和即墨，眼看齐国处于灭亡之际。此时田单挺身而出，他先用反间计，迫使燕惠王改派骑劫代替乐毅为将领，然后用心理战激发燕军的麻痹和齐国人的仇恨，导致了燕军懈怠。

某一个晚上，田单点燃千余头火牛狂奔燕营，五千精壮勇士紧随于后，燕军惊慌失措，一败涂地，骑劫在混乱中被杀，田单于是率军乘胜收复失地七十余城，并迎法章回临淄正式即位，是为齐襄王，田单受封安平君。

可惜的是，齐襄王不是雄才大略之主，功劳大、民望高的田单也很难曲意逢迎，导致君臣相忌，田单于是去了赵国做了赵相。前 221 年，齐国灭亡。

30 渭滨①

岸草青青渭水流，子牙②曾此独垂钩。
当时未入非熊兆③，几向斜阳叹白头。

【译】

岸草青幽，渭水长流，姜子牙曾独自在此垂下直钩。在周文王还没有做那个"非熊非罴"梦之前，姜太公不知有多少次面对斜阳而感叹白头。

【注】

①渭滨：即姜太公钓鱼台，位于宝鸡市陈仓区天王镇境内，南依秦岭，北望渭水。②子牙：即姜子牙（约前 1156—约前 1017），亦作姜尚，或单呼牙，别号飞熊，因其先祖辅佐大禹平洪水有功被封于吕，故以吕为氏，也称吕尚。相传姜子牙 72 岁时在渭水之滨的磻（pán）溪垂钓，遇到了求贤若渴的周文王，被封为"太师"，称"太公望"，俗称太公，后被周武王尊为"师尚父"，周朝建立后被封齐国。③非熊兆：商朝末年，周文王姬昌渴望一个能文能武的人来辅佐自己。一晚他梦见一只生有双翅的异兽飞进自己的怀中。第二天文王找太史解梦，太史说："田于渭阳，将得大焉；非龙非螭（chī），非罴（pí）非熊；兆得公侯，天遣汝师。"周文王大喜，于是带领人马到渭水边寻找，果然遇到了直钩钓鱼的姜尚，周文王于是尊其为太师。

【解】

该诗史实出自《史记·齐太公世家》，此诗美贤士遇圣主也。

姜子牙年七十屠牛于朝歌市，年八十为天子师，年九十而封于齐，四朝帝师王佐，享年 139 岁。不仅五福备至，死后也备享哀荣，被加以"兵家鼻祖、武圣、武成王、昭烈武成王"的尊贵封号,受到历代帝王尊崇。到了明代万历年间,许仲琳创作《封神演义》,姜子牙在中国更是妇孺皆知,地位更加高隆,被民间尊为"武祖、天齐至尊、光明之神、神上神、众神之神、神祖",如此荣光,远远超过了后来的万世师表孔圣人。

然而这一切的转机在于周文王的一个梦,从此姜子牙才有了辉煌的人生。当然也跟姜子牙自身条件有关,第一是身体好、熬得住;第二是志向远大、好学储能,能把握机会、创造机会。自助者天助,然也!

31　五湖①
东上高山望五湖,雪涛烟浪起天隅②。
不知范蠡③乘舟后,更有功臣继踵④无?

【译】

我东上高山眺望五湖,雪白如烟的浪花好像来自天之一隅。不知道范蠡在此乘舟隐迹后,还有功臣来继续归隐无?

【注】

①五湖:这里的五湖指今江苏无锡太湖之蠡湖,原名五里湖,是太湖之内湖。勾践灭了吴国,范蠡带西施归隐于此。从此五湖也成为中国文人心中"功成、名就、身退"或者厌世辟世归隐的圣地和代名词。②天隅(yú):天边,或者极远的地方。隅:角落。③范蠡(前536—前448):今河南淅川县滔河乡人,辅佐越王勾践兴越国、灭吴国,功成名就之后隐迹五湖,化名为"鸱(chī)夷子皮",其间三次经商成巨富,然后又三散家财,自号"陶朱公"。后世尊之为财神,与孔子门徒子贡即端木齐名,有"端木生涯、陶朱事业"之合称。④继踵(zhǒng):踵即脚跟。继踵即前后相接。

【解】

该诗史实出自《史记·越王勾践世家》,此诗美范蠡之功成身退,亦刺勾践之不可共富贵也。

月满即亏,亢龙有悔,在很多人走向"飞鸟尽,良弓藏;狡兔死,走狗烹;敌国破,将相亡"的宿命时,范蠡却因为懂得道家智慧,潇洒归隐，留下传奇。而其好友文种则被越王勾践所杀。但后世站在儒家正统立场亦有对范蠡差评者，如唐韩愈说："为人谋而不忠者，范蠡其近之矣。"宋苏轼说："以吾相蠡，蠡亦鸟喙也。"儒家强调忠君，因此屈原在正史上的地位要比范蠡高，孔孟比老庄地位要高。

32 易水①
一旦秦皇马角②生，燕丹③归北送荆卿④。
行人欲识无穷恨，听取东流易水声。

【译】

可能有一天秦王所要求的马生角发生，太子丹于是回到北方的燕国，并立即送来刺杀秦王的荆卿。如果行人想体会那场刺杀的无穷遗恨，那就听听那东流的易水声。

【注】

①易水：在今河北省易县。公元前 227 年，燕太子丹、高渐离等在此河边送别荆轲，荆轲带燕督亢地图（今河北涿州、易县、固安一带）和樊於期首级，前往秦国刺杀秦王嬴政。②马角：燕太子丹在秦国作人质时，很想回国，秦王为了刁难他，给出的条件是"乌白马角"，即乌鸦头变白、马儿长出角。但太子丹最后还是逃了回去。③燕丹：姬姓，名丹，燕王喜之子，战国末期燕国太子。前 232 年逃回到燕国后，以暗杀秦王政来阻挡秦国的兼并之势。荆轲刺秦王事件败露后，燕王喜担心秦国出兵攻打燕国，便杀太子丹，将其头颅献秦军以求和。④荆卿：即荆轲，战国末期卫国朝歌（今河南鹤壁）人，为人慷慨侠义。秦国灭赵后，兵锋直指燕国，太子丹决定派荆轲行刺秦王。前 227 年，秦王在咸阳宫召见荆轲，在图穷匕首见之后，最终没有刺中秦王，反被秦王及秦侍卫所杀。

【解】

该诗史实出自《燕丹子》，此诗刺秦皇之暴而叹荆轲、燕太子丹之壮志未酬也。

"风萧萧兮易水寒，壮士一去兮不复还"，荆轲刺秦王未成功，樊於期死了，荆轲死了，前 226 年燕丹也被其父亲杀害，前 222 年燕国也灭亡了。该举不仅没有挽救燕国的命运，反而白白送了几条人命，加速了燕国的灭亡。

后世对荆轲的评价也是见仁见智，有同情的，如陶渊明诗云："惜哉剑术疏，奇功遂不成。其人虽已没，千载有余情。"张耒有诗云："燕丹计尽问田生，易水悲歌壮士行。嗟尔有心虽苦拙，区区两死一无成。"也有鄙视的，如司马光云："荆轲怀其豢养之私，不顾七族，欲以尺八匕首强燕而弱秦，不亦愚乎！"朱熹云："轲匹夫之勇，其事无足言。"作者以感情怜之，以理智悲之，有情有理，算是厚道之言。

33　长平①
长平瓦震武安②初，赵卒俄成戏鼎鱼。
四十万人俱下世③，元戎④何用读兵书。

【译】

长平之战开始，赵军恰如秦军瓦震武安之初，可是忽然间赵兵就变成了锅鼎中的游鱼。四十万赵军全被坑杀而离世，三军主帅何必要读那么多兵书。

【注】

①长平：今山西省晋城高平市，因公元前260年发生长平之战而闻名。②瓦震武安：前269年，秦国在挫败齐国、击破楚国之后，兵锋直指赵国。秦军驻扎在武安西，鼓噪勒兵，喊声震天，竟然将武安的屋瓦震落。③下世：去世。④元戎：主帅、主将。

【解】

该诗史实出自《史记·廉颇蔺相如列传》，此诗刺赵括之纸上谈兵也。

后世论及东周500年的战争时，唯推晋阳（即韩魏赵三家分晋之战）、长平两役，所谓"晋阳之围，悬釜而炊；长平之战，血流漂卤"。在长平之战中，赵军全军覆没，纸上谈兵的赵括也因此贻笑天下。战国时的赵括，以及后来三国时的马谡，都被视作空读死书、不能实战的典型。兵无常形，水无常势，应该随机应变，从战争中学习战争，才能磨炼出本领。"药王"孙思邈云："世有愚者，读方三年，便谓天下无病可治；治病三年，乃知天下无方可用。"赵括无疑就是这样的愚者。"四十万人俱下世，元戎何用读兵书。"无疑凸显了胡曾作为湖湘文化先驱经世济用的教育观。而胡曾一纸退兵、赵括纸上谈兵，则属中国军事史上正反相对的两个典型，同能垂名万古以资国人借鉴也！

34 西园①

月满西园夜未央②，金风③不动邺④天凉。

高情公子多秋兴，更领诗人入醉乡。

【译】

月满西园，夜色未央，秋风未起，邺天微凉。当年那才情高雅的公子曹植秋兴正起，更把诗人们带进沉醉之乡。

【注】

①西园：指邺城的铜爵园。三国时期曹操修建，亦称铜雀园。②未央：未完、未尽。③金风：秋风。依阴阳五行，金主管西方和秋季，故秋风又名金风、西风。④邺：即邺城，东汉末年，曹操击败袁绍，占据邺城而营建王都。

【解】

该诗史实出自《三国志·魏书·曹植列传》，此诗美曹植之才华及三曹七子开创建安文学。

三曹即曹操、曹丕、曹植，其中以曹植（192—232）文名最盛，谢灵运赞曰"天下才有一石，曹子建独占八斗"，钟嵘在其《诗品》中把曹植列为品第最高的诗人，其代表作有《洛神赋》《白马篇》《七哀诗》等，围绕三曹有著名的"建安七子"，即孔融、陈琳、王粲、徐幹、阮瑀、应玚、刘桢，皆擅诗。建安诗歌有"世积乱离，风衰俗怨"的时代特征，有梗概多气、慷慨悲凉的建安风骨，其间五言诗体得以发展，七言诗体从此开创，"三曹七子"转变了一代文风，开创了文学的繁荣。

35 长沙①

江上南风②起白蘋③，长沙城郭④异咸秦⑤。

故乡⑥犹自嫌卑湿，何况当时赋鵩人⑦。

【译】

湘江上的南风吹起了白蘋，长沙的城郭不同于咸秦。作为湖南人，我也嫌自己的故乡低下潮湿，何况当时那个写《鵩鸟赋》的人。

【注】

①长沙：今湖南省会，历史文化名城，历经三千年城名、城址不变，前177年至前174年，西汉贾谊曾任长沙王太傅，现有贾谊故居。②南风：夏天的风。③白蘋：亦作"白萍"，水中浮草，常见于古诗中。④城郭：城指内城的墙，郭指外城的墙，合起来泛指城市。⑤咸秦：指秦都城咸阳。唐人多借指长安。⑥故乡：秦设长沙郡，西汉置长沙国，东汉、隋唐置长沙郡，作者胡曾故乡为邵阳，曾隶属于长沙，因此诗中称长沙为故乡。⑦赋鵩（fú）人：鵩指一种不吉祥的鸟。赋鵩人指贾谊，贾谊写了《鵩鸟赋》。

【解】

该诗史实出自《史记·贾生列传》，此诗悲贾谊遭遇亦叹其脆弱也。

贾谊（前200—前169）18岁时即以善文为时人称颂，21岁时被汉文帝召为博士，一年内便升迁为太中大夫。但不久谪为长沙王的太傅。贾谊作为逐臣，过湘江时写下《吊屈原赋》，感慨自己与屈原相同的遭遇，第三年见到一只鵩鸟飞入房间，贾谊以为自己不久于人世，于是作《鵩鸟赋》。

湖南三面环山、一面临水，造就了卑湿、闭塞的地理环境，又因远离中原王权，于是让人产生自卑感。贾谊少年得志，却被贬到荒凉的湖南，生出伤感也是自然之事。但是从另一方面看，也反映出了贾谊的脆弱，没有愈挫愈奋的精神，因此一身才学，也最终昙花一现。

36 圯桥①

庙算②张良③独有余，少年逃难下邳初。

逡巡④不进泥中履，争得先生⑤一卷书。

【译】

张良运筹帷幄的庙算总是绰绰有余，这源自张良逃难到下邳之初。如果当时张良徘徊犹豫，不去帮老人捡起泥中的鞋，又怎么能得到那卷兵书。

【注】

①圯（yí）桥：该桥位于今江苏省睢（suī）宁县古邳镇境内的下邳古城。黄石公在桥上让逃难至此的张良为他捡鞋、穿鞋，并约清早见面，三试之后，授张良以《太公兵法》。②庙算：朝廷遇战事，都要告于祖庙，议于庙堂，故称庙算。③张良（约前250—前190或前189）：字子房，西汉开国元勋，刘邦称赞他："运筹帷幄之中，决胜千里之外。"并封留侯，但张良辞官随赤松子云游四海。④逡巡（qūn xún）：有所顾虑而徘徊不前或退却。⑤先生：此处指黄石公，秦汉时期的隐士。

【解】

该诗史实出自《史记·留侯世家》，此诗美黄石公磨炼张良之忍性而赐予兵书促其成就大业也。

张良在博浪沙锤杀秦始皇，勇猛之精神可嘉，但终究失之鲁莽。逃难到下邳后，张良自然需要"高人指点和贵人相助"，黄石公作为得道高人，见张良面相非凡，觉得孺子可教，于是故意试探，折其锐气，增其忍性，留下圯桥进履、赐予兵书的佳话。

37 汨罗①

襄王②不用直臣③筹，放逐南来泽国④秋。
自向波间葬鱼腹，楚人徒倚济川⑤舟。

【译】

楚顷襄王不用直臣良筹，屈原被放逐度过了楚南泽国的艰苦之秋。闻楚都失陷，屈原失望投江自葬鱼腹，而楚国人仅仅冷漠倚靠在渡河之舟。

【注】

①汨罗：汨罗江，在今湖南岳阳汨罗市。约前278年农历五月初五，屈原在汨罗江河泊潭投江自尽。②襄王：即楚顷襄王。③直臣：直言谏诤

之臣，即屈原（约前340—约前278），芈姓，屈氏，名平，字原，又自名正则，字灵均，楚武王熊通之子屈瑕的后代。有文才，有谋略，志高行洁，但是性格耿直。早年受楚怀王信任，任左徒、三闾大夫，兼管内政外交大事。他提倡"美政"，主张对内举贤任能，修明法度，对外力主联齐抗秦。因遭贵族排挤诽谤，被先后流放至汉北和沅湘流域。楚国郢都被秦军攻破后，屈原自沉于汨罗江，以身殉国。④泽国：以洞庭湖为中心的区域，区域内河道纵横交错，湖泊星罗棋布，常年云气缭绕，似梦似真，故称泽国、云梦大泽，亦为楚国的别称。⑤济川：渡河。

【解】

该诗史实出自《史记·屈原列传》，此诗刺楚顷襄王之昏聩而叹屈原之死也。

屈原遭逢昏君和佞臣，个人不幸，国家不幸，以诗明志，以死殉国，庆幸的是其远见卓识、文才辞藻、赤胆忠心，一直为后世传颂。然而在当时，他的骚赋不似胡曾的《咏史诗》那样平易近人、那样庸夫孺子亦传诵，只有极少数文人看得懂。他的眼光只局限于楚王和上层的士大夫，他没有团结和唤醒大多数楚人。"楚人徒倚济川舟"，麻木的楚国人只能做个看客，看着忠臣死，也看着昏君亡，反正是"兴，百姓苦；亡，百姓苦"。

38　青门①

汉皇提剑灭咸秦，亡国诸侯尽是臣。

唯有东陵②守高节，青门甘作种瓜人。

【译】

汉皇刘邦提三尺剑灭掉了咸秦，那些亡国的秦朝诸侯都变成了汉朝的大臣。只有东陵侯邵平坚守高节，甘作青门的一个种瓜人。

【注】

①青门：秦汉时期，长安城的东门又称"青门"。"青门"因邵平拒绝事汉，在此隐居种瓜而闻名于世。②东陵：此处指秦朝时的东陵侯邵平。秦东陵安葬了秦始皇之父母，秦始皇专门封邵平为东陵侯在此管理。

汉灭秦之后，唯独邵平拒绝事汉，而在此地以种瓜卖瓜为生，其瓜叫"召平瓜""东陵瓜""青门瓜"。韩信被刘邦处死后，邵平曾穿丧服提醒萧何远祸。

【解】

该诗史实出自《史记·萧何列传》，此诗美邵平忠诚之高节也！

忠臣不事二主，好女不侍二夫，这算是中国传统国与家的两大精神支柱。因为有这两大支柱，不管王朝如何更替，中华文明及中华家族始终长流不断。作者虽然贬斥秦皇的无道，但是肯定了邵平对秦皇的忠诚，也算是坚守了中华忠孝的道统。

39 铜雀台①

魏武②龙舆逐逝波，高台空按望陵歌③。

遏云声绝悲风起，翻向樽前泣翠娥④。

【译】

魏武帝曹操离开人世，驾驶龙车正追逐逝波，可铜雀高台上还在空按望陵歌。这响遏行云的歌声停止后悲风吹起，翻转吹向酒樽前哭泣的翠娥。

【注】

①铜雀台：汉末建安十五年（210）冬曹操所建，铸大孔雀置于楼顶，舒翼奋尾，势若飞动，故名铜雀台，故址在今河北省临漳县西南古邺城的西北隅，曹操、曹丕、曹植、王粲、刘桢、陈琳、徐幹、蔡文姬等，当时经常聚集在铜雀台，掀起了"建安文学"的高潮。②魏武：即曹操（155—220），字孟德，小字阿瞒，沛国谯县（今安徽亳州）人，生前任东汉丞相，后为魏王，魏武帝是曹丕称帝追封。③望陵歌：望着曹操陵墓而演奏的歌曲。④翠娥：翠者，眉似青山也；娥者，好也；翠娥者，美女也。此处指曹操生前的歌舞伎，亦称铜雀妓。后人多题《铜雀妓》诗，感慨其悲惨命运。

【解】

该诗史实出自曹操《遗令》，此诗刺曹操之荒淫而怜铜雀妓之苦也！

曹操统一了中国北方，开创了建安文学。然而曹操有三个可怕的缺点：第一是好杀，第二是盗墓，第三就是荒淫。他不仅生前好色，死后还要这么多铜雀妓伺候。"君王欢爱尽，歌舞为谁容。"这些哭泣的翠娥无疑引起了诗人的同情和对曹操的批判。"积不善之家，必有余殃"，这也导致了曹操的子孙寿命不长，最终曹魏江山易手。

40　东晋^①

石头城^②下浪崔嵬^③，风起声疑出地雷。

何事苻坚^④太相小^⑤，欲投鞭策^⑥过江来。

【译】

石头城下浪势崔嵬，风浪声疑似地下的惊雷。不知何事苻坚太小看这长江天险，说什么投鞭断流就可以过江来。

【注】

①东晋：此处指东晋首都建康，又名石头城，即今南京。建都洛阳的西晋覆亡后，中原士族"衣冠南渡"，司马睿至建康建立东晋（317—420），东晋与北方的五胡十六国并存，东晋与之前三国时孙吴以及其后的宋、齐、梁、陈，合称为六朝，因此南京也有"六朝古都"之称。②石头城：石头城遗址位于今南京市鼓楼区清凉山一带。公元211年，孙权筑石头城，以扼守秦淮河与长江的交汇口。③崔嵬：高大雄伟。④苻（fú）坚：氐（dī）族，略阳临渭（今甘肃秦安）人，十六国时期前秦皇帝，前期重用汉人王猛，统一北方，与东晋南北对峙。公元383年发兵南下，在淝水之战中被东晋谢安、谢玄领导的北府兵所败，前秦亦随之陷入混乱，苻坚最终亦遭羌人姚苌杀害，终年48岁。⑤相（xiàng）小：看小。⑥鞭策：马鞭。

【解】

该诗史实出自《晋书·苻坚载记》，此诗刺苻坚自负轻敌而失败也。

公元375年，重臣王猛临死时对苻坚说："东晋偏处江南，但继承了正统，臣死以后，希望不要对东晋有所图谋。"苻坚不听。公元382年，大臣石越说："从星象来看，今年不适合南进。何况东晋据有长江天险，且君臣和睦，更有谢安及桓冲这样的人才。"苻坚驳斥道："星象之事，不可尽信。至于长江，春秋时的吴王夫差和三国时的吴主孙皓，他们都据有长江天险，最后仍不免灭亡。现在朕有百万大军，投马鞭即可断流，还怕什么天险？"后来其弟苻融、名僧释道安、太子苻宏、苻坚宠爱的中山公苻诜，以至宠妃张夫人皆反对伐晋，但苻坚仍然独持己见，一意孤行，于公元383年八月伐晋，最终失败。

41 吴江①
子胥今日委东流，吴国明朝亦古丘。
大笑夫差诸将相，更无人解守苏州②。

【译】

伍子胥尸体今天被抛弃于吴江往东流，吴国第二天也变成了荒丘。可笑的是吴王夫差手下的那些将相，再没有人懂得如何守卫苏州。

【注】

①吴江：指今苏州的胥江。前484年五月初五，吴王夫差赐死伍子胥并命人将其尸体抛到江中，尸体东流到今嘉兴胥山，被当地人收起埋葬。现胥山上有伍相墓、伍相寺，下面的河叫伍子塘。②苏州：前514年，伍子胥奉吴王阖闾之命，"相土尝水，象天法地"，设计建造了阖闾大城，也就是今天的苏州城。除立城郭外，伍子开凿了世界上第一条运河，即胥江。

【解】

该诗史实出自《史记·伍子胥列传》，此诗刺吴王夫差昏庸而杀贤臣伍子胥也。

伍子胥虽然对吴王忠心耿耿，且受重用，但毕竟是楚国人，没有根基。因此，吴国奸臣对他的诽谤谗言易进，他对吴王的忠言远见却难行，加上碰上了吴王夫差这样的昏君，其悲剧也是注定的了。

42 函谷关①
寂寂函关锁未开，田文②车马出秦来。

朱门不养三千客，谁为鸡鸣得放回？

【译】

寂静的函谷关大门锁未开，可田文的车马已经逃出了秦国直奔函谷关而来。如果孟尝君没有养那三千门客，谁能学鸡叫骗开关门而得以逃回？

【注】

①函谷关：位于今河南省灵宝市区，因其地处"两京（东京洛阳与西京长安）古道"，紧靠黄河岸边，关在谷中，深险如函，故称函谷关。函谷关东西长 7.5 公里，谷道仅容一车通行。"车不分轨，马不并辔""一泥丸而东封函谷""一夫当关、万夫莫开"，从这些描述中可见其险要。②田文：即孟尝君（？—前 279），妫姓，田氏，名文，"战国四公子"之一，有门客三千。秦昭王慕名封其为丞相，但因大臣反对又罢免，并图谋加害，孟尝君因其门客用"鸡鸣狗盗"的方法逃归。后任齐、魏相国，公元前 279 年去世，谥号孟尝君，后遭齐、魏两国灭族。

【解】

该诗史实出自《史记·孟尝君列传》，此诗美孟尝君广纳人才，又刺其为一己私利而蓄门客也。

田文厚待三千门客，其中有"鸡鸣狗盗"的高手，还有"弹铗而歌"的冯谖（xuān），冯谖为他"焚券市义"，献计"狡兔三窟"，这些门客让他绝处逢生、无灾无难，而且也让他一生显贵，做了多国宰相。

孟尝君养士有术，不仅得益于当时，也得到了后人的称赞，如贾谊赞道："明智而忠信，宽厚而爱人，尊贤而重士。"不过也遭到了有识之士的讥讽，王安石说："孟尝君特鸡鸣狗盗之雄耳，岂足以言得士？"司马光说："今孟尝君之养士也，不恤智愚，不择臧否，盗其君之禄，以立私党，张虚誉，上以侮其君，下以蠹其民，是奸人之雄也，乌足尚哉！"作者态度褒中有贬，诗中的"朱门"即有讽刺田文之意。

43　武关①
战国相持竟不休，武关才掩楚王②忧。
出门若取灵均③语，岂作咸阳一死囚？

【译】

交战的秦楚两国斗个不休，武关城门才关上，就带来了楚怀王无尽的愁忧。出门的时候如果能听取屈原的劝告，怎么会最后做了秦国都城咸阳的一个死囚？

【注】

①武关：位于今陕西省商洛市丹凤县武关镇，被誉为"关中门户""秦楚咽喉"，为兵家必争之地。②楚王：即楚怀王熊槐（约前355—前296），楚威王之子，楚顷襄王之父，在位早期，破格任用屈原等人进行改革，大败魏国。前299年，秦王以结亲为名，约楚怀王去武关相会，屈原知道是诈，极力劝阻，但怀王不听从，于是被扣押，送到秦都咸阳，被扣三年，怀王拒不割地。前296年，楚怀王命丧咸阳。③灵均：即屈原。

【解】

该诗史实出自《史记·屈原列传》，此诗刺楚怀王昏聩而不纳屈原之谏也。

楚怀王在历史上是一个可悲的昏君形象，从巫山之会到张仪诈楚，再到武关被扣、客死咸阳，败绩斑斑，可怜又可恨，而强大的楚国在他手里也日渐衰退。在这其中，一个重要的原因，就是拒绝屈原等贤臣的辅佐和劝谏，而误用佞臣子椒、子兰、靳尚、上官大夫，宠爱夫人郑袖，这些人或受了秦国的贿赂，或为了一己之私，不断出卖国家。亲小人，远贤臣，国势于是不可收拾。

不过当秦国把楚怀王的遗体送还时，"楚人皆怜之，如悲亲戚"，九十年后，项梁用"楚怀王"的名号，拥戴熊槐的孙子熊心为王，最终推翻了秦朝，可见楚怀王之死的影响还是很大的。

44 垓下①

拔山力尽霸图隳②，倚剑空歌不逝骓③。
明月满营天似水，那堪回首别虞姬④。

【译】

项羽可拔山的气力已尽，称霸的宏图已成灰，只能倚剑空歌这不能再奔驰冲杀的斑骓。明月满军营，月明如水，哪堪回头作别心爱的虞姬。

【注】

①垓（gāi）下：楚汉相争时项羽与刘邦决战之地，遗址位于今安徽省灵璧县境内。据司马迁《史记·项羽本纪》记载，项羽夜闻汉军四面楚歌，起来慷慨悲歌曰："力拔山兮气盖世。时不利兮骓不逝。骓不逝兮可奈何！虞兮虞兮奈若何！"项王和左右皆一起哭泣。②隳（huī）：毁坏。③骓（zhuī）：毛色青白相杂的顶级宝马。④虞姬：相传为西楚霸王项羽的妻子。词牌《虞美人》据说得名于虞姬。

【解】

该诗史实出自《史记·项羽本纪》，此诗刺项羽之霸道而怜英雄末路也！

公元前 203 年 12 月，汉军在垓下将项羽十万楚军层层包围，并于夜间高唱楚歌，月明如水，项羽面对心爱的乌骓马和虞姬作了一首绝命诗《垓下歌》，随后自刎乌江。

以力胜人者霸，以德服人者王。项羽凭借一身武勇，而成为西楚霸王，但是妒贤嫉能，有功者害之，贤者疑之，战胜而不予人功，得地而不予人利，有一范增而不能用，仁义不施，自矜功伐，残害义帝，众叛亲离，最终连自己心爱的妻子也保不住，愧对江东父老而自刎乌江。性也，命也！

45 郴县①

义帝②南迁路入郴，国亡身死乱山深。

不知埋恨穷泉③后，几度西陵片月沉。

【译】

义帝熊心被项羽分封南迁到了郴，没想到国亡身死在乱山之深。不知当时在穷泉含恨而亡之后，西陵边的那片月亮在这口井中有多少次浮沉。

【注】

①郴县：秦朝所置县，"郴"字为篆书"林"与"邑"二字组合，意为"林中之城"，为桂阳郡辖。公元前 206 年，项羽派人弑杀义帝熊心于

郴县。②义帝：即楚义帝熊心（？—前206），楚怀王熊槐之孙。③穷泉：井名，熊心被英布追杀到此，已穷途末路，故名穷泉。

【解】

该诗史实出自《史记·项羽本纪》，此诗刺项羽之残暴且愚蠢，亦讽熊心无自知之明而遗恨也。

熊心之死，天下人知道了项羽的残暴和愚蠢，也知道了刘邦的仁义和明智。得民心者得天下，于是刘邦最终得胜。而熊心虽然在灭秦过程中懂得运筹帷幄，有领袖之功，但终究只是一个名义上的君王，然而他却以君王的架势去主持公道，节制心胸狭窄的项羽，也算没有自知之明，熊心之死，也有自身的原因。

"不知埋恨穷泉后，几度西陵片月沉！"在中国历史上，弱主强臣上演了多少悲剧，尤其在王朝末世，总有弑君之暴臣出现，如赵高之于秦二世、曹操之于汉献帝、朱温之于唐昭宗等，站在道统立场，当然只能责怪臣之不忠，然而作为君主统御无术也是值得反思的。孔子云"君君臣臣"，君还是要像个君才行。

46 东海①

东巡玉辇②委泉台③，徐福④楼船尚未回。
自是祖龙⑤先下世，不关无路到蓬莱⑥。

【译】

秦始皇东巡的车驾已经到了泉台，徐福的楼船尚未回来。这当然是秦始皇先去世的原因啊，不能说没有路到仙岛蓬莱。

【注】

①东海：此处仅指黄河以南的中国东方海域，传说东海有五座仙山，即岱舆、员峤、方壶、瀛洲和蓬莱，上面都住着神仙，且有长生不老之药。②玉辇（niǎn）：天子所乘之车，以玉为饰，又称玉辂（lù）。 ③泉台：黄泉和望乡台的合称，指阴间。④徐福：字君房，著名方士。公元前219年，秦始皇派徐福率领童男童女数千人入东海求长生不老之药，但徐福出海数年，无功而返。后徐福再度率众出海，去到"平原广泽"，不再

回中国。据学者考证，"平原广泽"可能是日本九州岛。⑤祖龙：特指秦始皇。"祖，始也；龙，人君像。谓始皇也。"⑥蓬莱：此处指传说中的蓬莱仙岛。

【解】

该诗史实出自《史记·秦始皇本纪》，此诗刺秦始皇之贪求长生不老，亦刺徐福之诈也。

秦始皇自认为"德配三皇，功盖五帝"，面对无限的权势和富贵，又面对有限的人寿，当然有求仙长生的愿望。精明的徐福抓住秦始皇成仙的心理，于是上书，说东海有蓬莱仙岛，岛上有长生不死之药。秦始皇于是马上应允，让徐福去找，徐福因此成功地敲诈了这位千古一帝。"自是祖龙先下世，不关无路到蓬莱。"不是他徐福没找到啊，而是祖龙死得太早了啊！这诗句讽刺得太妙了！

47　首阳山①

孤竹夷齐②耻战争，望尘遮道请休兵。
首阳山倒为平地，应始无人说姓名。

【译】

孤竹君的两个儿子伯夷、叔齐耻于推翻商纣去依靠战争，于是望着遮道的征尘请求周武王休兵。只有首阳山倒为平地了，才没人说起这两个人的姓名。

【注】

①首阳山：目前我国境内的首阳山大致有六处，据考证，伯夷、叔齐耻食周粟的饿死之地，最有可能的是今甘肃省渭源县的首阳山。②夷齐：商末孤竹君的两个儿子伯夷、叔齐的合称，孤竹君死后，两人皆不愿继位，一起投奔周文王。文王死，武王伐纣，二人扣马谏阻说："父死不葬，爰及干戈，可谓孝乎？以臣弑君，可谓仁乎？"武王手下欲动武，被姜太公制止。武王克商后，天下宗周，而伯夷、叔齐耻食周粟，逃隐于首阳山，作歌曰："登彼西山兮，采其薇矣。以暴易暴兮，不知其非矣。神农虞夏，忽焉没兮，我安适归矣？于嗟徂兮，命之衰矣！"最后皆饿死。

【解】

该诗史实出自《史记·伯夷列传》，此诗美伯夷、叔齐之影响久远也。

面对暴君如商纣王的统治，是以暴易暴，还是劝谏、死谏，等暴君醒悟或者等到君亡政息呢？儒家孟子主张前者，即如汤武之革命，而孔子则主张后者，主张"克己复礼""君君臣臣"，想办法让君有个君的样子，臣有个臣的样子，君臣各正其位，因此孔子和伯夷、叔齐的思想是一致的。

汤武革命使得中国历史呈现了不断改朝换代的周期率。伯夷叔齐反对革命，为的是阻断历史周期率，所以其影响注定是深远和长久的！作者有穿透千古之眼力，一首七绝，尽说历代兴亡。

48　姑苏台①

吴王恃霸弃雄才，贪向姑苏醉醁醅②。
不觉钱塘江上月，一宵西送越兵来。

【译】

吴王自恃雄霸，抛弃了伍子胥这样的雄才，贪婪地在姑苏台上沉醉绿醅。没觉悟到钱塘江上的月亮，却在一个晚上把入侵的越兵送来。

【注】

①姑苏台：又名姑胥台，在苏州姑苏山上，由吴王阖闾初建，吴王夫差经常在此奢靡娱乐。②醁醅（lù pēi）：美酒。

【解】

该诗史实出自《史记·越王勾践世家》，此诗刺吴王夫差拒谏而奢淫亡国也。

越王勾践被吴王夫差打败后，他不仅给吴王送来美女美酒，而且送来能工巧匠、巨木良材。吴王夫差不听伍子胥的劝告，没有除掉勾践，而是大修姑苏台，生活奢靡，花天酒地。公元前473年，越兵轻而易举地攻入苏州，吴王夫差后悔当初未听伍子胥的忠告，即用大巾盖脸，自刎而死。

49　息城①

息亡身入楚王②家，回首春风一面花。

感旧不言长掩泪，只应翻恨有容华。

【译】

息国灭亡后，貌美的息夫人被迫嫁到了楚王家，她一回头，美色好比春风吹开了的一朵桃花。因为怀念前夫她从不说话，只是长时间地偷偷落泪，其实如果翻转来想，只应该恨自己的容貌太有光华。

【注】

①息城：息国都城，位于今河南息县西南，春秋初期息国为楚文王所灭。②楚王：指楚文王，楚国国君，公元前689年—前675年在位。

【解】

该诗史实出自《左传》《列女传》《吕氏春秋》，此诗刺王侯之好美色而起干戈也。

桃花夫人息妫，初嫁于息国国君息侯，公元前684年，息妫遭蔡侯调戏。息侯闻此与楚文王密谋图蔡，楚国于是出兵俘虏了蔡侯。蔡侯于是极力向楚王称赞息妫的美貌，好色的楚王于是出兵灭了息国，将息妫抢去做了夫人，不久息侯抑郁而死。息妫嫁给楚文王后，虽为楚文王生了两个儿子，但三年不语，最终自尽而死。而蔡侯在楚国被软禁至死，楚文王后来也暴病而死。

"红颜祸水""婢美妾娇，非闺房之福""不见可欲，不使心乱"，这些古训告诫男人应该远色避色。楚王遇上桃花夫人这样的女子还算幸运，如果是遇上妹喜、褒姒、妲己，只怕楚国在文王手里就早断送了！

50　故宜城①
武安南伐勒②秦兵，疏凿功将夏禹③并④。
谁谓长渠千载后，水流犹入故宜城？

【译】

武安君白起向南攻打楚国时勒住了秦兵，他疏通开凿了一条长渠，其功劳似乎等同夏禹开凿了城市并。谁说千年之后，这条长渠之水还能流入故宜城？

【注】

①故宜城：又名鄢（yān）城，在今襄阳宜城市，为楚国故都、宋玉故里。②勒：收住缰绳不让马前进。③夏禹：即夏朝第一位君主大禹。④并（bīng）：即并州，为大禹治水时所开凿修建之城市，即今山西太原。

【解】

该诗史实出自《史记·白起列传》《水经注》，此诗刺白起之残暴、水淹鄢城而至数十万楚人惨死也。

公元前 279 年，秦昭襄王派白起攻打楚国的别都鄢城。由于鄢城地势险要，久攻不下，白起于是命令在距离鄢城百里之外的蛮河上垒石筑坝，然后开凿水渠至鄢城。秦军于是利用水势，淹死数十万楚国人，从而攻占了宜城。

不过这条杀人的"白起渠"，被后人加以利用来灌溉农田，到北魏时，已发展成为大灌区。但作者并未忘记白起草菅人命、滥杀无辜的罪行，于是写诗痛斥。而白起不得善终、秦朝十五年而亡，无疑是违背天地好生之德所致。

51 成都①

杜宇②曾为蜀帝王，化禽飞去旧城荒。

年年来叫桃花月，似向春风诉国亡。

【译】

杜宇曾经是古蜀国帝王，死后化为杜鹃，旧城也成了一片蛮荒。没想到每年桃花盛开的时候杜鹃都不停地啼叫，似乎向春风哭诉旧国已亡。

【注】

①成都：又名锦城、锦官城，今四川省会。公元前 4 世纪，古蜀国开明王朝九世以"一年成邑，二年成都"而建城，名之成都，自此城址未徙，城名未易，先后有七个割据政权在此建都。②杜宇：古蜀国望帝之名，后变为鸟名，又名子规、杜鹃、布谷鸟，相传为杜宇死后所变。又传说杜鹃啼血滴在地上变成一种花，名为杜鹃花。

【解】

该诗史实出自西汉扬雄所撰《蜀王本纪》，此诗美杜宇之不甘亡国而奋斗不息也。

传说杜宇率兵协助武王伐纣，后被周武王封于蜀。在位期间，因蜀国洪水泛滥，杜宇于是请鳖灵治水，鳖灵因功拜为丞相。晚年，杜宇因被丞相鳖灵夺去王位，抑郁而死，怨魂化为杜鹃。每年桃花盛开时节，"布谷"声声，以催促蜀人春耕，蜀人闻之曰："我望帝魂也。""望帝春心托杜鹃""子规夜半犹啼血"，凄苦的杜鹃啼声，无不令人想起锲而不舍的杜宇。

52　濡须坞①

徒向濡须欲受降，英雄才略独无双。

天心不与金陵便，高步何由得渡江？

【译】

想打通濡须坞接受孙权的投降，作为英雄的曹操才略举世无双。天意却不给曹军攻占金陵的便利，即使迈开高步，又何由得以渡江？

【注】

①濡（rú）须坞（wù）：坞乃防卫用的小堡。濡须坞，三国时吴国所修建，在今安徽省无为市北边。

【解】

该诗史实出自《三国志·吴书·吴主传》，此诗以曹操之败而美孙权之能也。

三国时期，曹魏三代帝王前后四十年分五次攻打濡须水口，直到魏亡，也未能突破东吴的濡须坞防线。"天心不与金陵便，高步何由得渡江。"似乎东吴得以三分天下，乃老天注定。然而推究东吴五战五捷的原因，主要在于地利与人和。地利在于预先建筑了濡须坞，人和在于有孙权这样的君主，能调动良将精兵作战。孙权既没有曹操以相位"挟天子以令诸侯"之势，也没有刘备"皇叔"之名，但是能与曹刘三足鼎立，自有其过人之能，司马光评价孙权为"师友忠贤""明而有勇"。

53 檀溪①

三月襄阳绿草齐，王孙相引到檀溪。

的卢②何处埋龙骨③，流水依前绕大堤。

【译】

阳春三月的襄阳绿草齐齐，公子王孙引领我到了檀溪。不知刘备的卢马的龙骨埋在何处，只见流水像以前一样环绕着大堤。

【注】

①檀（tán）溪：又名檀溪湖，在襄阳城西真武山北面。②的（dí）卢：三国时期刘备的坐骑，因在檀溪"一跃三丈"而奠定了其三国名马的地位。③龙骨：马骨的化石。这里指马骨。

【解】

该诗史实出自《三国志·蜀书·先主传》，此诗美刘备有德而得天助也。

建安六年（201），曹操亲自讨伐刘备，刘备只好去投靠时任荆州牧的同宗刘表。可当时荆州的实权派人物蔡瑁和蒯越想杀刘备，刘备闻讯骑马逃跑，不料被檀溪鸭湖所阻。情急之下，刘备向自己的坐骑大呼一声"的卢努力"。该马似乎有临危救主之勇，于是奋蹄一越跨过檀溪鸭湖，将追兵抛到了对岸。

马有坤德，刘备亦有坤德，算是志同道合，共渡危难，于是的卢因刘备而同垂不朽，得到后世称赞和怀念。

54 青冢①

玉貌②元期③汉帝④招，谁知西嫁怨天骄⑤。

至今青冢愁云起，疑是佳人恨未销⑥。

【译】

王昭君花颜玉貌，最开始时是为汉元帝作为妃子所招，谁知后来满怀怨恨地西嫁匈奴天骄。直到今天青冢上还有愁云升起，可能是佳人的遗恨没有消。

【注】

①青冢：周围草皆白，唯独王昭君墓上草青，故名青冢。②玉貌：王昭君似玉一样的美貌。王昭君，名嫱，今湖北省宜昌市兴山县人，西汉元帝时和亲宫女。中国古代"闭月羞花、沉鱼落雁"所指的四大美女即貂蝉闭月、杨玉环羞花、西施沉鱼、昭君落雁。晋朝时为避司马昭讳，又称"明妃"、王明君。③元期：最开始的时候。④汉帝：即汉元帝刘奭（shì），西汉第十一位皇帝，多才艺，善史书，通音律，好儒术，但为人柔懦，因宠信宦官，朝政混乱，西汉由此走向衰落。⑤天骄：汉代人称北方匈奴单于为天骄。⑥销：古通"消"。

【解】

该诗史实出自《前汉书》，今《汉书》不载。此诗刺汉元帝时期之政治黑暗、颠倒美丑也！

匈奴单于在汉朝的帮助下完成统一，并请求和亲，汉元帝从后宫挑选一个画像丑的王昭君来应付，临行前发现王昭君有天姿国色，元帝无奈杀了毛延寿等画工泄愤。王昭君因为没有贿赂毛延寿，所以被画得很丑，因此王昭君首先应该恨毛延寿。然而在其内心，应该也恨过汉元帝，作为一国之君，连一个画工都敢糊弄他，可见王纲之软弱、朝政之废弛。汉元帝三十多岁时，即发齿脱落、老态龙钟，统御乏力，导致王朝衰落。

55 李陵台①

北入单于②万里疆，五千兵败滞穷荒。

英雄不伏蛮夷③死，更筑高台望故乡。

【译】

李陵孤军北入匈奴来到万里边疆，五千兵败而滞留在穷荒。有英雄气概的李陵不情愿作为蛮夷而老死，于是他筑起一个高台来眺望汉地的故乡。

【注】

①李陵台：在内蒙古草原正蓝旗境内黑城子遗址旁，曾有一座高台被称为"李陵台"。李陵，字少卿，飞将军李广之孙。②单（chán）于：是

匈奴人对首领的专称，意为广大之貌。③蛮夷：泛指古代华夏民族对四周其他民族的蔑称，包括东夷、南蛮、西戎、北狄。

【解】

该诗史实出自《前汉书》，今《汉书》不载。此诗刺汉武帝之粗暴而怜李陵之遭遇也！

天汉二年(前99)，李陵独自率五千步兵从居延出发，向北行进三十天后，到浚稽山遭遇单于主力，被包围后突围不成，于是下马投降。一年后，汉武帝误信李陵在帮单于练兵，于是将李陵全家诛杀。李陵闻知全家被杀，就娶了单于女儿，并做了右校王。汉昭帝即位后，汉使去匈奴招李陵归汉。李陵说："大丈夫不能反复无常，再次蒙羞！"于是拒绝归汉，此后二十多年生活在匈奴，直到病死。

李陵虽然变节投降匈奴，但是其内心还是热爱祖国的。至于变节，原因当然在李陵自己，没有苏武那样的忠贞，但汉武帝怒杀李陵全家，也让李陵彻底叛变。

56　河梁①

汉家英杰出皇都，携手河梁话入胡②。

不是子卿③全大节，也应低首拜单于。

【译】

李陵和苏武两个汉家英杰来自皇都，在河梁携手话别说起入胡。如果不是苏武想成全大节，可能也会低头拜谢单于。

【注】

①河梁：在漠北，当年李陵送别苏武回国的地方，出自《李陵与苏武诗》"携手上河梁，游子暮何之"。后来"河梁"常为送别的代名词。②胡：原本是秦汉时期北方匈奴的自称，据《汉书·匈奴传》记载，单于遣使遗汉书云："南有大汉，北有强胡。胡者，天之骄子也，不为小礼以自烦。"后来成为汉人对中国北方和西方外族或外国人的泛称，如"胡人不敢南下而牧马"。而胡萝卜、胡椒、胡瓜、胡豆、胡桃、胡床、胡琴等都是来自胡地之物。③子卿：即苏武，在匈奴持汉节十九年。

【解】

该诗史实出自《汉书·苏武传》，此诗悲李陵之遭遇而刺汉武帝之绝情也！

相比汉武帝诛杀李陵全家，而单于对李陵也算恩宠有加，将女儿嫁给他，并封王。作为忠贞不如苏武、全家被汉武帝诛的李陵来说，面对这冰炭两极，当然就"低首拜单于"了，后来霍光让他归汉，他也拒绝。这跟吴三桂降清又反清不同，李陵还是保持了对单于的忠贞。当然，如果汉武帝当时采纳了司马迁的意见，李陵当然也会想办法逃出匈奴报效汉朝。

57 轵道①

汉祖西来秉②白旄③，子婴④宗庙⑤委波涛。

谁怜君有翻身术，解向秦宫杀赵高。

【译】

汉高祖从东向西杀来，军旗是白旄，秦王子婴斋戒后要去朝见的秦朝宗庙也只能消失如波涛。可是有谁想到子婴也有翻身之术，懂得先去秦宫杀掉赵高。

【注】

①轵（zhǐ）道：亭名，在今陕西省西安市东北，为秦王子婴投降刘邦处。②秉（bǐng）：持。③白旄（máo）：古代的一种军旗，竿头以白色牦牛尾为饰，用以指挥全军。④子婴：即秦三世，嬴姓，名子婴或婴，在位46天。初称皇帝，后改称秦王，史称秦王子婴。至于子婴的身份，有人说是始皇之孙，有人说是扶苏之子，有人说是胡亥之兄，其实按照历史推理，最有可能是为秦始皇之弟。⑤宗庙：指天子或诸侯祭祀祖先的专用建筑。

【解】

该诗史实出自《史记·秦始皇本纪》，此诗美秦王子婴之胆识魄力。

赵高逼杀秦二世后，发现文武百官都不支持他称帝，无奈迎立子婴，让子婴斋戒后到宗庙参拜祖先，接传国玺。但赵高数次派人来请子婴，子婴都称病，赵高无奈亲自来请，子婴于是命韩谈趁机刺死赵高，并诛灭赵高三族。

子婴虽然翻身有术，但此时刘邦率大军已兵临咸阳，子婴见大势已去，便绑缚自己，带玉玺、兵符等物，从轵道到刘邦军前投降，秦朝由是灭亡。一个多月后，子婴被项羽所杀，秦宫室被焚毁。

58 上蔡①

上蔡东门狡兔②肥，李斯③何事忘南归。

功成不解谋身退，直待云阳④血染衣。

【译】

上蔡东门的狡兔很肥，李斯因为何事忘了南归。功成名就却不懂谋求身退，最终等到的却是云阳腰斩、鲜血染衣！

【注】

①上蔡：即今河南省驻马店市上蔡县，秦丞相李斯的故乡。②狡兔：兔子常常有好几个藏身的窝，故称狡兔，所谓"狡兔三窟"。③李斯：早年从荀子学帝王之术，学成入秦，得到秦王嬴政重用，于秦灭六国居功至伟。秦始皇一统天下后，任命李斯为丞相。秦始皇死后，他与赵高合谋，伪造遗诏，立少子胡亥为二世皇帝，后为赵高所忌，于秦二世二年（前208年）被杀。④云阳：指李斯被腰斩的地方。"云阳城在雍州云阳县西八十里，秦始皇甘泉宫在焉"，后世常用"云阳"来指行刑之地。

【解】

该诗史实出自《史记·李斯列传》，此诗刺李斯不识黄老之术而不得善终也。

秦二世胡亥即位后，重用赵高为郎中令，李斯对赵高不满，便经常上书劝谏，遭胡亥厌恶，赵高乘机诬陷李斯谋反，李斯在牢中被屈打成招，很快被判了死罪。受刑当日，李斯顾谓其中子曰："吾欲与若复牵黄犬俱出上蔡东门逐狡兔，岂可得乎！"遂父子相哭，并被夷三族。

李斯聪明一世，糊涂一时，与野心勃勃的赵高合作，害了扶苏、害了秦朝，最终也害了自己及家人。由此观之，李斯虽然满腹学问，终是"仓中鼠"之格局，无河海之量，可悲也！

59　汉宫①

明妃远嫁泣西风，玉箸②双垂出汉宫。
何事将军封万户③，却令红粉为和戎。

【译】

明妃王昭君因远嫁匈奴而哭泣于秋风，双泪如玉箸双垂而走出了汉宫。而那么多将军都封万户侯了，却还要红粉佳人通过和亲来解除兵戎。

【注】

①汉宫：汉王朝的皇宫。②玉箸：玉做的筷子，这里指双流的眼泪像一双玉筷一样。③万户：即万户侯，汉代侯爵最高的一层，万户侯食邑万户，卫青与霍去病就是万户侯。

【解】

该诗史实出自《汉书·匈奴传》，此诗刺西汉之和亲也。

西汉面对强大的匈奴，采取的和亲政策是有实惠而无面子。中国人对待婚事都讲究门当户对，尤其禁止胡汉通婚，而和亲却把礼仪之邦的金枝玉叶嫁给匈奴单于，这当然是自跌身份、有损民族尊严。不仅作者如此，宋代司马光也说："盖上世帝王之御夷狄也，服则怀之以德，叛则震之以威，未闻与为婚姻也。"

但是当国力不强、敌强我弱时，和亲也不失一种化干戈为玉帛的权宜之策，不能全部否定。而如果不是遇到和亲的机会，王昭君终其一生乃一个默默无闻的宫女，又怎么能牺牲小我、成就大我，而最终名垂千古呢？

60　豫让桥①

豫让②酬恩岁已深，高名不朽到如今。
年年桥上行人过，谁有当时国士③心？

【译】

豫让报恩这件事岁月已深，可他的不朽高名一直流传到如今。这豫让桥上年年走过这么多人，谁有当时豫让那样的国士之心？

【注】

①豫让桥：在今河北邢台市邢台县翟村西南角，豫让曾在此桥下为

故主智伯瑶报仇而行刺赵襄子。②豫让：晋国正卿智伯瑶的家臣，为智伯瑶报仇未成而伏剑自杀，是"士为知己者死"典故中"士"的出处。③国士：指代表一国精神力量的优秀人物。宋代黄庭坚《书幽芳亭》云："士之才德盖一国则曰国士。"

【解】

该诗史实出自《史记·刺客列传》，此诗美豫让之忠义也。

公元前453年，赵、韩、魏联手通过晋阳之战而"三家分晋"，智伯瑶兵败身亡，赵襄子还将智伯瑶的头盖骨漆成饮具，豫让知道后发誓为智伯瑶报仇。一次行刺赵襄子不成，第二次藏在板桥下再次行刺又不成，赵襄子问其原因，豫让说："智伯以国士待我，因此我要以国士的壮举回报他。"赵襄子为其忠义感动，应豫让的要求，让豫让砍杀自己的衣服以了报仇心愿，之后豫让伏剑自杀，从此这座桥被称为豫让桥。

"赵燕多慷慨悲歌之士"，智伯瑶与豫让的君臣关系达到了"君使臣以礼，臣事君以忠"的层次，但是按照"以道事君""春秋无义战"的标准，从智伯瑶"水灌晋阳"的暴行看，豫让之忠也只能算作愚忠。

61 汉中^①

荆棘苍苍汉水湄^②，将坛^③烟草覆余基。
适来投石空江上，犹似龙颜^④纳谏时。

【译】

荆棘苍苍在汉水之湄，拜将坛的烟草掩盖了剩余的地基。我刚好投了一块石头到空空的汉江上，那绽开的水花还似当年刘邦笑开龙颜纳谏时。

【注】

①汉中：今陕西省汉中市，汉中因处汉水中游而得名。②湄（méi）：岸边。③将坛：即拜将坛，亦称拜将台，为刘邦拜韩信为大将时所筑。④龙颜：此处指刘邦颜貌。《史记·高祖本纪》云："高祖为人，隆准而龙颜，美须髯，左股有七十二黑子。"

【解】

该诗史实出自《史记·淮阴侯列传》，此诗美刘邦纳萧何之谏而得韩信也。

韩信最先投奔项梁，项梁死后归附项羽，因得不到重用而投奔刘邦，虽然萧何多次引荐，仍不得重用，韩信于是失望离开。萧何听闻，在月下将韩信追回，然后又在刘邦面前反复推荐，最终刘邦采纳萧何建议，择良日、斋戒、设坛场、具礼，拜韩信为将。

"君使臣以礼，臣事君以忠。"刘邦善将将，韩信善将兵，君臣遇合如鱼得水，于是一起开创大业。其中，当然少不了萧何这个伯乐。

62　华亭①

陆机②西没洛阳城，吴国春风草又青。

惆怅月中千岁鹤，夜来犹为唳③华亭。

【译】

陆机在西边遇害于洛阳城，东边吴国的春风又起、枯草又青。那月明之中的千岁鹤应该倍感惆怅吧，入夜后还在鸣叫，而陆机已经回不到的故乡华亭。

【注】

①华亭：今上海松江的古称，西晋陆机临刑前悲叹："华亭鹤唳，岂可复闻乎？"②陆机（261—303）：字士衡，吴郡吴县华亭（今上海市松江区）人，孙吴丞相陆逊之孙、大司马陆抗第四子。"少有奇才，文章冠世"，与其弟陆云合称"二陆"，又与顾荣、陆云并称"洛阳三俊"，与潘岳合称"潘江陆海"。书法有《平复帖》传世。陆机在孙吴时曾任牙门将，吴亡后出仕西晋。太安二年（303），任后将军、河北大都督，率军讨伐长沙王司马乂（yì），于七里涧大败，最终遭谗遇害。③唳（lì）：（鹤、鸿雁等）鸣叫。

【解】

该诗史实出自《世说新语·尤悔》，此诗刺陆机知进不知退也。

孙吴灭亡之后，陆机退居华亭旧里读书，常与弟陆云游于华亭谷中，"谷出佳鱼莼菜，又多白鹤清唳"。十年后，为了光宗耀祖，博取功名富贵，两兄弟来到了西晋京师洛阳，陆机先委身贾谧，再委身司马伦，再委身司马颖，三易其主。七里涧大败后，部下群起向司马颖进谗言，司马颖于是将其杀害，被夷三族。

63 彭泽①

英杰那堪屈下僚，便栽门柳②事萧条③。
凤凰④不共鸡争食，莫怪先生⑤懒折腰。

【译】

英雄豪杰哪堪屈居下等官僚，陶渊明于是辞官回归，在门边栽下柳树，事事萧条。凤凰是不与鸡争食的呀，莫怪先生懒得折腰。

【注】

①彭泽：今江西省九江市彭泽县，因陶渊明做过彭泽县令而闻名。②门柳：出自陶渊明《五柳先生传》，言门边有五棵柳树。③萧条：寂寥冷落，《五柳先生传》云："环堵萧然，不蔽风日。"④凤凰：亦作"凤皇"，古代传说中的百鸟之王，雄的叫"凤"，雌的叫"凰"，总称为凤凰，《山海经》记载凤凰："非梧桐不栖，非竹实不食，非醴泉不饮。"可见凤凰之高洁。⑤先生：指陶渊明，字元亮，又名潜，世称靖节先生，寻阳柴桑（今江西省九江市）人，曾任江州祭酒、建威参军、镇军参军、彭泽县令等职。最末一次出仕为彭泽县令，八十多天便弃职而去，从此归隐田园，被称为"古今隐逸诗人之宗"。

【解】

该诗史实出自《晋书·陶潜传》，此诗美陶渊明不为五斗米折腰之高节也。

陶渊明身性孤傲，不肯为五斗米俸禄向小人折腰，于是辞官归故里，虽然要面对艰苦和清贫的农夫生活，但因远离了官场的压抑，精神是自由怡悦的，并因此创作了大量脍炙人口的田园诗。杨万里评价说："渊明之诗，春之兰，秋之菊，松上之风，涧下之水也。"其文《桃花源记》更是千古名篇。陶渊明的归隐生活也为中国读书人"穷则独善其身"提供了示范，由此增强了中华民族的生命力。

64　武昌①

王浚②戈鋋③发上流，武昌鸿业土崩秋④。
思量铁锁真儿戏，谁为吴王⑤画⑥此筹⑦？

【译】

王浚的兵器发自长江上流，东吴在武昌的鸿图大业处于土崩瓦解之秋。东吴部署在长江中的铁锁真如儿戏啊，是谁为吴王献上此筹？

【注】

①武昌：此处乃古武昌，位于今鄂州市，三国时孙权在今鄂城建都，名武昌。②王浚（jùn）：即王濬（206—286），《宋书》作王璿，西晋名将，在益州刺史任上建成强大水军。公元279年自成都顺长江攻吴，实现西晋统一大业，王濬因功拜为抚军大将军。③戈鋋（chán）：戈指曲头兵器，装有长柄；鋋指短矛。合称泛指兵器。④秋：指某个时期（多指不好的），如多事之秋。⑤吴王：即孙皓，三国时期吴国末代君主，公元280年投降西晋。⑥画：策划。⑦筹：也称算筹，是古代一种计算用具。此处指打算、谋略。

【解】

该诗史实出自《晋书·王浚传》，此诗刺吴王孙皓之昏暴也。

孙皓刚即位时被誉为明主，但不久便显露出残暴、迷信、自负的本性。晋朝晋武帝和羊祜认为时机已到，于是命王濬在益州建造战船，准备伐吴。王濬造船时产生的木屑流到建平郡，建平太守吾彦发现后上报孙皓，孙皓充耳不闻，吾彦无奈制造铁索链置于险要之处，以横断长江；又制作大铁锥，暗置在江水之中，试图以此阻止西晋战船东进。公元279年，王濬大军顺江东下，沿江城池的吴国守将多数望风而降。到了建平郡，王濬以大木筏移走江中的铁锥，又用火烧断铁索链，于是顺利通过建平郡，顺江挺进，直逼南京，孙皓投降，吴国灭亡。

地利不如人和，治国在德不在险。孙皓与文臣武将离心离德，铁索铁锥又有何用呢？"思量铁锁真儿戏"，于是作者有如此之叹。

65 鸿沟①

虎倦龙疲白刃②秋，两分天下指鸿沟。

项王不觉英雄挫，欲向彭门③醉玉楼④。

【译】

楚汉白刃相争到了虎倦龙疲之秋，项羽对刘邦说两分天下并手指鸿沟。项王此时还没觉得自己的英雄锐气受挫，还想回到自己的封地彭城一醉玉楼。

【注】

①鸿沟：古运河名，在今河南省荥阳市。②白刃：锋利的刀刃。此处指战争。③彭门：古亦称"彭城"，今徐州，为彭祖故国。公元前206年，项羽灭秦后，自立为西楚霸王，定都彭城。④玉楼：指有仙人或美女居住的华丽之楼。

【解】

该诗史实出自《史记·项羽本纪》，此诗刺项羽之志小且天真也。

公元前203年，项羽固守荥阳孤城，兵草枯竭，随时都可能被汉军围歼。项羽于是拿刘太公胁迫刘邦签订鸿沟协议，两分天下。和议形成后，项羽依约罢兵东归，刘邦却在张良、陈平的劝说下违背和议，约韩信、彭越合攻项羽。最终项羽兵败而在乌江自刎。

项羽当初烧毁秦宫室时，曾有人建议其在关中称霸，项羽说："富贵不归故乡，如衣绣夜行，谁知之者！"可见其志向之小。而在楚汉相争到了虎倦龙疲之际，项羽却相信鸿沟协议，还梦想可以两分天下，可以向彭门醉玉楼，足见其志小且天真也！

66 东山①

五马南浮一化龙②，谢安③入相此山空。

不知携妓④重来日，几树莺⑤啼谷口风？

【译】

五马南渡，一马化为真龙，谢安拜相，人去山空。不知谢安带着歌妓重来东山之日，还有几树黄鹂来啼叫谷口的春风？

【注】

①东山：亦称谢安山，在今浙江上虞，山上有谢安钓鱼台及谢安墓。②五马南浮一化龙：《晋书·元帝纪》记载，西晋末年洛阳有童谣云："五马浮渡江，一马化为龙。"西晋灭亡后，琅邪王司马睿、西阳王司马羕、南顿王司马宗、汝南王司马佑、彭城王司马纮一同过长江，而司马睿成为真龙天子，与童谣吻合。南京现有五马渡。③谢安（320—385）：字安石，今河南太康人，谢安一直隐居会稽郡山阴县之东山，40多岁才出山任职。在淝水之战中，谢安指挥八万兵力打败了号称百万的前秦军队，为东晋赢得几十年的和平。谢安治国以儒、道互补，被称为"江左风流宰相""中国历史上有雅量、有胆识的大政治家"。④妓：指谢安在东山隐居时畜养的能歌善舞的女艺人，称"谢妓""东山妓"。⑤莺：又名黄鸟、黄鹂、仓庚、青鸟，鸣叫声尖细而清晰，圆滑，好听。

【解】

该诗史实出自《晋书·谢安传》，此诗美谢安沉着优游之魏晋风度也。

谢安40多岁走出东山，举重若轻地处理军政大事。当前秦苻坚百万雄兵大举南侵时，谢安临危不乱，指挥若定；当淝水之战捷报传来时，谢安若无其事，一如平素。谢安的这种定力，当然是看淡生死贵贱、放情丘壑、携妓优游的风度所造就，也是中华儒道互补文化陶冶的结果。

67 涿鹿①

涿鹿茫茫白草秋，轩辕②曾此破蚩尤③。
丹霞遥映祠前水，疑是成川血尚流。

【译】

涿鹿茫茫一片白草之秋，轩辕黄帝曾在此大败蚩尤。天上的红霞遥映在轩辕祠前的水面，看起来好像整条河都有血在流。

【注】

①涿（zhuō）鹿：黄帝与蚩尤交战之地，位于今河北省张家口市涿鹿县。②轩辕：即黄帝，五帝之首，被尊为中华"人文初祖"。③蚩（chī）尤：上古九黎氏首领，与黄帝战于涿鹿，失败被杀。传说蚩尤乃湖南新化

人，有大熊山、蚩尤祖屋为证。"九黎""三苗"，苗、瑶、畲（shē）、侗等族为其后代。

【解】

该诗史实出自《史记·五帝本纪》，此诗美黄帝之武勇也。

蚩尤骁勇善战，且使用青铜兵器，轻易将炎帝击败。黄帝为援助炎帝，遂与蚩尤大战于涿鹿。初期黄帝九战九不胜，并为蚩尤所作大雾围困了三天三夜，黄帝之臣风后发明了指南车，突围冲出后，在玄女的帮助下，打败了蚩尤军队，并杀蚩尤，血染涿鹿。"圣人之治天下也，先文德而后武力。凡武之兴，为不服也；文化不改，然后加诛。"针对蚩尤不用帝命，作者也是认同刘向这一观点的。

68 云梦①

汉祖听谗②不可防，伪游韩信③果罹④殃。

十年辛苦⑤平天下，何事生擒入帝乡⑥？

【译】

刘邦做了皇帝听信谗言已不可防，他假装巡游楚地，韩信果然遭了殃。韩信十年辛苦为刘邦打天下，因为何事而被生擒到帝乡？

【注】

①云梦：又称云梦大泽，中国湖北省江汉平原上的古代湖泊群的总称，南以长江为界。"云梦"一词在先秦古籍中，亦指楚王狩猎区。②谗（chán）：诽谤言论。③韩信：淮阴人，西汉开国功臣。④罹（lí）：遭受苦难或不幸。⑤十年辛苦：指韩信从公元前207年到前197年这十年为刘邦辛苦打天下，其战功有明修栈道、暗度陈仓、临晋设疑、夏阳偷渡、木罂渡军、背水为营、拔帜易帜、传檄而定、沉沙决水、半渡而击等。《全唐诗》录为"十处辛苦"，不合格律，乃误。⑥帝乡：指皇帝居住的地方。

【解】

该诗史实出自《史记·淮阴侯列传》《汉书·韩信传》，此诗刺刘邦残害功臣也。

　　韩信被萧何誉为"国士无双"，刘邦评价曰"战必胜，攻必取，吾不如韩信"，被后人奉为"兵仙""战神"。然而韩信最终为刘邦所害，不能善终，其原因是什么呢？表面上看起来是韩信锋芒太露，其真正原因，应该是韩信对皇权构成了威胁。刘邦登基时 55 岁，此时韩信 30 岁，因此，为子孙着想，刘邦一定会除掉正当盛年的韩信，以防止韩信造反，这就是家天下功臣的命运。

69　孟津①

秋风飒飒孟津头，立马沙边看水流。

见说武王东渡日，戎衣②曾此叱③阳侯④。

【译】

　　在秋风飒飒的孟津渡头，我立马在沙边看黄河水流。有人告知周武王东渡时，曾穿着戎装在此呵斥水神阳侯。

【注】

　　①孟津：为黄河重要渡口，位于今河南省孟津县东北。津：渡水的地方。②戎衣：军衣。③叱（chì）：大声呵斥。④阳侯：传说中的水神。《幼学琼林》云："水神曰冯夷，又曰阳侯。"

【解】

　　该诗史实出自《淮南子·览冥训》，其中有"武王伐纣，渡于孟津，阳侯之波，逆流而击，疾风晦冥，人马不相见"的记载，此诗美周武王之得民心、得天助也。

　　周武王即位后的第四年，率军征讨朝歌的商纣王，在孟津渡黄河时，忽然狂风大作，天昏地暗，人马都看不清楚。这时周武王左手握黄钺，右手掌军旗，瞋目喝道："有我在此，谁敢违逆我的意志！"随即风平浪静，部队顺利渡江，并一举灭商。汤武革命，顺乎天而应乎人，于是有斥退阳侯之传奇。此事是否为真呢？《淮南子》曾说："夫全性保真，不亏其身，遭急迫难，精通于天！"因此应该不假。

70　七里滩①

七里青滩映碧层，九天②星象③感严陵④。

钓鱼台上无丝竹⑤，不是高人谁解登？

【译】

七里滩的绿水倒映着青山的碧层，九天的星象也感应到了严子陵。可钓鱼台上连娱乐的丝竹都没有，如果不是胸怀高洁之人，谁能理解严子陵当年把台登？

【注】

①七里滩：在今浙江桐庐县南的富春山下，也称严陵濑，为东汉隐士严光游钓处。山腰有二盘石，称东西二钓台，各高百余米，巍然对峙，耸立江湄，称严子陵钓鱼台。②九天：古代传说天有九重，也作九重天、九霄。③星象：即星空垂象，古代中国认为星象预示帝王吉凶福祸。此处指光武帝刘秀与严光夜间共卧，严光睡觉时把脚放在了光武帝腹上。次日，太史报告有客星冲犯帝座，光武笑道："乃我与故人严子陵同卧而已。"④严陵：即严光，字子陵，今浙江省余姚市人，东汉著名隐士。严光少有高名，与东汉光武帝刘秀相识于长安。刘秀即位后，多次延聘严光，但他隐姓埋名，退居富春山。⑤丝竹：中国传统民族弦乐器和竹制管乐器的统称。

【解】

该诗史实出自《后汉书·严光传》《高士传·严光传》，此诗美严子陵之淡泊功名富贵也。

严子陵在长安游学时，结识了刘秀和侯霸。后来侯霸做了王莽的臣子，刘秀却参加了绿林军，严子陵则避居富春江畔。刘秀登基后，希望严光出来辅佐，并与严光同榻而卧，但当严光见侯霸又成了刘秀的重臣时，羞与小人为伍，继续回富春山隐居。

严光的归隐跟姜太公蟠溪钓王侯不一样，严光无意功名富贵，希望过自由自在的生活，以修心养性。而官场险恶，勾心斗角，终难保清白。

71　霸陵①

原头②日落雪边云，犹放韩卢③逐兔群。
况是四方无事日，霸陵谁识旧将军④？

【译】

原野上太阳落在雪边之云，可李广还在放逐韩卢名犬去追猎兔群。在那个已经是四方无战事的日子里，在霸陵谁还认识李广这个旧将军？

【注】

①霸陵：也写作灞陵，为汉孝文帝刘恒陵寝，因靠近灞河而得名，在今西安东郊白鹿原东北角。②原头：原野；田头。③韩卢：战国时韩国的名犬，色黑，故名卢。④旧将军：此处指西汉名将李广。元光六年(前129)，任骁骑将军，领万余骑出雁门击匈奴，失败负伤被俘，后奔马逃回。后任右北平郡(今内蒙古宁城西南)太守，匈奴畏服，称之为飞将军，数年不敢来犯。元狩四年(前119)，漠北之战中，李广任前将军，因迷路未能参战，愤愧自杀。

【解】

该诗史实出自《史记·李将军列传》，该诗悲李广之遭遇而刺李广非封侯之器也。

李广兵败逃回，被贬为庶人。一次打猎归来很晚，至霸陵亭时，通行遭拒，并被醉酒的霸陵尉呵斥："就是现将军过关，也不能通行，更何况你还是旧将军呢！"李广只得忍气吞声，等到第二天天亮才回家。

李广虽然是一代名将，也自命不凡，然而除了"霸陵呵夜"的屈辱，还有"李广难封"的千秋遗恨。原因是李广器识胸怀难当大任，如七国之乱时，李广私自接收了梁王的将印；又如李广在陇西担任太守时，将投降的羌人全部处死，让朝廷背负不仁之名；而当时呵斥他的霸陵尉最后也被他处死。这些事传到皇帝耳边，当然不可能给他封侯。

72　杀子谷①

举国贤良尽泪垂，扶苏②屈死树边③时。
至今谷口泉呜咽④，犹似秦人恨李斯。

【译】

秦国的所有贤良都悲伤泪垂,当听到扶苏被李斯用假诏害死于戍边之时。至今谷口的泉水还在悲伤呜咽,还似当初的秦人在怨恨李斯。

【注】

①杀子谷:在今陕西省绥德县城南之芦家湾。有扶苏府、扶苏赏月台、呜咽泉、扶苏墓,扶苏墓与蒙恬墓遥遥相对。②扶苏:秦始皇长子,刚毅勇武,信人而奋士,有政治远见,经常劝谏其父亲施行仁义,后因坑儒一事进谏,秦始皇怒而将其派到上郡,协助蒙恬修筑长城。公元前210年,秦始皇死前诏令扶苏即位,赵高和李斯矫诏赐死扶苏,扶苏遂自尽。③树边:即戍边,防守边疆。④呜咽:声音滞涩、悲切。

【解】

该诗史实出自《史记·李斯列传》,此诗悲扶苏之死而刺李斯之阴谋也。

虽然最近出土的西汉竹简《赵正书》记载秦始皇临终前确是传位给胡亥,但大多数学者认同司马迁《史记》的说法,即秦始皇传位给扶苏,李斯和赵高篡改诏书,扶胡亥继位。从逻辑上看,秦始皇采用严刑峻法治国,通过巡游,深知天下的反抗暗流,因此安排仁厚的扶苏继位是可能的。而且扶苏是长子,按照周礼也是有资格继位的,因此司马迁的记载基本可信,而且从汉朝以来一直流传该说法。

不过,扶苏当时手握重兵,他竟然不顾蒙恬劝阻,见到诏书就急于自杀,这种毫无心机、不知权变的愚忠愚孝,也很难看出是个雄才大略之主。"至今谷口泉呜咽,犹似秦人恨李斯。"李斯背此骂名,也是千秋难改的了。不过从易道来看,积不善之家,必有余殃,秦始皇杀人太多,造孽深重,必然殃及子孙。因此其子孙自杀或互相残杀,也是命数,非人力可改变也。

73 马陵①

坠叶萧萧九月天,驱羸②独过马陵前。

路傍③古木虫书④处,记得将军⑤破敌年。

【译】

落叶萧萧的九月天，我骑着弱马独自经过马陵前。路边古木上刻有虫书之处，还记载了将军孙膑在此击败庞涓的破敌之年。

【注】

①马陵：地名。在今天的山东聊城市莘县大张家镇马陵。②羸（léi）：瘦弱的马。宋版胡曾咏史诗记为"羸"，其他版为"兵"。③傍：此处按格律为平声，应同"旁"。④虫书：即"鸟虫篆"，春秋战国时代盛行南方诸国，以错金形式出现，高贵而华丽，变幻莫测、辨识颇难。⑤将军：此处指孙膑，孙武的后代，出生于山东。孙膑与庞涓都是鬼谷子的学生，在魏国，庞涓嫉妒孙膑之才，捏造罪名砍去孙膑双足。后逃回齐国，被齐威王任命为军师，辅佐大将田忌两次击败庞涓，取得了桂陵之战和马陵之战的胜利，奠定了齐国的霸业。

【解】

该诗史实出自《史记·孙子吴起列传》，此诗美孙膑之谋略而刺庞涓之轻敌与嫉贤也。

战国时期，因为齐国一再干预魏国的大事，如围魏救赵等，魏惠王于是命庞涓、太子申攻打齐国。孙膑采用欲擒故纵之计，第一天挖十万个做饭的灶坑，第二天减为五万个，第三天再减为三万个。庞涓认为齐军大量减员，于是拼命追赶，天黑赶到马陵时，火光中见树上用虫书写有"庞涓死于此树之下"八个大字，庞涓顿悟中计，但此时已是万箭飞来，庞涓大叫一声："一着不慎，遂使竖子成名！"遂拔剑自刎。齐军生擒太子申，大获全胜，史称"马陵之战"，称孙膑的战法为"减灶之计"。此战后，魏国由盛转衰，孙膑却因善于用兵而名扬天下。

74 嶓冢①

夏禹崩来一万秋，水从嶓冢至今流。
当时若诉胼胝②苦，更使何人别九州③？

【译】

从大禹崩逝算来已经近万春秋，由大禹疏导、源自嶓冢的汉江至今长流。如果大禹当时到处怨诉治水的辛苦，那我们靠谁来识别九州？

【注】

①嶓（bō）冢：汉江的源头，位于陕西省汉中市宁强县境内。②胼胝（pián zhī）：手脚上劳作结成的老茧。③九州：大禹治水之后将中国划分为九州，即冀州、兖（yǎn）州、青州、徐州、扬州、荆州、豫州、梁州、雍州。中国因此称为禹域、禹甸。

【解】

该诗史实出自《尚书·禹贡》，此诗美夏禹治水别九州之功劳也。

唐尧之时洪水泛滥，舜帝推荐大禹治水，禹按照"水性就下，高处凿通，低处疏导"的原则，疏通平整。治水十三年，三过家门而不入，昔日肆虐的洪水驯驯服服地沿着江河向东流入大海。舜帝死后，大禹继位，他将天下划分为九州，令九州牧贡献青铜，铸造了九鼎，象征九州的同时，也象征至高无上的权力。将全国九州的名山大川、奇异之物镌刻于九鼎之身，从此九州也就成了中国的代名词。

75 玉门关①

西戎不敢过天山②，定远③功成白马闲。
半夜帐中停烛坐，唯思生入玉门关。

【译】

西戎的军队再也不敢越过天山，定远侯班超功成名就，白马也悠闲。每当他半夜在营帐中熄烛静坐，唯一的愿望就是有生之年能返回玉门关。

【注】

①玉门关：又名玉关，因西域输入玉石取道于此而得名，在今甘肃省敦煌市西北戈壁滩上，始置于汉武帝元鼎六年（前111），当时中原与西域交通莫不取道玉门关和阳关。唐人多有诗咏玉门关，如王昌龄有"青海长云暗雪山，孤城遥望玉门关"，王之涣有"羌笛何须怨杨柳，春风不度玉门关"。②天山：位于新疆，其上有著名的景点天池和西王母祖庙。③定远：平定远方。也指班超因平定西域被汉帝封为"定远侯"。

【解】

该诗史实出自《后汉书·班梁列传》，此诗美班超之武勇谋国而怜其思乡之情也。

班超少有大志，博览群书，后投笔从戎出使西域，在西域三十一年，凭一己心力，合三十六勇士，降服西域五十五国，实现了汉朝"断匈右臂"的战略。永元十二年（100），班超战战兢兢地上书皇帝云："臣不敢望到酒泉郡，但愿生入玉门关。"在他妹妹班昭的努力下，汉和帝允许他归国。永元十四年（102）抵达洛阳，月余病逝，完成了狐死首丘的心愿。

为什么朝廷一直不怜悯他的思乡之情呢？可能因为班超事业的"定远不定久"。班超自己也曾说："蛮夷怀鸟兽之心，难养易败"。因此朝廷没有办法，只能让班超坚守到老。

76 昆阳^①

师克由来在协和，萧王^②兵马固无多。
谁知大敌昆阳败，却笑前朝困楚歌。

【译】

军队克敌主要靠协和，萧王刘秀的兵马固然不多。有谁料到王莽百万大军竟然在昆阳被刘秀打败，刘秀一定会嘲笑前朝高祖刘邦用那么多兵马十面埋伏围困项羽，还让四面唱起楚歌。

【注】

①昆阳：在今河南省平顶山市叶县，因发生昆阳之战而闻名。②萧王：指汉光武帝刘秀（前5—57），东汉开国皇帝。公元23年，西汉宗室刘玄被绿林军拥立为帝，建元"更始"。昆阳之战后，更始帝刘玄任命刘秀为大司马，使其"单车空节巡河北"，刘秀消灭了王朗势力，在河北势力日益壮大，更始帝于是封他为"萧王"，命他回京，实际上是想夺其兵权，刘秀接受封爵，但不受征召，从此与更始帝分裂。

【解】

该诗史实出自《后汉书·光武帝纪》，此诗美光武帝刘秀之智勇也。

昆阳之战以少胜多，让刘秀一战而天下闻名，其关键在于刘秀出色的指挥调配能力。他首先鼓舞将帅的信心，树立死守的决心，导致新军久攻不下。其次他到外面去调集部队，虚张声势，然后组织敢死队，带头杀入敌营，斩首新军首领王寻，最后昆阳城内的汉军也纷纷出城，于是内外夹击，新莽的百万大军瞬间土崩瓦解。

而相比刘邦的只能将将，在垓下用七十万军队围困项羽，还用四面楚歌来瓦解楚军的斗志，刘秀则是既能将将，又能将兵，用不到一万的兵力击败了新军百万大军，因此刘秀比祖宗刘邦要强很多。

77 长安①
关东②新破项王③归，赤帜④悠扬日月旗⑤。
从此汉家无敌国，争教⑥彭越⑦受诛夷⑧？

【译】

刘邦在关东刚刚打败项羽得胜而归，迎风飘扬着日月红旗。从此汉朝家天下再无敌国了，可怎么叫彭越也要受到诛夷？

【注】

①长安：西安的古称，周文王曾定都于此，筑设丰京，武王即位后再建镐（hào）京，合称丰镐。刘邦即皇帝位后，取"长治久安"之意，建都长安。②关东：这里指函谷关、潼关以东地区。③项王：项羽。④赤帜：红旗。⑤日月旗：出自《穆天子传》卷六云："日月之旗，七星之文。"这里指汉朝的军旗。⑥彭越：西汉开国功臣、诸侯王，秦末聚兵起义，初在魏地起兵，后率兵归刘邦，与韩信、英布并称汉初三大名将，西汉建立后被刘邦以"反形已具"的罪名诛灭三族，枭首示众。⑦争教：怎叫。⑧诛夷：诛杀铲除。夷：消灭。

【解】

该诗史实出自《史记·高祖本纪》《史记·彭越列传》，此诗刺刘邦杀功臣也。

公元前197年，彭越欲杀其太仆，太仆于是向刘邦控告彭越和扈辄阴谋反叛，刘邦立即派使臣出其不意地逮捕了彭越，然后将其流放到蜀地。彭越向西走到郑县，正好碰到吕后，于是诉说冤情，希望回到故乡昌邑，吕后一口答应。回长安后，吕后见到刘邦说："彭王是豪壮而勇敢的人，如今把他流放蜀地，这不是养虎遗患吗？不如杀掉他。"吕后于是让彭越的门客再次告他阴谋造反，于是彭越被杀，并灭三族。兔死狗烹，私天下之常态也。

78 滹沱河^①

光武经营业未兴，王郎^②兵革正凭陵^③。
须知后汉功臣力，不及滹沱一片冰。

【译】

光武帝刘秀经营的大业尚未大兴，正遭受王郎的军队侵犯欺凌。谁知后汉那么多功臣之力，还比不上滹沱河的一片冰。

【注】

①滹沱（hūtuó）河：当地人俗称浮滔河，发源于山西省繁峙县，东流至河北省献县臧桥，最终流入渤海。②王郎：又名王昌，自称汉成帝之子刘子舆。公元23年十二月，西汉宗室立他为汉帝，定都邯郸。公元24年五月，刘秀破邯郸，王昌被杀。③凭陵：横行，猖獗。

【解】

该诗史实出自《后汉书·王霸传》，此诗美王霸之随机应变，刘秀顺天意、得天助也。

新莽末年，王郎在邯郸称帝起兵，意图消灭刘秀。一个冬日，刘秀军队被王郎追至滹沱河，而属下报告河水汹涌，上浮薄冰，无法过河。刘秀于是命王霸再探，王霸为鼓舞军心，故意回复："冰坚可度。"刘秀大喜，命大军渡河，果然冰坚，但当最后几骑人马刚刚上岸，冰又化了。刘秀见此夸赞王霸道："我们能大难不死，都是爱卿的功劳啊！"王霸却谦逊地说："不敢，这是因为明公至德，感动神灵保佑，当年周武王渡河，出现白鱼跃入舟中之祥瑞，现在明公之德，似乎胜过周武王啊！"刘秀又对官属们说："王霸随机应变，甚得天意啊！"当即任命王霸为君正，赐爵关内侯。

79 望夫石①

一上青山便化身，不知何代怨离人。
古来节妇②皆销朽，独尔不为泉下尘。

【译】

一上青山便化成了石身，也不知这是哪个朝代的怨离人。古来的节妇都消失腐朽了，唯独你不做九泉下的落尘。

【注】

①望夫石：丈夫从役，妻久望丈夫归来而化身为石。《幽明录》记载在武昌北山上。②节妇：坚守贞操、从一而终的已婚妇女。表彰贞节妇女始于汉宣帝，宋明理学提倡"饿死事小，失节事大"的节烈观，自此历朝都表彰贞节妇女，立贞节牌坊。

【解】

该诗史实出自刘义庆《幽明录》，此诗美节妇而刺暴政也。

各地望夫山、望夫石的故事大抵相似，夫妻恩爱，但丈夫被朝廷征劳役，长年不归，音信杳无，可怜妻子每日登山眺望，最终绝望，化为望夫石，该山则名望夫山。

80 黄河①

博望②沉埋不复旋③，黄河依旧水茫然。
沿流欲共牛郎④语，只得灵槎⑤送上天。

【译】

博望侯张骞沉埋在九泉不再凯旋，黄河之水依旧茫然。如果想沿着黄河去跟牛郎对话，那只能用张骞的灵槎把人送上天。

【注】

①黄河：发源于青藏高原，呈"几"字形流经青海、四川、甘肃、宁夏、内蒙古、陕西、山西、河南及山东，最后流入渤海。②博望：此处指博望侯张骞（qiān）（前164—前114），陕西汉中人。建元二年（前139），张骞奉汉武帝之命出使西域，打通了丝绸之路。③旋：回。④牛郎：传说与天上织女结婚，遭天庭反对，后来天帝准许他们每年七月初七

在鹊桥相会。⑤灵槎（chá）：能乘往天河的船筏，亦作张骞槎，典出晋代张华《博物志》，后世附会张骞泛槎上天、见到了天宫中的牛郎织女。

【解】

该诗史实出自张华《博物志》，此诗美张骞之功成名就而刺怀才不遇之世态也。

张骞为配合汉武帝"断匈右臂"的策略，于建元二年（前139）从长安出发，至元朔三年（前126）归汉，共历十三年，司马迁称之"凿空"。元狩四年（前119），张骞第二次出使西域，于元鼎二年（前115）返抵长安。从此中西贸易不断发展，形成了"商胡贩客，日款于塞下"的景象，张骞因功被汉武帝取"广博瞻望"之意封为"博望侯"。

伴随着张骞的功成名就，以晋代张华《博物志》"八月槎"为底本的"张骞泛槎、问处君平"神话的传播，"灵槎"也成为求取功名的代名词。而作者在晚唐时，怀才不遇，科举黑暗，没有权贵后台，难以及第，于是发出"沿流欲共牛郎语，只得灵槎送上天"的感叹。

81 东门①

何人知足反②田庐③，玉管④东门饯二疏⑤。
岂是不荣天子禄，后贤那使久闲居？

【译】

是何人能够知足返回田园旧庐，那是长安东门外被大家用鼓乐饯行的二疏。难道是因为不以天子的俸禄为荣耀，才使这两位贤人后来安然长久地闲居？

【注】

①东门：西汉时首都长安东都门。②反：返。③田庐：田园庐舍，指家乡。④玉管：古乐器。⑤二疏：疏广、疏受叔侄二人的合称，今山东枣庄人，叔侄二人曾分别为汉宣帝时期的太子太傅和太子少傅。

【解】

该诗史实出自《汉书·疏广传》，此诗美二疏之明哲保身而刺西汉朝廷之险恶也。

汉宣帝未登基前被幽禁时，娶许广汉女儿许平君为妻，生下刘奭。后来霍光迎立汉宣帝时，许平君被霍光毒杀，其女霍成君成为皇后，但宣帝重情，坚持立刘奭为太子，特聘学识渊博的疏广、疏受为太傅和少傅，并册封许广汉为侯。为太子安全计，许广汉提出让他的弟弟许舜到东宫保护太子，但疏广坚决反对。后来宣帝铁腕镇压了霍家势力，许广汉权势上升，疏广由此遇冷。元康三年（前63），许家三人封侯，疏广、疏受感觉形势不利，于是上疏请求退休，宣帝同意后，公卿大夫以及故友同乡都到东门送行，时人赞叹道："知足而退，贤哉，二大夫！"

两人回到故里，将皇家赏赐的钱财悉数散于众人，疏氏叔侄去世后，乡亲们筑"散金台"纪念，并建"二疏祠"。为什么二疏不仅善终，而且流芳千古？因为他们懂得进退，懂得避祸，懂得明哲保身，更懂得散财积善！

82 凤凰台①

秦娥②一别凤凰台，东入青冥③更不回。

空有玉箫千载后，遗声时到世间来。

【译】

秦娥一旦作别凤凰台，向东飞入青天就不再回来。千年之后，还有玉箫吹出当年的音乐，时不时来到人世间。

【注】

①凤凰台：位于今陕西咸阳市仪凤西街北口，传说秦穆公的幼女弄玉和箫史吹箫引凤至此。②秦娥：秦穆公女儿，因吹箫引凤而被后世称为秦娥。秦穆公（?—前621），春秋时期秦国国君，在位39年，是有作为的贤明君主。③青冥（míng）：青苍幽远，指青天。

【解】

该诗史实出自刘向《列仙传》，此诗美秦娥之箫声及秦穆公之善政也。

秦穆公女儿弄玉善吹箫，一晚梦见一英俊青年从天而降，自称为华山之主，要娶弄玉。秦穆公命人在华山寻得此人，名萧史，相貌出众，也善吹箫。弄玉也非常喜欢萧史，于是两人成婚。一日，夫妻二人正在月下吹箫，忽见天上冉冉飞来凤凰，亲切地向他们召唤，于是二人跨上凤凰飞入青天，不再回人间。

据《山海经》记载，天下安宁则见凤凰。因此凤凰台的故事亦表明秦穆公时期政通人和也。秦穆公重视人才，"西取由余于戎，东得百里奚于宛，迎蹇叔于宋，来丕豹、公孙支于晋"。于是秦国出现了欣欣向荣的景象，此诗也表达了作者对秦穆公的景仰和渴望明君赏识之情。

83　回中①

武皇②无路及昆丘③，青鸟④西沉陇树⑤秋。
欲问生前躬祀日，几烦龙驾⑥到泾州⑦。

【译】

汉武帝找不到路去昆丘，西王母的信使青鸟却西沉在陇山之秋。如果想问武帝生前亲自祭祀西王母的故事，那是多次劳烦龙驾到了泾州。

【注】

①回中：泾川古称回中，王母宫之山因名回中山，简称回山。②武皇：即汉武帝刘彻（前156—前87），对内加强中央集权，"罢黜百家，独尊儒术"，对外攘夷拓土，东并朝鲜、南吞百越、西征大宛、北破匈奴。后元二年（前87），崩于五柞宫，享年70岁，谥号孝武皇帝，庙号世宗，葬于茂陵。③昆丘：昆仑山。④青鸟：王母娘娘的信使。⑤陇树：陇山一带的树木。⑥龙驾：天子的车驾。⑦泾（jīng）州：公元430年，北魏于安定郡城（今甘肃泾川北）置州，治安定县，州因泾水得名。

【解】

该诗史实出自《汉书·武帝纪》《汉武帝内传》，此诗刺汉武帝好神仙之术而不能入道也！

汉武帝年轻时就"尤敬鬼神之祀"，"及即位，好长生之术，常祭名山大泽，以求神仙"。从45岁到67岁的22年间，汉武帝曾11次到泾川，其目的就是为了会见西王母，求长生不死之道。魏晋时期有人撰写《汉武帝内传》，书中以西王母口吻，教训了汉武帝淫乱、好杀，讽刺其求仙如无翅而欲飞、抱石而渡河。

汉武帝毕生求仙，可最终只有 70 岁的阳寿，跟秦始皇求仙一样，均是竹篮打水，枉费心机。道家云"顺为凡，逆修仙"，既想荣华富贵，又想长生不老，天底下哪有这等好事呢？天道公平，有所得即有所失，古来多少帝王奢求长生久视，终是颠倒梦想也！

84 五丈原①

蜀相②西驱十万来，秋风原下久裴回③。

长星④不为英雄住，半夜流光落九垓⑤。

【译】

蜀国丞相诸葛亮从西边统率十万兵马驱驰过来，秋风吹拂时却在五丈原下久久徘徊。天上的长星不肯为英雄而长住，半夜的流星落到了茫茫九垓。

【注】

①五丈原：位于今陕西省宝鸡市岐山县，南靠秦岭，北临渭水，东西皆深沟，形势险要。②蜀相：指诸葛亮（181—234），字孔明，号卧龙（也作伏龙），徐州琅邪阳都（今山东临沂市沂南县）人，蜀汉丞相，武乡侯，死后追谥忠武侯。③裴（péi）回：彷徨，徘徊不进貌。④长星：古星名，类似彗星，有长形光芒。⑤九垓（gāi）：中央至八极之地。垓：荒远之地。

【解】

该诗史实出自《三国志·蜀书·诸葛亮传》及东晋孙盛《晋阳秋》，此诗美诸葛亮鞠躬尽瘁、死而后已之忠也。

建兴十二年（234），诸葛亮率大军据五丈原，与司马懿对阵于渭南，因从蜀国运送粮草十分艰难，故诸葛亮急于求战，但司马懿坚守不出。诸葛亮于是焦虑成疾，八月病逝于五丈原，年仅 54 岁，蜀国大军无奈返回成都。

司马懿说"亮虑多决少"，何去非说"孔明有立功之志，而无成功之量；有合众之仁，而无用众之智"，因此诸葛亮"出师未捷身先死"，也跟个人能力有关。而从大局看，天地人三才，均不在蜀，欲匡扶汉室，亦勉为其难也，诸葛亮唯有一"忠"字，可感动万古。

85 泜水①

韩信经营按莫邪②，临戎叱咤有谁加？
犹疑转战逢勍③敌，更向军中问左车④。

【译】

韩信经营四方手按宝剑莫邪，临阵时叱咤风云的气势有谁比更加？但转战到泜水，还是怀疑遇上了强敌，而且还向军中下令，一定要活捉到自己敬仰的李左车。

【译】

①泜（zhī）水：即今泜河，在河北省南部。②莫邪：古代宝剑名，与"干将"并称宝剑。③勍（qíng）：强。④左车：指李左车，赵国名将李牧之孙。李左车辅佐赵王歇，立功被封为广武君。赵亡以后，李左车提出"百战奇胜"的良策，助韩信收复燕、齐之地。

【解】

该诗史实出自《史记·淮阴侯列传》，此诗美韩信之敬重贤才也。

汉三年（前204），韩信、张耳进攻赵国。赵王与成安君陈馀布兵二十万在井陉口待敌，广武君李左车献上从小路截断汉军辎重粮草之计，但陈馀不采纳。韩信闻讯大喜，于是兵分两路，一路佯攻，假装打败后逃走，赵军倾巢而出追赶。另一路则杀入赵军营垒，竖起汉军红旗。赵军见营垒已失，顿时大乱，汉军乘势两面夹击，在泜水斩杀陈馀，活捉赵王歇及李左车。战后，韩信执弟子之礼，向李左车请教攻燕、伐齐之事，李左车献出先虚后实之法。韩信采纳后不久，即攻取了燕、齐的国土。

韩信不以才高而傲物，仍然见贤思齐，礼贤下士，殊为难得。刘邦得韩信，韩信得李左车，得人才者终得天下也。

86 褒城①

恃宠娇多得自由，骊山②举火戏诸侯。
只知一笑倾人国，不觉胡尘③满玉楼。

【译】

褒姒恃宠而娇，于是任性自由，竟然在骊山点燃烽火来戏弄诸侯。只知道一笑就能让诸侯国倾巢而出，却不知后来胡人的沙尘飘满了西周的玉楼。

【注】

①褒城：位于今汉中市汉台区西北部，原为褒城县的县治。②骊（lí）山：骊指纯黑色的马，骊山位于今西安市临潼区城南，远望宛如一匹黑色的骏马，故名，周幽王在此上演了"烽火戏诸侯"。③胡尘：胡人兵马扬起的沙尘。此处的胡为犬戎。

【解】

该诗史实出自《史记·周纪》，此诗刺周幽王好色亡国也。

公元前779年，周幽王攻打褒国，褒国献出美女褒姒乞降。前778年，褒姒为周幽王生下儿子姬伯服，周幽王对褒姒更加宠爱，并废黜王后和太子，而立褒姒为王后、姬伯服为太子。前771年，申后之父申侯联合鄫国、西夷犬戎大举进攻西周，周幽王遭犬戎所杀，西周灭亡，原太子宜臼继位，是为周平王，迁都雒（luò）邑（今洛阳），是为东周。

据《史记》记载，褒姒不爱笑，周幽王为博褒姒一笑，竟然无故点燃烽火，褒姒看到诸侯惊慌失措赶来相救，终于大笑。周幽王见此见效，于是多次点燃烽火。最后导致周幽王被攻打，诸侯们见烽火也不再赶来相救。

娶妻以德而不以色，周幽王因好色而落个身死国灭的下场，褒姒也因自己的姿色和任性祸害了西周。万恶淫为首，自古皆然。

87 平城①

汉帝西征陷虏②尘，一朝③围解议和亲。

当时已有吹毛剑④，何事无人杀奉春⑤？

【译】

汉高祖西征匈奴，在平城白登山陷入了胡虏的沙尘。当时已有吹毛剑在手，为什么无人去杀掉那主张和亲的奉春君？

【注】

①平城：位于今山西省大同市，今名马铺山，因发生白登之役而闻名。②虏：中国古代对北方外族的贬称，如胡、虏、胡虏、鞑靼、鞑虏等。③一朝（zhāo）：一个早晨、一时。④吹毛剑：吹毛可断的锋利宝剑。⑤奉春：即奉春君娄敬，刘邦赐姓改为刘敬，因力主与匈奴和亲而封"建信侯"。娄敬给刘邦办的三件大事：力主弃洛阳而定都长安、匈奴和亲、徙六国后裔和强宗豪族十余万人至关中。

【解】

该诗史实出自《史记·刘敬列传》，此诗刺刘敬和亲之策也。

公元前200年，刘邦拒绝刘敬的劝告，中了匈奴诱兵之计，被困平城白登山达七天七夜。经陈平献计才得以突围，刘敬因功被封为关内侯。刘敬见匈奴兵强马壮，于是向刘邦提出与匈奴和亲的主张，单于为女婿，汉匈变成一家人，匈奴威胁自然解除。刘邦采纳了刘敬的建议，由此开启了西汉初期的和亲政策。

但从历史来看，汉初的和亲政策并没有收到预期的效果，匈奴的南下入侵并没有停止，直到汉武帝时，举全国之力才彻底解决匈奴之患。作者有强烈的汉民族自尊心和历史远见，因此强烈批判和亲政策。

88 汴水①

千里长河一旦开，亡隋波浪九天来。

锦帆②未落干戈③起，惆怅龙舟④更不回。

【译】

千里大运河一旦凿开，灭亡隋朝的波浪就从九天滚滚而来。锦帆未落，干戈四起，离开京都洛阳的惆怅龙舟就不再返回。

【注】

①汴水：隋所开通济渠的东段为汴水，又称汴渠或汴河。②锦帆：锦制的船帆。锦：精致丝织品，多有鲜艳华美的图案。③干戈：干为防具，戈为武器，均为古代兵器，此处代指战争。④龙舟：古代皇帝喻为真龙天

子，龙舟即皇帝坐的船。

【解】

该诗史实出自《隋书·帝纪》，此诗刺隋炀帝杨广不顾民生而亡国也。

大业元年至六年（605—610），隋炀帝杨广修大运河，诏发天下男年十五以上、五十以下丁夫至，如有隐匿者斩三族。最后征到民工360万人，但开凿到今天徐州境内时，民工已死了150万人，"下寨之处，死尸满野"。

大运河有利于国家，这是不可否定的，但隋炀帝的初心则不是为了民生，而是为了从水路坐船到扬州享乐，因此跟杀人的"白起渠"一样，用心不良。而京杭大运河的修建最终导致了隋炀帝的身死国灭。

89 金陵①

侯景②长驱十万人，可怜梁武③坐④蒙尘⑤。
生前不得空王⑥力，徒向金田⑦自舍身。

【译】

侯景叛乱，长驱直入十万人，可怜梁武帝因此蒙受风尘。生前并没有从佛祖处得力，徒然多次到佛寺出家舍身。

【注】

①金陵：当时南梁首都建康，今南京。②侯景：羯（jié）族，剽悍好武，最初投靠尔朱荣，再归顺高欢，最后投降南方的梁朝，拜豫州刺史。太清二年（548）发动"太清之乱"，屠戮门阀世家。大宝二年（551），杀死梁武帝、简文帝和豫章王，篡位为帝。其为梁元帝、王僧辩、陈霸先所败，侯景为部下所杀，侯景之乱结束。③梁武：即梁武帝萧衍（464—549），南兰陵（今江苏常州西北）人，梁朝的建立者，统治初期，萧衍尚能留心政务，在位后期，沉溺佛教。"侯景之乱"中被囚，死于建康台城。萧衍博通文史，为"竟陵八友"之一。④坐：因此。⑤蒙尘：蒙受风尘，指皇帝被驱逐出宫廷。⑥空王：佛的别称，佛说一切皆空，故称"空王"。⑦金田：佛教指菩萨所居之地，亦为佛寺的别称。

【解】

该诗史实出自《梁书·武帝》，此诗刺梁武帝迷佛而亡国亡身也。

萧衍即位初期是个明君和贤君，晚年却笃信佛法，大兴佛教，四次舍身事佛，从此朝政昏暗，民怨沸腾。公元 548 年，叛变东魏的侯景因对梁朝与东魏通好心怀不满，遂以清君侧名义在寿阳起兵叛乱，公元 549 年攻占梁朝都城建康，梁武帝被囚禁，活活饿死。

梁武帝作为一国之君，身处南北朝这样的战乱时代，他既没有采用法家，也没有采用儒家，而是痴迷于慈悲为怀的佛家，国破身亡自不可避免的了。

90　昆明池①

欲出昆明②万里师，汉皇习战此穿池。

如何一面图攻取，不念生灵③气力疲？

【译】

汉武帝想出兵昆明出动万里之师，于是为练习水战筑成昆明池。为什么他只顾自己一意攻取征伐的帝王大业，却不念天下生灵的气力已疲？

【注】

①昆明池：湖沼名，在今西安西南斗门镇东南。②昆明："昆明"一词最早出现在汉武帝时期，是古代云南一个少数民族的族称。1254 年蒙古帝国灭大理，后在鄯阐设"昆明千户所"，"昆明"始作为地名出现延续至今。③生灵：此处指百姓。

【解】

该诗史实出自《汉书·武帝纪》《西京杂记》，此诗刺汉武帝穷兵黩武而不顾民生也。

汉武帝为联合大夏（今阿富汗）合击匈奴，派使臣取道西南，却被熟识水战的昆明族阻挡。武帝于是在上林苑之南，比照昆明滇池而开凿一池，以练习水战，称为昆明池。元封二年 (前 109)，武帝战胜昆明族，从此云南纳入中国版图。

汉武帝穷兵黩武，三十年间天威远播，然而国强却带来了"民力屈，财用竭"，"师出三十余年，天下户口减半"。幸亏最后下了一道《轮台罪己诏》，避免了陈胜、吴广似的"亡秦"之变，挽救了西汉王朝的命运。

91 兰台宫①
迟迟春日满长空，亡国离宫蔓草②中。
宋玉③不忧人事变，从游那赋大王④风。

【译】

迟迟不落的春日布满长空，消亡的楚国离宫隐现在蔓草中。当年的宋玉没有担忧楚国的人事已衰败，在陪楚襄王出游时，竟然作赋吹捧大王风。

【注】

①兰台宫：现在湖北钟祥，此台初为抵御汉江洪水而筑起的高台，传说舜帝在此种植兰花而得名，后来宋玉在此作《风赋》，由此闻名天下。②蔓草：蔓延滋生的草，其枝茎柔软而不能直立。③宋玉：屈原之后学，与唐勒、景差齐名，曾事楚顷襄王，流传作品有《九辩》《风赋》《高唐赋》《登徒子好色赋》《神女赋》等。"下里巴人""阳春白雪""曲高和寡""宋玉东墙"的典故皆因他而来。④大王：此处指楚顷襄王。

【解】

该诗史实出自《昭明文选·风赋》，此诗刺宋玉之谄媚也。

据宋玉《风赋》记载，宋玉、景差陪楚顷襄王游于兰台之宫，有风吹来，襄王用衣服挡住说："这风好快！是我跟百姓共有的吧？"宋玉对答："这是大王独有的雄风，老百姓怎么可以共有呢？"

此时的楚国已经江河日下，而宋玉如蔓草一般，阿谀奉承一代昏君，已无风骨可言，于是受到了作者的讽刺。

92 金牛驿①
山岭千重拥蜀门，成都别是一乾坤②。
五丁③不凿金牛路，秦惠④何由得并吞？

【译】

千重山岭拱卫着蜀国的国门，成都无疑别有一个乾坤。如果五丁力士不开凿金牛路，秦惠王怎么能够把蜀国并吞？

【注】

①金牛驿：在今陕西省宁强县北，为古时长安奔蜀的必经之地。②乾坤：《易经》的乾卦和坤卦，借指天地、江山。③五丁：传说当时蜀国有五个大力士，称五丁力士。④秦惠：即秦惠文王（前356—前311），战国时期秦国国君，十九岁即位，以宗室多怨而诛杀卫鞅。前325年改“公”称“王”，成为秦国第一王。当政期间，北扫义渠，西平巴蜀，东出函谷，南下商于，为秦统一中国打下了坚实基础。

【解】

该诗史实出自《华阳国志》《蜀王本纪》，此诗刺蜀王之贪金好色而亡国也。

秦惠文王想吞并蜀国，苦于道路不通，也畏惧蜀国的五丁力士，于是用计。首先谎称秦国有五头金牛，即能“粪金”的石牛，要送给蜀王，贪婪的蜀王于是叫五丁力士开通蜀道，并负责运回。蜀王发现上当后，秦惠文王又说送五个美女给蜀王，好色的蜀王于是叫五丁力士到秦国迎接，途中遇到大蛇，五丁拔蛇时大山崩塌而被埋。秦惠文王见五丁壮士已死，蜀道已通，遂令张仪、司马错引兵伐蜀，最终灭蜀国。

93　望思台①

太子②衔冤去不回，临皋③从筑望思台。

至今汉武销魂④处，犹有悲风木上来。

【译】

太子刘据含冤死去不能再回，武帝在湖边又筑了望思台。当年令汉武帝销魂的地方，至今还有悲风从树上吹来。

【注】

①望思台：巫蛊（gǔ）之祸后，汉武帝怜惜太子刘据无辜遭害，特修一座思子宫，又在湖县（今河南灵宝市）建了一座归来望思台，以寄托哀

思。②太子：汉武帝嫡长子刘据，元狩元年（前122）立为皇太子，太子
为政宽厚，屡屡平反冤案，深得民心。后在巫蛊之祸中自杀。汉宣帝刘询
继位后，为祖父刘据追加谥号曰"戾"，重修陵寝，供奉祭祀。③临皋：
皋，水边的高地。临皋指戾太子之匿处。④销魂：因过度刺激而神思茫
然，仿佛魂将离体，形容悲伤愁苦。

【解】

该诗史实出自《汉书·武五子传》，此诗刺汉武帝晚年昏聩而失太
子也。

汉武帝晚年昏聩，总是疑心左右之人用巫蛊诅咒他，经宠臣江充搜
查，数万人因此而死。江充因与太子刘据有过节，想除掉太子，于是诬告
刘据用巫蛊，刘据恐慌之下将江充斩首，然后矫诏发动兵马自卫。汉武帝
以为刘据叛乱，立命丞相调兵平乱，双方混战，死数万人。后来太子兵败
被包围，无奈悬梁自尽，太子一家除留下一个襁褓中的皇孙（即后来的汉
宣帝）外，皇后、太子、皇孙皆丧命。这场大乱，史称"巫蛊之祸"。事
后汉武帝觉悟，乃命夷江充三族。

纵观此乱，父子二人都有可沟通、可消除祸乱的时间和机会，而在太
子逃亡还没自杀之前，还有壶关三老令狐茂的死谏，可惜二人无缘对话，
也无人递话。后来班固的解释颇有道理：秦始皇杀人如麻导致子孙相残、
二世而亡，汉武帝穷兵黩武三十年，死者不可胜数，因此有巫蛊之祸。

94 邯郸①

晓入邯郸十里春，东风吹下玉楼尘。
青娥②莫怪频含笑，记得当年失步③人。

【译】

早晨我走入邯郸十里之春，东风吹下了玉楼的灰尘。楼上的美女频频
含笑，说要我莫怪，我于是记得当年邯郸那个失步之人。

【注】

①邯郸：今河北邯郸市，邯郸的地名源于邯郸山。战国时，邯郸作
为赵国的都城，历经八代王侯，延续了158年的繁华。②青娥：指美女。

③失步：失其故步，此处指跛子。

【解】

该诗史实出自《史记·平原君虞卿列传》，此诗美平原君赵胜之礼贤下士，亦刺其草菅人命也。

平原君赵胜是战国四公子之一，养食客数千人。他的一个美妾嘲笑一个跛子门客，赵胜因为没有按该门客要求惩戒美妾，导致门客逐渐散去。赵胜问清原因后，以杀妾表明自己"重士不重色"，最终门客都忠心耿耿，于是有门客毛遂自荐为邯郸解围的故事。

"青娥莫怪频含笑，记得当年失步人。"美妾嘲笑当然不对，但罪不当诛，因此赵胜为了自己的事业也有草菅人命之嫌。

95 箕山①

寂寂箕山春复秋，更无人到此溪头。

弃瓢岩②畔③中宵④月，千古空闻属许由⑤。

【译】

寂寞的箕山过了一春又一秋，许由之后更无人来到此溪头。弃瓢岩边那半夜的明月，千古以来听到的也只有许由。

【注】

①箕（jī）山：箕山因许由不肯接受尧帝禅让帝位而闻名天下，但全国有好几个箕山，如河南省登封市箕山等。后人用"箕山之节"来表示隐居不仕的节操。②弃瓢岩：箕山上的山崖名，传说许由以瓢饮水后，挂于树上，风吹有声，于是心烦，由是弃瓢。该地因此得名。③畔：边。④中宵：中夜，半夜。⑤许由：上古高尚清节之士，拒绝接受尧帝禅让的帝位，逃于箕山。尧帝又让他做九州长官，他到颍水边洗耳，认为该言玷污了他的耳朵。

【解】

该诗史实出自《庄子》《逸士传》《史记·伯夷传》，此诗美许由之高节，尤美尧舜时代之君主，而刺人心之不古也。

许由为什么不受尧帝禅让而登帝位？因为尧舜时期的帝王"以千万倍

之勤劳，而已又不享其利，必非天下之人情所欲居也"，即只有为公家兴利除弊，没有任何的私利！于是许由"量而不入"，不去自讨苦吃。

自从夏朝变成私天下后，权势滔天、富有天下的帝位引起了天下人的羡慕和觊觎，如面对秦始皇出游时的浩大声势，刘邦说："大丈夫当如是也！"项羽说："彼可取而代也！"于是为了帝位而龙争虎斗，不断改朝换代。因此在后世眼中，许由这种连现成的帝位都不屑一顾的人，无疑成了高节之士！然而在上古，许由只是普通的一个隐士而已。

96 洛阳①
石勒②童年有战机，洛阳长啸倚门时。
晋朝不是王夷甫③，大智何由得预知？

【译】

石勒童年时有善战的先机，就在洛阳靠着东门长啸之时。晋朝如果不是有王夷甫，石勒的大志有谁能预知？

【注】

①洛阳：西晋首都，洛阳"河山拱戴，形势甲于天下"，处天下之中，乃帝王之宅。汉光武帝、北魏孝文帝、隋炀帝、武则天都曾定都于此。②石勒：羯（jié）族，今山西榆社人，十六国时期后赵建立者，公元319年称赵王，都襄国。公元329年灭前赵，北征代国。石勒令后赵成为当时北方最强的国家。建平四年（333），石勒患病逝世。③王夷甫：即王衍，字夷甫，今山东临沂北人，西晋末年重臣，玄学清谈派领袖。光熙元年（306年），升任司空，次年，又任司徒。永嘉五年（311），王衍奉司马越灵柩返回东海，途中为石勒所俘获后杀害。

【解】

该诗史实出自《晋书·载记第四》，此诗美王衍之先知而刺其清谈误国也！

公元288年，14岁的石勒到洛阳行贩时，尚书左仆射王衍听到他在东门长啸，觉得此人心怀大志，恐为天下之患，欲抓捕而未得。后来"五胡乱华"时，石勒果然成为中国北方的一代枭雄，且石勒有明君之风，证明王衍预测准确。

王衍擅长玄理，有辨声之能，如果遇到雄才大略的明主，说不定可以比肩姜子牙．然而西晋末年，主上昏庸，王衍位高权重，却崇尚清谈，无所作为，确是贻误家国。东晋桓温曾感叹道："遂使神州陆沉，百年丘墟，王夷甫诸人不得不任其责！"

97　高阳①
路入高阳感郦生②，逢时长揖③便论兵。
最怜伏轼④东游日，下尽齐王七十城。

【译】

刘邦的义军进入高阳感动了郦生，相逢时郦生只做长揖便与刘邦谈论用兵。最让人敬佩的是乘车东游到齐国，凭一番口舌就收服了齐王的七十座城。

【注】

①高阳：今河南省开封市陈留镇。②郦生：即刘邦谋士郦食其。③长揖（yī）：双手抱拳举过头顶，鞠躬，多用于平辈之间的古礼。④伏轼：亦作"伏式"，俯身靠在车前的横木上，后多指乘车。

【解】

该诗史实出自《汉书·郦陆朱刘叔孙传》，此诗美郦食其折冲尊俎之能也。

高阳酒徒郦食其经同乡引荐去见刘邦，可刘邦非常倨傲，郦食其长揖不拜后开始指责，没想到刘邦马上起身道歉，然后两人谈兵论战，宾主尽欢。由此看出郦食其善于攻心，口才了得。

后来郦食其自荐去游说齐王归汉，凭三寸不烂之舌，果然说服齐王，取得了齐国七十座城池。作者非常欣赏郦食其这种不战而屈人之兵的谋士，作者也有"一檄来西山八国、一牒令南诏退兵"的传奇，彼此有异曲同工之妙也。

98 会稽山^①

越王^②兵败已山栖，岂望全生出会稽？
何事夫差无远虑，更开罗网放鲸鲵^③。

【译】

越王勾践被吴国打败，逃到山中遁栖，岂能保全生命走出会稽？不知何事吴王夫差却无深谋远虑，打开罗网放走了鲸鲵。

【注】

①会（kuài）稽山：在绍兴城南六公里，山上有大禹陵。②越王：即勾践，夏禹后裔，春秋末年越国国君。公元前473年，灭吴称霸，以兵渡淮，迁都琅邪，成为春秋时期最后一位霸主。③鲸鲵（ní）：雄曰鲸，雌曰鲵。比喻凶恶的敌人。

【解】

该诗史实出自《史记·越王勾践世家》，此诗刺夫差无远见而放虎归山也。

公元前494年，越王勾践以五千兵被吴军围困在会稽山，谋士范蠡建议勾践入吴国为臣，相国伍子胥听闻后坚决反对，提议乘势灭越。文种于是以财货美女贿赂吴国太宰伯嚭，经伯嚭进言，吴王夫差接受了越国的要求。

一念之差，一人之见，决定兴亡，可叹吴王既无远虑，也不纳谏，于是最终身死国灭也。

99 召陵^①

小白^②匡周入楚郊，楚王雄霸亦咆哮^③。
不思管仲^④为谋主，争取言征缩酒茅^⑤。

【译】

齐桓公欲匡扶周天子，进入召陵这个楚国之郊，雄霸的楚王顿时发怒咆哮。没想到管仲作为此次征讨出谋之主，借口说楚王未向周天子进贡缩酒包茅。

【注】

①召陵：楚国古地名，今河南省漯河市郾（yǎn）城区东南。②小白：即齐桓公姜小白，姜太公第十二世孙，在位期间任用管仲为相，齐国成为春秋五霸之首，并打出"尊王攘夷"的旗号，北击山戎，南伐楚国。③咆哮：形容人暴怒喊叫或水流奔腾的巨大声响。④管仲：春秋时期法家代表人物，任齐相期间大兴改革，齐国日益强大。公元前645年，管仲病逝。孔子称赞管仲云："微管仲，吾其被发左衽矣。"又说："桓公九合诸侯，不以兵车，管仲之力也，如其仁，如其仁！"⑤缩酒茅：渗滤酒渣的包茅。

【解】

该诗史实出自《左传·僖公四年》，此诗刺管仲尊王攘夷之霸术也。

齐桓公想让强大的楚国承认其霸主地位，于是率八国军队陈兵楚境，而楚王也理直气壮地对齐桓公咆哮道："君处北海，寡人处南海，唯是风马牛不相及也。不虞君之涉吾地也，何故？"管仲只好打着"尊王攘夷"的旗号，说来收取楚国进献周天子的包茅。楚王见此也不再对抗，齐桓公见楚国强大也不好欺负，双方于是缔结"召陵之盟"。

"天下有道，则礼乐征伐自天子出；天下无道，则礼乐征伐自诸侯出。"齐桓公和管仲堂而皇之地质问楚王纳包茅的事，这当然是周室衰弱、礼崩乐坏、天下大乱的表现。

100 不周山①

共工②争帝力穷秋，因此捐生③触不周。

遂使世间多感客，至今哀怨水东流。

【译】

共工争帝位精力穷尽之秋，于是舍身撞向有山不合的不周。从那时起世间就多了善感之客，至今哀怨水向东流。

【注】

①不周山：出自《山海经·大荒西经》，"西北海之外，大荒之隅，有山而不合，名曰不周"。相传不周山是唯一能够到达天界之处，具体位置

可能在帕米尔高原。②共工：相传为炎帝的后代，人首蛇身赤发。③捐生：捐献生命。

【解】

该诗史实出自《淮南子·天文训》，文云："昔者共工与颛顼争为帝，怒而触不周之山。天柱折，地维绝。天倾西北，故日月星辰移焉；地不满东南，故水潦尘埃归焉。"此诗刺共工改天换地给人带来烦恼也。

共工不自量力，与颛顼争夺帝位，失败后怒触不周山，从此改天换地，造成中国西边高、东边低的地理形势，也因此导致水能往东流入大海。这无疑是利国利民的一方面，但同时也给中国人带来了时光流逝、年华渐老的烦恼、感叹，如孔子的"逝者如斯夫"，李煜的"人生长恨水长东"，杨慎的"滚滚长江东逝水，浪花淘尽英雄"等。

101　摩笄山①

春草绵绵岱②日低，山边立马看摩笄。
黄莺也解追前事，来向夫人死处啼。

【译】

代国的春草绵绵红日低，我立马山边来看摩笄。黄莺也似乎懂得追念前事，来向代赵夫人自尽的地方哀啼。

【注】

①摩笄（jī）山：在今河北涞源县境。摩笄：摩尖了发笄。笄：女子插绾头发的簪子，古代女子十五岁称为"及笄"。②岱：同"代"，指代国，为商汤封同姓代子立国，公元前475年为赵襄子杀代王所灭。

【解】

该诗史实出自《史记·赵世家》，此诗美代夫人之节烈而刺法家之残忍无情也！

春秋时期，赵国想灭代国，赵简子于是将其女嫁给代君，称代赵夫人。公元前475年，代赵夫人弟弟赵襄子请姐夫代王赴宴，席间用铜勺残忍地将代王击杀，然后灭代国。代王死后，代赵夫人"泣天呼地，摩笄而死"，即磨尖发笄刺太阳穴而死，后来此山就叫摩笄山。

代王和代赵夫人之死，可以看出赵简子、赵襄子父子及先秦法家的残忍和无情，后来汉武帝独尊主张仁爱的儒术，也是人心所向。

102　官渡①

本初②屈指定中华，官渡相持勒虎牙③。

若使许攸④财用足，山河争得属曹家？

【译】

袁绍本来屈指就可以平定中华，可是在官渡与曹操相争勒住了虎牙。如果当时袁绍能满足许攸的财用，江山最后怎么会属于曹家？

【注】

①官渡：今河南省中牟县东北，因爆发官渡之战而闻名。②本初：即袁绍，东汉末年军阀，公元200年在官渡之战中被曹操打败，公元202年在平定冀州叛乱之后病逝。③虎牙：老虎的牙齿。老虎能在山中称王，主要靠的就是牙齿。④许攸：今河南南阳人，本为袁绍帐下谋士，后投靠曹操。

【解】

该诗史实出自《三国志·魏书·武帝纪》，此诗刺许攸无节操亦刺袁绍不能驾驭谋臣也。

官渡之战，曹操大败袁绍，从此北方"河山属曹"。曹操此战的胜利，在于许攸背叛兵强粮多的袁绍，而投靠实力弱小的曹操，为曹操献上偷袭袁绍屯粮之所乌巢的计策，于是扭转了战局。

许攸为什么叛变？除了袁绍不采纳其计策，"许攸贪财，绍不能足"也是重要原因。而许攸投靠曹操后，也居功自傲，不分场合直呼曹操小名，曹操自知难以驾驭，又怕为敌所用，于是最终杀了许攸。

103　虞阪①

悠悠虞阪路欹②斜，迟日③和风簇野花。

未省④孙阳⑤身没后，几多骐骥⑥困盐车？

【译】

悠长的虞阪道路陡峭倾斜，春日的和风吹拂着成团的野花。谁想过孙阳身死后，又有多少千里马被困于盐车？

【注】

①虞阪（bǎn）：今山西平陆县北的狭长地带，道狭而险，可通盐车。②攲（qī）：倾斜。③迟日：《诗·豳风·七月》有"春日迟迟"，后以"迟日"指春日。④省：检讨。⑤孙阳：传为秦穆公臣，善相马，人称伯乐，伯乐本为天上管马之神仙。新雕本注为李伯乐，字孙阳，出自《史记》，但今《史记》无此记载。⑥骐骥（qí jì）：千里马的别称。

【解】

该诗史实出自《战国策·楚四》，或出自《史记》，此诗美伯乐善相马也。

传说孙阳路过虞阪时，有匹拖着盐车的马对他长鸣，孙阳发现是匹龙马，于是以座下马易之，此马能日行千里。后来以"骥服盐车"比喻人才被埋没，以伯乐比喻能辨识奇才的人。

左思云"何世无奇才，遗之在草泽"，韩愈云"千里马常有，而伯乐不常有"，自古以来，"骐骥困盐车"比比皆是也。

104 秦庭①

楚国君臣草莽②间，吴王戈甲③未东还。
包胥④不动咸阳⑤哭，争得秦兵出武关？

【译】

楚君臣被吴军驱赶到了草莽之间，吴王的兵马占领楚国还没东还。申包胥如果不去咸阳的秦廷哭了七天七夜，怎么能让秦王救楚、兵出武关？

【注】

①秦庭：秦国的王庭。②草莽：草丛，草野。莽：密生的草。③戈甲：戈和铠甲，指军队。④包胥：即申包胥，春秋时期楚国大夫。⑤咸阳：秦国都城，山水俱阳，故称咸阳。公元前350年秦国建都咸阳。公元

前 221 年，秦始皇统一中国建立秦朝，定都咸阳。

【解】

该诗史实出自《史记·伍子胥列传》，此诗美申包胥之忠义也。

公元前 506 年，伍子胥为报父兄之仇，带领吴军攻入楚都郢，鞭楚平王之尸，破九龙之钟，伍子胥的好友申包胥见此决定复兴楚国。考虑到楚昭王是秦哀公的外甥，申包胥来到秦庭，靠着院墙连哭七天七夜，最后感动了秦哀公。"岂曰无衣？与子同袍。王于兴师，修我戈矛，与子同仇。"秦哀公朗诵《无衣》诗，派兵援楚，吴军在秦楚夹击下退兵，楚昭王得以复国。而当楚昭王准备"以荆五千户"封赏申包胥时，申包胥推辞曰："吾为君也，非为身也。君既定矣，又何求？"然后逃入山中。申包胥这种忠臣义士，真乃千古罕见也！

105 延平津①

延平津路水溶溶②，峭壁巍岑③一万重。
昨夜七星潭底见，分明神剑化为龙。

【译】

去延平津的水路溶溶，尖山峭壁过了一重又一重。昨夜我往七星潭底一看，分明见到了神剑化为龙。

【注】

①延平津：古代津渡名，因宝剑化龙而闻名，在今福建省南平市东南。②溶溶：水流宽广。③岑（cén）：小而高的山。

【解】

该诗史实出自《晋书·张华传》，此诗刺张华之不得善终也。

张华少年时，相面的人预言他年过六十，会位登三公，并佩带宝剑。公元 296 年，六十岁的张华被皇后贾南风任命为司空，并通过雷焕在丰城得到两把宝剑，两人各佩一把，至此，预言皆兑现。公元 300 年司马伦发动政变，废黜贾南风，张华因拒绝与司马伦合作而被杀。张华和雷焕死后，雷焕之子在延平津惊见两把宝剑会合，化成了水中的两条龙。

张华死后即有"八王之乱"，之后就是"五胡乱华"，"五胡乱华"则直接带来了南北朝三百年的大分裂，这一切的源头就是贾南风干政。而张华作为贾南风的宰相，有其位，有其剑，张华却不能用宝剑斩杀邪恶，只是用来炫耀地位，于是最终误国、误身。

106 金义岭①

凿开山岭引湘波，上去昭回②不较多。

无限鹊临桥畔立，适来天道过天河。

【译】

凿开山岭引来湘江之波，这灵渠的水势跟上天差不多。很多的喜鹊来到了桥边站立，好像从天路来过此天河。

【注】

①金义岭：在今广西兴安县，为湘江、漓江源头。②昭回：此处指日月星辰。

【解】

该诗史实出自《淮南子·人间训》，此诗美秦朝灵渠工程也。

秦始皇灭六国后，于公元前219年命史禄在兴安境内湘江与漓江之间修建一条人工运河，以运载粮饷。五年后，灵渠凿成通航，秦兵随即攻克岭南，设桂林、象、南海三郡，实现了秦朝的大一统，拓展了中华版图。

107 瑶池①

阿母②瑶池宴穆王③，九天仙乐送琼浆。

漫矜④八骏⑤行如电，归到人间国已亡。

【译】

西王母在瑶池宴请周穆王，伴着九天的仙乐送来了玉液琼浆。周穆王自夸其八骏行走如电，但回到人间时国已灭亡。

【注】

①瑶池：古代神话中昆仑山上西王母所居之所。②阿母：即西王母，中国古代传说中的女神，亦称为金母、瑶池金母、王母娘娘。③穆王：即周穆王，周昭王之子，西周第五位君主。④矜：自夸。⑤八骏：《史记·秦

本纪》云："造父善御，得八骏，穆王使驾而西巡狩。"传说这八匹骏马奔跑起来足不践土，比飞鸟还快，能夜行千里。

【解】

该诗史实出自《列子·周穆王篇》《穆天子传》，此诗刺周穆王之远游荒政也。

《列子·周穆王》记载周穆王为"不恤国事，不乐臣妾，肆意远游"；《穆天子传》记载了周穆王西游与西王母相会的事，"天子觞西王母于瑶池之上，西王母为天子谣，天子答之"。两人情投意合、难舍难分，《穆天子传》说周穆王西游二年而返，然而司马迁在《赵世家》中却说周穆王"见西王母，乐之忘归"。

周穆王不懂分封制的治理，有"八骏行如电"，却不去讨伐令"昭王不返"的楚国，不加强天子权威，反而肆意远游，瑶池忘归。于是天子式微、诸侯争霸、国家灭亡就不可避免了。

108　商郊①

莺啭②商郊百草新，殷汤③遗迹在荒榛④。

谁知继桀⑤为天子⑥，便是当初祝网⑦人。

【译】

黄莺鸣唱在商都郊野，百草逢春焕然一新，成汤的遗迹在荒榛。有谁知道夏桀之后的天子，便是当初的祝网人。

【注】

①商郊：商都的郊野，在今河南商丘谷熟镇西南。商族从始祖契到汤，曾先后迁居八次，至商汤将商邑扩建为亳（bó），称之为亳邑。②啭（zhuàn）：鸟婉转地鸣叫。③殷汤：即成汤、商汤，舜大臣契的十四代孙，原商国君主，在伊尹、仲虺（huī）等辅助下灭夏，定都亳，成为商朝的开国君主。因后来国都迁往殷（今河南安阳），因此商朝又称殷商或殷。④荒榛（zhēn）：杂乱丛生的草木。⑤桀：即夏桀，夏朝最后一位君主，有名的暴君。⑥天子：天之嫡子，古以君权为天所授，故称帝王为天子。⑦祝网：在网前祝愿。

【解】

该诗史实出自《史记·殷本纪》，此诗美成汤有天子之德也。

成汤当年在商丘时，见人四面张网捉鸟，祷告说："自天下四方皆入吾网。"成汤去掉三面，然后祷告说："往左飞，往右飞，只有不要命的，才向我网里飞。"这就是"成汤祝网"的典故。故事传开后，都说成汤是有德之君，诸侯纷纷归附，最后成汤推翻了夏桀的统治。

"天地之大德曰生，圣人之大宝曰位。"成汤之所以能做天子，因为他有天地好生之德。"尧舜禹汤"的言行也构建了中华道统。

109 铜柱①

一柱高标②险塞③垣④，南蛮⑤不敢犯中原。

功成自合分茅土⑥，何事翻衔薏苡⑦冤。

【译】

一座铜柱高标在险塞之垣，南蛮从此不敢再侵犯中原。马援的军功本应该分茅裂土，因为何事反而要含薏苡之冤。

【注】

①铜柱：东汉马援在平定"二征叛乱"后，立铜柱为汉南边界的标志，其柱铭文为"铜柱折，交趾灭"。交趾为越南古称，其俗男女同川而浴，故曰交趾。②高标：高耸。③险塞（sài）：边界上险要地方。④垣（yuán）：本意为墙，引申为城（取保护之意）。⑤南蛮：南蛮就是对长江以南各民族的统称，此处指当时越南人，自秦至五代十国，越南北部一直是中国的领土。⑥分茅土：即分茅裂土，指分封诸侯。⑦薏苡（yì yǐ）：传统食品，有健脾利湿、清热排脓、美容养颜功能。

【解】

该诗史实出自《后汉书·马援传》，此诗刺光武帝之无情而怜马援之遭遇也！

马援平定交趾征侧、征贰叛乱，立铜柱在疆界，军功卓著，于是被刘秀封为新息侯，食邑三千户。凯旋回京时，刘秀赐马援兵车，朝见时位次九卿。可后来因为马援征讨五溪蛮失利，加上之前得罪了皇帝的女婿梁松、窦固，征讨五溪蛮又得罪了中郎将耿舒，于是纷纷落井下石，甚至将马援从交趾运回的一车薏苡说成一车珍珠文犀，刘秀闻之大怒，追收马援新息侯印绶。而当马援病逝军中、马革裹尸回家后，无人吊唁，只能草草埋葬。"最是无情帝王家"，马援的遭遇恰好验证了这句话。

110 关西^①

杨震^②幽魂下北邙^③，关西踪迹遂荒凉。
四知美誉留人世，应与乾坤共久长。

【译】

杨震的幽魂走下北邙，他在关西的踪迹也湮没荒凉。不过他的四知美誉却长留人世，应该与天地同共久长。

【注】

①关西：函谷关以西的地方，汉唐时称谓。②杨震：东汉名臣，通晓经籍，有"关西孔子"之称，50岁被大将军邓骘征辟，历任荆州刺史、东莱太守、太常、司徒，公元123年为太尉。为官正直，直言时弊，公元124年被罢免，回乡途中饮鸩而死。③北邙（máng）：即邙山，古代帝王将相之理想葬地。

【解】

该诗史实出自《后汉书·杨震传》，此诗美杨震清廉正直也。

杨震有次路过昌邑县时，他曾经推举的王密恰好任昌邑县令。王密为了报恩，深夜备了黄金十斤去看望杨震，但杨震坚辞不受，王密说："现在是深夜，没有人会知道啊！"杨震说："天知、神知、我知、你知，怎么说没人知道呢。"王密羞愧不已，此后，王密无私无畏地宣传杨震的清廉，"四知"美誉因此传遍天下。

111 番禺^①

重冈复岭势崔巍^②，一卒当关万卒回。
不是大夫^③多辩说，尉他^④争肯筑朝台^⑤？

【译】

重重的五岭气势崔嵬，南越一卒当关，汉朝万卒败回。如果不是大夫陆贾能说善辩，南越王赵佗又怎么肯修筑朝汉台？

【注】

①番禺：此乃古"番禺"，其中心"番禺城"在今广州市中心老城区。②崔嵬：高峻，高大雄伟。③大夫：即太中大夫陆贾，誉为"有口辩士"。在汉高祖和汉文帝时期，两次出使南越，说服赵佗臣服汉朝。如今广州番禺有山名"大夫山"纪念陆贾。④尉他：即南越武帝赵佗（约前240—前137），今河北正定人，秦朝南海郡龙川县令，秦亡后，赵佗割据岭南，建立南越国。⑤朝台：又称朝汉台，在今天广州市越秀山公园，赵佗所建。

【解】

该诗史实出自《史记·南越列传》《汉书·郦陆朱刘叔孙传》，此诗美陆贾之善辩也。

公元前204年，赵佗建南越国，自号"南越武王"，国都定于番禺。汉朝建立后，刘邦派陆贾出使南越，经陆贾晓以情理、逼以形势，赵佗臣服汉朝。吕后临朝时，赵佗又闹独立，吕后派遣大将攻打赵佗，竟连南岭都没越过。文帝登基后，再派陆贾出使南越，一番辩论后，宣示文帝《赐南越王赵佗书》，赵佗感动，在越秀山建朝汉台，表示永为藩臣。三寸之舌，胜过百万雄师，陆贾的辩才果然如此。

112 咸阳

一朝阎乐^①统群凶，二世^②朝廷扫地空。
唯有渭川^③流不尽，至今犹绕望夷宫^④。

【译】

一日阎乐统领着群凶杀入了皇宫，秦二世胡亥的朝廷马上扫地一空。只有渭川的水长流不尽，至今还绕着当时的望夷宫。

【注】

①阎乐：赵高的女婿，曾任咸阳县令。②二世：秦二世胡亥，即位后赵高掌实权，实行残暴的统治，终于激起了陈胜、吴广起义和六国旧贵族

复国运动。公元前 207 年，胡亥被阎乐逼迫自杀于望夷宫。③渭川：古称渭水，是黄河的最大支流。④望夷宫：秦时宫名，故址在今陕西泾阳县。

【解】

该诗史实出自《史记·秦始皇本纪》，此诗刺赵高之残暴亦刺秦朝之暴政也。

赵高野心勃勃，与李斯合谋除掉扶苏而抬懦弱无能的胡亥上位，又怂恿胡亥杀掉兄弟姐妹，再通过诬陷腰斩李斯，再通过"指鹿为马"清除异己，慑服群臣，最后以盗贼进入望夷宫为借口，命阎乐逼迫胡亥自杀。赵高步步为营，想自立为王，没想到最终为子婴所杀。而秦朝二世而亡，自然是暴政引起天怒人怨所致。

113　　　高阳池^①

古人未遇^②即衔杯^③，所贵愁肠得酒开。

何事山公^④持玉节^⑤，等闲深入醉乡来？

【译】

古人不得志就喝酒衔杯，难能可贵的是忧愁能被酒化开。为什么身负军事重任的山简手持玉节，等闲也深入到醉乡中来？

【注】

①高阳池：本名习家池，在湖北襄阳岘（xiàn）山，乃汉侍中习郁养鱼之池，西晋征南将军山简常临此池饮酒大醉，取郦食其"高阳酒徒"之意，更名高阳池。②未遇：不得志，怀才不遇。③衔杯：口含酒杯，多指饮酒。④山公：即山简，西晋名士山涛第五子。⑤玉节：玉制的符节，指官职。

【解】

该诗史实出自《晋书·山简传》，此诗刺山简醉生梦死而无所作为也！

永嘉三年（309），山简任征南将军，都督四州军事，镇襄阳。永嘉四年（310）刘聪二攻洛阳。永嘉五年（311 年）匈奴三攻洛阳。永嘉六年（312），山简去世。可以看出，山简镇守襄阳之时，正处"永嘉之乱"，然而位居高位、手持玉节的山简却唯酒是耽，放浪形骸，优游高阳池，完全失去了儒家"君忧臣辱、君辱臣死"的忠义之心。而当时跟山简一样的将军比比皆是，于是最终导致了西晋的灭亡。

114 泸水^①

五月驱兵入不毛^②，月明泸水瘴^③烟高。
誓将雄略酬三顾，岂惮征蛮七纵劳？

【译】

诸葛亮于五月率军进入了不毛，月光下泸水浮起的瘴烟毒气高。诸葛亮立誓用自己的武略来报答刘备三顾之恩，怎么会怕七擒七纵的辛劳？

【注】

①泸水：蜀汉时属永昌郡，今云南西北泸水市，与缅甸接壤。②不毛：指荒瘠不长草的地方。这里指缅甸。缅甸古称"不毛"，今译"波胞"。③瘴（zhàng）：指热带原始森林里动植物腐烂后生成的毒气，致人疾病。

【解】

该诗史实出自《三国志·蜀书·诸葛亮传》，此诗美诸葛亮之忠也。

公元225年，蜀汉丞相诸葛亮率军分三路讨伐南中四郡的叛乱，三路大军皆获大捷。五月，大军从昆明出发，渡过泸水，深入不毛，对孟获七擒七纵，孟获最后服输说："公，天威也，南人不复反矣。"

君恩臣忠，因为有刘备的三顾之恩，于是有诸葛亮的七纵酬主，最后六出祁山，病逝五丈原，真正实现了"鞠躬尽瘁，死而后已"的忠臣宏愿。

115 云云亭^①

一上高亭日正晡^②，青山重叠片云无。
万年松树不知数，若个^③虬枝^④是大夫^⑤？

【译】

我上到高亭日正三晡，青山重叠一片彩云都无。眼前的万年古松不知其数,不知哪个伸展虬枝的松树是秦始皇任命的五大夫?

【注】

①云云亭:秦始皇于泰山封禅(shàn)大典中的禅地之所。②晡(bū):指申时,下午3时至5时。③若个:哪个。④虬(qiú)枝:像虬龙一样盘屈的树枝。虬:四爪龙。⑤大(dà)夫:古代官职名,卿之下,士之上。此处指秦始皇封一棵松树为"五大夫"。"五大夫"是爵位名,秦汉二十等爵的第九级。

【解】

该诗史实出自《史记·秦始皇本纪》,此诗刺秦始皇之无德而封禅也。

公元前219年,一统天下的秦始皇率文武大臣到泰山封禅,由于齐鲁儒生提出的礼仪令秦始皇不满意,于是采用了秦国在雍祭祀天帝的形式,在泰山"立石颂秦始皇帝德,明其得封也"。但下山之时,风云突变,雷雨大作,似乎为天所怒,秦始皇慌忙找到一棵虬枝伸展的大松树避雨。鉴于该树护驾有功,于是加封"五大夫"爵位。

116 细柳营①

文帝②銮舆③劳北征,条侯④此地整严兵。
辕门⑤不峻⑥将军令,今日争知细柳营?

【译】

汉文帝乘着銮舆操劳着讨伐匈奴的北征,条侯周亚夫正在此处严厉整兵。如果辕门不严峻执行将军的号令,今日怎么知道有个细柳营?

【注】

①细柳营:细柳为古地名,在今陕西省咸阳市西南,西汉周亚夫当年在此扎营。②文帝:即汉文帝刘恒,刘邦第四子,吕后死后为帝。刘恒与其子景帝刘启开创了"文景之治",刘恒亲自为母薄氏尝药之事载入《二十四孝》。③銮舆:皇帝的车驾,也叫銮驾、玉辇。④条侯:即周亚夫,继承其父绛侯周勃爵位而被封为条侯,有"将在外,君命有所不受"的名言,一生最大功绩在于平定"七王之乱"。⑤辕门:古时军营的大门。⑥峻:山高而陡峭,这里是严厉苛刻的意思。

【解】

该诗史实出自《史记·绛侯周勃世家》《汉书·张陈王周传》，此诗美周亚夫治军之严而刺其不知权变也。

公元前 158 年，匈奴起兵侵犯汉地，汉文帝派三位将军去抵抗，另派三位将军分别在霸上、棘门、细柳拱卫长安。汉文帝去三地劳军时，霸上、棘门的军营可以长驱直入，但细柳营却戒备森严。汉文帝派使者通知周亚夫，周亚夫传令后才打开大门，进门后汉文帝也只能牵马慢行。出了军门，群臣不满，但汉文帝说周亚夫是真将军。

细柳营军规很严，这是周亚夫治军的长处，但也是短处。明明知道是皇帝驾到，还如此严苛，只能证明其迂直和不敬，不懂中庸权变之道。周亚夫最后因功高盖主和个性耿直被汉景帝处死。

117 叶县①

叶公②丘墓③已尘埃，云矗崇墉④亦半摧。
借问往年龙见日，几多风雨送将来？

【译】

叶公的坟墓已经满是尘埃，高耸入云的高城也多半残摧。想问问当年叶公见到真龙来时六神无主，有多少风雨能送了过来？

【注】

①叶县：今河南叶县，为叶姓始祖沈诸梁的封地。②叶公：沈诸梁，字子高，其曾祖父是楚庄王，24 岁时被楚昭王封到叶邑，称叶公，其在封地治水开田，颇具治绩。后平定白公之乱，任楚国令尹。③丘墓：坟墓。④崇墉（yōng）：高墙，高城。墉：墙。

【解】

该诗史实出自刘向《新序·杂事五》，此诗刺叶公口是心非也。

叶公非常仰慕同时代的孔子，公元前 489 年孔子经蔡入叶，两人见面后，主张法治的叶公对孔子的礼治如"父为子隐，子为父隐"不以为然，接下来对孔子冷淡，孔子无奈离开。到了西汉，崇尚儒家的刘向写了篇"叶公好龙"的小品文，说叶公平时喜欢画龙，但见到真龙后"弃而还走，失其魂魄，五色无主"，最后说"叶公非好龙也，好夫似龙而非龙者也"。
该文以"龙"比喻孔子，讥讽叶公后来对孔子的态度。

118　射熊馆^①

汉帝^②荒唐^③不解忧，大夸田猎^④废农收。
子云^⑤徒献长杨赋^⑥，肯念高皇^⑦沐雨^⑧秋？

【译】

汉成帝荒唐行乐不解民忧，竟然向胡人大夸田猎，不惜荒废农收。扬
雄算是徒然献上了《长杨赋》，可汉成帝肯追念汉高祖栉风沐雨打天下
之秋？

【注】

①射熊馆：在今西安市周至县境内。射熊馆是汉代上林苑中的一个
别馆，上林苑是汉代皇家御用园林与狩猎区，横跨五县，绵延三百余里。
②汉帝：即汉成帝刘骜（ào），荒淫无道，放任外戚擅政。③荒唐：行事
离谱，行为放荡。④田猎：中国古代带有军事意义的打猎活动，常与祭祀
有关。⑤子云：即扬雄，字子云，西汉蜀郡成都人。汉成帝时为给事黄
门郎，一生悉心著述，以辞赋闻名。⑥长杨赋：扬雄创作的《长杨赋》。
⑦高皇：汉高祖刘邦。⑧沐雨：淋雨。有成语"栉风沐雨"，形容不顾风
雨地辛苦奔波。

【解】

该诗史实出自《汉书·扬雄传》，此诗刺汉成帝不顾民生、不记祖宗
辛劳也。

公元前12年，汉成帝为了能在胡人面前夸耀大汉物产之丰盈，下令
将珍禽异兽运到射熊馆，让胡人以手搏之，以供取乐，但此举耽误了当地
的秋收。扬雄见此追作《长杨赋》。该赋历数刘邦打天下的艰辛、汉文帝
的节俭、汉武帝的雄霸，最后对此次田猎明褒暗贬。

《长杨赋》乃扬雄呕心沥血之作，此赋一出，万口传诵。可荒淫的汉
成帝依然我行我素，宠幸赵飞燕、赵合德，最终纵欲过度而死。

119 颍川①

古贤高尚不争名，行止②由来动杳冥③。

今日浪为千里客，看花惭上德星④亭⑤。

【译】

品德高尚的古贤从来不钓誉争名，但他们的举动由此感动苍冥。我今日作为走马观花的千里浪游客，非常惭愧地登上了德星亭。

【注】

①颍川：郡名，因颍水得名，治所在今河南许昌。②行止：行踪，举止。③杳冥：苍天。④德星：古以景星、岁星等为德星，地上有德之人出现时，则德星现。⑤德星亭：又名聚星亭，为今河南许昌西湖内著名景观，为纪念东汉末年先贤陈寔、荀淑所建。

【解】

该诗德星出现史实出自南朝宋檀道鸾的《续晋阳秋》，《后汉书·荀韩钟陈列传第六十二》有荀淑与陈寔的传记，此诗美颍川陈寔与荀淑之高德也。

陈寔曾任东汉太丘长，有高德，为官总是"善则称君，过则称己"。荀淑亦有德名和才名，八个儿子秉承乃父风范，时人称"荀氏八龙"。一日，陈寔与荀淑两家欢聚时，于时德星聚，朝中太史奏报"五百里内有贤人聚"，时京都洛阳距颍川恰在五百里内，时人认定是两家的德行感动了上天，才有如此星象，于是后人修德星亭以纪念。

120 八公山①

苻坚举国出西秦，东晋危如累卵②晨。

谁料此山诸草木，尽能排难化为人。

【译】

苻坚倾举国之兵力冲出西秦，东晋处在危如累卵之晨。谁料到八公山上的草木，尽都变成了排忧解难之人。

【注】

①八公山：位于中国安徽省淮南市寿县境内，因西汉淮南王刘安与八

公在此学道成仙而得名，后因秦晋淝水之战而扬名天下，由此分别留下了"一人得道，鸡犬升天"与"八公山上，草木皆兵"的历史典故。②危如累卵：比喻形势非常危险，如同堆起来的蛋，随时都有倒塌打碎的可能。

【解】

该诗史实出自《晋书·载记第十四·苻坚下》，此诗刺苻坚由傲而转恐也。

公元383年，苻坚亲率九十万大军南征，初期有"投鞭断流"的豪迈，根本没把晋军看在眼里，没料到首战即被打败，苻坚一时慌乱。在和弟弟苻融登台视察时，他见到对岸晋军阵容严整，士气高昂，而八公山上的草木，也变成了士兵！于是自信心彻底瓦解，在淝水被东晋军彻底击溃，苻坚仓皇逃回北方。

老子云："祸莫大于轻敌，轻敌几丧吾宝。故抗兵相加，哀者胜矣。"苻坚终因轻敌而惨败也。

121　夹谷①
夹谷莺啼三月天，野花芳草整相鲜。
来时不见侏儒②死，空笑齐人失措③年。

【译】

夹谷莺啼的阳春三月天，野花芳草正新鲜。我来时已见不到侏儒之死，只能空笑齐国人惊慌失措在当年。

【注】

①夹谷：春秋时期齐国和鲁国交界处，公元前500年齐国和鲁国在此会盟。②侏儒：也称朱儒，指身材异常矮小的人，古代权贵好以侏儒为倡优取乐。③失措：举动慌乱失常。

【解】

该诗史实出自《左传·定公十年》《孔子家语·相鲁篇》，此诗美孔子外交之能也。

公元前500年，齐景公与鲁定公在夹谷会盟。会盟时，齐国的乐队手持各式兵器，试图捉拿鲁定公，被孔子逼退。齐景公接着安排一群滑稽的侏儒来戏弄鲁定公,孔子大声呵斥道:"匹夫而荧惑诸侯者,罪当诛。"随即招呼鲁国将领前来,将侏儒一个个斩杀。齐景公见此血淋淋的场面,顿时惊慌失措,任由孔子摆布,不仅在盟书上签字,而且应孔子要求,归还了过去侵占的鲁国土地。因为孔子的能力、气魄和智慧,鲁国在夹谷会盟取得大胜。

在夹谷会盟中,孔子以诸侯礼节斩杀犯上的侏儒,可见礼之无形威力!掌握了礼,就占住了理,就形成了势,就可以压人、服人。

122 杜邮①

自古功成祸亦侵,武安②冤向杜邮深。
五湖烟月无穷水,何事迁延到陆沉③?

【译】

自古豪杰成功之后,祸害也随之相侵,武安君白起的冤屈在走向杜邮时加深。本来有五湖烟月、无穷的碧水等他身退归隐,因为何事拖延到了陆沉?

【注】

①杜邮:又名杜邮亭,在今陕西咸阳市东。秦昭王令白起自杀于此。②武安:即武安君白起,白起善于用兵,据梁启超考证,整个战国期间共战死两百万人,而被白起所杀者占二分之一。③陆沉:陆地沉入海底。比喻无路可走。

【解】

该诗史实出自《史记·白起列传》,此诗刺白起之不识身退也。

长平之战后,秦昭王发兵攻打赵邯郸。白起认为没有胜算,故托病不出,结果秦军两次大败。第三次秦昭王强令白起带兵,白起无奈答应,三个月后方上路。行至杜邮时,秦昭王觉得白起已无心听命,于是派使者赐剑命其自刎。白起说:"长平之战我坑杀了数十万赵国降卒,也该我死了。"说完自尽。作者认为白起应该效法范蠡,功成身退,隐姓埋名,享受五湖烟月,才是避祸之道。

123 柯亭①

一宿柯亭月满天，笛亡人没事空传。

中郎②在世无甄别③，争得④名垂尔许年？

【译】

夜宿柯亭，明月满天，可叹笛亡人去，好事空流传。如果蔡中郎在世时没有鉴别竹子的话，这笛声和柯亭怎么会名垂这么多年？

【注】

①柯亭：古地名，在今浙江省绍兴市西南。柯亭又名千秋亭、高迁亭，原为驿亭，亭旁建有"汉蔡中郎祠"，为后人纪念蔡邕（yōng）所设。②中郎：即蔡邕，曾任河平长、郎中、议郎等职，后因罪避难江南十二年。董卓掌权时，任尚书、侍中、左中郎将等职，封高阳乡侯，世称"蔡中郎"。董卓被诛后下狱，死于狱中。蔡邕精通音律，通经史，善辞赋，精书法。③甄别：认真、慎重地鉴别。④争得：怎得。

【解】

该诗史实出自东晋干宝《搜神记·卷十三》，唐高宗太子李贤注《后汉书·蔡邕列传》时，言南朝宋张骘《文士传》亦载此事，此诗美蔡邕辨音之能也。

蔡邕避难江南时，拆了柯亭第十六根竹而制成"柯亭笛"，该笛的音乐独绝，天下闻名。东晋时，笛圣桓伊用的就是"柯亭笛"。蔡邕善辨音色，还有焦尾琴、听琴辨杀心的故事。但是在辨人方面，蔡邕却委身董卓，哭董卓被杀而被处死，叹无辨忠奸之明也。

124 绵山①

亲在要君②召不来，乱山重叠使空回。

如何坚执尤③人意，甘向岩前作死灰？

【译】

以母亲在而拒绝出山，显要的国君也召不来，乱山重叠，派出使者空手而回。为何如此坚定执着于怨恨小人之意，而最终甘愿化为岩前的死灰？

【注】

①绵山：位于今山西，是中国寒食节、清明节发源地。②要君：显要之君，指晋文公，姓姬，名重耳，春秋五霸中第二位霸主，与齐桓公并称"齐桓晋文"。③尤：怨恨。

【解】

该诗史实出自《左传·僖公二十四年》及刘向《新序》，此诗美介子推之大义且高洁也。

在晋文公重耳逃难期间，介子推曾割下大腿上的肉做成汤，救了重耳一命。重耳复国后，介子推不愿意跟那些邀功请赏的小人为伍，于是携母隐居绵山，做一名不食君禄的孝子和隐士。晋文公派使者到绵山找不到介子推，无奈放火烧山，最后发现介子推与其母皆被烧死在一棵大柳树下。晋文公悲痛厚葬二人，改绵山为介山，将介子推死难之日命为"寒食节"。

125 葛陂①

长房回到葛陂中，人已登真②竹化龙。

莫道神仙难顿③学，嵇生④自是不遭逢。

【译】

费长房回到家乡葛陂中，人已经登仙，竹已化为青龙。不要说神仙难以顿悟学成，只是嵇康没有遭遇相逢。

【注】

①葛陂（bēi）：原指植物中的龙竹，可作马鞭。此处是地名，在今河南新蔡县西北，乃费长房投竹成龙之陂。②登真：登为真人，即登仙。③顿：立刻。④嵇（jī）生：即嵇康，嵇康娶曹操曾孙女为妻，官至中散大夫，世称"嵇中散"，后隐居不仕，屡拒为官。因得罪钟会，遭其构陷，被司马昭处死，时年四十岁。嵇康为"竹林七贤"的精神领袖，注重养生，仰慕仙人，曾著《养生论》。

【解】

该诗史实出自《后汉书·方术列传第七十二下》《晋书·嵇康传》，此诗刺嵇康性直而不得成仙也。

东汉费长房因遇到神仙壶公，不仅尽享壶中日月，而且从壶公学仙，壶公赐符，以主宰地上鬼神，又赐竹杖，骑之可顷刻到达任何地方。费长房到家后，随手一扔的竹杖，立刻化成龙飞走了。

三国时嵇康也遇到了孙登和王烈两位神仙，但都没学成，孙登说嵇康"才优而识寡，劣于保身"，王烈说嵇康"志趣非常而辄不遇，命也。"嵇康正直凛然，嫉恶如仇，与"和光同尘、知雄守雌、上善若水"的道士作风相距太远，最后被处死，也验证了孙登和王烈的话。

126 邓城①

邓侯②城垒③汉江干④，自谓深根百世安。

不用三甥⑤谋楚计，临危方觉噬脐⑥难。

【译】

邓侯当年的城垒位于汉江之干，自认为根基很深可得百世之安。可惜当时没有采纳三甥的谋楚之计，临近危险时才觉悟噬脐自保都很难。

【注】

①邓城：春秋时邓国都城，遗址在今湖北襄阳市樊城区西北。②邓侯：名祁，春秋时邓国君主。③城垒：城池营垒。④干（gān）：岸；水畔。⑤三甥：邓侯手下三位大臣雏甥、聘甥、养甥。⑥噬脐（shì qí）：麝知道猎人追赶的目的是为了得到麝香，于是危急时会把肚脐中的麝香咬下来，然后可以保命逃走。

【解】

该诗史实出自《左传·庄公六年》，此诗刺楚文王之暴行亦刺邓侯之心慈手软也。

楚文王讨伐申国时要借道邓国，邓侯不仅答应借道，而且设宴款待。邓侯手下雏甥、聘甥、养甥三位大臣见楚文王骄横，请求在宴席上杀楚文王，邓侯不许。三位大臣说："灭亡邓国者，一定是此人，如果不早打算，恐怕将来噬脐莫及！"邓侯还是不从。后来楚文王果然灭了邓国。

楚武王娶了邓国公主邓曼，生下了楚文王，邓侯是楚文王的亲舅舅，亲舅舅怎么会料到亲外甥会灭其国？亲外甥又如何对亲舅舅下得了手呢？

春秋时期，礼崩乐坏，楚文王为了称霸，可谓无情又无耻至极。

127 骕骦陂①

行行②西至一荒陂，因笑唐公③不见机。
莫惜骕骦④输令尹⑤，汉东宫阙早时归。

【译】

我向西走走停停，来到了荒凉的骕骦陂，于是笑当年唐成公不能洞察先机。如果当时不惜把骕骦马输送给楚国令尹，汉水东面的唐国宫阙三年前已早归。

【注】

①骕骦（sù shuāng）陂：传说是唐成公经常放牧骕骦马之地，陂即山坡。②行行：走走停停。③唐公：即唐成公，春秋末期唐国国君。④骕骦：一种良马。⑤令尹：楚国官名，相当于宰相，此处令尹指囊瓦。

【解】

该诗史实出自《左传·定公三年》，此诗明刺唐成公小气，暗刺楚国令尹囊瓦因贪婪而误国。

公元前510年，唐成公来朝见楚国时，令尹囊瓦向唐成公索求其两匹骕骦良马。遭拒后，囊瓦将唐成公软禁于楚国都郢三年，后囊瓦得到骕骦马，唐成公才得以回国。与唐成公遭遇相同，蔡侯因为一裘一佩也被囊瓦软禁三年。

后唐成公、蔡侯与晋、吴结盟，联合十几国共同伐楚，楚国都城被毁，楚昭王流亡到随国，楚国因"贿而信谗"的令尹囊瓦付出了沉重的代价。

128 柏举①

野田极目草茫茫，吴楚交兵此路傍。
谁料伍员入郢后，大开陵寝②挞平王③。

【译】

极目望去，柏举之野田中杂草茫茫，当年吴楚交兵就在此路旁。没人料到伍子胥攻入郢都后，竟然挖开陵墓鞭尸楚平王。

【注】

①柏举：在今湖北麻城市境内，因吴楚柏举之战而闻名。②陵寝：陵，高大的坟墓。寝，睡觉。帝王死后的葬地称为陵寝。③平王：即楚平王，公元前528年至前516年在位，杀伍子胥之父兄。

【解】

该诗史实出自《谷梁传·定公四年》，此诗刺楚平王之昏暗而死后受辱，亦刺伍子胥之不智也！

公元前506年冬，吴王阖闾以孙武、伍子胥为大将，经柏举之战，攻入楚国都城郢。伍子胥寻得楚平王之墓，开棺并鞭尸三百，为父兄报仇。楚平王因宠信佞臣费无极而杀死伍奢、伍尚，伍子胥此举，也是为人子弟之常情。

然而，联军攻入郢都后烧杀抢掠，又鞭尸楚国故君，这些暴行当然会激起了楚国上下的公愤。伍子胥引狼入室，以国难报家仇，自是不智也！

129　缑山①

缑山岗翠孕仙灵②，古柏新松满洞馨③。
借问④吹笙王子晋⑤，定从何处上青冥⑥？

【译】

缑山青翠的山岗孕育了仙灵，古柏新松之间洞满香馨。请问那个吹笙的王子晋，定从何处升仙上青冥？

【注】

①缑（gōu）山：位于今河南省偃师市府南村。②仙灵：神仙。③馨：散布很远的香气。④借问：敬辞，用于向别人询问事情；请问。⑤王子晋：即周灵王长子姬晋，刘向《列仙传》记为"王子乔"。⑥青冥：指青天、仙境、天庭等。

【解】

该诗史实出自刘向《列仙传》，此诗美王子晋得道升天也。

东周太子王子晋无意荣华富贵，好吹笙，声如凤凰鸣叫。他在伊洛之间遇到道士浮丘公，被接到嵩山修道。三十余年后，王子晋叫朋友柏良通知家人，七月七日在缑山永别。七月七日，周灵王一家来到缑山脚下，只见王子晋乘一只白鹤，徐徐降落在缑山顶峰，向家人拱手告别后，飘然升天。

130 涂山①

大禹涂山御座②开，诸侯玉帛③走如雷。

防风④谩有⑤专车骨⑥，何事兹辰⑦最后来？

【译】

大禹在涂山御座张开，诸侯们运载玉帛赶来，车声如雷。防风氏空有专车那么长的腿骨，那天因为何事最后一个到来？

【注】

①涂山：山名，相传夏禹娶涂山女，该山可能是浙江绍兴会稽山。②御座：帝王的宝座。御即驾驶车马，后为帝王敬称，如御笔、御览、御赐。③玉帛：玉器和丝织品，古时用于祭祀，或为外交和进贡的礼物。④防风：即防风氏，巨人族，身高三丈三尺。他是远古防风国（今浙江德清县）的创始人，又称汪芒氏，传为汪姓的始祖。防风氏善于治水，曾辅佐大禹治理洪水，并封为诸侯。⑤谩（màn）有：徒有，空有。⑥专车骨：当年吴国攻打越国时，在会稽山上发现一副巨人骨，光是巨人的一截胫骨就装满了一车，吴王派使者去请教孔子，孔子说是防风氏的骨头。⑦兹辰：这个早晨。

【解】

该诗史实出自《国语·鲁语》《孔子家语·辨物篇》，此诗刺大禹杀防风氏立天子之威也。

大禹治水时，防风氏功劳最大，但大禹想树立自己的权威，于是借防风氏赴会迟到之理由，当着众诸侯的面，杀害了防风氏，杀一儆百，立天子至高无上之威。

尧舜时期采取德治，即使对于四凶，也最多是流放，通过流放促使其反省和改邪归正。而大禹上位后，则采取权术，通过"杀一儆百"的权谋，以震慑对帝位构成威胁的人，以保证一家一姓的私天下。但权术终究不能阻挡改朝换代，只有尧舜公天下才是长治久安之道。

131　豫州①

策马行行到豫州，祖生②寂寞水空流。
当时更有三年寿，石勒寻为关③下囚。

【译】

我骑马走走停停到了豫州，祖逖已寂寞作古，只见到黄河水空流。如果当时祖逖能更有三年寿命，一定把石勒寻来作为虎牢关下之囚。

【注】

①豫州：豫州位于九州之中，故别称中州，豫州辖今河南省大部分地区。②祖生：即祖逖（tì），今河北省保定市涞水县人，东晋名将。③关：即虎牢关，在今河南省荥阳市汜水镇境内。因周穆王曾将进献的猛虎圈养于此而得名。虎牢关有"一夫当关，万夫莫开"之势，历来是兵家必争之地。

【解】

该诗史实出自《晋书·祖逖传》，此诗美祖逖北伐之雄心雄才而刺晋元帝之昏庸也。

祖逖生性豁达，轻财重义，有赞世之才。西晋灭亡后，他立志恢复中原，被晋元帝司马睿任命为奋威将军、豫州刺史。祖逖成功收复黄河以南中原地区的大部分土地，石勒亦不敢南侵。一年后，晋元帝忌惮势力强大的祖逖，于是任命戴渊为征西将军加以牵制，因得不到信任和重用，祖逖忧愤而病逝，此后收复的土地尽被石勒攻陷。

祖逖北伐功败垂成，令人叹息，但他留下的"闻鸡起舞"的奋斗精神、"中流击楫"的英雄气概、舍家为国的无私精神、力主统一的远见卓识，一直激励着中华民族的仁人志士前赴后继，尤其在民族危难之际。

132　博浪沙①

嬴政鲸吞②六合③秋，削平天下虏诸侯。

山东④不是无公子，何事张良独报仇？

【译】

秦始皇嬴政鲸吞六合之秋，削平天下俘虏诸侯。山东六国不是没有剩存的贵族公子，因为何事只有张良去报仇？

【注】

①博浪沙：古地名，位于今河南省原阳县城东郊，因张良在此刺杀秦始皇而名扬天下。②鲸吞：像鲸鱼一样地吞食，比喻侵吞土地。③六合：东、南、西、北、上、下六方包围的空间，即天下。④山东：崤（xiáo）山以东，战国七雄之中，除了秦国在崤山以西，其余的六国均在其东边，因称"山东六国"。

【解】

该诗史实出自《史记·留侯世家》《汉书·张良传》，此诗美张良之勇也。

张良家世显赫，父亲和祖父都是韩国之相。韩被秦灭后，张良散尽家财，寻找大力士刺杀秦始皇，为韩国报仇。公元前218年，秦始皇东巡至博浪沙，张良指挥大力士攻击，可惜击倒的是副车。秦始皇虚惊一场，随即下令全国缉捕刺客，张良无奈更改名姓，逃到下邳。

张良貌如好女，却敢刺杀秦始皇，可见张良之胆量和血性。而事前有策划、事后能逃脱，则说明其有谋略。经下邳黄石公磨炼耐性和赐予兵书后，张良也最终成为留侯和汉初三杰之一。

133 陇西①

乘春来到陇山②西，隗氏③城荒碧草齐。
好笑王元④不量力，函关那受一丸泥？

【译】

我乘着春色来到陇山之西，隗嚣的都城早已荒废，只见碧草齐齐。可笑那王元自不量力，封住函谷关哪能只用一丸泥？

【注】

①陇西：指陇山以西、黄河以东地区，亦称陇右。②陇山：六盘山的

古称，因旧时山路曲折盘旋，六重始达山顶，故名。③隗（wěi）氏：即隗嚣，新朝末年陇西割据势力。光武帝刘秀即位后，表面投靠，却暗中联合公孙述作乱，待光武帝平定陇西，隗嚣郁郁而终。④王元：原为隗嚣部将，隗嚣死后跟随公孙述，后投降东汉将领臧宫。

【解】

该诗史实出自《后汉书·隗嚣公孙述列传》，此诗刺王元智小言大，亦刺隗嚣之不能明势也。

隗嚣采纳马援之劝，本已投靠刘秀，并派长子隗恂去洛阳做人质。但隗嚣手下王元、王捷却劝隗嚣割据，进可图王，退可称霸，王元甚至对隗嚣说："元请以一丸泥为大王东封函谷关，此万世一时也。"隗嚣经不住王元的鼓动，于是一面应付刘秀，一面勾结公孙述，最终陇西为刘秀平定，隗嚣愤恨而死。

蔡东藩云："述多夸而嚣多疑，疑与夸，皆非霸王器也。"可叹隗嚣疑心不定，首鼠两端，被王元一语鼓动而败也！

134　白帝城①

蜀江②一带向东倾，江上巍峨白帝城。

自古山河归圣主，子阳③虚共汉家争。

【译】

蜀江如一条玉带向东倾，江上巍峨挺立着白帝城。自古以来山河都归有德的圣主，公孙述到头空与汉家刘秀把天下争。

【注】

①白帝城：位于瞿塘峡西口北岸。公孙述见白鹤古井白雾升腾，如"白龙献瑞"，要出天子，故自号"白帝"，依山建城为"白帝城"。②蜀江：四川省宜宾市至湖北省宜昌市之间的长江段称为蜀江，也称"川江"。③子阳：即公孙述，字子阳。建武元年（25），公孙述称帝于蜀，建武十二年（36）被刘秀所灭。公孙述割据益州称帝十二年。

【解】

该诗史实出自《后汉书·隗嚣公孙述列传》，此诗刺公孙述妄自尊大也。

公孙述敢于称帝，一是他对自己能力的自信，二是下属李熊的劝进，三是谶书与天象的附会，四是妻子的怂恿。然而称帝后连连失利，进攻三辅、攻取荆州、援救隗嚣均失败，最终被刘秀派兵所灭。

马援曾评价老朋友公孙述为"井底蛙耳，而妄自尊大"，而评价刘秀为"才明勇略，非人敌也。且开心见诚，无所隐伏，阔达多大节，略与高帝同。经学博览，政事文辩，前世无比"。两相对比，刘秀才是圣主之器。

135 灞岸①

长安城外白云秋，萧索悲风灞水②流。
因想汉朝离乱日，仲宣③从此向荆州。

【译】

长安城外白云暗淡之秋，悲风吹萧索，灞水似泪流。于是想起当年汉朝离乱之日，王粲从这里走向了荆州。

【注】

①灞岸：灞水之岸。②灞水：即灞河，穿过灞陵原谷地，横贯长安东郊，北流注入渭水。③仲宣：即王粲，字仲宣，"建安七子"之一。公元192年前往荆州依靠刘表。208年归附曹操，后深得曹氏父子信赖，赐爵关内侯，后任侍中。公元216年随曹操南征孙权，于北还途中病逝，终年四十一岁。

【解】

该诗史实出自《三国志·魏志·王卫二刘傅传》，此诗刺董卓之乱汉也。

董卓暴虐不仁，手下士兵亦多是胡人，担任丞相后，汉代两京（长安、洛阳）被彻底破坏。董卓死后不到一个月，董卓部将李傕、郭汜纵兵攻陷长安，烧杀抢掠，民不聊生。王粲当时恰好逃离长安，目睹乱象，写成著名的《七哀诗》："出门无所见，白骨蔽平原。路有饥妇人，抱子弃草间。"这两句概括了战乱的悲惨，"南登霸陵岸，回首望长安。悟彼下泉人，喟然伤心肝。"灞岸喟叹后，王粲前往荆州依附刘表去了。

136　濮水①

青春②行役③思悠悠④，一曲⑤汀蒲⑥濮水流。
正见涂⑦中龟曳⑧尾，令人特地感庄周⑨。

【译】

明媚的春光，四处漫游，思绪悠悠，一湾蒲草，静看濮水长流。恰好我看见泥中有乌龟拖着尾巴，这让我特地感想起了庄周。

【注】

①濮（pú）水：古代水名，在今河南濮阳。濮阳、濮州均从濮水得名。②青春：指明丽的春色。③行役：指因服兵役、劳役或公务而出外跋涉，此处指旅行。④悠悠：从容不迫，悠闲自在。⑤一曲：一湾。⑥汀蒲：水边蒲草。⑦涂：泥。⑧曳：拖。⑨庄周：即庄子，道家代表人物，与老子并称"老庄"。

【解】

该诗内容出自《庄子·秋水》，此诗亦美亦刺庄周之重自由也。

楚王派人去请庄子做国相，庄子说不愿意做宗庙里供奉的死了三千年的神龟，宁愿做泥中拖着尾巴的活龟。作为道家的庄子，他崇尚自由，安贫乐道，这种人生观在儒家看来是行不通的，人要成家立业，养家糊口，甚至治国平天下，不可能像烂泥中的乌龟一样自由自在。但人生不如意者十之八九，要保持生命力，道家的人生观也值得借鉴。以儒为主、儒道互补，才是生存之道。

137　鲁城①

鲁公②城阙③已丘墟④，荒草无由认玉除⑤。
因笑臧孙⑥才智少，东门钟鼓⑦祀⑧鷄鶵⑨。

【译】

鲁国的城阙已变成了丘墟，荒草之中已无法辨认当年的玉除。我为臧文仲孙才智短浅而感到好笑，当年他竟然在东门用钟鼓祭祀鷄鶵。

【注】

①鲁城：曲阜的别称。曲阜曾为鲁国都城，故名。②鲁公：周天子为

王，下面是公侯伯子男五等爵，鲁国国君的爵位为公，故称鲁公。③城阙（què）：原指城门两边的望楼，此处指宫阙。④丘墟（xū）：废墟、荒地。⑤玉除：玉阶，用玉石砌成或装饰的台阶。亦借指朝廷。⑥臧孙：此处指臧文仲，春秋时鲁国大夫。⑦钟鼓：钟与鼓一类的乐器。⑧祀（sì）：《说文》解释为"祭无已也"，意思是不能停止的周期性的祭。⑨鶢鶋（yuán jū）：也写作"爰居"，一种水鸟，似凤，因叫声得名，在海边出现台风天气时会避入内陆。

【解】

该诗史实出自《国语·鲁语》《左传·文公二年》，此诗刺臧文仲之淫祀也。

臧文仲主政鲁国期间，因海鸟"爰居"停留在鲁国东门外两天，臧文仲以为是神鸟，于是大张旗鼓举行了隆重的祭祀仪式。

"国之大事，在祀与戎。""非其所祭而祭之，名曰淫祀。淫祀无福。"按照古礼，只有祖宗、圣人、英雄、天地等，才能享受祭祀。臧文仲此举当然被视为不智，并受到了柳下惠和孔子的批评。

138 房陵①

赵王②一旦到房陵，国破家亡百恨增。
魂断③丛台④归不得，夜来明月为谁升？

【译】

赵王迁一旦到了房陵，国破家亡的百种愁恨与日递增。伤心那故都的丛台现在回不去了，不知现在丛台上夜来的明月为谁而升？

【注】

①房陵：古称房州，今为湖北省房县，有"瘴痍之地""流放之地"的称谓。②赵王：即赵王迁，战国时期赵国最后一位国君。③魂断：犹断魂。形容极其悲伤。④丛台：亦名"武灵丛台"，赵武灵王为了观看歌舞和军事操演而建。

【解】

该诗史实出自《史记·赵世家》，此诗刺赵王迁信佞臣、诛忠良而亡国也。

公元前 228 年，秦军大败赵军，俘虏赵王迁，赵国灭亡。赵王迁遭俘后，被流放到房陵深山中，不久饿死。

赵国灭亡的原因在于赵王迁杀李牧，李牧与白起、王翦、廉颇并称"战国四大名将"，屡败秦军。秦国于是用重金收买赵王迁的宠臣郭开，郭开于是进谗说李牧和司马尚企图叛赵降秦，赵王迁信以为真，于是斩杀李牧，司马尚则被废弃不用。赵王迁在大敌当前时自毁长城，足见其昏聩，当然也只能哀其不幸了。

139 牛渚①

温峤②南归辍棹③晨，燃犀牛渚照通津④。
谁知万丈洪流下，更有朱衣跃马人。

【译】

温峤南归停船在牛渚矶之凌晨，点燃犀角来照此通津。谁知那万丈洪流之下，竟有穿着红衣的跃马之人。

【注】

①牛渚：即牛渚矶（jī），位于今安徽省马鞍山市西南长江东岸，又名采石矶。②温峤（qiáo）：东晋名将，参与平定王敦之乱、苏峻之乱。③辍棹（zhào）：停船。④通津：四通八达的津渡。

【解】

该诗史实出自南朝宋刘敬叔《异苑·卷七》，此诗美温峤有胆识也。

公元 329 年，温峤平定苏峻之乱后返回武昌，途经牛渚矶时，闻水底有音乐之声，又传言水下多怪物，于是点燃犀牛角来照看，只见水下灯火通明，有乘马车的，有穿红衣的。是夜，温峤梦到有人说："我和你幽明有别，你为什么要点火把来照我们！"温峤非常厌恶，回到武昌后即去世。

温峤先后平定王敦之乱和苏峻之乱，有两造东晋司马王室之功！敢于燃犀照鬼，足见其胆识过人。

140 废丘山①

此水②虽非禹凿开，废丘山下重萦回③。
莫言只解东流去，曾使章邯④自杀来。

【译】

白水河虽然不是大禹所凿开，但是如人工所凿，在废丘山下重重萦回。不要说河水只知道东流去，它曾经迫使章邯自杀来。

【注】

①废丘山：在今陕西省兴平市东南。项羽立章邯为雍王时，建都在废丘。②此水：废丘山下的白水河，韩信引此水攻破章邯。③萦（yíng）回：盘旋往复。④章邯（hán）：秦朝著名将领，上将军，在迎击陈胜起义军时，屡战屡胜，巨鹿之战为项羽所败后投降。协助项羽灭秦后，被项羽封为雍王。楚汉战争中，与刘邦交战不利，退保废丘。公元前205年六月，城破自杀。

【解】

该诗史实出自《汉书·高帝纪第一上》，此诗刺章邯处乱世无所适从而不得善终也。

公元前206年八月，章邯退保废丘，刘邦率军将废丘团团围住。公元前205年六月，韩信用计，引白水河，水淹城池而城破。城破之时，章邯自杀而亡。

章邯为什么要自杀？不能再投降一次吗？不能。因为项羽诈坑秦降卒二十余万，秦国百姓既恨项羽，更恨章邯等三人，因此章邯已为秦父兄所不容。章邯当初因一念之差而投降，忠道已亏，后随项羽作恶，与刘邦作对，难以善终就已经注定了。

141 朝歌①

长嗟墨翟②少风流③，急管繁弦④似寇仇⑤。
若解闻韶知肉味，朝歌欲到肯回头？

【译】

长叹墨翟不解风流，将急管繁弦当作寇仇。如果他懂得孔子闻韶三月不知肉味的真义，到了朝歌怎么会掉转车头？

【注】

①朝（zhāo）歌：在今河南淇县，是商朝晚期都城、春秋时期卫国首都。②墨翟（dí）：史称墨子，墨家学说创始人，与当时孔子创立的儒家并称显学。③风流：此处指风雅流韵。④急管繁弦：形容各种乐器同时演奏的热闹情景。急：快；繁：杂；管：管乐器；弦：弦乐器。⑤寇仇：仇人，仇敌。

【解】

该诗史实出自《史记·邹阳传》《淮南子·说山训》《论语》，此诗刺墨子之非乐而美孔子之好乐也。

墨子经过卫国时，听说前面是朝歌，大惊失色而掉转车头。问其原因，他说朝歌名字不好，是商纣王沉迷歌舞之地。"墨子回车"说的就是这个典故。

与墨子不同，孔子则非常爱好音乐，而且音乐天分高。他到齐国听到了《韶》乐，竟然三个月忘记了肉的美味。他称赞《韶》："尽美矣，又尽善也！"由此发扬光大了舜帝的"乐教"，建立起了中国的礼乐文明。

142 谷口①

一旦天真②逐水流，虎争龙战③为诸侯。

子真④独有烟霞⑤趣，谷口耕锄到白头。

【译】

一旦人心向善的天性消逝如水流，遍地龙虎争战是为了做称霸的诸侯。只有郑子真懂得烟霞的乐趣，在谷口耕锄直到白头。

【注】

①谷口：在今陕西省淳化县西北，因西汉郑朴隐居于此而闻名。②天真：单纯直率，无虚伪。③虎争龙战：比喻势均力敌的各方之间斗争激烈。④子真：即郑朴，字子真，隐士，世称"谷口子真"。郑朴察觉王莽将篡汉，遂举家迁至云阳谷口隐居，大司马王凤礼请其出山，不为所动。⑤烟霞：烟雾和云霞，代指山水胜景，归隐佳处。

【解】

该诗史实出自《汉书·王贡两龚鲍传》，此诗美郑子真之隐居避祸也。

在"学而优则仕"的古代，读书的目的当然是做官，以实现"修齐治平"的人生理想。当时与郑朴齐名的隐士严君平，则提前二十多年预言了"王莽服诛，光武中兴"，因此两人的避世，其实是避王莽。

然而从血统论、道德论来讲，王莽比起那些好色昏庸的刘邦后裔来说，更有资格做皇帝。而近代学者胡适、翦伯赞等均给予王莽很高评价，因此郑朴的志节也谈不上非常高洁。

143 武陵溪①

一溪春水彻②云根③，流出桃花片片新。

若道长生是虚语，洞中争得有秦人？

【译】

一溪清澈的春水透出水底的云根，流出的桃花片片清新。如果说长生不老是虚假之语，洞中怎么会有秦朝的人？

【注】

①武陵溪：出自东晋陶渊明《桃花源记》，应属当时的武陵郡，具体位置有湖南常德、湖南邵阳等多种说法。②彻：通，透。③云根：古人认为"云触石而生"，故称石为云根。

【解】

该诗内容出自陶渊明《桃花源记》，此诗刺秦皇暴政而美世外桃源之生活也。

元熙二年（420）6月，刘裕废晋恭帝为零陵王，改年号为"永初"，享104年国祚的东晋灭亡。陶渊明目睹兵连祸结、民不聊生的黑暗现实，写下了《桃花源记》，为后世勾勒了一个美好社会，洞中人自称是秦人，"不知有汉，无论魏晋"，但他们生活很幸福。而在洞外，自秦朝至东晋末年的六百余年，为了帝位和家天下，龙争虎斗不断上演，依然还是一个乱哄哄的世界。

"若道长生是虚语，洞中争得有秦人"，因洞中人没有私心，没有帝王欲望，因此也没有龙争虎斗，没有改朝换代，所以世世代代为秦人也。

144　流沙①

七雄②戈戟③乱如麻，四海④无人得坐家。
老氏⑤却思天竺⑥住，便将徐甲去流沙⑦。

【译】

战国七雄大动干戈，天下动乱如麻，四海之内无人可以安坐在家。老子却想到可以到天竺去住，于是便带着徐甲去了流沙。

【注】

①流沙：古时西域，在今新疆天山的沙漠地带。②七雄：即战国七雄，分别是齐国、楚国、燕国、韩国、赵国、魏国、秦国。③戈戟（jǐ）：泛指兵器，此处指战争。④四海：指天下，九州之外即为四海，即东海、南海、西海和北海，称中国为"海内"，外国为"海外"。⑤老氏：即老子，姓老，或姓李，著有《道德经》。⑥天竺（zhú）：古代中国对当今印度次大陆国家的统称。⑦徐甲：出自晋朝葛洪《神仙传》，徐甲是老子的用人。

【解】

该诗史实出自王浮《老子化胡经》及葛洪《神仙传》，此诗刺战国之乱而美老子化胡也。

老子生平至今是个谜，司马迁在《史记》中，说老子是周王室守藏室之史，见到周衰，在函谷关"言道德之意五千余言而去，莫知其所终"。东晋葛洪在《神仙传》中说，老子西行目的地是西王母的道场昆仑山，并言老子佣人徐甲索要两百年的工钱，老子用道法让徐甲化成了一堆枯骨。西晋惠帝时道士王浮撰《老子化胡经》，言老子去天竺点化了释迦牟尼。

老子思想跟孔子思想一样，都不能解救当时春秋战国的乱局，但"君子之道黯然而日章"，在后世影响越来越大，不仅影响了韩非子、孙子，而且影响了西方莱布尼茨、康德、黑格尔等大哲学家。

145 大泽①

白蛇初断路人通，汉祖龙泉②血刃红。

不是咸阳将瓦解，素灵③那哭月明中？

【译】

白蛇刚想阻断路人的交通，汉高祖斩蛇的龙泉剑刃口血红。如果不是秦朝首都咸阳将要瓦解，白蛇的精灵哪会哭泣在月明中？

【注】

①大泽：在河南省永城市芒砀（dàng）山，传说刘邦在此斩白蛇起义。②龙泉：中国古代名剑，原名龙渊剑，看剑身，似深渊有巨龙盘卧，故名"龙渊"。唐朝时因避高祖李渊讳，便把"龙渊"改成"龙泉"。③素灵：白蛇的精灵。

【解】

该诗史实出自《史记·高祖本纪》，此诗美刘邦斩白蛇起义之顺天命也。

刘邦在芒砀山解散徒役后，月色下见有白蛇挡道，醉酒的刘邦拿起宝剑将大白蛇斩成两截，继续前行。后边的人来到斩蛇处，见一老妇在月下哭泣，问原因，老妇说："我儿是白帝之子，化成蛇挡道，如今被赤帝之子杀了，所以哭。"当时秦在西方，属白帝，刘邦在南方，属赤帝。"赤帝子斩白帝子"的意思是，南方的刘邦要斩杀西方的秦始皇，成为天子，改朝换代。

刘邦既没有帝王血统，也不是朝廷高官、地方巨富，起事前只是一个亭长。因此他要造反，要号令天下，除了"真命天子"的显象，其他一无可恃。因此高祖斩白蛇一说，不管是真是假，都为刘邦上位助力不少。

146 傅岩①

岩前版筑②不求伸，方寸③那希据要津④。

自是武丁⑤安寝夜，一宵宫里梦贤人。

【译】

在傅岩前版筑时不敢奢求荣伸，心中哪敢希望去朝廷占据要津。自然是那个国君武丁的安寝之夜，在王宫里一个晚上都梦见了贤人。

【注】

①傅岩：亦称"傅险"，古地名，在今山西省平陆县东，俗名圣人窟，其地亦曰隐贤社，相传商代贤相傅说（yuè）为奴隶时版筑于此。②版筑：指筑土墙，即在夹版中填入泥土，用杵夯实。③方寸：指一寸见方的心部，又作寸心。④要津：指重要渡口。此处指显要的地位。⑤武丁：商朝君主，在位时期任用傅说等贤臣辅政，开创了"武丁盛世"。

【解】

该诗史实出自《史记·殷本纪》，此诗美武丁重贤亦美傅说之遇也。

武丁即位后，因未找到贤相，三年不亲政。一夜梦到贤人，四处寻找，最终在傅岩找到此人，召入宫中后，发现果然是个圣人，于是举以为相，国乃大治。

明君得贤臣而国兴，贤臣得明君而志伸，分则两枯，合则两荣，老天送梦，似有意成全也。

147 渑池①

日照荒城芳草新，相如②曾此挫强秦。
能令百二③山河主，便作樽前击缶④人。

【译】

日照荒城，芳草吐新，蔺相如曾在此力挫强秦。他能令拥有百二函关的山河之主，做了樽前的击缶之人。

【注】

①渑池：位于今河南省三门峡市渑池县，公元前279年，秦赵会盟于此。②相如：即蔺相如，战国时赵国上卿，以完璧归赵、渑池之会与负荆请罪这三件事闻名后世。③百二：以二敌百，喻函谷关之险要。④缶（fǒu）：古代一种大肚子、小口的盛酒瓦器。

【解】

该诗史实出自《史记·廉颇蔺相如列传》，此诗美蔺相如折冲尊俎之才也。

公元前 279 年，秦昭王约赵惠文王在渑池见面。席上，秦昭王要赵惠文王奏瑟，并让秦国史官记下此事。蔺相如觉得赵王受辱，于是以命相拼，最终秦昭王无奈击缶，蔺相如也让赵国史官记下此事。有蔺相如在，直到酒宴结束，秦国始终没能占住上风。当时秦强赵弱，蔺相如此举保持了赵王的尊严。

148 岘山①

晓日②登临感晋臣③，古碑零落岘山春。

松间残露频频滴，酷似当时堕泪人。

【译】

我迎着晓日登上岘山，感怀羊祜这位晋臣，古碑冷落立在岘山之春。那松间的残露频频滴落，酷似当时悼念羊祜逝去而堕泪的人。

【注】

①岘（xiàn）山：位于今湖北襄阳市襄城区以南。②晓日：朝阳。③晋臣：此处指羊祜（hù），字叔子，晋朝名臣。西晋泰始五年（269），羊祜坐镇襄阳，都督荆州诸军事，为司马炎伐吴做好了军事和物资准备。

【解】

该诗史实出自《晋书·羊祜传》，此诗美羊祜之德政也。

公元 278 年羊祜病逝，上自皇帝司马炎及文武百官，下至老百姓，皆痛哭流泪，甚至连敌国吴军将士也为之落泪，以至于后来有"堕泪碑"立在岘山上。

羊祜生前显贵，死后哀荣，名垂千古，全得益于一个"德"字。羊祜打仗水平不高，但懂得"不战而屈人之兵"，于是就有"羊公恩信，百万归来"的盛况；羊祜不争名利，上善若水，于是得到满朝文武、王室宗亲的一致推崇；羊祜在襄阳屯田兴学，安抚百姓，更得到了军民的拥护。

149 四皓庙①

四皓②忘机③饮碧松④，石岩云殿⑤隐高踪。

不知俱出龙楼⑥后，多在商山⑦第几重？

【译】

四皓忘掉机心，饮食碧松，石岩云殿中隐藏高雅的行踪。不知后来都离开了太子的龙楼后，多徘徊在商山的第几重？

【注】

①四皓（hào）庙：在今陕西省丹凤县城西的商镇，传为汉惠帝所立。②四皓：即商山四皓，四人曾位列秦始皇七十名博士官之中，因不满焚书坑儒，于是隐居商山。后出山助刘盈保太子之位时，眉皓发白，故称"商山四皓"。③忘机：道家语，意为消除机巧之心。④碧松：青松。修道者常吃松叶、松脂、松果以长生不老。⑤云殿：云雾缭绕之处。⑥龙楼：汉朝太子所居之宫。⑦商山：在今陕西省丹凤县商镇，山形似"商"字。

【解】

该诗史实出自《史记·留侯世家》《汉书·张陈王周传第十》，此诗初美四皓之淡泊、终刺其贸然入世也。

太子刘盈为人仁弱，刘邦不满意，而中意与戚夫人所生之子刘如意，故常有易太子之心。吕后找张良问计，张良提议请出商山四皓辅佐太子即可。后刘邦见太子身后有四皓跟从，于是打消了更换太子的念头。刘邦去世后，刘盈即位。

刘盈即位后果然软弱，家事国事之大权尽归吕后，在位仅七年而抑郁死去，之后因吕后专权，也导致了刘氏皇族与吕氏外戚的一场血腥屠杀，几摇国本。四皓素有清望，却见识不高，出山拥戴刘盈，终是败笔，而重回商山，目睹刘盈所为，应该悔不当初而徘徊也。

150 荥阳①

汉祖东征屈未伸②，荥阳失律③纪生④焚。
当时天下方龙战⑤，谁为将军作诔文⑥？

【译】

汉高祖刘邦东征时，还只能委屈不敢把腰伸，荥阳战事失利，假扮刘邦的纪信活活被焚。当时天下正处龙战，不知有谁能为纪信将军作祭文？

【注】

①荥（xíng）阳：今河南省荥阳市，楚汉战争时，刘邦与项羽于此长期对峙，"大战七十，小战四十"，最终以鸿沟为界中分天下。②屈未伸：弯曲未伸直。③失律：出战失利。④纪生：即纪信，随刘邦起兵抗秦，曾参与鸿门宴，由于身形及样貌似刘邦，在荥阳城危时假扮刘邦，向西楚诈降，遭俘后被项羽用火烧死。⑤龙战：指群雄争夺天下。⑥诔（lěi）文：又称诔辞、诔状，叙述死者生平，相当于悼词或祭文。

【解】

该诗史实出自《史记·项羽本纪》《汉书·高帝纪第一上》，此诗美纪信之忠义也。

公元前 204 年 4 月，刘邦被困荥阳城，将军纪信献诈降之计，由陈平写了降书，交项羽，说汉王今夜出东门投降。半夜，刘邦从西门逃走。纪信假扮的"刘邦"直接来到项羽军营，项羽见纪信使诈，劝降未果后，将纪信活活烧死。刘邦当皇帝后，在荥阳给纪信建了衣冠冢，并封纪信为郑州城隍。

纪信拿自己的性命为主分忧，可谓忠义；宁死不屈，拒绝投降，可谓忠烈。凡忠义忠烈之士，大都能得到敌对双方和阴阳两界的敬重。因此，"忠"也是一种民族文化，与"孝"一起维系着中华民族的生生不息。

第三编　胡曾诗文注

一　胡曾律诗古诗注

1 七律　草檄答南蛮有咏①

辞天②出塞③阵云④空，雾卷霞开万里通。

亲受虎符⑤安宇宙⑥，誓将龙剑⑦定英雄。

残霜敢冒高悬日，秋叶争禁⑧大段风。

为报南蛮须屏迹⑨，不同蜀将武侯⑩功。

【注】

①草檄答南蛮有咏：此诗代路岩作于成都也，路岩时以同平章事充西川节度使，胡曾任掌书记。胡曾代作《答南诏牒》后，南诏皇帝世隆为此牒所震服而退兵，路岩也因功升任中书令，封魏国公。②辞天：辞别皇帝。③出塞：出边关。④阵云：浓重厚积形似战阵的云，古人以为战争之兆。⑤虎符：调兵用的凭证，用铜铸成虎形，分两半，右半存朝廷，左半给统兵将帅，调动军队时须持符验证。⑥宇宙：四方上下曰宇，往古来今曰宙，此处指天下。⑦龙剑：古有宝剑名龙渊、龙泉，后因称宝剑为龙剑。⑧争禁（jīn）：怎受得住。⑨屏（píng）迹：敛迹，销声匿迹。⑩武侯：诸葛亮。尾联表示不同于诸葛亮的威服，宜采用文化，让南蛮真心归附。

【解】

该诗亦名《书檄后》，气势磅礴，格调豪迈，应作于《答南诏牒》发出、南诏退兵之后。

在这首诗中，作者用"天、阵云、雾、霞、虎、宇宙、龙、残霜、高悬日、秋叶、大段风"这些名词来比喻战争的各个要素，恰到好处地寄托了作者的感情，显示了其高超的艺术水平。首联"辞天出塞阵云空，雾卷霞开万里通"，即描绘出一幅"日破云涛、晴空万里"之大光景，喻示了大唐皇威。颔联则以虎符、龙剑喻示大唐军军威，以宇宙、英雄衬托战争场面之广阔。颈联则以残霜、秋叶喻南诏之不自量力，以高悬日、大段风喻大唐国威。尾联直抒胸臆，以文化武，不战而胜，上之上者也。

2 七律 寒食都门作

二年寒食①住京华②，寓目③春风万万家。
金络④马衔原上草，玉颜人⑤折路傍⑥花。
轩车⑦竞出红尘⑧合，冠盖⑨争回白日斜。
谁念都门两行泪，故园寥落在长沙⑩。

【注】

①寒食：寒食节在清明前一日或二日，此日禁火而冷食。②京华：亦称京师、京城，此处指长安。③寓目：过目。④金络：用金络装饰的马笼头。⑤玉颜人：颜色如玉的美女。⑥傍：古同"旁"。⑦轩车：古代大夫以上所乘有屏障的车。⑧红尘：车马扬起的红色飞尘。⑨冠盖：官员的冠服和车乘。冠：礼帽；盖：车盖。⑩长沙：长沙即长沙郡、长沙国，唐以前无"湖南"之名，以"长沙"代表今日的"湖南"。

【解】

"冠盖满京华，斯人独憔悴"，作者落第后继续留在长安，在寒食节时感怀思乡而作此诗。

大凡中国人都有故乡情结，从李白的"举头望明月，低头思故乡"，到杜甫的"露从今夜白，月是故乡明"，到崔颢的"日暮乡关何处是，烟波江上使人愁"，到崔涂的"胡蝶梦中家万里，子规枝上月三更"，乡愁最受诗人青睐，写诗也恰可排遣乡愁。而此时的胡曾，则在乡愁之外，更加一层落第之愁，因此心中多有悲凉之气，于是写下这感人诗篇，读来催人泪下。

3　七律　薄命妾①

阿娇②初失汉皇③恩，旧赐罗衣④亦罢熏⑤。
倚枕夜悲金屋⑥雨，卷帘朝泣玉楼云。
宫前叶落鸳鸯瓦⑦，架上尘生翡翠裙⑧。
龙骑⑨不巡时渐久，长门⑩空掩绿苔纹。

【注】

①薄命妾：汉乐府体裁。唐人喜欢用汉乐府的旧题来作诗，如《行路难》《塞下曲》《从军行》《将进酒》等，都是汉乐府的旧题。②阿娇：即陈阿娇，汉武帝刘彻的第一任皇后。③汉皇：即汉武帝。④罗衣：轻软的丝织品。⑤熏：香草。⑥金屋：黄金屋。⑦鸳鸯瓦：成对的瓦。⑧翡翠裙：蓝绿色的裙子。⑨龙骑（jì）：天子的坐骑。⑩长门：长门宫，后来长门宫成为失宠皇妃冷宫的代名词。

【解】

此诗写陈皇后失宠后的凄凉境况，刺陈阿娇之无坤德也！

陈阿娇乃汉武帝刘彻姑姑刘嫖之女。十岁时被刘彻看上，并说要"金屋藏娇"，刘彻即位后被立为皇后。但陈皇后不仅生性骄横善妒，而且一直没能为武帝生下一儿半女。后卫子夫因被武帝宠幸而怀孕，陈皇后于是日渐失宠。公元前130年，陈皇后施巫蛊邪术祸害他人被武帝废黜，贬居长门宫，最后凄凉去世。

从金屋藏娇到长门遗恨，不能完全说武帝喜新厌旧，阿娇的悲剧关键在于不能生育，老百姓都知道"不孝有三，无后为大"，何况拥有天下的帝王呢？如果阿娇能生育，即使骄横善妒而失宠于武帝，也有"母以子贵"的可能。不过在今天看来，阿娇的不孕或许跟近亲结婚有关。

4　七律　独不见①

玉关②一自有氛埃③，年少从军竟未回。
门外尘凝张乐榭④，水边香灭按⑤歌台。
窗残夜月人何处，帘卷春风燕复来。
万里寂寥音信绝，寸心争忍不成灰。

【注】

①独不见：汉乐府诗题。"《独不见》，伤思而不得见也。"唐人多题。②玉关：玉门关，在今甘肃敦煌市。③氛（fēn）埃：战事。④榭：建筑在台上的房屋。⑤按：停止。

【解】

玉门关为汉武帝时期所建，但自东汉开始，战事纷乱，丝绸之路三通三绝，而此时海上交通日益兴盛，玉门关显赫地位于是不再。到了唐朝，玉门关日渐荒凉，但"玉门关"却常常出现在文人的诗里，或咏史，如胡曾有《玉门关》咏班超；或抒发男儿报国、建功立业的壮志豪情，如戴叔伦《塞上曲》中云"愿得此身长报国，何须生入玉门关"，王昌龄《从军行》云"海长云暗雪山，孤城遥望玉门关。黄沙百战穿金甲，不破楼兰终不还"；或对思妇挂念远戍征夫的同情，如戴叔伦《闺怨》中云"不识玉门关外路，梦中昨夜到边城"。胡曾此诗也是以妻子口吻表达对从军丈夫的思念，其中"窗残夜月人何处，帘卷春风燕复来"可谓妙笔，读来极悲。

5 七律 交河塞下曲①

交河②冰薄日迟迟③，汉将思家感别离。

塞北草生苏武泣，陇西云起李陵悲。

晓侵雉堞④乌⑤先觉，春入关山⑥雁独知。

何处疲兵心最苦，夕阳楼上笛声时。

【注】

①塞下曲：汉乐府诗题，唐代的新乐府辞，内容主要描述边塞的征戍生活。塞下：边塞之内。②交河：在今新疆吐鲁番，为唐安西都护府驻地。③迟迟：徐缓貌。④雉堞（zhì dié）：城墙。堞：城上如齿状的矮墙。⑤乌：乌鸦。⑥关山：关口和山岳。

【解】

自秦始皇统一天下后，屯垦戍边就成为历代统治者守卫边疆、巩固国防的国策。很多人因此背井离乡，来到这荒凉的边疆，战事带来的生死无常，思乡念亲的相思之苦，无不引起诗人的关注，由此也带来了边塞诗的兴起，《全唐诗》中收录的边塞诗就有两千余首。

　　这首《交河塞下曲》是唐朝边塞诗中为数不多的七律，此篇采用比兴手法。"塞北草生苏武泣，陇西云起李陵悲"足以刻画将士思乡之苦，"晓侵雉堞乌先觉，春入关山雁独知"亦足见边关之荒凉寂寞。而尾联"何处疲兵心最苦，夕阳楼上笛声时"读来极苦，因为凄清幽暗、如泣如诉的笛声，最能引发思乡之情。

　　6　七律　车遥遥①
　　自从车马出门朝②，便入空房守寂寥。
　　玉枕夜残鱼信③绝，金钿④秋尽雁书⑤遥。
　　脸边楚雨⑥临风落，头上春云⑦向日销⑧。
　　芳草又衰还不至，碧天霜冷转无憀⑨。
　　【注】
　　①车遥遥：古乐府诗歌名，专写男女离别之情。②门朝（cháo）：门廷，门外之地。③鱼信：书信，典出"客从远方来，遗我双鲤鱼。呼童烹鲤鱼，中有尺素书"。④金钿（diàn，按格律应该读 tián）：指嵌有金花的妇人首饰。⑤雁书：书信，古有"鸿雁传书"之说。⑥楚雨：楚地之雨，苦雨，比喻相思之泪。⑦春云：春天的云，喻女子的美发。⑧销：同"消"，消散。⑨无憀（liáo）：空闲而烦闷。

　　【解】
　　此乃闺怨诗。闺怨诗兴于唐，以弃妇、思妇（征妇、商妇、游子妇、怀春少女等）口吻抒发对情郎的思念。如王昌龄《闺怨》诗云："闺中少妇不知愁，春日凝妆上翠楼。忽见陌头杨柳色，悔教夫婿觅封侯。"

　　7　七律　早发潜水驿谒郎中员外①
　　半床秋月一声鸡，万里行人费马蹄。
　　青野雾销凝晋洞②，碧山烟散避秦溪②。
　　楼台稍辨乌城③外，更漏④微闻鹤柱⑤西。
　　已是大仙怜后进，不应来向武陵迷。

【注】

①早发潜水驿谒郎中员外：清早出发到潜水驿拜会郎中员外。潜水驿即唐朝在今湖北潜江的驿站。唐朝有一千多个驿站用于传递公文，驿丁抵驿，必须换马更行，最快要求日行五百里。郎中员外乃正额以外的郎官，为五品。②晋洞、秦溪：即陶渊明《桃花源记》中武陵源之洞、之溪。③乌城：黑漆漆的城。④更漏：即漏壶，古代用滴漏方法计时的器具。⑤鹤柱：有鹤形雕饰的柱头。

【解】

此诗述天微亮时拜谒郎中员外之激动心情。此诗节奏轻快，行云流水，开张句"半床秋月一声鸡"，将客途之辛酸渴望烘托得淋漓尽致，而青野、碧山、晋洞、秦溪、乌城、鹤柱，则端如贯珠，自然而出，毫无斧凿痕迹，非大家不能挥此妙笔，令人叹服。

8 七律 赠渔者①

不愧人间万户侯②，子孙相继老扁舟③。
往来南越④谙鲛室⑤，生长东吴⑥识蜃楼⑦。
自为钓竿能遣闷，不因萱草⑧解销忧。
羡君独得逃名⑨趣，身外无机⑩任白头。

【注】

①渔者：靠打鱼为生的人。②万户侯：汉代侯爵的最高一级，享有食邑万户。因捕鱼之人可在茫茫海域任意捕捞，因此作者比之为万户侯。③扁（piān）舟：小舟。扁：小。④南越：古地名，今广东、广西一带。⑤谙（ān）鲛（jiāo）室：熟悉鲛人在水中的居室。鲛人，即神话传说中生活在海中的人，其泪能变成珍珠。⑥东吴：泛指古吴地。大约相当于现在江浙东部地区。⑦蜃（shèn）楼：古人谓蜃气变幻成的楼阁，有成语"海市蜃楼"。⑧萱（xuān）草：即忘忧草、黄花菜。⑨逃名：逃避声名而不居。⑩无机：没有心机、任其自然。

【解】

人世间终究乃势利场，欲求富贵、功名、事业，必用心机，必使心累。心累之余，就羡慕并歌咏渔夫的生活，海里鱼多，不用为生计发愁，没有机心，精神上也自由自在。如王士禛有诗句"一曲高歌一樽酒，一人独钓一江秋"，李煜有诗句"一壶酒，一竿纶，世上如侬有几人"，杨慎有诗句"白发渔樵江渚上，惯看秋月春风"。作者乃儒者，应是经历人心险恶后，遇到海上自由自在、与世无争之渔者，由是作此令人恬淡自在的诗篇。

9　七律　自岭下泛鹢到清远峡作①

乘船浮鹢下韶水②，绝境方知在岭南。

薜荔③雨余山自黛④，蒹葭⑤烟尽岛如蓝。

旦游萧帝新松寺⑥，夜宿嫦娥桂影⑦潭。

不为箧⑧中书未献，便来兹地结茅庵⑨。

【注】

①自岭下泛鹢到清远峡作：从五岭下来乘船到清远峡而作。鹢（yì）：古书上的一种似鹭的水鸟，此处指头上画着鹢的船。清远峡：又名飞来峡，中原从水路进入广东的必经之路，在今广东清远。②韶水：即北江，发源于江西信丰，流经广东南雄、始兴、曲江、韶关、英德、清远，至三水与西江汇合成珠江。③薜（bì）荔：木莲。④黛：青黑色。⑤蒹葭（jiānjiā）：荻与芦。⑥萧帝新松寺：萧帝为梁武帝萧衍。新松寺或为后来的飞来寺，相传在梁武帝普通元年（520），安徽舒州上元的延祚寺飞来清远峡，于是名为飞来寺。⑦嫦娥桂影：嫦娥，后羿之妻，偷吃灵药飞入月宫。桂影，月光。⑧箧（qiè）：箱子。⑨茅庵（ān）：茅庐，草舍。

【解】

此诗赞清远峡如仙境也。清远峡风景独异，犹如三峡，"山水奇绝，层峦叠嶂，幽洞澄潭，白练飞云，嘉木异卉"，此处有山、有江、有峡、有潭、有寺，历来为骚客喜咏，苏轼曾有诗句"天开清远峡，地转凝碧湾"。该诗颔联、颈联绝佳，如临空摘景、沧海夺珠，颇得清幽深远之趣。

10 七律 题周瑜将军庙①

共说生前国步难，山川龙战血漫漫②。
交锋魏帝③旌旗退④，委任君王⑤社稷安。
庭际雨余春草长，庙前风起晚光残。
功勋碑碣⑥今何在，不得当时一字看⑦。

【注】

①庙：供奉先人之所。庙者，貌也，所以仿佛先人之形容也。②漫：溢出。在《平水韵》中是平声，今天普通话是仄声。③魏帝：此处指曹操。④旌旗退：指曹操赤壁之战败退。⑤君王：此处指孙权。⑥功勋碑碣（jié）：圆顶的石碑，刻有功勋颂文。⑦看（kān）：观。

【解】

此诗赞周瑜之能而悲其庙之冷落也。

周瑜敢于交锋而击败曹操，受孙权委任而安定吴国，文韬武略的周瑜于是得到作者的尊崇。但因东吴乃割据政权，最终为西晋所灭，东吴功臣自然为大一统的王朝所轻，周瑜庙也得不到朝廷的重视而日渐冷落。

11 七绝 下第①

翰苑何时休嫁女②，文昌早晚罢生儿③。
上林④新桂⑤年年发，不许平人⑥折一枝。

【注】

①下第：没有考中进士。第即科举考试及格的等次。②翰苑何时休嫁女：翰林院的权贵什么时候停止嫁女，因为你们的外孙们都中进士了。翰院即翰林院，翰林院有"天子私人"之称，学术与政治地位俱尊。③文昌早晚罢生儿：老天早晚生不出命里带文昌的人。宋朝以前，文昌即文昌星，或文星，中国传统命理学认为八字中带文昌，主才华横溢，有科甲功名。④上林：汉武帝的上林苑。此处指皇家园林。⑤新桂：秋天新开的桂叶，谐音新贵，中进士为折新桂。⑥平人：平民百姓。

【解】

此诗应是作者参加科举下第，目睹其中黑暗而发不平之鸣而作也。

中晚唐时，科场黑暗，"无媒既不达"，如果无权贵的引荐，寒门学子想考中进士，比登天还难，连考十年未第者大有人在，《全唐诗》中以"下第、落第"为标题的诗就达两百多首。如钱起有诗云："献赋十年犹未遇，羞将白发对华簪"。而公乘亿则更惨，"十上十年皆落第，一家一半已成尘"。

与胡曾同时代的罗隐也是十举进士不第，从28岁考到55岁，曾有《赠妓云英》诗云："钟陵醉别十余春，重见云英掌上身。我未成名君未嫁，可能俱是不如人。"5岁能诗的黄巢，也是累试不第，不过他没有写下第诗，而是写菊花诗："待到秋来九月八，我花开后百花杀。冲天香阵透长安，满城尽带黄金甲。"由是造反，给大唐致命一击，最终导致唐亡。

诗可以怨，下以风刺上。面对如此多的下第诗，李唐王朝不思改革，任由腐败横行，于是天怒人怨、江山易姓，这也难怪水能覆舟了。

12　七绝　题三陵冢①

春到三陵淑气②和，雪初消处翠嵯峨③。
梅花未识开多少，策杖④携壶试一过⑤。

【注】

①三陵冢：在今河南新乡市原阳县，明嘉靖六年（1527）《阳武县志》载："三陵冢在县东南二十里，不知何时人，冢鼎足相持，巍然高插，观者如山秀丽。"后人推测可能是字祖仓颉之墓。②淑气：温和之气。③嵯（cuó）峨（é）：山高峻的样子。④策杖：拄杖。古人于杖，虽少年皆用之矣。⑤过（guō）：古音与今音不同，古禾切，音戈，经过的意思。

【解】

该诗为宋朝潘自牧撰写的《记纂渊海》收录。初春雪融，梅花已放，青山涌翠，万物勃发，策杖携壶，踏雪寻梅，清丽隽永，吟之口齿生香。

13　七绝　玉川①偶兴

玉川鹤避卢仝②啜③，盘谷④猿惊李愿⑤归。
兴尽携筇⑥一回首，西风拂拂⑦白云飞。

【注】

①玉川：井名。在今河南济源市泷水北。②卢仝（tóng）：初唐四杰卢照邻之孙，喜饮茶，自号"玉川子"，被尊称为"茶仙"，韩愈曾作《寄卢仝》以表达对其敬意。③啜（chuò）：饮，吃。如啜茶。④盘谷：太行山南面，在今河南济源北二十里，为隐士李愿隐居处。⑤李愿：著名隐士，与韩愈、卢仝为好友，因韩愈一篇《送李愿归盘谷序》使得此李愿声名鹊起。⑥筇（qióng）：古书上说的一种竹子，可以做手杖。⑦拂（fú）：轻轻擦过。如春风拂面。

【解】

该诗应该是作者过济源，想起韩愈写卢仝、李愿的诗文而作，表达了作者身在江湖而羡慕隐士、身临其境而道味深长之情意。该诗见于乾隆二十四年（1759）《济源县志》。

14　七绝　广武山①

数罪楚师应夺气，底须多论破深艰。

仓皇②斗智成何语，遗笑③当时广武山。

【注】

①广武山：位于今河南省荥阳市黄河南岸，广武山上有一条由南向东北的巨壑，历史上称为"广武涧"，也就是著名的"鸿沟"。②仓皇：亦作"仓惶""仓黄"，匆忙急迫。③遗笑：见笑，被人笑话。

【解】

此诗刺刘邦之流氓品性也。

楚汉鸿沟对峙时，楚军粮草不足，项羽于是将刘邦父亲刘太公拉至广武山上，隔涧要挟刘邦说："你若不及早投降，我就把你父亲下锅煮了。"刘邦闻此竟然说："当初我们结为兄弟，我父亲就是你父亲，今天你要煮咱们的父亲，别忘了给我分一杯羹。"项羽本想杀掉刘太公，幸有项伯劝阻而作罢。

后来西晋阮籍游广武山时，曾长叹道："时无英雄，遂使竖子成名。"此处"竖子"指的是刘邦。刘邦因"分一杯羹"之事而被千古看轻，之后的背弃鸿沟协议，也为正直人士所不齿。

15　戏妻族语不正

呼十却是石，唤针将作真。忽然云雨至，总道是天因。

【解】

现在普通话中，"十石"同音，"真针"同音，"阴因"同音，但是按照正宗的唐音来读，发音是不同的。胡曾是湖南人，保持了唐音，而胡曾妻子是四川人，近北方，受北方话影响，已接近当今普通话，因此作此诗相戏。

二　胡曾试帖诗注

邵阳朱振兴先生收藏有 21 首五律试帖诗文物，经本人考证定为胡曾所撰所书，在注解过程中，虽然得到了精通《春秋》的湖南辰溪宗贤胡泉的帮助，但是尚有个别诗句不得其解，故谨在此抛砖引玉，期待后贤纠正。

1　春王正月

省岁王心凤，编年史体新。始和逢正月，按候恰初春。
刚得阳回子，应同斗指寅。履端司不忒，作睹仰如神。
象魏悬书日，螭坳献颂辰。一尊由以定，四序验维均。
吹律筒移凤，传经笔纪麟。体元宏圣祚，寰海沛恩纶。

【注】

春王正月①。①春王正月：三皇五帝之后，天下共主改称王。到了周朝，周王即天子，周王分封的诸侯国国君从高到低分赐予五等世袭爵位，即公、侯、伯、子、男。周王与诸侯国君遵守君臣之礼，但经周幽王烽火戏诸侯、郑庄公以下犯上箭射周桓王、楚子称王之后，进入了春秋时期，从此天子式微、王纲解纽、诸侯争霸的乱世到来。面对这礼崩乐坏的乱世，孔子提出"君君臣臣父父子子""君使臣以礼，臣事君以忠"的"克己复礼"主张，并以恢复周礼为己任。在孔子《春秋》中，"春王正月"共出现了 88 次。所谓"春王正月"，《左传》的解释是"元年春，王周正月"，这无疑是孔子尊周王为天子，以周王所定的正月为岁首的"克己复礼"思想的体现。后来董仲舒在《春秋繁露·三代改制质文》中说："正者、正也，统致其气，万物皆应而正。统正，其余皆正，凡岁之要，在正月也。法正之道，正本而末应，正内而外应，动作举错，靡不变化随从，可谓法正也，故君子曰：'武王其似正月矣。'"刘向在《说苑》中说："孔子曰：'文王似元年，武王似春王，周公似正月。'"皆为阐述圣人之心法，本诗"一尊由以定，四序验维均"也是此意。至于对"春王正月"的解释，战国时公羊高在《春王正月》中说："春者何？岁之始也。王者孰谓？谓文王也。曷为先言王而后言正月？王正月也。何言乎王正月？大一统也。"公羊高的解释有一个问题，即周朝的正月并不是春天，《史记·历书》云："夏正以正月，殷正以十二月，周正以十一月。"即周历以冬至月为正月（周正），即农历的十一月，这就是后来说的子月、"周朝建子"，因此周朝正月在冬天，并不是春天，因此公羊高的解释有误。直到唐代，刘知幾在《史通》中认为《春秋》用的是夏正，宋代程颐因《论语》载有孔子"行夏之时"一语，也提出"夏时"说，胡安国《春秋传》更在此基础上发挥之，提出"夏时冠周月""改月不改时"之说，如此终于勉强解释通了"春王正月"，不过后来明清学者又驳斥了这种说法。在本诗中，"始和逢正月，按候恰初春。刚得阳回子，应同斗指寅"这两联，显然采纳了刘知幾的观点。

　　省岁①王心夙②，编年史体新③。始和逢正月，按候恰初春。刚得阳回子④，应同斗指寅⑤。履端⑥司不忒⑦，作睹仰如神。①省岁：出自《尚书·洪范》："王省惟岁，卿士惟月，师尹惟日。"指圣王道法自然，以岁为单位考察政务。②夙：旧有的，早有的。③编年史体新：《春秋》是我国第一部编年体史书，建立了史体，即在史实之外，还有史义，"笔则笔，削则削""拨乱世，反之正"，因此相比之前的史书有很大的创新。④子：夜半子时。《礼记·大传》："立权度量，考文章，改正朔，易服色，殊徽号，异器械，别衣服，此其所得与民变革者也。"孔颖达疏："改正朔者，正谓年始，朔谓月初，言王者得政，示从我始，改故用新，随寅、丑、子所建也。周子，殷丑，夏寅，是改正也；周夜半，殷鸡鸣夏平旦，是易朔也。"⑤斗指寅：北斗七星的斗柄指向正东偏北的寅位，即斗柄回寅，此时大地回春，故正月为寅月。⑥履端：年历的推算始于正月朔日，谓之履端。指帝王初即位改元。⑦不忒：没有差错。

象魏悬书①日，螭坳②献颂辰。一尊由以定，四序③验维均。吹律筒移凤④，传经笔纪麟⑤。体元⑥宏圣祚⑦，寰海⑧沛恩纶⑨。①象魏悬书：象魏即象阙，皇宫外的左右两个高大建筑，上圆下方，下部用于张挂法令文告，即悬书。②螭（chī）坳：宫殿螭阶前坳处，朝会时为殿下值班史官所站的地方。③四序：春夏秋冬四季。④吹律筒移凤：制作十二筒，以凤凰之音别出十二律。典出《吕氏春秋·仲夏纪·古乐》："昔黄帝令伶伦作为律。伶伦自大夏之西，乃之阮隃之阴，取竹于嶰（xiè）溪之谷，以生空窍厚钧者，断两节间，其长三寸九分，而吹之以为黄钟之宫，吹曰舍少。次制十二筒，以之阮隃之下，听凤皇之鸣，以别十二律。其雄鸣为六，雌鸣亦六，以此黄钟之宫适合，黄钟之宫皆可以生之，故曰，黄钟之宫，律吕之本。"⑤纪麟：孔子修《春秋经》，以鲁哀公十四年"西狩获麟"而绝笔，《春秋经》鲁哀公十五年、十六年事为孔子学生所加，孔子死于鲁哀公十六年。《春秋经·哀公十六年》记载："夏四月己丑，孔丘卒。"⑥体元：以天地之元气为本。出自晋杜预注："隐公之始年，周王之正月也。凡人君即位，欲其体元以居正。"⑦圣祚：圣人之福。⑧寰海：海内，全国。⑨恩纶：恩惠。《礼记·缁衣》："王言如丝，其出如纶。"

【译】

　　每岁省察政务是圣王古有的心愿，编年历史的体裁则自《春秋》出新。开始暖和适逢正月，依照气候恰是初春。刚刚子时生发阳气，应该同时斗柄回寅。履行年历开端有司毫无差错，人间争相目睹恭敬瞻仰如神。皇宫张挂文告于此吉日，朝臣敬献颂词于此良辰。一年之尊由此确定，四季之验因此匀均。吹十二筒别乐律鸣声自凤，传世《春秋》终以笔记西狩获麟。体会天地元气实施政教而宏大圣人之福祚啊，如此四海之内都会充满圣人带来的恩纶。

2 观鱼于棠

武唐亭外望，渔者聚江干。地记于棠远，公云盍往观。

鸾和声载道，蛟射事胪欢。车毂惊雷动，旌旗映水寒。

乐疑濠濮共，居想藻蒲安。汀鹭沙鸥匝，张弓挟矢看。

春蒐忘讲武，君及诮侵官。鲁史书非礼，臧僖论不刊。

【注】

观鱼于棠①。①观鱼于棠：出自《春秋·隐公五年》，文曰："五年春，公矢鱼于棠。"《左传·隐公五年》亦记此事。其大义是，鲁隐公要去棠观鱼，臧僖伯劝谏说："国君应该管国家大事，如祭祀与兵戎，纳民于正轨，否则就是乱政，乱政败国，因此观鱼这种事，不是鲁国国君隐公应该做的。"隐公听完，说去视察边境，但实际去观鱼。鲁史官记载"公矢鱼于棠"，认为隐公此举不符合国君之礼，且棠这个地方太远。

武唐亭①外望，渔者聚江干②。地记于棠③远，公云盍④往观。鸾和声载道，蛟射事胪欢⑤。车毂惊雷动，旌旗映水寒。乐疑濠濮⑥共，居想藻蒲⑦安。汀鹭沙鸥匝⑧，张弓挟矢看。①武唐亭：在今山东鱼台县，《后汉书》记载"有武唐亭，鲁侯观鱼台"。②江干（gān）：江岸。干：水边。③于棠：去棠这个地方。于：往。"于"字先有，不是"於"的简体字。棠亦作唐，鲁国邑名，在今山东鱼台县东。④盍：何不。⑤蛟射事胪（lú）欢：如汉武帝射蛟之事引起欢呼。胪欢：亦作"胪驩"，歌呼欢腾，出自《汉书·礼乐志》："偏胪驩，腾天歌。"颜师古注："胪，陈也；腾，升也。言陈其欢庆，令歌上升于天。"⑥濠濮（háo pú）：濠水和濮水，庄子逍遥垂钓处。成语"濠濮间想"，比喻逍遥闲居。⑦藻蒲：水草。成语"藻蒲含辉"，形容居处好。⑧匝：环绕。

春蒐忘讲武①，君及诮侵官②。鲁史书非礼③，臧僖④论不刊⑤。①春蒐（sōu）忘讲武：对于君王的春天打猎，其意义在讲习武事，可惜此次隐公观鱼是去游玩。蒐，搜寻不产卵、未怀孕的禽兽。②君及诮（qiào）侵官：国君到棠观鱼，被讥讽为违背了君王的名分职守。③鲁史书非礼：即"书曰'公矢鱼于棠'，非礼也"，鲁国史官认为国君此举不符合礼，有失身份。④臧僖：鲁隐公之伯父，字子臧，僖是谥号。曾劝谏鲁隐公不要去棠观鱼，认为有失君王身份。⑤论不刊：即不刊之论，不能更改或磨灭的言论。

【译】

武唐亭往外一望，捕鱼者热闹地聚集在江干。书上记载去棠地路途很远，鲁隐公反问岂能因此不去把鱼观。于是鸾凤相和声满道，似庆贺国君射蛟武勇而腾欢。车轮滚滚如惊雷电闪，旌旗猎猎恰风凛水寒。此去疑与庄周一起享濠濮观鱼之乐，又可居住江边遥想鱼在藻蒲之安。若有汀鹭沙鸥环绕把鱼食，则命士卒张弓挟矢来巡看。可怜此次隐公春天出猎忘记了整军经武，国君到棠地观鱼被大臣讥笑为侵官。鲁国史官书写国君不懂礼，而臧僖的言论却认为合理不刊。

3　郑伯以璧假许田

鲁郑新修好，维祊易许田。会于垂有自，假以璧为缘。
念结贪婪早，情输束帛先。连城来此日，启宇昧当年。
左右惟能是。东西拟处偏。介然庸我靳，宝也合吾捐。
真匪曹臣密，完殊赵相全。圣朝申昼永，疆界偏纮绖。

【注】

郑伯以璧假许田①。①郑伯以璧假许田：《春秋·桓公元年》曰"元年春王正月，公即位。三月，公会郑伯于垂，郑伯以璧假许田。"《左传》记载为："元年春，公即位，修好于郑。郑人请复祀周公，卒易祊田。公许之。三月，郑伯以璧假许田，为周公、祊故也。夏四月丁未，公及郑伯盟于越，结祊成也。盟曰：渝盟无享国。"春秋初期，郑庄公（时为周天子卿士，称郑伯）为称霸，远交齐国、鲁国，近攻宋国、卫国、陈国、蔡国。因宋国与鲁国交好，于是郑伯想结交鲁国。公元前715年，郑伯考虑天子不再祭祀泰山，于是向鲁国请求舍弃祭祀泰山而在许田祭祀周公，于是拿泰山附近飞地祊与鲁国的飞地许田交换，鲁国知道郑国的意图是谋取许国，因此在接收祊（一个行馆）后，却没有将许田（一个乡邑）给郑国。于是在公元前711年，郑伯攻打许国后，增加璧玉作为交换许田的代价。关于土地交易之事，《史记索隐》记载："许田，近许之田，鲁朝宿之邑。祊者，郑所受助祭太山之汤沐邑。郑以天子不能巡守，故以祊易许田，各从其近。"《集解谷梁传》记载："祊者，郑伯之所受命于天子而祭泰山之邑也。许田乃鲁之朝宿之邑。天子在上，诸侯不得以地相与。"《春秋》记载此事，是想说郑伯为称霸，违背"诸侯不得以地相与"之规矩，蔑视周天子。《史记》也曾说：君子讥之。

　　鲁郑新修好，维祊易许田①。**会于垂**②**有自，假**③**以璧为缘。念结贪婪早，情输束帛**④**先。连城来此日，启宇昧当年**⑤。**左右惟能是。东西拟处偏**⑥。**介然庸我靳**⑦，**宝也合吾捐。真匪曹臣密**⑧，**完殊赵相**⑨**全。**①祊（bēng）易许田：郑国将祊地交换鲁国的许田。祊：靠近鲁国，郑庄公祖父郑桓公（周宣王弟弟）随驾祭祀泰山时，周天子赐其泰山脚下的祊地，作为"汤沐邑"，即沐浴休息之地，乃郑国的飞地。许田：靠近郑国，为周成王赏赐给周公，作为鲁国朝见天子时的朝宿之邑，乃鲁国的飞地。②垂：犬丘，卫地，在今山东菏泽市鄄城县东南。③假（jiǎ）：借。④束帛：捆为一束的五匹帛。古代用为聘问、馈赠的礼物。⑤启宇昧当年：郑国乃四战之地，往东南西北开疆拓土都需要靠战争，当年肇基启宇非明智之策。⑥东西拟处偏：出自《左传·隐公十一年》，在"遂入许。许庄公奔卫"后，"郑伯使许大夫百里奉许叔以居许东偏"，"乃使公孙获处许西偏"，于是有评价"君子谓郑庄公于是乎有礼"。⑦介然庸我靳（jìn）：我志向专一，岂能吝啬？介然：坚定心志。靳：吝啬。⑧真匪曹臣密：没有曹操做事那么缜密。真（zhì）：置。⑨赵相：蔺相如。

　　圣朝申昼永①，**疆界徧纮綖**②。①昼永：白昼漫长。②纮綖（hóng yán）：是指皇帝冕冠上的系绳。

【译】

　　鲁国与郑国重新修好，郑国想以祊地来交换鲁国的许田。郑伯于垂会鲁桓公有其目的，不惜用精美玉璧来结缘。郑伯念念不忘贪求与鲁结盟已久，以束帛表达真情有礼在先。取得许田可以连城于此日，感慨肇基启宇糊涂在当年。郑庄公的左右能打仗登城顺利攻下许国，但有礼安排许叔和公孙获分别居住在许城的东西之偏。我一心为使郑国强大怎么会吝啬？即使玉璧这样的珍宝我也舍得捐。但这样安排终不如曹操缜密，也完全不如蔺相如那么周全。可以欣慰的是当今天下一统，圣朝国祚永久，国界内遍地可以献上皇帝冕冠上的纮绖。

4　夏五

春秋闻见异，时或偶书之。纪夏何缘五，其文尚阙疑。
星占昏旦永，数合地天宜。直届朱明节，如观碧落碑。
有因编竹简，相及验瓜期。冬职曾亡礼，南陔未补诗。
标题原自古，索解究为谁。实录熙朝慎，千秋史笔垂。

【注】

夏五①。①夏五：《春秋·桓公十四年》曰"十有四年春正月，公会郑伯于曹。无冰。夏五。"该句未写完整，可能遗漏"月"字，如果属实，则应该还遗漏"夏五月"发生的事。另外《春秋·庄公二十四年》曰"冬，戎侵曹。曹羁出奔陈。赤归于曹。郭公。"在"郭公"后也未记事，属遗漏。后来以"夏五郭公"来比喻文字脱漏。

春秋闻见异，时或偶书之。纪夏何缘五，其文尚阙疑①。星占昏旦永，数合地天宜。直届朱明节②，如观碧落碑③。有因编竹简，相及验瓜期④。冬职曾亡礼⑤，南陔⑥未补诗。标题原自古，索解究为谁。实录熙朝⑦慎，千秋史笔垂。①阙（quē）疑：把疑难问题留着，不下判断。②朱明节：汉代皇帝于立夏日迎夏神于南郊，唱《朱明》歌，故称立夏为朱明节。　③碧落碑：位于山西运城新绛县碧落观内，碑刻于唐高宗咸亨元年（670），中有空缺字，实有630字唐代篆书。④瓜期：瓜代之期。典出《左传·庄公八年》：齐襄公伐卫失败，派大将连称、管至父去葵丘驻守，二人被迫成行，并问接替的时间，襄公说"及瓜而代"。第二年瓜熟时连称派人给襄公送瓜提醒，襄公大怒，于是二人造反。⑤冬职曾亡礼：《周礼》是未完成的书，原缺《冬官》。⑥南陔：《诗经》篇目第四卷《小雅·鹿鸣之什》的最后一篇，六笙诗之一，有目无诗。⑦熙朝：盛世。

【译】

《春秋》对于异闻异见，当时或偶尔书之。《桓公十四年》纪"夏"为什么后跟个"五"，这段文字暂作阙疑。用占星术推出季节而黄昏清晨交替永久，日期之数恰好对应天干地支而彼此相宜。"夏五"对应的季节应该直接到了朱明节，"夏五"的记载恰似去看空缺字的碧落碑。当时孔子一定有原因去这样编写竹简，或者当时的情况类似连称去校验瓜期。不过《周礼》一书曾有《冬官》缺漏，《诗经·小雅·鹿鸣之什》的《南陔》也未补诗。这些标题都来自古代，要想求解究竟问谁？在当今盛世史官实录皇帝言行时要谨慎啊！史笔记下的文字要让千秋万代流垂。

5 六鹢退飞

六鹢看过宋，行行鼓荡中。飞时频振翮，退去却因风。
讵意生从虎？全殊顺遇鸿。摩空丁甲助，籋影马牛匆。
策宛驱鳖并，衡还集燕同。岂惟三舍避？信任一时翀。
蓣末扶摇起，云端驾驭雄。圣人调玉烛，时若协宸衷。

【注】

六鹢退飞①。①六鹢（yì）退飞：出自《春秋·僖公十六年》：十有六年春王正月戊申朔，陨石于宋五。是月，六鹢退飞过宋都。杜预注："鹢，水鸟。高飞遇风而退。宋人以为灾，告于诸侯，故书。"《左传》记载为："十六年春，陨石于宋五，陨星也。六鹢退飞过宋都，风也。周内史叔兴聘于宋，宋襄公问焉，曰：'是何祥也？吉凶焉在？'对曰：'今兹鲁多大丧，明年齐有乱，君将得诸侯而不终。'退而告人曰：'君失问。是阴阳之事，非吉凶所生也。吉凶由人，吾不敢逆君故也。'"

六鹢看过宋，行行鼓荡①中。飞时频振翮②，退去却因风。讵意生从虎③？全殊顺遇鸿。摩空④丁甲⑤助，籋⑥影马牛匆。策宛⑦驱鳖并，衡还集燕同。岂惟三舍⑧避？信任一时翀⑨。①鼓荡：因受冲击而动荡。②翮（hé）：鸟的翅膀。③从虎：《易经》云，云从龙，风从虎。④摩空：腾空摸天。⑤丁甲：六丁六甲，本为道教神名。后亦泛指天兵天将。⑥籋（niè）：古通"蹑"，踩、追。⑦宛：仿佛。⑧三舍：踏。古代一舍三十里，三舍为九十里。⑨翀（chōng）：鸟直着向上飞。

蓣末扶摇起，云端驾驭雄。圣人调玉烛①，时若协宸衷②。①玉烛：谓四时之气和畅。形容太平盛世。②宸衷：帝王的心意。

【译】

看到六鹢退飞过宋国，徘徊激荡行进在域中。高飞时频频振翅，退去时却是因为有大风。这生出的大风难道来自出山的猛虎？这鹢鸟也根本不同于顺风时遇到的飞鸿。那鹢鸟飞天似乎有天兵相助，地上的马牛追赶鸟影快步匆匆。六鹢策动与海上将大龟驱赶相似，六鹢横行却与燕子集群相同。见此害怕难道只能退避三舍吗？如果相信由风引起就放任六鹢一时往天上冲。当初六鹢从蓣的叶尖盘旋飞起，此刻却在云端从容驾驭称雄。不过现在到了太平盛世，有圣人调节四时之气，不会有六鹢遇到的此类大风，时节恰好符合圣上的神衷。

6 战于鞍

鲁卫皆兄弟，齐侵计匪安。自惟师乞晋，遂尔战于鞍。
桀石情徒狡，援枹力欲殚。乘曾夸八百，军宛肃三单。
马逸驱何易，蛇伤击亦难。浑看旗影动，未觉鼓音残。
骖击今时绖，帷空曩昔观。华泉回首处，心胆照犹寒。

【注】

战于鞍①。①战于鞍：《春秋·成公二年》曰"二年春，齐侯伐我北鄙。夏四月丙戌，卫孙良夫帅师及齐师战于新筑，卫师败绩。六月癸酉，季孙行父、臧孙许、叔孙侨如、公孙婴齐帅师会晋郤克、卫孙良夫、曹公子首及齐侯战于鞍，齐师败绩。"《左传》有详细记载，该战过程为：鲁成公二年（前 589），齐顷公讨伐鲁国，卫国救援亦败。鲁卫两国向晋国求援，晋景公答应出兵八百乘，齐晋大战于鞍，晋军胜。齐顷公因与逢（páng）丑父换服易位而逃脱（李代桃僵的出处），逢丑父却被误认为齐顷公而被活捉，晋帅郤（xì）克念其忠而释之。

鲁卫皆兄弟，齐侵计匪安。自惟师乞晋，遂尔战于鞍①。桀石②情徒狡，援枹力欲殚③。乘曾夸八百④，军宛肃三单⑤。马逸⑥驱何易，蛇伤⑦击亦难。浑看旗影动，未觉鼓音残。骖击今时绖⑧，帷空曩⑨昔观。华泉⑩回首处，心胆照犹寒。①鞍：在今山东济南历下附近。②桀（jié）石：拿起石头打人。桀：同"揭"，高举。出自《左传》："齐高固入晋师，桀石以投人。"③援枹（fú）力欲殚（dān）：拿鼓槌擂鼓的手力快用尽了。出自《左传》："（晋国解张）左并辔，右援枹而鼓。"枹：同"桴"，鼓槌。殚：尽。④乘（shèng）曾夸（kuā）八百：晋景公同意以八百乘战车支援鲁卫。古代四匹马拉的兵车一辆为一乘。⑤三单：三军，出自《诗·大雅·公刘》："其军三单，度其隰原，彻田为粮。"⑥马逸：战马超逸绝伦。出自《左传》："马逸不能止，师从之。齐师败绩。"⑦蛇伤：逄丑父被蛇所伤。出自《左传》："丑父寝于轏中，蛇出于其下，以肱击之，伤而匿之，故不能推车而及。"⑧骖（cān）击今时绁（guà）：出自《左传》："逄丑父与公易位，将及华泉，骖绁于木而止。"骖：驾在车辕两旁的马。绁：绊住。⑨曩（nǎng）：从前。⑩华泉：位于济南市华山华阳宫前，因临华不注山而得名。出自《左传》："丑父使公下，如华泉取饮。"齐顷公乘机逃走。

【译】

鲁国先君周公与卫国先君康叔是兄弟，齐国入侵鲁国的计谋不能带来平安。自从鲁卫乞师于晋，于是晋鲁卫三国大战齐国于鞌。刚开始齐国高固拿石头打晋军只不过逞凶耍狡，开战后解张左手握马缰右手拿槌击鼓气力快殚。晋国出兵车乘曾炫耀有八百，军队肃杀中军上军下军宛如公刘的三单。晋国战马超逸而驱驰何等容易，逄丑父用小臂打蛇受伤推车也困难。只看到晋军旗影飘动，没觉察到鼓音凋残。出击的骖马此时被树木绊住，齐军大败、车帷一空、从前之事不忍观。回首华泉这个齐顷公逃命之处，对照心胆依然阵阵阴寒。

7 筑鹿囿

不时书必谨，成十八年秋。鹿乍围之囿，人还筑未休。
土功兴我役，火见昧农收。濯濯成群出，登登聚族谋。
灵非文足乐，异岂舜偕游。短堞疑环雉，虞箴孰儆麀。
放萤应苑葺，鬬鸭合栏修。睿虑禽荒戒，民依切牧求。

【注】

筑鹿囿^①。①筑鹿囿：出自《春秋·成公十八年》："八月，邾子来朝，筑鹿囿。"《左传》记载为："八月，邾宣公来朝，即位而来见也。筑鹿囿，书，不时也。"

　　不时①书必谨，成十八年②秋。鹿乍围之囿③，人还筑未休。土功④兴我役，火见⑤昧农收。濯濯⑥成群出，登登⑦聚族谋。灵非文足乐⑧，异岂舜偕游⑨。①不时：不合时宜。②成十八年：鲁成公十八年，即公元前573年。③囿（yòu）：古代供帝王贵族进行狩猎、游乐的园林。④土功：土木工程。⑤火见：心星出现。心星乃二十八宿之一，又称三星。⑥濯濯（zhuó）：山上光秃秃的，没有树木。⑦登登：指筑鹿囿的敲击声。⑧灵非文足乐：比不上周文王灵囿带来的喜乐。出自《诗·大雅·灵台》："王在灵囿，麀鹿攸伏。"毛传："囿，所以域养禽兽也，天子百里，诸侯四十里。灵囿，言灵道行于囿也。"⑨异岂舜偕游：也比不上舜当时的游历。出自《孟子·告子下》，孟子曰："舜之居深山之中，与木石居，与鹿豕游，其所以异于深山之野人者几希，及其闻一善言，见一善行，若决江河，沛然莫之能御也。"

　　短堞疑环雉①，虞箴孰儆麀②。放萤③应苑茸，鬪鸭④合栏修。睿虑⑤禽荒⑥戒，民依切牧求⑦。　①短堞（dié）疑环雉（zhì）：城墙上齿形的矮墙如环绕的野鸡。②虞箴（zhēn）孰儆（jǐng）麀（yōu）：对于《虞箴》中关于母鹿的话哪个引以为戒？虞箴：古代虞人为诫田猎而作的箴谏之辞，辞云："芒芒禹迹，画为九州，经启九道。民有寝庙，兽有茂草，各有攸处，德用不扰。在帝夷羿，冒于原兽，忘其国恤，而思其麀牡，武不可重，用不恢于夏家，兽臣司原，敢告仆夫。"麀：母鹿。儆：觉悟。③放萤：典出《隋书》曰："大业十二年，炀帝幸景华宫，征求萤火，得数斛，夜出游山而放之，光遍岩谷。"④鬪（dòu）鸭：斗鸭的游戏。《三国志·吴志·陆逊传》载："时建昌侯（孙）虑于堂前作斗鸭栏，颇施小巧，逊正色曰：'君侯宜勤览经典以自新益，用此何为？'虑即时毁撤之。"　⑤睿虑：皇帝的考虑。⑥禽荒：亦作禽芒，沉迷于田猎。典出《尚书·五子之歌》："内作色荒，外作禽荒。"⑦民依切牧求：依照民意，急切去找牧场。出自《孟子》："今有受人之牛羊而为之牧者，则必为之求牧与刍。"

【译】

不合于时的事书写时必然谨慎,《春秋》记载那是在鲁成公十八年秋。忽然将一群鹿围在园囿里,还安排人修筑园囿劳苦不休。土木工程兴起了对人民的劳役,心星出现却不知这正合农民秋收。光秃秃的山上将成群的鹿驱赶,嘈杂的敲击声不得不引起当地人聚族而谋。这根本比不上周文王灵囿给人民带来的喜乐,也完全不同于舜帝当年在深山中与鹿同游。鹿囿城墙上齿形的矮墙如野鸡环绕,没有谁觉悟《虞箴》中被称为母鹿的麀。如果效法隋炀帝山中放萤火那就应该把林苑修葺,如果陆逊说得不对的话那就应该将孙虑的斗鸭栏重修。好在当今圣上谨记《尚书》的禽荒之诫,依照民意急忙去把牧场征求。

8 鹳鹆来巢

有鸟名鹳鹆,偏来鲁地巢。论徵师己合,事特后庚教。
得得遥逾济,趹趹快适郊。燕栖忘幕患,鸠拙漫居嘲。
爱匪贻周室,焚庸玩旅爻。集桑殊肃肃,止棘异交交。
裯父劳将丧,童谣听岂淆?何如阿阁凤,览德耀文苞。

【注】

鹳鹆来巢①:① 鹳鹆来巢:出自《春秋·昭公二十五年》:"二十有五年,春,叔孙婼如宋。夏,叔诣会晋赵鞅、宋乐大心,卫北宫喜、郑游吉、曹人、邾人、滕人、薛人、小邾人于黄父。有鹳鹆来巢。"《左传》对此事的记载为:"有鹳鹆来巢,书所无也。师己曰:异哉!吾闻文、武之世,童谣有之,曰:鹳之鹆之,公出辱之。鹳鹆之羽,公在外野,往馈之马。鹳鹆趹趹,公在乾侯,征裹与襦。鹳鹆之巢,远哉遥遥。裯父丧劳,宋父以骄。鹳鹆鹳鹆,往歌来哭。童谣有是,今鹳鹆来巢,其将及乎?"鲁昭公二十五年(前517),鸲鹆来巢,果然如童谣所唱是个凶兆。鲁桓公时,嫡长子继位为鲁庄公,三个庶子则形成三个强大的世家大族:孟孙氏、叔孙氏、季孙氏,即"三桓","三桓"势力太大,季孙氏把政已经三代,鲁君失政已经四代。鲁昭公继位后,季孙氏与郈氏因斗鸡产生冲突，鲁昭公于是讨伐季孙氏家主季平子，季平子求饶不应，于是联合孟孙氏、叔孙氏造反，鲁昭公不敌，于是出逃到齐国、晋国。公元前510年，鲁昭公在晋国乾侯去世。

有鸟名鸜鹆[1]，偏来鲁地巢。论徵师己合[2]，事特[3]后庚[4]教。得得[5]遥逾济，趎趎[6]快适郊。燕栖忘幕患[7]，鸠拙[8]漫居嘲。爰匪贻周室，焚庸玩旅爻[9]。①鸜鹆（qú yù）：又作"鸲鹆"，俗名八哥。②论徵师己合：言论的迹象已经跟师己说的吻合。《左传》载"师己曰：异哉！吾闻……"③特：独特。④后庚：出自《易经》巽卦爻辞"先庚三日，后庚三日"，即先叮咛告诫三日，（待人们熟悉）后再叮咛告诫三日。⑤得得：马蹄声。⑥趎（zhū）趎：跳行。⑦燕栖忘幕患：忘记了燕子把窝做在帷幕上的隐患。典出《左传·襄公二十九年》云："夫子之在此也，犹燕之巢于幕上。"⑧鸠拙：鸠乃拙鸟，不善营巢，取鸟巢居之。⑨爰匪贻周室，焚庸玩旅爻：鲁惠公祭天挑战周平王，因此对周王室没有恩爱。鲁昭公如鸟焚其巢验证了旅卦的爻辞。旅爻：旅卦的爻辞。九三：旅焚其次。上九：鸟焚其巢。而旅指离家漂泊在外之意。庸：岂。

集桑殊肃肃[1]，止棘异交交[2]。祸父[3]劳将丧，童谣听岂渮？何如阿阁凤[4]，览德耀文苞[5]。①集桑殊肃肃：极其快速地集中于桑树。桑：《诗经·国风·秦风·黄鸟》"交交黄鸟，止于桑"，桑，隐同"丧"。殊：极。肃肃：疾速。②止棘异交交：出自《诗经·国风·秦风·黄鸟》"交交黄鸟，止于棘。"交交：咬咬，鸟鸣声。③祸（dǎo）父：鲁昭公的字。④阿阁凤：皇甫谧《帝王世纪》记载，黄帝在位时，有凤凰巢于阿阁。阿阁指四面都有檐溜的楼阁。⑤览德耀文苞：看凤凰的文采。出自《山海经》："有鸟焉，其状如鸡，五采而文，名曰凤凰，首文曰德，翼文曰义，背文曰礼，膺文曰仁，腹文曰信，是鸟也，饮食自然，自歌自舞，见则天下安宁。"

【译】

有鸟名叫鸜鹆，偏偏来到鲁地筑巢。言论的迹象已经跟师己说的吻合，事情独特应该反复叮咛告诫如巽卦爻辞中的后庚所教。嘚嘚马蹄声遥遥越过济水，趎趎鸜鹆快跳去远郊。鲁昭公如燕子把窝做在帷幕上忘记了隐患，季平子似拙鸠傲慢占居鸟巢而对国君连讽带嘲。可惜鲁国没有遗爱给周天子，鲁昭公如"鸟焚其巢"玩弄起漂泊在外的旅灸。如黄鸟极其迅速地集于桑树，已不同于止棘的黄鸟鸣叫声交交。"祸父丧劳"原来是祸父鲁昭公劳累将丧命啊，这童谣听起来难道有何混淆？看这鹝鸲如何比得上黄帝时阿阁之凤，凤凰的周身都闪耀着道德的文苞。

9 郯子论官

小国修朝礼，来承宴会欢。故封郯爵子，详论鸟名官。
滕薛班虽后，云龙典不刊。自惟传少暤，敢诩业偏安。
扈扈频征远，鸠鸠此发端。即云司启闭，还辨类青丹。
驾合乘鸾辂，人非聚鹝冠。圣朝图职贡，玉敦并珠槃。

【注】

郯子论官[①]。①郯（tán）子论官：出自《春秋·昭公十七年》："秋，郯子来朝。《左传》记载为：秋，郯子来朝，公与之宴。昭子问焉，曰：'少暤氏鸟名官，何故也？'郯子曰：'吾祖也，我知之。昔者黄帝氏以云纪，故为云师而云名；炎帝氏以火纪，故为火师而火名；共工氏以水纪，故为水师而水名；大暤氏以龙纪，故为龙师而龙名。我高祖少暤挚之立也，凤鸟适至，故纪于鸟，为鸟师而鸟名。凤鸟氏，历正也。玄鸟氏，司分者也；伯赵氏，司至者也；青鸟氏，司启者也；丹鸟氏，司闭者也。祝鸠氏，司徒也；鴡鸠氏，司马也；鸤鸠氏，司空也；爽鸠氏，司寇也；鹘鸠氏，司事也。五鸠，鸠民者也。五雉，为五工正，利器用、正度量，夷民者也。九扈为九农正，扈民无淫者也。自颛顼以来，不能纪远，乃纪于近，为民师而命以民事，则不能故也。'仲尼闻之，见于郯子而学之。既而告人曰：吾闻之'天子失官，学在四夷'，犹信。"郯子：春秋时期郯国(今山东省郯城县)君主，少暤的后裔，他以"鹿乳奉亲"位列二十四孝。

小国修朝礼[①]，来承宴会欢。故封郯爵子[②]，详论鸟名官[③]。滕薛[④]班虽后，云龙典不刊[⑤]。①小国修朝礼：小国修朝拜鲁国之礼。因为鲁国是姬姓宗邦，周之最亲莫如鲁；诸侯望国，周礼尽在鲁。此次乃公元前525

年，郯子第二次朝鲁。②故封郯爵子：周公东征后，郯国降服，封其爵位为子。周室称王，其他诸侯爵位依次为公、侯、伯、子、男五等，如陈杞（虞舜夏禹后裔）为一等公爵，齐鲁为二等侯爵，秦为三等伯爵，楚为四等子爵，后来楚子要求提升爵位遭拒后直接称王。③详论鸟名官：郯子详论少皞帝以鸟命名官职之事。④滕薛：《左传·隐公十一年》曰"滕侯、薛侯来朝，争长。"公元前 712 年，姬姓滕侯与任姓薛侯争大小，鲁隐公派羽父劝说后，薛侯同意让滕侯居长。⑤云龙典不刊：滕侯、薛侯朝鲁不朝周，（跟现在郯子一样）真是不刊之典，不可磨灭的记载。

自惟传少皞①，敢诩业偏安。扈扈频征远，鸠鸠此发端②。即云司启闭，还辨类青丹③。①少皞：即少昊，黄帝长子，母为嫘祖，东夷族首领，族内有 20 多个以鸟为名的部落，如凤鸟氏、玄鸟氏、伯赵氏、青鸟氏、丹鸟氏等，并以鸟名来任命官职。②扈扈频征远，鸠鸠此发端：频繁光明地出征远方，聚集安定从此发端。扈（hù）扈：广大光明。鸠鸠：聚集安定。③青丹：以鸟命官时，青鸟掌管立春夏，丹鸟掌管立秋冬，也就是司启闭。

驾合乘鸾辂①，人非聚鹬冠②。圣朝图职③贡，玉敦并珠槃④。①鸾辂（lù）：天子王侯所乘之车。出自《吕氏春秋·孟春纪》：天子居青阳左个。乘鸾辂，驾苍龙。②鹬（yù）冠（guān）：以鹬羽为饰的冠，非法之服。出自《左传·僖公二十四年》："郑子华之弟子臧出奔宋，好聚鹬冠。郑伯闻而恶之，使盗诱之。八月，盗杀之于陈、宋之间。"③图职：（献出）地图、官职（以示归顺）。④玉敦并珠槃：《周礼·天官·玉府》记载，若合诸侯则共珠盘玉敦。皆为古代盟誓时歃血的器皿。最后说圣朝一统，不再需要诸侯订盟的玉敦与珠槃了。

【译】

小小的郯国修朝拜之礼，来承接鲁国的宴会之欢。以前天子封郯国国君的爵位为子，此次详细论述了当初少皞以鸟名来命官。虽然鲁国处理滕薛争长事在此之后，但诸侯小国如云从龙服从鲁国的佳话此典不刊。郯国自认为传自少皞帝，因此敢于自诩国家悠久可于一方偏安。曾经频频光明地出征远方，聚集安定亦从此发端。郯国说起启闭春夏秋冬的有司青鸟丹鸟，还如同我们可以辨别的春夏之青与秋冬之丹。郯国国君的车驾完全可以如天子那样乘鸾辂，但是郯子终究服从周礼没有戴鹬冠。可喜的是当今天下一统，地图和官职皆归属圣朝，不再需要诸侯订盟的玉敦与珠槃。

10 窃宝玉大弓

宗国传分器，珍兹玉与弓。者番由盗得，前度窃公宫。
质较璠玙贵，名容夹庾通。夏璜看棫返，封弱岂尘蒙。
完讵秦庭异，蠹将垺野同。应嗤三献拙，未许六钧雄。
生处烟凝地，弯时月映空。圣人知所宝，金箭采南东。

【注】

窃宝玉大弓①。①窃宝玉大弓：出自《春秋·定公八年》："冬，卫侯、郑伯盟于曲濮。从祀先公。盗窃宝玉、大弓。"《左传》记载为："阳虎劫公与武叔，以伐孟氏。公敛处父帅成人，自上东门入，与阳氏战于南门之内，弗胜。又战于棘下，阳氏败。阳虎说甲如公宫，取宝玉、大弓以出，舍于五父之衢，寝而为食。"阳虎原为季孙氏家臣，因"勇猛过人，智谋百出"，开鲁国"家臣执国政"的先河，在除三桓的政变中失败，逃亡齐国、晋国，后辅助晋国称霸。阳虎与孔子可谓冤家对头，阳虎在鲁国得势时，孔子讥讽他是"陪臣执国命"，后来阳虎到晋国，孔子又说"赵氏其世有乱乎"。在此次政变中，阳虎将镇国之宝玉和大弓据为己有，以要挟三桓，孔子在《春秋》中断之为"盗窃"。

宗国传分器，珍兹玉与弓①。者番由盗得，前度窃公宫②。质较璠玙③贵，名容夹庾④通。夏璜⑤看棫返，封弱⑥岂尘蒙。完⑦讵秦庭异，蠹⑧将垺野⑨同。①宗国传分器，珍兹玉与弓：周天子把宗庙的宝器分与诸侯和宗室，作为世守之物，谓之"分器"。分器主要为宝玉、大弓。宗国：同姓诸侯国。因与天子同宗，为其支庶，故称。②者番由盗得，前度窃公宫：这次因为盗抢而得，上次曾想从鲁定公宫中去偷。者番：这次。③璠玙（fán yú）：美玉名。《逸论语》："璠玙，鲁之宝玉也。孔子曰：'美哉璠玙，远而望之，焕若也；近而视之，瑟若也。'"④夹庾：夹弓和庾弓。《周礼·夏官·司弓矢》："夹弓、庾弓，以授射豻侯鸟兽者。"⑤夏璜（huáng）：夏后氏之璜。璜：半璧形的玉。⑥封弱：封父之繁弱，良弓名。《左传·定公四年》："分鲁公以大路、大旂，夏后氏之璜，封父之繁弱。"杜预注："繁弱，大弓名。"⑦完：完璧归赵。⑧櫜（gāo）：收藏弓箭的口袋。⑨坶（mù）野：即牧野，周武王与殷纣王交战地。

应嗤三献拙①，未许六钧②雄。生处烟凝地③，弯时月映空④。圣人知所宝，金箭采南东⑤。①应嗤（chī）三献拙：应该嗤笑阳虎想在祭祀僖公时杀掉季氏的拙计。三献：祭祀时的初献、亚献、终献。②六钧：张满弓用力六钧（三十斤为一钧），后指强弓。③生处烟凝地：指生烟之玉。④弯时月映空：指弯弓似空中之月。⑤金箭采南东：金、箭采自东南。出自《周礼》："东南曰扬州，其山镇曰会稽，其泽薮曰具区，其川三江，其浸五湖，其利金、锡、竹箭，其民二男五女，其畜宜鸟、兽，其谷宜稻。"

【译】

与周天子同宗的诸侯国有世传的分器，最珍贵的是宝玉和大弓。这次为阳虎盗抢得到，之前应该是想偷取自鲁定公之宫。这宝玉的质地应该比璠玙名贵，这大弓的名气应该与向夹弓和臾弓相通。看这宝玉如同用木匣装着夏后氏之璜重返人世，这大弓如封父之繁弱岂可被尘蒙。这宝玉如和氏璧完好从秦庭归赵，这收大弓的口袋也将与牧野之战后的动作相同。应该嗤笑阳虎想在祭祀僖公三献时杀掉季氏的拙计，老天终于未许可阳虎张满六钧弓而称雄。宝玉生时青烟凝结在地，大弓弯时明月映照天空。自古圣人都知道这些至宝之所在，所以《周礼》记载金和箭都产自中国的南东。

11（蔿艾猎城沂）

城郭诸防备，因时纪土功。候当平板干，水恰验昏中。
隐隐光流白，沉沉照返红，门谁讴筑者，鼓乍召司空。
刚届三冬始，还兴百堵同。造真符大造，工宛协元工。
讵类新延廥，应如作楚宫。杠梁王政急，阊泽庆庞洪。
【注】

（蔿艾猎城沂）①。蔿（wěi）艾猎城沂：原无标题，此为笔者加。出自《左传·宣公十一年》："令尹蒍艾猎城沂，使封人虑事，以授司徒。量功命日，分财用，平板干，称畚筑，程土物，议远迩，略基趾，具餱粮，度有司，事三旬而成，不愆于素。"意思是：令尹蒍艾猎在沂地筑城，派遣主持谋划工程，报告司徒。计量工程，规定日期，分配材料和用具，放平夹板和支柱，规定土方和器材劳力的多少，研究取材和工作的远近，巡视城基各处，准备粮食，审查监工人选，工程三十天完成，未超过原定的计划。沂：楚邑，在今河南襄城县。蒍艾猎：即孙叔敖，楚国令尹（宰相），治水名家，辅佐楚庄王成为春秋五霸之一。

城郭诸防备，因时纪土功^①。候当平板干^②，水恰验昏中^③。隐隐光流白，沉沉照返红，门谁讴筑者，鼓乍召司空^④。刚届三冬始，还兴百堵^⑤同。造真符大造^⑥，工宛协元工^⑦。①土功：土木工程。②平板干（gàn）：放平夹板和支柱。干：筑墙时支撑在墙两侧的柱子。③昏中：昏中星，黄昏时刻扫过子午线的恒星。④司空：西周始置，位次三公，与六卿相当，掌水利、营建之事。⑤百堵：众多的墙，《诗·小雅·鸿雁》："之子于垣，百堵皆作。"⑥大造：大功劳，大恩德。⑦元工：天工。

讵类新延廄^①，应如作楚宫。杠梁^②王政急，闿泽^③庆庞洪^④。①延廄（jiù）：法廄，按《周礼》六闲旧制而建的马厩。《周礼》："天子十二闲，马六种。邦国六闲，马四种。每廄一闲。"②杠梁：桥梁。③闿泽：亦作闿怿，和乐貌。④庞洪：浑然宏大。

【译】

沂的内城外城的防备需要建设，因此记载了当时的土木之功。修墙的时候当放平夹板和支柱，用水恰好检验天上的星星昏中。隐隐之光流白，沉沉之日照返红。门口有谁讴歌建筑者，响鼓忽然召唤司空。刚刚来到三冬开始，却兴建百墙雷同。造城带来大恩德，人工似同天工。岂可认为是新建马厩，应该如新建一处楚宫。楚庄王以此为桥梁急于降服宋国，三十天快速建成大家欢喜庆祝此城之庞洪。

12 鹤有乘轩者

自昧禽荒戒，无如卫懿昏。其人争受甲，有鹤独乘轩。

禄会谋田惯，车还饰墨烦。一时聊取玩，再命俨居尊。
丧志同怀鹞，齐班类集鹓。云开翔矫矫，日下走啍啍。
岁未三千化，民徒七百存。天逵鸿羽渐，辇毂拜皇恩。

【注】

鹤有乘轩者①。①鹤有乘轩者：《左传·闵公二年》曰"冬十二月，狄人伐卫。卫懿公好鹤，鹤有乘轩者。将战，国人受甲者皆曰：使鹤，鹤实有禄位，余焉能战"，大意是：鲁闵公二年冬十二月，狄人进攻卫国。卫懿公喜鹤，让鹤坐车。战士不满说："鹤享有官禄官位，让鹤去打仗，我们哪里能打！"

自昧禽荒戒，无如卫懿①昏。其人争受甲，有鹤独乘轩②。禄会谋田惯，车还饰墨烦③。一时聊取玩④，再命俨居尊。丧志同怀鹞⑤，齐班类集鹓⑥。云开翔矫矫，日下走啍啍⑦。岁未三千化⑧，民徒七百存⑨。①卫懿：即卫懿公卫赤，春秋时期卫国第十八任国君，喜好养鹤，竟赐给鹤官位和俸禄，招致臣民怨恨。公元前660年，赤狄攻打卫国，卫懿公兵败被杀。②乘轩：乘坐大夫的车子。③禄会谋田惯，车还饰墨烦：其俸禄按照惯例可以买田，其墨车还要装饰让人烦。墨车即不加文饰的黑色车乘，出自《周礼》："服车五乘：孤乘夏篆，卿乘夏缦，大夫乘墨车，士乘栈车，庶人乘役车。"④玩（wàn）：弄，古时为入声（仄声）。⑤怀鹞（yào）：唐太宗怀鹞的典故，出自唐人刘鼎卿（刘知幾之子）的《隋唐嘉话》："太宗得鹞，绝俊异，私自臂之。望见郑公（魏徵），乃藏于怀。公知之，遂前白事，因语古帝王逸豫，微以讽谏。语久，帝惜鹞且死，而素严敬徵，欲尽其言。徵语不时尽，鹞死怀中。"鹞：一种凶猛的鸟，样子像鹰。⑥鹓（yuān）：类似凤凰的鸟，飞行时排列有序，因此以鹓班比喻官员朝班。⑦啍（tūn）啍：沉重缓慢的样子。⑧岁未三千化：出自晋葛洪《神仙传·苏仙公》，苏耽乃汉文帝时人，今湖南郴州人，成仙化鹤，有苏耽鹤化三千岁的典故。⑨民徒七百存：《左传·闵公二年》曰"（卫懿公死后）卫之遗民男女七百有三十人。"

天逵鸿羽渐①，辇毂拜皇恩②。①天逵（kuí）鸿羽渐：天路上鸿雁起飞。逵：大路。鸿羽渐：出自《易经》渐卦六阳爻辞："鸿渐于陆，其羽可用为仪，吉。"②辇毂拜皇恩：鸿雁来到御驾前拜谢皇恩（原件上多了一个恩字）。辇毂（niǎn gǔ）：天子的车驾。

【译】

　　作为国君不明白《尚书·五子之歌》的禽荒之诫，这方面无人比得上卫懿公之昏。遇到赤狄入侵国人争相拿起兵甲，却有卫懿公养的鹤独自乘轩。这些鹤享有的俸禄按例可谋田买地，这些鹤乘坐的墨车还要装饰让人烦。卫懿公一时无聊将鹤取来玩弄，上瘾后竟然让鹤做官俨然居尊。卫懿公玩物丧志如同怀中藏鹬，这些鹤整齐上班类似集合鸿鹅。云开时鹤飞昂扬武勇，日光下大摇大摆慢吞吞。这些鹤并不是三千岁的仙人所化，但经此战役卫国遗民仅有七百三十人幸存。当今圣朝的大路上鸿雁起飞，纷纷来到天子车驾前拜谢皇恩。

13　秦伯输粟于晋

维秦输晋粟，泛泛命轻舟。雍绛遥相继，河汾运未休。
水飞频籍鹢，木挽讵须牛？为画饔飧策，爰深舴艋谋。
黍糠藏子谷，绎络接庚邮。击楫歌遗秉，停桡祝满篝。
缆牵红蓼岸，帆控白蘋洲。盛世含饴遍，仓箱慰乃求。

【注】

　　秦伯输粟于晋[①]。①秦伯输粟于晋：《左传·僖公十三年》曰"冬，晋荐饥，使乞籴于秦。秦伯谓子桑：'与诸乎？'对曰：'重施而报，君将何求？重施而不报，其民必携，携而讨焉，无众必败。'谓百里：'与诸乎？'对曰：'天灾流行，国家代有，救灾恤邻，道也。行道有福。'郑之子豹在秦，请伐晋。秦伯曰：'其君是恶，其民何罪？'秦于是乎输粟于晋，自雍及绛相继，命之曰泛舟之役。"大意是：僖公十三年冬，晋国再次发生饥荒，到秦国求购粮。秦穆公征求子桑和百里的意见，子桑认为可以给，如果晋国国君不报答，则可以去讨伐，晋国老百姓会帮秦国。百里认为天灾谁都难免，救济灾民是正道，行善有福报。秦穆公说："厌恶他们的国君，百姓有什么罪？"于是把粟米运送到晋国，船队从雍城到绛城接连不断，人们把这次运粮称为"泛舟之役"。

维秦输晋粟，泛泛命轻舟。雍绛^①遥相继，河汾^②运未休。水飞频籍鹢，木挽讵须牛？为画饔飧^③策，爰深舴艋^④谋。黍糠藏子谷^⑤，绎络接庚邮^⑥。击楫歌遗秉^⑦，停桡祝满篝^⑧。缆牵红蓼岸，帆控白𬞟洲^⑨。①雍绛：雍城（今陕西宝鸡凤翔）、绛城（今山西运城绛县）。②河汾：黄河与汾水。③饔飧（yōng sūn）：早饭和晚饭。④舴艋（zé měng）：形似蚱蜢的小船。⑤黍糠藏子谷：皮壳藏有未春过的稻谷。⑥绎络接庚邮：来往不绝，更替驿递。⑦击楫歌遗秉：敲拍船桨歌唱成把的遗穗。⑧停桡（ráo）祝满篝（gōu）：停止划桨，祝愿满笼。⑨帆（控）白𬞟洲：原件上"控"字处磨灭，暂作控。

盛世含饴^①遍，仓箱^②慰乃求：①饴：饴糖。②仓箱：仓库车厢。

【译】

晋国饥荒秦国输送粟米，水波荡漾秦穆公下命起轻舟。车船从雍城到绛城遥遥相继，黄河汾水运送不休。水上飞行只需借重画鹢的船首，以木挽舟难道还需大力气的牛？为了谋划饥民两餐之策，因此用舴艋小舟运送之谋。黍糠里饱藏子谷，来往不断的驿站接替繁重的庚邮。船夫击楫高歌成把的遗穗，停止划桨美好的祝愿装满篝。船缆遥牵自盛开红蓼的江岸，风帆把控航向指向长满白𬞟的岛洲。当今盛世百姓普遍享有含糖的甜蜜，欣慰仓库车厢的粮食予取予求。

14 野人与之块

五鹿人何识，文公乞食年。块然徒与野，赐也早承天。
宛尔荣同胙，胡为怒欲鞭。邱营糟未果，山聚米其然。
徐贡应殊色，星分乍认躔。树宜君子谷，情重圣王田。
有土占归国，他时悔纳馈。食毛歌帝德，芹献意弥虔。

【注】

野人与之块^①。①野人与之块：《左传·僖公二十三年》曰"（重耳）过卫。卫文公不礼焉。出于五鹿，乞食于野人，野人与之块，公子怒，欲鞭之。子犯曰：'天赐也。'稽首，受而载之。"大意是：（晋文公）重耳流亡到卫国，卫文公不加礼遇，经过五鹿时，向乡下人要饭。乡下人给他一块泥土。公子发怒，要鞭打他。子犯说："这是上天赐予的啊！"公子叩着头接受，把泥土装上车子。

　　五鹿①人何识，文公乞食年。块然徒与野，赐也早承天。宛尔荣同胙②，胡为怒欲鞭。邱营糟③未果，山聚米④其然。徐贡应殊色，星分乍认躔⑤。树宜君子谷，情重圣王田⑥。有土占⑦归国，他时悔纳馆⑧。食毛⑨歌帝德，芹献⑩意弥虔。①五鹿：卫地，在今河南省濮阳县南。②胙（zuò）：祭祀时所用的肉。③邱营糟：酒糟成丘，典出《韩诗外传》："桀为酒池，可以运舟，糟丘足以望十里。"④山聚米：《后汉书·马援传》："又于帝前聚米为山谷，指画形势，开示众军所从道径往来，分析曲折，昭然可晓。"⑤躔（chán）：日月星辰在黄道上运行。星躔：日月星辰运行的度次。⑥树宜君子谷，情重圣王田：只做一年的打算，君子最宜种植稻谷；对于人情的调治，圣王重视礼义的耕耘。树谷：种植稻谷。出自《管子·权修》："一年之计，莫如树谷；十年之计，莫如树木；终身之计，莫如树人"。情重圣王田：出自《礼记·礼运》："人情者，圣王之田也。情伪相感"。⑦占（zhān）：预测。⑧他时悔纳馆（zhān）：卫成公在后来在牢房吃粥时应该悔恨。出自《左传·僖公二十八年》，晋文公记恨从前经过卫国时卫成公的冷遇，以及此次不救援宋国的过错，于是"执卫侯，归之于京师，置诸深室。宁子职纳橐馆焉"。即逮捕卫成公，把他送到京师，关在牢房里，让宁武子负责给卫成公送衣和粥食。馆：浓稠的粥。⑨食毛：即食毛践土，居其地而食其土之所产。毛，指可食植物。谓一切生活所需，均属国君所有。旧时常用作感戴君恩之辞。出自《左传·昭公七年》："封略之内，何非君土；食土之毛，谁非君臣？"⑩芹献：也作"献芹"。谦称自己送人的菲薄礼物：如不弃嫌，愿表芹献。

【译】

　　与五鹿的人认识，那是晋文公讨饭之年。乡下人只给了重耳一块土，竟然是赏赐早就承接于天。那种光荣好比承接祭肉，为什么重耳发怒欲对其加鞭。酒糟成丘一如夏桀果然不是，如马援聚米为山理所当然。这土块应如徐地朝贡有特殊颜色，遇到重耳却似星辰运转多变忽然认到了躔。君子一年之计莫如种植稻谷，治理人情莫过于以礼义来耕耘圣王之田。野人赐土预兆重耳能重归晋国，卫成公应该悔恨当初冷遇重耳而只能在牢房纳馕。喜如今百姓食毛践土讴歌帝德，向皇帝献礼的心意更加虔诚。

15 受飧反璧

重耳游曹日，贤臣计馈盘。受来飧不素，反去璧称完。
早自心怀贰，端因裸薄观。何当情餍饫，犹是影团栾。
饻岂看三吐？珠疑却一箪。加餐同德饱，辞玉讵盟寒。
此意符归赵，其时等饭韩。爇宫惭后报，琼玖愧齐桓。

【注】

受飧反璧①。①受飧反璧：《左传·僖公二十三年》曰"（重耳）及曹，曹共公闻其骈胁。欲观其裸。浴，薄而观之。僖负羁之妻曰：'吾观晋公子之从者，皆足以相国。若以相，夫子必反其国。反其国，必得志于诸侯。得志于诸侯而诛无礼，曹其首也。子盍蚤自贰焉。'乃馈盘飧，置璧焉。公子受飧反璧。"大意是：重耳到达曹国，曹共公无礼，乘重耳洗澡偷看其肋骨，僖负羁的妻子看好重耳将来必做国君，要丈夫示好，僖负羁于是就向重耳馈送一盘食品，里边藏着璧玉，重耳接受食品，返回璧玉。

重耳游曹①日，贤臣计馈盘。受来飧②不素，反去璧称完。早自心怀贰，端因裸薄观③。何当情餍饫④，犹是影团栾⑤。饻岂看三吐⑥？珠疑却一箪⑦。加餐同德饱⑧，辞玉讵盟寒⑨。①曹：曹国，周文王嫡六子曹叔振铎封于曹，建都陶丘（今山东省菏泽市定陶区），晋文公即位后讨伐曹国，曹共公被俘。公元前487年被宋景公所灭，国灭后裔姓曹。②飧（sūn）：熟食，饭食。③裸薄观：曹共公听说重耳有圣人之像，肋骨排比成块，想看他裸体，于是乘重耳洗澡时在帘子外观看。④餍饫（yàn yù）：形容食品极丰盛。⑤团栾（luán）：团聚。⑥饻（bù）：咀嚼着的食物。⑦箪（dān）：用竹子等编成的盛饭用的器具。⑧德饱：恩德饱受。⑨盟寒：盟约背弃或忘记，典出《左传·哀公十二年》。

此意符归赵①，其时等饭韩②。爇③宫惭后报，琼玖愧齐桓④。①归赵：完璧归赵。②饭韩：一个漂母给韩信饭吃。典出《史记·淮阴侯列传》。③爇（ruò）：焚烧。此处指晋文公的部将魏犨和颠颉违背"毋入僖负羁宗家以报德"军令，擅自焚毁僖负羁的家。④琼玖愧齐桓：卫文公感谢齐桓公救卫复国、再立宗庙之举，于是咏《木瓜》之诗云"投我以木李，报之以琼玖；匪报也，永以为好也"。琼玖（jiǔ）：琼和玖。泛指美玉。

【译】

重耳游曹国之日，贤臣僖负羁打算馈送重耳食盘。重耳接受的珍馐不是素食，食物中的玉璧却如蔺相如所持的和氏璧返回称完。曹共公早已怀有贰心恶意，由此于是将重耳的裸体细观。虽然馈送丰盛食物情深义重，但看到曹共公的态度还是谜影团栾。当时重耳用食时难道只是三吐三看？怀疑食物中的宝玉于是左右为难是否回绝这一箪。加餐与受恩一同饱受啊，退璧也不是信背盟寒。此意符合完璧归赵，当时等同漂母饭韩。晋文公惭愧事后报知僖负羁家被部将焚毁，一如吟"报之以琼玖"的卫文公愧对齐桓。

16 以绵上为之田

昔晋从亡赏，之推没后荣。地看绵上别，田用善人旌。
矫矫龙蛇伍，依依犬马情。铭心当此日，割股念平生。
讵以人偕隐，而令我不明。在廷方授璧，前度几披荆。
禄未司勋及，名还志过成。天朝优恤遍，勿替有簪缨。

【注】

以绵上为之田①。①以绵上为之田：《左传·僖公二十四年》曰"晋侯赏从亡者，介之推不言禄，禄亦弗及……遂隐而死。晋侯求之，不获，以绵上为之田，曰：'以志吾过，且旌善人。'"大意是：晋文公赏赐跟随他逃亡的人，介之推没主动提出要禄位，晋文公也没给。介之推认为晋文公继位是天意，跟随的人得到赏赐，是贪天之功为己之功，于是不和他们相处共事了。于是介之推和母亲一起隐居而死。晋文公派人寻找介之推，找不到，就把绵上的田封给他，说："用这来记载我的过失，也用来旌表善人。"

昔晋从亡赏，之推没后荣①。地看绵上别，田用善人旌。矫矫龙蛇伍，依依犬马情。铭心当此日，割股②念平生。讵以人偕隐，而令我不明。在廷方授璧，前度几披荆。禄未司勋③及，名还志过成。天朝优恤遍，勿替有簪缨④：①之推没后荣：介之推死后得到了荣耀。②割股：出自《韩诗外传》："晋文公重耳亡，过曹，里凫须从，因盗重耳资而亡。重耳无粮，馁不能行，子推割股肉以食重耳，然后能行。"③司勋：主管功赏之事的官。④勿替有簪缨：永远有人做官。勿替：永久。簪缨（zān yīng）：古代达官贵人的冠饰。后遂借以指高官显宦。

【译】

昔日晋文公对跟从流亡的手下进行厚赏，可介之推只能享受死后的哀荣。看封地以绵上为区别，用田土来把善人旌。想当日矫矫不群、龙蛇混杂之队伍，依依不舍愿效犬马之恩情。而今重耳即位当铭记在心于此日，尤其怀念那割股以食重耳之介之推的平生。岂能因为介之推与母偕居隐，而令我晋文公于事理不明。那些跟随的人在朝廷刚好授以玉璧，这些人从前都为我斩棘披荆。唯独介之推没有被司勋赏以禄位，不过以绵上封地之名终究记载我的过错也算有成。可喜天朝当今尽对功臣优恤，使得功臣世代勿替有簪缨。

17　听舆人之诵

晋霸成城濮，中军败得臣。报难忘楚子，诵早听舆人。
新旧曾分计，刍荛宛并询。背鄘凭险阻，与战戒逡巡。
谋乍围曹合，歌疑谤郑陈。貔貅军午午，鹅鹳语申申。
直决当时策，堪书异日绅。得天徵伏己，况复梦通神。

【注】

听舆人之诵①。①听舆人之诵：《左传·僖公二十八年》曰"夏四月戊辰，晋侯、宋公、齐国归父、崔夭、秦小子慭次于城濮。楚师背鄘而舍，晋侯患之，听舆人之诵，曰：'原田每每，舍其旧而新是谋。'公疑焉。"该歌谣似乎讽刺晋文公谋新舍旧，忘记了流亡时楚成王的恩义。

晋霸成城濮①，中军②败得臣③。报难忘楚子④，诵早听舆人⑤。新旧曾分计⑥，刍荛⑦宛并询。背鄘⑧凭险阻，与战戒逡巡⑨。①晋霸成城濮：（公元前632年四月）晋文公通过城濮之战打败楚国而称霸于诸侯。其经过是：

1.宋人被楚所围而向晋国求救，晋争取齐、秦的支持，决心救宋，与楚交战。2.晋楚在交战前夕楚国君臣不和，意见不一，晋国则拉拢曹、卫以孤立楚国，以避退三舍，占取道义。3.晋楚交战，晋军士气旺盛，将帅用命，战术运用得当，取得了胜利；楚军则因子玉骄傲轻敌，导致最终失败。城濮：今山东鄄城西南。②中军：古代天子六军，诸侯三军，三军分中军、左军、右军，中军为主力，左右为两翼。③得臣：成得臣（?—前632），字子玉，春秋时期楚国令尹，在城濮之战中大败，被楚成王赐死。③报难忘楚子：晋文公重耳逃难时，曾得到楚成王热情招待，为报恩重耳曾说："如果我将来做了晋君，若我们两国交战，那我就退避你三舍。"⑤舆人：造车工人或操贱役的吏卒。⑥新旧曾分计：即舆人之诵中的"舍其旧而新是谋"。⑦刍荛（chú ráo）：割草打柴的人。⑧鄎（xī）：古地名，在今山东。《左传·僖公二十八年》有"楚师背鄎而舍"。⑨逡巡（qūn xún）：徘徊不前，迟疑不决。

　　谋乍围曹合，歌疑谤郑陈。貔貅军午午①，鹅鹳②语申申③。直决当时策，堪书异日绅④。得天徵伏己，况复梦通神⑤。①午午：交错杂沓。②鹅鹳（guàn）：水鸟天鹅与鹳鸟，指军阵。③申申：和舒之貌。④堪书异日绅：他日把要牢记的话写在绅带（古时士大夫束腰之大带）上。后亦称牢记他人的话为书绅。语本《论语·卫灵公》："子张书诸绅。"⑤得天徵伏己，况复梦通神：《左传·僖公二十八年》曰"晋侯梦与楚子搏，楚子伏己而盬其脑，是以惧。子犯曰：'吉。我得天，楚伏其罪，吾且柔之矣。'"子犯将恶梦（楚成王趴下身子来吸吮晋文公的脑汁）勉强解释为晋国得天助，楚子伏罪。

【译】

　　晋国称霸成功于城濮之战，中军打败了楚国令尹成得臣。晋文公难忘楚子恩情而欲报答，"原田每每，舍其旧而新是谋"的歌谣早已听自舆人。对于开战晋文公曾按新人旧人分别打算，集思广益即使割草打柴的人晋文公也一并咨询。楚国军队背靠鄎地凭借险阻，群臣劝谏晋文公开战须戒犹豫逡巡。谋划确定忽然将楚国的附庸曹国包围击败，这舆人之歌谣现在看起来是在诽谤当年两个先交好后交恶的郑和陈。战争开始貔貅军纵横交错，天鹅阵鹳鸟阵和缓申中。直接按当时的决策进行决战，这场浩大的战事堪书写在将来的书绅。得到天助征服自己的犹豫不决，何况还有梦里通神。

18　蒙马以虎皮

陈蔡师从楚，胥臣计最工。虎皮原有以，马首用相蒙。
翼翼威频振，眈眈视欲雄。宛偕文豹变，底籍火牛攻。
共策驰驱力，谁矜襢裼功？肖寅兼奋乙，逐电更追风。
此日劳推毂，他时合韣弓。晋文多谲胜，设旆曳柴同。

【注】

蒙马以虎皮①。①蒙马以虎皮：《左传·僖公二十八年》曰"胥臣以下军之佐当陈、蔡。子玉以若敖六卒将中军，曰：'今日必无晋矣。'子西将左，子上将右。胥臣蒙马以虎皮，先犯陈、蔡。陈、蔡奔，楚右师溃。"意思是：在城濮之战中，晋国胥臣把马蒙上老虎皮，先攻陈、蔡两军。陈、蔡两军奔逃，楚军的右翼部队溃散。

陈蔡师从楚①，胥臣②计最工。虎皮原有以，马首用相蒙。翼翼③威频振，眈眈④视欲雄。宛偕文豹变⑤，底籍火牛攻⑥。共策驰驱力，谁矜襢裼功⑦？肖寅兼奋乙⑧，逐电更追风。①陈蔡师从楚：城濮之战中，陈、蔡两国的军队充当楚军的右军。②胥臣：重耳老师；随重耳流亡19年，城濮之战以下军佐身份率领晋国下军，用虎皮蒙马之计大败楚军。③翼翼：严整有秩序。④眈眈（dān）：眼睛专注看。⑤文豹变：幼豹长大褪毛后，其毛光泽忽然有文采。出自《周易·革》："上六，君子豹变，小人革面。"⑥火牛攻：战国末期田单用火牛阵复齐。⑦谁矜襢裼功：谁去夸裸露上阵的功劳。矜：夸。襢裼（tǎn xī）：指脱衣露体、赤膊。出自《诗·郑风·大叔于田》："襢裼暴虎（赤膊上阵徒手搏猛虎），献于公所。"⑧肖寅兼奋乙：似虎而且发虎威。肖：似（先人）。寅：代表虎。十二地支又与十二生肖依次顺位相对应：子鼠、丑牛、寅虎、卯兔、辰龙、巳蛇、午马、未羊、申猴、酉鸡、戌狗、亥猪。乙：虎两肋和尾端有骨，形如乙字，叫虎威。

此日劳推毂①，他时合韔弓②。晋文多谲胜③，设旆④曳柴⑤同。①推毂（gǔ）：推车前进。②韔（chàng）弓：弛弓弦将弓放入弓袋，出自《诗·小雅·采绿》"言韔其弓。"③谲（jué）胜：谓以诡诈取胜。④旆（pèi）：旗帜。⑤曳柴：古代作战用的一种诈敌方法。即以车曳柴起尘，造成众军奔驰的假象，以迷惑敌人。

【译】

陈蔡两国的军队从属楚国，晋国胥臣的计谋堪称最工。虎皮原来就准备好，马首用它来相蒙。严整有序虎威频频发作，凶狠专注虎视眈眈欲称雄。宛若幼豹文采大变，究底借鉴田横的火牛攻。有了虎皮蒙马于是共策驰驱之力，还有谁夸勇士赤膊上阵之功？似虎兼奋乙，追电更追风。此日劳苦地推车前进，他时欣慰地收起轻弓。晋文公擅长以诡诈取胜啊，与著名的张旗曳柴相同。

19 盐虎形

飨却周公阅，深情重别嫌。象曾徵武德，虎亦辨形盐。
水性无差味，霜威欲动髯。羹和知鼎待，谷啸想风严。
产著双池美，尊还百兽瞻。层波沙乍漉，危石雪疑添。
有谷羞嘉共，多仪备物兼。作梅欣并用，文炳大人占。

【注】

盐虎形①。①盐虎形：《左传·僖公三十年》曰"冬，王使周公阅来聘，飨有昌歜、白、黑、形盐。辞曰：'国君，文足昭也，武可畏也，则有备物之飨以象其德。荐五味，羞嘉谷，盐虎形，以献其功。吾何以堪之？'"大意是：冬季，周襄王派遣周公阅来鲁国访问，宴请他的食物有昌蒲菹、白米糕、黑黍糕和虎形块盐。周公阅推辞说："国家的君主，文治足以显耀，武功令人畏惧，宴请国君时，应该准备以象征其德的物品。进献五味，丰上嘉谷，还有虎形的盐块，以显示其功业。我怎么当得起这个？"

飨却周公阅，深情重别嫌①。象曾徵武德②，虎亦辨形盐③。水性无差味，霜威欲动髯④。羹和知鼎待，谷啸想风严。产著双池⑤美，尊还百兽瞻。层波沙乍漉⑥，危石雪疑添。有谷羞嘉⑦共，多仪备物⑧兼。①飨

（xiǎng）却周公阅，深情重别嫌：周公阅推却了宴请他的食物，情深义重但要辨别嫌疑。周公阅：春秋初期周国国君，周公旦后裔，公爵。飨：用酒食款待人。别嫌：事之淆杂，礼以别之。出自《礼记·礼运》："是故礼者，君之大柄也，所以别嫌，明微，傧鬼神，考制度，别仁义，所以治政安君也。"②象曾徽武德：飨以象其德，食物形象表示武德。武德：武有七德，即禁暴、戢兵、保大、定功、安民、和众、丰财。③虎亦辨形盐：盐作虎形，象征威武。《周礼·天官·盐人》："掌盐之政令，以共百事之盐。祭祀，共其苦盐、散盐；宾客，共其形盐、散盐；王之膳羞，共饴盐，后及世子亦如之。"④水性无差味，霜威欲动髯：前说盐，后说虎。下两联同。髯（rán）：两腮的胡子。⑤双池：解州盐池、凉州岩盐。⑥漉（lù）：过滤。⑦羞嘉：美味。⑧备物：备办各种器物。出自《易·系辞上》："备物致用，立成器以为天下利，莫大乎圣人。"

作梅欣并用①，文炳大人②占③。①作梅欣并用：盐梅并用，喻指国家所需的贤才。出自《书·说命下》："若作和羹，尔惟盐梅。"②文炳大人：出自《周易·革》："九五，大人虎变，未占有孚。象曰：大人虎变，其文炳也。"孔颖达疏："损益前王，创制立法，有文章之美，焕然可观，有似虎变，其文彪炳。"③占：撒盐占卜。

【译】

周公阅推却了鲁僖公宴请他的食物，情深义重但要懂得别嫌。食物之象曾表示武德，老虎之形也拿来辨别形盐。如果没有盐则所有水性一样味无差别，而寒霜肃杀之威恰似鼓动的虎髯。知道盐用于调味制羹汤恰是鼎所期待，山谷虎啸可以想象风之威严。盐的产地名声以双池为美，虎的至尊引起百兽拜瞻。层层波浪卷起沙盐急忙捞取过滤，危危岩石中的白盐一如瑞雪增添。谷物美味珍馐因有盐相共，多种礼仪的备品有虎盐相兼。欣喜贤才辅佐盐与梅合作并用，大人虎变事业如虎纹多彩亦可撒盐来占。

20 染指于鼎

饮食兴师讼，端基郑寝门。染将公子指，解去宰夫鼋。
有实颐观朵，先尝手敢援。塞偏忘耳革，施未叶膏屯。

紾臂情还尔，和羹用讵论。欲曾眈虎视，事类食熊蹯。
龟舍灵全丧，螭蟠腹偶扪。圣朝调鼎待，越俎戒庖樽。
【注】

　染指于鼎①。①染指于鼎：《左传·宣公四年》曰"楚人献鼋（yuán，大鳖）于郑灵公。公子宋与子家将见。子公之食指动，以示子家，曰：'他日我如此，必尝异味。'及入，宰夫将解鼋，相视而笑。公问之，子家以告，及食大夫鼋，召子公而弗与也。子公怒，染指于鼎，尝之而出。公怒，欲杀子公。子公与子家谋先。子家曰：'畜老，犹惮杀之，而况君乎？'反谮子家，子家惧而从之。夏，弑灵公。"大意是：郑灵公请群臣吃楚国送的大甲鱼，把公子宋召来但偏不给他吃。公子宋发怒，用手指头在鼎里蘸了蘸，尝到味道后退出去。郑灵公发怒，要杀死公子宋。公子宋和子家策划先下手。子家说："牲口老了，尚且怕杀，何况国君？"公子宋就反过来诬陷子家。子家害怕，只好跟着他干。夏季，杀死了郑灵公。

　饮食兴师讼①，端基郑寝门②。染将公子指，解去宰夫鼋。有实颐观朵③，先尝手敢援。塞偏忘耳革④，施未叶膏屯⑤。紾臂⑥情还尔，和羹⑦用讵论。欲曾眈虎视⑧，事类食熊蹯⑨。①饮食兴师讼：郑国大夫子宋因染指鼋鼎而触怒郑灵公，郑灵公欲杀子宋，于是子宋先下手杀了郑灵公。师讼：师卦、讼卦，比喻纷争。②端基郑寝门：发生于郑灵公的寝门。寝门：古礼天子五门，诸侯三门，大夫二门。最内之门曰寝门，后泛指内室之门。③有实颐观朵：有食物吃（咀嚼时）腮看起来像花朵。出自《周易·颐》卦辞爻辞："观颐，自求口实""舍尔灵龟，观我朵颐"。④塞偏忘耳革：行动受阻，偏偏忘记了鼎耳脱落。出自鼎卦第三爻爻辞："鼎耳革，其行塞，雉膏不食。"⑤叶（xié）膏屯：叶不是葉的简化字，古同协。膏屯：膏泽未散，出自屯卦爻辞九五："屯其膏，小贞吉，大贞凶。"⑥紾（zhěn）臂：语本《孟子·告子下》"紾兄之臂而夺之食"，指用力扭转手臂。紾：扭。⑦和羹（gēng）：配以不同调味品而制成的羹汤。用以比喻大臣辅助君主综理国政。出自《尚书·说命》："若作和羹，尔惟盐梅。"⑧欲曾眈虎视：看到猎物欲望勃勃曾经虎视眈眈。出自《周易·颐》："虎视眈眈，其欲逐逐，无咎。"⑨事类食熊蹯（fán）：事情类似（楚成王）想食熊蹯，不获而死。出自《左传·文公元年》。蹯：熊掌。

龟舍灵全丧[①]，螭蟠腹偶扪[②]。圣朝调鼎待，越俎戒庖樽[③]。①龟舍灵全丧：舍弃自己的灵龟不养最后自己丧身。出自《周易·颐》爻辞："舍尔灵龟，观我朵颐，凶。"②螭蟠（chī pán）腹偶扪：螭蟠，亦做螭盘，螭龙盘踞。腹偶扪：偶尔扪腹，扪腹即饱食后怡然自得地抚摸腹部。③越俎戒庖樽：出自《庄子·逍遥游》："庖人虽不治庖，尸、祝不越樽俎而代之矣。"意思是厨师不做饭，掌管祭祀的人（尸、祝）也不能放下祭器代他下厨房。后比喻越权办事。俎（zǔ）：指樽俎，古代祭祀时盛酒食的器具。

【译】

因为饮食而兴起纷争师讼，发生于郑灵公的寝门。子宋将手指在鼎内沾染，宰杀的厨夫用刀去解切大鼋。其他人开心咀嚼看起来腮似花朵，子宋垂涎心急不请胆敢先尝用手为援。一如鼎卦爻辞中的受阻偏偏忘记了鼎耳脱落，子宋此举如屯卦爻辞乃凶兆因为没有协调好膏屯。用力扭转手臂君臣之情到此作罢，若作和羹尔惟盐梅的君臣和谐岂能再谈论。子宋想吃甲鱼的欲望曾如眈眈虎视，该事的结局却是楚成王临死吃不到熊蹯。郑灵公因刁难子宋如舍弃自己的灵龟最终把命丧，可笑当时还如螭龙盘踞吃饱后把腹扪。当今圣朝君臣和谐天子往往调和鼎内诚心以待，作为臣子切忌越俎而代庖樽。

21（邲之战）

旆乍南辕反，师从北辙归。伍参争欲战，孙叔信沉几。
前载鸣鸢合，深情饮马非。偶回旌孑孑，迅策牡騑騑。
车宛潇湘指，旗看日月飞。向明驰駊沓，唱凯听依稀。
左射凭东道，斜翻透夕晖。计时旋改乘，次管振军威。
乐伯方矜勇，兴前适有麋。射诸看中鹄，丽也恰当龟。
恍鼓三军锐，相加一矢遗。柱猿号乍合，轮虱贯何疑。
直达当心处，浑（惊断）脰时。穿杨聊试技，饮羽未称奇。
左右无能角，从容想致师。山庄勤肄武，为诵献豜诗。

【注】

（邲之战）^①。①邲（bì）之战：原无标题，为注者加，为唯一一首五言十六韵的排律。邲之战，出自《左传·宣公十二年》，又称"两棠之役"，公元前597年，楚庄王再次亲攻郑国，晋国派荀林父再次救郑，双方对垒于邲。郑国于是策动两国决战，楚为麻痹晋军，两度求和示弱。晋军主将无意决战，遂答应议和。正当双方行将盟会之时，楚军遣小股兵力袭扰诱战，晋将魏锜、赵旃违令攻楚，楚军趁机全力反击，晋军被迫仓促应战，最后楚国取胜，一洗城濮之战的失败耻辱而称霸中原。邲：古地名，在今河南荥阳东北。

旆乍南辕反，师从北辙归。伍参^①争欲战，孙叔信沉几^②。前载鸣鸢^③合，深情饮马非。偶回旄子子^④，迅策牡骓骓^⑤。车宛潇湘指，旗看日月飞。向明驰骎骎^⑥，唱凯^⑦听依稀。左射凭东道^⑧，斜翻透夕晖。计时旋改乘，次管振军威。①伍参：伍子胥的先祖。战前，楚军针对晋军渡过黄河，内部意见不一，楚庄王想要退兵，爱将伍参主战，令尹孙叔敖主和。伍参于是向楚庄王分析晋楚两军形势，鼓动楚庄王主动迎击晋国军队，争夺中原霸主。于是楚庄王命令尹孙叔敖掉转车头北上，驻扎在管（今河南郑州市）地待命，并采纳令尹孙叔敖的意见突袭晋军。②沉几：冷静观察。几：事物变化前的前兆。③鸣鸢：在旌旗上画张口状的鸥，遇风揭举，用以警众。出自《礼记·曲礼上》："前有尘埃，则载鸣鸢。"④旄（máo）子子：旗帜突出。《诗·鄘风·干旄》："子子干旄，在浚之郊。"旄：竿头上饰有牦牛尾的旗帜。⑤牡骓骓（fēi）：公马向前急奔。出自《诗经·小雅·鹿鸣之什·四牡》："四牡骓骓，周道倭迟。"⑥骎骎（sà tà）：亦作"骎逿""骎踏"，连续不断，引申为盛多貌。出自《文选·陆机〈文赋〉》："纷葳蕤以骎逿，唯毫素之所拟。"⑦唱凯：高唱凯歌。⑧左射凭东道，斜翻透夕晖：左射、斜翻皆单车挑战的动作。出自《左传·宣公十二年》："楚许伯御乐伯，摄叔为右，以致晋师，许伯曰：'吾闻致师者，御靡旌摩垒而还。'乐伯曰：'吾闻致师者，左射以菆（zōu，好箭），代御执辔，御下两马，掉鞅而还。'"东道：主人。古代以东为尊，如东家、房东、股东、做东、东道主。出自《左传·僖公三十年》："烛之武见秦君……若舍郑以为东道主。"

乐伯方矜勇，兴前适有麋。射诸看中鹄，丽也恰当龟^①。恍鼓三军锐，相加一矢遗。柱猿号^②乍合，轮虱贯^③何疑。直达当心处，浑（惊断）脰^④时。穿杨^⑤聊试技，饮羽^⑥未称奇。左右无能角，从容想致师^⑦。山庄勤肄武^⑧，为诵献豜诗^⑨。①乐伯方矜勇，兴前适有麋。射诸看中鹄（gǔ），丽也恰当龟：《左传·宣公十二年》曰"乐伯左射马而右射人，角不能进，矢一而已。麋兴于前，射麋丽龟。"意思是：乐伯左边射马，右边射人，使两角不能接近，最后只剩下一支箭了。有麋出现在前面，乐伯射麋正中背部。鹄：射箭的目标。丽：中。②柱猿号：猿猴见养由基调弓搭箭就拥柱而号。养由基：春秋时期楚国将领、神射手。出自《淮南子·说山训》："楚王有白猿，王自射之，则搏矢而熙。使养由基射之，始调弓矫矢，未发而猿拥柱号矣。"③轮虱贯：射箭时如纪昌视虱如轮。纪昌：寓言故事人物，神箭手，出自《列子·汤问》："昌以牦悬虱于牖，南面而望之，旬日之间，浸大也；三年之后，如车轮焉。"④浑（惊断）脰（dòu）时：该句"惊"字只有上面的"敬"字，下部及"断"字处磨灭，两处暂以"惊断"代之。断脰：断头。出自《战国策·楚策一》："有断脰决腹，壹暝而万世不视，不知所益，以忧社稷者。"脰：颈，脖子。⑤穿杨：射箭能于百步外命中杨柳的叶子。出自《史记·周本纪》："楚有养由基者，善射者也，去柳叶百步而射之，百发而百中之。"⑥饮羽：箭深入所射物体。出自《吕氏春秋·精通》："养由基射兕中石，矢乃饮羽。"⑦致师：挑战。⑧肄（yì）武：练习武事。⑨献豜（jiān）诗：出自《诗经·国风·豳风·七月》："二之日其同，载缵武功；言私其豵，献豜于公。"豜：3 岁野猪。

【译】

军旗忽然跟从车队往南返，军队于是从北道归。伍参却争吵欲与晋国一战，令尹孙叔敖冷静分析后寻找战机。鸣鸢已警示最前面的车队集合，在黄河边饮马即回国的深情已非。偶然见到旗帜返回催促只见军旗子子，于是迅速以策赶马只见公马骓骓。军车宛若指向潇湘楚国，军旗在日月下迎风翻飞。马向光明狂奔向前连续不断，高唱凯歌声音越来越小但听来依稀。双方会盟时乐伯单车挑战左射以蔽自以为是东道主，许伯单车挑战旌旗斜倒透过夕阳的余晖。楚军抓住时机立即更改车乘，驻扎管地楚庄王大振军威。乐伯正在夸耀自己的武勇，在前方跳跃兴起刚好有一只麋。一箭射去恰好中的，射中的地方恰好是麋的背龟。恍惚间鼓起晋国三军的锐气，乐伯却将麋和这支箭慷慨赠遗。晋军如猿见养由基调弓搭箭拥柱而号却忽然集合，楚军箭法高明如纪昌见虱如轮射穿有何疑。楚军直抵晋军前有强敌后有黄河的当心处，晋军惊慌却如大兵压境欲断头时。楚军以养由基穿杨箭法聊以试技，矢能如养由基饮羽穿石不足称奇。可笑晋军左右没有能干角色，却从容想挑战致师。现在的兵士还是到山庄勤快练武吧，为有朝一日建立武功在皇帝面前诵读献狁之诗。

三 胡曾骈文古文注

1 答南诏牒

牒。前件木夹，万里离南，一朝至北。开缄捧读，辞藻焕然。奖饰过多，欣慰何极！实以乍回边镇，才到藩篱。且按此朝之旧仪，未委彼国之新制。不知鹤拓，惟认苴咩。尚呼南诏之佳名，岂见大朝之美号。要从微耗，且是所宜。

伏承骠信王化风行，君德云被，雕题屈膝，鸟舌折腰，卉服来庭，毳装入贡。盖以深明豹略，精究龙韬，波伏西天，草偃南土者。然侵轶我华夏，无乃不可乎？将谓我皇帝有所负于彼邦，边臣有所负于彼国，虑彼直我曲，获罪于天，是陈木夹申怀，用贮荣报。及披回示，已见事根，止于囚系使人，放归彼国。始乎小怨，终此深仇。吞噬我朗宁，虔刘我交趾，取我越隽，犯我益州。若报东门，何乃再四？

夫物居中者尊也，处外者卑也。是以众星拱之北辰，百谷趋之东海。天地尚不能违，而况于人？我国家居天之心，宅地之腹，四方八表，莫不辐辏，亦由北辰之于东海也。

诚知土地山河，归于有德。虽云有德，亦须相时。苟无其时，安可妄动？明公博识多闻，岂不见仲尼乎？仲尼之圣逾尧舜，颜子之贤过皋夔，六合茫茫，无立锥之地者，盖无其时也！适使孔子生于秦末，乘胡亥之乱，用颜回、闵损为宰相，子路、冉有领将军，子贡、宰我充行人，子夏、言偃典书檄，虽六合鼎沸，可期月而定也。当此之时，刘项只可都头，韩彭不过部将耳。圣人虽有帝天下之德，而无帝天下之时，终不妄动。及子路欲使门人为臣，以为欺天乎，及自叹曰："凤鸟不至，河不出图，吾已矣夫！"止于负手曳杖，逍遥倚门，告终而已。王莽不识天时，苻坚不知历数，妄恃强富，争帝乾坤。莽以百万统师，来袭后汉，光武以五千之旅，破于昆阳；坚以六十万精兵，寇于东晋，谢元以八千之卒，败于寿春。岂不为欺天罔地所致者也？国富兵强，何足恃之！

周王仗锤于岐山，汉祖脱褐于泗水，我高祖起自陇州，盖明公只知其一未知其二，见其形未知其兆也。今与明公陈之，望审参焉。

昔周公承公刘之德，遇殷纣之暴，刳剔孕妇，涂炭生灵，剖贤人之心，断朝涉之胫，三分天下而二归周，文王率诸侯而朝之。至武王观兵孟津，八百诸侯不期而会，尚曰："彼有人焉，未可图也。"退归修德。观乎圣人去就，岂容易哉？及微子去，比干剖，箕子奴，民不聊生，皇天厌之，国人弃之，武王方援旗誓众，一举而灭纣者，盖天夺殷而与周也。我皇帝宵衣旰食，肩尧踵舜，父事三老，兄友百僚，推赤心于比干腹中，悬白日于微子头上，诸侯合德，百姓欢心。天下有人圣如周王、家有姬旦、户生吕望者乎？

汉祖承帝尧之德，遇秦皇无道，并吞六国，恃宇宙一家，焚烧诗书，坑灭贤哲，筑长城于紫塞，造阿房于皇州，鬼母哭蛇，人臣指鹿，民不聊生，皇天厌之，国人弃之。是以陈胜一呼，天下响应，汉祖西入，五星都聚者，盖天夺秦而与汉也。我皇帝方崇诗书，任贤哲，卑宫室，恤黔黎，野无歌凤之人，朝有问牛之杰。天下有人英如汉祖、家有韩信、户生张良者乎？

我高祖承玄元之德，遇隋炀荒淫，徭役不均，征敛无度，竭民生之财产，为巡幸之资粮，虎噬群贤，猱冞庶母，浮沉辽海，疏凿汴河，今年东征，明年西伐，民不聊生，皇天厌之，国人弃之。是以我高祖应天顺地，奄有四海者，盖天夺隋而兴唐也。我皇帝方澹泊声色，杜绝巡游，梦卜宰辅，倚注藩屏，思成垂拱，恶习干戈，皇天方赞，国人方欢。天下有人雄如唐祖、家有敬德、户生玄龄者乎？

而况越巂新州，牂牁故地，不在周封之内，非居禹迹之中。曩日边将邀勋，妄图吞并。得之如手加骈拇，失之若颔去赘瘤。九牛之落一毛，六马之亡半毳，何足喻哉！

仆虽自绛纱，素耽黄石。既探师律，亦识兵机。奉诏镇压三巴，抚安百姓。思敦礼乐，耻用干戈。每伤虞芮之争田，念姬周之让路。苟不获已，即须训戎。且蜀地阔数千里，郡列五十城，户口之多，士卒之众，可以挥汗成雨，吐气成云。盖缘从前元戎，皆是儒者，有昧见机而作，但守升平之规。虽分帝忧，不教民战。是以彼国得以深入，无备故也。仆示之以三令，教之以八阵，鼓声而进，钲动而退，甘与之共，苦与之均，义等埙篪，情犹瓜葛，悦礼乐而敦诗书，务耕桑而聚谷帛，使家藏甲胄，户贮干戈，赏罚并行，公私共贯，既识三略，便可七擒，不惟喝倒不周，亦可劈开太华。

况彼国自长庆以来，搔扰益部，杀人之父，孤人之子，掠人之妻，鳏人之夫。焚人之庐舍，使人暴露；翦人之桑麻，使人寒冻。蜀人怨恨，痛入骨髓。仆乘其众怒之势，示其暴怨之门。况抱鸡搏狸，不由人教；乳犬敌虎，自是物情。既仗宗庙之威灵，兼统华夏之精锐，若乘流纵棹，下坂推车，岂劳心哉？

仆官是宰衡，位当侯伯。披坚执锐，虽则未曾；济河焚舟，平生所贮。彼国将帅之强弱，邦国之盈虚，坐可酌量，何烦询诱？且六合之外，舟车不至，圣人不言。彼国在圣人不言之乡，舟车不及之地。纵主上英哲，人臣俊乂，亦犹烛龙衔耀，只可照于一方；春雷振声，不能过于百里。

天与不取，谈何容易！夫天有五贼，见之者昌。彼国纵晓六韬，未娴五贼，而欲泥封函谷，水灌晋阳，何其谬哉！五贼者，夏桀张罗，殷汤祝网，是以仁而贼不仁也；殷纣剖生人，周文葬枯骨，是以德而贼不德也；齐国厚征薄贷，鲁国厚贷薄征，是以恩而贼不恩也；项羽杀义帝，高祖举哀，是以义而贼不义也；陈后主骄奢，隋文帝恭俭，是以道而贼不道也。能行五贼，兼晓六韬，方可夺人山河，倾人社稷。我朝未有五失，彼国徒自陆梁。以此推之，兴亡可鉴。何劳远离庭户，始识安危；久习韬钤，方明胜负？而妄要姑息，不务通和；回示荒唐，一何乖戾！

罔念孔颜之知命，翻效莽坚之覆车。交趾丧亡，可知人事；新都失律，足见天时。欲慕平交，妄希抗礼，何异持衡称地，举尺量天？但百谷不趋东海，众星不拱北辰，则不可议也。苟未如是，则不可改图。昔管仲入周，不受上卿之礼；苏武在北，无亏中国之仪。事有前规，固难更易，况小不事大，《春秋》所诛。若彼直我曲，恐招天殃；既彼傲我谦，何患神怒。见已训齐士卒，调集糇粮，或玉露垂槐，金风动柳，建鼓数里，命车指南。涉隽吊民，渡泸会猎。继齐鲁之夹谷，绍秦赵之渑池。便是行人，岂遗佳策。

皇帝圣旨，已具前缄奉闻，臣下不复多谈，恐乖忠告。谨牒。

【注】

答南诏①牒②。①南诏：八世纪崛起于云贵高原的古代王国，由蒙舍部落首领皮罗阁于唐开元二十六年（738）建立，天复二年（902）为汉人权臣郑买嗣所灭。②答南诏牒：该文为胡曾任西川节度使掌书记时，代路岩所作，约作于公元871年底，当时南诏皇帝世隆野心勃勃，准备再次进攻成都，于是陈"木夹书"给路岩，路岩命胡曾答之。该文在《全唐文》中名为《代高骈回云南牒》，其实应为《代路岩回云南牒》。从《贺高相公除荆南启》及本文内容看出，胡曾在成都时未曾做过高骈的掌书记，现代学者文正义先生曾做详细论证。在民间，《答南诏牒》的名声很大，故采用此标题。五代人何光远在其《鉴诚录·卷二·判木夹》中云："胡曾破之数联，天下称为奇绝。"该牒大气磅礴，风雷激荡，字字千兵，文光四射，大树中华国威，大长华夏志气，发出后，南诏皇帝即宣布退兵。该文可谓中国军事史上的传奇之文、湖湘第一雄文。胡曾也一举成名，成为"一纸退兵""一牒平南"的传奇人物。

牒①。前件木夹②，万里离南，一朝至北③。①牒：文书，唐代把官府往来文书统称为文牒。②木夹：唐朝时西南夷用两漆板夹文书，刻字其上，以为信。③万里离南，一朝至北：时南诏国都城在今云南大理，与成都的直线距离约两三千里，但古代交通不便，说万里也不夸张。

开缄①捧读，辞藻②焕然③。奖饰④过多，欣慰何极！①缄：封。②辞藻：华丽的词语。③焕然：有光彩。④奖饰：褒奖优点，掩饰缺点。

实以乍回边镇①，才到藩篱②。且按此朝之旧仪，未委③彼国之新制。①边镇：边境重镇。②藩篱：原意指用竹木编成的篱笆栏栅，此处指边关。③委：任命。此句意思是，我才到成都，还按我们的老规矩，不知你们国家的新变化。该句采用了君国对臣国的口吻，虽然南诏国王世隆已经称帝，但是佯装不知道。

不知鹤拓①，惟认苴咩②。尚呼南诏之佳名，岂见大朝之美号。①鹤拓：南诏国都新换的名字。②苴咩（jūmiē）：即羊苴咩城，南诏国都的老名字，位于今大理城南的苍山中和峰下。此句意思是，我只知道南诏之佳名和羊苴咩城，不知鹤拓这个新国都和大礼这个新国号。

要从微耗，且是所宜。此句意思是，既然有了新名字，我们承认也是应该的。

伏承①骠信②王化风行，君德云被，雕题③屈膝，鴂舌④折腰，卉服⑤来庭，毳裘⑥入贡。①伏承：书信开头敬辞。②骠（piào）信：南诏国对其君王的称呼，如中原称"皇帝"一样。③雕题：额头上刺花纹，指西南少数民族。④鴂（jué）舌：伯劳鸟的舌音，指南方少数民族，《孟子·滕文公上》云"今也南蛮鴃舌之人"。⑤卉服：花衣服，《禹贡》云"岛夷卉服"，指海岛少数民族。⑥毳（cuì）裘：鸟兽毛皮衣服，指边远少数民族。此句抬举南诏国王的王化和德化，在西南区域如风行云披，以至于南诏国周边的少数民族纷纷屈膝、折腰、称臣、纳贡。

盖以深明豹略①，精究龙韬①，波伏②西天，草偃③南土者。①豹略、龙韬：古代兵书《六韬》中有《龙韬》《豹韬》篇，此处指精妙的兵法。②波伏：平伏波涛。③草偃：将草吹倒。此句抬举南诏国王骠信的武功，所以平定西南大片土地。

然侵轶①我华夏，无乃不可乎？①侵轶（yì）：侵犯袭击。此句大意是，虽然你们在西南无人能敌，难道就可以侵犯我们华夏吗？

将谓我皇帝有所负于彼邦，边臣有所负于彼国，虑彼直我曲，获罪于天，是陈木夹申怀，用贮荣报。此句大意是，将认为我大唐皇帝和边臣对不起贵国贵邦，认为我们理亏，获罪于天，所以送来木夹书，申述怨恨，并准备大的报复。

及披回示，已见事根，止于囚系使人①，放归彼国。始乎小怨，终此深仇。①囚系使人：咸通七年（866）三月，南诏遣清平官（相当于唐朝的宰相）董成出使唐朝，行至成都，西川节度使李福要董成按旧例跪拜参见。董成声称南诏王世隆已称帝，执意与李福只行平等之礼，李福一怒而命士兵殴打董成，并囚禁。后刘潼代李福为西川节度使，释放董成，奏遣还国。唐懿宗闻后诏董成到京城，召见后厚赐遣还。此句大意是，直到披览回复，终于了解到事情的根由，只不过囚禁了来使，放回了贵国。开始只是小怨，没想到最终结成深仇。

吞噬我朗宁①，虔刘②我交趾③，取我越隽④，犯我益州⑤。①朗宁：朗宁郡，辖地在今广西右江中下游及邕江流域一带。②虔（qián）刘：劫掠、杀戮。③交趾：汉武帝设交趾郡，辖今越南北部和广西、广东部分地区。④越隽：即越隽郡，西汉置，辖地在今四川西昌、会理一带。⑤益州：辖地包括今四川盆地和汉中盆地一带。

若报东门①，何乃再四？①报东门："东门"典故出自《左传》，后以"东门"指旧仇。此句大意是，如果说是要报旧仇的话，如何前后报了四次？

　　夫物居中者尊也，处外者卑也。是以众星拱之北辰，百谷趋之东海。天地尚不能违，而况于人？ 此句大意是，物处中间为尊，处外为卑，所以众星拱卫北斗，百谷水流东海，天地都不能违背，何况人呢？

　　我国家居天之心，宅地之腹，四方八表①，莫不辐辏，亦由北辰之于东海也。 ①八表：八方之外。此句大意是，我国位于天的中心，处在地的心腹，四方八荒，恰像车辐集中于车毂（gǔ）一样，我国的位置与北斗、东海是一样的。这段话的依据是中华传统文化中的华夏中心论，汉代《河图括地象》云"赤县之州，是为中则"，在这个天下大九州的概念中，神州赤县处于正中的位置。在此有形的地理中心之外，中国还是世界的文化中心，即中国有"礼仪之大，服章之美"，所以孔子说："夷狄之有君，不如诸夏之亡也。"由此提出了春秋大义、华夷之辨。这种文化中心论和地理中心论带来的中国人的"天朝上国"心理，一直延续到鸦片战争。

　　诚知土地山河，归于有德。虽云有德，亦须相时。苟无其时，安可妄动？ 这句应该是针对对方信中的话而发，意思是：土地山河自古以来都是归于有德者，然而，虽然说归于有德者，但还需要看时机，如果没有时机，也是不可以轻举妄动的。

　　明公①博识多闻，岂不见仲尼乎？仲尼之圣逾尧舜，颜子②之贤过皋夔③，六合茫茫，无立锥之地者，盖无其时也！ ①明公：有名位之人，此处尊称南诏皇帝世隆。②颜子：即颜回，孔门十哲之首，孔门七十二贤之首。③皋夔：皋陶和夔，皋陶是舜帝下属法官，夔是舜帝下属乐官。此句言孔子圣过尧舜，颜回贤过皋夔，但是生不逢时，穷困到无立锥之地。

　　适①使孔子生于秦末，乘胡亥之乱，用颜回、闵损②为宰相，子路③、冉有④领将军，子贡⑤、宰我⑥充行人⑦，子夏⑧、言偃⑨典书檄⑩，虽六合鼎沸，可期月而定也。 ①适：恰好。②闵损：尊称闵子，在孔门中以德行和老成持重著称，孔门十哲之次，其"芦衣顺母""鞭打芦花"的孝行位列中国"二十四孝"。③子路：即仲由，孔门十哲之一，性情刚直，好勇尚武，受儒家祭祀。④冉有：即冉求，尊称冉子，孔门十哲之一，以政事见称。⑤子贡：孔子的得意门生，孔门十哲之一，孔子曾称其为"瑚琏之器"，子贡以善于雄辩闻名，曾任鲁国、卫国之相。他还善于经商，有"君子爱财，取之有道"的"端木遗风"，后世有人奉之为财神。⑥宰我：孔门十哲之一，能言善辩，曾从孔子周游列国。⑦行人：外交官。⑧子夏：孔门十哲之一，孔子死后，他到魏国的西河（今山西河津）讲学，授徒三百，当时的名流公羊高、李克、田子方、段干木、李悝、吴起等都是他的学生。⑨言偃：字子游，吴地常熟人，孔门十哲中唯一南方弟子，孔子曾云："吾门有偃，吾道其南。"言偃于是被誉为"南方夫子"。⑩典书檄：典掌文书。该句说的孔子八个门徒出自《论语·先进》，子曰："从我于陈蔡者，皆不及门也。德行：颜渊、闵子骞、冉伯牛、仲弓；言语：子我、子贡；政事：冉有、子路；文学：子游、子夏。"此十人被誉为孔门十哲。此句言孔子若生在秦末，乘胡亥之乱，让颜回、闵损做宰相，子路、冉有做将军，子贡、宰我负责外交，子夏、言偃掌管文书，虽然天下大乱，一个月就可平定。

当此之时，刘项①只可都头②，韩彭③不过部将耳。圣人虽有帝天下之德，而无帝天下之时，终不妄动。①刘项：刘邦、项羽。②都头：一军统帅。③韩彭：韩信、彭越。

及子路欲使门人为臣，以为欺天乎。及自叹曰："凤鸟不至，河不出图，吾已矣夫！"止于负手曳杖，逍遥倚门，告终而已。此段大意是，孔子大病，子路安排门生给孔子做家臣，孔子病愈后生气道："我只是一介书生，从来没有家臣，你们这是要我欺骗谁呢，该不是要我欺骗老天吧！"到后来自叹："凤凰不出现，黄河不出龙马图，天意如此，我也没有希望了。"于是背着手，拿着拐杖，靠着家门逍遥度日，最终告别人世。

王莽不识天时，苻坚不知历数①，妄恃强富，争帝乾坤。莽以百万统师，来袭后汉，光武以五千之旅，破于昆阳；坚以六十万精兵，寇于东晋，谢元以八千之卒，败于寿春。岂不为欺天罔地所致者也？国富兵强，何足恃之！①历数：原指天文历法，后来指帝王承继的天命。此句言王莽和苻坚不知天命，王莽的百万大军被刘秀五千兵马败于昆阳，苻坚的六十万精兵被谢元八千人马败于寿春，这就是违背天地意志的结果。国富兵强，有什么可以凭恃的呢！

　　周王仗棰①于岐山②，汉祖脱褐③于泗水④，我高祖起自陇州⑤。盖明公只知其一未知其二，见其形未知其兆也。今与明公陈之，望审参焉。①仗棰：《韩非子》提出了君主控制臣下的"七术"，以察"六微"，就以周文王为例，其云："周主下令索曲杖，吏求之数日不能得。周主私使人求之，不移日而得之。乃谓使曰：'吾知吏不事事也，曲杖甚易也，而吏不能得，我令人求之，不移日而得之，岂可谓忠哉！'吏乃皆悚惧其所，以君为神明。"②岐山：周兴之地，在今陕西省宝鸡市岐山县。③脱褐（hè）：脱去粗布衣服，指摆脱贫贱。④泗水：汉朝龙兴之地，在今江苏省沛县。⑤陇州：唐高祖龙兴之地，在今甘肃省秦安县。此句大意：明公你看到周文王在岐山明察秋毫，看到汉高祖当泗水亭长时脱褐显贵，看到高祖在陇州发迹，于是产生错觉，认为你也可以龙兴南诏，其实你是只知其一，不知其二，只见表面，而不明白其中的征兆和奥妙。今天我跟您陈说一下，希望能参考。

　　昔周公①承公刘②之德，遇殷纣之暴，刳剔③孕妇，涂炭④生灵⑤，剖贤人之心⑥，断朝涉之胫⑦，三分天下而二归周，文王率诸侯而朝之。①周公：此处指周文王姬昌。②公刘：姬昌的祖先，德才兼备，文武双全。周朝的兴起除了周文王的功劳，还有弃、公刘、古公亶（dǎn）父三位奠基者，弃就是周始祖后稷，是舜帝的农业大臣；公刘则率族人从戎狄地区迁移到豳（bīn），在今陕西省旬邑县西南，史称"周道之兴自此始"；古公亶父则率族人从豳迁移到岐山，形成了国家的雏形，为后来周文王的"凤鸣岐山"提供了基地。③刳（kū）剔（tī）：剖杀。④涂炭：陷入泥沼，坠入炭火。比喻极其艰难困苦。⑤生灵：人民。⑥剖贤人之心：指殷纣王见"比干忠谏，谓其心异于人，剖而视之"。⑦断朝涉之胫（jìng）：指殷纣王"冬见朝涉水者，谓其胫耐寒，斩而视之"。胫：小腿。此句言周文王继承了公刘的德泽，三分天下有其二，虽然遇到了殷纣王的暴政，但时机未到，文王还是率领诸侯去朝拜纣王。

　　至武王观兵孟津，八百诸侯不期而会，尚曰："彼有人焉，未可图也。"退归修德。观乎圣人去就，岂容易哉？此话大意为，等到周武王在孟津阅兵、八百诸侯不约而来时，周武王却说："殷纣王手下还有人才，还不是讨伐的时候。"于是退归修德。从周武王的进退看出，想夺人江山哪有那么容易？

及微子①去，比干②剖，箕子③奴，民不聊生，皇天厌之，国人弃之，武王方援旗誓众，一举而灭纣者，盖天夺殷而与周也。①微子：周朝宋国的始祖，名启，殷纣王的庶兄，封于微(今山东梁山西北)，见纣王淫乱将亡，数谏不听，于是出走。周武王灭商，微子自缚投降。周公平灭武庚叛乱后，命微子统率殷族，奉其先祀，封于宋，孔子为其十九世孙。②比干：比干是纣王的叔叔，因强谏纣王，被纣王剖挖心肝而死。③箕子：箕子也是纣王的叔叔，因劝谏纣王不听而被迫披发装疯，被纣王贬为奴仆。武王伐纣后，箕子将夏禹传下的《洪范九畴》陈述给武王，然后率五千殷人东渡朝鲜，建立箕氏侯国。以上典故见之《论语》："微子去之，箕子为之奴，比干谏而死。孔子曰：殷有三仁矣。"此段大意：等到微子离开、比干被害、箕子为奴，民不聊生，皇天厌恶他，国人抛弃他，武王才举旗宣誓，一举灭掉商纣王，这其实是上天把商的江山夺过来给周啊！

我皇帝宵衣旰食①，肩尧踵舜②，父事三老③，兄友百僚，推赤心于比干腹中④，悬白日于微子头上⑤，诸侯合德，百姓欢心。天下有人圣如周王⑥、家有姬旦⑦、户生吕望⑧者乎？①宵衣旰(gàn)食：天不亮就穿衣，到了很晚才吃饭，形容政务繁忙，旰：晚。②肩尧踵(zhǒng)舜：与尧比肩看齐，紧跟舜的足迹。③三老：即太尉、司徒、司空三公。④推赤心于比干腹中：与比干一样的忠臣推心置腹。⑤悬白日于微子头上：像太阳一样照耀着微子那样的臣子。⑥周王：周文王。⑦姬旦：周公旦。⑧吕望：姜太公。

汉祖承帝尧之德①，遇秦皇无道，并吞六国，恃宇宙一家，焚烧诗书，坑灭贤哲，筑长城于紫塞②，造阿房于皇州③，鬼母哭蛇④，人臣指鹿⑤，民不聊生，皇天⑥厌之，国人弃之。是以陈胜一呼，天下响应，汉祖西入，五星都聚⑦者，盖天夺秦而与汉也。①汉祖承帝尧之德：刘邦乃尧帝之子丹朱的后裔。②紫塞：北方边塞，秦筑长城，土色皆紫，因称紫塞。③皇州：帝都。④鬼母哭蛇：刘邦斩白蛇，鬼母哭之。⑤人臣指鹿：赵高指鹿为马。⑥皇天：上天，常与"后土"连用。⑦五星都聚：金、木、水、火、土五大行星，由西向东近乎直线排列，也称“五星连珠”。《史记》记载：“汉王之入关，五星聚东井。”预示汉兴。

我皇帝方崇诗书，任贤哲，卑宫室①，恤黔黎②，野无歌凤③之人，朝有问牛④之杰。天下有人英如汉祖、家有韩信、户生张良者乎？①卑宫室：即不看重豪华的宫殿。②黔黎：黎民百姓。③歌凤：怀才不遇而避世。典出《论语注疏·微子》，讽刺孔子不得志。④问牛：关心百姓疾苦。典出《汉书·丙吉传》，西汉宣帝时期丞相丙吉出访，见人斗殴不管，见牛气喘则问，人责其只重畜不重人，丙吉言春天牛喘不正常，会影响农事。

我高祖承玄元①之德，遇隋炀荒淫，徭役不均，征敛无度，竭民生之财产，为巡幸之资粮，虎噬群贤，猱烝庶母②，浮沉辽海③，疏凿汴河④，今年东征，明年西伐，民不聊生，皇天厌之，国人弃之。是以我高祖应天顺地，奄⑤有四海者，盖天夺隋而兴唐也。①玄元：即老子李耳，唐朝皇帝奉老子为始祖，唐高宗李治追谥老子为“太上玄元皇帝”，唐玄宗李隆基又给老子加尊号为“圣祖大道玄元皇帝”。②猱烝（náo zhēng）庶母：隋炀帝杨广和其父隋文帝杨坚的妃子通奸。猱即猴子。烝即与母辈淫乱。③浮沉（chén）辽海：指隋炀帝杨广三次征讨高句丽（gōu lí)有劳无功。辽海：此处指高句丽王朝，时都城在今朝鲜平壤。④疏凿汴河：开凿大运河。⑤奄（yǎn）：覆盖。

我皇帝方澹泊声色，杜绝巡游，梦卜宰辅①，倚注藩屏②，思成垂拱③，恶习干戈，皇天方赞，国人方欢。天下有人雄如唐祖、家有敬德④、户生玄龄⑤者乎？①梦卜宰辅：像商王因梦得贤相傅说、周文王因占卜得太师吕尚一样。②倚注藩屏：依赖器重封疆大吏。③垂拱：垂衣拱手，即轻松地治理天下。④敬德：即尉迟恭（585—658），唐朝开国名将，凌烟阁二十四功臣之一，后世将他和秦琼尊为民间驱鬼避邪、祈福求安的门神。⑤玄龄：即房玄龄（579—648），唐初名相，李世民得力的谋士之一。“房谋杜断”这个成语用来形容房玄龄的谋划和杜如晦的决断，二人为良相的典范。

而况越隽①新州，牂牁②故地，不在周封③之内，非居禹迹④之中。曩日⑤边将邀勋⑥，妄图吞并。得之如手加骈拇⑦，失之若颔⑧去赘⑨瘤。九牛之落一

毛，六马之亡半毳⑩，何足喻哉！①越嶲（jùn）：郡名，西汉置，辖地在今四川西昌、会理一带。②牂牁（zāng kē）：郡名，汉武帝元鼎六年（前111年）置，大致在今贵州境内。③周封：周王朝的封地。④禹迹：夏禹分天下为九州，后称中国的疆域为禹迹。⑤曩（nǎng）日：往日，以前。⑥邀勋：邀功。⑦骈拇（pián mǔ）：指手脚上多生的指，也称骈拇枝指。⑧颔（hàn）：下巴。⑨赘（zhuì）：多余的。⑩毳（cuì）：寒毛。

仆①虽自绛纱②，素耽③黄石④。既探师律⑤，亦识兵机⑥。奉诏镇压三巴⑦，抚安百姓。思敦礼乐，耻用干戈⑧。①仆（pú）：书信谦词，即我。②绛纱：深红色纱袍，古代朝服，所谓进贤冠、绛纱袍，始于周代，直到明朝。此处指文官。③素耽（dān）：向来沉迷。④黄石：黄石公授予张良的兵书《黄石公三略》，代指兵书。⑤师律：军队的纪律，出自《易经·师卦》，象曰："师出以律，失律，凶也。"⑥兵机：用兵的机谋。⑦三巴：巴郡、巴东、巴西合起来的古称，相当今四川嘉陵江和綦（qí）江流域以东的大部地区。⑧思敦礼乐，耻用干戈：想采用礼乐来教化，耻用武力镇压。

每伤虞芮之争田①，念姬周②之让路。①虞芮（ruì）之争田：该典故出自《史记·周本纪》："西伯阴行善，诸侯皆来决平。于是虞、芮之人有狱不能决，乃如周入界，耕者皆让畔，民俗皆让长。虞、芮之人未见西伯，皆惭，相谓曰：'吾所争，周人所耻，何往为，只取辱耳。'遂还，俱让而去。诸侯闻之，曰西伯盖受命之君。"②姬周：姬姓周国。此句言虞（在今山西平陆县）、芮（在今陕西大荔县）两国之君争田，想请周文王评理，入周后看到周人皆是谦让，然后羞愧而回。

苟不获已，即须训戎①。①训戎：训诫军旅。意思是，如果我自己不能实现这个理想，则必须训诫军旅，先用武力平定再说。

且蜀地阔数千里，郡列五十城，户口之多，士卒之众，可以挥汗成雨，吐气成云。此句意蜀地地广、人多、势众。

盖缘从前元戎①，皆是儒者，有昧②见机而作，但守升平之规。虽分帝忧，不教民战。是以彼国得以深入，无备故也。①元戎：主将。②昧：暗。此句大意：从前主将都是书生，不懂见机而作，只能守住太平。虽然能为皇帝分忧，但是没有教导民众作战。所以你们才可以侵入，这无疑是我们没准备罢了。此段颇有人民战争的思想！

仆示之以三令①，教之以八阵②，鼓声而进，钲③动而退，甘与之共，苦与之均，义等埙篪④，情犹瓜葛⑤。①三令：即三令五申，三令：一令观敌之谋，视道路之便，知生死之地；二令听金鼓，视旌旗，以齐其耳目；三令举斧钺，以宣其刑赏。五申：一申赏罚，以一其心；二申视分合，以一其途；三申画战阵旌旗；四申夜战听火鼓；五申听令不恭，视之以斧钺"。②八阵：诸葛亮创设，主帅掌中军，中军周围八个阵按八卦方位排列。③钲（zhēng）：古代铜制乐器，鸣钲是军队撤退的命令。④埙篪（xūn chí）：官兵亲密和睦。埙、篪皆古代乐器，二者合奏时声音相应和。⑤瓜葛：瓜和葛都是蔓生的植物，比喻官兵亲近。

悦礼乐而敦诗书①，务耕桑②而聚谷帛③，使家藏甲胄④，户贮干戈⑤，赏罚并行，公私共贯⑥，既识三略⑦，便可七擒⑧，不惟喝倒不周⑨，亦可劈开太华⑩。①敦诗书：敦促《诗经》《尚书》的普及。②耕桑：种田与养蚕。③谷帛：谷物与布帛。④甲胄（zhòu）：盔甲衣胄。⑤干（gān）戈：干为防具，戈为武器。⑥共贯：贯通。⑦三略：《黄石公三略》。⑧七擒：类比诸葛亮七擒孟获。⑨喝倒不周：喊倒不周山，借共工撞倒不周山之典。⑩劈开太华：借汉代刘沉香劈开华山救出其母之典故，太华即西岳华山，在陕西省华阴市南，因其西有少华山，故称太华。

况彼国自长庆①以来，搔扰益部②，杀人之父，孤人之子，掠人之妻，鳏③人之夫。焚人之庐舍，使人暴露；蔫人之桑麻，使人寒冻，蜀人怨恨，痛入骨髓。①长庆：唐穆宗李恒的年号，从821年正月至824年十二月，共计4年。②益部：即益州，今四川。③鳏（guān）：无妻。

仆乘其众怒之势，示其暴怨之门。况抱鸡搏狸，不由人教；乳犬敌虎，自是物情。大意是，我乘蜀地民众对你们的愤怒之势，告诉他们报复的方法。况且用鸡来诱杀狐狸，不要人去教；哺乳的母狗为保护幼狗，敢咬来犯的老虎，这也是动物之常情。抱鸡搏狸、乳犬敌虎二典故出自《淮南子》："乳狗之噬虎也，伏鸡之搏狸也，恩之所加，不量其力。"此处反其意而用之。

　　既仗宗庙①之威灵，兼统华夏之精锐，若乘流纵棹②，下坂推车③，岂劳心哉？①宗庙：帝王祖宗庙宇。②乘流纵棹（zhào）：顺流行船。棹：类似桨的划船工具。③下坂（bǎn）推车：下坡推车。坂：山坡。此句言有宗庙神灵保佑，又有华夏精锐部队，要打赢你们就好像顺水行舟、下坡推车一样容易！

　　仆官是宰衡①，位当侯伯②。披坚执锐③，虽则未曾；济河焚舟④，平生所贮。①宰衡：王莽曾被汉帝加宰衡的封号，因周公为太宰、伊尹为阿衡，于是取周、伊之尊加莽，后指宰相。②侯伯：侯爵与伯爵。唐朝爵位分为九等：一等王，食邑万户，正一品；二等嗣王、郡王，食邑五千户，从一品；三等国公，食邑三千户，从一品；四等开国郡公，食邑二千户，正二品；五等开国县公，食邑一千五百户，从二品；六等开国县侯，食邑千户，从三品；七等开国县伯，食邑七百户，正四品上；八等开国县子，食邑五百户，正五品上；九等开国县男，食邑三百户，从五品上。　③披坚执锐：穿着铁甲，拿着锐器。④济河焚舟：渡过了河，把船烧掉，出自《左传》"秦伯伐晋，济河焚舟"。此句大意为：我的官位是宰相，有侯伯之尊，虽然从来没有戎装上阵，但是做个"济河焚舟"的指挥官，还是我平生的志向。（从这句话可以看出，胡曾是代路岩作此牒，而非代高骈，因为高骈一直是披挂上阵的武将。）

　　彼国将帅之强弱，邦国之盈虚，坐可酌量，何烦询诱①？①询诱：套话、探问。此句大意为，你们国家将帅的水平，国家的实力，坐下来斟酌一下就知道了，根本不需要再三打听。

　　且六合①之外，舟车不至，圣人不言。①六合：天、地、东、南、西、北谓六合。此句意思为：六合之外，车船不到，圣人也不说。该典出自《庄子》："六合之外，圣人存而不论。"

　　彼国在圣人不言之乡，舟车不及之地，纵主上英哲，人臣俊乂①，亦犹烛龙②衔耀③，只可照于一方；春雷振声，不能过于百里。①俊乂（yì）：贤能。乂：贤才。②烛龙：古代神话中的钟山山神。据《山海经》记载，烛龙人脸蛇身，住在北方极寒之地，睁开眼为白昼，闭上眼为夜晚，呼气为冬天，吸气为夏天，能呼风唤雨。③衔耀：衔烛照耀。西北幽冥之处，日光不到，于是烛龙衔烛照耀之。此句大意为：你们国家在圣人不言之乡，车船不到之地，纵然国君英明，人臣贤能，也只不过是烛龙衔烛，只能照耀一方；春雷震动，不能闻过百里。此句大气磅礴，有泰山视小丘、苍天视井蛙之势也！

天与不取，谈何容易！夫天有五贼[①]，见之者昌。彼国纵晓六韬[②]，未娴五贼，而欲泥封函谷[③]，水灌晋阳[④]，何其谬哉！①五贼：贼即伤害，"天有五贼，见之者昌"出自《黄帝阴符经》，其五贼为金、木、水、火、土，道教的五贼为命、物、时、功、神。此处作者化用为"仁、德、恩、义、道"，"贼"在此为夺取的意思。②六韬：西周吕望所撰兵书，分文韬、武韬、龙韬、虎韬、豹韬、犬韬。③泥封函谷：王元劝说隗嚣割据的狂言，即"请以一丸为大王东封函谷关"。④水灌晋阳：春秋时智瑶弄巧成拙的典故。公元前455年，智瑶氏胁迫韩、魏两家攻打赵襄子，并引水淹灌晋阳城，城中百姓易子而食，然城依旧屹立，后赵与韩、魏里应外合，共灭智氏，三家分晋。晋阳在今山西省太原市晋源区。此句大意是：上天给了机会，但是不去夺取，这是多么不容易啊！因为天有五贼，明白天意才能昌盛。你国虽然知道"六韬"，不知道"五贼"，却想着像隗嚣那样以一丸泥东封函谷关，像智瑶那样引水淹灌晋阳城，这是何等荒谬啊！

五贼者，夏桀张罗，殷汤祝网，是以仁而贼不仁也；殷纣剖生人，周文葬枯骨[①]，是以德而贼不德也；齐国厚征薄贷，鲁国厚贷薄征，是以恩而贼不恩也；项羽杀义帝，高祖举哀，是以义而贼不义也；陈后主骄奢，隋文帝恭俭，是以道而贼不道也。①周文葬枯骨：该典故出自《吕氏春秋·孟冬纪·异用》："文王贤矣，泽及髊骨，又况于人乎？"此句大意是：五贼的情况是，夏桀张网四面，殷汤网开一面，这是仁夺不仁；殷纣剖杀活人，周文埋葬枯骨，这是德夺不德；齐国多征少贷，鲁国多贷少征，这是恩夺不恩；项羽杀义帝熊心，高祖为义帝哀悼，这是义夺不义；陈后主骄奢，隋文帝恭俭，这是道夺不道。

能行五贼，兼晓六韬，方可夺人山河，倾人社稷[①]。我朝未有五失[②]，彼国徒自陆梁[③]。①社稷：古代帝王所祭的土神和谷神，借指国家。②五失：即五贼之不仁、不德、不恩、不义、不道。③陆梁：嚣张、跋扈。

以此推之，兴亡可鉴，何劳远离庭户，始识安危；久习韬钤①，方明胜负？而妄要姑息，不务通和，回示荒唐，一何乖戾②！①韬钤（qián）：《六韬》《玉钤篇》两部兵书的并称，此处指交战。②乖戾：急躁易怒。此句大意是：懂历史的人推理一下，就可以借鉴兴亡的道理，你们何必要远离庭户，跑这么远才知道安危，何必要多次发起侵略战争才知道胜负呢？你们狂妄地要求我们宽容，却不真正地去实现和平，回信也这么荒唐，你们是多么乖张暴戾啊！

罔①念孔颜之知命②，翻效莽坚之覆车③。交趾丧亡④，可知人事；新都失律⑤，足见天时。①罔（wǎng）：不，没有。②知命：孔子云："不知命无以为君子"。③覆车：翻车、失败。④交趾丧亡：指公元866年高骈在安南(今越南)交趾城大破南诏。⑤新都失律：指公元870年2月，颜庆复在新都(位于成都府北45里)大破南诏军。此句大意是：不念孔子颜回的"知命"，反而要效仿王莽、苻坚之失败，交趾惨败，就可知人事，新都失利，足以见天时。

欲慕平交，妄希抗礼，何异持衡称地，举尺量天？但百谷不趋东海，众星不拱北辰，则不可议也。苟未如是，则不可改图。此句大意是：你们希望跟我国平起平坐、分庭抗礼，这不好比拿秤称地、拿尺量天一样狂妄吗？除非百河不流向东海、众星不拱卫北斗，否则不要痴心妄想、图谋中原。

昔管仲入周①，不受上卿之礼；苏武在北，无亏中国之仪。事有前规，固难更易，况小不事大，《春秋》所诛②。①管仲入周：齐桓公三十八年（前648），管仲为齐国的国相，率兵为周室平定了戎狄的进攻，周天子要用上卿之礼接待管仲，管仲觉得只有周王室的丞相才配这个礼，自己是诸侯国的国相，没有资格接受，于是受下卿之礼而还。②小不事大，《春秋》所诛：出自西晋孙楚的《为石仲容与孙皓书》："盖闻见机而作，《周易》所贵；小不事大，《春秋》所诛。"诛：谴责。此句大意是：昔日管仲作为诸侯国齐国之相，不敢接受周天子的上卿之礼；苏武被匈奴所囚，也未改变中国的礼仪。这些礼仪规矩自古就是如此，你们想改变很难，况且小国不侍奉大国，为史书所世世代代谴责。

若彼直我曲，恐招天殃；既彼傲我谦，何患神怒。见已训齐士卒，调集糗①粮，或玉露垂槐，金风动柳，建鼓数里，命车②指南。①糗（qiǔ）：干粮。②命车：天子所赐的车。此句大意是：如果你国理直、我国理亏，那我们愿意遭到天谴，现在是你国傲慢我国谦逊，我们怕什么天神发怒呢？现已训练好士卒，调集好干粮。或许在秋露垂槐、秋风动柳的时候，战鼓数里响起，兵车指向南方。

涉隽吊民，渡泸会猎。继齐鲁之夹谷，绍①秦赵之渑池。便是行人，岂遗佳策。①绍：继承。此句大意是：我们会到达越隽，去悼念那些受到侵害的人民，会渡过泸水与你们决战。像当年齐鲁夹谷之会、秦赵渑池之会一样取得胜利。即使是碰到赶路的商人，我们也不会遗漏他们的好计策。

皇帝圣旨，已具前缄奉闻，臣下不复多谈，恐乖①忠告，谨牒。①乖：违背。此句大意是：我们皇帝的圣旨，上一封信中已告知了你们，我在此不多谈，但担心你们违背忠告，故谨以此牒告之。

【解】

《孙子兵法》云："百战百胜，非善之善者也；不战而屈人之兵，善之善者也。"《三国志》云："用兵之道，攻心为上，攻城为下；心战为上，兵战为下。"作为一介书生的胡曾，用一篇两千字的《答南诏牒》，让不可一世的南诏皇帝世隆退兵，既创造了中国军事史上的奇迹，也创造了中国文学史上的奇迹。"故善战者之胜也，无奇胜，无智名，无勇功"，在中国历史上，周有鲁仲连"一箭下聊城"，唐有胡曾"一纸退兵"，二人皆是不战屈人之兵的善之善者。

"天子重英豪，文章教尔曹。万般皆下品，唯有读书高。"自从隋朝科举取士以来，大部分读书人将文章作为博取荣华富贵的晋升之梯，以实现"朝为田舍郎，暮登天子堂"的梦想，沉迷于章句小楷，流连于吟诗作对，甚至出现了"平时袖手谈心性，临危一死报君王"的书呆子，真正做到"以文化人"的人很少，能达到"经国之大业"层次的文章也很少。

胡曾作为唐代湖南三大诗人之一，开创了湖湘文化"经世济用"的先河，他的咏史诗不像汉魏才子、晋宋诗人那样崇尚"绮丽瑰琦"，而是专注于"美盛德之形容，刺衰政之荒怠"，以平易的语言"裨补当代"；而其雄文《答南诏牒》则以"喝倒不周""劈开太华"之力，以"黄河出关""泰山压顶"之势，让南诏皇帝世隆在"师出无名""不识时务""不自量力""自惭形秽"的悔悟中识趣退兵，在"斗而不破""雷霆雨露""刚柔相济""以理服人"的开化中，南诏世隆也对西川节度使路岩以礼相待，换来了西川两年多难得的和平。胡曾"一牒平南"的传奇，将文章之功力发挥到了"以文化武"的最高境界。

文以载道，道而生理，有理而就有势，有势就有力，有力然后能服人、化人！于是文章能有"不战而屈人之兵"之功。

在《答南诏牒》中，我们可以来看看胡曾精心组织、匠心独运了哪些道理。

第一，天道、地道、人道而生出的尊卑之道。文中说："夫物居中者尊也，处外者卑也。是以众星拱之北辰，百谷趋之东海，天地尚不能违，而况于人？我国家居天之心，宅地之腹，四方八表，莫不辐辏，亦由北辰之于东海也。"摆明了中国的中心之位、尊贵之位，同时将南诏国置于从位、卑位，文中以蔑视的口吻说："越嶲新州，牂牁故地，不在周封之内，非居禹迹之中……得之如手加骈拇，失之若领去赘瘤""彼国在圣人不言之乡，舟车不及之地，纵主上英哲，人臣俊乂，亦犹烛龙衔耀，只可照于一方，春雷振声，不能过于百里。"再历数周文王、汉高祖、唐高祖的累世积德与高贵血统，以反衬南诏皇帝的蛮夷血脉，这种一尊一卑、一主一从、一贵一贱的强烈对比，"天地尚不能违"的大道，足以让南诏国王心生自卑。当最后雷霆万钧、理直气壮地说出"欲慕平交，妄希抗礼，何异持衡称地，举尺量天""小不事大，《春秋》所诛"时，南诏国王也只有战战兢兢、退而思过的份儿了。

第二，天道、人道而生出的王朝兴替之道。南诏国王在其《木夹书》中炫耀其德被西南、兵强马壮，而发出了"借锦江饮马"的狂言。作者以"孔子圣逾尧舜，而六合茫茫无立锥之地"来讽刺其不入道，以"王莽不识天时而败于光武、苻坚不知历数而败于谢元"来讽刺其耀武扬威。然后以周代商、汉代秦、唐代隋为例，来开示王朝更替的大道理，以本朝皇帝"圣如周王、家有姬旦、户生吕望""英如汉祖、家有韩信、户生张良""雄如唐祖、家有敬德、户生玄龄"来形成震慑之势，以"能行五贼，兼晓六韬，方可夺人山河，倾人社稷，我朝未有五失，彼国徒自陆梁"来教训其狂悖。如此理直气壮，足以让南诏皇帝自叹痴狂、知趣而退。

第三，全民皆兵、同仇敌忾的人民战争之道。文中说："示之以三令，教之以八阵，鼓声而进，钲动而退，甘与之共，苦与之均，义等埙箎，情犹瓜葛"，就与《孙子兵法》"上下同欲者胜"相合；"况彼国自长庆以来，搔扰益部，杀人之父，孤人之子，掠人之妻，鳏人之夫，焚人之庐舍，使人暴露，剪人之桑麻，使人寒冻，蜀人怨恨，痛入骨髓"，就形成了"众怒之势"，就有了"修我戈矛，与子同仇"的人民意志，就有了"抱鸡搏狸，不由人教，乳犬敌虎，自是物情"的斗志。这种有理有据的战争宣言，就形成了"既识三略，便可七擒，不惟喝倒不周，亦可劈开太华"的磅礴力量，足以让南诏国王心生畏惧、闻风丧胆。

除了以上三点"文载之道"，当然还有胡曾以扛鼎之笔写出来的"载道之文"。《易经》云"鼓天下之动者存乎辞"，孔子云"言之无文，行而不远"，胡曾作为唐朝一流的骈文高手，下笔阃中肆外，如骑士一般，张弛有度，收放自如，论史如探囊取物，论理如日照残霜，论兵如胜券在握，论势如飞流直下，洋洋洒洒的骈文，风驰电掣，所向披靡，一文既成，如黄钟大吕，响彻天下。

胡曾以如椽之笔，写退敌之文，立功又立言，垂道亦垂术，自然形成了湖湘文化的独特气质。自此，湖南出现了很多带兵的儒将儒帅，尤其在晚清和民国时期。他们都善于用文章来鼓动天下、征服对手。著名的有蔡锷的《讨袁檄文》、曾国藩的《讨粤匪檄》，蔡锷和曾国藩所面对的战争场面和影响要大得多，但是从效果来看，都比不上《答南诏牒》。因为《答南诏牒》发出后，南诏王即退兵通和，而《讨袁檄文》和《讨粤匪檄》发出后，还经历了长时间的战争，得到了敌人内部瓦解的帮助，才最终取得胜利。

因此，无论从时间先后，还是从文章分量来看，《答南诏牒》都可以说是湖湘文化"经世济用"的第一雄文。如果按照后来湘乡派始祖曾国藩所提出的"义理、考据、辞章、经济"来看，这篇文章也是四点俱到、四面俱精，其退敌传奇，足可代表了经世济用、安邦定国的湖湘文化，也开创了湖南读书人在国难之时带兵打仗的风气，而相比传统的武将，湖南文人打仗更有系统观、大局观，懂得"先动天下之心"，然后再施之武力，军事与政治相辅相成，文化与武服并行不悖。而在一千多年前，该文就提出了全民皆兵的人民战争思想，更是难得。

当然，昔日的南诏国现在已大部分纳入了中华人民共和国的版图，《答南诏牒》中的华夏中心论也有待与时俱进，平等团结已经是时代的主旋律，但是作为一个整体的中华民族，其民族自豪感和文化自信还是不能放弃的。

2　剑门寄上路相公启

某启。某荜户庸人，荷衣贱子。道惭墨妙，业愧笔精。效枚叟之文章，虽怜七岁；感潘生之岁月，已叹二毛。失路肠回，迷邦足刖。蚁栖培塿，蛙伏潢洿。自笑柴愚，谁怜参鲁。尚思逐鹿，未分牵羊。将趋涣汗之程，讵学邯郸之步。但以才非迥出，性乏孤标。虽勤测管之窥，终类正墙之视。有心吐凤，无梦怀蛟。不痓曹操之头，虚刺苏秦之股。诚宜世弃，敢望时来？方嗟碌碌之生，忽忝戈戈之幸。朽株委地，永甘夫子之捐；枯骨凝尘，岂料昭王之市。遍身德泽，满目恩辉。宁止负嵩，仍兼戴华。既蒙蜀顾，敢望秦留。即爱面走鹿头，背驰鹑首。如升青昊，似入元都。不知剑阁之艰，岂宽刀州之远。

伏惟相公神资重器，天纵伟才。邦国金城，朝廷玉烛。文高庾月，词峻谢山。才见紫髯，便居黄阁。陶钧百辟，启沃一人。议平吴皓之时，虽云推局；报破秦坚之日，不废围棋。故能早执化权，久司政柄。今则暂辞龙阙，来镇龟城。将军之细柳虽新，丞相之盐梅仍旧。不烦壮士，自伏雄图。扬麾而氛雾晨销，按节而妖星夜落。刘焉原野，昔为累卵之乡；杜宇山河，今作覆盆之地。

曾实惭孤陋，叨沐招延。郑驿将穷，燕台渐近。那能倚马，妄窃攀龙。仰天上之程途，已亲台席；指人间之歧路，尚感客星。披雾非遥，拜尘在即。无任云云。

【注】

剑门①寄上路相公②启③。①剑门：即剑门关，在今四川省广元市剑阁县，此处七十二峰，峰峰似剑，大小剑山两山对峙，状似一道门，故称剑门。三国时诸葛亮伐魏，在大剑山断崖之间的峡谷隘口砌石为门，谓之剑阁。隋唐时剑阁始称剑门关，乃中原入蜀的陆地唯一通道，安史之乱唐玄宗逃难经此入蜀，后因黄巢之乱，唐僖宗亦经剑门关入蜀。剑门关离成都六百里。②路相公：即路岩（829—874），今山东冠县人，唐大中年间进士，体貌伟丽，美须髯。曾任屯田员外郎、翰林学士、兵部侍郎、同中书门下平章事、尚书左仆射等职，唐懿宗咸通五年（864）居相位，与驸马韦保衡共执国柄，"二人势动天下"。后与韦保衡交恶，被贬出京城，出任剑南西川节度使，因西山八国入朝、南诏退兵之功，再入京升迁为中书令，封魏国公，重掌大权。唐僖宗乾符元年（874），被视为有"异图"，先移任江陵（今湖北荆州）荆南节度使，赴任途中被贬为新州（今广东新兴县）刺史，到江陵后，头须皆白，又遭免官、抄家、流放儋（dān）州（今海南）。路岩走到新州，皇帝下诏赐死。路岩在新、旧《唐书》皆有传。③启：书信，书启。此启骈文华丽，用典精妙，谦卑有礼，含章可贞，乃初谒上司之范文也。

某①启。某荜户②庸人③，荷衣④贱子⑤。①某：自我谦称。②荜（bì）户：用荆条竹木做成的房子，形容家境贫寒。③庸人：庸碌之人。④荷衣：用荷叶做的衣裳，形容家境贫寒。⑤贱子：卑贱之子。

道惭墨妙，业愧笔精。自谦，惭愧自己的道德、事业对不起精妙的笔墨。

效枚叟①之文章，虽怜七岁；感潘生②之岁月，已叹二毛。①枚叟：即枚乘，西汉人，汉景帝时弘农都尉，其创作的《七发》标志着汉代散体大赋的正式形成，并形成了一种主客问答形式的文体"七体"。②潘生：即潘安，西晋人，在文学上与陆机并称"潘江陆海"，与石崇、陆机、刘琨、左思等并为"金谷二十四友"，同时被誉为"古代第一美男"，有"美如宋玉，貌若潘安"之说。③二毛：黑发中有白发，出自潘安之文"晋十有四年，余春秋三十有二，始见二毛"。此句意思是：我七岁开始效仿枚叟的文章，现在头上已经有白发，到了潘生所感叹的三十二岁了。古人年龄计虚岁，可见作此文时，作者已虚岁 32 岁。而从史载咸通十二年（871）四月路岩出京任剑南西川节度使，即可推算出胡曾生于 840 年。

失路肠回①**，迷邦足刖**②。①失路肠回：失路即迷路，肠回即忧思回环往复，内心焦虑不安。出自梁简文帝《应令》："望邦畿兮千里旷，悲遥夜兮九回肠。"②迷邦足刖（yuè）：迷邦出自《论语》"怀其宝而迷其邦"，指怀才不遇。足刖指古代的一种酷刑，把脚砍掉，出自"昔卞和献宝，楚王刖之"。此句指怀才不遇、报国无门。

蚁栖培塿①**，蛙伏潢洿**②。①培塿（lǒu）：本作"部娄"，小土丘。②潢洿（huáng wū）：池塘。洿，浊水不流也。此句大意为，像蚂蚁生活在小土丘、青蛙生活在浊池塘一样，指生活在社会底层。

自笑柴愚，谁怜参鲁。柴愚、参鲁出自《论语》："柴也愚，参也鲁，师也辟，由也喭（yàn）。"指孔子的四个学生"高柴愚直，曾参迟钝，颛孙师偏激，仲由鲁莽。"

尚思逐鹿①**，未分牵羊**②。①逐鹿：出自《史记·淮阴侯列传》"秦失其鹿，天下共逐之，于是高材疾足者先得焉。"②牵羊：出自《史记·宋微子世家》："周武王克殷，微子乃持其祭器造于军门，肉袒面缚，左牵羊，右把茅，膝行而前以告。"此句表示自己位卑但心怀壮志，想做逐鹿的韩信，但是没有随周武王克殷牵羊的份。

将趋涣汗①**之程，讵**②**学邯郸之步**③。①涣汗：指帝王的圣旨、号令。②讵（jù）：怎。③学邯郸之步：邯郸学步的意思。此句表示自己有心报国，可事与愿违，没有进步。

才非迥①**出，性乏孤标**②。①迥（jiǒng）：远，异。②孤标，原指山、树等特出的顶端，这里指性格品行出众。此句谦指自己不是那种才华气质出众的人。

　　虽勤测管之窥①，**终类正墙之视**②。①测管之窥：从竹管里看天，用瓢测量海水，出自东方朔《答客难》："以管窥天，以蠡测海。"②正墙之视：出自《论语》："子谓伯鱼曰：'女为《周南》《召南》矣乎？人而不为《周南》《召南》，其犹正墙面而立也与？'"朱熹注："正墙面而立，言即其至近之地，而一物无所见，一步不可行。"此句意思是：虽然勤于从管中窥天，但是最终却是正对墙面，一无所获。

　　有心吐凤，无梦怀蛟。吐凤、怀蛟均典出汉代《西京杂记》卷二，扬雄曾"梦吐凤凰，集《玄》之上"，董仲舒"梦蛟龙入怀，乃作《春秋繁露》词"，后因以"吐凤、怀蛟"比喻才学卓异。此句言自己虽然有志于文学，但写不出好文章。

　　不痊曹操之头，虚刺苏秦之股。陈琳写《为袁绍檄豫州文》痛骂曹操，曹操有华佗治不好的头痛，看陈琳的文章后头痛痊愈。《战国策》云："（苏秦）读书欲睡，引锥自刺其股。"此句谦指自己像苏秦那样努力学习，但是没能写出陈琳那样的文章来。

　　诚宜世弃，敢望时来。意思是为世所抛弃是应该的，没有奢望时来运转。

　　方嗟碌碌之生，忽忝①**戋**②**戋之幸。**①忝（tiǎn）：谦辞，有愧于。②戋（jiān）戋：形容少、浅狭。刚刚嗟叹碌碌无为的人生，忽然有愧于恩公带来的小幸运。

　　朽株委地①，**永甘夫子**②**之捐**；①朽株委地：腐朽的树桩委之于地。②夫子：老师，此处指宰相路岩。此句意思是自己的穷困潦倒之时，忽然得到了路岩的帮助。

　　枯骨凝尘，岂料昭王之市。干枯的马骨凝结为尘土，没料遇到有"千金买马骨"之风的燕昭王的青睐。

　　遍身德泽，满目恩辉。全身布满德泽，满眼都是恩辉。

　　宁止负嵩，仍兼戴华。指愿意背负嵩山华山一样的重任。

　　既蒙蜀顾，敢望秦留。既然蒙相公照顾去蜀，就不再奢望留秦了，留秦的目的应该是继续参加科举考试。

　　即爱面走鹿头①，**背驰鹑首**②。**如升青昊**③，**似入元都**④。①鹿头：指唐置鹿头关，在今四川省德阳市鹿头山上，为西川防守要地。②鹑（chún）首：指秦地，《晋书·天文志》云："自东井十六度至柳八度为鹑首，于辰在未，秦之分野，属雍州。"鹑指凤凰类神鸟。③青昊（hào）：青天。④元都：即玄都，道教传说中神仙所居之地。此句表示作者由秦入蜀的愉快心情。

不知剑阁①**之艰，岂宽刀州**②**之远。**①剑阁：指剑门关天险及剑门蜀道。②刀州即益州，典出《晋书·王濬传》："濬夜梦悬三刀于卧屋梁上，须臾又益一刀，濬惊觉，意甚恶之。主簿李毅再拜贺曰，'三刀为州字，又益一者，明府其临益州乎？'及贼张弘杀益州刺史皇甫晏，果迁濬为益州刺史。"后因以刀州为益州的别称。从长安到益州有两千里，中间有蜀道之难，此句表作者不畏剑门关的艰难、成都的遥远。

伏惟①**相公**②**神资重器**③**，天纵伟才。邦国金城**④**，朝廷玉烛**⑤**。**①伏惟：表示伏在地上想，下对上陈述时的表敬之辞。如"伏惟尚飨"，则乃祭祀时敬辞。②相公：此处指路岩，唐代宰相的称呼。宋吴曾《能改斋》云："丞相称相公，自魏已然矣。"③重器：此处指能任大事的人。《汉书·梅福传》云："士者，国之重器；得士则重，失士则轻。"④金城：指坚固的城，喻核心人物。⑤玉烛：比喻高瞻远瞩的目光。此句言路岩才华出众，地位显贵。

文高庾月①**，词峻**②**谢山**③**。**庾（yǔ）月：指庾信（513—581)《舟中望月》诗，很有文采。庾信当时在北方被尊为文坛宗师。②峻：高。③谢山：指谢灵运擅长咏山水，很有才情。此句赞美路岩之文才。

才见紫髯①**，便居黄阁**②**。**①紫髯：即髭髯。②黄阁：宰相之位，汉以后的三公官署避用朱门，厅门涂黄色，以区别于天子。此句言路岩 36 岁即拜相。

陶钧①**百辟**②**，启沃一人**③**。**①陶钧（jūn）：指制造陶器时用的转轮，比喻陶冶、造就。②百辟（bì）：百官。辟指君主授予官职，如辟召、辟除、辟举。③启沃一人：指开导、辅佐皇帝一人。"启沃"典出《尚书》，商王武丁任用傅说为相时，命之曰："若岁大旱，用汝作霖雨。启乃心，沃朕心，若药弗瞑眩，厥疾弗瘳。"此句言路岩乃一人之下，万人之上。

议平吴皓之时，虽云推局；报破秦坚之日，不废围棋。 此句大意为，西晋平东吴孙皓，羊祜只是推动形成了局势；东晋报破前秦苻坚之日，谢安还在下围棋。此句以西晋羊祜、东晋谢安比路岩之谋划和淡定。

故能早执化权①，久司政柄②。 ①化权：教化之权。②政柄：政治权力。此句言路岩官升得早，位居得久。

今则暂辞龙阙①，来镇龟城②。 ①龙阙（què）：指帝王的宫阙。②龟城：即成都，古成都的形状像个龟，所以叫龟城。

将军之细柳虽新，丞相之盐梅仍旧。 前句典故为周亚夫在细柳营治兵，后句典故出自《尚书》，商王武丁任用傅说为相时说"若作和羹，尔惟盐梅"。此句的意思是路岩虽新来成都做节度使，但宰相之位还在。

不烦壮士，自伏雄图。 不需劳烦壮士，自己已准备了雄远的谋略。

扬麾①而氛雾②晨销，按节③而妖星④夜落。 ①扬麾（huī）：扬旗。麾即古代军旗。②氛（fēn）雾：雾气，比喻混乱或战乱。③按节：停挥马鞭。④妖星：古代指预兆灾祸的星，如彗星等。此句表路岩有平乱降妖之才。

刘焉原野，昔为累卵之乡； 成都曾经是刘焉危如累卵之地。东汉末年，朝纲混乱，王室衰微。刘邦后裔刘焉向朝廷提出了史称的"废史立牧"，即重用刘氏宗室，凌驾于刺史、太守之上，朝廷采纳该建议后，却造成了各地军阀割据、不再受朝廷控制的局面。刘焉当时领益州牧，益州也因此处于半独立的状态。

杜宇①山河，今作覆盆②之地。 ①杜宇：古蜀国帝王，号曰望帝，死后化作鹃鸟，春耕时鸣。②覆盆：即覆置的盆，"三光不照覆盆之内"，喻社会黑暗，难见天日。此句言蜀地因南诏入侵而变成了战乱黑暗之地。

曾①实惭孤陋②，叨③沐④招延⑤。 ①曾：即胡曾自称。②孤陋：孤陋寡闻。③叨（tāo）：承受。④沐：润泽。⑤招延：招纳，延请。此句言对路岩的招纳聘任既惭愧又感恩。

郑驿①将穷，燕台②渐近。 ①郑驿：典出《史记》，西汉郑当时为太子舍人时，每逢洗沐日，常置驿马长安诸郊，接待宾客，后因以"郑驿"为好客主人迎宾待客之所，亦称"郑庄驿"。②燕台：指战国时燕昭王所筑黄金台，也称贤士台、招贤台。此句指越来越靠近成都。

那^①能倚马^②，妄窃攀龙^③。①那：即哪。②倚马：典出《世说新语·笺疏》，晋人袁虎曾任大司马桓温记室，一次奉命草拟布告，倚着战马立时写成。后喻文思敏捷，下笔成章。③攀龙：比喻依附有声望的人以立名，汉扬雄《法言》云："攀龙鳞，附凤翼，巽以扬之，勃勃乎其不可及也。"此句谦指自己没有倚马可就的文才，没想到能有攀龙立名的机会。

仰天上之程途^①，已亲台席^②；①程途：路程。②台席：指宰相路岩，胡三省云："宰相之位，取象三台，故曰台席。"此句表达很快会面见路岩。

指人间之歧路^①，尚感客星^②。①歧路：指从大路上分出来的小路。②客星：非常之星，其出也无恒时，其居也无定所，忽见忽没。此句表达自己正在孤独地赶路。

披雾^①非遥，拜尘^②在即。①披雾：即拨开云雾见青天。②拜尘：即望车尘而拜。意思是马上可以见到主公。

无任云云。古代常用于书信和奏章结尾，表示极度尊敬和感激，无法用语言表达。

【解】

该文为骈文，骈文又称骈体文、骈俪文或骈偶文，常用四字句、六字句，对子要求词性、平仄对仗工整，对子之间的最后一个字的平仄要粘，由此行文如并马前驱，因此也称"四六文"或"骈四俪六"。

常见的对子组合有四种：第一种，四字对，如"荜户庸人"对"荷衣贱子"。第二种，六字对，如"将趋涣汗之程"对"讵学邯郸之步"。第三种：四字接六字对，如"朽株委地，永甘夫子之捐"对"枯骨凝尘，岂料昭王之市"。第四种，六字接四字对，如"效枚叟之文章，虽怜七岁"对"感潘生之岁月，已叹二毛"。

骈文起源于汉末，形成并盛行于南北朝，到了唐朝，唐太宗李世民对骈文这种节奏铿锵、文采华丽的文体情有独钟，他本人就是骈文大家，写下了《唐三藏圣教序》等名篇，在皇帝的带动下，骈文也作为唐代公文，唐代科举也以"诗赋"取士，其赋作即为源自骈文的律赋。唐朝三百年有诗文书法之盛，是中华诗赋的巅峰，当然得益于有这样一位雄才大略的唐太宗，正如《全唐诗·太宗小传》所云，"至于天文秀发，沉丽高朗，有唐三百年风雅之盛，帝实有以启之焉"。胡曾作为唐朝状元，其留下来的一牒三启因此基本上都是骈文，这也反映了一个时代有一个时代的文学的特点。

骈文写作不仅需要有高超的文字驾驭能力，而且还注重用典，因此需要有很强的文史功底，对于一般文采欠佳的人来说，写作骈文很容易出现意思重复、空洞无物的毛病。后来以韩愈、柳宗元为代表的"唐宋八大家"，正是抓住了这一点，于是发起"古文运动"，对骈文进行了不遗余力的攻击，导致了骈文从文学的巅峰跌落，在宋以后即慢慢让出了主流地位。

胡曾的律诗骈文独步当时，从该启看出，对仗工整，用典精妙，从"文乃贯道之器"的观点来看，该启也是入理入道的。而从后来胡曾得到路岩重用，有机会代路岩撰写《答南诏牒》《谕西山八国檄》来看，该启作为胡曾给路岩的第一印象，应该是非常好的。

"学成文武艺，货与帝王家"，古代读书人寒窗苦读，其目的当然是希望得到帝王的赏识，以求得一官半职。按照中国古老的阴阳理论，作为求职者的弱势读书人，面对强势的帝王将相，当然要有坤德，这样才能得到阴阳和合、宾主两欢的局面。"世事洞明皆学问，人情练达即文章"，因此写信写文章时，要根据不同的身份角色，采取不同的语气措辞。"礼之用，和为贵"，让对方看了舒服、欣赏，这文章就是写成功了。

胡曾这篇《剑门寄上路相公启》走的是"抑己扬人"的谦卑之路，对于宾主角色把握得非常好，比如"抑己"之时，除了感叹卑微外，只强调自己的愚笨和勤奋，不矜夸自己的天分和才华；而"扬人"之时，也是强调实事求是，仅仅与古代名臣如周亚夫、傅说、羊祜、谢安进行类比，没有刻意地阿谀奉承，不露痕迹地达到了抬举对方的目的，这样一来，作者虽卑贱但不可轻视，对方虽高贵但不会有压力。修辞立其诚，态度很重要，而且聪明人一看文章，就知道对方有几斤几两。胡曾因为能很好地拿捏这个尺度，掌握了"无过无不及"的中庸大法，于是令路岩信任、赏识、重用，胡曾也因此在节度使掌书记的任上一举成名。

跟胡曾恰恰相反的一个案例，那就是大诗人李白，他有脍炙人口、流传至今的《与韩荆州书》，写得雄伟瑰丽、汪洋恣肆，然而，这封求职信没有达到目的，韩荆州也没有给李白"阶前盈尺之地"，以使他"扬眉吐气，激昂青云"，韩荆州始终没出场，无语，没回应。李白的信存在如下两点硬伤：第一，"扬人"过了。对于一个四品的荆州长史来说，当看到"生不用封万户侯，但愿一识韩荆州""有周公之风，躬吐握之事""一登龙门，则声价十倍""龙蟠凤逸之士，皆欲收名定价于君侯"等这些吹捧之语时，当然会退避三舍，以明哲保身。第二，不能"抑己"，反而"露才扬己"。"十五好剑术，遍干诸侯。三十成文章，历抵卿相。虽长不满七尺，而心雄万夫""若接之以高宴，纵之以清谈，请日试万言，倚马可待"，对于这样一个心雄万夫的狂生，有几个主子能驾驭，又有几个主子敢用呢？

文如其人，作文如作人，如果想要做一番事业，还得学学胡曾，有其文亦有其用，不会有"牡丹花好空入目"之遗憾。

3 谢赐钱启

曾启。曾业谢悬头，道非刺股。未能入洛，安可下辽。空怀逐鹿之心，莫遇斩蛇之世。囚拘翰墨，困厄尘泥。虚费宣毫，枉销蜀缥。不救锄兰之祸，讵禳伐树之灾。自叹龙钟，谁知牛铎。又以山东藩镇，江表节廉，悉用竖儒，皆除迂吏。胸襟龌龊，情志荒唐。入则粉黛绕身，出则歌钟盈耳。但自诛求白璧，安能分减黄金。虽设朱门，何殊亡国；徒开玉帐，无异荒墟。遂使宁戚无扣角之歌，邹阳乏曳裾之地。

伏惟相公英风独振，伟量孤标。推葛亮之秤心，负姜维之斗胆。内安宗庙，外却蛮夷。鱼水贤良，埙篪骨肉。桃李满于衢路，金帛遍于风尘。六合之中，一人而已。是以昨者不度庸陋，辄有干祈。方虞按剑之勃然，敢望梦刀之莞尔。俄颁清俸，遽恤白衣。朝乏半千，夕盈五万。岂期庸塞，忽忝遭逢。不是孟尝，诅听冯谖之铗；若非赵胜，那知毛遂之锥。遇既重于西河，知亦深于北海。感恩泣处，未成泉客之珠；持已哭时，空抱荆山之玉。限以程途，陈谢末由。感激生成，不任死所。

【注】

谢赐钱启①。①谢赐钱启：感谢恩赐金钱之书信，该启恩情饱满，骈文浩荡，用典宏富，胸怀磊落，非君子义士不能为也。

曾启。曾①业谢②悬头③，道非刺股④。①曾：即胡曾自称。②谢：逊，不如。③悬头：典出《汉书》"孙敬字文宝，好学，晨夕不休，及至眠睡疲寝，以绳系头，悬屋梁，后为当世大儒"。④刺股：典出《战国策》"苏秦读书欲睡，引锥自刺其股"。此句自谦，说自己的事业、学问与孙敬、苏秦相差很远。

未能入洛①，安可下辽②。①入洛：指"陆机入洛，噪起才名"。②下辽：即"下聊"，指战国时齐人鲁仲连"一箭下聊城"，不过唐人皆做"下辽"，杨巨源诗云"三刀梦益州，一箭下辽城"。此句自谦，说自己没有陆机的才华和机遇，更没有鲁仲连的品德和才能。

空怀逐鹿①之心，莫遇斩蛇②之世。①逐鹿：出自《史记》"秦失其鹿，天下共逐之，于是高材疾足者先得焉"。②斩蛇：指汉高祖刘邦斩白蛇起义。此句表示自己虽有韩信那样的壮志，但是没有遇到刘邦反秦那样的时代。

囚拘翰墨①，困厄尘泥②。虚费宣毫③，枉销蜀缥④。①翰墨：笔墨。翰：本指长而坚硬的羽毛，后借指毛笔和文字、书信等。②尘泥：尘土。③宣毫：宣城所产的毛笔。④蜀缥（piǎo）：蜀地的青白色丝织品，用于写字。此句谦指如囚徒般受困于笔墨风尘之中，虚度年华，碌碌无为。

不救锄兰之祸①，诅②禳③伐树之灾④。①锄兰之祸：典出《三国志传》，刘备欲杀张裕，诸葛亮不解而求情，刘备说："芳兰生门，不得不锄。"后以"当门兰"指对上有所阻碍或不逊的下级。②诅（jù）：怎。③禳（ráng）：祈祷消除灾殃。④伐树之灾：典出《史记·孔子世家》："孔子去曹适宋，与弟子习礼大树下。宋司马桓魋（tuí）欲杀孔子，拔其树，孔子去。弟子曰：'可以速矣！'孔子曰：'天生德与予，桓魋其如予何！'"此句指自己不是张裕、孔子那样的人才，因此没有那样的灾祸。

自叹龙钟^①，谁知牛铎^②。①龙钟：见《广韵》"龙钟，竹名枝叶摇曳，不能自持"，比喻需要人扶持。②牛铎（duó）：即牛项下所系铃铛，该典出自《晋书》："初，勖于路逢赵贾人牛铎，识其声。及掌乐，音韵未调，乃曰：'得赵之牛铎则谐矣。'遂下郡国，悉送牛铎，果得谐者。"此句言自己需要人扶持，但没有人发现自己是牛铎之才。

又以山东^①藩镇^②，江表^③节廉^④，悉用竖儒^⑤，皆除^⑥迂吏^⑦。①山东：清朝以前均指崤山（函谷关）以东之广大区域。②藩镇：安史之乱后设置，节度使为朝廷任命，内部军事、财政、人事自主。③江表：长江以南地区，从中原看，地在长江之外，故称江表。④节廉：严正不贪之长官。⑤竖儒：迂腐的儒生。⑥除：任命。⑦迂吏：见解陈旧的迂腐官吏。此句言自己曾在藩镇就职，目睹了吏治腐败。

胸襟龌龊，情志荒唐。入则粉黛绕身，出则歌钟盈耳。胸怀狭小肮脏，情趣志向荒谬虚夸，入则美女围绕，出则歌声满耳。此句言地方官员纵情声色。

但自诛^①求白璧，安能分减黄金。①诛：灭掉贪欲。此句大意是：（在这样的环境里）我只修身养性，追求心中白璧，怎么能去同流合污，分减金钱呢？此句言作者洁身自好，安于清贫。

虽设朱门^①，何殊亡国；徒开玉帐^②，无异荒墟。①朱门：权贵之门常为红色。②玉帐：军队中主帅之帐幕。此句意思是，虽然有朱门玉帐，其实跟亡国的废墟没有什么两样。

遂使宁戚^①无扣角之歌，邹阳^②乏曳裾^③之地。①宁戚：典出《吕氏春秋》"宁戚饭牛，居车下，望桓公而悲，击牛角疾歌"，宁戚于是由一个喂牛者成为齐桓公的重臣，宁戚对齐桓公唱的歌叫《扣角歌》，也叫《饭牛歌》。②邹阳：汉文帝时期吴王刘濞、梁孝王刘武门客，以文辩著称。③曳裾（jū）：曳，拉；裾，衣服的大襟。邹阳在《上吴王书》说："饰固陋之心，则何王之门不可曳长裾乎？"后将"曳裾王门"比喻在权贵的门下做食客。此句言政治黑暗，有才能的人报国无门。

伏惟相公^①英风^②独振，伟量^③孤标^④。①相公：丞相、宰相。②英风：

英武的气概。③伟量：宏大的器量。④孤标：独一无二。

推葛亮之秤心^①，负姜维之斗胆^②。内安宗庙，外却蛮夷。①秤（chèng）心：无偏私之心，公平如秤。诸葛亮曾言："吾心如秤，不能为人作轻重。"②斗胆：胆大如斗，《世语》云："维死时，见剖胆如斗大。"此句应指路岩以相位兼西川节度使，安内攘外，有孔明之公正，亦有姜维的大胆。

鱼水贤良，埙篪^①骨肉。①埙篪（xūn chí）：比喻兄弟亲密和睦，埙、篪皆古代乐器，二者合奏时声音和谐。此句言相公与贤良之士的关系如鱼水，与兄弟的关系如埙篪。

桃李^①满于衢路^②，金帛^③遍于风尘^④。六合之中，一人而已。①桃李：桃花和李花，喻门生。②衢（qú）路：大路。衢指四通八达的道路。③金帛：黄金和丝绸，指施舍的财物。④风尘：比喻江湖、旅途。此句言路岩门生很多，仗义疏财，在六合之中独一无二。

是以昨者不度庸陋，辄有干祈^①。①干（gàn）祈：求情。此句大意为：所以昨日我不顾自己的浅陋平庸，想请求您给予资助。

方虞^①按剑^②之勃然^③，敢望梦刀^④之莞尔^⑤。①虞（yú）：忧虑。②按剑：以手抚剑，预示击剑之势。③勃然：大怒。④梦刀：王濬夜梦悬三刀于卧屋梁上，后迁益州刺史，后因以"梦刀"为官吏升迁之典。⑤莞（wǎn）尔：微笑。出自《楚辞·渔父》："渔父莞尔而笑，鼓枻而去。"此句大意为：我正忧虑是否会引起您的不快，根本没希望您能微笑答应。

俄^①颁清俸^②，遽恤白衣^③。朝乏半千，夕盈五万。①俄：短时间。②清俸：官吏的薪金。③白衣：未考中功名的读书人。此句大意为：马上给我发了薪水，体恤我这个白衣之士，早上还缺五百文，晚上就有了五万文。唐代节度使掌书记秩为从八品，八品官年薪约两万文，当时一文钱可以买两斤半大米。作者一次拿到五万文，远远超过了作者意料，所以上书言谢。而路岩为什么会重赏，可能是因为胡曾代路岩作《答南诏牒》而立功。

岂期庸蹇^①，忽忝^②遭逢^③。①庸蹇（jiǎn）：平庸迟钝。②忝（tiǎn）：有愧。③遭逢：待遇。此句大意为：像我这样平庸之人，忽然得到重赏，真是有愧。

　　不是孟尝，讵①**听冯谖之铗**②**；若非赵胜**③**，那知毛遂之锥**④。①讵（jù）：岂。②冯谖（xuān）之铗（jiá）：孟尝君礼贤下士，听冯谖弹铗而给"食有鱼、出有车"的待遇。③赵胜：号平原君，养士很多。长平之战后，秦军进围赵都邯郸，赵王派赵胜向魏和楚求援，门客毛遂自告奋勇，同去楚国，最终毛遂说服了楚王，派春申君黄歇率军救赵，终解邯郸之围。④毛遂之锥：典出《史记》："平原君曰：'夫贤士之处世也，譬若锥之处囊中，其末立见。今先生处胜之门下三年于此矣，左右未有所称诵，胜未有所闻，是先生无所有也。先生不能，先生留。'毛遂曰：'臣乃今日请处囊中耳。使遂蚤得处囊中，乃颖脱而出，非特其末见而已。'平原君竟与毛遂偕。"此句将路岩与礼贤下士的孟尝君、知人善任的平原君相比。

　　遇既重于西河①**，知亦深于北海**②。①西河：孔子学生子夏设教于西河，"如田子方、段干木、吴起、禽滑釐之属，皆受业于子夏之伦，为王者师。是时独魏文侯好学"。②北海：孔子后代孔融任北海相时礼贤下士，曾写《荐祢衡表》给曹操。此句将路岩比成子夏、孔融，感谢路岩对自己的知遇之恩。

　　感恩泣处，未成泉客①**之珠；持已哭时，空抱荆山之玉**②。①泉客：即鲛人，其眼泣则能出珠。②荆山之玉：指卞和发现的和氏璧。此句表感激涕零。

　　限以程途，陈谢末由。感激生成，不任死所。因为忙着赶路，所以写信表示谢意，感激无尽，愿意为相公效劳，死而后已。

　　【解】

　　人和动物不同，如马牛羊等，生下来没多久就可以自由行走、自己觅食、自我生存。相比起来，人虽为万物灵长，却明显脆弱很多，"子生三年，然后免于父母之怀"，要三岁才能独立行走，到十八岁才能真正长大成人，这段成长期当然是靠父母抚养。而长大之后，走入社会，除了父母继续的关爱，还需要很多人的教导、帮助、提携，才能自立于社会，这基本上就到了三十岁了，这就是孔子所说的"三十而立"。人生七十古来稀，仅仅从成长到自立就花了三十年，可见一个人赤条条地来到这个世界上，需要承受父母、亲人、长辈、朋友的多少恩情和关爱！

人非草木，孰能无情，既然有情，就会将心比心，恩者因心也，也就会知恩、感恩、报恩，这是人性的正常表现。历史悠久的中华民族，正是基于这种人性，所以产生了以孝道为核心的中华恩文化。比如儒家的"父子、夫妇、君臣、长幼、朋友"五伦，其实就是五重恩，包括父母对自己的养育之恩，配偶给予自己成立家庭之恩，上司对自己的保护提携之恩，师长对后辈的教诲关爱之恩，朋友对自己的慰藉帮助之恩。道家和佛家也强调恩情。道家有四重恩：第一是天地之恩，第二是君国之恩，第三是父母之恩，第四是师傅之恩。亦即传统神龛上写的"天地君亲师"。佛家也有四重恩，即父母恩、国土恩、众生恩、三宝恩。

以儒释道为代表的中国传统教育都是恩教，因为承受了这么多恩情，所以中国人就能幸福地生活在这个世界上，同时在知恩、感恩的基础上报恩、施恩，人类就能一代代地发展下去。"忘恩负义""恩将仇报"的人始终为中国人所不齿、为中华文化所不容。这种良性循环、代际传递也就带来了中华文化五千年的长流不息。

胡曾在失意潦倒的时候，得到了宰相路岩的赏识，在经济困难的时候得到了路岩的资助，胡曾深情地上书言谢，知恩感恩，这无疑是君子明理的表现。而文中提到的山东江表往事，"但自诛求白璧，安能分减黄金"，亦足见胡曾"持身如玉洁冰清，襟袍如光风霁月"，识大体，有大节，他是一个高尚的人，一个纯粹的人，他不是随便受恩的人，是远离货色之人，不是同流合污的人，这与出于私利而知恩报恩、拜山头形成朋党的人严格区分了开来。

该文辞藻华丽，行文流畅，有情有理，谦恭有度，是难得的感恩之文。

4 贺高相公除荆南启

伏以相公承家业峻，开国勋高。术妙六奇，图精八阵。生民皎日，圣主迅雷。才成破赵之功，旋告下齐之捷。故得威宣破竹，力号拔山。弛张七德之中，舒卷五车之内。东周士庶，咸居沸鼎之中；西蜀蒸民，悉在春台之上。盖由人事，岂属天时。昔汉得韩信而兴，楚失陈平遂灭。今者江腾海沸，山动岳摇。荆门告累卵之危，淮楚陈剖胎之难。赤眉卷地，黄巾滔天。公侯无匡合之才，藩镇乏纵擒之术。若不预咨贤哲，早托英雄，则无异鱼游宋池，燕巢卫幕。昆冈火发，玉石俱焚；历阳水来，智愚同陷。虽思尝胆，何补噬脐。且擘断华山，宜假巨灵之力；决平洪水，须凭大禹之才。是以上自一人，下同百辟，佥云非相公不能定荆楚，非相公不能缩货泉，既无异于肩尧，遂有成于命说。伏计即离犀浦，遽赴龙山。销唐尧旰食之忧，解黎庶倒悬之急。某家在湖外，即出关中。遂假道于荆关，获起居于梅鼎。仰将军之大树，敢议营巢；窥丞相之巨川，唯希在藻。伏惟照鉴。

【注】

贺高相公①除荆南②启③：①高相公：即高骈（821—887），幽州（今北京）人，出生于禁军世家，善射，有"落雕侍御"之称，又能诗，《全唐诗》编诗一卷。咸通六年（865）率军破峰州蛮，次年收复交趾，首任静海军节度使。后历任天平、西川、荆南、镇海、淮南等五镇节度使，在镇海节度使任上，多次重创黄巢军，被唐僖宗任命为诸道行营都统，封渤海郡王。后因大将张璘阵亡不敢出战，致使黄巢顺利渡江，两京失守。光启三年（887）为部将毕师铎所囚杀。《新唐书》将其列入叛臣传。②除荆南：担任荆南节度使。荆南节度使治所在江陵，管辖荆州等十几个州。除：任命官职。③贺高相公除荆南启：该启应作于公元878年正月以后。前后背景为：公元875年高骈出任剑南西川节度使，重挫南诏军，从此南诏不敢再侵成都。公元878年正月初一，王仙芝攻陷江陵外城，十四天后，朝廷调高骈任荆南节度使。公元878年二月，曾元裕斩王仙芝，黄巢建元王霸，号冲天大将军，称黄王。公元878年三月黄巢率众十万出淮南。公元878年六月，起义军转攻润州（今江苏镇江），朝廷急调荆南节度使高骈为镇海节度使，黄巢避免与高骈交战而南攻杭州。公元878年八月，黄巢攻陷杭州。公元878年九月，黄巢攻占越州（今浙江绍兴）。公元879年九月黄巢攻陷广州，本拟割据岭南，但因瘟疫于当年十月离开广州，攻陷桂州（今桂林）。公元880年春，湘水暴涨，黄巢经永、衡二州，攻陷潭州，兵锋直指江浙，朝廷任命淮南节度使高骈为诸道行营都统。880年三月，黄巢诈降，杀死高骈大将张璘，进攻扬州，高骈胆怯，按兵不出。880年十一月，黄巢攻陷洛阳。十二月，黄巢攻占长安，于含元殿即皇帝位，国号大齐。从本启行文口气看来，作者自报家门，显然与高骈未曾共事，因此五代后蜀何光远所著《鉴诫录》关于"判木夹"一文有误，该文为代路岩所作，高骈镇蜀时，胡曾已离开成都。由于《鉴诫录》误记，又有本启传世，在《新唐书》将高骈视为叛臣后，胡曾的名誉也因此受损，其实皆为子虚乌有。

伏以①**相公承家业峻**②**，开国勋高**③**。术妙六奇**④**，图精八阵**⑤**。生民皎日，圣主迅雷**⑥**。**①伏以：乃书信启辞，卑对尊。②承家业峻：出自名门望族。高骈乃"渤海高氏"之后，南平郡王高崇文之孙。峻即高也。③开国勋高：指高骈收复交趾，逼退南诏。④术妙六奇：六奇典出《史记》，西汉陈平曾为高祖刘邦六次出奇谋，后遂以"六奇"指出奇制胜的谋略。⑤图精八阵：诸葛亮推演的八阵图。⑥生民皎日，圣主迅雷：人民的太阳，皇帝的迅雷。

才成破赵之功，旋告下齐之捷①**。故得威宣破竹，力号拔山**②**。**①才成破赵之功，旋告下齐之捷："破赵下齐，气盖万夫"本来是赞韩信之功，此处将高骈类比韩信，指收复交趾，逼退南诏。②威宣破竹，力号拔山："破竹"出自《晋书·杜预传》"今兵威已振，譬如破竹，数节之后，皆迎刃而解"；"拔山"出自项羽自作诗"力拔山兮气盖世"。此句夸高骈的威力如破竹拔山一样。

弛张七德①**之中，舒卷五车**②**之内。**①七德：指武功的七种德行，出自《左传·宣公十二年》，即禁暴、戢兵、保大、定功、安民、和众、丰财。②五车：古代对五种兵车的合称，即戎路、广车、阙车、苹车、轻车。东汉经学家郑玄解释为："戎路，王在军所乘也；广车，横陈之车也；阙车，所用补阙之车也；苹犹屏也，所用对敌自蔽隐之车也；轻车，所用驰敌致师之车也。"此句夸高骈之武德、武业。

东周士庶①**，咸居沸鼎**②**之中；西蜀蒸民**③**，悉在春台**④**之上。**盖由人事，岂属天时⑤。①东周士庶：东周定都洛阳，此处指黄巢兵乱之地。②沸鼎：盛着滚水的鼎，语出《后汉书·刘陶传》："欲铸钱齐货以救其敝，此犹养鱼沸鼎之中，栖鸟烈火之上"。③蒸民：众民、百姓。《诗》曰"天生蒸民，有物有则"。④春台：指春日登眺览胜之处，典出《道德经》"众人熙熙，如享太牢，如登春台"。⑤盖由人事，岂属天时：东周之地因黄巢而动乱，西蜀之地因高骈平南诏之乱而平安，这不是天时，而是由人事决定的。

昔汉得韩信而兴，楚失陈平遂灭①。今者江腾海沸，山动岳摇。荆门告累卵②之危，淮楚陈剖胎③之难。赤眉卷地，黄巾滔天④。①汉得韩信而兴，楚失陈平遂灭：韩信、陈平原为项羽部下，后均投靠刘邦。②累卵：堆叠起来的蛋。③剖胎：剖腹产胎。④赤眉卷地，黄巾滔天：赤眉指新朝樊崇领导的赤眉军在山东莒县发动反王莽之暴动，黄巾指东汉末年张角领导的黄巾军农民暴动。赤眉、黄巾均借指黄巢暴动。

公侯①无匡合②之才，藩镇③乏纵擒④之术。若不预咨贤哲，早托英雄，则无异鱼游宋池⑤，燕巢卫幕⑥。①公侯：公爵与侯爵。《礼记·王制》云："王者之制禄爵，公侯伯子男凡五等。"②匡合：出自齐桓公"九合诸侯，一匡天下"，指集结救济。③藩镇：亦称方镇，藩是"保卫"之意，镇是指军镇，唐朝中、后期设立的军政合一的机构。④纵擒：出自诸葛亮七纵七擒孟获。⑤鱼游宋池：汉应劭《风俗通》云"宋城门失火，人汲取池中水以沃灌之，鱼悉露死"。后以"鱼游宋池"比喻处生死之境。⑥燕巢卫幕：典出《左传·襄公二十九年》中的"夫子之在此也，犹燕之巢于幕上"。后以"燕巢卫幕"比喻处境非常危险。

昆冈火发，玉石俱焚①；历阳水来，智愚同陷②。虽思尝胆③，何补噬脐④。①昆冈火发，玉石俱焚：昆仑山起火，将玉和石头一起烧掉，比喻不分好坏，同归于尽。出自《尚书·胤征》中的"火焱昆冈，玉石俱焚"。②历阳水来，智愚同陷：此句指历阳地陷为湖，智者愚者都难以逃命。典出《淮南子·俶真训》中的"夫历阳之都，一夕反而为湖，勇力圣知与罢怯不肖者同命"。历阳在今安徽省和县，县治现在还称历阳镇。③尝胆：指越王勾践卧薪尝胆。④噬脐：指成语"噬脐莫及"。

擘断华山，宜假巨灵①之力；决平洪水，须凭大禹②之才。①巨灵：巨灵神力大，曾手擘（bāi）华山引水东流。②大禹：大禹才高，受舜帝委托决平洪水。

是以上自一人，下同百辟①，佥②云非相公不能定荆楚③，非相公不能绾④货泉⑤。既无异于肩尧⑥，遂有成于命说⑦。①百辟（bì）：百官。②佥（qiān）：大家。③荆楚：荆为楚之旧号，略当古荆州地区，在今湖北、湖南一带。④绾（wǎn）：卷起、控制。⑤货泉：王莽时货币名，代指财政。⑥既无异于肩尧：这与舜帝肩负尧帝的重托相同。⑦遂有成于命说（yuè）：这跟商王成功任命宰相傅说以实现大治一样。

伏计①即离犀浦②，遽赴龙山③。销唐尧④旰食⑤之忧，解黎庶⑥倒悬⑦之急。①伏计：我估计。②犀浦：在今四川省成都市郫都区，传说因秦蜀太守李冰治水时"沉石犀成浦"而得名，当时高骈驻军在此。③龙山：今湖南省龙山县，该地连荆楚而挽巴蜀，犀浦到龙山约两千里，此处指高骈军队从成都出发赶赴荆南。④唐尧：本指尧帝，此处指唐僖宗。⑤旰（gàn）食：晚食。指事务繁忙不能按时吃饭。⑥黎庶：黎民百姓。⑦倒悬：头向下、脚向上倒挂，比喻极其艰难、危险的困境。

某①家在湖外②，即出关中③。遂假道④于荆关⑤，获起居于梅鼎⑥。①某：作者自称。②湖外：洞庭湖以南，此处指作者家乡邵阳，邵阳离荆南不远。③关中：即东潼关（函谷关）、西散关（大震关）、南武关（蓝关）、北萧关（金锁关）"四关"之内，此言作者当时在京城长安任御史。④假道：取道。⑤荆关：荆门山。⑤梅鼎：《尚书·说命》记载："若作和羹，尔惟盐梅。"这是商王武丁对宰相傅说所说的话，后以调梅之鼎比喻宰相位。

仰将军之大树，敢议营巢①；窥丞相之巨川②，唯希在藻③。伏惟照鉴。①营巢：筑巢。②巨川：大河。③在藻：表示鱼在水藻，出自于《诗经·鱼藻》："鱼在在藻，有莘（shēn，长）其尾。"唐张九龄《南还湘水言怀》有"鱼意思在藻，鹿心怀食苹"句。

【解】

书信是两个人的心灵沟通，彼此的地位决定了书信的语气，相比胡曾给路岩的第一封信的万分感激、结尾的"无任云云"，相比《谢赐钱启》的无限感恩，结尾的"感激生成、不任死所"，这封祝贺高骈的信的语气已经大大不同，除了恭维高骈，没有自叹卑微和感恩戴德的话，结尾仅用了客套的"伏惟照鉴"。可以看出，胡曾已经走出了人生低谷，鱼跃龙门，高中状元，做了御史，恰逢王仙芝起义，胡曾受皇帝委托，以御史身份担任监军，督促高骈尽快平定内乱。

"某家在湖外，即出关中。遂假道于荆关，获起居于梅鼎。仰将军之大树，敢议营巢；窥丞相之巨川，唯希在藻。"这句话也道出了胡曾在此之前没有入高骈幕府，彼此没有来往，如果君臣一场的话，是没有必要自报家乡籍贯的。

因此五代何光远记载的胡曾代高骈草拟"木夹书"，显然是搞错了时间和对象。其实，高骈任剑南西川节度使后，曾自撰了《回云南牒》，高骈此牒写得霸气十足。因为此前高骈已在安南（今越南）大破南诏，南诏闻名即已胆寒。故在成都此牒中，已不复胡曾《答南诏牒》那样苦口婆心地讲道理，而是摆事实、耀武威、申训诫，因此是以武胜，而非以文理胜也。

高骈能武能文，是平定南诏的英雄，由他来平定黄巢，在当时是众望所归，作者在该启中也寄予厚望，"既无异于肩尧，遂有成于命说。"将他比作虞舜、傅说一样的人物，而唐僖宗不久也任命他做诸道行营都统。可惜在大将张璘被黄巢击毙后，高骈在扬州拥兵自守，名为保卫东南赋税之地，朝野则指责其胆怯而不敢出战，于是两京失守、黄巢登基、唐僖宗避难成都。剿灭黄巢后，高骈心灰意冷，最后被部下所杀。一代名将，虎头蛇尾，令人遗憾。而到宋朝修《新唐书》时，竟然将高骈归入了叛臣传。

胡曾与高骈相处时间到底有多久？这个在历史上没有记载，不过可以用以下四个时间节点加以推理：第一，公元878年正月朝廷调高骈任荆南节度使；第二，公元878年六月朝廷急调高骈为镇海节度使；第三，公元879年九月黄巢攻陷广州；第四，公元879年十月黄巢攻陷桂州。推理的结果可能是：高骈拟驱赶黄巢入岭南，并举荐胡曾担任延唐令，以围堵黄巢北上，因此两人相处最多从 878 年三月到 879 年九月，约一年半时间。880 年春湘江水涨，黄巢北上后，胡曾则用心经营延唐县，与高骈没有任何交往了。

5 咏史诗自序

夫诗者，盖美盛德之形容，刺衰政之荒怠，非徒尚绮丽瑰琦而已，故言之者无罪，读之者足以自戒。观乎汉（魏才）子晋宋诗人，佳句名篇，虽则妙绝，而发言指要，亦以疏（远）。齐代既失轨范，梁朝文加穿凿，八病兴而六义坏，声律（隽而风）雅崩，良不能也。曾不揣庸陋，转采前王得失，古今（成败，咏）成一百五十首，为上中下三卷，便以首唱相次，不以（年代为）先。虽则讥讽古人，实欲裨补当代，庶几与大雅相近者也。（注：括号中文字在宋版中为空白，揣摩而加！）

【注】

夫诗者，盖美盛德之形容，刺衰政之荒怠，非徒尚绮丽瑰琦而已。故言之者无罪，读之者足以自戒：此句大义均出自《诗大序》关于风、雅、颂的定义，其中"风"是指"上以风化下，下以风刺上。主文而谲谏，言之者无罪，闻之者足以戒"；"雅"是指"言天下之事，形四方之风，谓之雅。雅者，正也，言王政之所由废兴也。政有小大，故有小雅焉，有大雅焉"；"颂"是指"美盛德之形容，以其成功告于神明者也"。在此句中，"美盛德之形容"是"颂"，"刺衰政之荒怠""言之者无罪，读之者足以自戒"是"风"，而"盖美盛德之形容，刺衰政之荒怠"的目的就是"雅"，也就是"言王政之所由废兴"。因此胡曾作咏史诗，完全符合儒家诗义。源自正统，站位高远，本源清正，这也是胡曾咏史诗朝野同瞻、雅俗共赏、经久不衰的原因。

观乎汉魏才子晋宋诗人，佳句名篇，虽则妙绝，而发言指要，亦以疏远：此处"宋"指南朝刘宋。"汉魏才子晋宋诗人，佳句名篇，虽则妙绝"主要指当时的玄言诗、田园诗、山水诗等，这些诗追求神韵，强调人与自然之交融，但是不关心政治，远离家国，因此也远离了风雅颂的宗旨。

齐代既失轨范，梁朝文加穿凿①，八病②兴而六义③坏，声律隽④而风雅崩，良不能也：①齐代既失轨范，梁朝文加穿凿：在南朝的宋、齐、梁、陈时代，诗风大变，清沈德潜《说诗晬语》云："诗至于宋，性情渐隐，声色大开，诗运一转关也。"与魏晋诗人不同，南朝诗人更崇尚声色，追求艺术形式的完善与华美。②八病：指作五言律诗时，在运用四声方面所产生的毛病，为南朝梁沈约所提出，即平头、上尾、蜂腰、鹤膝、大韵、小韵、旁纽、正纽等八种，"规避八病"对增加诗歌吟诵的节奏美感有积极意义。③六义：即《诗大序》讲的风、雅、颂、赋、比、兴六义。④声律隽：指过分追求声律美。

曾①不揣庸陋，转采前王得失，古今成败，咏成一百五十首，为上中下三卷，便以首唱相次②，不以年代为先：①曾：胡曾自称。②首唱相次：即不是按历史事件发生的时间先后编排，而是按创作的先后顺序。

虽则讥讽古人，实欲裨补①当代，庶几与大雅②相近者也：①裨（bì）补：裨益，好处。②大雅：针对国家大政的诗。雅者，正也，言王政之所由废兴也，政有小大，故有小雅焉，有大雅焉。

【解】

中国有诗，应该自尧舜时期开始，流传至今有民间的《击壤歌》、舜帝的《卿云歌》《南风歌》，至周朝有诗三千，传经孔子整理而成《诗经》三百零五首，且被孔子置为六经之首。至于诗的宗旨和体用，则有传闻是孔子徒弟子夏写了"诗经大序"，后经汉景帝时赵人毛苌（cháng）的继承发展，而成今天《毛诗序》。

《毛诗序》大概继承了孔子的思想，由此也被历朝视为诗的正统。但是作为布衣的孔子，其所关注的重点，不仅是"上以风化下"，更重要的是"下以风刺上，主文而谲谏，言之者无罪，闻之者足以戒"，希望统治者闻之以革除弊政、体恤民情、戒奢戒淫。这才是诗道，也就是诗的精神。

但自秦以后，由于一家一姓的帝王日益专制，"防民之口甚于防川"，甚至大兴文字狱，于是"下以风刺上"的风雅精神就基本丧失，大部分诗人只能转为歌吟风花雪月、一己悲欢，于是写作艺术越来越高超，但是家国情怀却越来越少。

"齐代既失轨范，梁朝文加穿凿"，讲的是南朝时期诗风的转变，刘宋时期，诗歌从东晋以来的玄言诗中解脱，所谓"庄老告退，而山水方滋"。到了南朝齐武帝永明年间，周颙发明了以"平、上、去、入"制韵的四声说，沈约等人根据四声和双声叠韵提出了八病说，于是强调声韵格律的永明体由此诞生。后来从齐永明至梁陈百余年间，经过吴均、何逊、阴铿、徐陵、庾信等人发扬光大，以讲究平仄、对偶、押韵为特征的新体诗为唐代格律诗的产生和发展奠定了基础。虽然此时的诗歌在形式上有了革命性的变化，但是诗人的眼光却局限于自然之景或宫廷娱乐，以山水诗、宫体诗盛行，这当然与诗经的六义，尤其是风雅精神相去甚远。

胡曾在富有音韵美的唐代格律诗基础上，独辟咏史蹊径，以古讽今，裨补当代，以扭转晚唐颓势，以挽救世道人心，自是目光如炬、志大心苦。而其咏史诗出世即能风行海内，并持久流行八百年，这不仅是湖湘文化经世济用之体现，更是胡曾高瞻远瞩而传承道统的眼光之体现。

第四编　胡曾历史文献注

一　古文

1 《新雕注胡曾咏史诗续序》（晚唐·米崇吉）

余闻玉就琢而成器，人就学以方知是，乃车胤聚萤、孙康映雪①。每思百氏爰及九流②，皆由博识于一时，故得馨香于千古。余非士族③，迹本和门④，徒坚暗昧之才，谬积讨论之志气，莫不采寻往策，历览前书。黄帝方立史官，仓颉始为文字，既有坟籍⑤可得而言。近代前进士⑥胡公名曾，著咏史律诗一百五十篇，分为三卷。余自丱⑦岁以来备尝讽诵，可为是非罔坠，褒贬合仪，酷究佳篇，实深降叹。管窥天而智小，蠡测海而理乖，敢课颛⑧愚，逐篇评解。用显前贤之旨，粗裨当代之闻。取诮⑨高明，庶几奉古云尔。

【注】

①车胤聚萤、孙康映雪：晋代车胤家贫无油点灯，夏夜就捉萤火虫以照明夜读。晋代孙康也因家贫，冬夜映雪读书。②百氏爰及九流：百氏即诸子百家。爰及：至于。九流：指儒家、道家、阴阳家、法家、名家、墨家、纵横家、杂家、农家。③士族：指世代为官的名门望族。④和门：军营之门。⑤坟籍：指古代典籍。⑥前进士：唐代称及第而尚未授官的进士为前进士，而未及第的举子为进士，唐李肇《唐国史补》卷下云："投刺谓之乡贡，得第谓之前进士。"清梁章钜《称谓录·学政》云："唐代有举人、进士之名，特为不第者之通称……及第者及称前进士。"⑦丱（guàn）：年幼。⑧颛（zhuān）：愚昧。⑨诮（qiào）：责备。

【译】

我听说玉要打磨才能成玉器，人要学习才能知是非，于是有车胤聚萤照读、孙康映雪苦读的故事。我每每想起那些百家九流中的杰出人物，都是因为一时的学识渊博，所以才能流芳千古。我出自军营，不是士大夫出身，虽然才学愚昧，但喜欢探讨品评，经常收集从前的好书好文来研读。自从黄帝立史官、仓颉造文字以来，于是就有了浩瀚的古籍可寻。近代前进士胡公名曾，著有咏史律诗一百五十篇，分为三卷，我从年幼时就开始诵读。这些咏史诗是非分明，褒贬得当，每当我用心研究这些佳作时，总是深深地佩服其见识的高明。为了开化愚昧、教育今人，我也不顾自己智力的低下，去做以管窥天、以蠡测海的工作，对咏史诗逐篇加以评解，以充分阐述胡曾这位前贤的用意，以能稍微补益当代。这可能为高明之士所取笑，但求体谅本人崇奉古贤的心吧！

【评】

唐人以律诗为近体诗的总称，近体绝句也包括在内，因此米崇吉说是咏史律诗，严格的律诗为八句，如五律、七律。

胡曾咏史诗初看平淡无奇，如不深入体会，用心涵泳，很难体会到作者的深意。从米崇吉的序言中看出，他应该是深得其趣、深受其益的，所以能用心逐篇评解。

2《鉴诫录·卷二·判木夹》（五代后蜀·何光远①）

西山八国，夐古已来为中国西南之患也，自蜀武侯擒纵之后方通诚款②。唐鲜于仲通将领博海等军六万众殁于鬼主之谋，遂至姚巂生心，数侵黎嶲，量由非才也③。近又李福尚书镇西川、牛丛为贰车日，南蛮直犯梓潼，役陶匠二十万烧砖，欲塞剑门④。蜀有五丈天王者，宝历中所置也。是时见大僧形于锦城之隅，蛮人百万之众悉皆奔窜。后高相公统临益部，兼号征南，蛮陬⑤闻名，预自屏迹矣。然时飞一木夹，其中惟夸兵革犀象，欲借绵锦之江饮马濯足而已。高相公于是经营版筑，置防城勇士八千，命胡记室以檄破之，仍判回木夹。故胡曾破之数联，天下称为奇绝。其辞云："欲慕平交，妄希抗礼。何异持衡称地，举尺量天。"又答云："越巂新州，牂牁故地。不在周封之内，非居禹迹之中。曩日边将邀勋，妄图吞并。得之如手加骈拇，失之若领去赘瘤。九牛之落一毛，六马之亡半毳。何足喻哉！"是以南蛮议曰："成都近有良将，未可图焉。"于是烽燧无虞⑥，诚款继至。高公稍恃功业，以致骄矜。凡创规模，有刘焉、李特⑦之志。朝廷议奏，遂除江陵，复自江陵迁于淮海，首冠诸侯，有唐已来，可谓英雄者矣。判木夹云："辞天出塞阵云空，雾卷霞开万里通。亲受虎符安宇宙，誓将龙剑定英雄。残霜敢冒高悬日，秋叶争禁大段风。为报南蛮须屏迹，不同蜀将武侯功。"破木夹云⑧："牒，前件木夹，万里离南，一朝至北。开缄捧读，辞藻焕然……皇帝圣旨以具前缄奏闻，不复多谈。恐乖忠告，谨牒。"

【注】

①何光远：字辉夫，东海（今属江苏）人，五代后蜀普州军事判官，著《鉴诫录》10 卷 66 则，每则冠以三字标题，内容多记唐和五代间事，而以蜀事为多。此书实际带有诗话性质，宋人阮阅曾列入《诗话总龟·集一百家诗话总目》中，《四库全书》则收入小说家类，但《四库全书总目》指出书中有附会、讹传的记载，但也认为"所载佚事遗文，往往可资采掇（duō）"。②西山八国，夐（xiòng）古已来为中国西南之患也，自蜀武侯擒纵之后方通诚款：西山八国自远古以来即是中国西南之患，从蜀国武侯诸葛亮七擒七纵之后才真诚臣服。夐：远。诚款：忠诚。③唐鲜于仲通将领博海等军六万众殁于鬼主之谋，遂至姚蜑（dàn）生心，数侵黎巂，量由非才也：大唐派鲜于仲通带领博海等军攻打南诏，合计六万兵众被南诏剿灭，南诏开始野心勃勃，数次侵犯黎州、越巂郡，南诏此时觉得大唐没有什么将才了。鲜于仲通：开元二十年（732）中进士，交好杨国忠。天宝九载（750）任剑南节度使。是年，南诏王阁罗凤因受云南太守张虔陀侮辱而起兵反唐，张虔陀"饮鸩死"，姚州城被捣毁。天宝十载（751），鲜于仲通率六万大军征南诏，阁罗凤遣使求和未成，无奈与吐蕃合力反击，唐军全部覆没。宰相杨国忠却谎言得胜而庆祝，并奏请任

命只身逃回的鲜于仲通为京兆尹。后唐朝命将军贾瓘（guàn）去收复姚州，再次全军覆没，贾瓘被俘。天宝十三载（754）唐朝又遣大将李宓率兵十万出击南诏，又全军覆没。三次天宝战争失败，大唐皇威尽失，时任平卢、范阳、河东三镇节度使的安禄山见此，于天宝十四载（755）以讨伐杨国忠为名起兵造反，开启"安史之乱"，唐朝由此走向衰败。姚蛮：姚州的少数民族。唐武德四年（621）置姚州，辖境约当今云南姚安县地。黎巂：黎州、越巂郡。黎州治所在今四川汉源北，辖大渡河两岸三县十一城，领五十五羁縻州。越巂郡又称越嶲郡、越襹郡，唐武德元年（618）改越巂郡为巂州，其辖地大致在今四川省凉山、乐山市和雅安市的西南部、攀枝花市以及云南省丽江市、楚雄彝族自治州的一部分。④近又李福尚书镇西川、牛丛为贰车日，南蛮直犯梓潼，役陶匠二十万烧砖，欲塞剑门：近来又有户部尚书李福任西川节度使，牛丛担任副手，南诏蛮直犯梓潼，驱使陶匠二十万烧砖，准备堵塞剑门关。李福：唐宗室，字能之，大和进士，累迁户部尚书，授剑南西川节度使，与南诏战，败被贬。僖宗时，为山南东道节度使，乾符四年（877），率军于江陵（今湖北荆州）阻击王仙芝起义军，以太子太傅卒。牛丛：牛僧孺子，开成进士，咸通十四年（873）十一月，路岩回京担任中书令，牛丛接任剑南西川节度使。乾符元年（874）十一月，南诏出兵进犯西川，渡大渡河，打败黎州刺史黄景复；十二月，乘胜陷黎州，入邛崃关，攻雅州。牛丛恐南诏兵至，先焚城外民屋殆尽，城中加紧设防，堑垒严固。南诏王遣使致书牛丛，声称非敢入侵，乃欲入见天子，面诉冤屈。牛丛素懦怯，欲许南诏使者入京，部将杨庆复以为不可，遂斩南诏使者，留其随从二人，牛丛撰《报坦绰书》《责南诏蛮书》数其入侵之罪，遣还，但南诏兵进至新津而还，随后朝廷命天平节度使高骈赴西川代牛丛制置蛮事。黄巢起义后，牛丛随僖宗逃亡至蜀，授太常卿。僖宗回长安，任吏部尚书。贰车：典故名，典出《礼记·少仪》，指副车，后喻指副职。此处有误，李福是公元864年至866年担任西川节度使，牛丛是公元873年至875年担任西川节度使，都是正职。梓潼：四川绵阳东北梓潼县。⑤蛮陬（zōu）：指南方边远少数民族聚居处，此处指南诏兵。⑥烽燧无虞：没有战事。烽燧即古代告警的烽火，虞即忧虑。⑦刘焉、李特：刘焉为东汉末年蜀中割据者，其子为刘璋。李特为西晋末年蜀中割据者，其子为李雄。⑧破木夹云：下面即为《答南诏牒》全文。

【译】

西山八国从远古以来即是中国的西南之患，自从诸葛亮七擒七纵孟获后才归附中华。但是唐朝天宝年间鲜于仲通率六万大军征讨南诏全军覆没后，南诏开始野心勃勃，数次侵犯黎州、越巂，这并不是因为他们有什么本事。后来尚书李福、牛丛担任西川节度使，南诏蛮直接侵犯梓潼，派陶匠二十万人烧砖，欲堵住剑门关。当时蜀地宝历寺中安放有五丈天王，南诏蛮见到有一个巨大的僧人在成都边上，吓得百万蛮兵纷纷逃窜。后来朝廷派高骈担任西川节度使，因为高骈曾在交趾大破南诏蛮，这些蛮兵闻高骈来到，马上销声匿迹了。然而南诏王还是不甘心，一日送来一木夹书，书中夸耀武力，狂称大军已发，不日就到成都，要借锦江饮马濯足。高骈于是经营城墙，安排勇士八千守城，同时安排掌书记胡曾以文破敌，仍旧用木夹书回复。胡曾用短短数联，即退南诏之兵，天下称为奇绝。胡曾在信中说："欲慕平交，妄希抗礼。何异持衡称地，举尺量天。"又答云："越巂新州，牂牁故地。不在周封之内，非居禹迹之中。曩日边将邀勋，妄图吞并。得之如手加骈拇，失之若领去赘瘤。九牛之落一毛，六马之亡半毳。何足喻哉！"南诏王世隆接信后说："成都最近有良将，我们还是不要去攻打了。"于是兵火消退，归附大唐。高骈因为自己功高业广，于是骄傲了起来，竟然有刘焉、李特割据蜀中的志向，朝廷察觉后，就调他去江陵担任荆南节度使，没多久就转任淮海节度使，统领诸侯，这在唐朝，高骈也算一个英雄了。判木夹的诗云："辞天出塞阵云空，雾卷霞开万里通。亲受虎符安宇宙，誓将龙剑定英雄。残霜敢冒高悬日，秋叶争禁大段风。为报南蛮须屏迹，不同蜀将武侯功。"破木夹的文云："牒，前件木夹，万里离南，一朝至北。开缄捧读，辞藻焕然……皇帝圣旨以具前缄奏闻，不复多谈。恐乖忠告，谨牒。"

【评】

该文的错误很多，第一，西山八国指的是唐代成都平原以西的八个诸羌部落小国，分别是哥邻羌、白狗羌、逋租羌、南水羌、弱水羌、悉董羌、清远羌、咄坝羌。所谓西山，为唐代对成都平原以西、岷江上游诸山的泛称，主要在今天的离成都市六百里左右的阿坝、甘孜两州乃至西藏东部昌都市，唐时该地区为吐蕃占有，而南诏在今云南，并不属于西山八国。第二，李福、牛丛乃前后关系，不是同一时期西川节度使的正副职关系。第三，宝历寺中的五丈天王画像显灵吓退百万南诏兵这种事，还有二十万人堵剑门关的事，从逻辑上和事实上很难成立。第四，高骈已经在交趾大破南诏，威名赫赫，南诏闻风丧胆，到成都根本不需要胡曾的雄文去退敌，胡曾"一纸退兵"发生在路岩担任西川节度使期间。第五，说高骈在成都有刘焉、李特一样割据称王的志向，这点也缺乏有力的证据，朝廷派他去荆南，是为了破王仙芝。

虽然宋朝欧阳修等撰《新唐书》时将高骈归入了叛臣，司马光在《资治通鉴》中也持这种观点。但高骈前期破吐蕃、平安南、定西川，战功赫赫，无疑是个忠臣，被安南人尊称为"高王"，安南人还为他修筑生祠，以颂其德。面对黄巢自广州北上，初期也曾大破黄巢，只是在大将张璘被黄巢击毙后，心灰意冷，于是驻守扬州而不动，但也并非无所作为，在唐僖宗逃蜀并与南诏许婚后，高骈赶紧书传献计毒死南诏的三位清平官，从此南诏一蹶不振，不再成为西南之患。高骈受人诟病的一点，就是面对皇室危难，在扬州拥兵自重，抗旨不出。但是从高骈幕客崔致远《桂苑笔耕集》中所收录的中和元年（881）秋的两道圣旨来看，皇帝指示高骈不必离任勤王，扼守江淮要地，以防黄巢逃脱，所谓"为朕全吴越之地，遣朕无东南之忧"。由此看出，高骈主观上并非不愿勤王，只是奉旨守东南，正如他自己所言："陛下远许分忧，不令离任，臣进退惟命，始终无亏。"而后人分析高骈无法北上的原因，一则是受到浙西周宝、徐州时溥两大强藩的掣肘，二则是朝廷判断高骈北上，东南必乱，所以最后以高骈奉旨收兵结束。因此诸位史家说高骈是叛臣，终究难服天下悠悠之口。

何光远这篇文章有这么多错误，对后世的影响是巨大的，该文对于高骈的叛臣定位无疑起到了添油加醋的作用。而对胡曾来说，无疑跟着高骈倒霉，无故蒙冤达千年之久。

清朝《全唐文》卷八一一收录《鉴诫录》时，在文末有夹注云："此答木夹书，元是胡曾与路岩相公镇蜀日修之，非为高骈相公也。今有人亦以为然，惜常多因袭旧说，未予匡正。"何光远的错误，早已有人指出，可能因为人微言轻，因此无法拨乱反正，由是以讹传讹，传流至今。

我们翻开史书就可以发现，在路岩担任西川节度使之前，南诏与大唐之间兵灾不断、战乱不已，而唯独在路岩任职的两年多时间里，风平浪静。路岩作为一个文官，如何能让野心勃勃、年纪不到三十岁的南诏皇帝世隆忽然安静下来呢？而路岩刚走，牛丛上任不久，南诏又发大兵入侵成都，这其中无疑有《答南诏牒》的一份很大的功劳，一牒平南也名不虚传。

高骈没有像刘焉、李特、王建那样在成都割据，更没有投降黄巢，因此欧阳修等说他是叛臣有点牵强。而胡曾的《答南诏牒》不是代高骈，而是代路岩而作，胡曾与高骈在成都应该没见过，《贺高相公除荆南启》也并非幕僚口吻，因此民间传闻的胡曾受高骈的叛臣牵连而坐牢的说法纯属子虚乌有。

当然，该文将《答南诏牒》这篇千古雄文记载了下来，这个功劳是非常大的。

3 《唐诗纪事·卷七十一·胡曾》（宋代·计有功①）

胡曾《寒食都门诗》云："二年寒食住京华，寓目春风万万家。金络马衔原上草，玉钗人折路傍花。轩车竞出红尘合，冠盖争回白日斜。谁念都门两行泪，故园寥落在长沙。"高骈镇蜀，南蛮时飞一木夹，有"借锦江饮马"之语。曾时为书记，以檄破之，兼有诗云："辞天出塞陈云空，雾卷霞开万里通。亲受虎符安宇宙，誓将龙剑定英雄。残霜敢冒高悬日，秋叶争禁大段风。为报南蛮须屏迹，不同蜀将武侯功。"或曰路岩镇蜀日，曾为之。王衍②五年，宴饮无度，衍自唱韩琮③《柳枝词》曰："梁苑隋堤事已空，万条犹舞旧春风。何如思想千年事，谁见杨花入汉宫。"内侍宋光溥咏曾诗曰："吴王恃霸弃雄才，贪向姑苏醉绿醅。不觉钱塘江上月，一宵西送越兵来。"衍怒罢宴。曾有《咏史诗》百篇行于世。

【注】

①计有功：四川省大邑县人，北宋徽宗宣和三年（1121）进士。②王衍：前蜀高祖王建第十一子，王衍即位后，荒淫无道，同光三年（925），后唐庄宗李存勖遣李继岌、郭崇韬等发兵攻打前蜀，王衍自缚投降，送赴洛阳途中，被李存勖遣人将他和他的亲族一起杀害，时年二十八岁。王衍很有文才，能作浮艳之词，著有《甘州曲》《醉妆词》等流传于世。③韩琮：韩琮为唐朝诗人，于唐宣宗时出为湖南观察使，大中十二年（858）被都将驱逐，后无闻。

【译】

胡曾的《寒食都门作》诗云："二年寒食住京华，寓目春风万万家。金络马衔原上草，玉钗人折路傍花。轩车竞出红尘合，冠盖争回白日斜。谁念都门两行泪，故园寥落在长沙。"高骈镇守西蜀时，南诏蛮送来一木夹书，中有"借锦江饮马"的话。胡曾当时为掌书记，用一篇檄文就破敌，当时他还写了一首诗云："辞天出塞陈云空，雾卷霞开万里通。亲受虎符安宇宙，誓将龙剑定英雄。残霜敢冒高悬日，秋叶争禁大段风。为报南蛮须屏迹，不同蜀将武侯功。"不过有人说这是路岩做西川节度使时胡曾作的檄文和诗。前蜀王建的儿子王衍上台后，宴饮无度，一次王衍在宴会中自唱韩琮的《柳枝词》曰："梁苑隋堤事已空，万条犹舞旧春风。何如思想千年事，谁见杨花入汉宫。"太监宋光溥为了劝谏，于是吟了胡曾的咏史诗曰："吴王恃霸弃雄才，贪向姑苏醉绿醅。不觉钱塘江上月，一宵西送越兵来。"王衍羞愧，于是怒而罢宴。胡曾有咏史诗百多篇风行于世。

【论】

计有功这篇文章很有价值，第一是点出了《答南诏牒》可能是路岩镇蜀时胡曾所作。第二是点出了胡曾咏史诗在五代时期的流行情况，连太监都能脱口而出，可见其影响力。

4　《唐才子传·卷八·胡曾》（元代·辛文房①）

曾，长沙人也。咸通中进士。初，再三下第，有诗云："翰苑何时休嫁女，文昌早晚罢生儿。上林新桂年年发，不许平人折一枝。"曾，天分高爽，意度不凡，视人间富贵亦悠悠。遨历四方，马迹穷岁月，所在必公卿馆谷。上交不谄②，下交不渎③，奇士也。尝为汉南节度从事。作《咏史诗》，皆题古君臣争战废兴尘迹。经览形胜，关山亭障，江海深阻，一一可赏。人事虽非，风景犹昨，每感辄赋，俱能使人奋飞，至今庸夫孺子，亦传诵。后有拟效者，不逮④矣。至于近体律绝等，哀怨清楚，曲尽幽情，擢居中品⑤，不过也。惜其才茂而身未颖脱⑥，痛哉。今《咏史诗》一卷，有咸通中人陈盖注，及《安定集》十卷行世。

【注】

①辛文房：元朝西域人，能诗，泰定元年（1324）官居省郎之职。所撰《唐才子传》成书于元成宗大德甲辰年（1304），共收唐及五代诗人传记278篇。②谄（chǎn）：奉承，巴结。如谄媚，谄谀。③渎（dú）：轻慢，对人不恭敬。如亵渎、渎职。④逮：到，及。如力有未逮。⑤中品：南朝钟嵘著《诗品》，全书共品评了两汉至梁代的诗人一百二十二人，计上品十一人，中品三十九人，下品七十二人。⑥颖脱：将锥放在囊中，终将全部脱出，比喻能充分显露内在的才能。

【译】

胡曾是古长沙国人，唐咸通年间中进士，开始时再三落第，作落第诗云："翰苑何时休嫁女，文昌早晚罢生儿。上林新桂年年发，不许平人折一枝。"胡曾天性高洁豪爽，意度不凡，轻视人间富贵。年轻时游历四方，马迹岁月中写出咏史诗，后来入高官幕府，对上不谄媚，对下不轻慢，真乃奇士。曾经做过荆南节度使从事，他作的《咏史诗》都以古代君臣、战争、朝代兴衰为主题，以地名为标题，山川形胜，关亭江海，无不在其诗中找到，虽然年代久远，人事已非，但是读起来感觉风景就在眼前，读完让人明理振作，至今凡夫童子都能传诵。后来有仿效者，写的咏史诗都不如胡曾。胡曾另外有近体律诗绝句传世，哀怨清丽，曲折幽深，按照钟嵘的《诗品》，这些诗位居中品不算过分。可惜其才高而终未能脱颖而出，令人心痛啊！今有《咏史诗》一卷，咸通年间陈盖作注，还有《安定集》十卷传世。

【论】

辛文房撰《唐才子传》时，"游目简编，宅以史集，或求详累帙，因备先传，撰以成篇，斑斑有据，以悉全时之盛，用成一家之言"，因此可信度较高。但辛氏重点在标其诗格，而不在考叙行迹，所以诗人生平疏误甚多，但因为是唯一一部唐代诗人传记，故历来为研究者所重视，以补新旧《唐书》的不足。

纵观该文，论胡曾咏史诗和其他律绝还是到位的，但是对其生平缺乏深入了解，大都根据流行的诗文而定论，虽然错漏较多，如"长沙人""咸通中进士""尝为汉南节度从事"应与事实不符，但不管如何，该传足弥珍贵。

5《胡秋田诗序并引》（明末·王志远）

唐季词人才士往往以小队取捷，如罗虬《比红儿》①辄至百首，郑綮谓诗思在灞桥风雪中驴子背上②，仅亦以歇后传播，风雅之道微矣。时惟司空表圣③诗最高雅，有承平之风。而乱离沦落，旧史几不能明其本末。王元之④始力为之辩，今而后乃知耐辱居士之污，士生衰世，其可悲也已。其时邵阳有胡秋田曾，有隽才，咸通中举进士不第，应汉南藩镇高骈辟为从事，笺奏皆出其手，而著有《安定集》《咏史诗》，《安定集》十卷列在《唐史·艺文志》，必斐然可称者，求之而未得。独于参知车子仁公所得咏史诗藏本，凡一百四十九首，又七言律诗若干首，秋田有诗名唐季，其可传当不止此。亦其捷得多小队传播人齿颊者欤？与表圣所云得味外味者未知何如？要以吊古悲歌，义存劝沮，其于艳情俚语累十百以为奇者，去之悬矣！所事高渤海，虽卒为叛臣，初不可谓无功于唐室，秋田本末未能详考，然坟茔在里中，羊虎未尽崩褫，其为终老于家，不与于从逆，较然可知，出处大致固无愧于表圣者哉！邵阳闻人唐以前如麟角，秋田诗讵可不在掌？故乃请参知本校梓以行，补遗者六首，题曰《胡秋田诗》，秋田，胡君所居里名也。

明万历壬子岁⑤孟春月湖广按察司使龙溪王志远序。

秋田公为唐季之文人，所著安定集十卷，录《唐史·艺文志》内，必斐然可观，今虽佚不可得，而仅于车子仁公所得咏史诗一百四十九首，律诗十三首及高路诸启辉煌谱端。他人尚争而诵之，后人竟忽而忘之，其何以对先人于地下乎？手泽⑥犹在，贤裔孙尚宜佩服不忘，潜心玩索⑦，甚勿视为陈言⑧，徒以手披⑨口吟潦草塞责可也。

明湖广监司龙溪王志远序并次。

【注】

①罗虬《比红儿》：罗虬是唐僖宗时浙江台州人，负诗才，与罗隐、罗邺齐名，世号"三罗"，累举不第，为人狂放。一日遇到官妓杜红儿，罗虬动情赠之以采，杜红儿拒受，传说因此被罗虬所杀。罗虬后来却写下《比红儿》组诗一百首，在组诗中，罗虬选择了西施、大乔、小乔、赵飞燕、王昭君、杨贵妃、绿珠等"古之美色"，以及仙女神女来比拟杜红儿。明代杨慎盛赞《比红儿》，认为比"义山锦瑟"还要好，但很多诗评家却持基本否定态度。②郑綮（qǐ）谓诗思在灞桥风雪中驴子背上：郑綮乃今河南荥阳市人，因救过军阀杨行密的命，杨行密于是举荐他为唐昭宗的宰相，当时唐昭宗已完全被朱温、李克用等军阀控制，国运已衰，郑綮作为宰相也束手无策，本来善诗的他也只能写写打油诗度日，世人戏称为"郑五歇后体"，对于时人不解，郑綮回答说："诗思在灞桥风雪中驴子上，这里怎么写得出新诗？"③司空表圣：即司空图（837—908），字表圣，自号知非子、耐辱居士，咸通十年（869）进士，迁为光禄寺主簿、礼部员外郎。黄巢起义后，被唐僖宗封为知制诰、中书舍人，僖宗逃蜀后回到故乡虞乡(今山西运城永济)隐居避世，著《二十四诗品》。唐昭宗即位后，累拜要职，坚辞不受。公元904年朱全忠召他为礼部尚书，佯装老朽被放还，公元908年闻唐哀帝被弑，绝食而死。④王元之：即王禹偁（chēng）

（954—1001），太平兴国八年（983）进士，历任右拾遗、左司谏、知制诰、翰林学士。著《五代史阙文》，补《五代史》十七篇。因为《五代史》记载的司空图为"雅好为文，躁于进取，颇自矜伐，端士鄙之""昭宗反正，以户部侍郎征至京师。图既负才慢世，谓己当为宰辅，时要恶之，稍抑其锐。图愤愤谢病，复归中条"。王禹偁觉得这是诬陷，于是在《五代史阙文》"梁史三篇"专门为司空图的大忠大节辩解。后来清初王士禛说王元之"辨司空图清真大节一段，尤万古公论，所系非眇小也"。⑤万历壬子岁：万历四十年（1612）。⑥手泽：先人手汗沾润，因借指先人的遗物。⑦玩索：反复玩味探索。⑧陈言：陈旧的言词。⑨披：打开。

【译】

唐末的诗人往往以组诗取胜，如罗虬的《比红儿》，竟然达到了一百首；而郑綮的所谓"诗思在灞桥风雪中驴子背上"，虽然讲出了作诗的艰辛，但是他创作的诗太口语化，只能以"郑五歇后体"闻名，《诗经》的风雅之道到这个时候已经式微了。当时只有司空表圣的诗最高雅，有太平盛世之风，但实际上他处于唐末乱世，颠沛流离，旧史连他的生平都搞不清楚。北宋诗人王元之曾出大力气为司空图的大节辩解，但后来才明白，司空图之所以自号耐辱居士，是因为生在乱世的士子，遭受这样可悲的污名也不算什么！与司空图同时的有邵阳胡曾，才华横溢，咸通年间举进士不第，被汉南节度使高骈辟为从事，奏稿都出自其手，并著有《安定集》《咏史诗》，《安定集》十卷列在《唐史·艺文志》内，想必文采斐然，可惜现在求之不得，唯独在参知车子仁先生那里得到了咏史诗藏本，共一百四十九首，还有七言律诗十首，秋田公以诗闻名唐末，可以流传的诗肯定不止这些。他的咏史诗集是不是也靠组诗取胜而吸引人诵读呢？是否也有司空图所说的得"味外味"呢？在我看来，胡曾咏史诗悲歌怀古，主要是劝谏帝王将相，这跟罗虬的艳情组诗、郑五歇后体组诗都不在一个层次！胡曾当时的主公高骈，虽然最后被《新唐书》划为叛臣，但高骈起初对于唐朝不是没有功劳的。胡曾的生平不详，但是他的坟墓还在故里，墓前的石羊石虎还没有完全剥落，可以肯定的是，他最后没有跟高骈一起对抗朝廷，而是终老于家，这样就跟司空图忠于唐王室是一样的了。邵阳的名人在唐朝以前如凤毛麟角，这样看来，胡曾的诗是多么珍贵啊，邵阳人应该经常捧在手心诵读才对！所以我就邀请车大任先生校对刊行，此次补充遗漏的有六首，书名是"胡秋田诗"，其中"秋田"是胡曾故里的名字。

明朝万历年间壬子岁（1612）孟春月湖广按察司使福建龙溪王志远序。

秋田公是唐末的文人，所著《安定集》十卷，记录在《唐史·艺文志》内，想必文采斐然，可现在已经散失而不可得，仅仅从车子仁公处得到了咏史诗一百四十九首，律诗十三首，以及给高骈、路岩的启，但也足以在族谱之中辉煌夺目。他人都争而诵之，曾公的后人竟然疏忽忘却了，这怎么对得起地下的祖宗呢？遗书还在，孝子贤孙应当佩服不忘，用心探索，不能认为已经过时，仅仅打开读读、敷衍塞责啊！

明湖广监司龙溪王志远序并次。

【论】

《胡秋田诗》是由明浙江参政、邵阳人车大任家藏并编辑，只收录了149首咏史诗，显然与宋版新雕注胡曾咏史诗不是同一版本。明末宝庆府知府、南昌人丁永祚校对，明湖广监司、福建龙溪人王志远作序，三位都是政声卓著、品行清廉的好官，英雄惜英雄，于是一起来刊行胡曾的诗文。该序对胡曾生平的描述有多处错漏，如为高骈从事、因高骈为叛臣而受污名等等，大都与事实不符，在此不再赘述。

王志远在该序中将胡曾与同时代的司空图相比拟，其实不尽如此。在节操方面，与司空图以身殉唐相比，胡曾并没有如此死忠的节烈。胡曾的忠，乃忠于舜帝道统，而不是一家一姓的私天下，他始终站在崇尚明君、鞭笞昏君、鞭笞乱臣、体恤民艰的立场。可以肯定的是，他对晚唐皇帝、割据军阀以及黄巢、朱温等，都是持批评态度的，虽然身为唐官，立场不可避免地站在朝廷立场，但比起司空图的乱世消极隐居、唐亡一死尽忠来说，胡曾则是洞见乱源、躬身入局，虽然无力回天，但也是积极入世的。我们看到，以孔子之能，有三千弟子，也无法解决春秋战乱，何况一介御史、县令的胡曾呢？因此从见识、水平、作为来看，司空图还是不好跟胡曾相比的。

其次，关于胡曾诗是否符合司空图所说的"味外之味"，胡曾的律诗是符合的，但是如果说其咏史诗有"味外之味"，则有点牵强。胡曾咏史诗的特点主要是语言平实、直通大义、当头棒喝、直达道统，没有史学功底的人，很难理解其中至理。司空图《二十四诗品》对传统诗论的主要贡献是提出了"韵味"说，他看重诗的"韵外之致""味外之旨""象外之象"。司空图的"韵味"说影响很大，宋朝苏轼曾高度评价说："唐末司空图崎岖兵乱之间，而诗文高雅，犹有承平之遗风。其论诗曰：'梅止于酸，盐止于咸，饮食不可无盐梅，而其美常在咸酸之外。'"但细观司空图的"韵味"说，无疑也是《诗经》比兴手法的细化，主要从艺术角度来评论诗，与《诗经》的风雅精神，以及传统的"文以载道"的宗旨相比，处于下一个层次。而胡曾咏史诗则处在风雅层次，处于诗的正源处，河流波涛翻滚，终归于源泉的高度和势差，亦不可同日而语也。

该文在《嘉庆邵阳县志》和秋田胡氏族谱中均有转载。

6《福田寺碑文》（明末·刘养赤）

今夫天之生才虽不择地，而人之迈迹①惟在自兴。余邑系古南国，先之各贤递出，光于史册甚多，产于吾乡惟胡秋田先生焉。先生显于唐乾符间，地曰秋田，乃桑梓里也，天资高迈，勤道好修，所著《安定集》《咏史诗》，炳垂后祀，虽三尺童子皆诵其名，无论本庠名贤之祀，即各郡皆存。予尝怀尚友②之思，恨未详其本末。有寺曰福田，原香火之院，特游其处而访遗踪，野老古僧咸言栖真③之所，细考则残碑断碣，无有全文，皆云成化④时为豪贵匿没，观近来所立碑，寺残毁元至正⑤后修之，请曾撰文。余讶言思之，先生产于唐，由唐至五代迄宋及元帝，历数朝代，何悬隔信斯言也，先后错综，岂流俗之误耶？亦言之者过也？余不能豁然。至崇祯己巳岁⑥寺倾，有忠宇、顺吾、文明，乃二十七代嫡孙也，启其孝思，纠工募材，重为修建新殿宇，饬佛像，更钟鼓，功告竣，命予菲才序之。何敢沿袭陈说？一一问之，有文明者乃出所藏世谱，详阅源流根株，历历分明，其云：

秋田先生因才名世，司汉南从事，时南诏蛮叛，先生以片言谕之，即稽首臣服，上召面谕，因献集诗，上令入翰林都御史兼礼部侍读，赐锦还乡，因侨寓武昌府，终于光启乙巳⑦，朝旌其忠，昭宗己酉⑧御殡⑨于斯。生子五人，皆以茂才闻，特树庵傍以守其墓。

【注】

①迈迹：创业成名。②尚友：上与古人为友。③栖真：道家谓存养真性、返其本元。这里指埋骨之地。④成化：1465年至1487年，为明朝宪宗朱见深的年号。⑤元至正：1341年至1370年，元朝最后一个年号。⑥崇祯己巳岁：1629年。⑦光启乙巳：唐僖宗时期，885年。⑧昭宗己酉：唐昭宗龙纪元年己酉岁，889年。⑨御殡：御葬。

至宋之建隆①，有嫡孙鹏云以武功授宣尉②，继祖为西京外翰，时癸丑③冬始，建立寺以崇奉之。迄元至正为兵毁，胡尽伦再造之，至天顺四年④，胡行达因请僧唐伏洪住奉香火，及成化弘治⑤自学由衷扶唐复立福寺，创山门后又坯，胡公龙泉复修之，碑犹鲜焉。始怅然曰：先生古今伟人，倘不得实志目之，不几以任耳误也，且先生生于数百余岁之前，皇图⑥几易，陵谷⑦变迁，其本支递衍递盛，岂非遗泽远耶？高谊大名，深为吾地生色，闻风犹当兴起，况后裔乎？寺曰福田，不无深义，以仁为种，以义为质，以勇为耒耜⑧，以忠信为栽培，以明智为耨芟⑨，以礼乐为润泽，以廉耻为收获，则不卤莽而耕，亦不卤莽而报，所谓永言配命，自求多福，昭兹来许，绳其祖武。予嘉其孝思，因备述以表其实，更愿族众无舍己之田而芸人之田，庶此福田不为弗播之田，而为见龙之田，后起者亦有光于楚矣。

庠生刘养赤拜撰。

【注】

①建隆：北宋太祖赵匡胤开始使用的年号，为960—963年。②宣尉：代皇帝掌管地方军政，一般为从二品。③癸丑：1013年，宋真宗大中祥符六年。④天顺四年：1460年，天顺乃明英宗朱祁镇年号。⑤弘治：明孝宗

(1487 年至 1505 年在位），年号弘治。⑥皇图：封建王朝的版图。⑦陵谷：高岸为谷，深谷为陵。比喻自然界或世事巨变。⑧耒耜（lěi sì）：翻土农具，犁的前身。⑨耨芟（nòu shān）：耨为锄草的农具，芟即割草。

【译】

虽然天地降生名人不选择地方，但人要成名还是靠自强。邵阳属于古南国，古南国出了很多名贤，都青史留名。但出生在我们邵阳的只有胡曾秋田先生。先生显名于唐朝乾符年间，秋田是故乡的名字。胡秋田天资高迈，勤道好修，所著的《安定集》《咏史诗》光耀后世，即使三尺童子都知道他的名字，在本郡和其他郡的学校中都作为名贤祭祀。我一直想神交古代的胡秋田先生，遗憾不能详细了解他的一切。我特意来到了先生故乡秋田村来访问其遗迹，看到了一座香火院叫福田寺，这里的老人与和尚都说这是胡曾的真身长眠之所，但看到的是残碑断碣，没有一块碑上有完整的文字。这里的人说，这是明朝成化年间（1470 年左右）地方豪强拿走或毁坏的，而看最近所立的碑，则说福田寺被毁后，元朝至正年间（1360年左右）重修，并请胡曾撰文。我见此惊讶不已，试想想，胡曾是唐朝人，怎么能越过五代、宋，而到元朝来撰文呢？真是先后颠倒、时间错乱啊！这到底是流传错误，还是有人故意这样写呢？真搞不懂！到了明朝崇祯己巳岁（1629），福田寺快倒塌了，有胡曾的 27 代孙忠宇、顺吾、文明，发起孝心，买材料叫人工，重新修建新殿，整理佛像，更换钟鼓，竣工之时，请我这个不才来写篇序言。这序言怎么写呢？当然不能沿袭这些人的说法，我于是一一打听，恰好胡曾的后裔胡文明将家藏的世谱拿了出来。胡氏族谱上对于源流支派写得很清楚，对于胡曾是这么写的：秋田先生才华盖世，曾担任汉南从事，当时南诏蛮叛乱，先生只用了一篇文章，就让南诏国王俯首臣服，皇帝于是召见了先生，先生献上自己的诗文集，皇帝就令他进入翰林院，做了御史兼礼部侍读。后来赐锦还乡，于唐僖宗光启乙巳年（885）病逝于武昌府，唐昭宗己酉年（889）御葬在秋田村。先生生了五个儿子，都以才华闻名，子孙特意建了庵堂在墓旁，并安排人守墓。到了宋朝建隆年间（960 年以后），先生的嫡孙胡鹏云，因协助宋太祖打天下而受封将军，做了宣尉使，胡鹏云的儿子胡宗魁后来主政西京洛阳翰林院，在癸丑年（1013 年，宋真宗大中祥符六年）冬就建立了香火院来崇奉胡曾。到了元朝至正年间因兵乱而毁，后由族中胡尽伦再造。到了明朝天顺四年（1460），族中胡行达请来和尚唐伏洪做住持、奉香火，到了 1487 年前后，大家都要求和尚唐伏洪再立福田寺，胡龙泉修建了山门和桥，当时立的碑还很新。看到族谱上的记载，我不禁感慨良多，胡曾先生是古今伟人，如果不是我看到族谱，岂不是让外面的人乱说一气啊！秋田先生离世距今 700 多年了，世事变迁，朝代换了几个，其子孙现在越来越多，难道不是秋田先生的遗泽深远吗？高节大名，深深地为我们邵阳增色，一般人见此，都会生出学习先贤、奋发作为的感觉，何况他们的后代呢？寺的名字叫福田，也是有很深的含义，把仁作为种子，把义作为内涵，把勇作为工具，把忠信作为栽培，以明智作为取舍，以礼乐作为润泽，以廉耻作为收获，这样有所为、有所不为，就不会糊里糊涂地耕种和收获，这就是《诗经》说的"永言配命，自求多福，昭兹来许，绳其祖武"。我为胡文明等人的孝心所感动，于是记载了这些，祝愿胡氏后人不要舍弃己田而去耕种别人的田，这样的话，福田将成为见龙之田，先生的后代必然会有光耀楚地的人物出现。

秀才刘养赤拜撰。

【论】

该文作于明朝末年的 1629 年，详细地讲述了秋田祠的历史，是一份珍贵的文献。至于改祠为寺，从信仰祖宗，到信仰佛陀，终究不是儒家孝道。元朝至正年间胡曾祠被毁，有可能是因至正七年（1347）靖州吴天保苗民暴动攻打宝庆府路过秋田所导致，当然也是秋田胡氏五贤分散避难的时间。

7《胡秋田先生祠记》（清初·车以遵）

邵郡邑志，历代不少概见。明弘治、嘉靖诸属记载，或有阙文①。崇祯己卯②，郡守陶公珙③征掌故，见旧志多所未备，属遵纂修，因与蒋、舒、王、刘四子共事。篇中有秋田胡曾先生，入人物艺文各类，中虽仍旧而微有增损，志成介刘子邮正于罗英江太史④，极称道之。迨大清癸卯⑤，郡守傅公、邑令颜公各修邑志，载公如前。因忆万历间，监司王志远序公咏史诗曰："唐季诗文多以小队取胜，时推司空表圣诗最高雅，有承平之风，而乱离沦落，旧史几不能明其本末，王元之始力为之辩，而后乃知耐辱居士之污，士生衰世其可悲也已。秋田先生所著《安定集》十卷，载在唐史艺文志，必斐然可观。而仅于车子仁公所得咏史藏本，凡一百四十九首，律诗若干首梓行。曾所事高勃海卒为叛臣，初不可谓无功于唐室，秋田本末未能详考，然坟茔在里中，羊虎未尽崩褫，其为终老于家，不与从逆，较然可知。出处大致固无愧于表圣者哉！"遵当修志时，每抚然曰：秋田距今近千载，先大夫辑其诗，王元亭为之序，不独传其诗也！而比司空表圣皆忠于唐室者，其有功于胡氏如是哉！先大夫⑥《囊萤阁草》正续集四十卷版毁于兵，近以纂修明史，两奉部檄载名征取，皆无以应。至遵之《高霞堂》五刻及《编年古文词杂著》，可得百卷，失且八九，传与不传，听之于命。视王先生所云，士生斯世，以诗文见称，可谓不幸，感可知己。按胡氏谱，汉晋以来世为邵人，因邵前隶于潭，曾因有故园长沙之句。明初以族大人繁编为四粮里，子孙或仕或不仕，不具论。十年前，有子亨宇者来遇余，述秋田遗事，予颔⑦之。今年八十二矣，隐山中未出城市，而享宇再过，问其年与余齿近。讶其远来，投杖欲泣。自言："某无后，将捐产为秋田建祠立碑于秋田寺左，乞公文以传永。"余辞不获，因口授儿辈记之。余向知秋田寺在胡公墓下，实公香火之院。后人询福田利益之说，改祠为寺，而神明奉之。今亨宇索余文，以为可久之计也。夫以胡氏数万指，而独亨宇耆年⑧往返百里，可谓志大而心苦矣，乃余更有感焉，士生当世，所遇各殊，然有旷代相感者，不知为何心。诗文在人，不才者视为可已，而不知人才赖以传者千百年如一日乎？以为可已者安在哉？属亨宇以文请，因庆胡氏之遭，且以劝夫世之能为诗文者，第论其工与不工，而得传于千载，皆特有名贤及箕裘⑨后裔，又不独秋田先生然也，是为记。

征士⑩车以遵顿首拜撰。

【注】

①阙文：缺失之文。②崇祯己卯年：1639年。③郡守陶公珙（gǒng）：邵阳知府陶珙，姚安（今属云南）人，天启初举人，出守宝庆，明末殉难。④罗黄江太史：即罗喻义，号黄江，益阳人，万历四十一年（1613）进士，曾任南京国子监祭酒、礼部右侍郎充日讲官。明清称翰林为太史。⑤大清癸卯：1663年。⑥先大夫：已故的大夫、先父。此处指车以遵的父亲车大任。⑦颔：点头认可。⑧耆（qí）年：高年。⑨箕裘（jī qiú）：《礼记·学记》云："良冶之子，必学为裘；良弓之子，必学为箕。"比喻祖上的事业。⑩征士：拒绝朝廷征辟做官的读书人。

【译】

对于邵阳方志，历代有不少简略的记载。明朝弘治、嘉靖年间记载的方志，或许有遗漏。崇祯己卯年（1639）间，知府陶珙征求掌故，见到旧志很多地方不完备，吩咐我来纂修，因此得以与蒋、舒、王、刘四位共事。其中有唐朝秋田胡曾先生，进入了人物、艺文各类章节，虽然很多是照旧重抄，但也有所增减。方志完成时，请刘子邮找罗黄江太史指正，得到了罗太史的称赞。到了清朝癸卯年（1663），知府傅公、知县颜公修地方志，就照抄我前次关于胡曾的记载。记得万历间监司王志远为《胡曾咏史诗》作序时说："唐季诗文多以小队取胜，时推司空表圣诗最高雅，有承平之风，而乱离沦落，旧史几不能明其本末，王元之始力为之辩，而后乃知耐辱居士之污，士生衰世其可悲也已。秋田先生所著《安定集》十卷，载在唐史艺文志，必斐然可观。而仅于车子仁公所得咏史藏本，凡一百四十九首，律诗若干首梓行。曾所事高勃海卒为叛臣，初不可谓无功于唐室，秋田本末未能详考，然坟茔在里中，羊虎未尽崩褫，其为终老于家，不与从逆，较然可知。出处大致固无愧于表圣者哉！"我当时修邵阳志时，常常感慨道："秋田公距今近千年了，我父亲编辑他的诗，王志远作序，当然不是仅仅传他的诗啊！胡曾不仅有和司空表圣一样有对唐朝的忠心，而且对胡氏家族的功劳也很大！先父车大任的《囊萤阁草》四十卷毁于兵灾，最近纂修明史，朝廷两次点名征取，可惜拿不出来了。至于本人的《高霞堂》和《编年古文词杂著》，本来有百卷之多，可惜失掉了十之八九，能不能传之后世，只能听天由命了。正如王志远先生所云，乱世之中，以诗文见称的人真是不幸啊，真是知心之语。"按照胡氏族谱，自汉晋以来就世代为邵阳人，因为邵阳以前隶属于潭州，所以胡曾的诗中有"故园长沙"之句。明朝初年，因为族大人多，编为四粮里，子孙有做官的，也有没做官的，就不详细说了。十年前（1670年左右），有一个叫胡亨宇的胡曾后人来找我，跟我讲了胡曾的一些故事，我觉得很有价值。我今年（1680）八十二岁了，隐居山中一直没到城市去，而胡亨宇又来找我了，问他的年龄，和我差不多，看他远道而来，见到我时饱含眼泪的样子，感到非常惊讶。经询问，他说他没有后代，想把家产捐献出来，在秋田寺左边为胡曾立碑建祠堂，想请我写篇文章以永久传下去，我推辞不掉，只好口授给儿子记下来。我所知道的秋田寺在胡曾的墓下，就是原来的胡曾香火院。后来有人信奉佛教"利益亡人、增上福田"的说法，改祠为寺，于是供奉佛祖神明了。现在亨宇来求我的文章，无疑是希望子孙后代能永久地纪念先祖胡曾罢了。想不到秋田胡氏数万人，却只有胡亨宇一个人、这么大年纪、往返百里来做这件事，真可谓志大而心苦啊！除此之外，我还有另外的感触，我虽然生在明朝，遇到的和胡曾不同，却隐隐有旷代相知的感觉。这种感觉是什么呢？其实诗文的流传是靠人的。有些人觉得自己的诗文出众，自鸣得意，但流行千百年和流行一两天能一样吗？那些当初自命不凡的文章现在哪里呢？我答应了胡亨宇的请求，也庆幸胡家有这样的人存在，在此还要奉劝那些擅长诗文的人，不管你的诗文写得好不好，想要流传千载，还得要有贤人达士的推崇抬举，以及有诗书继世的后代才行！这当然不只胡秋田先生是这样的，天下诗文都是这个规律。以此为记。

征士车以遵顿首拜撰。

【论】

车以遵（1598—1680），字孝思，车大任少子。弱冠即有诗名，学问淹博，操履端正。生当明清鼎革之际、兵荒马乱之时，隐居山野，终生不仕。崇祯十六年（1643）张献忠据邵，逼他出来效力，他以投环自尽明志相拒。清朝建立后虽屡经荐举，力辞不出。善吟咏，广交游，与竟陵派钟惺、谭元春等齐名。因曾就读于南乡高霞山中（今邵阳县五峰铺镇境内），故其诗文署为《高霞堂集》，凡数十卷，清代曾六刻其版，惜十之八九毁于兵乱。前贤论云："其文与人，俱翩翩有凌云气。"其诗文"新锐之气，如泉吐，如月生""远溯秋田，俯视竟陵"。

他在该记中感叹诗文的流传，见解深刻。诗文欲永垂不朽，需要国与家两方面用力，国方面则需要有英雄惜英雄的高官，家方面则需要有克绍箕裘的子孙。

该文有刻碑在胡曾墓园中，其中"按胡氏谱，汉晋以来世为邵人"或许为证明家族历史悠久而故意为之。

8《重修胡秋田公祠记》（清代·彭洋中）

事有视若不急务而实关礼教风俗之大者，自非官其地者力为主持，虽欲厘正而修举之，往往无济。邵人兼文章气节闻者自胡秋田先生始，礼所谓乡先生没而祭于其社，足以使人观感而兴起者，正其选也。先生墓在秋田村，向有祠在其墓下，不知何时改祠为寺，且屋其墓，读明邑人王思履访先生墓诗，其寄慨良深。国朝康熙初，先生裔孙曰亨宇者捐产建祠，丏邑老宿车孝思先生为之记，记表章先生特详，而于亨宇嘉与亦甚至盖深，幸先生祠之克复矣。道光乙巳①余与新化邓湘皋②先生辑《宝庆府志》，访秋田祠墓，无能知其处者，乃知祠仍改为寺，末俗福田利益之说，陷溺难返至迭毁。先生祠墓以狗会不少顾惜焉，可胜叹哉。咸丰壬子③有僧松林皈依谒学，呈捐寺产，充学租田，询之即故秋田寺也，余曰是殆可以复胡先生祠矣，乃受其田，而以其事告之县尹④汉阳黄侯。先是，乾隆间寺僧冰浪，拥厚赀，既老，虑门徒之或鬻其田也，以托里中大姓胡氏李氏刻石为约，既久李氏遂自以谓檀越⑤，规朘⑥削无己属，以事齮龁⑦此两僧，故此两僧悉以田入官，盖至是不独里中不知为乡先生祠，即胡氏亦相忘其为先庙矣，黄侯断令寺前栋为秋田主祠，而留后栋度诸佛像，使僧夙通居之，夙通亦冰浪裔，其田尚仅有存者也。丙辰^⑧夏李氏又鬻夙通田，而拒胡氏不得葺祠，相争讼，今太守大兴邵侯时方令邵，乃断如黄侯，既而曰："是祠所以屡复而不果者，为地方官未为之经理兴修故也。"乃捐资以属邑绅胡仙屿学博任其事。于是秋田俱胡感侯盛意，共聚钱购夙通寺前余田，及其后栋寺址，一撤旧寺而建新祠，都计为主堂三间，前厅三间，横厅五间，头门三间，神厨一所傍为屋以居祠佃，令守祠。又请于侯，令夙通扛诸佛他寺，拓地修先生墓。工竣仙屿以告余，余与东斋姚君直侯因举向所受松林皈依捐产，概付诸祠，以每岁租三十石俾襄祀事，既而诸胡又自增买田，租二十石，合之共五十石，由是祠墓皆新，岁祀无缺。诸胡介仙屿丐余为记，以遗永久。秋田先生至今千余年，王君车君凭吊唏嘘于前，黄侯邵侯及余与姚君次第经营于后，皆若有不能自已者，岂有私于先生耶？彼里俗福田利益之谋，其果何所利益？而数数为是也，其亦可以知返矣！邵之人士至是既知先生祠墓不容湮废，而推邵侯所以汲汲焉。厘正修复之盛心以相与，观感兴起于无，既则是举也。其谓尚可缓哉？虽然，先人祠墓之区，后之人宜何如敬恭世守，向者亨宇既力复之矣，何以不旋踵而仍荡然无存也？继自今缮修以时，享祀勿替。庶勿负邵侯今日之盛心哉！仙屿名士瀛，以信义明干为邑人所推重，是举始之终之厥功为多，备书之使他日有所考焉。

清咸丰七年二月望日升任潼川府知府前任云南定远县知县邵阳县学训导清道光戊子科举人湘乡彭洋中^⑨撰。

【注】

①道光乙巳：1845年。②邓湘皋：即邓显鹤（1777—1847），湖南新化人，嘉庆举人，官宁乡训导，有楚南文献者之称，修《宝庆府志》，辑《资江耆旧集》《沅江耆旧集》。③咸丰壬子：1852年。④县尹：一县之长。⑤檀越：梵语音译，施主。⑥规膬（juān）：剥削。⑦齮龁（yǐ hé）：侧齿咬噬。⑧丙辰：1856年，清朝咸丰六年。⑨彭洋中：又名彭晓杭

（1803—1864），今湖南省双峰县梓门桥青兰彭氏，道光八年举人，初任邵阳学官，后署四川潼川府知府，因积劳成疾，仅半年即卒于任上，著《湘勇源流记》。

【译】

有些事看起来不是很急，但实际是关乎礼教风俗的大事，如果不是地方官出面力为主持，即使民间花大力气去修正，也往往无济于事。邵阳以文章气节闻名于历史的第一人是乡贤胡秋田先生，古礼认为，乡贤逝去，应该在乡里社庙中享受祭祀，这种祭礼足以让参与者心生感动而激励奋发，这正是礼教的最好方式。先生的坟墓在秋田村，以前在坟墓的下边还有秋田祠，不知什么时候开始，秋田祠变成了福田寺，寺庙甚至遮盖了坟墓，明朝邵阳人王尚贤曾作《访秋田公墓》诗，对这种状况感慨良深。清朝康熙初年，先生的裔孙胡亨宇捐产建祠，请邵阳名宿车以遵先生作了《胡秋田先生祠记》，记中对秋田先生表彰很详细，对胡亨宇的义举也深加赞许，有幸又看到了秋田祠重建。道光乙巳年（1845），我与新化邓湘皋先生编辑《宝庆府志》，访秋田先生的祠和墓，却无法知道处所。经打听，秋田祠又改成了福田寺，还是遵循"以积德行善来耕种自己的心田，以求福报利益"的世俗说法，看来当地人是陷进去难以自拔了，由此导致秋田祠累建累毁，这样对待秋田先生，真是大伤风雅，令人浩叹！咸丰壬子年（1852），有一个叫松林的和尚跑来见我，说愿意把寺产捐献出来，用田租来支持办学。我问是哪个寺，他说是秋田的福田寺。我听到这个消息，马上觉得这是恢复胡先生祠的好机会！于是接受了他的田产，然后我将想法告诉了邵阳县令黄侯。黄侯又说起另外一件事，乾隆年间福田寺的和尚冰浪，寺产丰厚，冰浪老年时曾经担心门徒也许会卖掉寺庙的田产，于是委托秋田大姓胡氏和李氏刻石为约做证。过了很久，李氏竟然以施主自居，将刻石削平，意图霸占田产，并要挟寺里的两个和尚，这两个和尚无奈将此事报官，当时不只是秋田一带的人不知道福田寺是秋田先生祠，就是秋田胡氏也忘掉这是其祖先的祠庙了。黄先生针对该纠纷，裁决寺前栋作为秋田公的主祠，后栋则作为佛寺，让和尚凤通居住。凤通也是冰浪的后代，他也有些田产。1856年夏，李氏又想卖凤通的田，并且要求胡氏家族不得修祠，彼此打起了官司。当今邵阳知府大兴邵侯刚刚到邵阳任职，他的裁决跟黄侯裁决的一样，并且说："秋田祠每次都修不成，应该是地方官没有参与进来经营管理所致！"于是由政府捐资、安排县学博士胡仙屿来主抓修祠的事。秋田胡氏家族听到这个消息，对邵侯的盛意深表感激，并一起凑钱，用于购买和尚凤通的寺前余田和后栋的寺址，并撤掉旧寺，重新建立了一个新祠，有主堂三间、前厅三间、横厅五间、头门三间、神橱一所，并请人居住守祠。然后在胡氏家族的请求下，邵侯命凤通把佛像扛到了其他寺，腾出地方修建了秋田先生的墓。竣工之时，胡仙屿跑来告诉我，我于是当着县学教谕姚君直侯的面，将从前松林捐献的田产贡献给秋田祠，这些田产的岁租是三十石，可以用来支付每年秋田祠的祭祀费用，而秋田胡氏看到这种情况，又一起凑钱买田，买来的田岁租二十石，这样一来每年就有五十石的收入。如此不仅祠墓焕然一新，每年的祭祀开销也有了保障。后来秋田胡氏请胡仙屿出面，要我写篇《重修胡秋田公祠记》，以永久流传。我个人觉得，胡秋田先生离世已经有一千多年了，王志远、车以遵凭吊感叹在前，黄侯、邵侯和我与姚君依次经营在后，冥冥之中好像有什么力量在推动，真的可能是我们对胡曾有发自心底的怀念吧！秋田这一带喜欢讲福田利益的风俗，其实这么多年来，又真正获得了什么利益呢？屈指数数就知道了，这种风俗也应该迷途知返了，邵阳的读书人是不能容忍秋田先生的祠墓被这样糟蹋和湮没的！之所以大家义愤填膺、急急忙忙地去找邵侯解决，因为大家拨乱反正、厘正修复的心是一样的，于是有大家同心协力修成秋田祠墓的壮举。试想想，这件事难道还能容许再缓一缓吗？当然不能！不过在这里我要说一句，对于先祖胡曾的祠墓，秋田胡氏应该恭恭敬敬地世代去守护的，以前胡亨宇出大力修复，为什么没过多久就荡然无存了呢？希望秋田胡氏家族好好想一想，也希望从今次修缮一新之后，能守护好秋田祠墓，按时祭祀，这样才能不辜负邵侯今日的盛情！胡仙屿的名号是士瀛，以讲信义、能力强为秋田胡氏所推重，在这次的壮举中，从始至终一直付出很多、功劳最大。我这样详细地写出事情的经过，是使胡氏家族将来能明了这些来龙去脉！

　　清咸丰七年（1857）二月望日，升任四川潼川府知府、前任云南定远县知县、邵阳县学训导、清道光戊子科举人湘乡彭洋中记。

【论】

彭洋中此文有杜鹃滴血之痛也，值得秋田胡氏反思。不过这也是一篇重要的文献，邵阳知府邵朴山、邵阳县学训导彭洋中及姚君在秋田主持修胡曾祠墓，发动了秋田胡氏捐款，由此找到了失散五百年的贤隆、贤新、贤溪后裔，1857 年祠墓建成，五贤亦团聚，可谓双喜临门。

9　《游状元洲诗并序》（晚清·孙开旦）

予幼时观《历代科名录》，载唐胡曾籍邵阳，咸通时状元及第，其书乃清朝礼部定本，必确而有征。后阅邓氏《宝庆府志》据秋田胡氏族谱，仅载其为唐进士。窃思《历代科名录》公典也，胡氏谱私乘也，何其不相合如此！殆胡氏谱有误欤？后又读《随园诗话》①，云唐状元亦称进士，证此说则又不相谬刺矣！或曰胡公充高渤海记室②，不能谏阻叛逆，应遭贬斥，故不称状元。考胡公终老乡里前，虽为高氏客，或窥其隐，效穆生之去楚③，当未可知。况著书等身，其诗文全集，忠心如揭，唐艺文志犹存。故王元亭谓其有功于唐室，比之为司空表圣，则知贰臣④之行必不足以污先生矣！论古者岂可以轻诬贤者乎？今日过状元洲，赋诗以表彰之想，胡公有知，当亦旷代相感也！

> 少年读书时，曾将旧录检。记得胡公名，唐廷膺⑤首选。
> 一举破天荒，邵阳文风擅。荣归渡资水，宫袍映冉冉⑥。
> 从此状元洲，芳名流播远。秋田胡氏谱，未能详数典。
> 但以进士传，状元名竟掩。或因客高氏，行藏遂不显。
> 科名犹可轻，气节岂容贬。终不学扬雄⑦，误做权门犬。
> 著述有遗篇，耿耿心如见。丹诚昭日月，奚望后儒辩。
> 我读先生诗，愈钦其实践。尚友千载前，表彰舒青眼。
> 唤起含冤魂，南楚开生面。今日过芳洲，仰首犹辗转。
> 憾不亲光风，资水空潋滟⑧。

【注】

①《随园诗话》：清朝袁枚（1716—1798）著。②记室：官名，东汉置，掌章表书记文檄，后世因之，或称记室督、记室参军等。③穆生之去楚：穆生是楚元王刘交（刘邦的同父异母弟）的同学，曾做楚中大夫，他受到刘交的优待，后来刘交的孙子刘戊取消了原先的优待，穆生称病不出，后来干脆离开楚国。④贰臣：指前朝官变节又做官的人。贰：变节，背叛。⑤膺：接受，承当。膺选：当选。⑥冉冉：缓慢、柔软。⑦扬雄：西汉末年辞赋家，与王莽私交很好。王莽建立新朝，被班固等史家视为"篡汉"，因此视效力新朝的扬雄为"权门犬"。⑧潋滟：水波荡漾。

【论】

该诗论证了胡曾到底是状元还是进士，论证了状元洲的来历，但对胡曾何时中状元，以及与高骈的关系，在当时也是以讹传讹，出现错误也是在所难免。该文出自秋田胡氏民国族谱。

10《胡曾咏史诗跋》（民国·李柏荣）

吾邵之能诗者自唐胡秋田先生始，前此未可得而见也。秋田之诗有咏史及乐府各若干首，其全集未可得而见也。诗之用本以抒情感、察时俗，三百篇中托辞寄志借物风人，固言之者无罪，闻之者足戒，汉后咏史乃成专门，如班固、袁宏、李华、左思辈，不下数十家，然未有如秋田之磅礴郁积①而镕炼②者，盖深经离乱有所感而使然也。桃花夫人一事，唐人好为歌咏，积之可以成峡，杜牧③云："细腰宫里露桃新，脉脉无言几度春。至竟息亡缘底事，可怜金谷坠楼人。"汪遵④亦云："家国兴亡身独存，玉容还受楚王恩。衔冤只合甘先死，何待花间不肯言。"声意俱佳，而以视秋田《息城》⑤一绝，殊有上下床之别⑥矣。秋田咏史诗，我曩⑦年得睹元刻本于故宫，字大悦目，以禁藏极严未能抄录。后阅书，江苏图书馆亦有此书，惟系精写本，题下有钱塘丁氏正修堂藏书篆文，正方钤印，盖此书为钱塘丁家所藏，而捐存省馆者也，字极娟秀，略带行书，令人抚阅不忍释手。乃知至宝流传，灵护未已，经天日月，益现光辉，真可喜也。柏荣^⑧谨跋。

【注】

①磅礴（páng bó）郁积：磅礴即广大无边貌。郁积：积聚。②镕炼：熔化精炼。③杜牧：唐朝著名诗人，与李商隐并称"小李杜"。④汪遵：与胡曾同时代之咏史诗人，咸通七年（866）进士，《全唐诗》录存其诗一卷，共六十一首。⑤《息城》：胡曾 150 首咏史诗之一，诗云："息亡身入楚王家，回首春风一面花。感旧不言长掩泪，只应翻恨有容华。" ⑥上下床之别：指志趣、见识差别太大。典出《三国志·魏志·陈登传》，说的是名士许汜（sì）去见陈登，即陈元龙，陈元龙不想搭理他，然后独自上大床睡觉，让许汜睡下床。刘备听完此事对许汜说："你许汜是个名士，在天下大乱的时候，不知道忧国救世，只知道买田买屋，陈元龙肯定看不起你啊，如果换作我，我会睡百尺楼上，让你睡地上，岂止上下床之别呢？"⑦曩（nǎng）：以往，从前，过去的。⑧柏荣：即李柏荣（1893—1969），湖南新邵潭溪镇人，1913 年考入湖南省立第一师范，与毛泽东同学四年。1918 年毕业后，先后任邵阳县小学教员、校长。1924 年任清室善后委员会顾问，后改任点查事务所组务主任，得睹故宫大量珍贵文物和历史档案。1932 年任南京私立三民中学国文教员，1944 年南京私立三民中学迁湖南隆回金潭，金潭是魏源故里，李柏荣撰就《魏源师友记》。1950 年弃教回家务农，1952 年上书毛泽东和程星龄求援，得湖南省民政厅每月资助 12 元，继续从事著述，1969 年谢世。

【译】

我们邵阳的第一位擅长写诗的人是唐朝的胡秋田先生，唐以前未见有诗人，秋田诗有咏史及乐府若干首，他的全集没见到。诗主要用来抒发情感、体察时俗，诗三百中那些托辞言志、借物讽人的诗篇，反映了言之者无罪、闻之者足戒的传统。汉朝之后咏史诗成为诗中的一个专门类别，出现了班固、袁宏、李华、左思等咏史诗人，算起来不下数十家，然而就咏史诗来说，都没有像胡秋田这样磅礴大气、精练简易的，可能是因为胡秋田饱经离乱，深有感触才写出来的吧。比如桃花夫人，唐朝很多诗人都以之为题材，这些诗汇总起来可成册，比如杜牧诗云："细腰宫里露桃新，脉脉无言几度春。至竟息亡缘底事，可怜金谷坠楼人。"汪遵诗云："家国兴亡身独存，玉容还受楚王恩。衔冤只合甘先死，何待花间不肯言。"这些诗的声律意境都很好，但是和胡曾的《息城》比起来，见识逊色不少，真有上下床的差别啊。我以前曾在故宫看到过元朝刻本的胡曾咏史诗，字很大，赏心悦目，因为当时故宫管理很严，所以我没能抄录。后来在江苏图书馆看到了胡曾咏史诗的书，是楷书精写本，标题下有"钱塘丁氏正修堂藏书"的篆文，盖了正方形的印，当然是杭州丁家所藏而捐给江苏图书馆的，书法非常娟秀，略带行书，令人爱不释手。由此看来，像胡曾咏史诗这样的至宝，其流传真有神灵不停地保护啊，经过了这么多岁月，还是么光辉夺目，真是可喜之事！李柏荣谨跋。

【论】

李柏荣重点研究的是魏源，对胡曾的认识仅限于其咏史诗，但是通过对息夫人的同题咏史诗的比较，即可看出其见识不凡。杜牧以石崇宠姬绿珠坠楼的节烈，来指责息夫人不贞，并以细腰宫来鞭笞楚文王如楚灵王般荒淫，其实这样类比未必贴切。首先，息妫不死乃为救夫君之命，绿珠自尽只是为了报主之恩，因此以绿珠之节烈指责息妫之忍辱，不是中庸之道，有求全责备之嫌。其次，楚灵王好细腰，楚文王好色，二者的情势也不一样。因此杜诗乍看新颖独到，其实未着要领，有哗众取宠之嫌。汪遵的诗则一味老气横秋地指责息妫偷生，既无诗味，更无见地，简单粗暴而已。而胡曾的诗则紧扣史实，轻松点明红颜薄命、好色必亡的天道，将这一切乱象的根源说得清清楚楚，足见燃犀照鬼的史学功夫。李柏荣有史学见地，因此敢于说出胡曾与杜牧、汪遵有上下床之别。

11《新雕注胡曾咏史诗跋》(清代·胡珽)

此宋板咏史诗卷数与《文献通考》①合，与《四库提要》②异，昔年从文澜阁③抄得一本，不分卷，诗之次序及注均与此不同，盖别行之本，胡卷首无序，亦不载注者名氏。此本甚秘，可宝已。胡珽④。

【注】

①《文献通考》：宋元时学者马端临（1254—1323）编撰的一部典章制度。《文献通考》中记载："唐邵阳胡曾撰凡一百五十首，曾咸通末为汉南从事。"②《四库提要》：《四库全书》的提要。《四库全书》为乾隆帝主持编纂，分经、史、子、集四部，故名"四库"。③文澜阁：文澜阁是紫禁城中最大的一座皇家藏书楼。乾隆四十一年（1776），乾隆皇帝将第一部精抄本《四库全书》贮藏在文澜阁。④胡珽（1822—1861）：字心耘，清浙江人，著名藏书家胡树声之子，官太常寺博士，居苏州，专收宋元旧刻，并作校刊，道光间辑刊《琳琅秘室丛书》。

【译】

此宋朝版本的胡曾咏史诗，其卷数与《文献通考》一样，但是跟《四库提要》不同。我以前在文澜阁抄得一本，该本不分卷，150首诗的安排次序以及注解都跟这宋版不同，应该是其他人刊行之本，卷首没有胡曾的自序，也不记载注者的姓名。由此看出，这宋朝版本已经非常罕见，非常珍贵，可视为国宝。

12《新雕注胡曾咏史诗跋》（民国·张元济）

诗三卷，卷五十首，总百五十首，首各有注，卷端有著述及序者姓名。四库著录谓前后无序跋，亦不载著者姓氏，胡珽后跋称从文澜阁抄得库本与此不同，余案提要所引三注，惟《洞庭》一条似与此合，余《钜桥》《渭滨》云云，是本均无其语，盖四库所收名同而实异也。此从宋本影写原书，先藏士礼居黄氏①，继入琳琅书室胡氏，后为吾友顾鹤逸②所得，卷首缺半页，此为胡氏写本，疑在彼时即已如是。今故人之墓久有宿草③，且闻藏书多散，借瓻④不得，书罢黯然。

海盐张元济⑤。

【注】

①士礼居黄氏：指清代黄丕（pī）烈编藏的《士礼居黄氏丛书》。黄丕烈晚年穷困，藏书一度流入艺芸书舍、海源阁、铁琴铜剑楼。黄丕烈

（1763—1825），江苏苏州人，乾隆五十三年（1788）举人，官主事，后专一治学和藏书。②顾鹤逸（1865—1930）：擅长画山水，苏州人，清末书画收藏家顾子山之孙。③宿草：指墓地上隔年的草，用为悼念亡友之辞。④觶（chī）：古代陶制酒器。⑤张元济：（1867—1959），浙江海盐人，清末中进士，入翰林院任庶吉士，后在总理各国事务衙门任章京。1902年，张元济进入商务印书馆，历任编译所所长、经理、监理、董事长等职。新中国成立后，担任上海文史馆馆长，继任商务印书馆董事长。

【译】

《新雕注胡曾咏史诗》共三卷，每卷五十首，共一百五十首，每首都有注，书前有著者序者的姓名。《四库著录》说《胡曾咏史诗》前后无序跋，也没有记载著者姓氏，胡珽在后跋中说从文澜阁抄的库本和这本不同，我按《四库提要》所引的三首诗的注，只有《洞庭》一诗的注解跟这本书差不多，《钜桥》《渭滨》两首诗的注，在这本书都找不到，大概是《四库全书》所收的这两首只是名字同，而实际有差异。这本书是从宋代原本摹写的，先藏在士礼居黄丕烈那里，接着到了胡珽家的琳琅书室，最后为我朋友顾鹤逸所得，卷首缺了半页，这是胡珽的摹写本，怀疑胡珽摹写时就已经是缺了的。今老朋友顾鹤逸离世已很久了，墓有宿草，而且听说其藏书多散失，想借都不得，写罢不觉黯然伤神。

海盐张元济。

【论】

《新雕注胡曾咏史诗》为宋本摹写，卷首写有"前进士胡曾著并序　邵阳叟陈盖注诗　京兆郡米崇吉评注并续序"，算是正宗，但是流传甚秘，不入大家视野。以至于明末车大任、王志远重刊时仅得咏史诗一百四十九首，且民间一直认为胡曾举进士不第，甚至乾隆修《四库全书》亦不能收得此版。叹立言不朽真乃不易，若无诸藏书家用心维护，我们今天哪能见到真面目呢？

二　诗联

1《过秋田访胡先生墓二首》（明末·车大任①）

行行邵陵西，秋田君故里。墓碣②久凄凉，花竹空如绮③。

怀古亦何心，踟蹰④独不已。诗魂千载存，云我谁何氏。

三唐⑤多伟人，君亦声名早。尺檄⑥破南蛮，岂事空文藻⑦。

咏史诗百首，芳踪犹可考。家还苗裔存，谁为传君草⑧？

【注】

①车大任（1544—1627）：明末湖广邵阳白马田人，字子仁，号春涵，车胤后裔，明朝万历八年（1580）进士，历任知县、知府、布政使司左参政，仕绩多在闽浙，所在均有嘉誉。现《邵阳车氏一家集》中收录其诗七百三十九首、文七篇。②碣（jié）：圆顶的石碑。③绮（qǐ）：有文采的丝织品。④踟蹰（chí chú）：徘徊不前。⑤三唐：诗家论唐人诗作，多以初、盛、晚分期，谓之"三唐"。⑥尺檄：写在一尺纸上的檄文。⑦文藻：文采。⑧草：草稿，文稿。

【解】

车大任于万历丁未（1607）以母老恳辞归乡，在瞻仰胡曾墓后，有感于乡贤之冷落，于万历壬子（1612）与当时驻扎在宝庆府的湖广按察司使王志远一起将胡曾诗文重新整理刊行。"家还苗裔存，谁为传君草？"面对秋田后裔如此之多，却坐视胡曾诗文散佚，于是发出如此惋叹！

邵阳县车氏在明清之际人才辈出，先后出了车大任、车万育、车鼎晋、车敏来四位进士，"家无读书子，官从何处来？"其人才崛起之原因可从车大任仰慕乡贤秋田公、学习秋田公、又弘扬秋田公看出。车大任之子车以遵以文章气节名世，其诗"远溯秋田"，因仰慕曾公而感叹胡氏家学之不传，因而作《胡秋田先生祠记》。车万育长子、康熙进士车鼎晋奉召与江浙词臣校辑《全唐诗》，曾公咏史诗及律诗因之得以编入。因此邵阳车氏不仅有功于秋田胡氏，其敏而好学、见贤思齐的精神亦足以让秋田胡氏反思振作了！

2 《访秋田公墓》（明末·王尚贤①）

野寺荒榛②几废兴，入门竟日不逢僧。寒醪③祗荐④将何处，蔓草迷篱已失凭。墓道谁从死后署⑤，夜台⑥应彻⑦佛前灯。可怜如此埋风雅，每读遗编一抚膺⑧。

【注】

①王尚贤：邵阳县北乡新宁二都（属今新邵县）人，明天启五年（1625）进士，做过苏州同知，著有《菜园集》，王尚贤之孙王元复名气更大。②荒榛（zhēn）：幽僻的地方，长满杂乱丛生的草木。③醪（láo）：浊酒。④祗（zhī）荐：恭敬地祭献。⑤署：设置。⑥夜台：坟墓。⑦彻：通。⑧膺（yīng）：胸。

【论】

该诗说的是王尚贤在明末看到的胡曾墓、秋田祠的凄凉景象，秋田祠改成了福田寺，寺内冷清，墓上竟然是佛龛。作者景仰秋田公的道德诗文，远道而来瞻拜，想祭祀却找不到地方，这无疑引起作者的悲愤。

3《春日过秋田》（明末·彭克济①）

游览值春晴，山禽集树鸣。庭前双柏老，古院一灯沉。

觅径呼僧问，寻碑播②字型。地壮千载后，今日吊胡曾。

【注】

①彭克济：字明丹，湖南邵阳人。明万历四十四年（1616）进士，初授工部主事，廉洁奉公，后迁任陇西左参政、河南按察使、陕西右布政使、守备临兆，并著威望。晚年隐居于陕西。②播：摇、弄。

4 秋田祠对联（清初·周郐生①）

华胄发渊源②，廷对推先③，紫绶青厢光玉牒④；

贤嗣精绍述⑤，家声振后，蛟腾凤起壮金门⑥。

【注】

①周郐生：湖南邵阳人，康熙壬午（1702）进士，刑部主事。②华胄发渊源：胡曾作为贵族的后裔，渊源可以追溯到舜帝。③廷对推先：殿试

推为最先，即第一名、中状元。廷对又称"殿试""御试""廷试"，宋朝及以后科举考试最高一段，由皇帝亲自出题考试。④紫绶青厢光玉牒：胡曾担任大唐高官，其言行光照史册。紫绶：紫色丝带，代指古代高级官员的服饰。青厢：古代收藏书籍等的箱笼。玉牒：典册、史籍。⑤贤嗣精绍述：贤良的子孙精心承继胡曾的道德文章。绍述：承继前人的所作所为。⑥蛟腾凤起壮金门：胡曾家族文才辈出，日益壮观，宛如蛟龙腾跃、凤凰起舞。金门：以黄金为装饰的门，指富贵人家。

5　秋田祠对联（清代·刘秉敬①）

世系肇②秋田，序前代远祖近宗，家范朝仪衍一派天潢③，德泽昭垂金紫诰④；

家声翘⑤楚岳，广此日英贤髦士⑥，武绳美济荣千枝玉叶⑦，人文蔚起凤凰池⑧。

【注】

①刘秉敬：邵阳人，乾隆年间国子监学生，其高祖刘养赤于明朝末年的 1629 年撰《福田寺碑文》。②肇（zhào）：开始。③家范朝仪衍一派天潢：家教国礼繁衍出一派舜帝的后裔。家范：治家的规范、法度、风教。朝仪：古代帝王临朝的典礼。天潢：帝王后裔。④德泽昭垂金紫诰（gào）：大唐皇帝的诰命，胡曾的道德恩泽，都会长传后裔。昭垂：昭示、垂示。金紫诰：皇帝赐予高官的诰命。金紫即"金印紫绶"，指唐宋的官服和佩饰，唐宋后指金鱼袋及紫衣，都表示高官显爵。诰即古代帝王对臣子的任命、命令，如诰命、诰封。⑤翘：高出，《诗·周南·汉广》云："翘翘错薪，言刈（yì）其楚。"⑥髦（máo）士：英俊之士。髦：毛中的长毫，喻英俊杰出之士。⑦武绳美济荣千枝玉叶：千万的后代继承光大胡曾的事业。武绳美济：继承光大祖先的事业，概括了"绳其祖武""凤毛济美"两个成语。武：足迹。绳：继续。美：善。济：补益。玉叶：喻皇家子孙。⑧人文蔚起凤凰池：人文蓬勃兴起在朝廷显要之地。蔚起：蓬勃兴起。蔚：茂盛。凤凰池：皇帝禁苑中的池沼，后泛称中央机要显贵的官位，唐宋诗中多以"凤池"指称宰相之位。

6 秋田祠对联二副（清·伍永锐①）

（一）

一意叹孤行，任众谤群疑，竟以片言降丑类；

千秋伸定论，看功高勋伟，还欣公道在人心。

（二）

史幸垂青②，岁祭频年邀旷典③；

心原可白④，秋风无泪哭忠魂。

【注】

①伍永锐：邑廪生，即秀才，由朝廷补助生活。②垂青：尊重。青眼即黑眼珠，语出《晋书·阮籍传》，阮籍能为青白眼，对尊重喜爱之人，目光正视，眼珠在中间，为青眼；对鄙薄憎恶之人，目光向上或斜视，为白眼。③旷典：前所未有的典制。④白：陈述。如自白。

【论】

该联误会胡曾为"叛臣"高骈的掌书记，于是有子虚乌有的"心原可白，秋风无泪哭忠魂"。

7 秋田祠对联 （晚清·陆藻莹①）

川赴东海，星拱北辰②，数语靖蛮烟③，礼乐衣冠④在是矣；

祠入乡贤，书编国史⑤，千秋崇岁祀，风流文采如见之。

【注】

①陆藻莹：即陆蔚奇（1874—1941），别名藻莹，今湖南省邵阳县岩口铺或隆回县周旺铺人，光绪二十八年（1902）中举，因局势动荡，无奈在邵阳城设馆授徒，自称"困顿风尘几二十年"，擅长撰写对联，并仿车万育《声律启蒙》著有《君莫笑》。②川赴东海，星拱北辰：出自胡曾《答南诏牒》。③靖蛮烟：靖即平定，蛮烟即南方少数民族地区山林中的瘴气，这里指南诏入侵。④礼乐衣冠：指各种礼仪规范和各种等级的穿戴服饰，借指华夏文明。⑤国史：指胡曾《安定集》载入《新唐书》。

8　《七律　咏胡曾》（现代·屈杰）

襟抱凌云久未开，秋风末世惜徘徊。十年弹铗不逢主，一檄平南自展才。冷照霜眸观史牒，漫挥诗笔发惊雷。资江千载文澜涌，疑是胡公踏浪来。

【论】

该诗是 2013 年"胡曾杯"全球诗联大赛诗之一等奖，为湖南衡阳市屈杰先生的作品，格律严整，节奏铿锵，被誉为"大笔如椽，气势飞扬，高情逸韵，动地排空"，作为"赛诗之冠"自有分量。

不过细品该诗，有两处不妥。第一，"秋风末世惜徘徊""十年弹铗不逢主"这两句，将胡曾比作冯谖那样的门客，应是对胡曾志向情操不了解。齐人冯谖家贫，于是托食孟尝君，通过弹铗而歌，无功而受"食有鱼、出有车"的待遇，而后为孟尝君献出"狡兔三窟"等计谋，让孟尝君得以左右逢源，长享富贵。而胡曾呢？元代辛文房在《唐才子传》评价胡曾"天分高爽，意度不凡，视人间富贵亦悠悠"，因此跟冯谖不是一路人。虽然胡曾在其《谢赐钱启》中有"俄颁清俸，遽恤白衣。朝乏半千，夕盈五万。不是孟尝，讵听冯谖之铗；若非赵胜，那知毛遂之锥"的话，那只是书信的抑己扬人之词，而且领到的只是"清俸"，即工资而已，跟冯谖的弹铗的境界不可类比。而在《谢赐钱启》中胡曾又说："又以山东藩镇，江表节廉，悉用竖儒，皆除迁吏。胸襟齷齪，情志荒唐，入则粉黛绕身，出则歌钟盈耳。但自诛求白璧，安能分减黄金。"从这些话，足可看出胡曾襟怀高洁，淡泊富贵。另外胡曾有咏史诗《函谷关》说到孟尝君，诗云："寂寂函关锁未开，田文车马出秦来。朱门不养三千客，谁为鸡鸣得放回？"这首诗对孟尝君是有明显的讽刺之意的，跟后来宋朝王安石的"孟尝君特鸡鸣狗盗之雄耳"是同一见解。盖棺定论，胡曾平南诏、作咏史诗，都是为国家民族做贡献，非为一己之富贵而求也，因此将胡曾比作冯谖，有将凤凰比作山鸡之荒谬也！

第二，颈联"冷照霜眸观史牒，漫挥诗笔发惊雷"与胡曾写咏史诗的经历和影响不符。胡曾是通过"遨历四方，马迹穷岁月"而写出的咏史诗，因此不只是"冷照霜眸，漫挥诗笔"；另一方面，胡曾咏史诗虽然有觉悟昏君之效果，但最终只不过是春风化雨般的蒙学教材，风行中国八百年，在当时和后来都不是什么"惊雷"。

因以上两点不妥，如改成以下或许更符合事实：

襟抱凌云自可开，秋风末世岂徘徊。十年折桂虽遗恨，一纸平南却展才。马迹江山轻史牒，风声岁月净心埃。千秋四海风波恶，笑许曾公伏浪来。

9 咏胡曾联 （现代·段相飞）

论政有折冲之绩，论文有开济之才，谋算亦精忠，草檄平南，岂独科名资国器？

大怀惟社稷所关，大爱惟黎元所养，贤良兼俊烈，鉴今咏史，直将诗笔著湘流。

【论】

该联是 2013 年"胡曾杯"全球诗联大赛对联一等奖作品，作者是山东聊城市人，该联气势磅礴，笔法老辣，上联写一牒平南，下联写咏史诗，将胡曾的两大功绩都写进去了，与史实基本相符，实乃佳联。

美中不足之处，上联"折冲政绩、开济文才"不够精准，打靶未能中十环，草檄平南的亮点在于以文化武，不战而屈人之兵，形容为"武力克服、外交谈判"的折冲政绩有点牵强，形容为诸葛亮似的"开济"事业也有点牵强。

10 祭秋田公墓文 （秋田九修族谱）

缅维我祖，崛起晚唐。事有可纪，功业文章。乡贤崇祀，愈增辉光。惟兹墓碣①，凭吊凄凉。念昔先人，数典②莫忘。遗迹犹在，岂任沧桑。咸丰初载，恢复祠堂。勾心斗角，栋宇辉煌。同修祖墓，位乎中央。封崇马鬣③，表似泷冈④。自兹而后，率厥典常⑤。清明节届，祗荐⑥馨香。小大咸集，济济跄跄⑦。仰祈鉴格⑧，俾炽俾昌⑨。尚飨⑩。

【注】

①墓碣：墓碑。碣（jié）：圆顶的石碑。②数典：历数以前的典故。③封崇马鬣：坟墓封土形状像马鬣。④表似泷（shuāng）冈：似欧阳修的《泷冈阡表》。宋朝欧阳修父亲欧阳观 56 岁时生下欧阳修，四年后去世，母亲郑氏画荻教子，欧阳修终于成才，考中进士，做了副枢密使的二品高官，朝廷封其父亲为金紫光禄大夫、太师、中书令兼尚书令，封其母亲为越国太夫人。欧阳修在其父亲下葬 60 年后作墓表，即《泷冈阡表》，刻碑立于墓道旁。秋田后裔作文祭祀曾公，与欧阳修作表纪念父亲，情与景根本不同，此处引用该典应该不妥，改为"星射龙光"或许更好。⑤率厥典常：遵循这个成法。⑥祗（zhī）荐：恭敬地祭献。祗：恭敬。⑦济济跄跄（qiāng）：队列整齐庄严，行动合乎礼仪。出自《诗经·小雅·楚茨》。⑧格：感通。如：格于皇天。⑨俾（bǐ）炽（chì）俾昌：使热烈昌盛。⑩尚飨：也作"尚享"，祭文结语，表示希望死者来享用祭品。

第五编　胡曾家族文献注

一　族谱序、跋、文注

前言

谱者，普也，普载其世系之不穷也。序者头也，跋者脚也，族谱有序跋，如人之有头脚，读者就可以在须臾间把握族谱的概貌大观，做到了然于胸、心中有数。序跋一般为主修撰写，以彰显家道，或者请族外名高望重的人物撰写，以抬举族望。秋田胡氏自唐以来就是邵邑望族，除了秋田公的诗文功德，族谱序跋也是秋田胡氏的宝贵精神财富，也是家道的正脉，秋田子孙继继绳绳，完全可以从序跋中获得家业兴旺、子孙昌隆的秘诀。

本册收集的族谱序跋来源如下：1.四川泸州合江的胡国民宗贤提供了胡守良宗贤珍藏的乾隆丙辰年（1736）胡世瑛先生主修秋田胡氏族谱的照片。2.时在邵阳县法院工作的胡小平宗贤提供的族谱照片，包括：民国三十三年（1944）邵阳贤源九修谱，荷香桥光绪丁酉年（1896）谱。3.时任秋田村党支部书记胡海明宗贤提供的由胡汉城宗贤主修的1993年秋田十修族谱。4.在广州台办工作的胡建军宗贤联系了西山退休教师胡铁阶宗贤，提供了西山胡氏民国十九年（1930）族谱。5、本人初中英语教师胡旭东宗贤提供的漆家铺胡氏光绪戊戌年（1898）族谱。在此对这些宗贤表示崇高敬意和衷心感谢。

这些族谱的序跋，有的是原本，如秋田乾隆丙辰年族谱、秋田民国三十三年族谱、漆家铺光绪戊戌年族谱、荷香桥绪丁酉年族谱、西山民国十九年族谱。有的则是后修时，转载前修谱的序跋。很遗憾的是，各房转载序跋时很少有不修改的！这种修改当然掩盖了真相，有的是主动为之，如秋田民国族谱转载乾隆六修序言时，即做了改动。但也有的是时势所迫，如漆家铺、西山两地族谱，因两地在乾隆、道光两次修谱时，曾临时挂靠在苗田华林胡氏尚十郎名下，后来认祖秋田后，在转载乾隆、道光年间的族谱序跋时，则直接对原序跋进行了修改。这样一来，在老谱已不可得的情况下，就不知修改了哪些地方，也无法得知当时的真面目，更无法得知该事件的来龙去脉，这不仅没有留下信史，而且也容易导致争议。2019 年新化华林胡氏提出了贤隆、贤新归属华林一案即是明证，这无疑带来了诸多口舌和是非。因此建议以后修谱，在转载前修序跋时，能按前谱原原本本照抄，如果前谱有误，可以在转载时注明，如此则为修谱的直笔，留下来的才是信史。此次编排历次序跋时，虽然以当时撰写序跋的年份为标题，但在注解中会说明是原本还是转载，特此申明。另外，因古代交通闭塞、信息不灵，有些原本也存在很多错误，但本着尊重历史和作者的角度，仍忠实照抄，但在注解翻译时进行了说明或修改。

这些序跋都是竖排文言文，注解也是一份烦琐、艰难的工作，甚至还可能会是一件吃力不讨好的工作，因为或曲解了原意，或冲撞了先人。不过，在此白话文时代，竖排文言文终究难以阅读，因此总得有人去做这个注解、翻译的工作，以承先启后、继往开来，因此本人也是抱着庄子"举世非之而不加沮"、孟子"虽千万人吾往矣"的执着，顶硬上，去做这个事情，因此如果有错误，希望各位宗亲谅解。

注解首先要断句，大部分文章断句都没有问题，但也碰到少量字迹模糊、无法辨认的生僻字、无法辨认的手写体，那也只能根据上下文猜测，猜出的字在段落中用了括号。也碰到了极个别念不通的情况，或许是转载时有遗漏，或许是本人古文水平有限，对于这种情况，本人根据上下文意思补齐。还有就是对于同一篇序跋，两个地方转载时，竟然出现了不一致的情况，比如秋田族谱转载西山族谱的序跋，就出现了这种情况，因此在编辑时则以西山族谱为准。其次是对字词的注释，大部分文章没有问题，但其中涉及的人名，因为查询不易，因此不能做过多考证，望大家见谅。同时对于明显的错误，还是做了说明。再次就是翻译，文言文本来言简意赅、优美流畅，可惜今时以白话文为主，因此也只好翻译成白话文，失色不少是肯定的，但为了跟上时代潮流，翻译尽量符合原意，且以意译为主。最后就是评论，主要抒发本人的看法，仅供参考。

本人在注解这些年深月久的序跋时，首先感觉到的是先人文字之美，其次就是有神接先人、浮想联翩的感觉，再次就是生出木本水源的孝思来。因为有了这些文字，才让我们有了珍惜和感恩的心情，有了光前裕后的使命感和责任感。因此在本人看来，族谱序跋的写作还是以文言文为好，显得高雅庄重，文言文的复兴也势在必然。作为胡曾家学的一部分，在此也希望胡曾后裔能贡献出更多更老的族谱序跋，也希望秋田后裔能创作更多文情并茂的序跋出来，以此为胡曾家学添砖加瓦，增光加色，并垂之万世不朽！

注罢颇多感触，因之赋诗一首：

曾立苍茫怅楚云，幸逢谱牒长精神。千江共月今由古，一本多枝子又孙。

遍注难言皆信史，常观终悟此人文。秋田自种根深稻，地久天长岁岁新。

本人德薄能鲜，在断句、注解、翻译、评论中错漏难免，望诸宗贤见谅并指正焉。

辛丑夏月吉旦，安命公三十九代嗣孙胡百年谨撰于深圳。

1 顺治庚子年秋田胡氏族谱序（简策）

今族姓之繁也，上古多自帝系，然世代荒渺，每存于支子①不祭之例，匪遗远也。世远则援引无征，不如近稽之可考也。至于溯华阀、饰弥文②、博采史书，非不侈观，而识者惑焉，如张九龄因张说而通谱③，正伦求南城诸杜同谱④，抑又叹狄青⑤之见过人也。代历久而可信，流愈远而益彰，非甚盛德何以至此？邵陵西胡曾号秋田，《湖广通志》云："唐胡曾乾符间状元及第，入内翰，都御史兼礼部侍读，赠衣锦还乡，坊牌遗址尚存，至僖宗光启乙巳岁，避世流寓武昌府薨⑥世，申文达部，御葬秋田村，赐玉石勒碑志墓，建立香火院，崇祀乡贤，生子五人章甫、良甫、祥甫、清甫、静甫，俱膴仕⑦，光闾里⑧，今冢犹在焉，羊虎未尽崩褫⑨。尤异者郡经历乱，人民孑遗⑩，唯胡氏多获全福。

【注】

①支子：古代宗法制度以嫡长子及继承先祖嫡系之子为宗子，嫡妻的次子以下及姜子都为支子。只有宗子才有资格主持祭祀，"支子不祭，祭必告于宗子"。②溯华阀、饰弥文：写文章乱攀名门望族作为自己的祖宗。华阀：高贵的门第。弥文：自夸的文章。③张九龄因张说（yuè）而通谱：张说（667—731）是洛阳人，703年因得罪武则天男宠张易之而贬官岭南，由此结识并赏识韶关张九龄（678—740），并互通谱系。开元九年（721）张说入拜宰相，于是与张九龄通谱叙辈，从此不断提拔张九龄。④正伦求南城诸杜同谱：杜正伦（?—658）出身洹水杜氏，与京兆（今西安）杜氏同出一祖，京兆杜氏聚居在南城杜固，相传乃风水宝地，因此世代高门，杜正伦曾请求与京兆杜氏连宗遭拒，由此怀恨在心。杜正伦拜相后，以疏通水道为名开凿杜固，当时川流如血，十日方止，从此南杜一蹶不振。⑤狄青：狄青是宋代名将，出身贫贱，曾有谄谀附阿之徒附会说他是唐朝名臣梁公狄仁杰之后，但遭狄青否定，他说："一时遭际，安敢自比梁公。"⑥薨（hōng）：古代称诸侯或有爵位的大官离世。⑦膴（wǔ）仕：做官。膴：丰厚，仕：官。据族谱记载，胡曾五子皆做官，章甫、良甫为恩贡生，即蒙恩入国子监的学生，祥甫任广西平乐府（今桂林市平乐县）教授，清甫任云南临安府（今红河州建水县）催官，靖甫任江西吉安府知府。⑧闾（lǘ）里：即乡里。古代二十五家为一闾。⑨崩褫（chǐ）：崩裂剥脱。这里指墓前的石羊石虎。⑩孑（jié）遗：遗留。遭受兵灾等大变故，多数人死亡后遗留下的少数人。

洪武初编定里甲①，遂分两里之长，岂非德厚者流长，一位贤于十部耶？一日其裔德亨持家谱诣予曰："我上世谱系虽有修葺，皆具草未就梓，世传愈远，惧后人不得续也，请序付刻以完缺典。"予阅之，喜其世远而可征也，文质而可信也，先生之德泽久而弥彰也，谓曰："修谱有式繁不紊，统简不遗，始探初生以稽祖，图派别以正宗，总郡系以合一，准欧阳氏五世以下别自为世之法，而著书则取其有据、缺其无闻，如宋中叶欧苏②之谱出，法例严精，谈者宗之，然相承者世，所以相承者心，心世相承则在于人。昔王晋公③、范文正公④喜种阴德，子孙咸食其报，天道甚可必也。余愿胡氏后人，事亲孝敬，长弟奉上，义与人和，仁义束其心，诗书训其后，如万石君⑤家，恭敬孝友，闻于郡国，则先祖是听⑥，介尔景福⑦，岂不休⑧哉，余故乐为序。

时顺治庚子科乡眷晚生⑨简策方侯甫⑩书于蓁竹山斋。

【注】

①里甲：明朝州县统治的基层单位。《明史·食货志一》："洪武十四年，诏天下编赋役黄册，以一百十户为一里，推丁粮多者十户为长，余百户为十甲，甲凡十人。"②欧苏：北宋欧阳修（1007—1072）、苏洵（1009—1066），两人创造了修谱法。"欧体"采用世系图，"苏体"采用世系表，均采用五世则迁的小宗谱法，每页上下只载五世，自右至左为同辈兄弟由大到小排列。在形式上，"欧体"为左右横排，每页五栏；"苏体"是上下直行，每页五世。欧苏体例主要由谱序、谱例、世系图、世系录、先世考辨等五项内容构成。③王晋公：即王祐（923—987），今山东省莘县人，北宋大臣，曾手植三槐于庭，曰"吾子孙必有为三公者"。后来其子王旦果然做了宰相。④范文正公：即范仲淹（989—1052），北宋名臣，喜种阴德，四子分别官至宰相、公卿、侍郎，苏州范氏八百年来一直兴旺。⑤万石君：即石奋（前220—前124），不通文学，随侍汉高祖。刘邦爱其恭敬，召其姊为美人，以奋为中涓。汉文帝时，官至太子太傅、太中大夫。汉景帝即位，列为九卿，身为二千石，四子皆官至二千石，五人合计万石，号为万石君。⑥先祖是听：先祖的神灵在听。出自《诗经·周颂·臣工之什·有瞽》。⑦介尔景福：施与你大的福报。出自《诗经·大雅·既醉》。⑧休：吉庆，美善，福禄。⑨顺治庚子科乡眷晚生：顺治庚子科举人、同乡、晚生。顺治庚子年即1660年，顺治十七年。乡眷即乡亲眷属，晚生即后辈。⑩简策方侯甫：简策，字方侯，甫为古代男子名字下加的美称。

【译】

今天的姓氏很多，且多源自上古的帝王。由于年代久远，加上在世的子孙往往多为支子后裔，而支子是没有资格祭祀始祖的，这样就对考证增加了困难。因为远祖不可考，所以一般只能找到最近的祖宗。至于有人将国史中的高门显贵攀附为自己的祖宗，这种族谱看起来高贵华丽，让人羡慕，其实有识之士是心存疑惑的。比如张九龄和张说通谱，杜正伦请求和南杜同谱，就有攀附之嫌疑。在这个问题上，我们不得不佩服宋朝的狄青，他不认狄仁杰为自己祖宗，这样的人品和见识才可贵。如果家族历史悠久而且可信，传流越远而且更加可敬，这就需要有深厚的道德才行。邵州城西的胡秋田先生，《湖广通志》记载说："唐胡曾乾符间状元及第，入内翰，都御史兼礼部侍读，赠衣锦还乡，坊牌遗址犹存，至僖宗光启乙巳岁，避世流寓武昌府谢世，申文达部，御葬秋田村，赐玉石勒碑志墓，建立香火院，崇祀乡贤，生子五：章甫、良甫、祥甫、清甫、静甫，俱膴仕，光闾里，今冢犹在焉，羊虎未尽崩褫。"不仅如此，更让人惊奇的是，邵州经历各种动乱，他族往往没剩下多少人了，而胡氏却没有受到伤害，保存完整。明朝洪武初编定里甲时，秋田胡氏占了两里之长，如果不是秋田公德厚流光，能做到一位的子孙多过十部吗？有一日，曾公后裔胡德亨持家谱来拜访我，他说："我们祖上虽然有过修谱，但都没有付梓印刷，长此以往，恐怕子孙没办法接得上了，请帮我们作个序，以付刻印。"我看了谱，觉得秋田胡氏虽然时间久远，但是世系清楚可信，秋田先生的遗泽真是久而弥彰啊！我于是说："修谱格式繁多但是不能紊乱，可以简要但不能遗漏，稽祖正宗，形成派系，最终合一，按照欧阳氏五世以下别自为世之法而形成书稿，宋朝中叶欧苏谱法出来，法例精严，大家争相效仿修谱。家谱记载的是传承的世系，如何传承呢？还得靠善心，还得靠人去积德，像王晋公、范文正公，喜积阴德，所以子孙都能得到福报，天道幽幽，就是如此。我希望胡氏后人，孝敬父母，尊敬师长，与人为善，用仁义来约束其心，用诗书来教训其后，像万石君的家庭一样，恭敬孝友，郡国闻名，对于这些，先祖的神灵永远在听，会赐给子孙幸福，这不是很吉庆的事吗？所以我很高兴能作序。

时在顺治庚子，科乡眷晚生简策方侯甫书于菉竹山斋。

【论】

这是迄今为止见到的秋田胡氏族谱中最古老的序，原本未见，为乾隆丙辰年（1736）六修族谱转载。

该序最早说到曾公的功名官职，第一是"乾符间状元及第"。第二是"入内翰"，唐宋称翰林为内翰，意思是曾公进入翰林院而成为翰林。第三是"都御史"。都御史为御史的一种，都御史即为都察院的长官，都察院是朝廷专门行使监督职权的机构，都御史职专纠劾百司，辩明冤枉，提督各道，为天子耳目风纪之司。明朝都御史为正二品，清朝为从一品，唐朝品秩不高，宰相才三品，都御史估计为四品。第四是兼任"礼部侍读"，所谓侍读就是为皇帝及太子讲读经史、备顾问学的翰林，侍读学士为从五品。晚唐翰林院有"天子私人"之称，成了专门起草机密诏制的重要机构，胡曾写《贺高相公除荆南启》时，即已具有上述身份，并加监军使。另根据《旧五代史·胡装传》，曾公最终的官衔是礼部尚书。

至于该序中关于洪武初年秋田胡氏占两里之长的说法，存疑待探，当时一里为110户，两里即220户，按照每户5口计算，当有一万多人。而当时五贤分散，秋田仅仅剩下贤源、贤文两家，如何有如此多人？是不是有曾公七位兄长后人计算在内，或者有同属曾公后裔的旁支计算在内？这个问题值得探讨。

"盛德必有百世祀"，"百世之德，即有百世的子孙保之"，秋田胡氏族大丁繁，有灾无难，自然得益于曾公积累了厚德。曾公积累了哪些厚德呢？该序引用的《湖广通志》只说了功名和哀荣，也隐约说了曾公像王晋公、范文正公积累了阴德，既然是阴德，自然不为世人所知。不过从阳德来看，曾公至少有如下的功德：第一，咏史诗风行八百年，教化了几亿人。第二，一牒平南诏，避免了流血战争，挽救了无数人的生命，生乃天地之大德。第三，九嶷山重修舜陵并祭舜，进一步弘扬了舜帝的大德。第四，主政延唐，惠政百里，造福一方。第五，廉洁持身，嫉恶如仇，英年早逝。

"积善之家，必有余庆"，每一个秋田胡氏子孙都可以学秋田公，人人积阳德阴德，这样家族就能源远流长、天长地久了！

2　乾隆丙辰年秋田胡氏族谱序跋

2.1　乾隆丙辰年秋田胡氏族谱自序（胡世瑛）

种族之兴衰由国运之升降，清晏①则生齿②繁，荒乱则户口耗，大较然③也，吾族始居香花坪及竹山湾、大园土地堂、染房村等处，人烟辐辏④，一时称盛。及五季⑤之战争、至正⑥之惨毒、欧吴之变乱⑦，中叶⑧之间，亦甚寥落堪伤。自源文⑨二公后，又复有椒聊⑩之咏，盖国运、祖德实互相培养焉。

【注】

①清晏（yàn）：河清海晏，黄河清、海水平，比喻天下太平。晏：安定。②生齿：人口。③较然：明显貌。④辐辏：形容人或物聚集像车辐集中于车毂一样，比喻稠密。⑤及五季：到了五代时期。五季：公元907年唐亡后，出现了朱温的后梁、李存勖的后唐、石敬瑭的后晋、刘知远的后汉、郭威的后周，称五代。⑥至正：元朝最后一个皇帝元惠宗年号（1341—1370），一共30年，期间天灾不绝，黄河决口，"石人一只眼，挑动黄河天下反"，引发元末农民起义大爆发。⑦欧吴之变乱：族谱世系表中云："是时永州吴添宝、祁阳欧相公作乱，明太祖起兵剿洗。"但查国史、方志均未有此变乱的记载。可能跟明初朱元璋血洗湖南有关，更可能是至正年间靖州吴天保暴动。⑧中叶：中期、中间。⑨源文：英敏公第四子贤源、第五子贤文。因此时贤隆、贤溪、贤新失联，所以此次修谱只是源文两房合修。⑩椒聊之咏：咏唱诗经椒聊篇，比喻子孙繁茂。椒指后代，聊乃语助词。《诗经·唐风·椒聊》中有"椒聊之实，蕃衍盈升"。

今远近散处，有终其身而莫识其人者，有安其土而莫游其地者，各不相及，几等秦越①。夫穷流溯源皆吾一本，而顾等一本于秦越可乎？爰即旧谱而重修之，以清其源流，叙其世系，使无或混焉，至规模之宏远，法例之精当，犹有待于后嗣之君子云。

班次②：安公甫，彦宗祖，肇克居仁礼，诗书启英贤，孝应仲文才，必思景志德，永学万世显，达士有鼎元。又：华国宁邦盛，春至益嘉新，上林荣禄泽，桂发满庭芬。

谱例③：一、宗谱始自宗魁公，继修于仲恕公，而思益公，及志星公、德亨公又复重修，历世久远，不无缺略，然支分派别，有条不紊，实惟五公是赖，因首载之以志修谱之所自云。二、宗子庶子④等杀不同，宗子子孙序居其先，庶子子孙必列在后，所以明昭穆⑤也。三、乏嗣而抚继者礼也，或兄弟之子侄，或族中兄弟之子侄，抚养承祧，若异姓断不可乱宗。四、子侄承继必于生父之下书继嗣某，重继嗣也。又于嗣父之下书抚某子，不没其由来也。五、祖先名讳后人每多误袭，今必改易之，明不敢犯尊也。至同时有讳同、字同者，则准以年论，其年后者郎尊属，亦更易不使从同。六、人丁星散，居址虽难细载，亦必总记大概村落载各房之首。七、坟山曾公所置，开列四房之首，自源文二公后，皆各记所置，地名山名于各房之下，以杜争端，并绘其形像山向，其进葬者必载葬私置某山，庶不致混淆而有所遗失。八、先代谱系、九嶷碑文皆寿梨枣，车春涵先生及孝则先生⑥各有序以冠其首，今虽轶不可得，然两先生表彰之德，实至今令人不忘云。九、谱中原原委委、井然有理，后作者每年次第续添，窃望。

规条：

一治家必崇勤俭，盖勤俭必富，不勤俭必贫，此理万不可易，合族皆宜儆惕。

一严慈者父母之道也，孝友者子弟之事也，若不严不慈不孝不友，虽以勤俭致富，亦未可常恃。

一家庭之内所言皆正言，所行皆正事，庶使子弟耳闻目接习染成性，其贤者固足为宗族光，即不贤亦不致遗玷乡党，不谨于始而欲变化于终，难矣。

一华丽服饰不可加于童稚之身，使异日欣羡之心不改，此即倾覆之地也。

一不读即耕，不可令其游手嬉戏，一经贫乏，窃盗何难，慎之慎之。

一教子者使之恭敬谦让，坐作进退皆循礼法。教女者使之温柔和厚，女工素习，无敢稍即傲慢。纵无大出色处，亦不失为人家好儿女。

一子弟之窃盗皆起自些微，父母于其一瓜一果必查究其所由来，庶不致后日悔恨。

一子弟遇乡党长者必致恭敬，况族中之长老乎？族中有须发皓白者即等辈亦不可抗礼。

一远近祖先多有知其讳而不知其字者，居常则必称某公某祖母，若妄称名讳，众必共责。

一夫妇人伦之首，必琴瑟偕调，毋诟诼⑦时闻，始家道能成，而子媳亦因之雍睦，光前裕后，莫此为盛。

一妯娌异姓同居，心思各异，为丈夫者以大义晓之，使不为厉阶⑧。若惟言是听，致一家不协，殊非善事。凡有丈夫志气者能共凛之。

一师傅子弟之标准，道德所从出也，凡延师必宜致敬尽礼，无敢稍怠，方见从学之诚。

一国赋须先完纳，不宜拖欠，王法如雷，在所不赦。

一父母生忌，人子岂有不知，或不得已事占而不得尽礼者，亦不可无悲痛感伤之意。若历久漠视，乌可为子？

一祖宗坟茔每岁二扫，长者必偕幼者同往，使知某坟某公、某坟某祖母，庶足展爱祖敬宗之念，不至遗忘，不然草间湮没古冢，非真尽无后人也。

一族中或兄弟早逝，所遗妻妾倘以家贫故辄行转亲，此蔑礼之大，王制所甚严，鸣上治罪并诸境外不许入户。

一宗魁公造谱系，遗杖世袭齐家，治不忠不孝不耕不读不恭不敬不尊不弟，当世奉之。

谱中所宜载者不止此数，事因类而推，是在仁人孝子之能修身以齐家者。

【注】

①秦越：春秋时秦在西北，越居东南，相距极远。比喻疏远隔膜，互

不相关。②班次：贤字辈后为贤源贤文两房班次，因贤隆、贤溪、贤新三房在元末离开秋田逃难，各自开基落业，因此班行各异。③谱例：修谱的规则。从谱例的第一条可以看出，秋田宗谱首修为宗魁公（北宋），二修为仲恕公（明朝），三修为思益公（明朝），四修为志星公（明朝），五修为德亨公（明末清初）。之后为六修【乾隆丙辰年（1736）】，七修【嘉庆丙子年（1816）】，八修【光绪丙子年（1876）】，九修【民国三十三年（1944）】，十修（1993）。故此次为六修。④宗子庶子：古代宗法制度下大宗的嫡长子为宗子，其余为庶子（支子）。⑤昭穆：古代宗法制度，宗庙或宗庙中神主的排列次序，始祖居中，以下父子递为昭穆，左为昭，右为穆。⑥车春涵先生及孝则先生：车春涵即车大任，车孝则即车大任之子车以遵。⑦诟（gòu）谇（suì）：辱骂、责骂。⑧厉阶：祸端。

【译】

家族随着国运的升降而兴衰，天下太平时出生人口多，兵荒马乱时则户口减少，这是非常明显的。秋田胡氏始居香花坪及竹山湾、大园土地堂、染房村等处，人烟稠密而紧凑，曾经非常兴盛。经过五代的战争、至正年间的悲惨毒害、欧吴之变乱，这段时期，家族就人丁寥落了，实在令人心伤。但从贤源、贤文二公之后，人口复振，又可以吟唱诗经的椒聊之诗了，这应该是国运昌隆和祖德深厚互相培养的结果。现在我们家族居处不集中，远近分散，有听说过名字但一辈子没见过面的，有一辈子没有跟其他宗亲来往的，这几乎跟秦国和越国一样生疏遥远了，追溯起来本是一个祖宗传下来的人，既然同祖同宗，就不应该如秦越一般啊！鉴此我们于是重修旧谱，清其源流，叙其世系，使族人不至于混淆。至于要求族谱做到规模宏远、法例精当，那就有待于后世之君子了。

五十六个班次为：安公甫，彦宗祖，肇克居仁礼，诗书启英贤，孝应仲文才，必思景志德，永学万世显，达士有鼎元。之后是：华国宁邦盛，春至益嘉新，上林荣禄泽，桂发满庭芬。

谱例：一，宗谱一修宗魁公、二修仲恕公、三修思益公、四修志星公、五修德亨公，历世久远，不无缺略，然而即使支分派别，也能做到有条不紊，这当然是依赖于五位宗贤，因此我在这里要重点记载，以表明我这次修谱是有继承和有出处的。二，宗子、庶子在族谱中的位置不同，宗子子孙排在先，庶子子孙排在后，以此明昭穆。三，按照古礼，无后者应该抚子承祧，或是兄弟的子侄，或是族中兄弟的子侄，但是不能抚养异姓，断不可乱宗。四，子侄承继，必须在生父之下写明过继给谁，在嗣父之下写明抚某人之子，由来都要清楚。五，后人有误用祖先名讳的情况，必须改正，不能以后犯先。如果同时代有重名重字者，则年纪小的要改名字。六，人丁分散，地址没办法详细的，也要记载大概村落。七，曾公所置的坟山排在四房之首，自源文二公后，则各记所置，地名山名记载在各房之下，以杜绝争端，要绘出形像山向图，谱中葬地必记载清楚，不致混淆。八，前代谱系、九嶷碑文都曾刻印，车大任、车以遵两位先贤都曾写序，登在族谱的最前面，现在都遗失不见了，但两位先贤的大德不能忘记。九，族谱中关于源流世系都脉络清楚、井井有条，希望后来修谱者都能每年及时补充。

家规数条：

一是治家必尊崇勤俭，勤俭可富，不勤俭必贫，此理万万不可违背，合族人都应该警惕。

一是严慈二字是父母之道，孝友二字是子弟之道，如果做父母不严不慈，做子弟不孝不友，即使勤俭致富，富也不长久。

一是在一家之内，要说正言，行正事，这样就可以子弟耳闻目睹，养成好习性。如果出现贤人，自然足为宗族争光，即使不贤，也不会玷污乡党。一开始不谨慎，想长大后再去改变，这很难。

一是小孩子不可以穿扮华丽，否则长大后爱好虚荣，这也是败家之原因。

一是子弟不读书即从事耕种，如果任由游手好闲，一遇贫困就会做出偷鸡摸狗的事来，慎之慎之。

一是教子务必恭敬谦让，坐行进退都要遵循礼法。教女则要求温柔和厚，学习女工，杜绝傲慢。这样的子女长大后，即使没有大出息，也不失为人家好儿女。

一是子弟盗窃都从小偷小摸开始，作为父母，对于子弟手里的一瓜一果，务必查清由来，从小教育干干净净做人，日后就不会有悔恨。

一是子弟遇到乡里的长者务必恭敬，对族中的长老更应该如此。族中头白年长者，即使辈分相同，也不可抗礼。

一是对于逝去祖先，很多人只知道其名讳而不知其字，平时应该称某公某祖母，如果妄称名讳，大家要一起来谴责。

一是夫妇乃人伦之首，要做到琴瑟协调，夫妻之间不能责骂时闻，这才是持家之道，子媳也会有样学样，光前裕后，家庭兴盛，最重此条。

一是妯娌之间，因为异姓同居，心思各异，作为丈夫应该晓以大义，避免祸端。如果唯妇人之言是听，导致一家不和，这当然不是好事，凡有丈夫志气者都要严肃对待这件事。

一是严格子弟对待师傅之道德，凡是延请师傅一定要致敬尽礼，不能有怠慢，这样才能显示出求学的诚意。

一是国家赋税务必要尽早完纳，不能拖欠，王法如雷，不能冒犯。

一是父母生日忌日，人子务必牢记，如果确实是不方便尽礼，也应该有悲痛感伤之意，如果历久漠视，那就是枉为人子！

一是祖宗坟茔每年扫两次，长者必带领幼者同往，让子孙知道某坟是某公、某坟是某祖母，由此生出爱祖敬宗之念，以防遗忘。现在草间湮没那么多古坟，并非都是没有后人的。

一是族中有男早逝，其妻妾不可因家贫转亲，这违背礼制，严重者可以报官治罪。

一是宗魁公首造谱系时，曾遗杖世代相传，以齐家政，对于不忠不孝、不耕不读、不恭不敬、不尊不弟的族人，可以杖责，我们还是要奉行之。

谱中所应该记载的当然不止这数条，不过都可以此类推，只要是关于仁人孝子修身齐家的，都可以纳进来。

【论】

该序在秋田民国九修族谱转载时做了修改，过于强调祖德，而忽视国运。幸有四川合江胡国民宗贤提供了原本，如获至宝，读罢方见天心和人意。

　　该序秉笔直书，并即事穷理，深合家国长久之道。国家动乱，家族遭殃；天下太平，家族兴旺，此亦秋田公所切切关注者也。曾公咏史诗着眼于历代兴亡，以此教化天下，可惜人心不古，私欲横行，于是有五代、元末的大动乱，秋田胡氏也因此遭受重创。不过，随着明清一统，盛世来临，加上以秋田公为代表的先祖们积德累仁，因此贤源、贤文二公在秋田复振，而逃难的贤隆、贤溪、贤新也各自在邵阳北开枝散叶，尤其是雍正"摊丁入亩"良策的出台，废除了两千年的人头税，由此带来了盛世，中国人口从破亿到四亿，五贤后裔也呈现了郁郁葱葱、瓜瓞绵绵的盛况。看到这里，秋田胡氏子孙当有大觉悟，第一要推广咏史诗，以期待政治清明，河清海晏；第二要积善累仁，以垂泽子孙。

　　至于该序中提到的"欧吴之变乱"，即五贤分散逃难的历史事件，经查《宝庆府志》《邵阳县志》《邵阳乡土志》《永州府志》，均未见关于此叛乱之记载。既然族谱上说是"明太祖起兵剿洗"，则可能跟传说中的朱元璋血洗湖南有关。

　　朱元璋血洗湖南一事不见于国史，但是在方志、族谱中均有记载，因湖南、湖北原为陈友谅地盘，陈友谅死后，余部继续与朱元璋对抗，其中以湘乡人易华（1294—1377）为首领，组织长沙、衡阳、宝庆、永丰等7州县48寨对抗朱元璋，朱元璋于是派徐达进剿湖南，洪武元年（1368）攻占长沙后，即开始血洗湖南。《湖南省志》与《湘潭县志》中记载云：洪武二年（1369），朱元璋手下常遇春血腥屠城。明嘉靖刊《湘潭县志》称其屠城后，仅余"潭民七户"。《厚雅田王氏谱》记："湖以南，丁洪武杀运，扫境空虚矣！"《叶氏谱》记："洪武屠湘，未先白马之盟，却有红羊之劫，血流漂杵，鬼昼哭，十室一室居人，九室堆骨。"《攸县罗氏族谱》记："元季末，陈友谅据湖南，与朱元璋争雄事败，元璋纵兵屠戮，湘江两岸，人烟几绝。"经此浩劫，湘潭由10万人锐减至2.5万人，常宁由7万人锐减至7000人，浏阳人几乎被杀光。

　　朱元璋血洗湖南一事应该是真实的，明初"江西填湖广"的大移民运动也可以佐证，但是其血洗区域应该主要在长沙、湘潭、株洲等湘东区域，邵阳方志中并未见有血洗的记载，也没有吴欧之乱的记载。

如果按照此序记载，将五贤逃难的时间定在 1368 年之后的朱元璋血洗湖南期间，五贤的出生年份大抵可以推算出来。按西山贤新族谱，贤新之子汝明出生在洪武九年即 1376 年，按 30 岁一代计算，则贤新的出生年份大约为 1346 年，假设 1369 年作为五贤分散的时间，此时贤新 23 岁，贤隆、贤溪可能分别是 27 岁、25 岁，分别出生在 1342 年、1344 年，贤源、贤文可能都不到 20 岁，未成家，因此在秋田附近的竹林寨避难。

如果按贤隆 1342 年出生的话，可算出贤隆房的代际年龄。观漆家铺族谱，必字辈以前的祖先出生未详，最早记载的是贤隆第九代必崇公，生于明成化二十二年（1486），与贤隆相差 8 代，相差（1486-1342）144 年，代际年龄只有 18 岁。虽然代际传递皆为长子，古代结婚早，像重海公 17 岁就生下添玑公，但是代际年龄终究有点偏小。

因此次修谱已经是清朝乾隆元年，中间过了一个明朝，因此记载难以保证准确，经遍查国史及《宝庆府志》《永州府志》，"欧吴变乱"很可能是元朝至正六年（1346）靖州人吴天保领导的抗元暴动。吴天保乃湘西靖州苗族人，1346 年闰十月，吴天保率苗、瑶、侗各族起事，攻克黔阳；1347 年二月进攻沅州，五月攻克武冈，元朝遣湖广行省右丞实保统军镇压，七月复攻沅州，连克溆浦、辰溪二县；九月二次攻占武冈，又攻打宝庆路，杀实保于军中（《宝庆府志》记载为："九月丁卯猛贼吴天保复陷武冈路，又寇宝庆路，遮杀沙班于军中。"《元史本纪》记载为："九月天保复陷武冈，进兵宝庆，沙班见杀。"）；十一月，义军三克武冈，继陷靖州；朝廷合兵进讨；1348 年三月，义军四攻沅州，不克；1349 年十二月，攻克辰州，然后北上。

为什么说"欧吴变乱"很可能是"吴天保变乱"呢？第一，五贤逃难的理由更充分。1347 年 9 月，吴天保攻克武冈后，又来攻打宝庆府，宝庆府离武冈约三百里，有大路直达，这条大路恰好经过秋田，现在胡曾墓后的大山上就有落马桥。因当时汉族和少数民族矛盾很深，吴天保也是四处抢掠大户，因此处此大路边的秋田村无疑是凶险之地。吴天保从西南来，因此贤隆、贤溪、贤新只能往邵阳北偏远蛮荒的梅山深处逃难。

第二，逃难时间从 1369 年往前推到 1347 年，则贤隆公的出生年份往前推 22 年（1369–1347），即出生于 1320 年，代际年龄多了近 3 岁，达到了近 21 岁，更加合理。

第三，欧吴之乱的"吴添宝"和靖州"吴天保"发音是一样的，苗族没有文字，因此只是音译，有的书上也写作"吴天宝"。这次动乱声势浩大，影响宽广，国史、方志都有记载，因此有出处。

第四，明末刘养赤撰写的《福田寺碑文》中说，胡曾祠"迄元至正为兵毁，胡尽伦再造之"，说明至正年间秋田村确实遭过大的兵灾。

第五，古代信息闭塞，没有公元纪年，时事记载出现颠倒错乱也正常，如"历代源流"一文亦见多处错误，因此"至正之残毒"与"欧吴之变乱"可能就是一回事。

第六，顺治年间简策所作序中，又说洪武初年秋田胡氏人丁兴旺有两里之长，如果五贤逃难发生在明初，人丁兴旺从何而来呢？

因此将此次变乱的时间定在早 20 多年的元末，可能性大一些。

欧吴之变乱到底是朱元璋血洗湖南，还是靖州吴天保暴动，本人虽然倾向于后者，但是也不能百分百肯定，具体真相如何，这还有待于将来的揭示了。

2.2　乾隆丙辰年秋田胡氏族谱历代源流（胡世瑛）

始祖安命公字乐天，住城东唐乐一都佘湖山，厌尘嚣喜恬静，于宪宗元和五年移居秋田村之竹山湾，今井盖犹存。生祖八，公智公、公智公、公普公、公晋公、公书公、公昌公、公会公、公曾公，四在庠①，曾公乾符间状元及第，初为宁远令，兴惠政，与权延唐同修舜基，刻九嶷碑图，立舜祠于玉琯山下，时南诏蛮横悖，遗西川节度使高骈木夹，有借锦江饮马之语，骈闻公有才干辟为从事，撰牒谕之曰："四方之于中国，犹众星之拱北辰，百川之赴东海，天地且不能违，况于人乎？"诏蛮屈服乞和，骈盛称之。上召面谕，因献《安定集》十卷，咏史诗一百四十九首，集列唐史艺文志，上令入翰林都御史兼礼部侍读，赐衣锦还乡。值巢寇作乱，避世远遁于武昌府之朱司街，至僖宗光启乙巳②，公归神焉，申文达部，朝旌其忠，御葬秋田，材玉碑为志，立香火院守墓。生祖五，章甫公、良甫公、祥甫公、清甫公、静甫公，俱腼仕显，静甫公生彦翔公，建隆间以武功受宣义职，后有功封将军，奏请敕旨飨文庙之祀③。彦翔公生宗魁公，为西京外翰，宗魁公生祖荣公、祖德公，祖荣公生肇圣公，肇圣公生克明公，克明公生居义公、居谦公，居谦公生仁元公，仁元公生礼让公、礼崇公、礼肃公，礼崇公生诗律公、诗抡公，诗律公生书尧公、书舜公，书舜公生启文公，启文公生英敏公、英略公，英敏公生贤隆公、贤溪公、贤新公、贤源公、贤文公。元末四祖五祖避难竹林寨，其三祖散失无考。贤源公生孝悌公开胡成，孝期公开胡保，孝先公开胡民。贤文公生孝受公开胡喜。自安命公至孝，历十七世而支分四；自安命公至士，历三十三世，代愈远而人愈众，不归于一无以别尊卑而联情谊，爰是不辞固陋，纠众共成其事，为子孙世守云。

唐僖宗乾符间南诏蛮横悖，高骈有文武才，朝廷倚之授以静海节度使，辟公为从事，公以一纸书檄服之，上召为翰林都御史兼礼部侍读，时巢寇乱浙西，移骈为镇海节度使，公以年迈谢职归田，赐锦还乡，因侨寓武昌府之朱司街，阅明年光启乙巳薨世，审进退，励名节，公盖略无毫发遗恨，功业诗文详各史志，不能悉载云。

曾公所著有《安定集》十卷、咏史诗一百四十九首，《安定集》列在唐史艺文志，今求其书不可得。倘天未丧，是集终必不亡。咏史诗则幸车春涵先生刊刻行世，元质公④又为之注，其传世久远无疑也，故世皆传颂，而子孙或容有不知者，爰备于谱，俾后嗣略识读书者咸熟识焉。其外杂诗六首与上高路二相公启皆并附于末，而春涵车先生、方伯彭先生⑤访秋田留诗四首，亦附载之。以志两先生景仰曾公之意云。

三十世嗣孙世瑛熏沐撰书。

【注】

①在庠（xiáng）：考取了县学，近似后来的秀才。②光启乙巳：唐僖宗光启元年，公元885年。③敕（chì）旨飨文庙之祀：宋朝皇帝下诏将彦翔公崇祀邵阳文庙。彦翔公建隆间以武功授宣慰职，忠于国，封平蛮将军，镇守云南，立公侯府于秋田，子孙立祠白江，名将军庙，今庙圮基址犹存。④元质：即胡元质（1127—1189），今江苏苏州人，宋高宗绍兴十八年（1148）进士，召为起居舍人兼权中书舍人兼国史院编修官，出为四川制置使兼知成都府。曾对胡曾咏史诗做注，该书传至日本。⑤春涵车先生、方伯彭先生：即车大任、彭克济。

【译】（因原文中秋田公生平多与史实不符，翻译时略做纠正）

我族始祖安命公字乐天，原住城东唐乐一都佘湖山，因厌吵闹喜安静，于唐宪宗元和五年（810）移居秋田村之竹山湾，现在井盖还在。生祖八，公晢公、公智公、公普公、公晋公、公书公、公昌公、公会公、公曾公，四位是邑庠生，曾公时唐僖宗乾符间状元及第，为延唐令，兴惠政，刻九嶷碑图，复修舜祠于玉琯山下。之前的唐懿宗时，南诏蛮猖狂，遗西川节度使路岩木夹，有"借锦江饮马"之狂语，曾公当时任掌书记，答南诏牒曰："四方之于中国，犹众星之拱北辰，百川之赴东海，天地且不能违，况于人乎？"南诏蛮为牒所服，因此退兵。中状元后，唐僖宗面见，曾公献《安定集》十卷，咏史诗一百五十首，皇帝令曾公入翰林都御史兼礼部侍读，《安定集》后来列在《新唐书·艺文志》，僖宗光启乙巳年（885年），曾公于武昌府之朱司街辞世，朝廷念其忠诚御葬秋田，刻玉碑为志，立香火院守墓。生祖五，章甫公、良甫公、祥甫公、清甫公、静甫公，都为官。静甫公生彦翔公，彦翔公在宋朝建隆年间以武功受宣义职，后有功封将军，离世后皇帝下旨崇祀文庙。彦翔公生宗魁公，宗魁公为西京外翰。宗魁公生祖荣公、祖德公，祖荣公生肇圣公，肇圣公生克明公，克明公生居义公、居谦公，居谦公生仁元公，仁元公生礼让公、礼崇公、礼肃公，礼崇公生诗律公、诗挖公，诗律公生书尧公、书舜公，书舜公生启文公，启文公生英敏公、英略公，英敏公生贤隆公、贤溪公、贤新公、贤源公、贤文公。元末兵乱，四祖贤源公、五祖贤文公避难竹林寨，贤隆公、贤溪公、贤新公三祖散失无考。贤源公生孝悌公开胡成，生孝期公开胡保，生孝先公开胡民，贤文公生孝受公开胡喜。自安命公至孝字辈，历十七世而分四房；自安命公至士字辈，历三十三世。年代愈远而人愈众多，如果不收族归一，则无以别尊卑而联情谊，我于是不辞浅陋，纠集大家共成其事，以此为子孙世守。

唐僖宗乾符间黄巢兵乱，高骈能文能武，朝廷授以荆南节度使，朝廷派曾公以御史身份监军，后来黄巢寇乱浙西，朝廷派高骈担任镇海节度使，公则不久权延唐令，修复舜陵，惠政百里。黄巢平灭后回长安，因故于武昌府辞世。曾公崇尚忠义名节，光明磊落，功德圆满，已无遗憾。功业诗文都记载在史志中，在此不转载了。

曾公所著的《安定集》这本书已经找不到了，假若苍天有眼，必会重见天日。咏史诗幸得车大任先生刊刻行世，胡元质又作了注解，传世久远是毫无疑问的，世皆传颂，秋田子孙却有不知者，于是收录进谱中供子弟熟读。另外有杂诗六首与上高路二相公启，都附在末尾，而车大任、王尚贤、彭克济访秋田留诗四首，也附载谱内，以感谢三人景仰曾公之意。

安命公三十世嗣孙世瑛熏沐撰书。

【论】

该文对于秋田公的生平记载颠倒错漏较多，因此在翻译时不得不做了修正。至于秋田公所著《安定集》，在《新唐书·艺文志》中有一笔带过的记载，应该在当时影响很大，甚至比《咏史诗》《答南诏牒》还大，可惜散佚，查遍史料都没有关于该书的描述，观其书名，以及胡曾后来被尊为"安定堂"建堂太祖来看，应该是关于安定胡氏的著作，秋田胡氏子孙当用心留意，看能否找到此书，"倘天未丧，是集终必不亡"，相信有机缘巧合，让此书重见天日。

观此历代源流及谱中世系表，自安命公开始的十六代名字均具，但是生卒不详，可能是元朝至正年间吴天保暴乱导致秋田祠及族谱遭毁所致。根据近代学者考证因而可以确定的是：曾公出生于840年，卒于885年。再以1347年作为五贤避难的时间，由此推测前十六代的大概出生年份为：一世安命794年（唐），二世公曾840年（唐），三世祖靖甫884年（唐），四世祖彦翔 920 年（五代），五世祖宗魁 955 年（五代），六世祖祖荣 985 年（北宋），七世祖肇圣 1015 年（北宋），八世祖克明 1045 年（北宋），九世祖居谦 1075 年（北宋），十世祖仁元 1110 年（北宋），十一世祖礼崇 1145 年（南宋），十二世祖诗律 1180 年（南宋），十三世祖书舜 1210 年（南宋），十四世祖启文 1245 年（南宋），十五世祖英敏 1275 年（元），十六世祖贤隆 1305 年（元）。

2.3　乾隆丙辰年秋田胡氏族谱序（胡世璿）

吾族先世祖溯自有唐以前，代远年湮，不复可考。惟曾公秋田先生者为当代名儒南国文献，产于秋田，葬于秋田，其仕籍行录藏为家珍，历世相承，根柢确据，信而不诬。僖宗乾符间状元及第，南诏蛮横悖，公以一纸书檄服之。仕至翰林都御史兼礼部侍读，赐衣锦荣归，侨寓武昌府之朱司街，以天年终。三祖祥甫公因家焉。朝旌其忠，昭宗己酉①御葬秋田，玉碑志墓。先公德厚流昌，裔嗣繁茂，支支派派分晰，今谱不敢复赘②。但自髫年③读父书文章，未入世用笔墨，忝④交士林⑤，于公百有四十九首咏史之诗，及奉高路二相公两启，间与闻人达士辈谈往朝轶事，言及某事则诵公咏某事诗以证之，言及某贤则诵公咏某贤诗以证之，言某山某水之景，则诵公咏某山某水之景之诗以证之，与史载亦幸字字不爽⑥。故有来入世之诙谐⑦而相戏于行密书之诮⑧也。自愧于公德泽无能光大，则于公之诗文聊见佩服、祖训之不忘焉云尔也，敢曰序乎哉。

三十世嗣孙世璿⑨薰沐敬书。

【注】

①昭宗己酉：唐昭宗龙纪元年己酉年，公元 889 年。②赘（zhuì）：多余的，多而无用的。③髫（tiáo）年：幼年。髫：古代小孩头上扎起来的下垂头发。④忝（tiǎn）：有愧于，常用作谦辞。如忝在知交、忝列门墙（愧在师门）。⑤士林：文人士大夫群体。⑥爽：差失，违背。⑦诙谐：说话有风趣，引人发笑。⑧密书之诮（qiào）：似乎握有密件而带来讥讽。

诮：责备。⑨璿（xuán）：同"璇"，古代称北斗星的第一星至第四星。

【译】（原文中与史实不符者在翻译时略做纠正）

我族的先世祖应该可以追溯到唐朝以前，可惜年代久远而不可考。唯独曾公秋田先生为当代名儒记载在南国文献之中，曾公产于秋田，葬于秋田，他的官职生平为我们家祖珍藏，代代相承，有根有据，可信可证。曾公于唐僖宗乾符年间状元及第，咸通年间南诏蛮横悖，欲侵犯成都，曾公以一纸书檄就让他们退兵。后来官至翰林都御史兼礼部侍读，赐衣锦还乡，最终侨寓武昌府朱司街，以天年离世，三祖祥甫公奉枢归秋田。朝廷旌表曾公的忠诚，于唐昭宗元年御葬于秋田，用玉石碑志墓。曾公德厚流昌，后裔繁茂，支支派派清清晰晰，我在这里就不复述了。我从幼年起读父亲所书文章，一直没有入世动过笔墨，不过与文人多有交往，我因为熟读了曾公的一百四十九首咏史诗及曾公写给高骈、路岩的两篇启，所以平时与名人达士谈论历史掌故，就能经常引用。比如谈及某事时，我就咏诵曾公咏某事的诗以佐证；谈及某贤时，我就咏诵曾公咏某贤的诗以佐证；谈及某山某水时，我就咏诵曾公咏某山某水的诗以佐证，因为曾公的诗与史实丝毫不差，所以大家都觉得我讲话风趣、似乎有家学秘传。虽然如此，但我始终觉得自愧曾公德泽，可叹没有能力光大曾公的文章事业，只不过心底佩服曾公的诗文罢了，也就是不忘祖训而已，我这样写恐怕不能称为序吧！

安命公三十世嗣孙世璿薰沐敬书。

2.3 乾隆丙辰年秋田胡氏族谱序（周邠生）

胡子佩昭与其族人辑其家谱，将付剞劂①，以与予同学相善也，因致其族人之意以问序于余，且谓余曰："是役也，余族人实愧且惧，谓余族自静轩公起家秋田，文章经济彪炳一时，诸子皆致身通显，克承先烈，光郡邑，今之居秋田者，犹昔而继其盛者，曾百不得一二，恐不得以序累子！"余曰："是何言与？是何言与？余闻遗燕翼②者以德不以势，绳祖武者以实不以名。子试观胜朝右族③，其焜耀④当年者今复何似，奚论元宋以前子族。

自晚唐以及昭代⑤，中更世变，大者沧桑⑥，小者陵谷⑦，蹶张⑧起伏，宜少移易，而安其里居，守其坟墓，永其千年，无巨富之家，亦无极贫之室，无出萃之豪，亦无败类之孽⑨，士朴农淳，绵绵翼翼⑩，越千余年如一日，景先哲而访遗裔，孰有如秋田之后之强人意耶？

【注】

①刓（jī）劂（jué）：原指雕刻用的曲刀，后喻为雕版、刻书。②燕翼：指善为子孙后代谋划，出自《诗·大雅·文王有声》："武王岂不仕，诒厥孙谋，以燕翼子。"③右族：豪门大族。④焜（kūn）耀：光辉，辉煌。⑤昭代：政治清明的时代，常用以称颂本朝或当今时代。⑥沧桑：沧海变桑田。⑦陵谷：山陵变深谷，比喻世事巨变。⑧蹶（jué）张：以脚踏强弩，使之张开，谓勇健有力。蹶：跌倒。⑨孽（niè）：恶因，恶事，邪恶。⑩绵绵翼翼：长久整齐。出自《诗经·常武》"如川之流，绵绵翼翼"。《毛传》解释为："绵绵，静也。翼翼，敬也。"

夫岂非克绍勿替、以德不以势、以实不以名者耶？奚必人尽秋田而后为以盛继盛也？且夫水之蓄者决之利，火之宿者①发之壮，方今予之兄成翁，不惜多金以建家塾，族人皆共力以襄厥事，子又益相兴培其根以俟其实，则厚积徐发，其腾声艺苑，以绍秋田之旧者，正未可更仆数矣。天下事数或偶诎②，理有常伸家国之兴也，必有祯祥③以为之先，祯祥者，人事之得也，以予观于子族其人事之得，亦已久矣，而何愧而何惧焉？"胡子曰："果然耶，请即是以序余谱，以为余族人慰。"余曰"诺！"即书以归，胡子俾胡氏诸君子共观焉！

时乾隆元年丙辰岁冬月吉旦，承德郎壬午科乡进士、特简刑部左现审清吏司主政、前任江西九江府德安县知县、同里④年家眷世弟⑤周郤生顿首⑥拜撰。

【注】

①火之宿者：即宿火，隔夜未熄的火；预先留下的火种。②诎（qū）：尽，穷。③祯祥：吉祥的征兆。④里：古代五家为邻，五邻为里。⑤年家

眷世弟：年家即同年，"眷世弟"即宗弟，"年家眷世弟"是客套称呼。
⑥周邰（tái）生顿首：周邰生磕头致敬。

【译】

胡君佩昭与其族人编辑家谱，准备印刷，因我们是好同学，他于是受族人所托让我为他们的家谱作序。他对我说："有劳了，我们秋田胡氏实在惭愧恐惧，我族自从静轩公起家秋田，祖先的文章经济彪炳一时，五个儿子都功名显达，继承了静轩公的辉煌，为邵州郡邑争光，可惜现在我们这些子孙，能继续静轩公盛况者，一百个里面也找不到一两个，让您写序，真是为难您了！"我说："这是什么话啊！这是什么话啊？我曾听说祖宗为后代长远谋划的遗产是道德而不是权势，继承祖宗足迹靠的是实际行动而不是虚名，你且看看当年那些显赫一时的豪门望族，现在变成什么了？更不要说元朝宋朝以前的望族啊！而从晚唐到本朝，中间经历了多少沧海桑田、山陵幽谷的巨变？而秋田胡氏在动荡的局面下，却很少迁徙，而是安守故土，守着祖先的坟墓，从少到老，没有巨富之家，也没有极贫之室，没有出类拔萃的土豪，也没有败类孽子，士农淳朴，长长久久，千余年如一日。如果要景仰先哲而访其后代，试问哪个有像秋田胡氏这样让人满意呢？难道不是继承不止、以德不以势、以实不以名者吗？何必一定要都像秋田公那样以盛继盛呢？况且水蓄满后决开就能有大冲力，火隔夜保存后更能生出大火来，现在老兄你年老成翁，不惜花钱建家塾，族人都出力来襄赞此事，你又跟着培养人才，像栽树培根等待果实一样，这样厚积徐发，将来人才辈出，飞声艺苑，跟秋田公一样，这美好的未来可不是我能预料的啊！天下事看似有时穷尽了，但是终究有家国兴盛之理，你们这么做就是一种祥瑞，一种谋事在人的吉兆，我观察你们很久了，对于这样的家族，有什么好惭愧和恐惧的呢？"胡君曰："果然是啊！就拿这个作为族谱的序言吧，我觉得我们族人一定满意的。"于是我书写给他，胡君把这个给胡氏诸君子一起观看吧！

时在乾隆元年丙辰岁冬月吉旦，承德郎壬午科乡进士、特简刑部左现审清吏司主政、前任江西九江府德安县知县、同里年家眷世弟周邰生顿首拜撰。

【论】

"人抬人，无价之宝"，大凡族谱的序，都会找族外有名望的人士来执笔，这样才能有烘托的效果，人终究不可能自己把自己抬起来、抱起来，这是一种术。然术以载道，当然要切合实际，阐述道理，比如针对秋田族人自嗟冷落的愧惧，同里进士周郴生就发出"遗燕翼者以德不以势，绳祖武者以实不以名"的入理之言，足以安慰秋田子孙。该言细思也确实如此，正如秋田公咏史诗一样，淡而远、细而流即可，何必追求大富大贵？平淡而长久，即是家道。李商隐云："劝君莫强安蛇足，一盏芳醪不得尝！"曾国藩云："古来成大功大名者，除千载一郭汾阳外，恒有多少风波，多少灾难。"古今同理也！

周郴生，字西畇，属邵阳市甘井头周家，康熙壬午科（1702）举人（但此文注为进士）。光绪《邵阳县志》云："郴生由举人选德安知县，曾受人诬告，事实澄清后，升为刑部主事。"周郴生淡于仕进，好读书，负才华，受到内阁学士兼礼部侍郎方苞赏识。该序采取对话方式，显得生动活泼，别开生面，有的放矢，让人醍醐灌顶，是为佳序也！

2.5　乾隆丙辰年秋田胡氏族谱序（车果）

姓氏重于李唐，谱牒详于欧苏，吾家作谱一遵苏氏，世系繁牵之法，本本源源，了如指掌，颇称成书。盖人家自本支以上或可追求，而旁支之派别莫能识矣，高曾下之生卒或可记忆，高曾上之时日似难考矣，则谱牒之不可不修也！秋田胡氏，吾邑望族也，晚唐时有讳曾先生者，以诗名一时魁冠天下，文章事业炳炳烺烺，崇祀乡贤已数百年于兹矣。大德之后继继绳绳，户几盈千，吾乡之推大户必首屈焉，秀者嗣其业，朴者力夫田，绵绵瓜瓞不失为清白子孙，斯亦吾邑之美族也哉！昔吾乡居与胡逼处①，因得常相往来。昨于宜署中阅家报，有子弟求为秋田胡氏做谱序书，夫予之不文人所知也，而千里外希余一言以牟其首，是亦不可以已乎？虽然若胡氏固吾邑之望族也，胡氏之源远流长，则谱牒之续修诚不可不亟也，当兹太平有道之世，一家之内敦本睦族，别支派、志生卒、分亲疏，合姓氏续前人谱牒，甚盛事也！则又安得以固陋而为之辞乎？若夫家之有谱犹国之有史也，非具三长②者莫克任焉，则欧苏之成式③具在也，吾知胡氏必有以臻其美备④矣，是为序。

峕⑤乾隆二年丁巳岁季夏月吉旦，赐进士出身、湖北樊陵镇分守、宜都营副府督司签书、并理兴山营游府事、加三级记录五次、年家眷弟车果⑥拜撰。

【注】

①逼处：紧靠而居。②三长：史才、史学、史识。唐代刘知幾在其《史通》中提出了修史者必须具备"三长"，清代章学诚在《文史通义》中则提出了"史德"，近人梁启超则把刘知幾的"三长"和章学诚的"史德"，全称为"史家的四长"。③成式：旧有的格式。④臻（zhēn）其美备：达到完美齐备。⑤峕（shí）：同"时"。⑥车果：邵阳县人，车万育兄车万有之孙，清康熙六十年（1721）武进士，以军功荐抚标参将，恩威并著，治绩显于时，及卒，士民哭奠不绝于途。车氏始祖是汉武帝时期丞相田千秋，田千秋乃战国时田齐后裔，田齐乃胡公满、舜帝后裔，因此与胡氏同出一源。田千秋年老时，帝赐他乘小车出入朝堂，号车丞相，子孙因以车为姓。

【译】

姓氏在唐朝最受重视，谱牒则属宋朝的欧阳修、苏洵设计得最详明，我们车氏作家谱，遵从的是苏氏修谱之法，本本源源，了如指掌，可以称得上一部完整的书。大抵一般人对自己的世系祖先就会用心推求，而旁支的世系就一般没有兴趣去识别，高祖曾祖以下的生日忌日可能记得，而高祖曾祖以上生日忌日就难以考证了，因为这个原因，所以谱牒是不可不修的！秋田胡氏是我邵阳县的望族，晚唐有胡曾先生以诗名世，一时魁冠天下，文章事业光耀史册，崇祀邵阳乡贤祠已经数百年了，大德深厚，所以后代枝繁叶茂，户数几乎上千，是我县首屈一指的大户，优秀者继承秋田公的事业，朴实者则耕读传家，绵绵长长不失为清白子孙，真是我邵阳县的美族。昔日我乡居时就跟秋田胡氏做邻居，因此多有来往，昨日在官署中接到家信，家中子弟请求我为秋田胡氏修谱作序，大家都知道我是武进士，不擅长作文，而千里之外希望我作一篇序放在家谱前面，虽然秋田胡氏是我县的望族，但我到底写不写呢？考虑到胡氏源远流长、谱牒之续修实在是急切的，在此太平有道之世，一家之内敦本睦族，别支派、记生卒年份、分亲疏，一族之人同心来办此盛事！我又怎么可以因为文才浅陋而推辞呢？家之有谱好比国之有史，没有史才、史学、史识三长者是不能胜任的，欧苏有成熟的格式可参考，我相信胡氏此次修谱一定会达到完美齐备的高度，是为序。

时在乾隆二年丁巳岁季夏月吉旦，赐进士出身、湖北樊陵镇分守、宜都营副府督司签书、并理兴山营游府事、加三级记录五次、年家眷弟车果拜撰。

【论】

该序中提出修谱者必有"三长"，这对修谱者提供了标准，即修谱者不仅要有道德、有勇气，而且还需有三长的才学才行。家谱、方志、国史并列为中国历史大厦的三大支柱，因此族之谱，由族之"三长"者来主修方可。

从进士车果、周邻生的序言可以看出，秋田公在邵阳县作为榜样所带来的力量，亦叹秋田公嘉言懿行"墙内开花墙外香"也。

2.6　乾隆丙辰年秋田胡氏族谱序（刘秉敬）

事有历世久远而前言往行昭如日星不少湮没者，玉牒史册之外不可多觏①已，虽然尝见世之谈族谱者，不惟借美先朝之显仕冒为己宗，而其摭英揽藻②之谀词，每多文过其实，诡而无征，于今乃叹。胡氏之谱切实不浮，为可信而可传也。予与今姻胡子佩昭讳世瑛者为同窗友，间尝涉猎书史，远自唐虞，历春秋暨汉晋隋唐，评论人物，未有如吾乡秋田先生者，其诗淡远而神化，其文博大而精深，其功业橄服而奇异。先生号秋田，里有秋田寺，寺之名因先生之号字之也，踵其寺拜其墓，赐器宛存。墓之前有崇祯己巳③重刊一碑，乃余高祖养赤公撰文笔记。厥后游邑庠，先生乡贤有祀，通志有书。虽天地间文人学士共尊共仰之先生、千秋万载不朽不灭之先生、我郡我邑我里中生色之先生，而实胡氏族大宗小宗私有之先生也。今者胡氏族修前谱，佩昭出全谱以示余，冠之简端者方侯简先生序也，述先生者详且尽，余无复赘。及读佩昭自序，世系井然，支派昭然，原原委委，条分而缕析，《安定集》十卷虽轶不可得，而咏史诗一百四十九首并启高路二相公两书，夫乃知先生流泽之长、胡氏子世守不替之不爽也。为稽先生显于唐之乾符间，状元及第，仕至翰林都御史兼礼部侍读，得赐锦归，御葬秋田村，及今八百八十八余年，于兹犹一日也。今先生之贤裔奉先生之遗稿，寿之梨枣，前有征焉，后有传焉，世远年湮，班班④足据，即古之信史⑤亦不是过。岂犹乎借美于前代、而粉饰乎名宦、以增光宠、为狄汉臣⑥之所嗤笑者可同日语哉？方今胡氏一族号称繁衍，诗书振起，英贤代发，宗房将式廓⑦以无疆，家声正方兴而未艾⑧，无非一人德泽之遗。源之深者流必长，根之沃者叶必茂，不信然欤？

时乾隆元年丙辰岁阳春吉旦，后学姻晚生、恪庵氏刘秉敬熏沐顿首谨书。

【注】

①觏（gòu）：遇见。②摭（zhí）英掞（shàn）藻：摘取铺张华丽的文藻。摭：拾取。掞：铺张。③崇祯己巳：1629年，是年作者的高祖刘养赤撰《福田寺碑文》。④班班：明显、络绎不绝。⑤信史：确实可信的历史。⑥狄汉臣：宋仁宗时期名将狄青，字汉臣。⑦式廓：规模。⑧未艾：未尽。

【译】

久远的人事言行如果要像日月星辰一样不会湮没，除了观看史册族谱，其他就难以遇到了。我曾看到有些姓氏的族谱中，不仅把前代的同姓高官显宦冒做自己的祖宗，而且其妙笔生花、阿谀奉承的文字，常常言过其实、诡秘无凭，这真令人浩叹啊！秋田胡氏的族谱则不一样，切实而不浮夸，可信而可流传。我与姻亲胡佩昭为同窗学友，我们曾一起涉猎史书，从远古的唐虞、春秋到汉晋隋唐，若要论风流人物，觉得还没有比得上我乡胡秋田先生的。秋田先生的诗淡远而神化，文章博大而精深，他一檄服蛮的功业传奇闻名海内。先生号秋田，村里有秋田寺，寺的名字就是用先生的号命名的。我曾来到寺内瞻拜其墓冢，皇帝的赐器还在，墓之前有崇祯己巳（1629）年重刊之碑，是我高祖养赤公撰写的《福田寺碑文》。之后我又去了县学，看到了作为乡贤崇祀的秋田先生，再看《邵阳县志》《宝庆府志》，都有介绍先生的篇章。虽然，秋田先生是天地间文人学士共尊共仰的先生，为千秋万载不朽不灭之先生，为我宝庆府我邵阳县我们乡里争光生色的先生，但实际上，秋田先生是秋田胡氏家族大宗小宗私有的先生呢！现在胡氏续修族谱，佩昭拿出全谱给我看，放在族谱最前面的是简方侯先生的序，该序论述先生甚为详尽，我在此就不复述了。又读了佩昭自序，看到世系井井有条，支派清清楚楚。称得上原原本本、条分缕析，虽然《安定集》十卷已经散失，但咏史诗一百四十九首，以及给高骈、路岩写的两封信却载在谱内，由此看出，秋田先生流泽之长、胡氏子孙世代继承是真实不差的。经查史料，先生扬名于唐僖宗乾符年间，状元及第，官至翰林都御史兼礼部侍读，最终皇帝赐锦归乡，御葬秋田村，想不到距今八百八十八年了，真好像是昨日的事一样。现在先生的孝子贤孙们将先生之遗稿付印，真是前有实据、后有流传，年代久远，却历历在目，即使古代的信史亦不过如此啊！世上有很多这样的家族，他们假冒名宦之后，以此为姓氏增光，其实这样的家族一直为狄青这种不认狄仁杰为祖宗的正直人士所嗤笑，这些家族是不能和秋田胡氏同日而语的！现在胡氏一族子孙繁茂，诗书振起，英贤代发，发展的规模没有疆界，家声也正方兴未艾，这无非是秋田公一人积德所遗啊！源深者流必长，根沃者叶必茂，这难道还不值得相信吗？

乾隆元年丙辰岁阳春吉日，后学姻晚生恪庵氏刘秉敬熏沐顿首谨书。

【论】

先祖曾公的文化遗产不仅是秋田胡氏的一姓财富，而且是整个邵阳人的宝贵财富，刘秉敬家族能为秋田胡氏撰文写序，除了仰慕其道德文章，应该也是受其激励而受益匪浅吧，因此曾公之文化，对秋田胡氏是家学，对邵阳人是乡学，曾公如北斗一样，居其所而众星拱之！

2.7 乾隆丙辰年秋田胡氏族谱序（何铎）

尝闻谱牒之修也较难于国史，盖国史纪功录绩各如其人，而功过不相掩，用以为后之箴鉴①。至于谱牒，则世系之繁衍、宗绪②之纷赜③，有盛有衰，有微有显，大都离者合之、涣者萃④之，祖德宗功纪实而不纪虚，称美而不称恶，其秉笔名义有较难焉，非其人莫克胜任也。秋田胡氏邵陵巨族也，其始迁之祖不具述，唐乾符间秋田先生以高才能诗，中状元及第，令宁远，多惠政，崇祀乡贤，国史家乘炳炳烺烺矣，中间历五代宋元明及国朝，八百八十余年，生齿日繁，户口益众，为里甲之首者三，吾邑历久旧族实无有过于胡氏者。顾宗谱之存，世远年湮，难于稽考，有同族而视为路人、祖孙而目为辈行者，离合之嗟谁其无之？今者胡氏诸君子念祖泽之源远、宗功之流长，敦笃乎一本之爱，和蔼乎同姓之亲，复修宗谱，以承先，以启后，真仁人孝子之用心哉！吾观世固有处家庭之中、坐视涣离而不思为萃合者矣，亦有追思一本欲为萃合而力不支者矣，今胡氏诸君子心欲为之，力能为之，而即为之，祖功于此增光，后裔于焉起色，将来之盛又岂可量哉！吾知胡氏一门寖昌寖炽⑤，追踪秋田先生之盛，光耀闾里，自可操券⑥而得，予小子言不文，爰⑦以三公之命，盥手执笔而为之序。

府庠廪⑧年家眷晚生何铎敬撰，乾隆元年小阳月⑨中浣⑩之吉。

【注】

①箴（zhēn）鉴：教训，榜样。箴：劝告，劝诫。鉴：镜子，照。②宗绪：祖先的事业。③赜（zé）：深奥。④涣者萃（cuì）：将涣散的聚集起来。涣：散开。萃：草丛生、聚集。⑤寖昌寖炽：家族昌盛热烈。寖：家室。⑥操券（quàn）：亦称"操左券"，古代契约分左右两片，双方各执其一，作为凭据，左券由债权人收执，右券由债务人收执。"操券"比喻事成有把握。⑦爰（yuán）：于是。⑧府庠廪：府学廪膳生员，即由州

府按时发给银子和补助生活的生员。⑨小阳月：农历十月。中国农历十二个月份都有别称，一月：元月。二月：杏月。三月：桃月。四月：清和月。五月：石榴月。六月：荷月。七月：巧月。八月：桂月。九月：菊月。十月：小阳月。十一月：冬月。十二月：腊月。⑩中浣：中旬。

【译】

我曾听说修家谱比修国史难，因为国史记载某人时要秉笔直书，功就是功，过就是过，功过不能相掩，以作为后世借鉴。而对于家谱来说，则要把世系弄清楚，把祖宗的事业写清楚，家族有兴盛有衰落，族人有卑微有显达，要把离散的合聚起来，祖德宗功要纪实而不能虚构，只能写做过的好事，而不能写做过的恶事，因此要秉笔直书比较难，一般人很难胜任。秋田胡氏是邵阳大族，他们的始迁之祖不详，唐乾符年间有胡秋田先生，才高八斗，擅长诗赋，状元及第，做过延唐令，惠政百里，逝世后崇祀乡贤，国史家乘中赫赫有名。秋田胡氏经历五代、宋、元、明及本朝，至今已有八百八十余年，儿孙越来越多，户口越来越众，为里甲三大望族之一，如果要说历史悠久的旧族，则秋田胡氏排第一，这些都可以从胡氏宗谱查到。因为年代久远，族大丁繁，就会出现同族视为路人、祖孙视为同辈的情况，这样的嗟叹哪个家族都有！好在胡氏诸君子怀念祖泽宗功、敦亲睦族，于是修谱以承先启后，真是仁人孝子的用心啊！这世界上固然有坐在家中任由族人涣散而不想修谱合聚者，也有念及同出一个祖宗想修谱却能力不够者，而今秋田胡氏既有此心，又有此能力，于是马上把这事办成了，增光祖功，振奋后裔，将来的盛况又怎么能估量呢？我知道秋田胡氏兴旺发达，至于追赶秋田先生的盛德而光耀乡里，那也是稳操胜券。本人没什么文采，受三位大人之命，于是沐手执笔而为之序。

府庠廪年家眷晚生何铎敬撰于乾隆元年十月中旬吉日。

【论】

中国谱书"称美而不称恶"的传统自商周就开始了，比如周朝记录在钟鼎等青铜器上的铭文，也只记述祖先的美德、功劳、封赏、名声等，从来不记载祖先的过失。那对有恶行的族人怎么办？自古有个非常狠辣的做法，就是直接从族谱除名！雁过留声，人过留名，这在重名教、重名份、重名节的中国传统社会，也是最严重的惩罚了，足以让人死不瞑目。细想起来，这一招比起"孔子著春秋，乱臣贼子惧"还厉害，因为留名国史，就算遗臭万年，也比除名要好。因为只要不除名，就还有挽回翻案的机会。

因为"称美而不称恶"的传统，于是在源头上乱认祖先、攀龙附凤者有之，溢美拔高科考功名和官职者有之，反正是你好我好大家好，没有人反驳，但是这样一来，族谱作为信史就大打折扣了！族谱如此，方志、国史就都真实可信吗？那也未必，比如朱元璋血洗湖南的事，就不见于国史，应该是朱元璋封杀的结果，而且一般是本朝修前朝史，几百年过去了，很多人事或因时间或因战乱湮没了！反而有些家谱记载了这些事。

因此一切的关键在人，修谱、修史，需要实事求是的贤人来修才行！

2.8 乾隆丙辰年秋田胡氏族谱跋（胡世瑛）

山有枝干而昆仑①为之祖，水有河海而星宿②发其源，探祖溯源，虽千枝万派，明若指掌，家之有谱，亦犹是焉。吾族自乐天公以来，历世三十三，历年八百八十八，原家谱始修。自继祖公及各公重修，兵灾之余不无缺略。瑛自弱冠③，与叔祖玉美公遍搜各房旧谱，支分派别，不使有错乱焉。至乾隆丙辰始克成编，总记字二十万有零，共刷谱五十七册，惜玉美公未之见也！工竣必分典守④，每年于公祠内检视族谱，涂抹字迹者罚银五两，扯破污坏者罚银十两，遗忘莫知、昧心买利者罚加倍。族中人当念上承先代、下传后裔，其事巨，其心苦，其中皆祖父讳⑤字，珍如骊珠⑥，不敢以寻常视之，则又幸甚。

乾隆丙辰年吉月吉旦，三十世孙世瑛谨跋⑦。

【注】

①昆仑：即昆仑山，原名昆仑丘，又名昆仑虚，是中国古代传说中的神山，为万山之祖，亦是中华文明的发祥地，人文始祖伏羲的王都。地理上的昆仑山位于青海。②星宿（xiù）：即星宿海，黄河源头，位于今青海玉树。③弱冠：男子20岁称弱冠。这时行冠礼，以示成年。④典守：保

管。⑤讳：顾忌不敢说、不能说。名讳则为尊长或所尊敬之人的名字，生前曰名，死后曰讳，都要回避，称之"避讳"。⑥骊（lí）珠：骊龙颔下的宝珠，比喻珍贵的人或物。语出《庄子·列御寇》："千金之珠，必在九重之渊，而骊龙颔下。"骊：黑龙，纯黑色的马。⑦跋：把冠于一书之前的叫序（或叙），也可称为序言、前言、题记、弁言、引言等，置于书后的则称作跋，也叫后序、后记、题跋、跋尾等。一般来说，对一本书的宗旨，目的和写作动机所作的总体说明，即写成序置于书前。而总结、感慨、抒情、议论、注意事项等，则写成跋放在书后。

【译】

中国的群山都发脉于万山之祖昆仑山，中国河海的源头都在星宿海。知道了山祖河源，即使千山万水，也能了如指掌，中国人有家谱，跟山水寻脉源的道理是一样的。秋田家族自安命公以来，现已发至三十三代，经历了八百八十八年，才开始修原来的家谱。虽然之前有继祖公及其他宗贤重修，但是因为兵灾的原因，族谱难免有缺略。我自二十岁以来，就跟叔祖父玉美公收集各房的旧谱，对各支各派认真辨别，消除错乱，到乾隆丙辰年终于修成，总计二十多万字，印刷了五十七册，可惜的是玉美公没能看到！族谱修好后，务必认真保管，每年将在祠堂内检查，有涂抹字迹者罚银五两，撕破损坏者罚银十两，族谱丢失或者拿来卖钱的加倍处罚。希望我族人能发"上承先代、下传后裔"之心，体谅修谱工程的浩大与艰苦，想到族谱中有祖先的名讳，就应该像宝贝一样把族谱珍藏起来，不能当平常物件看待，则修谱的目的就达到了！

乾隆丙辰年吉月吉旦，安命公三十世孙世瑛谨跋。

【论】

古人云，道法自然。人伦之道也是取法自然，祖宗如树根、河源，子孙如枝叶、流派，欲枝繁叶茂，则要培本固原；欲江河浩荡，则要宏源壮流。悟得自然之理，就能阐发人文之道，该跋所言者至道也。

3 乾隆丙子年漆家铺、西山胡氏族谱序跋

3.1 乾隆丙子年漆家铺胡氏族谱序（胡五三）

宗法亦极严矣，昔郭崇韬拜汾阳之墓，君子非之，谓其胄[①]而不可为也。今之治谱者比比矣，或因贵显而妄援焉，或遗根株而欣附焉，独不思祖功宗德。全凭家乘之传远近亲疏，毋蹈路人之诮[②]，义同国史。其家不必王谢崔卢[③]；道重创垂，此事应效韩苏班孔[④]。余安定胡氏胄由虞舜之后，周妫满[⑤]备三恪[⑥]，封诸陈，谥曰胡公，支子[⑦]因以谥为姓。历汉唐炎宋[⑧]以及元明，或勋业彪炳当时，或理学流著后代，或亮节高风卓越千秋，史策具载难更仆数矣。顾世事湮散处，遐方异域，各因其支派而尊其尊、亲所亲者，又其势然也。岁乙亥余族有倡修家乘之举，幸合族同心，因与二三老成问本寻源，秋田以前略而不赘，秋田以后，其家于邵邑之秋田者，曰英敏公即唐时安命公之十一（五）代孙也。英敏公之发派有五，居隆回四都者则贤隆之裔，居隆回一都塘冲荷香桥者则贤溪之裔，居隆回马蹄印武冈州牛栏山者则贤新之裔，若夫贤文贤源二公，世守老居而勿失者，则二房均依祖父母而未他徙，子孙之蕃而且盛矣。至我公之裔四人异志[⑨]，（溪）更迁邵北隆回一都之塘学村，妣韩氏，生子五，曰子荣、子旺、子鑑、子良、子容，荣旺鑑三公世守塘学村，容公徙居蜀地，良徙邵西永丰二都之和尚桥。新徙邵西洪仁三都之马蹄印西山。余祖贤隆抛秋田而相邵北山水之美，遂家于隆回四都之大屋冲，即今通族之发源落业处也。越五代分贞、惠、谏、通、美五房，代开十七八世，云初诜蛰[⑩]，棋布于东西南北者，涣而难纪，苟非谱以联之，一本或离为二三，同宗不视为途人哉！

【注】

①胄（zhòu）：帝王或贵族的子孙，如贵胄。或为盔，古代战士戴的帽子。②诮（qiào）：责备。③王谢崔卢：中国古代的四大望族，王指琅邪王氏，谢指陈郡谢氏，崔指清河崔氏，卢指范阳卢氏。④韩苏班孔：或谓韩愈、苏轼、班固、孔子。⑤妫（guī）满：妫姓，名满，字少汤，舜帝

之后，陶正虞阏（yān）父之子，西周陈国第一任君主。周武王灭商建周后，将长女大姬嫁给妫满为妻，封于陈地，建立陈国，奉祀舜帝，为陈胡二姓始祖，称陈胡公、胡公满。⑥三恪（kè）：周朝新立，封前代三王的子孙，给以王侯名号，称三恪，以奉祭祀。三恪说法有二，一说封舜帝、大禹、商汤之后于陈、杞、宋，一说封黄帝、尧、舜之后于蓟、祝、陈。恪：恭敬，谨慎。⑦支子：嫡长子为宗子，其他儿子为支子。⑧炎宋：赵宋自称以火德王，故称炎宋。⑨我公之裔四人异志：此序为光绪年间 1898年修谱时转载，或有遗漏，或有修改。原载贤隆四子子舆、子才、子登、子温，后有田圹头泰元补入。此句或为："我公之裔，四人异志，子舆仍守父址，子才赘婿大坪花陇，子登徙居西蜀，子温无由知居。"⑩云礽（réng）诜（shēn）蛰（zhé）：比喻后代繁茂。礽：从本身起第八代孙，称"礽孙"。诜：众多的样子，莘的假借字。

爰蔡日鸠工以谱付之剞劂，属余董其事，余思风俗醇厖①基于敦睦，我圣朝仁孝，渐磨山陬海澨②，往往征之，收宗亲族，乃核其遗稿，详其世系，断以子舆公为初祖，贤隆公为别祖，前则从略，不以外郡华胄登诸谱内，慎所宗也。后则从详，不以本宗迁徙微贱遗而不录，展其亲也。图例纂修一仿史裁，由支溯本，直精神呼吸之相通；祭海先河，自脉络流行之共贯。庶春秋阅历时感触于生成，而龟鉴③珍藏，免浮沉于法守④矣，因书之篇首，以为厥谱序。

乾隆二十一年丙子岁端阳吉旦，侍御四十代孙五三氏⑤谨撰。

【注】

①醇厖（máng）：醇厚。厖：石头大的样子，厚重。②山陬（zōu）海澨（shì）：山隅和海边，泛指荒远的地方。③龟鉴：比喻借鉴。龟：占卜用的龟甲；鉴：镜子。④法守：谓按法度履行自己的职守。⑤五三氏：即胡世达（1693—1773），字五三，号广园，贤隆公十七世孙。流传脉络为：贤隆—子舆—万旺—昌魁—宗明—祖盛—文贞—才攒—必宁—重鸾—添恩—庭文—守立—安贤—邦俊—国鉴—世达，族谱赞词为："气质灵敏，心性无疵。制行精洁，处事无愧。综理祭费，不苟不私。倡修老

谱，自主自为。宾朋来往，饮酒赋诗。珠圆玉润，公适相宜。"

【译】

宗法制度是相当严格的，昔日郭崇韬冒认郭子仪为祖而拜其坟，引来天下君子笑议，证明家世是不可伪造的。现在治谱者比比皆是，但有些人也不念宗功祖德，攀附显贵，遗弃根本，这样只会遭人讥笑。家谱要根据家传的记载来修，跟修史一样，要实事求是，祖宗不一定要像王、谢、崔、卢那样的豪门大族，我们只要像韩、苏、班、孔那样继承道统就可以了。我们安定胡氏是虞舜帝之后，周武王备三恪，封妫满于陈，谥号胡公，支子因以谥为姓。历汉唐炎宋以及元明，胡氏子孙或勋业彪炳当时，或理学流著后代，或亮节高风卓越千秋，这些在国史中都有详细记载，我就不悉数了。但因为年深月久，四方杂处，于是各支派只尊敬自己一支的祖宗，亲近自己一支的族人，这也是势所难免的。乙亥年（1755）幸合族同心，我族有倡修家谱之举，我于是跟族中二三长老问本寻源。秋田以前不详，秋田以后，问到现在秋田居住的人，说英敏公是唐时安命公的十一（应为十五）代孙，英敏公发派有五，居隆回四都者为贤隆之裔，居隆回一都塘冲、荷香桥者为贤溪之裔，居隆回马蹄印、武冈州牛栏山者为贤新之裔，而贤文、贤源二公，则世守秋田，这二房都依祖父母而未迁徙，现在繁衍了很多子孙。而我贤隆公的四个儿子，则没有住在一起。贤溪则迁到邵北隆回一都塘学村，配韩氏，生了五个儿子，即子荣、子旺、子鑑、子良、子容，子荣、子旺、子鑑三公世守塘学村，子容公迁徙到四川，子良迁徙到邵西永丰二都之和尚桥，贤新迁徙到邵西洪仁三都之马蹄印西山。我祖贤隆公逃难离开秋田，看中了邵北山水之美，遂定居在隆回四都的大屋冲，也就是今天通族发源落业的地方，过了子、万、昌、宗、祖五代，在文字辈分贞、惠、谏、通、美五房，现在已经传到了十七、十八代（世字辈、代字辈），星罗棋布于东西南北。如果不修谱，则本来一个祖宗下来的人，就难免成为路人了。于是准备修谱印刷，族里安排我来负责，我觉得要想风俗醇厚，就要敦亲睦族。本朝重视孝道，天涯海角都从王化，我们通过收集旧谱，核对世系，决定以子舆公为初祖，贤隆公为别祖，贤隆公以前则暂时忽略，不能将外郡显要放在谱内，子舆公以后就要详细，不能因为卑微贫贱就不录。图例纂修仿照国史，由支到本，祭海先河，精神呼吸畅通，脉络流行共贯。家谱修成，当然要珍藏借鉴，遵敦亲睦族的教导，就写在前面作为序吧。

乾隆二十一年丙子岁端阳吉旦，侍御四十代孙五三氏谨撰。

【论】

此序原本已不可得，此为光绪二十四年（1898）漆家铺胡氏三修族谱转载，应该做了大的改动。初读该序，多处不通顺，贤隆公后裔情况没说清楚，就转到贤溪去了，而落款"侍御四十代孙"更是莫名其妙。本人经2019年以来与华林胡氏宗亲胡昌铁、胡洪、胡义君等接触，方解开谜团。

原来在新化华林胡氏道光十年族谱、民国四年十修族谱中，都有"杠公生仲六，仲六生尚九郎、尚十郎，尚十郎生贤隆贤新，子孙居邵阳四都漆家铺西山和尚桥"的记载。而目前亦可看到漆家铺道光十年族谱序，虽然经过修改，但从序言中可以看出是漆家铺、西山、苗田三地合修。因乾隆年间三地族谱今均已不可得，按照逻辑推理，应该也是三地合修的。根据新化族谱，杠公是唐侍御史胡城的第 21 代，贤隆、贤新是杠公的第 4 代，按照漆家铺族谱，五三是贤隆的第 17 代，经计算，五三公确实乃胡城的第 40 代孙，因此，落款"侍御四十代孙"的真相就出来了。

贤隆到底是不是华林胡氏杠公的后代呢？按照新化族谱，杠公是北宋人，贤隆是元末人，中间差了 300 多年，代际年龄 80 多岁，因此贤隆肯定不是杠公的曾孙。而经过华林胡氏胡义君先生于 2021 年考证，新化族谱记载有误，其记载的杠公乃宋朝元丰年间入新化，只是为了与北宋"开梅山"联系起来，以证明家族历史悠久，杠公其实是元末人，明初响应朱元璋"江西填湖南"而迁徙到新化。按照该论证，那么贤隆应该比杠公年龄还大，因为按照逻辑推算，贤隆是胡曾（840 年出生）的 15 代孙，约出生于 1305 年；杠公是胡城（875 年出生）的 21 代孙，约出生于 1375 年，贤隆比杠公大 70 岁，怎么可能是杠公的曾孙？

那为什么贤隆、贤新两房会在清朝乾隆年间上了新化华林胡氏的族谱呢？因为贤隆、贤新两房在乾隆年间首次修谱时，都面临始祖以上世系一无所知的情况，因此在新化华林胡氏极力拉拢的情况下，于是贤隆、贤新两房临时挂靠在华林胡氏。不过，虽然贤隆、贤新上了华林胡氏的族谱，但是贤隆、贤新后裔在内心是不认可的，这可从新化和漆家铺两边的族谱中反映出来。在新化方面，其历次族谱中都只记载了尚十郎有两个儿子贤隆、贤新，但是都没有贤隆、贤新后裔的谱页，这应该是贤隆、贤新两房拒绝合谱的结果。而在漆家铺方面，族谱中也没有尚十郎的名字，而在本序言中，更有"详其世系，断以子舆公为初祖，贤隆公为别祖，前则从略，不以外郡华胄登诸谱内，慎所宗也"的话，如果这段话转载时没有修改的话，证明了漆家铺胡氏当时对认祖华林是心存极大疑虑，我们现在看到，新化族谱上的尚十郎不仅生卒不详，连最起码的妣、葬都没有记载，贤隆、贤新后裔在当时难道看不出来吗？

贤隆、贤新两房后来为什么坚定地认祖秋田呢？这是因为有修胡曾祠的机缘。清朝咸丰年间，邵阳知府邵朴山、学官彭洋中主持重修胡曾祠墓，在官府的推动下，贤隆、贤新、贤溪三房后裔有缘看到秋田乾隆丙辰年（1736）胡世瑛修的族谱，上面记载有英敏公三子贤隆、贤溪、贤新，由于元末兵乱而失去联系，经过比对名字、时间，于是义无反顾地认祖归宗，因此贤隆、贤新两房在光绪年间修谱时，对乾隆、道光两次修谱挂靠华林的文字进行了删除，只是五三公这篇序删得不干净，落款露出了痕迹。

不过，新化华林胡氏对此却锲而不舍，并且不断升级。民国二十四年，在与安化神湾胡氏"成功"合谱（安化神湾胡氏始祖为胡赟，华林胡氏三世祖为胡令赟，两人年代不同、字号不同，职务不同、各自父亲及儿子名字不同，但因同"赟"字而被视为一人而合谱）时，将新化华林胡氏道光十年及民国四年谱载的"杠公生仲六，仲六生尚九郎、尚十郎，尚十郎生贤隆贤新"，通过添加"字"的方式，往上升级为"杠公生仲六，仲六生二子，长子尚九郎，字英略，次子尚十郎，字英敏，生贤隆贤溪贤新"。1993年，新化华林胡氏据此以英略公后裔的身份与秋田胡氏形成了一份会议纪要，竟然载入了秋田胡氏族谱。而到了2024年，又故伎重演，再升一级，在隆回富石庙新修的仲六婆墓碑上，留下了"仲六字启闻"的刻字。

　　因为古代没有公元纪年，信息闭塞，所以很容易在族谱中出现这种不合时间逻辑的临时挂靠，由此导致后人唾沫横飞、争论不已，其实按照公元纪年简单算一下就可看出其荒谬。在此希望秋田胡氏和新化华林胡氏都能正视历史，不要再出现这种移花接木的事情。

3.2　乾隆丙子年西山胡氏族谱序（胡元利）

　　谱之为义基重矣，上以尊祖，下以睦族①，序昭穆②，分支派，大亲亲③之义，以示久远也！自谱牒不修，则昭穆易混；支派失传，而尊祖睦族之义不于是而废乎？故唐贞观时命学士高士廉④等修天下姓氏谱志，乘⑤之名自此昉⑥也。宋欧苏⑦二氏监前代而精之，一以九世取九族⑧之义，一以五世取五服⑨之义，图虽九世五世之分，要皆所以尊祖而睦族也。余族安定系出妫氏，历代以来闻人辈出，至明初我祖汝明公居武冈州长溪乡四都，生子文贵公、文富公、文通公，文贵公生添兴公、添荣公，添兴公子孙远徙失传，添荣公生子二曰思衡公、思信公，衡公转居邵陵隆回六都，信公转居邵陵隆回五都，迄今十有余世，木本水源之思，属在孙子谁敢或忘？但族大则宗繁，宗繁则迁徙无常地，以房分房，以地别世，远则易忘，地隔则情疏，其势然也！使无谱以联属之，一本或离为二，同族则视为途人。

　　【注】

　　①睦族：和睦亲族。语出《书·尧典》："九族既睦，平章百姓。"②昭穆：宗庙中神主的排列次序，始祖居中，以下父子（祖、父）递为昭穆。③亲亲：亲爱自己的亲属。④高士廉：今河北景县人，唐太宗文德皇后舅父。贞观年间山东士族性好矜夸，虽已没落，仍依仗祖辈地位，嫁女之时多要聘礼，唐太宗认为此事有伤教化，遂命高士廉等人撰《氏族志》一百卷。⑤乘（shèng）：史书家谱称"乘"，如史乘、野乘、家乘。⑥昉（fǎng）：明亮。⑦欧苏：欧苏体例指欧阳修、苏洵开创的修谱范例。⑧九族：指从自己往上推到父、祖、曾祖、高祖四代，往下推到子、孙、曾孙、玄孙四代，连同自己共为九族。⑨五服：指高祖父、曾祖父、祖父

、父亲、自身五代。或指以亲疏为差等的五种丧服。

余严君与二三叔伯每于节届清明饮福①之暇，言及此举不胜重之慎之，无如日以延日。至乾隆乙亥②，诸君作登高之呼，众亦为万山之应，余虽识惭窥豹③，能不为之踊跃以匡襄④之？寻河源于星宿，探山脉于云巅，仿之于欧，则之于苏，于是集字工、裁梨枣⑤、精纸墨、较时日、度工程、权食用、均钱谷，为之寻源析流、考世推序、分房析派、正名定字、缮写就刻、经营详证，几费时日，由是仁率亲而义率祖，昭不混穆，穆不混昭，天亲不假人为；子述父而祖贻孙，前以裕后，后以光前，至爱不同行路。不以同姓为异姓，遵老泉之训，是吾支者虽微贱必镌；不以异宗乱同宗，鉴崇韬⑥之失，非吾族者即富贵不入。谁为冢子⑦，大宗小宗一系难紊；谁为继嗣，支子庶孽⑧千江共月。以及弟不为兄后，正名分也。无传者必书，防冒也。十六岁以上虽无子者必书，敬成人也。远徙必书，其地惧失传也。文赞及簪缨⑨之必录，非自谀也。凡以为后嗣者，劝余也不文俾之搦管⑩，余亦何复赘焉，惟愿后嗣子孙续修之、珍重之，以此尊祖，祖无不尊，以此睦族，族无不睦，而亲亲之义何复不尽哉？是为序。

经始于乾隆二十年乙亥孟春月，告竣于二十一年丙子孟春月谷旦。二十九世嗣孙元利吉占氏薰沐谨撰。

【注】

①饮福：古礼，祭祀完毕饮食供神的酒肉，以求神赐福。②乾隆乙亥：公元1755年。③窥豹：从竹管的小孔里看豹，比喻只看到事物的一部分。④匡襄（xiāng）：辅佐帮助。⑤梨枣：古时印书刻版多用梨木或枣木，因以"梨枣"代称书版。⑥崇韬：郭崇韬，五代十国后唐宰相、名将。他冒认郭子仪为祖先，伐蜀时，过子仪墓，下马号恸而去，成为千古笑料。⑦冢子：长子，嫡系继承人，宗法社会以嫡系长子为大宗，余子为小宗。⑧支子庶孽（niè）：古代宗法制度以嫡长子及继承先祖嫡系之子为宗子，嫡妻的次子以下及姜子都为支子。庶孽即妃姜所生之子，犹树有孽生，故称。⑨簪（zān）缨：古代官吏的冠饰。比喻显贵。⑩俾（bǐ）之搦

（nuò）管：执笔为文，或谓吹奏管乐器。俾：使。搦管：握笔。

【译】

　　族谱作为孝义之基，其分量是很重的，对上以尊敬祖宗，对下以和睦宗族，排序昭穆，区分支派，弘大亲亲之义，久远孝亲之道！如果谱牒不修，则昭穆容易混淆，支派就在族谱中失传，由此尊祖睦族之大义不就废弃了吗？所以唐太宗命高士廉等修天下姓氏谱志，从此家乘之名光大了起来。到了宋朝欧阳修、苏洵，两人借鉴前代的修谱经验而进行了精简，一个按照九族之义排九列，一个以五服之义排五行，虽然编排不同，但都是出于尊祖睦族的目的。我们安定胡氏出自妫姓，历代以来名人辈出，到明初我们始祖汝明公居住在武冈州长溪乡四都，生子文贵公、文富公、文通公，文贵公生添兴公、添荣公，添兴公子孙远迁他地，已经失联，添荣公生子二曰思衡公、思信公，衡公转居隆回六都，信公转居隆回五都，至今已经有十多代，木本水源之思，作为子孙后代怎么能忘记？但家族一大，祖宗就繁多，祖宗繁多，则迁徙的地方越多，于是一房再分为几房，分别以地域来区分世系，如此相隔太远则容易忘记、感情疏远，这是形势造成而没有办法的事情！如果没有族谱联系，祖宗就不能统一，同族就视为路人。我父亲每次在清明聚会之时，就跟两三个叔伯说起这事，觉得应该谨慎、重视，不能这样日复一日地拖延下去。至乾隆乙亥年（1755），诸位宗贤倡修族谱，像在高山上呼喊一样，所有人都如万山一样回应拥护。我虽然见识浅陋，但能不积极响应来襄赞这件事吗？如在星宿海寻找河源、在云层上探究山脉一样，我们一起来梳理世系，仿照欧式，取法苏式，排好世系后，于是找人排版，精准用词，计划时日，测算成本，收缴费用，寻找源头，梳理流派，考证世系，推算班辈，分房排列，考证名字，缮写好后再一一验证，花费了不少时日。但这样一来，从自己的父母出发，找到一级级的祖辈，又从祖辈一级级地回到自己，由此感悟祖先的恩义之重，同时昭穆不混乱，父母、兄弟、子女这些血亲不是人为可以改变的，儿子述说父亲，祖父赐福孙子，祖宗保佑后代，后代光大祖先，至亲跟路人就区分了开来。不会把同姓当作异姓，遵照苏洵苏老泉的指导，是我们这支的，即使贫贱也要登记，不以异宗乱了同宗，吸取郭崇韬的教训，不是我们一族的，即使对方显贵，也不加入。哪个是嫡长子，哪个是大宗，哪个是小宗，一个系列不容紊乱；谁是过继，不管是继子庶出，都一起入谱，犹如千江共月。弟不排在兄的后面，为了正名分。没有后代的也要录入，为了防止假冒。十六岁以上即使没有儿子的也要录入，表示对成人的尊敬，迁徙到远处的也要录入，怕以后失去联系而无传。赞词及仕宦也要写进去，并不是自我奉承。后来人一定认为我没有文才，还下笔写这么多，我就写到这里吧，唯愿后嗣子孙能珍惜族谱、续修族谱，这样的话，祖先无不尊敬，宗族无不和睦，亲亲的大义怎么能不尽心尽意呢！是为序。

开始于乾隆二十年乙亥孟春月，竣工于二十一年丙子孟春月吉日，二十九世嗣孙元利吉占氏薰沐谨撰。

【论】

《礼记·大传》云："自仁率亲，等而上之，至于祖；自义率祖，顺而下之，至于祢（mí，亡父牌位）。是故人道亲亲也。亲亲故尊祖，尊祖故敬宗，敬宗故收族。"孔子云："仁者人也，亲亲为大！"因此中国人不是讲无原则的博爱，而是从爱自己的祖宗、父母、子女、兄弟姐妹开始，即所谓的天亲血亲开始，先有一个充满爱的家，然后扩大到同宗，于是有充满爱的家族，而所有家族都认炎黄二帝为始祖，于是一国即一家，是为国家。中国的家谱、族谱记载了这牢不可破的血亲关系，我是谁，我从哪里来，我到哪里去，人类的这三大终极问题，中国人用一本族谱就解决了。国之本在家，族谱带来的这种牢不可破的尊祖睦族的文化，让建立大一统的国家成为了可能，于是中国成为世界上唯一一个文明没有中断的国家。

该序可以说是一篇修谱的指南，宗旨、目的、流程、注意事项都讲得十分透彻，事非经过不知难，没有亲自参加修谱的人是写不出来的。我们今天能看到世系完整的族谱，全赖这些先人的克己奉公、无私付出，看完该序，无不生仁义之心、无不生尊祖睦族之心，同时也无不生感恩之心，这是秋田胡氏宝贵的精神财富，是胡曾文化的发扬光大，值得子孙们常读。

西山乾隆谱及序跋已不可得，此乃西山民国十九年（1930）族谱转载。"二十九世嗣孙元利"当然是从安命公算起，但乾隆年间修谱时还没认祖秋田，因此落款是后来修改无疑，以下诸序亦有同此情况者不再注明。

3.3 乾隆丙子年西山胡氏族谱序（胡珊）

万物本乎天，人本乎祖，祖者族之所由起者也，人各有祖，后之子孙而可不知祖乎？夫祖而溯于一二代其近焉者耳，上而溯于十数代则远矣，更上而溯于千百代则愈远矣，故知一二代之祖易知，知十数代之祖难，而知千百代之祖尤难，孰能原原本本而不乱所宗哉？然而无难也，知之以谱而已！所谓谱者，考核必详，源流必悉，上而千百世之远，下而亿万人之众，皆朗若列眉①，故曰知之以谱也。我族自汝明公开基以来，多历年所，子孙绳绳②，先小后大，守成有人，创业有人，入大学有人，登乡榜者有人，业诗书而步后尘者正大有人，何莫非我祖培植之厚而流泽之长也。但人繁地僻，居若星棋，人繁则往来多疏，居隔则班行莫识，渐至世远而各自为班，有同族而等诸异族者，皆由谱之不修故也。今我族惧传闻之失真、繁衍之失次，一倡群和，慨然有修谱之举，随进匠于西山之朝阳庵，有主修者若而人，助修者若而人，各尽乃心，各竭乃力，不逾年而谱告成，其踊跃为何如也！夫谱上治祖祢③，则尊祖之意昭；下治子孙，则慈爱之念广；旁治昆季④，则雍⑤睦之谊著。而且复得旧谱，自妫氏陈胡公后，一派源流，月山兄、吉占侄细心考究，已备叙之，一披览而由一世而至于千百世之上，靡不条分而缕析，又何患祖之不知哉？虽然谱以知祖，固也！不宁惟是，使仅知乎祖而不能有光乎祖有何贵焉？惟期同谱之人共敦伦饬纪⑥，砥廉砺隅⑦，崇实行不尚虚文，务真诚不流诈伪，父诏其子，兄勉其弟，习礼乐而敦诗书，讲道德而谈仁义，将见体自立、用自行，使乡之人指而目之曰："某某者某祖之子孙也！"不且人人共知有祖哉？则祖宗之名且赖子孙而益显矣！是之谓真知祖者，是则珊缱绻⑧之意云。

二十八世孙太学生⑨珊⑩印山氏薰沐谨撰。

【注】

①朗若列眉：如两眉一样明显。出自西汉刘向《战国策·燕策》："吾必不听众口与谗言，吾信汝也，犹列眉也。"列眉：两眉对列。②绳绳：一直继承。如绳其祖武，绳：继承，武：足迹。③祖祢（mí）：先祖和先父，亦泛指祖先。④昆季：兄弟。昆：子孙、后嗣，如昆裔，后昆。季：兄弟排行次序最小的，如季弟、季父。季还有一个意思是末尾。如季世、季春、唐季。⑤雍：和谐。⑥敦伦饬纪：敦伦谓敦睦人伦。饬纪：整饬纲纪。⑦砥廉砺隅（yú）：经过磨砺，使棱角（品德节操等）更加分明。出自《礼记·儒行》："近文章，砥砺廉隅。"隅：角落。⑧缱绻（qiǎn quǎn）：情意深笃，难以分舍。⑨太学生：在国子监就读的学生，国子监是中国古代隋朝以后的中央官学，为中国古代教育体系中的最高学府。⑩珒（jīn）：石之似玉者，此处指本文作者胡珒。

【译】

万物由天地所生，人由祖宗所传，祖宗是家族的源头，因此每个人都有祖宗。子孙后代当然应该知道自己的祖宗。但是追溯一两代很近，往上追溯十几代则远了，而追千百代则更远了，所以一两代的祖宗易知，十几代的祖宗则难知，而要知千百代的祖宗则更难！谁能原原本本地把这祖宗梳理清楚一丝不乱呢？但是有族谱在就不难了！所谓族谱，考核必详明，源流必完备，往上有千百世之远，往下则有亿万人之众，都能明朗如双眉，这才能算作有族谱。我族自汝明公开基以来，已经有很多年代了，子孙继继绳绳，从小族变成了大族，现在守成有人，创业有人，入大学有人，登乡榜者有人，以诗书为业而紧跟先辈的也大有人在，这难道不是祖宗积德深厚而流泽长远吗？但是地方偏僻，人口繁多，居处星罗棋布，人多就往来少，处远则班辈难认，甚至各自为班，这样一来同族变成了异族，这无疑是没有修谱的原因。长此以往，恐怕一些传闻会消失，繁衍的班次会混乱，于是有人提倡修谱，大家响应，并在西山朝阳庵开局，有主修、助修各若干人，都是尽心竭力，没到一年就修谱竣工，想不到大家如此踊跃！族谱上治祖先，则尊祖之意昭明；下治子孙，则慈爱之念广大；旁治兄弟，则和睦之谊显著。况且此次得到了旧谱，从陈胡公下来的一派源流，月山兄、吉占侄都进行了细心考究，并加详细地叙述，一翻下来就可以从一世而到千百世，条分缕析，清清楚楚，祖先应该知道而且欣慰，子孙后代参看族谱，固然能知道自己的祖宗，除此之外，还会生出光宗耀祖的愿望呢！在此我希望同谱之人一起来敦睦人伦、整饬纪纲，砥砺节操，崇实行不尚虚文，务真诚不流诈伪，父训其子，兄勉其弟，习礼乐而敦诗书，讲道德而谈仁义，如此则孝道之心长存，光宗耀祖之英才辈出，让同乡之人看到，羡慕地说："这是某某人的子孙啊！"这样一来，不是人人都知道自己的祖宗吗？祖宗也因为子孙而更扬名于世了！这才算是真正知祖、尊祖的好后代，这当然是我看到族谱修成而生出的缠绵之意。

二十八世孙太学生珊印山氏薰沐谨撰。

【论】

《孝经》云："身体发肤，受之父母，不敢毁伤，孝之始也。立身行道，扬名于后世，以显父母，孝之终也。"与该序中"祖宗之名且赖子孙而益显矣"之意相同，从"我以祖宗为荣"，到"祖宗以我为荣"，这才是族谱伟大意义之所在。

此序在西山民国五年修谱转载时是否修改不可得知，其中说此次修谱将胡公满到汝明公的世系都查清楚了，应该不可能，或者当时挂靠华林使然。

3.4 乾隆丙子年西山胡氏族谱序（胡德昱）

山昆仑，水星宿，山水皆有源，而人之于祖也，何独不然？但人莫不溯其源而尊其祖，以大一本之义，而昭雍睦之谊也！无如世远年湮，虽一本之亲，方且以路人视之，方且以异体目之，甚至攀援慕势，非其祖而辄援为己祖者，而崇韬之讥其能免乎？于此而欲大一本之亲、昭雍睦之谊也难矣！此谱牒之修宜亟亟①也。夫谱以溯其源、谱以核其真、谱以辨其伪，且谱以序昭穆、分宗派，维清之于源，又何患真之不核、伪之不辨、昭穆之不序而宗派之不分哉！余族系出妫氏，历汉晋唐以来，豪贤辈出，迄明初我祖汝明公开基至今，十有余世，水木本源之思，凡属子孙辈，谁敢或忘？方今海宇升平，人民恺②乐，圣天子坐明堂③以讲礼，士庶仰化日④以敦伦，值此五教⑤俱备之时，诚为千古难逢之秋，余族房兄月山与房侄吉占，暨二三叔侄兄弟辈慨然有修谱之举，肇功于乙亥春，为之寻源析流，清其世系，裁其梨枣，度其工程，付之剞劂⑥，告竣于丙子春，源源本本，绳绳翼翼，不啻⑦悬诸目而指诸掌。于此分宗派，何宗派之不分？于此序昭穆，何昭穆之不序？于此辨其伪、核其真，何伪之不辨、何真之不核？于此溯其源，从兹上治祖祢而尊尊之谊昭，下治子孙而亲亲之义著，旁及昆季而雍睦之风尽，余不胜匡之襄之，踊跃以观其成，又何复赘哉！惟愿后嗣子孙，或六十年一修，则一本之义、雍睦之谊，永昭不坠，亦甚幸焉！

乾隆丙子年，二十八世嗣孙德昱东山氏薰沐谨撰。

【注】

①亟（jí）亟：急须解决。亟：急切。②恺（kǎi）：快乐。③明堂：古代天子朝会及举行封赏、庆典等活动的地方。④化日：太阳光，亦借指白昼。⑤五教：指父义、母慈、子孝、兄友、弟恭五种伦理道德的教育。⑥剞劂（jī jué）：雕版，刻书。⑦不啻（chì）：不止，不只。

【译】

山水的本源为昆仑山和星宿海，人的本源则是祖先。每个人都会追根溯源，以尊敬先祖，雍睦宗亲，无奈年岁久远，一个祖宗下来的亲人，有的竟然视为路人，有的甚至像郭崇韬一样，攀援显贵的人作为自己的祖先，这不是引起人家的讥笑吗？由此一来，要想尊祖睦族就难了！因此谱牒之修是不能延缓的事，族谱要追溯源头、辨其真伪，只有源头清楚了，昭穆和宗派才能明白。我族出自妫姓，历汉朝、晋朝、唐朝以来，豪贤辈出，到明初我祖汝明公开基至今，十有余世，水木本源之思，作为子孙后辈，谁敢忘记？当今四海升平，人民和乐，皇帝坐朝堂以讲求礼乐，百姓仰化日以敦睦人伦，在此五教齐备、千古难逢之时，我族房兄月山和房侄吉占，以及二三叔侄兄弟挺身而出，慷慨修谱，开始于乙亥（1755）春，寻源析流，梳理世系，整理校对，付梓印刷，完工于丙子（1756）春，家谱不只是拿来在掌上翻阅，更重要的是把尊尊、亲亲、雍睦的大义展示了出来。此次修谱我也踊跃参与，现在修谱成功，我就不多言了。在此仅希望后嗣子孙能做到六十年一修谱，如此则一本之义、雍睦之谊，永远昭明在胡氏子孙心中，永不忘记，则是万幸！

乾隆丙子年，二十八世嗣孙德昱东山氏薰沐谨撰。

【论】

该序中言六十年一修谱，这是最起码的要求，一般来说，三十年一小修，六十年一大修。因为大概30年一代人，60年是一代人从年幼到衰老的时间。续修一次家谱，可以趁着老一辈健在、新一代已成长起来的时候，将家族30年间亲缘关系的变化准确记录下来，而间隔时间过长，则难免出现差错。

3.5　乾隆丙子年西山胡氏族谱序（胡瑜）

家之有谱犹国之有史，国无史无以知兴废，家无谱无以识源流，则家谱与国史一也。史以传信，非以传疑，故秉笔者善善恶恶，不容灭直道之公；谱以传真，非以传伪，则记载者是是非非，不容昧天理之则，修谱与修史一也，所系顾不重哉？瑜窃见世之修谱者，每妄援往古圣贤及名公巨卿载在史册炳炳烺烺[①]者，辄诬为己祖，以为谱牒增光，识者鄙之。夫人特视子孙之振励[②]为何如也，何必争祖宗之得失哉？子孙而微也，祖宗虽盛反贻先人羞；子孙而盛也，祖宗虽微反为先人宠，文献无征必务为穿凿附会，适见其愚耳。我族系出帝胄，自有妫肇基以来，故代有伟人，即自汝明公[③]卜居武冈州，至思衡公转居邵陵隆回六都，信公转居隆回五都，亦世有贤哲，前人诚无愧于人，特恨后人有愧于前人也，夫祖宗既启之于前，子孙宜承之于后，族繁人众、分居布处，恐地远世殊、各自为祖，几忘木之有本、水之有源矣！乙亥春，兄月山、侄吉占暨叔伯兄弟慨然有修谱之举，复得旧谱，自汝明公以上一派源流考核详明、记载朗据，使后之览斯谱者了如指掌，则人之知木之有本、水之有源，承先启后不有赖于兹谱哉？夫谱以上治祖祢、旁治昆季、下治子孙，固也！瑜窃有愿焉，虽同谱之人业耕凿④而敦诗书，家声未替，尤冀起而光大之，为忠臣，为孝子，为悌弟，为义士，处则为鸿儒，出则为卿相，今日登诸家乘者，异日登诸国史，不且与史册并垂不朽云。

乾隆二十一年岁次丙子岁孟春月谷旦，二十八世嗣孙太学生讳瑜绍文氏薰沐谨撰。

【注】

①炳炳烺（lǎng）烺：光亮鲜明，形容文章辞采声韵之美。②振励：奋勉，振作，亦作"振厉"。③汝明公：贤新公之子。④耕凿：耕田凿井。出自尧帝时期《击壤歌》："日出而作，日入而息，凿井而饮，耕田而食，帝力于我何有哉！"

【译】

家有谱如同国有史，国无史无以知兴废，家无谱无以识源流，因此家谱与国史的目的是一样的。国史注重传信而非传疑，所以修史的人要秉笔直书，善恶分明，不能隐晦而欺骗世人。家谱注重传真而非传伪，所以修谱的人要真实记载，世系要清楚可靠，不能违背天理，因此修谱和修史在这点上也是一样的。由此可知，修谱的责任很重大啊！我经常见到有些修谱者，将国史中显赫的圣贤、名公、巨卿拿来作为自己的祖宗，自以为给家谱增光，没想到这样做，让有识之士鄙夷讥笑。要知道，一个家族主要看将来子孙的振作与否，何必去争祖宗的显贵呢？如果祖宗强大，而子孙衰弱，岂不是羞辱祖宗吗？而如果子孙兴旺，祖宗微弱，反而可以让祖先欣慰。因此在先代无法考证之时，这样穿凿附会，其实是愚蠢的。我族是舜帝后裔，自从妫满肇基以来，代有伟人，从汝明公居武冈州，到思衡公转居隆回六都西山、信公转居隆回五都荷香桥，也是世有贤人，前人对得起我们后人啊，只怕我们后人愧对前人了。祖宗既然开启在前，子孙当然要继承在后，但由于族大人多、居处分散，担心各自只认自己的祖宗，而忘记了更远的祖宗，忘记了木之有本、水之有源了！乙亥（1755）春，兄月山、侄吉占，以及叔伯兄弟慨然修谱，汝明公以上的源流也清楚了，记载有据，我们的子孙后代看到这个族谱，既可以对家族了如指掌，发木本水源之思，同时可以承先启后，家谱有尊祖、睦族、启后的功用，希望同谱的人恪守耕读诗书之家风，尤其希望子孙光大门庭，为忠臣，为孝子，为悌弟，为义士，穷则为鸿儒，达则为卿相，今日登录家乘，他日登录国史，与史册并垂不朽。

乾隆二十一年岁次丙子岁孟春月吉日，二十八世嗣孙太学生讳瑜绍文氏薰沐谨撰。

3.6 乾隆丙子年西山胡氏族谱序（吴思机）

尝读《尚书》有曰"九族睦而平章百姓"①，可知治国平天下未有不自睦族始也。夫族岂易睦哉？族大则难收，或名分不正，宗枝不笃，致以少而犯长，以强而凌弱，互相猜忌。族何由睦，由斯以观谱，诚不可不亟讲也。谱以序尊卑、正名分也，谱以联亲疏、笃宗枝也，必且共体祖宗慈爱之心，常切水木本源之念，忧乐与同，恩义交至，又何患猜忌之不去、宗族之不睦也哉。余僻处梅城②，与邵陵接壤，甲子③秋叨膺乡荐④，丁卯⑤春馆居胡府，与月老胡年翁⑥交最久，知益深。课诵之下每谓余曰："家不修谱，几有视一本而如秦越之不相关者！"余甚违之，谓修谱之举非年翁不能为之倡也。今丙子春贵族协力同心，悉考源流，捐资延匠，付诸剞劂，而知先生言之于昔者能举行于今，诚承先启后之模也。余属知己，能不为之鼓吹而道扬耶？胡府系出天潢，其源远，其本厚，源远者流益长，本厚者枝亦茂，其布居他境者皆人烟辐辏，声名鼎盛，而贵族其特出者也。余见其田膏腴，其土肥美，其风淳，其俗厚。出告返面，敦孝悌也；男耕女织，习勤俭也；春诵夏弦，业诗书也。而且钟灵毓秀，人文蔚起，则知贵族之所以昌厥后裔者，正引之而勿替焉者矣。夫族特患不大耳，修谱则尊祖，尊祖则敬宗，敬宗则收族，收族则族大，务其敦一本之谊，同昭雍睦之风。蔼然以恩相亲，至仁也；秩然以礼相接，至让也。将见立爱自亲始，立敬自长始，始于家邦，终于四海，书所谓九族睦而平章百姓者，此道得也，谱之时义大矣哉，是为序。

梅城龙塘候选教谕⑦、年家⑧眷弟⑨吴思机省度氏顿首拜撰。

【注】

①《尚书》有曰"九族睦而平（pián）章百姓"：《尚书·尧典》中说尧帝先让九族之内的人和睦相处，然后让天下百种姓氏之间辨明和睦之大义。《尚书》：相传为孔子编定的史书，汇集自尧舜到春秋时期秦穆公的文献资料，六经之名为《书》，《诗经》《尚书》简称"诗书"。平章：平通"辨"，辨别之义；章通"彰"，彰明之义。②梅城：指湖南安化县梅城镇。③甲子：乾隆九年，1744年。④叨膺（tāo yīng）乡荐：叨膺：愧受。乡荐：乡试中式，即中举。⑤丁卯：乾隆十二年，1747年。⑥月老胡年翁：即贤新后裔胡琏，号月山公，亦为举人，此次主修。⑦教谕：官名，明、清县学皆置教谕，掌文庙祭祀，教育所属生员。⑧年家：科举时代同年登科者两家之间的互称。⑨眷弟：有姻亲关系的同辈互称眷弟。尊长对卑幼自称"眷生"，卑幼对尊长自称"眷晚生"。

【译】

由《尚书》中"九族睦而平章百姓"这句话可知，治国、平天下都是从睦族开始，然而睦族却不是那么容易的！族大则难收，或者名分不正，宗支不敬，以至于以少犯长，以强凌弱，互相猜忌，于是家族不睦，从这点看，家谱是不得不重视讲求的。家谱用来定尊卑、正名分、联亲疏、分宗支，体现了祖宗慈爱之心，表达了水木本源之念，忧乐与同，恩义交至，有了家谱，就可消除猜忌和不睦。我家在梅城，与宝庆府接界，甲子秋我侥幸中举，丁卯春我来到了胡府教书，与月山公交游最久，相知很深。教学之余，月山公常对我说："家谱不修，将来宗亲都会如秦国和越国那样疏远啊！"余答道："贵族修谱还需要月山公出面才行。"今年春天贵族协力同心，尽考源流，捐资请匠人印刷修谱，则完成了月山公的志愿，真是承先启后的模范。余跟月老是知己，能不为他鼓吹宣传吗？胡氏是舜帝之后，源远根厚，源远于是流长，根厚于是枝茂，胡氏家族所居住的地方都是人口稠密，声名鼎盛，这无疑是贵府的特色。我见这些地方土地肥沃，民风淳朴，出告返面，力讲孝道，男耕女织，克勤克俭，春诵夏歌，温习诗书，钟灵毓秀，人文蔚起，由此可知贵家族后代昌隆，正方兴未艾。家族都希望强大，修谱则尊祖，尊祖则敬宗，敬宗则收族，收族则族大，这样就回到了一个根本的立场，于是和睦相处，互相谦让，做到立爱从亲人开始，立敬从尊敬长辈开始，从家而到国，于是达到《尚书》所说的"九族睦而平章百姓"，大道理已经很明白，修谱的大义当然也清楚了，是为序。

梅城龙塘候选教谕、年家眷弟吴思机省度氏顿首拜撰。

3.7　乾隆丙子年西山胡氏族谱序（吴思楹）

窃闻谱之制也，昉①自宋之欧苏，盖家谱与国史并垂不朽。国无史以纪本末，一朝之政治莫稽；家无谱以叙源流，屡代之世系莫考，故程子曰②："谓宗法废，后世谱牒尚有遗风，谱牒又废，人家不知来处，骨肉无统，虽至亲恩亦薄。"则所以联属宗谊，敦一本而厚风俗者，舍家谱何恃焉？邵邑安定郡胡氏望族也，家乘之昭，世教之衍，其先代前贤不及殚述，今数传后复得诸君子撷拾故典，考核详明，仿欧谱苏谱之遗制，而翕然③有事于修谱。是举也，上治祖祢，则尊尊之道明；下治子孙，则亲亲之情著；旁治昆季，则睦友之谊昭，岂非一举而三善备哉！夫根之茂者，实自穟④膏之沃者，光必晖，理故固然也。敞地隔窎⑤，胡府月老年翁区疆虽云两县阻道，不逾百里，往来最稠，传闻甚稔⑥，余与胡子讳瑜者以莩⑦谊好。

【注】

①昉（fǎng）：明亮，起始。②程子曰：程颐说。程颐（1033—1107），北宋大儒。③翕然：一致。④穟（suì）：禾穗上的芒须。⑤窎（diào）：远。⑥稔（rěn）：庄稼成熟，如丰稔。⑦莩（fú）：芦苇秆里面的薄膜，如葭莩。葭莩之亲：比喻关系疏远的亲戚。

庚申①冬，亲谱其家，遍览其境，见夫生齿之繁众，土产之沃饶，衣食之丰裕，已知其始谋先泽者远矣，而又见夫入侍膳、出洗腆②者，敦孝悌也；男力耕女操织者，习勤俭也；朝弦诵③、夕横经^④者，业诗书也。由此而毯实晖光，宜其列国学者有人，采芹藻^⑤而香棘院^⑥者有人，他若步后程者，更班班蔚起，固不可数，而且守望欢呼，疾病相扶持，亲疏能周恤，争讼能排解，尤霭然有雍睦之风、公平之意焉，美哉仁里^⑦！胡氏之所以昌厥后裔者，当引之而勿替，虽然一房且然，况众房乎？一地如此，况异地乎？星罗而棋置者，要皆豪杰，并兴衣冠，华胄后裔昌隆可预揣而知也，其椒聊^⑧繁衍、瓜瓞云礽^⑨，足以远绍前代而后光家乘者，不且方兴未艾哉！又奚余之鼓吹而道扬也？是为序。

时乾隆二十一年岁次丙子孟春月谷旦，梅城龙塘郡庠生^⑩年家眷教弟吴思楹殖庭氏顿首拜撰。

【注】

①庚申：1740年，乾隆五年。②洗腆（tiǎn）：谓置办洁净丰盛的酒食，多指用来孝敬父母或款待客人。③弦诵：弦歌和诵读。④横经：横陈经籍，指受业或读书。⑤芹藻：比喻贡士或才学之士，出自《诗经·鲁颂·泮水》。⑥棘院：同"棘闱""棘围"，科举时代的考场，因用荆棘围起，以防止作弊，故称。⑦仁里：仁者居住的地方。⑧椒聊：椒指后代。聊为语助词。出自《诗经·唐风·椒聊》："椒聊之实，蕃衍盈升。"⑨云礽（réng）：同"云仍"，比喻后继者。⑩庠生：秀才。

【译】

我听说按照制式修谱是从宋代欧阳修和苏洵开始的，家谱与国史可以并垂不朽。国如果没有历史记载本末，那么一个朝代的政治就无从稽查；家如果没有谱牒记载源流，那么历代的世系就无从考据，所以程颐说："如果宗法废除了，只要有家谱在，还可以找到遗风，如果没有了谱牒，那就不知道从哪来，子孙也没有班辈次序，即使血亲也会凉薄如路人。"因此联系宗谊，共念一本，慎终追远，民德归厚，除了家谱，还能依靠什么呢？邵阳安定胡氏是望族，家乘显耀，世教绵长，出了很多前贤，我就不多说了。而今胡氏诸君子又重拾旧谱，考核详明，仿欧谱苏谱之规范，一起来修谱，这当然是上治祖祢，让尊尊之道光大；下治子孙，让亲亲之情显耀；旁治兄弟，则睦友之谊昭明，真是一举而三善齐备啊！大凡根深叶茂，都离不开肥沃的土地，有光必亮，道理固然。我们梅城偏僻，胡府月山公说两县相隔不过百里，往来最密，传闻甚熟，而我与胡瑜又是远亲。庚申冬，我于是亲自来到胡瑜家，遍览其境，见到人口繁众，土产沃饶，衣食丰裕，由此看出其祖先谋划深远，又见胡府对老人都很孝敬，入侍膳、出洗腆，可知孝悌大行。男耕女织，勤俭持家，诗书继世，耕读传家，由此人才辈出，入国学者有人，考取功名者有人，人才辈出，班班蔚起，不可胜数，而且家家和睦，疾病相扶，亲疏能周恤，争讼能排解，确有雍睦之风、公平之意，美哉仁里！将来子孙昌隆，自不在话下，一房如此，其他房想必也一样，一地如此，异地也差不多吧！星罗棋布，豪杰并出，光宗耀祖，舜帝后裔昌隆可预知了，而椒聊繁衍、瓜瓞云礽，承先启后，光大门庭，不恰恰方兴未艾吗？又何必要我来鼓吹宣扬呢？是为序。

时在乾隆二十一年岁次丙子孟春月吉日，梅城龙塘郡庠生、年家眷教弟吴思楹殖庭氏顿首拜撰。

3.8 乾隆丙子年西山胡氏族谱序（胡琏）

族曷①为有谱？亲亲也！溯生民之始，起于一人之身，后衍为千万人之身，锡土②赐爵，或以国为姓，或以谥为姓，此姓之所由起也。赐姓之始亦起自一人，继而子姓繁衍，愈远而愈见其分，愈分而愈见其疏，此渊明所以有世疏之叹、老泉所以有途人之感也。然则欲由分而合、联疏而亲，端③有赖于谱。夫谱循流溯源，因源及委，而知分形异体者皆我之同本而同气者也，独是修谱岂易事哉？世系不清不可以言谱，真伪不辨不可以言谱，昭穆不明不可以言谱，尊卑不序不可以言谱，出母复返不可言谱，继嗣不正不可以言谱，谱之所系极重矣！我族肇自妫氏陈胡公满之后裔，历秦汉晋唐以来，名公辈出，代有伟人。迄明初洪武年间，我汝明公始居武冈州长溪乡四都龙口大桥之蔡家桥，今井盖昭然，胡家湾柿树下基地犹存。汝明公生文贵公、文富公、文通公，文贵公生添兴公、添荣公、添华公、添亮公，添荣公生思衡公、思信公，思衡公卜居邵陵隆回六都，信公转居邵陵隆回五都。自汝明公至今十有五代，璇辈十二代孙也，居不一地，曰马蹄印、曰双江口、曰西山、曰大白竹、曰石门之西坪、曰虾蜡塘、曰三都、曰洞村，皆其苗裔也，璇惧其愈远而愈失其传，夙有志于修谱，奈汝明公以前无所考据，以至踌躇者再。今幸访旧谱，详载皆秋田公讳曾先生之苗裔也。曾公乾符年间状元及第，仕有显迹，朝表其忠御葬秋田，御碑为志，立香火院守坟墓。至元末曾公十三代孙讳英敏公生子五曰贤隆公、贤溪公、贤新公、贤源公、贤文公者，避难竹林寨四祖五祖贤源公、贤文公，转居秋田。曰贤隆公、贤溪公开子舆公、子良公两房，一居隆回四都，一居永丰二都。曰贤新公生子讳汝明公者，即璇之鼻祖也。溯祖而得祖之所自出，非大快事哉？但汝明公以上有生卒未详者，阙④其疑也；汝明公以下有生卒葬开载甚详者，传其信也。或有谓璇者曰："祖既同，谱应合修，今君族各自分修，似近于私。"璇应之曰："世之修谱不一，有修通谱者，有修支谱者，通谱则合，支谱则分，胡氏散居邵陵，星罗棋置，难以猝合。况我族之修，源流必悉，后之览斯谱者，皆知某村某乡某族之子孙，所居虽分亦合，有何私哉？"但谱既修，宗祠不可不设，春秋祭祀以妥先灵，分班合食⑤以昭雍睦，而亲亲之道益笃，是所望于有志者。

乾隆丙子年，二十八世嗣孙、补行癸卯科中式举人、璇月山氏薰沐谨撰。

【注】

①曷（hé）：何，什么。②锡土：赐土封国。③端：究竟。④阙：残缺，不完善。⑤合食：合祭。

【译】

一个家族为什么会有族谱？因为为了亲爱亲人！追溯生民之开始，肯定起于一人之身，然后繁衍为千万人，赐土封国后，或以国为姓，或以谥号为姓，这就是姓氏的来由。得姓的人只有一个人，然后不断繁衍，离始祖越远，就分得越多，分得越多彼此之间就越疏远，所以陶渊明有"世疏"之叹，苏老泉有"途人"之感。然而要由分而合、联疏而亲，还得依赖于族谱。但修谱是件容易的事吗？对于世系不清、真伪不辨、昭穆不明、尊卑不序、被父亲休掉的母亲再回来安葬在祖坟山等情况，如果不处理好是不能修成谱的。族谱所关系的是极其重大的事啊！我族始自妫氏胡公满的后裔，历秦汉晋唐以来，名公辈出，代有伟人。到明初洪武年间，我汝明公始居武冈州长溪乡四都龙口大桥的蔡家桥，今井盖还在，胡家湾柿树下的基地犹存。汝明公生文贵公、文富公、文通公，文贵公生添兴公、添荣公、添华公、添亮公，添荣公生思衡公、思信公，思衡公移居隆回六都，信公转居隆回五都。自汝明公至今有十五代，我这一辈是十二代孙。居处不一，在马蹄印、双江口、西山、大白竹、石门西坪、虾蟆塘、三都、洞村，这些地方都有汝明公的后代。因担心世系越远，对来源越不清楚，所以一直有志修谱，无奈汝明公以前的世系不清楚，所以一直徘徊不敢下笔。今有幸得到旧谱，其中详细记载我们都是秋田公胡曾先生的后代。曾公是唐朝乾符年间状元及第，居官有丰功伟绩，朝廷表彰其忠诚，所以御葬秋田，有御碑为志，立香火院守坟墓。至元末曾公十三代（应该为十四代）孙英敏公生子五，即贤隆公、贤溪公、贤新公、贤源公、贤文公，贤源公、贤文公避难竹林寨，后世居秋田，秋田胡氏族谱记载说贤隆公、贤溪公分别生子舆公、子良公，一居隆回四都，一居永丰二都；又说贤新公生汝明公，汝明公即我的鼻祖也。没想到追溯祖宗，而祖宗就自己出现了，这不是一件大快人心的事吗？但是汝明公以上的祖宗很多生卒不详，只能暂时保留疑问；汝明公以下生卒葬记载很详细的，可以流传下去。或许会有人问我："既然祖宗相同，那就应该合修族谱，而现在你们各自分修，这有点自私。"我这样来回答吧："修谱有很多种，有修通谱的，有修私谱的，通谱则合，支谱则分，秋田胡氏散居邵阳，星罗棋布，难以仓猝合谱，况且我族修谱，源流一定要搞清楚，后来看谱者都能知道某村某乡某族之子孙，属于合中有分，怎么算自私呢？"但既然已经修谱，那么就要建宗祠以安放先灵，以供春秋祭祀，分班合祭，以敦伦睦族，这样亲亲之道就更加笃实，这就寄望于有志者了。

乾隆丙子年，二十八世嗣孙、癸卯科举人琏薰沐谨撰。

【论】

该文作者月山公为西山德字辈，辈名德明，字月山，号琏、石山，生于 1694 年，应该是雍正元年（1723）中举，月山公为此谱主修，作该序时 62 岁。该序中关于认祖秋田的描述应该是民国转载时改增，因为贤新房认祖秋田发生在 80 年后的 1857 年，即咸丰年间。

3.9 乾隆丙子年西山胡氏族谱跋（胡琏）

窃见世之巨家大族之修谱，每于本姓中往古圣贤及王侯将相烺烺炳炳载在史册者，辄援为己祖，以为谱牒增光，识者鄙之，此崇韬有拜墓之讥，余无是矣。余初而意即以汝明公为始祖，仿后稷[①]封邰周即以后稷为始祖、周公封东土鲁即以周公为始祖之意。然既修谱，可昧其所自出乎？复得旧谱，源流甚悉，有显宦名流载入谱内者，皆谛[②]系一脉而非妄援也。今我族共襄兹举，督修齐费则芳捷文多叔、公美兄、秀士益成昆山乾山弟之力居多；汇稿备料、叙次先后、校阅字迹，堂弟绍文、东山男吉占之力居多。中有传赞，非出自一手，不可枚举。至凡例家规，余妄言之，质诸同族，未知是否。而且共议式遵五代，法前哲也；生卒年月日时必详，志始终也；某葬某山，识坟墓也；匹偶不遗，明夫妇也；男女嫁娶，必录其姓，联姻亲也；房分以大小为叙，昭长幼也；有忠孝节烈立德立功者，必别为传赞，彰实行也；有簪缨绅矜之是录，赠言艺文之悉载，非谀美也，凡后之有所奖励焉耳。矢公矢慎，上可以对祖宗而无愧，下可以示子孙而无疑，数十年后复有起而继修者，庶得有所寻考云。但谱既成，谱之义不可不讲，视为具文有何裨焉？必联同气之亲，讲雍睦之谊。如圣训[③]云："凡属一家一姓，当念乃祖乃宗，宁厚毋薄，宁亲勿疏，长幼必以序相洽，尊卑必以分相联，喜则相庆以结绸缪[④]，戚则相怜以通缓急，立家庙以荐蒸尝，设家塾以课子弟，置义田以赡贫乏，备族谱以联亲疏，使一姓中秩然蔼然，父与父言慈，子与子言孝，兄与兄言友，弟与弟言恭，雍睦昭而孝弟之行愈敦，有司⑤表为仁里⑥，君子称为义门⑦，天下推为望族，岂不美哉？"允若斯和气致祥，后子孙广大门闾⑧，正未有艾⑨。修谱之举于我族不无小补焉，再陈之以跋其后。

时乾隆二十一年岁次丙子孟春月谷旦，二十八世嗣孙、中式⑩举人、琏字月山石门氏谨跋。

【注】

①后稷：姬姓，稷少年时，被父母所弃，故名弃，周文王的祖先。尧帝时，封后稷于有邰（今陕西省武功县西南），舜时，封为司农之神，禹时为最倚重的三公之一。后世尊其为稷王、稷神、农神、耕神、谷神。②谛：仔细审查。③圣训：此处指雍正为康熙皇帝所作《圣谕广训十六条》的注解。④绸缪（chóu móu）：情深意长。⑤有司：官吏。古代设官分职，各有专司，故称。⑥仁里：仁者居住的地方。出自《论语·里仁》："里仁为美。"⑦义门：尚义的门族。⑧门闾（lú）：门庭。⑨艾：止、绝。⑩中式：考中被录取。《明史·选举志二》云："三年大比，以诸生试之直省，曰乡试，中式者为举人。"

【译】

我经常见到有些巨家大族在修谱的时候，往往将史书中声名显赫的同姓圣贤及王侯将相攀援成自己的祖宗，以此为谱牒增光，其实有见识的人是鄙视这样做的，这跟郭崇韬乱拜郭子仪的坟墓一样遭人讥笑，我是坚决不这样做的。我的初意是只以汝明公为始祖，像后稷被尧帝封在有邰，周王室于是以后稷为始祖一样，也好比周公封在东鲁，鲁王室于是以周公为始祖一样。然而既然要修谱，能不查明汝明公以上的世系吗？幸好找到了旧谱，源流都很清楚，甚至有显宦名流记载在谱内，仔细审查，确实是一脉相承，而不是随便攀援。此次我族一起来修谱，督修和起费，则是芳捷文多叔、公美兄、秀士益成昆山乾山弟出力最多；收集材料、检查世系、校对文字，则是堂弟绍文、东山的儿子吉占出力最多。族谱中的传赞，不是一个人写的，在这里就不一一说明了。至于凡例家规，那是我自己写的，问了族人，也不知是否正确。我们一起商议取法前哲，采取五代一页的格式，详细记载每个人的生卒年月日时、葬地、配偶；也详细记载了儿女婚嫁，对方的姓氏也有记录，以明姻亲关系；房分按长幼有序的规则编排；对于忠孝节烈、立德立功的族人，一定为其作传赞，以表彰其生平；另外历代官宦、他族赠言及诗文也记录进来，不是自己奉承自己，是希望后代能以他们为榜样。我们秉着公心和谨慎的态度来修谱，希望对上无愧于祖宗，对下于子孙不留疑问。对数十年后续修族谱，或许能有参考作用。但是谱既然已经修成，修谱的意义则不可不讲，不然写这篇跋还有什么用呢？修谱就是联系宗亲，讲求雍睦。正如雍正皇帝在圣训注解中所说："凡属一家一姓，当念乃祖乃宗，宁厚毋薄，宁亲勿疏，长幼必以序相洽，尊卑必以分相联，喜则相庆以结绸缪，戚则相怜以通缓急，立家庙以荐蒸尝，设家塾以课子弟，置义田以赡贫乏，备族谱以联亲疏，使一姓中秩然蔼然，父与父言慈，子与子言孝，兄与兄言友，弟与弟言恭，雍睦昭而孝弟之行愈敦，有司表为仁里，君子称为义门，天下推为望族，岂不美哉？"如果真正做到这些，那么和气致祥，后代子孙来光大门庭就有方兴未艾之势。因此修谱之举对于我族来说是非常有益的，我于是再说几句，以跋其后。

乾隆二十一年岁次丙子孟春月吉日，二十八世嗣孙、中式举人、珽字月山石门氏谨跋。

【论】

月山公的序跋不仅行文流畅，而且文以载道，对修谱的法式和意义讲得非常透彻，不愧为举子出身。其中关于家谱始祖的原则，以后稷、周公为法，算是有传有统，可成为定法。此次修谱应该是西山、漆家铺、苗田合修，可惜原件未见，只能见到民国转载件，殊为遗憾。

3.10 乾隆丙子年西山胡氏族谱序（谢才）

万里君门[①]共戴一王之统，年湮百世咸存木本之思，此谊无烦于户晓，情自协于陬澨[②]，第[③]世官[④]已替于秦后，锡庙[⑤]仅传乎宋始，流传既久而家政亦坠，故谱之所系与国乘[⑥]并垂。家谱者世系所由稽也，使无谱以联属其情，则亲疏易淆，迩远渐乖[⑦]，本同根之派别，异地且寻夫姓字；实一体之支分，相遇犹怀夫异

种，此人心渐以汨灭[8]而风俗益就波靡[9]。

【注】

①君门：宫门，指京城。②陬澨（zōu shì）：僻远处，天涯海角。陬指角落。澨指堤岸。③第：但。④世官：世袭之官。⑤锡庙：即赐庙。宋元时期，朝廷开始封敕城隍神，“或锡庙额，或颁封爵”。⑥国乘：国史。⑦乖：背离。⑧汨（mì）灭：浮沉。⑨波靡：倾颓之世风、流俗。

余膺[1]简命[2]铎[3]名区，下车以来，胡子曰老年台偕弟讳琎讳瑜者来署，气度汪洋，温文尔雅，一见而知为文章礼乐之士也。暨后每于岁科两试，率子侄辈来署谒见，其忠信诚悫[4]之概，大都美器识、能文章，所就正未可量，而愈知其为世家之子弟，皆俊彦[5]之选也。余不胜爱之重之，维历任已久，相知益深。兹幸圣朝之孝治方启，首重敦伦，乡老[6]之丰度[7]犹新，献质有本。一二有志宗盟者爰纠族内，上溯渊源，下齐子孙，共襄厥典，诚盛举也。夫谱牒一修，庶静愚顽之习气，而家乘有本，亦裨学士之著存，且值重熙累洽[8]之余，共为敦伦扶纪之士，则今日之仁风里巷，不即他年翔休北阙[9]乎，是为序。

时乾隆二十一年岁次丙子孟春月，赐进士出身、特授湖南宝庆府学教授、年家眷弟谢才履山氏[10]拜撰。

【注】

①膺（yīng）：接受，承当。②简命：简任，选派任命。③铎（duó）：宣布政教法令用的大铃，这里为教化。④悫（què）：诚实、谨慎。⑤俊彦（yàn）：杰出之士。彦：古代指有才学、德行的人。⑥乡老：乡里年高德劭的人。⑦丰度：优美的举止神态。⑧重熙累洽（qià）：指天下持续太平安乐。熙：光明；洽：谐和。⑨北阙：古代宫殿北面的门楼，是臣子等候朝见或上书奏事之处，此处指朝廷。⑩谢才履山氏：谢才，字履山，今查为屐（jī）山，湖南安仁人，清乾隆四年（1739）进士，官宝庆府教授。

【译】

京城万里都归一王统治，人经百世都思列祖列宗，天涯海角，情谊相同，但秦朝之后世袭已变，朝廷赐庙也是从宋朝开始，因此流传越久，家谱就越来越重要，已经与国史并存。因为一家的世系只有从家谱获得，如果没有家谱，宗亲无法相认，亲疏容易混淆，感情无法联络，本是同根之枝叶，到异地还问贵姓，相遇还当是外人，于是人心逐渐冷漠，风俗日渐萎靡。我受命教化名区，上任以来，胡琏老先生带其弟胡琒、胡瑜来拜访我，气度汪洋，温文尔雅，一见就知道是文章礼乐之士。后来每年的两试，他都率子侄辈来看我，这些后生大都有见识、有文才，前途无量，则更知他们为世家子弟、俊彦之选，令人看重。我上任已久，与胡琏翁相知益深。恰逢本朝刚开始以孝治天下，首重敦厚人伦，胡琏翁风度优雅献上族谱，该谱为族中一二有志之士发起，联合族人一起修订的，上溯渊源，下齐子孙，真是盛举啊！这谱牒一修，就可以镇静子孙中的愚顽习气，家乘有本，也就让读书人有了家藏。在此太平世界，有这些敦伦扶纪之士，则今日在乡里做仁义的表率，他年必定飞翔驻留到朝廷显才华，是为序。

时乾隆二十一年岁次丙子孟春月，赐进士出身、特授湖南宝庆府学教授、年家眷弟谢才履山氏拜撰。

【论】

宝庆府学教授为正七品，掌管整个邵阳的文教，能为西山胡氏做序，应该是受到月山公请求并为其道德文章感动所致。

4 嘉庆丙子年秋田胡氏族谱序跋
4.1 嘉庆丙子年秋田胡氏族谱序（罗淳黄）

谱之作也，所以考世系，叙本支，敬宗睦族，传诸无穷，此仁人孝子之用心也，孰不谓然哉？然我独谓家乘之修，不殊国史之难，盖人自受姓分氏以后，源远流长，宗族繁衍，其间祖祢昭穆之次、考妣生辰卒葬之期，服自斩衰至缌麻[1]以及无服亲疏等杀之宜，冠婚嫁娶、再嫁再娶、男女异姓之别，忠臣孝子义夫节妇之传，非得《春秋》之意、饶班马诸氏史学之长，未能义例谨严、记载详明，甚矣！家乘之难修，不殊国史，诚未易一二序述也。予自束发以来，读老泉苏氏谱序，仁孝之心油然可思，诚与《西铭》[2]理一分殊[3]之旨相符，而章法笔力独有千古。及读家谱洪先念庵公④序，见其书法严明，义例森然，别成一家法言，疑又古人所未及，尝以是语其同人，谓是二序直以家乘昭于国史，后之人无复措笔也。秋田胡氏，世族也，实唐胡秋田先生后，先生居城西三十里之秋田里，因号为秋田，详郡邑志中。嗣后人文叠起，户口繁延，实为一邑之冠，今胡氏重修族谱，同庠胡君介庵董其事，既成嘱予序之，予叨姻谊⑤不得以不文辞，然其家世阀阅⑥，序次严明，所谓以家乘之长而寓国史之良者，岂俟予之赘词也哉？因序其生平之所诵述者以为贻之。

乾隆壬子⑦科举人罗淳黄芝田氏撰。

【注】

①服自斩衰（cuī）至缌（sī）麻：中国传统依亲疏关系不同而穿的五种孝服：斩衰、齐衰、大功、小功和缌麻。其中斩衰是五种丧服中最重的一种，用粗麻布制成，左右和下边不缝，服制三年。子及未嫁女为父母，媳为公婆，承重孙为祖父母，妻妾为夫，均服斩衰。先秦诸侯为天子、臣为君亦服斩衰。缌：细的麻布。②《西铭》：北宋张载撰，挂于其书房西牖，以为座右铭，该文提出"民胞物与"的思想，把宇宙看作一个大家族。③理一分殊：张载认为，从亲爱自家父母的孝道开始，再推及家族，再推及社会，最终推及天地万物，因此是从同一个"理"分出各种不同的情况。④洪先念庵公：即罗洪先（1504—1564），字达夫，号念庵，江西吉水人，明世宗嘉靖八年中状元，授翰林院修撰，迁左春房赞善，被罢归后，终日著书讲学，一生成就主要在理学和地图学。⑤姻谊：姻戚。⑥阀阅：功勋。阀也作伐，指功劳，阅指经历。⑦乾隆壬子：乾隆五十七年，公元1792年。

【译】

修谱的目的在于考证世系，梳理根本和支派，敬宗睦族，以永远流传，谁说这不是仁人孝子的用心呢？在此我要说的是，修族谱和修国史一样难。上古之人自从受姓分氏以后，源远流长，宗族繁衍，人口众多，其中祖宗昭穆的次序、考妣生辰卒葬的日期、五服之范围、嫁娶婚姻之礼、忠臣孝子义夫节妇的个人小传，如果没有懂得孔子作《春秋》之意，没有班固、司马迁一样的史学才能，不能做到义例严谨、记载详明，那族谱是修不好的。因此家乘之难修，与国史一样，这不是一两篇序能说清楚的。我自束发成童以来，读苏洵的《苏氏族谱引》，仁孝之心油然而生，确实与《西铭》的"理一分殊"相符，而其章法笔力千古独步，又读我们罗氏家谱中罗洪先念庵公写的序，见其书法严明，义例森然，别成一家法言，觉得古人都比不上。我曾对人说，这两篇序可以置于国史，后人很难超越。秋田胡氏是世族，乃唐胡秋田先生的后代，先生居城西三十里的秋田里，因此号作秋田，在郡邑志中有详细介绍，其后代人文迭起，户口繁延，为一县之冠。今胡氏重修族谱，同学胡君介庵负责，修成希望我作序，因为是姻亲，我也不好以我不擅长作文而推辞，看了谱，觉得家世清晰，序次严明，兼家乘之长和国史之良，在此就不多做赞美了，就把我和胡君平时讲的作为序吧。

乾隆壬子科举人罗淳黄芝田氏撰。

4.2 嘉庆丙子年秋田胡氏族谱跋（胡士廉）

姓氏重于李唐，当时氏族各以其谱上之司徒专官掌之，名曰家乘，且以门第为取仕之大例，谱纂重矣哉。予族宗谱始修于宋初继祖公[①]，想当初欧苏谱式未出，无法可遵，而修之者五年一次，大约各立家长，使子孙曾元辈生娶职业不遗，如今时造烟册[②]者然。祠是续修数次，遂以先祖手泽当世守勿替。而不知昭穆倒置、尊卑凌越，已大失修谱之义，但不知讹于何时，而以讹传讹，相沿至今也。查余族四户伊始，贤源生孝悌开户胡成，生孝期开户胡保，生孝先开户胡民，贤文生孝受开户胡喜，四户分列甚明，而修谱则以胡喜次于胡成之后，加于保民二户之上，此一误也。余远祖孝悌原祖妣唐氏，生应衡、应福，继祖妣刘氏生应旻，本是三房，直作三房分派，礼也。乃不以应字班分做三房，而以仲字辈分做八房，此又一误也。至八房分列，自当以应衡子为大房，应福子为二房，应旻子为三四五六七八房，其序然、其分安也，而修谱则以应旻子为大二三四五六房，以应福二房子为七房，应衡长房子为八房，尊卑倒置，莫此为甚，此又一误也。修谱之法，尊欧公成式，乃行之万世而无弊，而余族谱中世系直以一房序到殆尽，方序次房，以昭乱穆，以卑逾尊，名为合修，实则合钉，此又一误也。嘉庆壬戌③春余承户命续修宗谱，阅老谱多所未安，乃请本邑世家谱牒细详其法，颇堪载华，第苦于新居，子幼不能远离专办，族众怫然④，时我族七房及保民喜三房遂责成于达槐叔，余则止承修仲亨一支，意欲合钉，共全族谊，奈族议纷争，莫可如何，自是余族宗谱遂成两橛⑤。夫以一公之派，传及累代，乃至亲者忽疏，萃者忽涣，仁人孝子之用心固若是邪？然犹幸一本之爱，终古不泯。族中有敦睦情切者，如启贤、廷献暨诸公等，见前谱未经合修，多不称心，乃以此意商之余侄登庸，庸即以合族为己任，屡纠族长，方有定论。复专委任余，余以老病昏聩惧不胜任，但念事关重大，族议难辞，乃仿欧公谱式，并先型遗范，参互考订，详慎撰修，钉成卷轴，盖自是余族宗谱焕然一新，诸公仗义维持之力也！夫以余之不肖，忝居士林，奉诸公命，援笔纪载，虽不敢自称成书，而于昭穆之次第、尊卑之隆杀⑥，秩然有条，森然不乱，或亦为后起者之一助，至于勤劳谱事，则有廷献、西周、登朝、登儒、正章、明天、显宅、配元、德配及周添、佑受、安廷、辉以、德登、云绍、孔荣、魁科、申玉、志定、悦东、阳荣、先君、用乘、礼再、周上、友显、韬登、位玉、琇升、和陞和陞玉、五彩、名扬若而人等，均祖贤裔，并书诸谱，以志不朽云。

　　嘉庆丙子⑦年吉月吉旦，三十三世裔孙士廉谨跋。

【注】

　　①继祖公：即宗魁，安命公第五代孙，任西京摄行翰院政。北宋时有四京：东京为首都，在汴梁，又称汴京，即今河南开封；陪都在西京，即今河南洛阳；南京为应天府，在今河南商丘；北京为大名府，在今河北大名县。继祖公任西京外翰，即代理皇帝管理洛阳的翰林院。世系传递为：安命—公曾—靖甫—彦翔—宗魁。②烟册：抽烟纳税，所以造册。此比

喻不甚妥。③嘉庆壬戌：嘉庆七年，1802 年。④怫（fú）然：愤怒的样子。⑤橛（jué）：段。⑥隆杀：犹尊卑、厚薄、高下。⑦嘉庆丙子：嘉庆二十一年，公元 1816 年。

【译】

唐朝最看重姓氏，当时每个家族都由谱上的司徒专门管理家乘，朝廷按照家族等第来取士，可以看出，家谱的编纂在当时是何等重要！秋田胡氏宗谱于宋初由继祖公始修，由于当时欧苏谱式还没出来，没有成法可遵，于是约定五年修一次，要求家长将子、孙、曾孙、元孙的生日、婚姻、职业记载下来，好像现在的造烟册一样，后来祠堂也续修数次，于是将先祖的这些文献放置于祠堂，以世守不替。但不知什么时候开始，这族谱中就出现了昭穆、尊卑倒置的错误，甚至以讹传讹延续至今。查我族四户，贤源生孝悌开户胡成、生孝期开户胡保、生孝先开户胡民，贤文生孝受开户胡喜，四户分列清楚，但修谱时却把胡喜放在胡成之后、胡保胡民二户之前，这是第一个错误。我祖孝悌公原配唐氏，生应衡、应福，继配刘氏生应旻，本来是三房，照礼在族谱中做三房分派就可以，可是族谱却不是按应字辈分做三房，而是按仲字辈分做八房，这是第二个错误。就算按八房分列，按照宗法制度，应衡为长子，也应当以应衡子为大房，应福子为二房，应旻子为三四五六七八房，可修谱则以应旻子为长、二、三、四、五、六房，以第二房的应福之子为七房，以长房的应衡之子为八房，这不是尊卑倒置吗？这是第三个错误。按照欧阳修谱法，即使记载万世也不会有差错，但我们族谱中的世系则是将一房排序完再排下一房，这就是以昭乱穆、以卑逾尊，名为合修，实则合订，这是第四个错误。嘉庆壬戌（1802）春，我受命续修宗谱，看到老谱中这些错误，心有不安，于是参考本县其他世家的谱牒修法，很是受益，但由于小孩年幼不能出来专办此事，大家都不满意，于是我族七房及保民喜三房决定由达槐叔来主修，我则只修仲亨一支，最后合订完工。无奈大家意见不一致，最后宗谱变成了两段。本来都是一个祖宗传下来的，传了这么多代，忽然亲者变疏、聚者变散，仁人孝子怎么安心呢！所幸同一祖宗之族爱终究不灭，于是族中有热心敦睦的人如启贤、廷献等，见到这个情况，多不称心，于是跟我侄儿登庸商量，登庸于是以合族为己任，多次找到族长申诉，最后还是任命我来主修，本来我年老多病，难以胜任，但想到事关重大，族议难辞，于是按照欧公谱式和老谱遗范，参考修订，终于修成，从此宗谱焕然一新，这都得益于诸公仗义维持之力！我水平有限，愧列士林，奉诸公命，援笔记载，虽然不敢自称成书，但于昭穆之次第、尊卑之隆杀，也能做到井井有条，森然不乱，这或给后来修谱以帮助吧。在此次修谱过程中，有廷献、西周、登朝、登儒、正章、明天、显宅、配元、德配及周添、佑受、安廷、辉以、德登、云绍、孔荣、魁科、申玉、志定、悦东、阳荣、先君、用乘、礼再、周上、友显、韬登、位玉、琇升、和陛和陛玉、五彩、名扬等祖宗的贤裔勤劳付出，也记载在族谱里，以志不朽。

嘉庆丙子年吉月吉旦，三十三世裔孙士廉谨跋。

【论】

观该序则知修谱之义、修谱之法，亦知修谱之难。中国人的宗教，即祖宗教育也，没有一班眼光远大、淡泊名利的宗贤，修谱事业则难矣。

嘉庆丙子修谱的这一篇和上一篇序未见原本，乃1943年秋田九修族谱所转载。

5　道光庚寅年漆家铺胡氏族谱序（胡永源）

今夫祠与谱两相关者也，无祠则无以妥先灵而荐蒸尝①，无谱则无以溯渊源而详支派，故曰两相关者也。余族于嘉庆庚辰冬既复立寝庙②以享宗亲，俾神有所栖矣。而谱牒未修，其谓敬宗睦族之道何？此余切切然深以为忧也。每逢春秋祀毕饮福时，诸父昆仲以续修家谱是议，无如众事难成。房兄爱魁有志未逮而逝，临终嘱余承其事，余敢不踊跃以共襄厥美哉？去春命余往外吊稿，余亦不敢告劳，爰集房叔代调与房弟宽宗，由贵州而越湖北，自湖北而步西川，跋涉之苦，殆不堪言矣。余访蜀中诸郡，家庭甚众，居中江、居金堂、居三台，以及居龙安、汉州、新津、简州③等处，百余人有之，亦数十余人者有之也。余亲诣其家，惟以清稿④是谕，虽费未给者有之，余亦何怪乎？历冬至资州沙湾⑤永鳌家，与夫杨家坝永兵二家，人繁业广，语言不达，互阻吾意而稿未录，因抑郁以归焉。今夏嘱余与房祖贻光、族兄明堂，肩纂修清书之任。余虽才浅学疏，义弗克辞，乃核其真实，与苗田、西山诸家门合修谱，头序相同，出秋田曾公之后，而后支分派别，有不概同者，无论己第。念余祖子舆迁宅隆回以后，五代单传至祖盛公，分贞、惠、谏、通、美五房，惠通美缺嗣，而贞公再传则有必崇、必宁之分，谏公则有必富、必贵之别，贵亦乏后，迄今承祖二之户门者崇、宁、富三房也。斯子若孙之盛，同乡而异地，如崇裔之居寨下、居新屋里、居背婆湾等处，宁裔之居寨下、居尹家山、居尹屋冲、居祖山湾数基，富裔之居燕窝形、居大屋冲里、居花树下、居南边等宅者，涣而易涿、繁而难纪矣，用是以源远传始于前，以各房承继于后，如纲⑥之在网，有条而不紊，大宗有纪，小宗有伦，世系详明，有美可彰者彰之，有善可扬者扬之，辑以成帙⑦，而毋敢或泯焉。乃命厥工寿诸梨枣，俾百代而下相传于勿替也。嗟乎，谱牒之修美事也，亦盛举也！莫为之前，虽美弗彰；莫为之后，虽盛弗传。兹之作者如彼述者，如此不诚后先辉映、永垂不朽哉？吾知异日之览斯谱者，仁孝之心自油然而生也！是为序。

　　道光十年⑧岁次庚寅季冬月，十八代孙永源盛兰氏⑨谨撰。

【注】

　　①荐蒸尝：秋冬二祭，后泛指祭祀。荐：进献，祭献。蒸：冬祭曰蒸。尝：秋祭曰尝。②嘉庆庚辰冬既复立寝庙：嘉庆二十五年（1820）重修祠堂。寝庙：古代宗庙的正殿称庙，后殿称寝，合称寝庙，此处指祠堂。③居中江，居金堂，居三台，以及居龙安、汉州、新津、简州：中江即四川德阳市中江县，金堂即四川成都市金堂县，三台即四川绵阳市三台县，龙安即四川省平武县龙安镇，汉州即四川德阳市广汉市，新津即四川成都市新津县，简州即四川简阳市简城镇。④清稿：誊清了的稿子。⑤资州：四川省内江市。沙湾：内江市威远县、资中县均有沙湾以及杨家坝的地名。⑥纲：提网的总绳。事物的关键部分。⑦帙（zhì）：书、画的封

套。⑧道光十年：公元 1830 年。⑨永源盛兰氏：胡永源（1786—1864），号室香，其流传为：贤隆—子舆—万旺—昌魁—宗明—祖盛—文贞—才瓒—必崇—重海—添玑—庭仪—守恩—安宁—邦凤—国珠—世家—代侻—永源。族谱赞词：公之为人，行事端方。解纷排难，出言有章。督修宗庙，作为主张。敦修谱牒，跋涉蜀邦。茶亭梵刹，补葺开光。共襄厥举，令名永彰。年登八十，子孙繁昌。家声丕振，百世流芳。

【译】

祠堂和族谱两者是相关的，没有祠堂就无法安放祖先的神灵，也无法进行祭祀，没有族谱则没办法追溯源头而区分支派，所以说两者相关。我漆家铺胡氏于嘉庆庚辰（1820）冬复修祠堂，以让祖先之灵有居住之所，然而谱牒未修，这还没达到敬宗睦族的目的，这是我深以为忧的事。每逢春秋祭祀完饮福之时，父老兄弟都提出续修家谱，无奈公事难办。房兄爱魁也壮志未酬而离世，临终前嘱咐我继承该事，因此我敢不踊跃来办成这件美事吗？去年春天族人命我往外吊稿，我也不敢告劳，于是和房叔代调、房弟宽宗出门，由贵州过湖北，从湖北而步行到四川，跋涉之苦，自不堪言。我拜访了四川诸郡，由我族迁出的家庭很多，居住在中江、金堂、三台，以及龙安、汉州、新津、简州等处，百余人口的大族有之，数十余人的也有。我拿着族谱清稿一一拜访这些人家，有的人家连修谱费也不给，我也没有责怪。历冬到了资州沙湾永鳌家里，以及杨家坝永兵二家，人口多，事业大，语言不通，竟然受到阻拦而不愿登谱，于是心情抑郁而回。今夏族里嘱咐我和房祖贻光、族兄明堂来编纂族谱。我虽才疏学浅，但也觉得义不容辞，于是详细核对真伪，与苗田、西山诸位家门合修族谱，族谱的第一篇序都相同，都是出自秋田曾公之后，然后再支分派别，各自都不一样了！念及我祖子舆公迁居隆回以后，五代单传到祖盛公，分贞、惠、谏、通、美五房，惠通美又缺后，而贞公再传则有必崇、必宁两房之分，谏公则有必富、必贵之别，必贵又缺后，至今承继香火的只有必崇、必宁、必富三房。子孙繁盛，居住在不同地方，崇裔居住在寨下院子、新屋院子、背婆湾等处，宁裔居住在寨下院子、尹家山、尹屋冲、祖山湾这几个地方，富裔居住在燕窝形、大屋冲、花树下、南边湾等处，涣散就容易混淆，繁多就难以记载，我们于是从源头排起，各房按班次一一排列，就如纲之在网，有条不紊，大宗、小宗、世系都清楚详明，有美善之事者即在谱中彰显记载，编辑成册，排版印刷，传之百代，世代相守。修谱真是美事盛举啊！莫为之前，虽美弗彰；莫为之后，虽盛弗传。后先辉映，永垂不朽！我相信，子孙后代若能看到这本族谱，仁孝之心一定会油然而生！是为序。

道光十年岁次庚寅季冬月，十八代孙永源盛兰氏谨撰。

【论】

秋田胡氏迁蜀者甚多，元末明初是一拨，明末清初又是一拨，即漆家铺贤隆后裔亦多迁蜀者，观是序而知收族吊稿之难也！

该序为漆家铺 1898 年族谱转载，原本未见，其中"与苗田、西山诸家门合修谱，头序相同，出秋田曾公之后"这句话，可以证明贤隆、贤新曾经挂靠苗田（今新化半山）华林胡氏这个事实，但"出秋田曾公之后"应该是修改过的。

6 咸丰庚申年荷香桥胡氏族谱序
6.1 咸丰庚申年胡氏联修谱总序

家之有谱犹国之有史也，史以纪一朝之政治，谱则以综一族之源流，事甚繁，典甚巨也！我族自妫满封于陈，奉帝舜祀，谥为胡公，得姓之由来尚矣。历秦汉六朝晋隋间，代有闻人，指不胜屈，显世以传而愈远，人滋生而愈众，星罗棋布，散处四方，遂分而不可复合。非独其远隔方隅者不能探本而溯源，即居同郡邑者亦且枝分而派别，此无他，各亲其亲、各祖其祖而已。嘉庆辛酉[①]，族先辈修订族谱，太祖以上无考焉，即其所纪，太祖字讳暨妣氏葬所尚未了然。然以今所得四都洞头冲老茔，则载胡公讳贤溪、字相鼎、又号添聪，暨妣韩氏，夫妇合葬于兹，癸山丁向，碑墓朗志岿然尚存，夫以祖宗邱墓之地、字讳之称谱载宜详且悉也，何错舛缺略若是？岂先人疏忽之失欤？抑亦世远人湮，虽有旧闻，或经兵灾遗佚，以至无从考究也耶？况太祖必有所自出，而渊源概从其略，不将致惑于空桑②哉！有心者感慨系之矣。咸丰丙辰③复有续修之议，业已刊成谱引，遍谕族人，越戊午④，缮稿成牒，将付诸剞劂，氏因本原未悉，尚待寻究。冬十月，适秋田宗先生意周者承郡守朴山邵公与邑广文⑤彦深彭公命，专修乡贤祠崇祀曾公，以纠费来吾祠，一樽⑥相对询及宗派，谓我族与秋田同出曾公之后，余等谨志之不敢忘，将俟己未⑦夏间专人诣秋田谒曾公祠，检其旧谱，详聪公所自出，以便授梓。未几而郡城告警⑧，风鹤戒严，是以不果。

【注】

①嘉庆辛酉：清嘉庆六年，1801年。②空桑：指非父母所生，来历不明者。③咸丰丙辰：1856年。④戊午：1858年。⑤广文：唐天宝九载（750）设广文馆，设博士、助教等职，主持国学。明清时因称教官为广文，亦作广文先生。⑥一樽：一樽酒。⑦己未：1859年。⑧郡城告警：1859年5月，石达开率十万太平军从三面包围宝庆府，围攻两月，宝庆府坚如磐石，石达开无奈感叹"铁打的宝庆"后向南而去。

今岁春乃得请于秋田四都漆家铺之谱而披览焉，粤稽①秋田谱尊命公为一世，曾公其季②出也，生晚唐时，唐乾符间状元及第，入内翰，都御史兼礼部侍读，勋业文章为朝廷所器重，暮年致仕，赐衣锦归里，卒之日御葬秋田，崇祀乡贤祠，生子五：章公、良公、祥公、清公、静甫公，静甫生彦翔，翔生宗魁，父子兄弟书香相继，或以科名显，或以世宦著，炳炳麟麟，一时争称望族，魁生祖荣、祖德，荣生肇圣，圣生克明，明生居义、居谦，谦生仁元，元生礼让、礼崇、礼肃，崇生诗律、诗拢，律生书尧、书舜，舜生启闻，闻生英敏、英略，敏生贤隆、溪、新、源、文，兄弟五人遭吴欧之乱，源文二公避难竹林寨，隆、溪、新三公流离播迁，后裔未录此秋田谱，修于乾隆丙辰者也。又稽四都谱，读世达公序，中纪吾祖兄弟五人，长贤隆居四都漆家铺，即伊始祖也；次贤溪居一都塘冲村，即吾族祖也；三贤新居邑西洪仁三都马蹄印，四贤溪、五贤文仍同居秋田。又读五三公序③，中纪溪公居塘冲村，配韩氏，生子五，子荣、子旺、子鑑世守故土，子良迁和尚桥，子容徙蜀，所纪更详。此四都谱修于乾隆丙子者也。以兹二谱参观互证，不禁矍然思、憬然悟、喟然而兴叹④曰："我族之源流派系今始得知矣！"盖贤溪系太祖之原讳，相鼎添聪必太祖之更名，有可确信而无疑者，不然秋田四都之两谱，洞头冲之墓碑所载吾祖名讳，兄弟祖妣姓氏，何以地异而词同哉？呜呼，不有四都谱无以知聪公之即贤溪，不有秋田谱无以知溪公系曾公之裔，不有洞头冲之墓碑不知贤溪又号相鼎添聪、与妣氏之葬地。以数百年共抱之疑，一旦自今而显，未必非祖宗之灵有以默牖⑤其衷于冥冥中者？今而后，继继绳绳派衍于四都漆家铺茶山村大屋冲者，吾知其为贤隆公裔也；绵绵翼翼派衍于邑西洪仁三都马蹄印者，吾知其为贤新公裔也；瓜绵椒衍世守秋田永奉曾公祀者，吾知其为源文二公裔也。吾祖贤溪派衍五支，惟容公裔远徙西蜀，而荣、旺、鑑三公裔则世居塘冲村，良公裔则世居和尚桥，前此虽屡修谱牒，非第其方隅远隔、棋布星罗者分而未合，即塘冲村与和尚桥同出溪公后者尚未联修，其于"尊祖故敬宗、敬宗故收族"之说未有当也，兹当续修之际，笃亲念切，乃合荣、旺、鑑、良四房同修一谱，幸良公裔诸君子皆有同心，踊跃从事，一易裘葛⑥而功已告竣，则是谱之修虽不敢云有功于一族，亦或可告无罪于先人，谱成即书之以弁其端。

咸丰十年⑦岁次庚申冬月谷旦，溪公嗣裔同撰。

【注】

①粤稽：查考，考证之意。粤，曰也。②季：兄弟排行次序最小的。季弟（小弟），季父（小叔叔）。③五三公序：见乾隆丙子年漆家胡氏族谱序。④矍（jué）然思、憬（jǐng）然悟、喟（kuì）然而兴叹：惊叹醒悟的样子。矍然：惊惧貌。憬然：醒悟的样子。喟然：形容叹气的样子。⑤默牖（yǒu）：暗中启迪。牖，诱。⑥裘葛：裘为冬衣，葛为夏衣，指寒暑变迁。⑦咸丰十年：1860 年。

【译】

　　家有谱如国有史，国史记载一朝的政治，家谱则综述一族的源流，事情繁多，内容丰富！因妫满被周武王封在陈国以祭祀舜帝，妫满谥号为胡公，我族的胡姓由此得来，这已经很久了。历经秦汉六朝晋隋，代有名人，屈指难数，世系越传越远，后代越来越多，星罗棋布，散处四方，于是就分离而不可复合，不只相隔遥远的人不能探本溯源，即使居住在同郡同县的人也是支分派别，都只亲近自己的亲人，只尊敬自己的祖宗。嘉庆辛酉（1801），族中先辈修订族谱，太祖以上无法考证，太祖的字、讳，以及妣氏、葬所都不清楚。然而从今天知道的隆回四都洞头冲老坟来看，墓碑上清楚地记载太祖名贤溪、字相鼎、又号添聪，配韩氏，夫妇合葬于癸山丁向，墓碑现在岿然挺立，既然墓及碑都记载得这么详细，为什么家谱却说无法考证呢？是先人的疏忽？还是年深月久，虽有旧闻，或经兵乱遗失而无从考究？而且太祖必然有自己的父母、祖先，可是其渊源一概从略，这不是让人产生来历不明的疑惑吗？想到这里，有心人总是感慨不已。咸丰丙辰（1856）族中又有续修家谱的打算，家谱索引做好后给所有族人过目，过了戊午（1858），初稿亦成，准备排版印刷，但大家认为太祖的来源还不清楚，还需探究。1858年冬十月，刚好秋田宗意周先生奉邵阳知府邵朴山、与邵阳县学官彭洋中（字彦深）的命令，专修乡贤祠以崇祀曾公，因劝捐来到我们荷香桥祠堂，对酌后询问我们的宗派，宗意周说我族与秋田胡氏都是曾公的后代，我们因此谨记在心，决定在己未（1859）夏天派专人到秋田拜谒曾公祠，查看秋田旧谱，以明确太祖聪公的渊源，完善族谱，以便印刷。但没过多久，石达开攻打宝庆府，一时风声鹤唳，戒严告警，就此作罢。今岁（1860）春，我们有机会看到四都漆家铺族谱，漆家铺有一本秋田乾隆丙辰年（1736）的族谱，该谱尊安命公为一世，曾公是安命公最小的儿子，出生在晚唐，唐乾符间状元及第，入内翰，都御史兼礼部侍读，勋业文章为朝廷所器重，暮年致仕，赐衣锦归乡，离世御葬秋田，崇祀乡贤祠，生子五：章公、良公、祥公、清公、静甫公，静甫生彦翔，彦翔生宗魁，父子兄弟书香相继，或中科举，或做朝官，显赫光明，成为邵阳望族，宗魁生祖荣、祖德，祖荣生肇圣，肇圣生克明，克明生居义、居谦，居谦生仁元，仁元生礼让、礼崇、礼肃，礼崇生诗律、诗挖，诗律生书尧、书舜，书舜生启闻，启闻生英敏、英略，英敏生贤隆、贤溪、贤新、贤源、贤文，兄弟五人遭吴欧之乱，贤源、贤文二公避难竹林寨，贤隆、贤溪、贤新三公流离迁徙，三公后裔没有记录在乾隆丙辰（1736）修的秋田族谱中。接着又看了四都漆家铺族谱，在世达公的谱序中，记载我祖兄弟五人，老大贤隆居四都漆家铺，即漆家铺始祖；老二贤溪居隆回一都塘冲村，也就是我族始祖；老三贤新居邵阳西洪仁三都马蹄印，老四贤溪、老五贤文仍同居秋田，在此序中，记载贤溪公居塘冲村，配韩氏，生子五，子荣、子旺、子鑑世守故土，子良迁和尚桥（今名荷香桥），子容迁徙到四川，这篇序记载得更加详细。漆家铺的这本族谱修于乾隆丙子年（1756）。以秋田谱和漆家铺二谱参考互证，不禁有拨云见日、如梦初醒之感，于是感叹道："我族之源流派系今天终于知道了！"知道贤溪是太祖的原名，相鼎、添聪是太祖的改名，这点可以确信无疑，否则的话，秋田、漆家铺两谱，洞头冲墓碑上所刻的太祖名讳、兄弟祖妣姓氏，怎么会三个地方一样呢？呜呼！没有四都谱则无法知道聪公就是贤溪，没有秋田谱就无法知道贤溪公就是曾公的后裔，没有洞头冲的墓碑就无法知道贤溪又号相鼎、添聪，以及原配的葬地。这个几百年族人共同的疑问，今天一旦解开，难道不是祖宗显灵而在冥冥中给予我们启迪吗？从今以后，我们知道居住在四都漆家铺、茶山村、大屋冲而继继绳绳的是贤隆公的后裔，居住在邵阳西洪仁三都马蹄印而绵绵翼翼的是贤新公后裔，世守秋田基址永奉曾公祭祀而瓜绵椒衍的是贤源、贤文二公的后裔。我祖贤溪派分五支，子容公远徙四川，而子荣、子旺、子鑑三公后裔世居塘冲村，子良公后裔则世居和尚桥，在此之前虽然屡次修谱，不但因为相隔遥远、棋布星罗而未合谱，即使象塘冲村与和尚桥相隔这么近，同是溪公后代都没联修，这如何对得起"尊祖故敬宗、敬宗故收族"这句话呢？在此续修之际，亲情笃厚，于是合子荣、子旺、子鑑、子良四房而同修一谱，幸好我们子良公后裔诸君子都有此同心，积极踊跃，一年时间就完工，如此看来，这次修谱虽然不能说有功于一族，但至少可以告无罪于先人吧，修成之际，就把这些话写在族谱的前面！

咸丰十年岁次庚申冬月吉日，溪公嗣裔同撰。

【论】

从 1347 年因靖州吴天保动乱而分散，跨越了元、明、清三朝五百多年，到 1860 年，贤溪公后裔才认祖归宗于秋田胡氏，子荣、子旺、子鑑、子良四房也才联修族谱，不观此序，无法体会这种找到根源、兄弟同心的喜悦，亦知元末明初、明末清初的动乱给国人带来的灾难是多么深重。国泰方得民安，曾公咏史诗所切切关注之义也！

该序为荷香桥光绪丁酉年（1896）胡氏族谱转载，原本未见。

6.2　咸丰庚申年胡氏联修谱序（胡士瀛）

予童时读秋田先生咏史诗，私幸唐季吾姓中卓有诗人在，然未知先生为何邑何乡人也。十一岁应童子试，随塾师游孔子庙庭，登乡贤祠，见先生在焉，始知先生为邵陵人，并知先生为邵陵西乡人，心窃仪之。嗣①与县学西斋彭晓杭②先生识，晓杭先生最喜阐前贤之微③，而于秋田尤惓惓不置④，询余为先生后否，余以谱无名征不敢冒。承晓杭嘱，余询西乡胡氏，果有秋田后。当与秋田复祠修墓，余时值名场困顿，简寡交游，不获与西乡胡氏熟。自甲寅⑤补邑弟子员⑥，时艰突起，上台不弃葑菲，俾主团练⑦，以微老荐膺学博⑧，因得与郡伯邑侯⑨相接见。

【注】

①嗣：后来，后代。②彭晓杭：即彭洋中（1803—1864），湖南湘乡（今双峰）人，字彦深，一字晓杭，道光八年（1828）举人，时任邵阳学官。③微：微妙。④惓（juàn）惓不置：念念不忘的意思。惓惓，恳切诚挚。置，放。⑤甲寅：咸丰甲寅年，1854 年。⑥弟子员：明清对县学生员的称谓。⑦时艰突起，上台不弃葑（fēng）菲，俾（bǐ）主团练：指洪秀全起事，时艰突起，长官安排作者主办团练。葑菲：出自《诗·邶风·谷风》，葑菲是菜，其根略带苦味，人们因而弃之，后以"葑菲"用为鄙陋之人或有一德可取之谦辞。俾：使。团练：宋代至民国初年，于正规军之外就地选取丁壮，加以训练的地主武装组织，称团练。⑧学博：经学博

士，自唐开始在府郡设置，后泛称学官为学博。⑨郡伯邑侯：明清时称知府为郡伯，称县令为邑侯。

值秋田胡氏葺先生祠，与李氏相争讼，先是先生祠改为寺，寺僧遭李凌烁①，以寺田归学，晓杭先生知寺为先生祠，受其田，而以其事告知邑侯汉阳黄公，黄公断令祠前栋为先生祠，传胡氏子改修。丙辰胡氏葺祠，李氏复拒，致相雀角②，时观察北平邵公任邵阳县事，断仍如黄侯，捐廉倡修，委余董其事。余至寺，细按志乘，并读秋田谱牒，知先生宅兮③在寺龛垄④下，乃请于郡伯邵公撤寺修先生墓，邵公欣从其请，于是大集先生嗣裔，佛安别寺，捐金修祠修墓，年余工竣。每岁九月十六学师诣祠，致祭先生之祠，复先生之墓修。先生之后嗣亦著先生在唐时所著咏史诗一百四十九首、安定集十卷，文章富矣。从高骈镇蜀南诏入朝，从路岩镇蜀西山纳款⑤，皆先生只尺之力，经济裕矣。后窥高骈有异志，决然辞去，终老于家，不与从逆，其气节亦卓然。千古宜先生之祀，至今不替。先生之裔至今益繁也。邵之人不乏名门望族，求其自唐迄今，子孙犹聚族于邵，世世青衿⑥不绝，能有几家？先生之流如此其远，先生之积不知如何其厚焉者？先生派下贤溪公裔孙居北路隆回一都、与居北路和尚桥者合修房谱，丐⑦余为序。余胡氏子也，有妫之后，畴无绍闻⑧之志。先生奋乎百世之上，闻者莫不兴起，况胡氏乎？况为之后乎？余尝与秋田人相语，谓为秋田后者，须无忝秋田典型。谱书既成，披阅之下，自知我祖秋田，宜何如继秋田之志、绵秋田之泽、恢秋田之绪，俾观人风⑨者，群欣羡于明德之后必有达人斯可耳。若世次明晰，昭穆朗然，世所称善于修谱者，讵足以毕谱能事耶？贤溪之子孙尚勉乎哉！

咸丰十年庚申岁冬月谷旦，钦加监课司提举衔、例授奉直大夫遇缺即选儒学训导、士瀛谨撰。

【注】

①凌烁：侵凌。②雀角：指狱讼、争吵。③宅兮（zhūn xī）：墓穴。

④龛垄：龛即神龛，垄即坟冢。⑤纳款：归顺，降服。⑥青衿：古代学生穿的衣服，衣领青色，因以称读书人。⑦丐：请求。⑧绍闻：绍者，继承也；闻者，名望也。⑨人风：民风。

【译】

我儿童时读秋田先生咏史诗，曾私自庆幸我们胡姓在唐朝就卓然有诗人存在，当时还不知秋田先生是何县何乡人。十一岁应童子试时，我随塾师游孔庙，登乡贤祠，竟然见到了秋田先生在里面，才知先生是邵阳人，并且知道先生是邵阳西乡人，私下里非常仰慕。后来与县学学官彭洋中先生相识，彭先生最喜阐发前贤的微妙，尤其对秋田先生敬仰有加、念念不忘，他问我是不是先生的后代，我回答说还没看到家谱证实而不敢冒充。遵照彭先生的嘱咐，我询问了西乡胡氏，果然有秋田公的后代在。当时正好在修秋田公的祠和墓，我因为功名不顺，很少交游，所以与西乡胡氏没有来往。自从甲寅（1854）我补为县弟子员，正好碰到太平军起义，承蒙上峰不弃，让我主办团练，并担任博士，因此得以与知府、县令接洽。当时秋田胡氏因修曾公祠与同村李氏在打官司，先是秋田祠改为福田寺，寺僧因遭李氏欺凌，于是将寺田献给县学，彭洋中先生知道福田寺即是秋田祠，于是接受了寺田，并将此事汇报给了县令黄公，黄公断令祠前的一栋为曾公祠，传给秋田胡氏子改修。丙辰（1856）胡氏修秋田祠，李氏不同意，彼此又起纷争，当时知府邵公负责邵阳县事，断得跟黄县令一样，并捐养廉银倡修，派我负责。我到福田寺，按照方志和秋田谱牒，得知先生墓穴在该寺的佛龛下面，于是请示知府邵公撤寺修先生墓，邵公欣然同意，于是集合曾公后裔，将佛像安放到别的寺庙，号召大家捐钱修祠修墓，一年多就竣工。规定每年九月十六日州府学官到秋田祠祭祀曾公。先生在唐时所著咏史诗一百四十九首、《安定集》十卷，因此文章富也。而以一牒退南诏之兵，一檄让西山八国入朝，因此经济裕也。后来先生看到高骈有异志，于是辞官，终老于家，不与高骈同流，先生的气节亦卓然挺立，先生有这样的气节、文章、经济，于是千年以来祭祀不断，先生的后裔至今也枝繁叶茂。邵阳不乏名门望族，但从唐朝以来，子孙都聚集在邵阳，世世代代书香相继者能有几家呢？先生之流泽如此之远，先生之积德何其厚也！先生派下贤溪公后代居住在隆回一都塘冲与和尚桥，他们合修房谱，请我作序。我也姓胡，乃妫满的后代，但一直无振兴家族的志向。先生奋起于百世之上，闻者莫不兴起，何况胡氏呢！何况秋田胡氏呢？我曾经与秋田胡氏说，秋田的后代应当无愧于秋田公这个典型。谱书修好后，我仔细阅览，才知道我也是曾公的后裔，我们这些子孙无论如何也要继承秋田公的志向，延续秋田公的恩泽，发扬光大秋田公的事业，使得观察民风的人，一起欣喜地羡慕明德之后必有达人。因此如果大家称赞房谱修得世次明晰、昭穆朗然，那我们贤溪之子孙就仅仅满足于把谱修完吗？最重要的还是要光大曾公的事业，大家一起互相勉励吧！

咸丰十年庚申岁冬月吉日，钦加监课司提举衔、例授奉直大夫遇缺即选儒学训导、士瀛谨撰。

【论】

胡士瀛又名胡仙屿，为从五品的奉直大夫，担任县学博士，在彭洋中的《重修胡秋田公祠记》多有提及。作为学官，他提出了"继秋田之志、绵秋田之泽、恢秋田之绪"，这无疑提升了修谱、修祠、修墓的意义。

该序为荷香桥 1896 年族谱转载，原本未见。

7　光绪年间胡氏族谱序跋

7.1　光绪丙子年秋田胡氏族谱序（王廷选）

吾邑士大夫负才誉文藻熠然垂名二十四史者，数千年来唯唐书文苑传①所载胡秋田一人而已。先生生唐季，起家进士，从事路岩高骈两幕府，其檄谕西山八国及移书南诏骠信遣质子入朝二事，赫然照人耳目，令延唐有惠政，著有《咏史诗》三卷、《安定集》十卷，采入国朝《四库全书》，殁②葬秋田故里，乡先辈车孝思先生尝记其祠，家廿二世伯祖苏州公尝访其墓。而其后支分派别，棋布星罗，则简方侯、周自稷、罗芝田诸名宿③为之序，其谱详哉其言之矣。先生之裔孙有五三公④者以绩学补邑博士，弟子员尝续修谱系，又积其赢余遗留后之人，五异岁不同浸成巨款，而今胡氏诸君子念切敬宗得所凭借，遂相率而续修之。予族与胡世姻连，又改寺为祠，之岁月日，予适以公事至止，胡族长者招饮，剧欢不我遐弃也！今年冬，予归自粤西，因叙其原委辗转而属族于予，予唯邑之土著，自宋以来者百无三四焉，自唐以来者百无一二焉，即或有之，大都如千钧一发延其不至，寄慨式微⑤者几希⑥。而先生之子孙云乃由唐而宋而元明以迄于国朝，生齿日蕃，户口益众，为里甲之首者，三邑中旧族之盛，有其过之而不无及焉，固由先生流泽之长，亦五三诸公留心宗谱，如期修辑，时以其族规家训为子弟讲明而申儆之，俾人人有孝子弟悌忠臣良友之思，所由瓜绵椒衍、保世滋大而未有艾也。继自今原原本本，灿然明备，凡为先生后者，益敦雍睦，交相劝勉，通经致用，以迪前人，光知必有炳炳麟麟踵先生而超者，则又为吾邑生色也！是为序。

光绪元年嘉平月哉生霸⑦，钦加道衔、赏戴花翎、不论单双月即选知府、丙午科举人王廷选顿首拜撰。

【注】

①唐书文范传：详细的记载在《新唐书·卷六十·志第五十·艺文四》，中有"胡曾《安定集》十卷"的记载。②殁（mò）：去世。③名宿：素有名望的人。④五三公：此序为漆家铺光绪年间族谱所载，在秋田八修族谱序中为介庵公。在西山民国十九年族谱中为月山公。⑤式微：衰落；衰微。⑥几希：不多，没有几个。⑦光绪元年嘉平月哉生霸：1875年十二月初三。十二月又称腊月、嘉平月。初一即朔，既死霸。初二即旁死霸。初三即朏，哉生霸。初十五即望，既生霸。初十六即既望，旁生霸。初十七即既旁生霸。

【译】

邵阳的士大夫因文才垂名二十四史者，数千年来只有《新唐书》记载的胡曾一人而已。先生出生在唐末，进士起家，曾入路岩、高骈两位宰相的幕府，他的檄谕西山八国以及答南诏牒一纸退兵两件事，光照史册，令人拜服，后来做延唐令，惠政百里，为人称颂，他著有《咏史诗》三卷、《安定集》十卷，被采入本朝的《四库全书》，离世葬在秋田故里，本乡先辈车以遵先生曾作《胡秋田先生祠记》，我的廿二世伯祖苏州公王尚贤也曾拜访了胡曾墓。他的后裔支分派别，棋布星罗，修谱时曾有简策、周郜生、罗芝田等名儒作序，族谱中做了详细记载。先生的裔孙五三公以学问超群而补为弟子员、县博士，曾续修谱系，并将赢余遗留后人，到现在已经成了一笔巨款，而今胡氏诸君子追念祖宗得有所凭借，于是一起来续修家谱。我们王氏与胡氏世代有姻亲关系，加上福田寺改成了秋田祠，我于是得到秋田胡氏邀请，正好有公事到此，于是一起喝酒欢聚！今年冬，我从粤西回来，胡氏因修谱让我作序。我觉得我县的土著，自宋以来者百户中已没有三四户了，自唐以来者百户中已没有一二户了，即使有，也大都如千钧系于一发，感慨这些家族的凋落。然而只有秋田公的子孙，则经历唐、宋、元、明，一直到本朝，人口益多，户口益众，居里甲之首，在三县之中，要比家族之盛，没有比得过秋田胡氏的，这固然是因为秋田先生流泽长远，当然也是五三诸公留心宗谱、如期修辑，时以其族规家训来教训子孙，使得人人有孝子、弟悌、忠臣、良友之心，于是瓜绵椒衍，繁荣不止了。看到族谱记载原原本本，一目了然，我奉劝先生后人，要更加敦亲睦族，互相勉励，通经致用，以慰先人，如此则必会青出于蓝而胜于蓝，必有超越秋田先生的人出现，这样就又为我县增光生色了！是为序。

光绪元年十月初三，钦加道衔、赏戴花翎、不论单双月即选知府、丙午科举人王廷选顿首拜撰。

【论】

该序为五贤合族同刊，未见原本，关于该序中的县学博士，西山民国十九年族谱转载的谱序中为月山公，漆家铺光绪二十四年族谱转载的谱序中为五三公，秋田八修族谱序中为介庵公，如是之谬，令人叹息。按照其职位来看，可能是咸丰年间参与修胡曾祠墓的胡士瀛，又名胡仙屿。

7.2 光绪丙子年秋田胡氏族谱跋（胡有柏）

盖闻莫为之前虽美弗彰、莫为之后虽盛弗传[①]，余族谱始修自继祖公，嗣后历修数次，其间溯源穷流，及谱序规例、传赞、赠章积成卷轴，固斐然可观，但自介庵公续修后，屈指近六十年，根衍愈盛，若不续修，则生没年月日时、嫁娶迁徙不几湮没无考欤？同治甲戌②冬，户首力为倡修，合族亦踊跃乐从，予妄膺其选。细阅前谱，有世系未正者改正之，妣在考旁者并立之，举凡伦纪之所关，一一登诸谱牒，是以数十年重大之事，而一旦修明，行见上妥先灵、中睦宗族、下启后昆。虽不敢当修谱之任，而未必无一臂之助，但憾命途多舛，猬③务缠身，未获远离专办，然身在局外，心无日不在局中，此亦莫可如何者耳。兹值谱事告竣，聊伸俗语，以为后世之贤肖辈观焉。

光绪二年丙子④吉月吉旦　三十四世裔孙有柏谨跋。

【注】

①莫为之前虽美弗彰、莫为之后虽盛弗传：出自韩愈《与于襄阳书》。意思是"不要做在前头，虽是好事却无人知晓；不要做在后头，虽然盛大却不能流传下去"。指做事作文要抓住时机，方能可美可彰，可盛可传。②同治甲戌：1874年。③猬（wèi）：喻事情繁多。④光绪二年丙子：1876年。

【译】

我听说"莫为之前虽美弗彰、莫为之后虽盛弗传"，秋田族谱从继祖公开始创修，后来修了数次，经过溯源穷流，积累的谱序规例、传赞、赠章等，固然斐然可观，但自介庵公嘉庆丙子年（1816）续修后，屈指近六十年，繁衍愈盛，若不续修，则生卒年月日时、嫁娶迁徙，就可能湮没无考。同治甲戌（1874）冬，户首力为倡修，合族亦踊跃乐从，我亦有幸参与。对于前谱中世系未正者则给予改正，妣在考旁者则并立，凡是和伦纪相关的内容，我都一一登在谱牒里，于是这六十年来的重大之事，一旦修之于谱，对上则可以安妥先灵，对中则和睦宗族，对下则启迪后代。我虽不敢担当修谱的大任，但也未必没有一臂之助，遗憾的是我命途驳杂，杂务缠身，不能离家专办，然而我虽然身在局外，可我的心无日不在局中，这也是无可奈何的事。在此谱事告成之日，说几句客套话，给后世孝子贤孙看吧。

光绪二年丙子吉月吉旦，三十四世裔孙，有柏谨跋。

7.3　光绪丙子年秋田胡氏族谱跋（胡元善）

事之可以信、今而传后者，朝有国史，野有家乘。然家乘究难于国史，盖处数百年以后，远追数百年以前，溯源流，严尊卑，序昭穆，辨亲疏，上告无罪于先人，下以昭示乎来兹，苟非有仁人孝子之心，而兼班马诸史之长，诚未可率尔操觚①也。余族系出妫氏，汉晋以来世为邵人②，其祖脉之递传固不可考，至唐季乐天公，实余族之鼻祖③。二世祖秋田公显于唐，殁葬秋田。居城东唐乐一都佘湖山，厌尘嚣，喜恬静，于宪宗元和五年④徙居城西秋田之竹山湾，及今基址犹存，里立香火院⑤守墓。后因兵乱僧居其院，末俗徇福田利益之说，改祠为寺，而昔之以妥先灵者竟湮没，而不能尽知其处矣。咸丰丙辰岁⑥，大兴邵侯来守吾郡，委任复建祠宇、重修坟墓，又捐各处田亩以襄祀典，于是祠墓焕然一新。同治辛未年⑦，阖族父老始议余经理祠事，即以续修宗谱委任于余，余闻之骇然曰："此事关重大，非其人不克胜，一有未当，何以对先人于地下！"自此谱事遂寝⑧。

【注】

①觚（gū）：古代用来书写的木简。②汉晋以来世为邵人：车以遵在《胡秋田先生祠记》中提到明朝的秋田胡氏族谱就有此句，后来族谱序言纷纷引用。③鼻祖：有世系可考的最初的祖先。④宪宗元和五年：公元810年。⑤香火院：供奉祖先或神灵香火的处所。⑥咸丰丙辰年：1856年。⑦同治辛未年：1871年。⑧寝：停止。

乙亥岁，族中季久、含章、松庭、德高诸公重以大义相责，且谓宗谱自介庵公续修以后，迄今已六十载，其间食指日繁，居址星散，倘及时不修，将后之遗忘而莫考者不知几何矣。夫以余之不才，众所素知，而阖族父老殷殷属意②于余，此事其可已乎？爰仿前人之成法，详慎撰修，后之人慎勿以轻举好事议余，则甚幸是役也。余因家贫亲老，未获常在局中，凡主修监修一切巨细诸务，皆赖诸公之力。余不过博采广收、参互考订、汇成卷轴，自知僭③逾无所逃罪过，此以往有贤裔孙，念切敬宗收族续修谱牒，将为谨严其义例④，廓⑤大其规模，非独余之所厚望也，其自乐天公以下实嘉赖⑥之。

光绪丙子年吉月吉旦　三十六世裔孙元善谨跋。

【注】

①乙亥：1875年。②属意：倾心，中意。③僭（jiàn）：超越本分，冒犯上级。④义例：主旨和体例。⑤廓：扩大。⑥嘉赖：嘉许和倚赖。

【译】

什么东西可以相信又可以流传？朝廷有国史，民间有家乘！然而家乘终究难于国史，因为数百年以后，远追数百年以前的事情，溯源流、严尊卑、序昭穆、辨亲疏，对上要对得起先人，对下要能启示子孙，如果没有仁人孝子之心，且没有班固、司马迁这样的史才，那确实不是可以轻率下笔的。我族乃妫满之后，汉晋以来世代居住在邵阳，但是祖脉之世系流传已不可考证，唐朝的乐天公是我族的始祖，二世祖秋田公显名于晚唐，殁葬秋田。乐天公原来居住在邵阳城东唐乐一都的佘湖山，他讨厌那里的吵闹，喜欢安静，于是在唐宪宗元和五年（810）迁徙到城西秋田的竹山湾，基址还存在，秋田还立了香火院守二世祖胡曾的墓。后来因兵乱，僧人占住了香火院，世俗从"种福田、得利益"的说法，将秋田祠改为福田寺，而昔日安放秋田公先灵的地方就找不到了。咸丰丙辰（1856年），邵先生来做宝庆知府，派人复建祠宇、重修坟墓，又捐各处田亩以资助祭祀典礼，于是祠墓焕然一新。同治辛未（1871），合族父老商议让我经理祠堂，然后又把续修宗谱的事派给我，我听后大惊："这事太重大了，不是那样的人做不了啊，稍微有不恰当，如何对得起地下的先人呢？"从此修谱的事就停止了。乙亥岁（1875），族中季久、含章、松庭、德高诸公又以大义相责备，且说宗谱自介庵公续修以后，至今六十年，其间人口日繁，地址分散，如果不及时修谱，恐怕遗忘而无法考证的东西太多了。我水平有限，这是大家知道的，然而阖族父老都殷切地期望我，这事怎么推托呢？于是仿照前人成法，谨慎撰修，只要后人不认为我喜欢轻举好事，就是幸运的了。我因家贫要服侍老人，所以经常不在局中，凡主修、监修一切大小事务，全部依赖诸公之力。我不过是博采广收、相互参考、汇总成卷而已，自己觉得这样超越本分已是罪过很深，希望将来的孝子贤孙们，在敬宗收族续修谱牒时，能做到义例严谨，规模宏大，我想这不是我一个人的厚望，从乐天公以下的祖宗应该都是如此嘉许倚赖的。

光绪丙子年吉月吉旦，三十六世裔孙元善谨跋。

【论】

大凡修谱之人，心中都有恐惧。首先，出来为公家做事的动机，就难免有褒有贬。其次，修谱不仅烦琐，稍不留神，很容易出现错误，名字错误、世系错误、昭穆错误、生卒年份错误等等，出现这些错误，难免受到族内非议，甚至会遭到辱骂。"一有未当，何以对先人于地下！"该序作者一再推辞，也是深知其味。不过，一族之事，总得有人挺身而出，躬自入局，舍己为公，任劳任怨，岂能怕出错而无所作为呢？

7.4 光绪丙子年秋田胡氏族谱跋（胡元伶）

尝观历代国史，其始肇于司马，其后续于欧阳，当日皆以史才闻，然国史之修，不过序历代兴废之端，而家乘之修，所以明历代派衍之传，故其情虽殊，而义则一也。余族自安命公以下，亲亲隆杀①，昭穆序次，俱井然不紊，皆继祖公之谱之所贻，嗣后历修数次。但自介庵公所修至今甲戌岁，已六十载，其间生齿日繁，居址星散，若不再为续修，则秦越途人之诮可立至矣！是以阖族父老商议委锡琨、尧阶、德高、光南、云第为主修，而责成撰修为玉岗兄，玉兄以族大人繁独力难持，欲得一人以赞襄之。余本慵懒，舌耕②宗祠久已不赴其任，奈尧阶七伯祖诣馆，数次欲予相助，予曰："吾年弱冠③，何能胜其任？"固辞不获，遂与玉兄董其事，时八月中旬入局，乃阅前代老谱中有岁次混淆，加以元纪。即阅各房墨稿，多有生殁葬未详，无可考核，余惟遵彼墨稿而续之，亦可稍告无罪于先灵矣。今而后各房，宜存墨谱以录生殁，庶后嗣有留心宗谱者，得所考核，以绵绵于无穷也。兹值谱已落成，故援笔书之。

光绪丙子年吉月吉旦，三十六世裔孙元伶谨跋。

【注】

①隆杀：犹尊卑、厚薄、高下。②舌耕：以教书讲学谋生。③弱冠：古代男子二十岁行成年加冠之礼，因未及壮年，故称弱冠。后因称男子成年。

【译】

我曾经看历代国史，开始于司马迁，后面有欧阳修，都是有史才的人，然而修国史，不过是记载历代兴衰的经过，而修家谱，则要考证世系的派衍，所以情况虽然不同，但是意义是一样的。我族家谱自安命公以下，辈分尊卑，昭穆序次，都能做到井然不乱，这都是继祖公当年传下来的，后来历修数次。但自从介庵公嘉庆丙子年修谱，至今已六十年，人口日繁，住址分散，若再不续修，就会出现秦越途人的笑话了！所以阖族父老商议，委任锡琨、尧阶、德高、光南、云第主修，玉岗兄为撰修，玉岗兄觉得族大人繁，一人难以支持，希望找个帮手。我本是慵懒之人，在宗祠教书就已经很久没去，无奈尧阶七伯祖数次来找我，我推辞说："我才二十岁，如何能胜任？"但推辞未获批准，于是跟玉岗兄一起来董事，八月中旬入局，看到前代老谱中有岁次混淆，于是修正，而各房手稿，很多生卒葬未详，但无从考核，只能照此续修，这样是不是也可以在祖先神灵面前告无罪呢？希望今后各房，能及时记录生卒时间，这样将来修谱时就有依据，这样的做法要持续到无穷。在此修谱完工之际，就下笔写下这些话吧。

光绪丙子年吉月吉旦，三十六世裔孙，元伶谨跋。

7.5　光绪二丙子年秋田、西山合修谱跋（胡峻　胡贤发）

予族汝明公启家隆回，源远流长，支分派别。自汝明公以上前十六代祖，年湮代远，不知发迹于何地，犹幸木本水源终古不泯。今阅秋田房宗谱，唐季有胡公讳安命者，居城东唐乐一都佘湖山，厌尘嚣，喜恬静，于宪宗元和五年徙居城西地名秋田，生子八，第八子静轩公讳曾，号秋田，仕于唐，忠于唐，光启乙巳年卒，上怜忠耿，御葬秋田，崇祀乡贤，立香火院守墓。后因兵乱，僧居其院，末俗徇福田利益之说，改之祠为寺，可胜叹哉。国朝咸丰间府尊①邵大人与县学姚彭两学师追慕乡贤名号，复改寺为祠。予族父老持前代老谱与秋田房相对验，考其流传，溯其世系，确确可据，始知汝明公为迁隆回之始祖，实安命公十六代之裔孙也。丙子岁秋田房续修谱系，立局于乡贤祠内，予辈上切②敬宗，下全族谊，与秋田房合而修之，较之视一本为途人，等骨肉如秦越，岂可同日论哉！虽然予族前代宗谱以汝明公为鼻祖，兹特以安命公为鼻祖，此亦溯本穷源之道，即启汝明公于九泉之下而问之，未必谓予辈之不是云！

时光绪二岁次丙子仲夏月谷旦，三十二世职员峻蓉峰氏、三十二世孙贤发同撰。

【注】

①府尊：知府。②切（qiè）：密合，贴近。

【译】

我族汝明公在隆回开启族基，源远流长，支分派别。但由于年代久远，汝明公以上的前十六代祖的行迹不清楚，庆幸的是木本水源终于找到了。今看秋田房宗谱，唐末有胡安命公居住在邵阳城东唐乐一都佘湖山，因为厌恶嘈杂，喜欢安静，于是在宪宗元和五年（810）迁徙到邵阳城西的秋田，生子八，第八子静轩公胡曾，号秋田，做官于唐朝，光启乙巳年（885）离世，皇帝表彰其忠诚，于是御葬秋田，崇祀乡贤，立香火院守墓。后面因兵乱，僧人占居了香火院，秋田人遵循福田利益的说法，改秋田祠为福田寺，真是遗憾。本朝咸丰年间邵阳知府邵大人与邵阳县学姚、彭两学师因仰慕胡曾名号，于是将福田寺又改为秋田祠。我们西山父老于是拿前代老谱与秋田房相对验，考证世系流传，都是有根有据，才知汝明公为迁隆回的始祖，实际上是安命公的十六（应该是十七）代裔孙。丙子岁（1876）秋田房续修谱系，在乡贤祠内办公，我辈本着敦亲睦族的宗旨，与秋田合修，这样一来，比起视一本如路人、视骨肉如秦越是不可同日而语的！虽然我族前代宗谱以汝明公为鼻祖，现在以秋田公的父亲安命公为鼻祖，这也是溯本穷源应有之道，相信汝明公于九泉之下知道了，也不会说我们的不是!

光绪丙子年，三十二世孙峻蓉峰氏、三十二世孙贤发同撰。

7.6　光绪丙子年秋田胡氏族谱跋（陈藻翔）

吾乡大族籍贯^①多外省来，隶土著者又苦人烟寥寂，户口不繁。乃观秋田胡氏谱，自晚唐而五季及宋元明至昭代千有余年，世居桑梓，守墟墓^②，无播迁之苦、析离之患，族大丁繁，人烟辐辏，嘻其盛也。传言盛德必百世祀，胡秋田先生文章行谊彪炳当时，其辟高骈从事时，一纸之书蛮夷率服^③，德何盛也!其世祀宜哉，顾独有异焉者。先生之香火院创于宋建隆间，嫡孙鹏云以武功授宣慰职，曾孙继祖摄行西京翰院政，时癸丑^④冬建祠以崇奉，先生嗣后或毁或造，创建不一。乃读刘养气先生福寺文，则曰特游其处而访遗迹，残碑断碣无有全文，野老古僧皆云为豪贵匿没，而车征士亦有徇福田利益改祠为寺之说，二公之心，若明知其处而故嗫嚅^⑤其辞，则是祠之失业已久矣。咸丰间邑侯邵公因寺僧构讼，按其口供，老诸县志，并证以胡氏家谱，然后知秋田佛寺，实秋田香火之祠，赎魏公之旧宅，返叔孙之寝邱，有功胡氏，固不在王氏元亭^⑥下。而要非胡氏家谱之记载详明莫由确证也!然则谱牒之修又乌容已哉?胡氏之谱修于乾隆廿余年间，去今百余年，其为续修也宜然。胡氏历世虽远，族大丁繁，而自乾符以至昭代，支分派别，世系厘然^⑦，无摭拾之繁，无脱漏之患，无重复舛错之虞，则胡氏之多贤可知也。今五户首事其能，诵祖德，扬先芬，恪守规模，备增美善，勿庸复赘也，但因之有感矣。昔秋田先生有《苍梧》诗曰："有虞龙驾不西还，空委箫韶洞壑间。无计得知陵寝处，愁云长满九疑山。"则先生不知舜墓所在而难以于凭吊者也，及观先生谱述云："公补宁远令有惠政，与权延唐同修舜墓，作九嶷碑，请于上，立舜庙于玉琯山下，是先生之多方考据确知其处也。"夫搜罗前代胜迹，修复古帝遗陵，在先生当日秉彝^⑧好德之心，自不容已容，讵知千百年后，复有修先生之墓，复先生之祠，如先生当日者乎？然则事固有旷异世而相感者如是也，盛德之祀又岂仅百世哉？是为序。

光绪二十四年岁次戊戌孟秋月，廪生[9]陈藻翔撰。

【注】

①籍贯：祖父及以上祖先的长久居住地。②墟墓：丘墓；墓地。③率服：相率而服从。亦指顺服。④癸丑：1013 年，宋真宗大中祥符六年。⑤嗫嚅（niè rú）：想说而又吞吞吐吐的样子。⑥王元亭：即王志远，与车大任重刊胡曾咏史诗，撰《秋田公咏史诗序》。⑦厘然：有条理。⑧秉彝（yí）：持执常道。⑨廪（lǐn）生：明清两代称由公家给以膳食的生员，又称廪膳生。

【译】

我乡大族大多来自外省，属于土著者人烟寥寂、户口不繁。但是看秋田胡氏谱，从晚唐、五季、宋、元、明到当今，一千多年来，不离故土，守曾公之坟，无迁徙之苦，无分离之患，族大丁繁，人烟稠密，多么兴旺。传说盛德必有百世的祭祀，胡秋田先生文章功业彪炳当时，在给高骈（应该是路岩）做掌书记时，一纸之书令南诏退兵，功德多么显赫！百世的祭祀有什么奇怪的呢？先生的香火院创建于宋朝建隆间，嫡孙胡鹏云以武功授宣慰职，曾孙胡继祖摄行西京翰院政，在癸丑（1013）冬建祠以祭祀，后来秋田祠或毁或造。我读了刘养赤先生的《福田寺碑文》，文中说特游秋田访遗迹，见到的是残碑断碣，无有全文，野老古僧都说为豪贵隐藏埋没，而车以遵先生也有秋田胡氏以"种福田、利益子孙"而改祠为寺的说法，两位明知其处但故意闪烁其词，可知秋田祠冷落已经很久了。咸丰年间邵阳知府邵公在处理寺僧诉讼时，按僧人口供，查看县志和胡氏家谱，然后知福田寺就是秋田祠，于是买来归还给秋田胡氏，邵公对秋田胡氏的功劳，固然不在重编咏史诗的王志远之下啊！由此也看出，如果没有胡氏族谱，又如何知道曾公祠和曾公墓的确切地址呢？因此修谱确实是不容疏忽的事！胡氏家谱修于乾隆丙子年，至今有一百二十年了，是续修的时候了。秋田胡氏历史悠久，族大丁繁，但从唐朝乾符年间到现在，支分派别，世系清楚，没有疏漏和错误，由此可知秋田胡氏人才之多。今五贤后代诵祖德，扬先芬，在原谱的规模上，增添美善，自是盛事，我就不多赞美了，只不过我有一点感触。记得胡秋田先生有《苍梧》诗曰："有虞龙驾不西还，空委箫韶洞壑间。无计得知陵寝处，愁云长满九疑山。"当时先生不知舜墓所在，难以凭吊，于是生出长满九嶷山的愁云。又看先生年谱云："公补宁远令有惠政，与权延唐同修舜墓，作九嶷碑，请于上，立舜庙于玉琯山下，是先生之多方考据确知其处也。"秋田先生搜罗前代胜迹，修复舜帝遗陵，当日的行孝好德之心，自然会感应后代，千百年后，胡氏子孙又复修先生之墓，复修先生之祠，胡氏子孙的心情不是跟其先祖秋田先生当日一样吗？旷世相感，其仁孝之心是一样的，如此看来，盛德的祭祀又岂止百世呢？是为序。

光绪二十四年岁次戊戌孟秋月，廪生陈藻翔撰。

【论】

该序见于漆家铺光绪二十四年胡氏族谱，在秋田族谱中亦有转载，没有注明时间。事固有旷异世而相感者如是也，盛德之祀又岂仅百世哉？作者的这番感叹发人深思。

7.7 光绪丁酉年荷香桥胡氏族谱序（胡汉宗）

自咸丰庚申续纂族谱三十八年于兹矣，智敏公聚议少修，皆翕然从，方延梓而敏翁老毙，族因委任于时雨、晓堂、忠厚、忠华、修堂君等，宗亦滥主是役，从事踊跃，一易裘葛而事藏遂，嘱宗以序之。宗腹枵①笔秃，奚能惟举端委弁之首？盖吾族自虞舜肇脉，妫满得姓，历周汉六朝而及唐，唐秋田公居秋田，世系始详，越十六传，贤溪公徙塘冲，四子子良公徙荷市，由荷市而他徙者不胜记，今但合宁邑、溆浦、广西、武攸等处存之，溯源而同流。如邵东、湘乡招之不来，源虽溯而流未合焉，即隆回塘冲之已合者今亦欲合而未逮也，此宗等克日责成不能辞其咎。嗣后大修慎毋以疏略而遗之。斌房履凤公等等，磨残碣读之而正其卧所，旺房天（禄）公下四传而不详，其名才干公等，亦名没而无稽，且搜栗主家藏楷本，始考其详者甚，（探）此皆先人忽略，董是役者亦疑以传疑。宗等历艰辛积精诚，梦寐间若有告者，斋而卜于神，飞鸾降示，无甚讹，是世系虽袭乎旧而考证有加焉，增以（禄）之图序，家训条例及各传赞，总求其切实不诬，可以（㤰）今而传后，夫岂为是附会己哉，不然何？宗寻源新邑，所阅华林谱序，悉载有妫之后百数十余世，不镌之首者，为与吾远祖数十代名讳未符也。惜今（专）务蚕业，未暇详稽乎史籍，第宗吾所宗，以待后之考证。是年敏公没而谱之成，皆诸公之力，亦宗族之敦睦也，宗敬承所嘱。不过令后人修纂，必先收其族，墨其稿，纠其费，裁其体，或采其实行，毋致临时掣肘[2]，遗漏而失误。庶几绳良公之武[3]，远继曾公之绪，且合妫满以下而通修之，是又宗之厚望也已。

光绪二十三年岁次丁酉冬月谷旦，良公二十世孙汉宗清江谨撰。

【注】

①㤰（xiāo）：空虚。②掣肘：拉着胳膊。比喻有人从旁牵制，受干扰。③武：足迹。出自《诗·大雅·下武》"昭兹来许，绳其祖武"。后因称继承祖先业迹为"绳武"。

【译】

自咸丰庚申年续纂族谱，至今三十八年了，智敏公倡议续修，大家都愿意跟从，正准备请刻印，无奈智敏公年老体衰，族里于是委任时雨、晓堂、忠厚、忠华、修堂等修谱，我也滥竽充数作为主修，大家都很踊跃，一年时间即竣工，大家嘱我来写个序。我才疏学浅，怎么能充当写序的重任呢？我族源自虞舜，因妫满而得胡姓，经历周、汉、六朝而到唐朝，到秋田公开始，世系才详明，传至十六代，贤溪公迁至隆回一都塘冲，第四子子良公再迁到荷香桥，由荷香桥再迁徙到其他地方的不可胜记，但此次仅仅合宁乡、溆浦、广西、武冈等处的宗亲，追溯根源，终究是同流。但是邵东、湘乡等地的宗亲招之不来，即使隆回一都塘冲的宗亲，原来已经合谱，这次也不愿意再合，这也是我等不能原谅的事。以后我族大修谱，希望不要把这些遗漏了。斌房履夙公等等，仔细辨认墓碑终于知道了葬地，旺房天禄公下四传不详，其中有名叫才干公的，也是没办法找到，我们通过搜罗神主牌和家藏的旧谱，认真考证其详细情况，可能是先人修谱时忽略，后来者于是以疑传疑。我等历尽艰辛，一片精诚，梦中好像有所告示，于是吃斋卜告神灵，有飞鸾降示，似乎不是错讹，因此我们此次编排的世系，虽然沿袭旧谱，但是也做了很多考证，增加了天禄之图序，家训条例及各传赞，尽量做到真实不虚，是可以传给子孙的，这不是牵强附会。我寻源时曾到新化看过华林谱序，他们的谱中记载了胡公满以来的百十余世，我们这次没有引用，因为跟我们数十代远祖的名字不符。我因为要养蚕为生，所以没有时间详细研究史籍，只能祭拜已经确认的祖宗，期待后人去考证。敏公逝世而谱牒竣工，都是诸公之力，也反映了宗族的和睦，我也就承蒙嘱咐而写序。不过我建议以后修谱，一定要先收族、抄写好每家的初稿，收集好资费，确定好修谱的范式，准备做足，这样就不会导致最后有人牵制，导致遗漏而失误。当然，继承良公、曾公的足迹，或者把胡公满以下胡氏修个通谱，那就是我所厚望的了。

光绪二十三年岁次丁酉冬月谷旦，良公二十世孙汉宗清江谨撰。

【论】

此序为胡汉宗先生以行书笔写而登载在族谱最前面，笔力雄健，尽得颜鲁公笔法之妙，但因不是楷体印刷，本人能力有限，有几个字无法辨认，只能猜测，望海涵之。

7.8　光绪丁酉年荷香桥胡氏族谱序（吴春城）

岁庚寅①城纂修家乘，检阅远祖唐侍御史琛公行实录，琛公著作郎兢公②孙也，末年荐门下士状元胡曾以自代，上许之擢为御史。琛公吉州人，意曾公亦为吉州人。逾年访旧，经秋田有祠焕然，入而揖神主诰守者，乃知曾公实乃昭陵人，而雪泥鸿迹不暇请谒其后贤居无何。城馆邵西荷香桥，频年不一处，总与胡邻，业儒③胡晓堂好学亲仁，闻城在辄过访焉，尝谛审晓堂之族是曾公裔否，晓堂起而直承之以为："曾公裔星罗棋布，我荷香桥特其裔孙子良公之一支焉。"丁酉④夏城馆武攸⑤，晓堂率侄昌德冒暑偕来，丐城序谱，城讶甚，谓："如二君子者，今亦董治谱政乎？夫谱者普也，上治祖祢，旁治昆弟，下治子孙，普收本宗之支派而合纪之也。读贵族旧谱序，曾公举子五，阅人成世⑥，亦阅世生人，其子姓更当仆难数，今其能不遗一丁乎？况家之有谱犹国之有史，史中笔削褒贬从无或私，谱亦宜然，今即不攀援华胄、冒认名贤，等九龄之附张说，要岂能赞所赞传所传、一皆秉笔直书乎？以及御名、圣讳、祖讳、孙名，今其能加意检饬一体敬避乎？他若国朝宪典、传家规戒，能补前谱之所未备、去前谱之所过冗乎？而且瓜之绵、椒之衍，遐迩异居，丰歉异境，有慷慨，或不能无悭吝⑦，能保谱资之皆乐输乎？谁谓谱可易言乎？"然而晓堂贤竹林⑧从容有以应城矣，谓："自曾公来绳绳继继，历朝者五，其间如仕宦而籍他乡，或贸易而留外域，转徙如萍，当先辈创修斯谱时，已不免由合而分，况今生齿愈繁，又岂能复合而大修通谱乎？第绍先而辑成支牒已耳，至谱以纪实，谱以称美，宗德赖以明，世德赖以叙，与一切甚无可忽之事，则又有宿学汉宗先生在，万不至掉以轻心。若夫派银集费，犹幸老幼妇孺皆油然生孝悌之心，议甫定而囊已争解，相与送入谱局矣，惟如是以修谱，故敢尾诸宗老以从事。"城闻晓堂竹林言，既愧顷者之失口，又不禁拍案而叫绝矣。盖时至今日，人心多私，有公举辄龟缩不敢前，其承任者非假公以济私，即始勤而终怠，此在老成谙练犹不免行多积弊，况春秋鼎盛之士乎？不谓晓堂贤竹林竟以气盛年少之身，而有尊祖敬宗之念，即以尊祖敬宗之念，而修承先启后之谱，而又有时雨、忠华公亦英年磊落，惟忠厚年高德劭焉，当其时，协力同心，赞襄斯谱，故葛裘⑨一易而功告成，非贤者而能若是乎？非曾公一派在天之灵有以默佑之而能若是乎？独惜城不文，未能铺陈盛事，但以笃亲念切、敦本情殷，则先灵庇荫，益令后之人孝事亲、弟敬长、义奉上、和处人，勤俭持身，诗书裕后，行见人文鹊起、科第蝉联、式廓⑩宗枋，方兴未艾，不且为我宝郡之一大族哉！爰盟手书之，以见当日我琛公得人之盛，且益欢曾公之为明德，宜其流泽长而本支百世也，愿胡氏继起之英鉴此，而益其孝敬之心，是为序。

皇清光绪二十三年岁次丁酉秋月吉旦，后学新化邑庠生攀仙吴春城薰沐顿首拜撰。

【注】

①庚寅：1890 年，清光绪十六年。②著作郎兢公：即吴兢（670—749），进士及第，唐朝大臣，著《贞观政要》。③业儒：以儒学为业。④丁酉：1897 年。⑤武攸：即武冈。⑥阅人成世：指人世所经历的代谢与变迁。出自晋陆机《叹逝赋》："川阅水以成川，水滔滔而日度；世阅人以成世，人冉冉而行暮。"⑦悭（qiān）吝：形容人特别小气。⑧贤竹林：三国时魏国阮籍与其侄阮咸同列"竹林七贤"，后人因用"贤竹林"为对叔侄的敬称。⑨葛裘：夏天穿葛，冬天穿裘。葛即夏衣。裘即皮衣。⑩式廓：规模。

【译】

庚寅岁（1890）我纂修家谱，查到远祖唐侍御史琛公的实录，琛公是著作郎兢公的曾孙，晚年推荐门下士状元胡曾接位，皇帝准许，于是提拔胡曾为御史。琛公是吉州人，我想曾公应该也是吉州人。过了几年我访老朋友，途经秋田，看到了一个明亮的祠堂。我进入祠堂拜神主，了解到是秋田曾公祠，我这才知道曾公是邵阳人，因没有闲暇，也就没有去询问其后人关于曾公的雪泥鸿迹。后来我在邵阳西的荷香桥开馆，换了几个地方，但总是与胡府相邻。儒生胡晓堂好学亲仁，每次都来拜访我，我曾问晓堂家族是不是曾公的后裔，晓堂直接告诉我："曾公后裔星罗棋布，我们荷香桥胡氏就是曾公裔孙子良公的一支。"丁酉（1897）夏，我在武冈开馆，晓堂带着他的侄儿昌德冒着酷暑来见我，请我为其族谱作序。我惊讶道："就你们两位也能承担修谱的大任吗？谱就是普，上治祖宗，旁治昆弟，下治子孙，普收本宗支派而联合记载下来。我读贵家族旧谱序，曾公有五个儿子，合人而成世系，看世系而知道传人，曾公的后代应该是我数不过来的啊！现在你们能不遗漏一个人吗？况且家谱好比国史，国史中笔削褒贬不能有私心，家谱也是如此，不能攀援显贵、冒认名贤，不能跟张九龄攀附张说一样，你们能做到实事求是地赞美、传承，而秉笔直书吗？对皇帝的名字、祖宗的名字，能够一一检查而懂得避讳吗？其他如国朝的法律、家规家法，能补足前谱的不完备、去掉前谱的冗余吗？而且子孙繁衍，各处一方，有富有贫，有慷慨有小气，能够保证每个人都乐意捐款吗？修谱可不是那么容易的事啊！"没想到晓堂叔侄却从容以对，他们说："自曾公到现在，绳绳继继，已经经历了唐、宋、元、明、清五朝，其间有做官而迁徙他乡，或做生意而移居外地，转徙如浮萍，在先辈创修家谱时，已不免由合而分，况且现在人口越来越多，又怎能做到复合而大修通谱呢？但继承先谱而编辑成支牒就可以了，至于要做到家谱纪实、称美，以明祖德宗功，以及有关不可忽略的，我们有学识渊博的胡汉宗先生在呢，这些我们不会掉以轻心的。至于集资捐款，我们家族的老幼妇孺都有孝悌之心，刚刚决定修谱，就纷纷解囊，将款项送到了谱局，因此我们此次修谱，准备很充足，我们也就敢跟着汉宗先生从事此举了。"我听完晓堂叔侄这番话，觉得之前失言，但又不禁拍案叫绝。时至今日，人心多私，凡有公家的事就龟缩不前，即使有承任者，不是假公济私，就是始勤终懒，即使一些老成之人也不免有这样的弊病，何况春秋鼎盛的年轻人呢？没想到晓堂叔侄竟以气盛年少之身，却有尊祖敬宗之念，即以尊祖敬宗之念，而修承先启后之谱，而又有时雨、忠华公也是英年磊落，更有忠厚年高德劭的老者，这些君子协力同心，一起来修谱，一年时间就大功告成，如果不是贤能的人，能做得这么快吗？这不是曾公等祖先的在天之灵在默默保佑吗？唯独我不擅长作文，不能陈述这盛事，但觉得笃念亲人，尊敬祖先，就必然会得到先灵的庇荫，这个道理懂得后，就有更多人孝事亲、弟敬长、义奉上、和处人，勤俭持身，诗书裕后，这样就可以见到整个家族人文鹊起、科第蝉联、式廓宗枋，而且方兴未艾，这样胡氏就是我们邵阳的一个大家族了！我于是沐手写下这序言，也证明我祖琛公善于得人，也证明曾公德高望重，流泽绵长，由本支而到百世，愿胡氏继起之英有鉴于此，而更加生出孝敬之心，是为序。

皇清光绪二十三年岁次丁酉秋月吉旦，后学新化邑庠生攀仙吴春城薰沐顿首拜撰。

【论】

此序中说到吴兢（670—749）之孙吴琛推荐曾公做御史的事，经查《湖南邵陵吴氏源流》，吴琛其实是吴兢的曾孙，至于吴琛是否为唐侍御史，国史和吴氏谱序均未查到，而是否推荐曾公接御史之位，也有疑问。按照30岁一代，吴琛应该出生在760年左右，足足比胡曾大80岁，应该不是同一时代的人，推荐之说难以使人相信。

7.9 光绪丁酉年荷香桥胡氏族谱序（胡忠鹤）

唐刘知幾①之言曰："能言其祖，郯子见师；不识其先，籍谈取诮②。"呜呼！草木无情尚有本根，曾是腼然③人面，顾可数典而忘其祖乎？吾宗自义俨公康熙初创业溆浦，今历九世，世代惟力田谋生，敬宗收族之道置之不问，几乎有籍谈之诮矣。鹤生也晚，不揣梼昧④，亟思稽考而修明之，而谱牒阙如⑤，文献无征，幸家藏世系草本粗存，复证之各家奉祀之栗主⑥，而得其大凡，第俨公以上止知四公，居荷香桥，其余仍属茫然，鹤尽然伤之，而寻源之责万无一可辞，爰奉严亲信发公命，囊资访求宗谱，诣邵西荷市祠，谒其祖，披览谱牒，始知吾族自唐秋田公来，世为邵人，及考世系则所谓四公者，谱中并无其人，询之父老，佥⑦曰咸丰时，吾族扫墓隆回，获石碣蓬棵间，备载英敏之子厥讳贤溪迁隆回四子，子良迁荷香桥，合族惶骇，始悟前非，盖四公即良公也。今乃知吾祖为良公裔，信非诬也。

【注】

①刘知幾：徐州彭城人，唐高宗永隆元年（680）进士及第，长安二年（702），修撰皇帝起居注，历任著作佐郎、著作郎等职，兼修国史。

②能言其祖，郯（tán）子见师；不识其先，籍谈取诮：能够详细知道自己的祖先，所以孔子拜郯子为师；不认识自己祖宗的彝器，籍谈遭到讥笑。这两个典故出自刘知幾《史通·书志篇》。一是孔子周游到郯国，曾向郯子请教远古的文字记载之外的职官制度和图腾崇拜。一是说籍谈，据《左传》记载，鲁昭公十五年（前527）十二月，籍谈作为晋国副使，去参加穆

后的葬礼。周景王问晋国为什么没有礼器进贡王室，籍谈回答晋国远离王室，天子的赏赐达不到。周景王列举了历朝赏赐给晋国的车马、斧钺、皮甲、香酒、弓箭，并说："籍氏因管理晋国的典籍而得姓氏，作为籍氏子孙，为何连这些都忘了呢？这是数典忘祖啊！"③腼然：惭愧貌。④梼（táo）昧：愚昧。多作自谦之辞。⑤阙（què）如：因缺而不言，常用为欠缺的意思。⑥栗主：古代祭祀所立的神主，用栗木做成，故称"栗主"。⑦佥（qiān）：全，都。

至吾祖来溆之由，谱未悉载。父老亦略传之谓："自天爵公六子思敬由塘湾游外，历祖王、文格、才三、孝论、义俨五代，虽常归梓里，而移徙如萍，终莫知其所在。"鹤闻而愀①然曰：义俨乃我溆基祖也，嗟乎，源之不可不溯也，盖如是乎？昔眉山苏氏之谱远不及味道，欧阳氏世系自九世安福以上多付阙疑，虽曰甚重，究未尝非先世谱牒不修之故也，若吾邵邑胡氏，自秋田公以文章政事显，崇祀乡贤，家乘煌煌，世代最为详明，而其间犹有舛谬，矧②吾祖子立孤丁，值国朝定鼎之初，荡析播迁，兵灾中世次紊失，咎将谁职哉？然犹幸四公及义俨公足以取信于宗族，倘历世滋远，典型无传，有不视本支如胡越③者几希④，而昭穆之遗亡，恐亦不仅一世已也，呜呼悕⑤矣。兹值原籍诸宗老议修通谱，鹤实谫⑥陋，非敢言文，聊述先世之迁徙流离弁⑦之首，俾故里宗人知迁流他乡者尚知返本，亦以谂⑧吾子孙，使知敬宗收族之不易，谱牒之不可忽，而继继绳绳于有永，则幸甚矣。

十九世嗣孙忠鹤敬撰。

【注】

①愀（qiǎo）：脸色改变，多指悲伤、严肃。②矧（shěn）：况且。③胡越：胡为北方民族，越为南方民族，指相隔遥远。④几希：极少。⑤悕（xī）：悲伤。⑥谫（jiǎn）：浅薄。⑦弁（biàn）：书籍或长篇文章的序文、引言。⑧谂（shěn）：劝告。

【译】

唐代史家刘知幾曾说："能言其祖，郯子见师；不识其先，籍谈取诮。"呜呼！无情的草木尚有根本，能知羞耻的人怎么可以数典忘祖呢？我族祖宗义俨公在康熙初年来溆浦开基创业，今历九世，世代以种田为生，敬宗收族之道置之不问，似乎也跟籍谈一样了。我出生已晚，不揣愚昧，一直想查考源流以修家谱，可惜谱牒文献都没有，幸好家藏有粗略的世系草稿，又从各家奉祀的神主验证，得到了大概，义俨公以上的祖先追溯到荷香桥的四公就不知道了，我无不感到悲伤。虽然如此，寻源的责任还是不可推辞的，于是奉父亲信发公的命令，准备钱粮去求证宗谱。我来到了邵西荷香桥，拜谒了子良公祠堂，再看其谱牒，才知我族自唐秋田公来，世世代代为邵阳人，再考世系，但在其谱中没有找到四公这个人。询问荷香桥的父老，都说清朝咸丰年间，我族到隆回四都洞头冲帽子石扫墓，在蓬草间发现了一块石碑，碑上详细记载了英敏公之子贤溪迁隆回，有四子，其中子良迁荷香桥，看到碑文，合族震惊，才知道前面都搞错了，所谓四公就是排行第四的子良公。而我也终于知道我祖义俨公是子良公的后裔，这是确实可靠的。至于义俨公来溆浦之原因，荷香桥族谱中没有详细记载。长老们粗略说："天爵公第六子思敬，从塘湾出外，经历祖王、文格、才三、孝论、义俨五代，虽然也经常回故里，但由于迁徙如浮萍，最终也不知到哪去了。"我听到这些很悲伤，义俨公是我溆浦基祖，源头不可不追溯啊。昔日眉山苏氏之谱有很多遗憾，而欧阳氏的世系从九世安福以上都是缺失的，虽然问题严重，但后代也不能责怪先人没有修谱啊！像我们邵阳胡氏，秋田公文章政绩显赫，崇祀乡贤，家谱也辉煌在目，世代最为详明，但是其中也有不详的。而我祖孤身一人，在本朝初定之时，局势动荡，四处播迁，在兵灾中世次错乱，这又能怪谁呢？但庆幸的是，四公及义俨公终于取得了荷香桥宗族的信任，而如果没有此次寻源，年代越来越久，那我们跟荷香桥不是好比胡越一样遥远吗？这样的话，昭穆遗亡就不仅只是一代了！真是令人伤心啊！此次荷香桥诸宗老决定修通谱，我本来孤陋寡闻，又不擅长作文，姑且把先世迁徙流离的情况作为序言吧，一是让荷香桥宗亲知道迁流他乡的胡氏后人懂得返回根本，一是劝告我族子孙，知道敬宗收族不易，知道谱牒不可忽，然后永远继承下去，这样就是十分庆幸的事了。

子良公十九世嗣孙忠鹤敬撰。

7.10 光绪丁酉年荷香桥胡氏宁乡支谱序

宗法废而后谱牒兴，谱牒者所以维宗法于弗替也。盖古者大宗相统，支有所属，后世支分派别，系序易淆，非纪之以谱，将数世以还，茫然不知祖考①所自出，或相视如秦越焉。故谱之作于后世者诚亟，而作于迁徙之后者尤不容缓也。余族自有妫之后，周武以太姬配妫满，谥胡公，因以为姓，历周秦汉六朝，簪缨纪录代有名臣，至唐状元曾公官礼部侍读，有功御葬，祀乡贤祠，我族之开派祖也。自秋田十七派至子良公，世居宝郡，子姓繁衍，旧谱载之详矣。独念子良公以来，孝松、孝元、孝声、孝忠、孝求、孝政子孙，从宝徙宁，支分五六，如我义富公落业柳林八都殷家山，与兴昱公落业横市南田坊，暨永昌公落业三都菁华铺，永禄公落业二都竹田，永朝公裔落业九都龙泉坑处，均经二百余载。自嘉庆庚申②我房国太公与宝邵合修谱牒，而后迄今又七十余年矣，生娶没葬悬旷日久，倘仍其疏忽，不加纪载，不几叹如甫中之蔡，不知祖其所祖乎？爰约我宁裔房族等筹议，孰为总理，孰为编纂，孰为倡修、行修、主修、监修，始事辛未③夏，告成壬申④春，为宁邑胡氏支谱焉。呜呼！我族当秋田公之始，欢然一家父子也，久之而亲者疏矣，又久之而疏者远矣，矧分疆异地，系序阙焉，其相视若秦越势也，然则谱之作于后世者固宜亟，作于迁徙之后者，尤不容缓矣，夫事之可合而分，亦事之可分而合，异日者我宁数公之子孙承先烈而式廓之，再为续辑，虽与邵两地悬殊，而按谱以稽森然一本，譬如黄河之水千里，九曲穿积石过龙门，合济漯洛沈，以入于海，其始固同源星宿也，读斯谱也，油然而孝敬生，蔼然而礼让接，重本笃亲，毋忘所自是，则族之志也夫。

子良公派下宁乡嗣孙敬撰。

【注】

①考：原指父亲，后多指逝去的父亲，如先考。②嘉庆庚申：1800年。③辛未：1871年。④壬申：1872年。

【译】

西周时期的封建制被秦始皇的郡县制取代后，宗法制度废除，但是谱牒随之兴起，谱牒的作用在维护宗法。在古代，大宗统一家族，各支均属于大宗管理，可叹后世支分派别，世系于是容易混淆，如果没有家谱，那么多代下来，就不知自己的祖先出自哪里了，血亲也会如秦越一样疏远。所以修谱是很急切的事，尤其对于那些从祖居地迁出的支派更是刻不容缓。我胡氏家族是妫满的后代，周武王将长女太姬许配给妫满，妫满去世后谥号胡公，后代于是以胡为姓，经周、秦、汉、六朝，历代都有高官名臣，到唐朝，状元曾公官任礼部侍读，因有功于唐所以御葬秋田，崇祀乡贤祠，曾公是我族的二世祖。自始祖安命公传到十七代到子良公，世居宝庆邵阳，子姓繁衍，旧谱记载很详细了。从子良公以来，孝松、孝元、孝声、孝忠、孝求、孝政子孙，从邵阳迁徙到宁乡，分了五六支，如我义富公落业柳林八都殷家山，兴昱公落业横市南田坊，还有永昌公落业三都菁华铺，永禄公落业二都竹田，永朝公裔落业九都龙泉坑处，均已经落地了二百余年。自嘉庆庚申（1800）我房国太公与邵阳合修谱牒，至今又有七十余年了，生娶殁葬都没有记载，如果任由疏忽，不加纪载，这不是跟苗圃中的野草一样，都不知道从哪来了！我于是邀请宁乡各房修谱，商定了总理、编纂、倡修、行修、主修、监修的人选，开始于辛未（1871）夏，告成于壬申（1872）春，终于修好了宁乡胡氏支谱。呜呼，想起我族在秋田公那个时代，一家父子欢喜在一起，而传得越多，亲人也就生分了，生分久了就疏远了，况且居住隔离，班次也不一样，这样的形势跟秦越一样，因此修谱是很急切的事，尤其对于那些从祖居地迁出的支派更是刻不容缓。当然修谱之事可以从合到分，也可以从分到合，将来我宁乡数公的子孙一定要继承先人的做法而续修谱，宁乡与邵阳虽然两地相距不近，但在谱上却是一个根本下来的宗亲，这好比九曲黄河，穿积石过龙门，汇集济水、漯水、洛水、汭水，然后一起流入东海，但考究起源头，都是在星宿海啊！凡读到这本家谱的人，油然而生孝敬，蔼然而接礼让，重本笃亲，不忘自己的根本，这就是族谱的意义啊！

　　子良公派下宁乡嗣孙敬撰。

【论】

　　荷香桥胡氏的班次为1贤—2子—3宗—4仲—5应—6天—7思—8祖—9文—10才—11孝—12义—13永—14兴—15国，迁徙到宁乡的是孝字辈后的12义、13永、14兴，时间应该在康熙初年。

7.11 光绪戊戌年漆家铺胡氏族谱序（胡乾汉）

　　予族自汉晋以来世为邵人，因邵前隶属于潭，秋田公乃有故园长沙之句，其祖脉之递传固不可考矣。至唐季乐天公字安命者，居城东唐乐一都佘湖山，厌尘嚣喜恬静，于宪宗元和五年徙居城西秋田之竹山湾，及今基址犹存。生子八，第八子静轩公讳曾，号秋田，负才名，工诗文，唐咸通中屡举不第，四川节度使高骈镇蜀，辟公为从事，时南诏蛮横悍，遗骈木夹，有借锦江饮马之语。骈命公撰牒谕之，其略曰，四方之于中国，犹众星之拱北，百川之赴东海，天地且不能违，况于人乎，诏蛮屈服乞和，自是笺奏皆出公手。后补宁远令有惠政，与权延唐同修舜基作九嶷碑，请于上，立舜庙于玉琯山下，所著有咏史诗三卷，安定集十卷，见唐史艺文志。光启乙巳年卒葬秋田，立香火院，守墓崇祀乡贤，生子五，第五子定后公讳静甫生鹏云讳彦翔，鹏云公生继祖公讳宗魁，继祖公生子二，次子次华公讳祖荣，次华公生希天讳肇圣，希天公生峻德公讳克明，峻德公生子二，次子益受讳居谦，益受公生善良公讳仁元，善良公生子三，次子厚敦公讳礼崇，厚敦公生子二，长子再甫公讳诗律，再甫公生子二，次子大孝公讳书舜，大孝公生有识讳启文，有识公生子二，长子学勤讳英敏，学勤公生子五，长子讳贤隆，次子讳贤溪，三子讳贤新，四子讳贤源，五子讳贤文。元末兵乱，避乱失散，以至各居一处，班行乃异。幸国朝咸丰间邵大人与彭姚两学师复修曾公祠墓，即知溪公徙居隆回塘学村、荷香桥，新公徙居马蹄印武冈牛栏山，源文二公世守秋田。予读秋田谱序，隆公徙居隆回漆家铺，迁居田圹头，妣陈氏，生子四，子舆、子才、子登、子温①。尝览前谱，舆公仍守父址，才公赘婿大坪花陇，登公徙居西蜀，温公无由知居。丁酉冬予与房孙华树往迈迹塘，过石山下，转田圹头等处，推其本末之理，是知温公之裔即隆公之苗裔也，明矣，虽然源同一本，星罗棋布，枝分派别，不归于一，何以敦一本而联情谊？光绪丙子岁②源公嗣怜数世之派别，重一脉之流行，属予族以为合修，共襄美举。不料族有贪滥之辈，将秋田之谱未得而遗漏焉，是谁之咎欤，是先辈疏忽之咎欤？阅数年各族谱成，惟予族自道光庚寅岁③，至今六十余年，久切怀思，未同而修，各亲其亲，各尊其尊，岂可相提而并论哉，然则族谱续修，自有敦孝悌以重人伦、笃宗族以昭雍睦之谕，则亲亲之道闇然而日彰矣，是所望于有志者焉，庶几得而有考补云耳。

光绪二十四年岁次戊戌孟秋月，县丞、嗣孙乾汉④浚川氏复撰。

【注】

①生子四，子舆、子才、子登、子温：实为生子五，子舆、子才、子登、子温、泰元。②光绪丙子岁：1876 年。③道光庚寅岁：1830 年。④乾汉：字浚川，号桂芳，生于1858 年，卒不详，葬顶子坳，安命公35 代孙，贤隆公 20 代孙。族谱赞词云："幼习诗书，步追汉唐。长业堪舆，名齐蒋杨。兼之医命，无所靡长。技精神峰，妙术岐黄。疏财仗义，焚券倾囊。排纷解难，扶弱抑强。倡修家乘，襄补宗房。纠建字炉，督造康庄。眷晚刘江汉拜赠。"

【译】

我族自晚唐以来世为邵人，因邵阳曾隶属于长沙国，秋田公于是有"故园寥落在长沙"的诗句，唐以前的祖脉递传已经难以考证了。到了唐朝，始祖乐天公字安命曾居城东唐乐一都佘湖山，因为厌恶尘嚣，喜欢恬静，于是在唐宪宗元和五年（810）迁徙到城西秋田竹山湾，至今基址犹存。生子八，第八子静轩公讳曾，号秋田，负才名，工诗文，唐咸通年间屡试不第，西川节度使高骈（应该是路岩）镇蜀，延请公为掌书记。当时南诏蛮准备入侵成都，送来木夹书，书信中有借锦江饮马的话。路岩命秋田公撰牒回复，秋田公在回复中说："四方之于中国，犹众星之拱北，百川之赴东海，天地且不能违，况于人乎？"诏蛮于是退兵。后补延唐令，有惠政，复修舜陵于玉琯山下。秋田公所著有咏史诗三卷、安定集十卷，见唐史艺文志。光启乙巳年卒葬秋田，立香火院，入乡贤祠，生子五，第五子定后公讳静甫生鹏云讳彦翔，鹏云公生继祖公讳宗魁，继祖公生子二，次子次华公讳祖荣，次华公生希天讳肇圣，希天公生峻德公讳克明，峻德公生子二，次子益受讳居谦，益受公生善良公讳仁元，善良公生子三，次子厚敦公讳礼崇，厚敦公生子二，长子再甫公讳诗律，再甫公生子二，次子大孝公讳书舜，大孝公生有识讳启文，有识公生子二，长子学勤讳英敏，学勤公生子五，长子讳贤隆，次子讳贤溪，三子讳贤新，四子讳贤源，五子讳贤文。元末兵乱，避乱失散，以致各居一处，班辈各异。幸好有本朝咸丰年间邵大人与彭、姚两学师复修曾公祠墓，得知贤溪公迁居隆回塘学村、荷香桥，贤新公迁居马蹄印、武冈牛栏山，源、文二公世守秋田。予读秋田谱序，隆公迁居隆回漆家铺，后迁居田圹头，妣陈氏，生子三，子舆、子才、子登，又妣钱氏，生子二，子温、泰元。看前谱知道子舆公仍守父址，子才公入赘大坪花陇刘家，子登公徙居四川，温公不知道住在哪里。丁酉（1897）冬我和房孙华树前往迈迹塘，过石山下，转田圹头等处，找到了温公后裔，温公后裔就是贤隆公的苗裔，同出一个本根，现在星罗棋布，支分派别，不能统一，怎么对得起祖宗，怎么联系情谊呢？光绪丙子岁（1876）贤源公后裔本着同一祖宗、数世分派，于是提议跟我族合修，共襄盛举。不料我族有贪婪之辈将秋田之谱遗失，是谁的过错呢？是先辈疏忽导致的吗？看到五贤其他四贤族谱已修成，唯独我贤隆公一族还未启动。想起自道光庚寅岁（1830）至今六十余年，漆家铺都没有修谱，各亲其亲，各尊其尊，如何跟他们相提并论呢？族谱续修，自有"敦孝悌以重人伦、笃宗族以昭雍睦"之教育意义，则亲亲之道逐渐彰显，这就希望将来的有志子孙，再考证弥补吧。

光绪二十四年岁次戊戌孟秋月，县丞、嗣孙乾汉浚川氏复撰。

【论】

该文论世系源流，多引用秋田元善光绪丙子年所撰谱序，因此难保准确。该序点明了认祖秋田的机缘，即官府修秋田曾公祠，同时也点明了子温乃贤隆后裔。

8　民国十九年西山胡氏族谱序

8.1　民国十九年西山胡氏族谱序（胡世享　胡永保）

古人言曰："三代不修谱为不孝。"《中庸》云："夫孝者善继人之志，善述人之事者也①。"我邵陵胡氏系出妫氏，历汉唐来名家辈出，自汝明公迁居武冈州，思衡公卜居隆回，族谱已来最详，本本原原，瞭若观火；昭昭穆穆，灿如列星。自前清光绪丙子年续修家乘，迄今又将六十年矣，生殁配葬岂能一一备记而无舛②乎？转移迁徙岂能一一纠合而无遗乎？欲问故事而遗老几尽，不仅感慨系之矣！夫时事之相迫也，任虽大勿以为难，人文之既兴也责方深，乌容自恕？况圣训谆谆："笃宗祀以昭雍睦，修谱牒以联亲远。"关系靡轻，不可再行迁延岁月也。爰于去秋商诸父老，将志富公会原有左单提杉树售之，所得价洋资助弥补，推与同事共襄其（举）。余等薄德鲜能，兼无（才）识，谬膺合族之公推，忝肩总修之重寄。受任以来，（入）夜祗惧，各盟心③如列祖列宗；程工之暇，动息④矜持⑤，期以济事如同心同德。经数月而功幸告成，远稽数十世之祖宗，如亲一室；近萃数百丁之子孙，共处一堂。姓氏炳炳⑥已焕彩于枣梨，世系绵绵群生香于翰墨，我族敦睦之风依然勿替矣，惟冀后嗣子孙，亦当继续增修，并垂不朽云。

民国十九年岁次庚午孟春月，三十二世嗣孙世享春生氏、三十四世嗣孙永保楚善氏熏沐同撰。

【注】

①夫孝者善继人之志，善述人之事者也：原文是"子曰：武王、周公

其达孝矣乎！夫孝者，善继人之志，善述人之事者也"。说的是孔子认为周武王和周公旦落实了真正的孝道，那就是继承了周文王的遗志，记载了周文王的故事。②舛（chuǎn）：错。③盟心：盟誓在心。④动息：活动和休息。⑤矜（jīn）持：拘谨。⑥炳炳：光彩照耀。

【译】

古人说："三代不修谱为不孝。"《中庸》说："夫孝者善继人之志，善述人之事者也。"我们邵阳胡氏出自妫氏，自汉唐以来名家辈出，从汝明公迁居武冈州，到思衡公择居隆回，族谱记载得最详细，本本原原，明若观火，昭昭穆穆，亮如列星。自前清光绪丙子年（1876）续修家谱，至今又将六十年了，每个人的生、殁、配、葬，怎能一一详细记载而无错误呢？转移迁徙怎能一一查清而无遗漏呢？想问以前的事，但长老差不多皆离世，这不得不让人感慨啊！光阴似箭，世易时移，修谱很迫切！但因为责任大而怕难，并以此自我宽恕，这怎么可以呢？圣训说："笃宗祀以昭雍睦，修谱牒以联亲远。"关系不轻，不可以再迁延岁月了。于是在去年秋天跟诸位父老商量，将志富公原有的杉树出售，所得资金用来修谱，推举同事共同来襄赞此举。我薄德鲜能，又无才识，谬承合族公推，愧担总修的重寄，受任以来，决心要对得起列祖列宗，因此凡事小心谨慎，希望同心同德来修谱。幸好经过数月而把族谱修成，几十世的远祖都来到了族谱里，如亲一室；成百上千的子孙也登记在族谱里，共处一堂。姓氏生辉于族谱，世系绵绵于族谱，我族敦睦之风依然还在！唯希望后代子孙，也当继续增修，并垂不朽！

民国十九年岁次庚午孟春月，三十二世嗣孙世享春生氏、三十四世嗣孙永保楚善氏熏沐同撰。

8.2 民国十九年西山胡氏族谱序（胡世臣）

峨眉万仞①，山脉发自昆仑；黄河九曲，源总由于星宿。草木茂盛，无非蒂固根深；子孙繁昌，全叨②宗功祖德。我族系出（妫满），世居邵陵，自发祥以来，椿萱③并茂，发育无穷。兰桂争芳，繁昌甚象。前虽有谱，无如世远年湮，星罗棋布，使族不讲论焉，知一本散于万殊；谱牒修明，方晓万殊归诸一本。去冬各父老有志续修，幸族人咸皆踊跃，余虽不敏，谬为纂④修，访欧公之矩，获以继往开来，寻苏子之规模，以承先启后。庶几彝伦攸叙⑤，历山⑥之瓜瓞绵长；人纪⑦肇修，妫氏之椒聊悠远。以此敦本，本无不敦；以此寻源，源无不晰，本源既晰，何患宗族之不睦哉！是为序。

民国十九年岁次庚午孟春月谷旦，三十二世嗣孙愚溪世臣氏熏沐谨撰。

【注】

①仞（rèn）：古时长度计量单位，七尺为一仞。②叨（tāo）：承受。③椿萱：父母的代称。古代称父为"椿庭"，母为"萱堂"。④纂（zuǎn）：收集材料编书。⑤彝伦攸叙：叙说伦理。攸即所。⑥历山：此处代指舜帝。相传舜耕历山，孝感天地，象耕鸟耘。⑦人纪：人伦道德。

【译】

万仞峨眉发自昆仑山，九曲黄河源自星宿海。草木茂盛无非蒂固根深，子孙繁昌全承宗功祖德。我族出自妫满，世居邵阳，自发祥以来，椿萱并茂，发育无穷。兰桂争芳，繁荣昌盛。以前虽有家谱，无奈世代久远，星罗棋布，使得一本散于万处，谱牒修明，方知万处归于一本。去年冬各父老有志续修，幸族人都踊跃参与，我虽不敏，但被推举为纂修，于是按照欧公苏子的成法，继往开来，承先启后。由此则可攸叙人伦，舜帝的后代瓜瓞绵长，妫满的子孙椒聊悠远。以此敦本，本无不敦；以此寻源，源无不清，本源既清，何患宗族不和睦呢！是为序。

民国十九年岁次庚午孟春月谷旦，三十二世嗣孙愚溪世臣氏熏沐谨撰。

8.3　民国十九年西山胡氏族谱序（胡代保　胡永保）

夫惟有为之前故美无不彰，惟有为之后故盛无不传。我族自前清乾隆乙亥年创修，至光绪丙子岁又复续修，日月如流，不觉又将六十载矣！生者莹莹，身垂覆载；没者落落，形老乾坤。若不趁此续修，将来难以稽考。爰诸伯叔有志倡修，将志富公左单提树发售，所得价洋以助梓费。余等才惭半豹[①]，学负全牛[②]，膺父老之公推，负清修之职务，缮写就刻，搜罗以载于史册；经营详慎，博采以笔诸谱牒，虽费时日，敢不竭其愚忱[③]。且幸诸君尽职，从事同心，较《洪范》之九畴[④]，而尊卑有等；效舜典之五品[⑤]，而亲疏悉分。庶几雷泽[⑥]苗裔蔼然昭泰和[⑦]之象，蒲版[⑧]支庶秩然有豫顺[⑨]之风，夫先人既创修于前，亦有功于后嗣，后人踵而行之，亦有光于先人，则我族一本之义常相雍睦，虽百世永昭不坠，亦幸甚。

民国十九年岁次庚午孟春月，三十三世嗣孙代保佐廷氏、三十四世嗣孙永保楚善氏熏沐同撰。

【注】

①半豹：读书不多。典出《晋书·殷仲文传》："若殷仲文读书半袁豹，则文才不减班固"。指袁豹读书多、殷仲文读书少。②全牛：完整的牛。典出《庄子·养生主》"三年之后，未尝见全牛也"。后用以喻技艺熟练，到了得心应手的境界。③忱（chén）：真诚的情意。④九畴：指《尚书·洪范》中夏禹提出的治理国家必须遵循的9条大法。⑤五品：即五伦，出自《尚书·舜典》："契，百姓不亲，五品不逊。"⑥雷泽：传说舜帝曾在此捕鱼，此处借指舜帝。⑦泰和：泰卦的和谐安定。⑧蒲版：舜都，在今山西永济。此处借指舜帝。⑨豫顺：豫卦的安闲舒适。

【译】

凡事做在前面则美无不彰，做在后面则盛无不传，我族自前清乾隆乙亥年（1755）创修家谱，到光绪丙子岁（1876）又续修，日月如流，不觉又将六十年了！生者众多，身在天地；逝者落落，形老乾坤。若不趁此续修家谱，将来恐怕难以稽考。于是诸位伯叔有志倡修，将志富公的左单提树发售，所得价洋以助印刷费。我们才学有限，承蒙父老的推举，担负清修的职务，缮写刻印，搜罗博采，终成谱牒，虽然耗费时日，怎敢不竭尽热忱？诸君尽职，从事同心，和《洪范》的九畴相比，则尊卑有等级；和舜典的五品相比，则亲疏有分别。这样大概就让舜帝苗裔有泰和之象，舜帝的支庶有豫顺之风。想起先人在前面创修族谱，当然有功于后代，后人紧跟而行，也就光大了先人的事业，由此我族的一本之义带来雍睦的景象，即使过了百世，也会永昭不落，则幸甚。

民国十九年岁次庚午孟春月，三十三世嗣孙代保佐廷氏、三十四世嗣孙永保楚善氏熏沐同撰。

8.4 民国十九年西山胡氏族谱序（胡永忠）

尝读大传①云："人道莫如亲亲，亲亲故尊祖，尊祖故敬宗，敬宗故收族。"收族不由谱牒以统之，则岂不难乎？其言修耳，谓人之于谱不可少，尤当所续修。我族自唐以前世远年湮难以详考，迄唐季时有曾公者乃一世祖安命公之季嗣，其立身行道，扬名后世，居高官，膺显秩②，为我族之伟人，毋庸赘述。至十数传而后有英敏公者，生子五曰贤隆贤溪贤新贤源贤文，隆公徙居田圹头，溪公徙居荷香桥，源文二公世居秋田，而我新公徙居隆回，至今支蕃③派衍，棋布星罗，有居西山马蹄印者，有居西坪者，有居城步者，皆公之裔也，人文蔚起，不坠家声，非公之积德累仁，安得子嗣之蕃衍如此，然子嗣虽繁，若不收族以统之，则骨肉视为秦越，而一本视为途人，虽多亦何取焉？所以先君子于乾隆间创修家谱，越数十年于道光辛卯，又有续修之举，自是而后，至光绪丙子又与秋田房合修，迄今五十余年，而修又不容缓。加之当此叔季④扰攘⑤之世，千钧一发之时，若不续修家谱，不特俾祖宗湮没无闻，将何以承前启后，故自次之修较前之修尤为极重。去冬族中合族等有倡修家谱之举，吾闻之喜而不寐，知敦本睦族之道在此一举，幸诸君踊跃从事，不数月而谱告成，从此亲可以亲、祖可以尊、宗可以敬，而族可以收矣，忠不学无文，今当谱事告竣之始，岂可无一言以为后之修谱劝？

民国十九年岁次庚午孟春月谷旦，三十四世嗣孙永忠哲人氏熏沐敬撰。

【注】

①大传：即《礼记·大传》。②秩：古代官职级别。③蕃（fán）：繁多。④叔季：末世。⑤扰攘：混乱。

【译】

《礼记·大传》中说："人道莫如亲亲，亲亲故尊祖，尊祖故敬宗，敬宗故收族。"收族如果不用谱牒，那不是很难吗？家谱对于每个人都是不可缺少的，因此家谱必须续修。我族在唐以前的世系因年代久远已难以考证，到唐末时有一世祖安命公之最小儿子曾公，其立身行道而扬名后世，居高官，膺显秩，是我族之伟人，不需多说。十数传而后到了英敏公，生子五，即贤隆、贤溪、贤新、贤源、贤文，隆公徙居田圹头，溪公徙居荷香桥，源文二公世居秋田，而我新公徙居隆回，至今支派繁衍，棋布星罗，有居西山马蹄印者，有居西坪者，有居城步者，都是贤新公的后裔，人文蔚起，不坠家声，如果不是贤新公积德累仁，怎么会繁衍出这么多的后代呢？然而，虽然子嗣繁多，但如果不收族以统一，则骨肉视为秦越，而宗亲视为途人，即使人数多，又有何用？所以先君子于乾隆间创修家谱，过了数十年于道光辛卯年又续修，后至光绪丙子年又与秋田房合修，至今五十余年了，续修已不容缓。加上当此混乱之世，处此千钧一发之时，若不续修家谱，不仅会让祖宗湮没无闻，而且无法承前启后，因此此次修谱尤为重要。去年冬族中合族有倡修家谱之举，我闻之十分欣喜，觉得敦本睦族之道在此一举，幸好诸君踊跃从事，不到数月就修成，从此亲可以亲、祖可以尊、宗可以敬，而族可以收了。我虽不学无文，但碰到谱事告竣这样的喜事，怎么能不写几句话给后来的修谱者呢？

民国十九年岁次庚午孟春月谷旦，三十四世嗣孙永忠哲人氏熏沐敬撰。

9 民国三十三年秋田胡氏族谱序
9.1 民国三十三年秋田胡氏族谱序（岳森）

谱牒起于宗法社会，稽古远矣，太史公作三代世表，谓殷以前年纪不可考，盖取之谱牒。自周秦至汉晋降，及隋唐宋明，大抵帝室之胄掌属籍、修玉牒，皆设有专司，或宗伯①或宗正②。扬雄宗正箴③曰："巍巍帝尧，钦亲九族，礼有攸训，属有攸籍"。何其盛耶！士庶家自为谱，源于家牒。晋室陵夷④，五胡乱华⑤，百宗荡析⑥，谱牒之学遂为世贵。唐张九龄依春秋正典著《姓源韵谱》，李林甫撰《天下郡望氏族谱》，迄宋欧苏谱法，遂大备。论者訾⑦宗法社会递嬗⑧数千载，宗谱之制益周且密，无涯之国力相与维系，而隆污⑨阻滞进化，其实不然。社会进化系于民智民德之优瘠，凡愚暗不才者之所资，皆贤能者之所遗也。思理之由通识地之由，实莫不有其本源。萃古今圣哲仁人之所为，列其时之声教文物，修之以为成法，亲亲尊尊，仁民爱物，国之教化日益淳、风俗日益厚者，宗谱尚焉。

【注】

①宗伯：官名，周代六卿之一，掌宗庙祭祀等事，即后世礼部之职，因亦称礼部尚书为大宗伯或宗伯，礼部侍郎为少宗伯。②宗正：官名。掌管王室亲族的事务，汉魏以后，皆由皇族担任。③扬雄宗正箴：西汉末年扬雄撰写的《百官箴·宗正箴》。④陵夷：由山陵到平地，指由盛到衰。⑤五胡乱华：五胡乱华指西晋末年塞外众多游牧民族趁八王之乱而割据，最后导致晋室衣冠南渡，五马过江，在南京建立东晋。"五胡"主要指匈奴、鲜卑、羯（jié）、羌（qiāng）、氐（dī）五个胡人大部落。⑥荡析：动荡离散。⑦訾（zǐ）：指责。⑧递嬗（shàn）：传递、更替。⑨隆污：高与低，喻盛衰兴替。

挚友胡君剑夫出重修宗谱，属为之序。余读其所刊先人至言至行、明伦正德，靡不毕载，得谱之意。及观其二世祖秋田先生所著咏史诗、移南诏书，笃实辉光，发人深省。如咏居延、五湖、关西诸诗，忠正之气，恬淡之什①，郁于中而发于外，可以参至道，被②万世，岂仅服骠信、传唐书艺文志、垂训子若孙哉？君子于其言必忠信而不苟，诗言志，歌咏言，文载道，斯所以芬芳千古。先生宅③志超旷④，襟怀雅洁，一令延唐，于惠百里，宜其辞彩敦厚，流泽远长也。梁昭明⑤谓："观陶渊明之文者，仁义可蹈，爵禄可辞，不必傍游泰华⑥，远求柱史⑦，此亦有助于风教⑧。"余于先生之文亦云，夫人类历史，一时代即有一时代之制作典型。往者去，来者继，前者引，后者兴，化以成俗，教以成风，若水之在地，或为江河，或为川泽，万流澎湃，汇而为海洋，先生之贞夷峻博⑨，犹海洋之江河川泽，殆社会进化梯航欤？胡氏诸君子克绍之，力行之，发扬而光大之，式先贤之贻训而思保其阀阅⑩，慨继往之有责而思复我邦家，则是谱之纂修非关一姓数端之纪载、一门之展亲收族已也。胡氏世居邵，唐以前莫得纪，自唐迄今千有余载，贤才辈出，为邑望族。故述宗法尊群之义，与所促进社会者，以为之序。

民国三十二年岁癸未孟夏之吉，陆军中将军事委员会中将参议岳森谨撰。

【注】

①什（shí）：诗篇。如篇什、雅什。②被：盖，遮覆。③宅：居。宅心仁厚：居心仁义厚道。④超旷：高远旷达。⑤梁昭明：梁朝昭明太子萧统，主编《昭明文选》，撰《陶渊明集序》。⑥泰华：华山。⑦柱史：指老子李耳，曾做周朝柱下史。⑧风教：《诗大序》："风，风也，教也。风以动之，教以化之。"后以"风教"指风俗教化。⑨贞夷峻博：中正、和平、高峻、宽广。⑩阀阅：功绩和经历。

【译】

谱牒起源于宗法社会，由来已经很远了，司马迁作夏商周三代的世表，说商代以前的年份纪事难以考证，只能从谱牒中找到。从周、秦、汉、晋朝，到隋、唐、宋、明朝，一般是由皇室的人掌管属籍和重修家谱，设有专人如宗伯或宗正来做这件事。西汉扬雄在《百官箴·宗正箴》中写道："巍巍帝尧，钦亲九族，礼有攸训，属有攸籍。"描写的是多么盛大的事啊！一般士庶之家都是根据家牒自己修谱。西晋末年，五胡乱华，百族分崩离析，从此谱牒就被世人珍惜起来。唐朝宰相张九龄依据春秋正典写有《姓源韵谱》一书，宰相李林甫写了《天下郡望氏族谱》一书，到了宋朝，欧阳修和苏洵制定了私家修谱的体例，从此各姓修谱的条件就齐备了。有人曾指责说，中国的宗法社会已经延续了数千年，花费无穷国力去修这种日益周密的族谱，这严重地阻碍了社会的进化！我认为不是这样。社会的进化在于民智民德的优劣，而教化那些愚暗不才的人，所凭借的还是古圣先贤所遗留下来的文化遗产，很多的道理、很多的地方风俗，其实都是有本源的。我们把古代圣哲仁人的所作所为、文章文物搜集起来编成教材，则爱国尊亲，仁民爱物，国家的教化就会日益淳厚，地方的风俗也会日益淳朴，族谱正是达到了这个目的！

　　我的挚友胡剑夫想重修秋田胡氏宗谱，希望我作序。我读到他们族谱中所刊登的先人言行，将符合伦常道德的话都记载了进去，真正实现了族谱的意义。而我看到其二世祖胡秋田先生所著的《咏史诗》《答南诏牒》，言语笃实，充满智慧的光辉，发人深省，教人觉悟。如咏居延、五湖、关西这些咏史诗，有忠正之气概，恬淡之诗味，读者积累在胸中，发散出去可以参悟大道，可以教化万世，难道仅仅只让南诏国王臣服吗？难道仅仅珍藏在《唐书·艺文志》里吗？难道仅仅用于教训胡氏子孙吗？君子的话是忠信的，没有半点随便，诗用来表达君子的志向，歌用来咏唱君子的心声，文章用来承载大道，这样一来，这些诗文就可以千古流芳。秋田先生心志高远，胸怀雅洁，曾做过延唐令，惠及百里，应该是他文采敦厚、言行一致，于是能造福长远。梁朝昭明太子说："只要读了陶渊明的诗文，就能践行仁义，就能抛弃富贵，根本不必去华山与赤松子同游，也不要去追问遥远的老子，这当然有助于风俗的教化。"我对胡曾先生的文章也要说，在人类历史上，一个时代有一个时代的典范。典范离去了，后面的人就去继承他的精神，在典范的精神指导下，典范的事业可以复兴，这些精神就化成了风俗，就好像地上的流水一样，可以成为江河，也可以成为湖泽，最后万流澎湃汇为海洋。秋田先生的中正和平、高明博大，就好像是江河湖泽汇成的海洋一样，这不是人类社会进化的向导吗？秋田胡氏的各位君子一定要继承他的思想，实践他的道德，将胡曾的事业发扬光大，效法遗训，保护其功德，把继往开来的责任担当起来，振兴我们邵阳，因此从这个角度看，秋田胡氏的修谱，就不仅仅是一家一姓记载历史、团结宗亲那么简单的事了。秋田胡氏历代居住在邵阳，唐朝以前的源流不清楚，而从唐朝到现在已经有一千多年，贤才辈出，是我们邵阳的望族。因此，我在这里说说修谱对促进整个社会发展的意义，以此为序。

民国三十二年孟夏吉日，陆军中将军事委员会中将参议岳森谨撰。

【论】

该序立意高远，眼观家国与未来，对修谱的意义由家族上升到了社会、国家的高度，对于传统宗法家谱阻碍社会进步的说法，进行了有力驳斥。"居高声自远，非是藉秋风"，岳森作为蔡锷挚友，古为今用，自然有卓越之见识。

9.2 民国三十三年秋田胡氏族谱序（胡洽壬）

父老倡修谱久矣，以余幼年从先大父①、父读，粗识文字，属余以撰修事。余频年糊口于外未归，归而丁母忧②，读礼③未终又遭国难，萑苻④乘间窃发，余以办团为故，与若辈为仇，至罹于难，窜身岩洞，自揣毫无生理，无何乘间逃归，所不死者亦幸耳。自此以后，万念俱灰，惟谱事未成，心殊耿耿⑤。本拟集合同人分途工作，仰副⑥族中各父老及全体之希望，因祠宇驻兵未能迁移，如是者亦有年，计自倡议之初，以及军队开拔之日，盖有八九载于兹矣。于此时期，曾两度设局，从事于墨谱之征集与缮写，谱纸之购买与保存，卒因余一人家贫，图谋生活，未负专责，谱牒迄未付梓。试一从旁观察，任何一姓之谱，由倡修设局之日及其成功，未有若是之迟且久者也。迁延岁月，因而多耗金钱，此皆余一人之罪戾，而于同事者无与焉。幸主修剑公远宦归来，督促进局，乃将墨谱重行整理，仿欧苏之成式，编辑就绪，计为世系图、世次表一十四卷，其中有直笔亦有曲笔，有通义亦有疑义，有成例亦有新例，并非余一人之主张，胥⑦得主修及各父老之同意，他如遗丁录限于无可位置添丁录，又因时间延长关系，编者例应附于世系之末，今乃于卷首二始行加入，自乱其例，因十四卷已经钉就，此又事实之无可如何者，究非余之本意也。

【注】

①大父：祖父。②丁母忧：遭遇母亲丧事。③读礼：古人守丧在家而读丧礼，出自《礼记·曲礼下》："居丧未葬，读丧礼；既葬，读祭礼。"④萑苻（huán fú）：指盗贼，草寇。出自《左传·昭公二十年》："郑国多盗，取人于萑苻之泽。"⑤耿耿：有心事。⑥副：相配。⑦胥（xū）：全，都。

抑又考之昔者，孔子删书终于秦誓，识者知嬴秦之必有后①，修史绝笔获麟②，又以匹夫而操削笔之权。太史公司马迁作史记，首本纪而殿③以自序，序中谈六家要旨④，以为儒者列父子之礼、夫妇长幼之别，虽百家弗能易。余辑是谱，存孔子删书之心，祝吾族其后之必大。现值修谱之期，添丁不可胜数是其明征，传至无穷正方兴而未有艾，至笔削⑤之权，以余学殖⑥落荒，岂敢舞文弄墨，盖不待今日而始知下笔之难也。待编辑完竣，窃妄附于司马迁作史记之例，而以自序略叙己意，此则序父子之礼、夫妇长幼之别，所宜汲汲⑦讲求者也。又余窃查吾族之谱，自亨宇公倡修后，继之以佩昭公，而介庵公，而体仁公，体仁公即余先大父也，佩昭公、介庵公即余先叔祖也，均绩学⑧能文章，有名于时，出而担任主笔。前事诚为后事之师，惜余学识浅陋，谬承各父老纯采虚声，俾以重任，何敢与古为徒，不过固辞未获，率尔操觚，依傍先人，徒恃抄撮，间亦窃附己意，体裁未合，庇谬必多，清夜扪心，能勿内疚？所望后之修谱者，从而更正，又或应潮流别开生面，然于父子之礼、夫妇长幼之别，故不可易也，此则余所馨香祷祝⑨以求之者，是为序。

中华民国三十三年，三十八世裔孙洽壬薰沐敬撰。

【注】

①孔子删书终于秦誓，识者知嬴秦之必有后：《尚书》为孔子编定，所录为虞、夏、商、周四代典籍，当时秦国还只是个诸侯国，但孔子将《秦誓》作为最后一篇编进了《尚书》，作者认为孔子能预见秦国后来会强大。②修史绝笔获麟：周敬王三十九年，鲁哀公西狩获神兽，孔子认出是

麒麟，悲叹道："唐虞世兮麟凤游，今非其时来何求？麟兮麟兮我心忧。"遇麟而生的孔子见此麒麟死后，觉得道穷，于是绝笔，史书《春秋》也终稿。③殿：放在最后。④六家要旨：指司马谈（司马迁父亲）所论述的阴阳家、儒家、墨家、名家、法家、道德家的优劣。谈到儒家时说："儒者博而寡要，劳而少功，是以其事难尽从；然其序君臣父子之礼，列夫妇长幼之别，不可易也。"⑤笔削：笔指记载，削指删改，古时在简上删改时得用刀削去原字。⑥学殖：指学问的积累，出自《左传》："夫学，殖也；不殖将落。"⑦汲汲（jí）：形容心情急切，努力追求。汲：从井里打水。⑧绩学：学问渊博。⑨馨香祷祝：虔诚地向神祈祷祝愿。馨香：烧香；祷祝：祷告祝愿。

【译】

族中父老倡修家谱很久了，因我幼年跟从我祖父、父亲读书，粗识文字，于是安排我撰修。我一直在外糊口未归，碰到母丧丁忧回家，读礼未完又遭日寇侵华的国难，乡间盗窃蜂起，我因办团与某些人结仇，于是遭难而逃生岩洞，本以为是死路一条，没想到乘机逃回，能不死也是万幸，但从此以后万念俱灰，唯一耿耿于怀的是这修谱的事没完成。本来想集合同人一起分工协作，以完成族中各父老及全体的愿望，但由于秋田祠内驻兵多年，没有修谱的场所，从倡议开始到军队开拔，八九年就过去了。其间曾两次设局，完成了各家手写谱的征集和抄写，谱纸的购买与保存，终因我一人家贫，图谋生活，不能专门负责，所以谱牒一直没去印刷。在旁人看来，任何一姓修谱，从倡修到完工，没有这么迟完成的，贻误了时间，多花了费用，这当然与他人无关，都是我一个人的罪过。幸好主修胡剑夫从外做官归来，督促我加快进度，我于是将墨谱重行整理，仿照欧苏的成式，编辑就绪，合计世系图、世次表一十四卷，其中有照实的直笔，也有隐晦的曲笔，有通例也存疑问，有按老格式也有按新格式，这些安排都得到了主修及各父老的同意，其他如遗丁录，只限于在没有位置添加的情况下设置，同时由于修谱时间长达八、九年，十四卷已经订就，其间出生的人丁本来应该加在世系之末，现在只能在卷首二始行加入，算是自乱其例，但又无可奈何，终究不是我的本意。不过这让我想起孔子删《尚书》，将《秦誓》放末尾，有见识的人就知道嬴秦必定排在虞、夏、商、周之后而一统天下，而孔子修《春秋》，以布衣操史官笔削之权，但见到鲁哀公西狩获麟而绝笔。太史公司马迁作《史记》，在开始的本纪末尾，加上了自序，序中谈到他父亲对阴阳、儒、墨、名、法、道德六家的评论，认为儒家的父子、夫妇、长幼之礼，即使百家争鸣也不可改变。我此次修谱，就是存孔子删《尚书》的用心，祝愿我族能日益壮大。在修谱这段时间内，添丁不可胜数，这不应验了我这句话吗？秋田胡氏的蓬勃发展正方兴而未有艾！至于笔削之权，我早知下笔之难，以我荒芜的学养，修谱竣工，我也妄学司马迁作《史记》之例，写个自序表达心意，这也是序父子之礼、夫妇长幼之别，这对于我们也是刻不容缓的事。回顾我族修谱，从亨宇公倡修后，后来有佩昭公、介庵公、体仁公担任主笔，体仁公就是我祖父，佩昭公、介庵公就是我先叔祖，都是饱学能文之士，闻名一时。前事诚为后事之师，可惜我学识浅陋，徒有虚名，谬承各位父老看重委以重任，又怎么敢跟先辈相提并论呢？我曾力辞而未获同意，无奈直率操笔，依靠先人的前谱，照抄过来，个别地方附加己意，这样一来错漏肯定很多，清夜扪心，不内疚是不可能的，希望将来修谱时更正吧，或者应潮流别开生面！当然对于父子之礼、夫妇长幼之别，这些是万万不可更改的，这是我馨香祷祝所希望的，是为序。

中华民国三十三年三十八世裔孙洽壬薰沐敬撰。

【论】

除了六修是乾隆丙辰年（1736），秋田修谱后来有六十年一修的规律，七修是嘉庆丙子年（1816），八修是光绪丙子年（1876），九修应该是1936年，由于1937年抗日战争全面爆发，于是到1944年才修成。

10　族谱文注

10.1　成章公义塾碑文（秋田九修族谱）

立学舍于所居之南一里许，画田二十余亩约出租，百余石给佃者外，悉以为先生之奉。余子侄兄弟之愿学者悉入其中，其异姓愿就者，惟先生所命芹藻之羞①，则听其人之忱。既成勒②碑以记，俾后之人有守焉。夫家之有塾，所以端蒙养③、储孝秀，异时之观光上国、利用宾王④均于是乎？出可不重哉？顾居今日而言，学其亦甚易矣！弟子不必有求于师，而师无不有求于弟子，故担簦蹑屩，不闻觅立雪之门⑤；握椠怀铅，早自求拥皋之地⑥。桃李不言，挟厚实以成蹊⑦；杏坛数至，或微嫌而削迹⑧。旅进旅退，随在可登，作者之堂，三盈三虚⑨，顷刻便割闻人之席⑩。

【注】

①芹藻之羞：古代学生入学以芹藻礼敬先师，羞同"馐"。此处指学费。②勒（lè）：雕刻。如勒石、勒碑、勒铭。③蒙养：即蒙以养正，出自《易经》蒙卦。④观光上国、利用宾王：观上国的风光，利于做国王的宾客。出自《易经》观卦爻词。⑤担簦（dēng）蹑（niè）屩（juē），不闻觅立雪之门：此句言现在的学生虽然四处求学，但是没有那种程门立雪、尊师重道的诚意了。担簦：背着伞。蹑屩：穿草鞋行走。立雪之门：即程门立雪的典故。⑥握椠（qiàn）怀铅，早自求拥皋之地：握椠怀铅指拿着木板，带着铅粉笔。拥皋即坐拥皋比，皋比（gāo pí）指铺设有虎皮的座位，古代为将帅、儒师所坐，后称任教为"坐拥皋比"。此句言现在的老师因没有受到尊重四处流动。⑦桃李不言，挟厚实以成蹊（xī）：桃树和李树不说话，但因为其丰厚的果实，树下被人走成了一条小路。蹊即小路。此句言老师教育得法，学生自然很多。⑧杏坛数至，或微嫌而削迹：此句言现在学生要求多，老师难以满足而离开。杏坛：孔子授徒讲学的地方。微嫌：细小的嫌隙。削迹：踪迹消失。⑨旅进旅退，随在可登，作者之堂，三盈三虚：此句言有些老师四处流动，学生数量也是几增几减。旅进旅退指跟着大家走，自己没有什么主张，出自《礼记·乐记》"今夫古乐，进旅退旅"。三盈三虚：指孔子的满门弟子，被少正卯讲学所吸引，多次离开孔子之门。⑩割闻人之席：意思是跟这个出名的老师绝交。割席典出《世说新语》，管宁看到华歆爱慕金钱和虚荣，于是把席割开分坐。后指跟朋友绝交。

呜呼，以是言学，吾诚不知其所学者果何事也！夫以亨行时中之责①，反类于见金不有之躬②，弟子乐得如是，以便其私，父兄亦乐得如是，而不顾自误其弟子，果何意也？余惩于斯，故窃自矫其苟且之私，而思成子弟以专久之业。物虽不腆③，诚出中心，初筮④之念，终始无二。亦庶几私惠不留之君子，或鉴其微意，而噬肯来游，示我周行⑤乎？不然而是区区者，适足以自亵⑥、以亵吾师也。夫古之学者，严师为难，师严然后道尊，道尊然后人知敬学，今也本严师之意，而维之以经久之法，吾子弟其有浓郁其中，而成其孝秀，蔚为国华者乎？夫积善之家必有余庆，兹不过一善之递传已也，而庆之或余与否，亦敬以俟其时焉。

【注】

①亨行时中之责：以通达的态度采取切合时宜的行动。出自《易经》蒙卦。②见金不有之躬：见到金钱就失身、失节，出自《易经》蒙卦。③腆（tiǎn）：丰厚。④初筮（shì）：初次占卜。筮：古代用蓍草占卦，出自《易经》蒙卦。⑤噬（shì）肯来游，示我周行："噬肯来游"即"肯不肯来一起游玩？""示我周行"即"给我指示人生的大道。"均出自《诗经》。⑥亵（xiè）：轻慢。

【译】

义塾学舍就在我居住的地方南边一里许，义塾有田二十余亩用来出租，其中百余石给佃户，剩下的全部用来请老师。我族子弟愿意读书的都可以就学，异姓愿意就读的，就按老师的吩咐，除了交学费，还要看这个人是否诚心读书。义塾修好后，我们于是刻碑纪念，使后人能保守这个义塾。我们家族办义塾，主要是发蒙养正，传承孝道，将来能培养出家国栋梁，因此意义重大。当然在今天，要读书还是很容易的，弟子不必求老师，而老师则无不求弟子，所以现在的学生虽然跋山涉水，却再也听不到程门立雪的尊师故事了。而老师也是此处不留爷、自有留爷处。那些教授有方的老师，当然是桃李芬芳，学生上门，络绎不绝。而那些流动的教师，却是四处设教，学生不满意，就拂袖而去。可怜那些私塾如孔子当年的杏坛一样，三盈三虚，到最后竟然彼此交恶。现在这样读书，我真不知道他们到底在学什么！老师应该担负起"童蒙求我，蒙以养正"的责任，现在却变成了为金钱而折腰的教书匠，不过学生却喜欢，因为老师也不再严格要求，家长也听之任之，而不知道这是在耽误自己的弟子。有鉴于此，我就下决心要矫正这种学风，让子弟能学有所成。现在我们这的条件不好，待遇也不够丰厚，但是我们是有诚意的，我们也将坚持我们的初心，但这能不能让那些不愿意留下的老师改变想法呢？或许能理解我们的想法，像《诗经》所说的"噬肯来游""示我周行"？因为像我们这种情况，还是有点轻慢老师的。自古以来，读书一定要找到严师，所谓"师严然后道尊，道尊然后人知敬学"，我们现在就按照严师的标准来开展教学，并将持之以恒，我希望子弟们能用心读书，成为俊秀，将来成为国家栋梁。《易经》说："积善之家，必有余庆。"这并不是难事，只要世代保持积善的传统就行。至于余庆什么时候到来，我们就耐心等待吧。

10.2 新建继成小学校校舍记（秋田九修族谱）

是校之设，以黑塘胡氏支祠为校舍，即成章公义塾旧基也，祠之主堂右壁砌有建义塾石碑，字迹朗然可诵，即旧谱所载成章公义塾碑文也。曷以改塾为祠？谨按旧谱编列黑塘成公祠云："建义塾者，公之所以裕后。立公祠者，后嗣之所以尊祖，故其名虽易，而塾之田亩所出，仍贮之以待后起。"并云："祠因成公义塾旧基，而修葺之非敢妄更。"语重心长，诚为片言扼要，而解释亦极为明瞭，推其用意，原欲启迪后人，急谋恢复以宏造就，无何改塾为祠。之后延至清末，百有余年，卒未闻有提倡兴学者，盖族中子弟之废学久矣！民国肇造[①]，强迫教育案之实施，学潮高涨，族人悚[②]然。鉴于前车有假祠办学之议，壬幸沐庭训，粗识文字，谬承父老公推，担任校长职务。办理有年，校舍不敷应用，拟欲改造，乃购买祠左之文昌宫，及祠款所建之仓楼，共同拆毁建新式校舍一大栋，赖群策群力，克底于成，计为礼堂一、教室四、办公室一、教员室五，舍外围墙，墙外操坪，亦颇适用，左右砌有砖牌，内书"忠孝仁爱信义和平"八字，外书"继成小学校"五字，均系继任校长国望书，"继成"二字取

"孝者善继人之志"之义，乃壬之所拟。云回忆成公建立义塾之初，有塾无祠，其后有祠无塾，其后塾之田亩所出，贮之以待后起人，第知保管之得，而不知固有之学款留遗以及于今也！继自今其善继先志，克绳祖武，俾继成学校蒸蒸日上，非壬一人继之，乃族人共继之，又不但现在之族人继之，乃世世子孙共继之者也，族人其勿河汉③，壬言爱书以记之。

【注】

①肇（zhào）造：始建。肇：开始。②悚（sǒng）：担心。③河汉：银河，比喻不着边际、不可凭信的空话。

【译】

这个学校的设立，把黑塘胡氏支祠作为校舍，也就是曾经的成章公义塾，支祠主堂的右壁砌有建义塾石碑，碑上的字迹还清楚可读，这也就是旧谱所载的成章公义塾碑文。为什么将成章公义塾改为祠堂？旧谱的说法是："建义塾的目的是希望后代成才，建祠堂的目的是尊祖，名字换了，但义塾的田租，还是存起作将来之用。"还说："虽然义塾改为公祠，但是装修还是不能随意更改原来结构。"这些话语重心长，简明扼要，意思是启迪后人，将来还是要恢复义塾以造就人才，之后到了清朝末年，一百多年都没有人提倡办学，可见族中子弟废学之久！到了民国建立，强迫教育案实施，办学热潮高涨，族人因此担心没有校舍。鉴于以前有借祠堂办学的建议，而我有幸从小接受教育，粗识文字，谬承族中父老公推，担任学校校长职务。学校经营几年后，校舍已不足，准备扩建，于是购买祠堂左边的文昌宫，拆毁祠堂仓楼，建新式校舍，有赖大家出策出力，终于建成，合计有礼堂一、教室四、办公室一、教员室五，校舍外有围墙，围墙外有操坪，左右砌有砖牌，内书"忠孝仁爱信义和平"八字，外书"继成小学校"五字，均系继任校长国望书写，校名"继成"二字取自"孝者善继人之志"，是我起的。现在回忆起成公建立义塾之初，有塾无祠，到后来有祠无塾，但义塾的田租却一直积累保管到了今天！希望从今都能善继先志，光宗耀祖，也希望继成学校蒸蒸日上，这不仅要我一人去继承，还需要族人一起去继承，不但需要现在的族人继承，还需要世世代代的子孙去继承，希望大家都不要去说空话，而要行动，我就把心里的话写出来作为纪念吧。

10.3　龙山观碑序（胡桂芳 漆家铺三修族谱）

尝思莫为之前虽美弗彰，莫为之后虽盛弗传，诚之创业难而守成不易也。初我祖胡才瓒公①字圭玉，派衍两房必崇、必宁二公者，世居四都四甲②茶山村，自明季正德元年③创建枫木冲龙山观，碑谱钟据，朗若日星，观中神象峥嵘，英灵灿著，原以为后嗣祈福祉、除氛祲④也。且置田园山塘，租石以供香灯茶水之需，以及钟鼓器具，莫不兼备，谋成远、意诚良也，其关系岂浅鲜哉？道光二十三年⑤，观就倾颓，吾先辈复为修葺，费由公出，不假外人，经营数百年无异泊。光绪十一年⑥，有住道者因逐狭恨觊觎⑦，旋生混争为众姓公观，我等切齿⑧，控经四宪蒙批致理存案礼科，讼累数年，浪费不少，幸蒙团总⑨劝息，观仍依旧管理，外姓无得再争，今因事寝爱刻情由以垂久远，俾后之作者念祖德之遗迹，体我辈之苦心，而世守勿替焉，则幸甚。

县丞浚川氏桂芳⑩撰书。

【注】

①胡才瓒公：按漆家铺胡氏班次"贤—子—万—昌—宗—祖—文—才"可知，才瓒公为贤隆公7代孙，约生于1466年（明成化二年）。才瓒公生二子必崇（生于1486年）、必宁（生于1489年）。②四都四甲：按照明清都甲制度，县下面设都，都下面设甲或团，以此征收田赋。明朝洪武五年（1372）在邵阳县司门前建立了"隆回巡检司"，简称"隆回司"，隆回辖八都，一都辖司门前、金潭、石桥铺、孙家坳等地；二都辖黄金井、高洲等地；三都辖羊古坳、韩家铺等地；四都辖鸟树下、千古坳、水打铺、十里山等地；五都辖大水田、桐木桥南部、碧山、曾家坳等地；六都辖六都寨、西山、荷田、梅塘、九龙山等地；七都辖岩口、苏塘、滩头、周旺等地；八都辖雨山北部、桃花坪等地。③正德元年：1506年。④氛祲（jìn）：指预示灾祸的云气。⑤道光二十三年：1843年。⑥光

绪十一年：1885 年。⑦觊觎（jì yú）：希望得到（不应该得到的东西）。⑧切齿：咬紧牙齿，表示极度愤恨。⑨团总：地主武装团防的头目。⑩县丞浚川氏桂芳：时任县丞、族长的胡桂芳。县丞即县令的副手，正八品。桂芳：辈名乾汉，字浚川，贤隆公 20 代孙，秋田公 34 代孙。

【译】

曾想起韩愈的那句话："莫为之前虽美弗彰，莫为之后虽盛弗传！"深感创业艰难，而守成也不容易。当初我祖胡才瓒公，字圭玉，派衍必崇、必宁两房，居住在四都四甲茶山村，为了给后代求幸福、祛灾祸，才瓒公于是在明朝正德元年（1506）在枫木冲创建了龙山观。碑谱记载得非常清楚明白，观中的神像也是肃穆峥嵘，英灵长住，而且还购置了田园山塘，出租收入用于供给香灯茶水的费用，还购置了钟鼓器具，一应俱全。才瓒公谋划周全、用意深远，其意义十分重大。道光二十三年（1843），龙山观年久倾颓，我们胡氏先辈们一起出钱修理，这三百多年来，也是我们家族在打理。光绪十一年（1885），有一个道士想将此观占为己有，后来又有多人相争，竟然变成了很多姓氏所共有，我们当然就气愤了，于是控告到官府，官司打了数年，浪费了不少人力物力，幸蒙有团总出面协调，此观依旧由我族管理，外姓不得再争。现在这件事已经平息了，我记载下来以垂久远，希望子孙后代能念及才瓒公等祖先留下的遗产，体谅我辈的苦心，希望能世守勿替，如此则幸甚了。

县丞浚川氏桂芳撰书。

10.4 录兴光公前后寿记并传（胡汉宗　荷市族谱）

粤稽古有三祝①而多寿与焉，恨未尝累叶②习见③也。丁酉岁④余与房翁时雨讳信霖⑤者倡修家乘，录其高祖克明公讳兴光寿老阳晋四⑥，因即其累叶而筹算之，则前克明公而寿者：孝儒公古稀有一⑦，义伯者有四⑧，姒氏李数得九九⑨，系克明公曾若祖也，其叔永芳公四年杖国⑩。

【注】

①三祝：祝"富、寿、多男子"，典出《庄子·天地》，说的是华封

人祝尧帝寿、富、多男子，尧帝均辞，问原因，尧帝说："多男子则多惧，富则多事，寿则多辱。是三者非所以养德也，故辞。"②累叶：累世。叶：世，时期。③习见：常见。④丁酉岁：光绪二十三年，1897年。⑤房翁时雨讳信霖：房中长辈时雨公，班名是信霖，时雨是字号。按照荷香桥班辈"孝义永兴国，智履信忠昌，清德芳麟经"，作者是清字辈，时雨讳信霖是信字辈，大了三辈，故称翁，该文从孝字辈开始讨论高寿的事情，包括孝儒公、义伯公。⑥兴光寿老阳晋四：兴光公寿九十四岁，老阳即九十。查荷香桥族谱，兴光公生于康熙癸卯（1723），卒于嘉庆二十一年（1816），生子四。⑦古稀有一：七十一岁。古稀代表七十岁，出自杜甫《曲江》诗句"人生七十古来稀"。⑧义伯者有四：孝儒公长子义伯，寿七十四。⑨姚氏李数得九九：义伯姚李氏寿八十一，即数得九九。⑩四年杖国：寿七十四，杖国即七十。《礼记·王制》云："五十杖于家，六十杖于乡，七十杖于国，八十杖于朝。"

永茂公六年杖乡①，其兄弟兴诗公常珍六载②，兴周公宿肉六春③，兴武公亦偕老尼山④焉，皆无病陟遐⑤。若后克明公而寿者：国清公六年称耆⑥，姚氏范一年称耄⑦，国朝公二年称老⑧，欧阳姚九年称耋⑨，而国秀公杖五载于朝⑩。

【注】

①六年杖乡：寿六十六。②常珍六载：寿八十六。《礼记·王制》云："五十异粮，六十宿肉，七十贰膳，八十常珍，九十饮食不离寝。"常珍指常备珍馐。③宿肉六春：寿六十六。宿肉指留肉过夜。④偕老尼山：寿同孔子，即七十三。⑤陟遐：去远方，指离世。⑥六年称耆（qí）：寿六十六。耆：六十岁以上的人。⑦一年称耄（mào）：寿八十一。耄：八十岁称耄。⑧二年称老：寿七十二。《礼记·曲礼上》云："人生十年曰幼，学。二十曰弱，冠。三十曰壮，有室。四十曰强，而仕。五十曰艾，服官政。六十曰耆，指使。七十曰老，而传。八十、九十曰耄，七年曰悼，悼与耄虽有罪，不加刑焉。百年曰期，颐。"⑨九年称耋（dié）：寿八十九。耋：年八十曰耋。⑩国秀公杖五载于朝：国秀公（1774—1858），兴光四子，寿八十五，八十曰杖朝。配卿氏，生九子，履端、履玉、履严、

履举、履广、履爱、履财、履彪、履部，及一女。

及德配卿君，且四年二膳①，即霖曾祖妣也，生霖祖履严公伯仲九人，匪特公年吕尚缺一②，妣氏罗与姑同寿③，即履玉公数合八九④，及七九者履举公⑤，欧阳姑亦七，春秋高于夫。而履广公更增严公旬寿⑥焉，又况履敬公夫妇虽仅周甲⑦，其长君智能较添一纪⑧，履帛公虽周甲进一，其妣氏罗较添一纪有半，外此履肃公愈一年将呈六豆⑨，其妣氏罗及弟履呈公，不数月豆将呈五，履贵公已愈四豆五载，周妣前九载已献三豆矣。岂独霖父鹏程公讳智开⑩者仅得耆寿之六也。

【注】

①四年二膳：卿氏（1772—1845）寿七十四。二膳：指美食。借指七十岁。出自《礼记·王制》。②吕尚缺一：履严公（1801—1879），寿七十九，姜太公吕尚八十遇文王，相比差一岁。③妣氏罗与姑同寿：履严公妣罗氏（1805—1878），寿七十四。跟家婆卿氏同寿。④履玉公数合八九：履玉公（1799—1870）寿七十二。⑤七九者履举公：履举公（1805—1867）寿六十三。⑥履广公更增严公旬寿：履广公（1807—1893），寿八十七，多严公一旬（实际只多了八年）。旬：十岁。⑦周甲：寿六十，刚好一个甲子。⑧一纪：古称十二年为一纪。⑨六豆：九十岁。《乡饮酒义》云："六十者三豆，七十者四豆，八十者五豆，九十者六豆。"⑩智开：履严公长子，太学生，道光七年（1827）生，光绪十七年（1891）卒，寿六十五。

余见而深羡曰：美哉，何其寿之多耶！抑何所修而获此耶？霖自以为：高祖以上代远难详，第高祖克明公为人磊落刚方，喜积累，尚勤俭，睦宗族，和乡邻，几相雀鼠悉排解之，每负重任必竭力图成，虽寝食不暇，嘉庆间倡修谱牒，经理猥务①，皆出公手，一易葛裘而功告成，常垂训曰：凡人尊祖莫如敬宗，敬宗莫如收族，收族而后宗庙严，后之人苟有念厥先人者，当绳吾之武焉。咸丰庚申②谱议续修，公举叔祖履黄公倡首③，见其生平，秉公正直，赖吾祖履严公勷④成，效其修家之法以修族。故人伦大有纲纪，而吾族更兴复举，吾父智开公监修其成，其参订手稿皆公手录，以反复清阅而少缺遗，二公相继数十年，克勤公务不知老之将至，是皆遵吾高祖之遗命耳。

余曰：翁家之寿，信由培元气来也。夫物必培其本根而后枝叶繁盛，人必尊其祖宗而后子孙繁昌。今翁之竭力倡修，盟心于神⑤，处事以理，大收其族，亦可谓善于继述⑥者也，由是以行，虽春秋尚在鼎盛⑦，而日修其德，安知不更享高年乎？嗟乎！吾不披览谱序，奚以知累叶之倡修，不记录耆寿，奚以知奕世之齿德⑧，不与翁共襄斯举，奚以知翁惟是承先启后之志也，余虽不文，不敢湮没其世德，故暂为记之，以为后之传者之草创云。

房晚清江汉宗氏顿首拜撰。

【注】

①猥（wěi）务：杂务。猥指琐碎烦杂。②咸丰庚申：1860 年。③倡首：领先。④勖（xù）：勉励。⑤盟心于神：在神灵面前盟誓。⑥继述：继承。⑦春秋尚在鼎盛：比喻正当壮年。春秋指年龄；鼎盛指正当旺盛之时。⑧奕（yì）世之齿德：世代的年龄和德行。奕世指累世、世代。齿德：出自《孟子·公孙丑下》"天下有达尊三：爵一，齿一，德一"。后用"齿德"指年龄与德行。

【译】

我查到古书上说三祝可多寿，但我还没有在人世中见到这样的例子。丁酉年我和房祖时雨公（班名信霖）一起修家谱，谱中我看到了时雨公的高祖克明公（班名兴光）竟然寿高九十四岁，我于是顺着克明公算了算前后几辈的寿命，在克明公之前的长寿者有：孝儒公七十一，义伯公七十四，义伯公姚李氏八十一，这些人是克明公的曾祖、祖辈。克明公之叔永芳公七十四，永茂公六十六，克明公的兄弟兴诗公八十六，兴周公六十六，兴武公七十三，都是无疾而终。克明公之后而长寿者有：国清公六十六，妻子范氏八十一，国朝公七十二，妻子欧阳氏八十九，而国秀公八十五，妻子卿氏七十四，也就是信霖公的曾祖母，生下了信霖公的曾祖履严公兄弟九人，履严公寿七十九，妻子罗氏寿七十四，与家婆同寿，履玉公寿七十二，履举公六十三，其妻欧阳氏七十，寿高于夫。履广公差不多比履严公寿高一旬，履敬公夫妇虽然寿才六十，但其父亲智能却高出一纪，履帛公虽然才寿六十一，但其妻罗氏寿长一纪有半，此外履肃公过一年就到九十，其姒罗氏及弟履呈公，差数月就到八十，履贵公已寿七十五，姒周氏已六十九，只有信霖父亲鹏程公（班名智开）仅得寿六十六。

我看到克明公这一房这么多寿星，于是大加羡慕道：美哉，何其寿星之多耶！我同时又问这是如何修来的？信霖公说：高祖以上由于年代久远，情况未详，但高祖克明公为人光明磊落，喜欢积德，勤俭持家，和睦乡邻宗族，碰到如麻雀老鼠之类的障碍总是尽力排解，族里的重任总是竭力完成，虽然自己家事繁忙，但在嘉庆年间倡修谱牒时，所有烦琐杂务，皆亲手经营，一年即告成功。常垂训子弟说：尊祖莫如敬宗，敬宗莫如收族，收族而后宗庙严，后人如果怀念先人，一定会在我的族谱基础上进行。咸丰庚申年续修族谱，叔祖履黄公带头，其秉公正直的性格就是我祖履严公培训出来的，把修家谱的方法用到了修族谱。人伦纲纪需要世代继承，我族必然要修谱，我父亲智开公负责监修，亲自手录，反复检校，以防错漏，两人数十年克勤公务，不知老之将至，这都是遵我高祖之遗命。

我听完说，贵房之寿应该是久培元气得来的。像树一样，根本培养好了，枝叶才能繁盛，而人必是尊敬祖宗才能子孙繁昌。现在信霖翁竭力倡修族谱，专心致志，通晓大理，善于继承，敬宗收族，虽然现在还是壮年，但这样勤修道德，肯定能享高年。哎！我不看谱序，怎么知道克明公几代人一直致力于修谱呢？不记录和考察寿命，又怎么会感觉到这修谱带来的累代高寿呢？不和信霖公共事，又怎么知道霖公这承先启后的大志向呢？我虽没有文采，但对于霖公一家的大德，我还是要记载下来，为将来写传记的人打个草稿吧。

晚辈清江汉宗氏顿首拜撰。

【论】

通过观看族谱中的脉络流传，无不可以发现一些规律，如"积善之家必有余庆"等，现代人觉得是迷信，其实从历史或族谱中来看，真实不

虚，根本不是迷信，信霖公祖上之高寿，即是明证。该文作者胡汉宗先生博学多才，熟悉各种年龄的雅称、古称，不见一个数字，却尽是数字，令人叹服！

二　家训注

前言

中国自尧舜以来就形成了以家为中心的文明，四千多年来，虽然王朝起起灭灭，但不同姓氏的家族却能做到一脉相承、长流不息，因此民间有"皇帝轮流做，明年到我家"的说法。而在不同姓氏的众多家族中，或在同一姓氏而流派不同的家族中，有的家族一直人丁兴旺、贤才辈出；而有的家族要么红极一时、盛极而衰，要么孤悬一线、岌岌可危，甚至有的毁家灭族、消失无踪。对于不同家族的不同命运，《易经》早就有"积善之家必有余庆，积不善之家必有余殃"的垂示，而由此带来的家训也对一个家族的兴衰起了关键的作用。纵观经久不衰的中华望族，都有其独特的家训，由此形成良好的家教、家风。

在家训方面，历史上著名的家训有《颜氏家训》《章氏家训》《朱伯庐治家格言》《曾国藩家训》等，《颜氏家训》名满天下，颜氏也有历史名人颜回、颜之推、颜师古、颜真卿支撑门面，而《章氏家训》则言简意赅，容易记诵，其曰：

传家两字，曰耕与读。兴家两字，曰俭与勤。安家两字，曰让与忍。

防家两字，曰盗与奸。亡家两字，曰嫖与赌。败家两字，曰暴与凶。

秋田胡氏千余年来一直瓜瓞绵绵，乃邑中望族，这不仅跟秋田公积德深厚有关，当然也跟后人绳其祖武、谨遵家训家规有关。这些经过时间检验的家训家规，可能有人觉得已经过时，可能有人觉得可以从中受益。是文物还是文化，请各位自己甄别。不过在复兴优秀传统文化的今天，自然有其价值所在的。

胡百年谨识，辛丑春月于深圳。

1 漆家铺胡氏家训（光绪戊戌年族谱）

第一条　孝父母

孔子曰：用天之道，分地之利，谨身节用，以养父母。又曰，五刑之属三千，而罪莫大于不孝①。又曰，啜菽②饮水，尽其欢斯之谓孝。

郭巨曰：儿可再有，母不可再得。

杨子曰：事父母自知不足者，其舜乎？不可得而久者，事亲之谓也。

罗仲素曰：天下无不是底父母。

礼曰：父母在，不敢有其身，不敢私其财。

叔敖曰：畏鞭笞之严，而不敢谏其父，非孝子也。

【注】

①五刑之属三千，而罪莫大于不孝：遭受五刑惩罚的罪行有三千种，其中最大的罪行是不孝。五刑即中国古代的五种刑罚，最初为墨（将墨涂于犯人刺刻后的面额部）、劓（yì，割去犯人的鼻子）、刖（yuè，弄断犯人之足）、宫（割去男犯生殖器，闭塞女犯生殖器）、大辟（杀头）五种，隋代至清代改为笞、杖、徒、流、死五种。②啜（chuò）菽（shū）饮水：指粗茶淡饭以奉养父母。啜：饮，吃。如啜茶。菽：豆的总称。

第二条　友兄弟

苏琼曰：天下难得者兄弟，易求者田地。

罗松窗曰：宇宙从来有此山，兄弟相与惟今世。

柳仲涂曰：人家兄弟无不义者，尽因娶妇入门，异姓相聚，偏爱私藏，以致背戾，男子刚肠者，几人能不为妇人言所惑，吾见罕矣。

第三条　端闺化

内则曰：礼始于谨夫妇，为宫室，辨内外，男子居外，女子居内。

孔子曰：妇人伏于人也。是故无专制以义，有三从之道，在家从父，出嫁从夫，夫死从子。

郑济曰：不听妇人言，高帝问治家长久之道，济故对云。

晏婴曰：夫和妻柔，姑慈妇听。内则曰，父事舅姑如事父母。

朱宏曰：贫贱之交不可忘，糠糟之妻不下堂。

第四条 择婚姻

文中子曰：婚姻而论财，夷虏之道也，君子不入其乡。古者男女之配，各择德焉，不以财为礼。

胡安定曰：嫁女必须胜吾家者，则女之事夫必钦必戒。娶妇必须不若吾家，不若吾家者则妇之事舅姑必执妇道。

司马温公曰：凡议婿当择其性行何如，勿苟慕其富贵。婿苟贤矣，今虽贫贱，安知异日不富贵乎？苟为不肖，今虽富盛，安知异日不贫贱乎？

第五条 正蒙养

石碏（què）曰：爱子教之义方。

周是修曰：教人子弟，孝弟力田。

杜孟训子曰：忠孝吾家之宝，经史吾家之田。

陈省华妻曰：不求金玉富，但愿子孙贤。

蒲宗孟戒子孙曰：寒可无衣，饥可无食，读书一日不可失。

第六条 睦族姓

范希文曰：吾吴中宗族甚众，于吾固有亲疏，然吾祖宗视之，则均是子孙，固无亲疏也。苟祖宗之意无亲疏，则饥寒者吾安得不恤也？

尧典曰：克明峻德[1]以亲九族。

文天祥曰：犹子[2]是吾儿。

苏老泉曰：吾今相视途人者，其初兄弟，其初一人之身也。

【注】

①克明峻德：克：能够。明：光明。峻：高。能够光明人的大德。《大学》开篇也有"大学之道，在明明德"。意思是人之初性本善，因为受到欲望的蒙蔽，所以心中就黑暗，这就需要道光照耀，才能让道德彰显出来。②犹子：侄子。

第七条　洽姻邻

曾子曰：亲戚不悦，不敢外交。近者不亲，不敢远求。

吕氏乡约曰：凡同约者德业相劝，过失相规，礼义相交，患难相扶。

第八条　勤职业

管仲曰：士之子恒为士，农之子恒为农。

曾子曰：官怠于宦成，病加于小愈，祸生于懈惰。

陶侃曰：大禹圣人乃惜寸阴，至于众人，当惜分阴，岂可逸游荒醉，生无益于时，死无闻于后，是自弃也。

夏正夫曰：君子有三惜，此生不学一可惜，此日闲过二可惜，此身一败三可惜。

徐九经令民曰：无以训汝曹，惟勤与俭及忍耳，俭则不费，勤则不惰，忍则不争，保身与家之道也。

蒯通曰：功者难成而易败，时者难得而易失，时乎时乎不再来。

宰我问于孔子曰：天富人中人乎？富人外人乎？子曰：富不可求也，惟自勤修而已。

第九条　供赋役

王廷珪曰：痴儿不了公家事。

罗通诫子曰：架上有书须教子，囊中无米且输官。

巴民歌曰：日出而耕，日入而息，吏不到门，夜不掩扉。

鄙谚曰：筑了墙，完了粮，半夜敲门心不妨。

第十条　戒健讼

孟勖曰：乘人之危不仁。

卫玠曰：人有不及可以情恕，非意相干可以理遣①。

虞芮君曰：争讼②小人也，不可以履君子之境。

易曰：以讼受服，亦不足敬也。

索驼曰：无为多事，多事多患。

【注】

①人有不及可以情恕，非意相干可以理遣：每个人都有他做不到的事情，所以要在情理上宽恕包容别人；不是故意冲犯则可以自己按情理去加以理解排遣。②争讼：喜欢告状打官司。

第十一条 存忍让

金人铭①曰：强梁②者不得其死，好胜者必遇其敌。又曰，忍不过时着力再忍，受不得处耐心且受。这个中除了好多烦恼。又曰：径路窄处留一步与人行，滋味浓时让三分与人嗜，此是涉世极安乐法。

【注】

①金人铭：据刘向《说苑·敬慎篇》记载"孔子之周，观于太庙。右陛之前，有金人焉。"，相传为孔子在周王室看到金人背部所刻，相传为黄帝所作，为《黄帝铭》六篇之一，从其内容看出，也是老子《道德经》的来源，因此统称黄老之术。其文曰："古之慎言人也，戒之哉！无多言，多言多败。无多事，多事多患。安乐以戒，无行所悔。勿谓何伤，其祸将长。勿谓何害，其祸将大。勿谓何残，其祸将然。勿谓莫闻，天妖伺人。荧荧不灭，炎炎奈何。涓涓不壅，将成江河。绵绵不绝，将成网罗。青青不伐，将寻斧柯。诚不能慎之，祸之根也。曰是何伤，祸之门也。强梁者不得其死，好胜者必遇其敌。盗怨主人，民害其贵。君子知天下之不可盖也，故后之下之，使人慕之。执雌持下，莫能与之争者。人皆趋彼，我独守此。众人惑惑，我独不从。内藏我知，不与人论技。我虽尊高，人莫害我。夫江河长百谷者，以其卑下也。天道无亲，常与善人。戒之哉！戒之哉！"②强梁：强横凶暴。

第十二条 戒酗酒

武王觞铭曰：乐极则悲，沉湎致非。

范鲁公戒从子曰：戒尔勿嗜酒，狂药非佳味，能够谨厚性，化为凶险类，古人倾败者，历历皆可记。

管仲曰：酒入者舌出，舌出者言失，言失者身弃，吾既弃身，不如弃酒。

2　秋田胡氏家训（秋田九修族谱）

一、赋税须如期完纳

完纳赋税，国家原有规定，乃人民应尽之义务，务须如期完纳，倘任意拖欠，则呼追频扰，不独受累不小，亦非所以为盛世良民。

二、兵役须如期应征

我国此前兵由召募，流弊滋多，近改募兵制为征兵制①，年龄既经政府规定，当兵义务原属应尽，值此抗战时期，尤宜踊跃从军，以御外侮，切不可故为规避。

三、祖训务宜恪守

继祖公修谱后，遗杖为子孙世守，以治不耕不读不忠不孝不恭不友不信不睦者，今杖虽不存，亦须略师其意，以约束子弟勉为善良。

四、五服②务宜遵守

查服制图列甚详，自父母推之，以次而杀③，都是情所不容己者，顾世俗读礼者少，家长亦不与子侄讲明斩衰、齐衰与小祥大祥④之义，而期功缌麻之服，尤废弃不行，所谓敦一本之恩、联九族之情者安在？我族其遵行之。

五、祖父务须祭祀

凡祖父生殁之期，详载谱内，所以欲子孙之不忘也，为子孙者务须及时供献，家虽贫寒，蔬食菜羹亦取其洁，报本追远即在于此。

六、扫墓必率卑幼

坟茔者祖父之所栖托也，祭扫者，子孙之所以亲其祖父也，按常例每年春秋祭扫二次，长者须率幼者同往，使知某坟系某公，某坟系某妣，庶足展敬祖爱亲之念，不然草间湮没古冢非尽无嗣祭扫也。

七、严慈必须兼尽

严慈者，父母之道也。不严，则一家之份不明；不慈，则一家之恩不笃，故严慈不可不尽。

八、父母必须孝顺

父母者，身所从出也，父母康健，人子籍父母以成立；人子强壮，父母靠人子以终年。人子之靠父母，无不得如其愿；父母之靠人子，岂容不尽其分？至于厚妻子而薄父母，不孝之罪万无可赎。论语曰：本立而道生。为人子者当于此用力。

九、兄弟必须友爱

兄弟者，与我同父母者也，幼则瞻依膝下，饮食与共；长则嬉戏闾里，出入与偕，何等相亲相爱。至于有室之后，遂若分形异气，漠不相关，甚至因产生争，视若仇雠⑤，手足之谊伤，而父母之心戚矣。岂知最难得者兄弟，不独和气可以致祥，即醽⑥酒即可言欢，各宜留心，慎勿参商⑦为要。

十、夫妇必须谐和

夫妇为人伦之始，务须相敬如宾，倘诟谇⑧时闻，何以为子妇之倡，故思组织模范家庭，必造端夫妇。

十一、妯娌必须和睦

妯娌⑨异姓同居，性情不一，人家兄弟不和，多由妯娌不睦，为丈夫者须晓以大义，使彼此相让，若妇言是听，以致一家乖异，上无以慰父母，下无以安手足，殊非齐家之道。

十二、居家须谨言行

言行关系最为重要，家庭之内，所言必正言，所行必正事，庶子弟耳闻目见，习与性成，其贤者故足为宗族光，即不贤者亦不致遗玷前人，不谨于始，而欲变于终，难矣！

十三、治家须崇节俭

勤俭者富之本也，世间巨富之家，无不自勤俭中来，不勤则无以开财之源，不俭则无以节财之流，未富者无以渐至于富，已富者不能长保其富，人皆爱富恶贫，勤俭二字其可忽焉否？

十四、称呼须知忌讳

例如以后嗣而呼先祖之名，与以卑幼而称尊长之名，俱谓之不安分，故居常必教以称公称婆，以示尊崇，若妄称先祖与尊长名讳者，众必共责。

十五、子弟必徇礼法

礼法者，以之处己则有以束其官骸⑩，以之处人则可以生其敬畏。故凡教子弟者，须使之恭敬谦逊，容止可观，言语可听，即女子亦教其温厚端庄，无令稍即傲慢，如此不失为人家好儿女。

【注】

①改募兵制为征兵制：募兵制是国家以出钱雇佣的形式招募士兵服兵役，征兵制是国家要求公民按照义务强制性服兵役。在中国，唐朝五代及以后，均采用募兵制，当兵成为一种职业，有军饷，而且全家免去徭役赋税，并且赐给土地房屋。②五服：即五种丧服。③杀：轻、疏、薄。一般组词为"隆杀"，隆杀即尊卑、厚薄、高下。④小祥大祥：按照古礼，父母去世要守孝三年，俗称"服三"，满一周年要上坟烧纸祭奠，古称"小祥"。满二周年上坟烧纸祭奠叫"大祥"。满三周年上坟烧纸祭奠，亲友毕至，各带供品、钱笼、金山银山。三周年过后，可脱去孝服，因此三周年又叫"脱服"或"除孝"。⑤仇雠（chóu）：仇敌。⑥酾（shāi）：斟酒。⑦参（shēn）商：参星与商星。两星不同时在天空出现，因以比喻亲友分隔两地不得相见，也比喻人与人感情不和睦。⑧诟（gòu）谇（suì）：辱骂、责骂。⑨妯（zhóu）娌（lǐ）：兄弟的妻子的合称。⑩官骸：身躯。

十六、父老必致恭敬

宗族支分派别，势若疏远，溯其根本，实是一派。凡遇异姓长者，尚不可抗礼加以傲慢，况族中父老乎？至于族中晚辈，须发皓白者，当与我父兄同视，若德可钦仰更宜致敬。

十七、教师必须尊敬

教师乃子弟之模范也，凡延师不知敬礼，无以见重道之心，亦无以启子弟从学之诚，故尊敬二字自不可苟。

十八、子侄必入学校

世间好人多自读书中得来，即如我祖秋田公，今日犹艳称之，何尝不是读书然，善读之家不论贫富，古来名人硕士多出自贫寒。近来族中子侄，家虽贫寒者须一律入校，以受相当之教育，其他俊秀之子，可以上达，尤当竭力维持，俾竟学业。

十九、子弟必习正业

凡人身有所习，则邪僻之心不生，子弟断不可令其游嬉好闲、不习正业，一经游嬉，淫盗立见，皆父兄不教之过也。故子弟不论智愚，务使之习有正业。

二十、抚嗣必禁异姓

异姓乱宗，前人历有明禁，今与族众更申前议，以警将来。庶此禁不弛，得免乱宗之祸，嗣后凡无子者，以抚亲房子侄为正，如亲房无子侄可抚，远房有子侄贤肖者，犹是祖宗一脉，亦可承祧①，务邀族房与族众允议方可抚继，若甘抚异姓子，非吾种必力锄去，断不可收入谱内，乱我宗族。其他异姓子，族人认为己子，而查明确非血统者，亦不准收入谱内。

二十一、丧事须禁鼓乐

父母之丧，三年内不得举乐。期功之丧②，一年不得举乐，礼也。今则小殓大殓，人子哀痛迫切之时，即以作乐为荣，甚有讴唱喧闹累日连夜者，是以父母之殁为乐，坏人心，败风俗，莫此为甚，我等其共遵礼制，悉痛除之。

二十二、兄弟禁止转婚

凡兄纳弟妇、弟转兄嫂，败坏伦常，莫此为甚。其他婚姻事件，或与法律不相抵触，而与族训有必须禁止者，亦得从而禁止。

二十三、禁买卖男女

民国肇造，男女一律平等，无阶级之区别，凡族中有人卖子为奴、卖女为婢，均须严行禁止，以保人权。其买女为妾者亦同。

二十四、禁流为匪盗

民国纪元以后，内忧外患纷至沓来，萑苻乘间窃发，捉人勒赎时有所闻，皆由家族制度废弛。嗣后我族各清各房，如保甲连坐之法，不得容隐，如有上项事件发现，即惟该亲属是问，从重议处。

二十五、忌丧失人格

如前清娼优隶卒③之类，实属至卑至贱之流，嗣后如有与此类相等者，须严行禁绝，免至互相传染。

【注】

①承祧（tiāo）：祧为古代称远祖的庙。承祧即承担祭祀。②期功之丧：期，服丧一年。功，按关系亲疏分大功和小功，大功服丧九月，小功服丧五月。③娼优隶卒：即婊子、戏子、奴隶、走卒，属于下九流。中国古代民间分上、中、下九流。上九流为帝王、圣贤、隐士、童仙、文人、武士、农、工、商；中九流为举子、医生、相命、丹青（卖画人）、书生、琴棋、僧、道、尼；下九流为师爷、衙差、升秤（秤手）、媒婆、走卒、时妖（拐骗，巫婆）、盗、窃、娼。

第六编　胡百年咏史诗词及《望云集》

一　胡百年咏史诗词

（一）胡百年咏史七律 100 首

余注先祖曾公之咏史诗时，于史上人物多有题咏，好游历，亦多咏史，文笔虽枯涩，终不离道统，积之百首，以抛砖引玉，期振秋田胡氏咏史之家声也。

1 题伏羲

万古神州自伏羲，蛇身人首展丰仪。合烟兄妹播龙种，取火君师着鹿衣。
一画开天中道显，三爻运世上林熙。今瞻坐像思河洛，当日缘何动圣机。

2 题神农

日照中华万古红，春风五谷念神农。人身牛首称炎帝，易卦连山自会同。
本草尝来真不易，香茶品过味犹浓。鸣琴莫恨断肠草，因此皇陵岁岁崇。

3 题黄帝

洪福中华万万年，九州一统自轩辕。蚩尤不服收涿鹿，炎帝难从服坂泉。
文字六书幽鬼泣，内经百世巨龙翩。桥山今看千千柏，齐仰仙宫候圣言。

4 题尧帝

中土文明万古骄，望云就日念唐尧。无心王位许由隐，有幸江山舜帝邀。
道统创垂欣孔子，公天浩荡镇群妖。无缘击壤歌斯世，姑射山中仰碧霄。

5 题舜帝

福泽无边好国家，千秋明德自重华。历山鸟象皆知孝，蒲阪风云自举霞。
韶乐当年仪彩凤，南风今日育繁花。九嶷长仰三分石，浪涌潇湘未有涯。

6 题皋陶

司法从来拜狱神，皋陶制典恰无伦。五刑肃肃扶风教，九德巍巍启圣人。

画地为牢三界惧，法天以德四民新。六安墓冢今犹在，谁念当年独角伸。

7 题大禹

涂山御座会诸侯，立斩防风定九州。神主山川先治水，私家华夏后同流。

可怜尧舜公天梦，却遇人心危局秋。遥想会稽山上墓，曾低多少帝王头。

8 题商汤

每叹私天祚不长，首倡革命是成汤。夏因桀罪遭千誓，诰自商王治万方。

三面网开禽兽化，二贤鼓动海山光。可怜龙种帝辛至，五百荣华一梦伤。

9 题伊尹

厨圣胸怀元圣知，商汤革命恰逢时。志耕莘野三春雨，德泽朝堂五代思。

烹治原来通政治，老枝过去育新枝。桐宫太甲斯人教，不让尼山做帝师。

10 题商纣王

驻足朝歌叹纣王，荒坟淇水话沧桑。钜桥空积千钟粟，牧野终消万代长。

七窍剖心臣子恨，九牛发力帝图狂。可怜无尽商汤德，坐看岐山翥凤凰。

11 题周文王

凤舞岐山气势扬，英明三代数文王。耀如北斗众星拱，运似东皇大易张。

熊梦求贤称百代，先人积德发千祥。关雎一曲今犹羡，八百余年国祚长。

12 题周武王

太师姜尚算谋长，八百诸侯拥武王。牧野克殷天意合，巨桥发粟政声扬。

江山治乱因封建，孔孟传承赞宪章。饿死夷齐千古叹，鼎新革故究难防。

13 题周公旦

两度东征建武功，道光文武看周公。三番吐哺归天下，六步婚姻正国风。

礼乐大成王道显，衣冠始振德音隆。尼山有幸神通起，薪火相传在梦中。

14 题姜子牙

太公八十遇文王，渭水终掀巨浪狂。伐纣朝歌移九鼎，建齐东海聚三光。

六韬千载兵家颂，三界百神道气扬。直钓王侯成故事，古今多少梦生香。

15 题孔子

文庙庄严祀仲尼，皇皇大国立宏基。圣如日月光八表，道若江河泽四夷。

绝笔获麟春秋止，肩尧踵舜大同追。两千余载弦歌颂，万古崇隆一布衣。

16 题孟子

孔子心传至孟轲，滔滔雄辩若悬河。君轻言必称尧舜，民贵后皆视斧柯。

贤母三迁千古颂，凡人四性五伦和。浩然之气今犹壮，风送瑶池摆翠荷。

17 题老子

恰似神龙偶在田，函关一吐五千言。难行道德青牛去，易感天公紫气旋。

千里尼山求礼乐，百家人物羡真仙。化胡更显非常道，浩荡长河唱老泉。

18 题列子

列子名闻善御风，八篇遗作更称雄。移山暗许愚公志，追日明讥夸父功。

函谷仙风垂泠气，漆园道骨继虚冲。两儿辩日今贻笑，儒道相争本却同。

19 题吴王夫差

自刎蒙眸不忍看，方知亡国做君难。子胥远见如能取，勾践头颅早入棺。

宝剑而今犹耀武，西施昔日怎颠鸾。黄池可叹飞龙起，霸气归来国已残。

20 题孙武

孙子兵书百世传，今观赫赫十三篇。屈人不战嗟高见，试妇而灵见盛筵。

七荐吴王权在手，五赢楚霸势冲天。子胥一死音尘绝，何处深山隐大仙。

21 题楚灵王

昏君历史数风标，千古灵王好细腰。魄散林中虽落寞，魂飞台上却逍遥。

章华胜景随流水，天道幽情怅碧霄。轻重若怜舟下水，自能尊贵比唐尧。

22 题鬻熊

鬻熊开凿起洪泉，国祚长流九百年。初遇纳茅心起浪，终逢问鼎势滔天。

湘潭虽笑昭王死，柏举却迎伍子鞭。一曲离骚江底恨，江山又见月华圆。

23 题楚襄王

巫山云雨忆襄王，神女无心笑荒唐。白雪楼前歌日月，阳春台上诵文章。

可怜鄢战苍生泪，更泣庭犁屈子殇。锦绣篇篇嗟楚调，凝眸字字骂痴狂。

24 题屈原

岂能低看是诗神，砥柱当年见直臣。熊梦未逢难救楚，盐梅若遇早亡秦。

可怜泽国生香草，更叹阳台误美人。一曲离骚皆血泪，汨罗千古浪犹嗔。

25 题秦始皇

祖龙虽死却难评，儒法争来各有声。万里长城犹聚势，千秋郡县亦分明。

当年若许民为本，往后岂观汉来更。寂寞骊山天子气，一逢夜月吐峥嵘。

26 题李斯

一叹云阳法术摧，当时上蔡兔犹肥。堪怜美梦仓中鼠，可忆豪言灶上灰。
同轨同文功不忝，焚诗焚史罪难赔。沙丘之变一招错，从此东门不再回。

27 题刘邦

布衣提剑决山河，奈此天恩眷顾何。四海起潮瞻汉帐，五星连线戏秦娥。
怎堪肱骨成秋扇，终看王朝似烂柯。舜日尧天如有复，南风羞唱大风歌。

28 题张良

少年亡国又亡家，惋惜铁锤博浪沙。幸得素书逢黄石，终怀利器走天涯。
运筹帷幄高皇许，退隐仙班太上夸。遥羡留侯如好女，一生事业胜烟霞。

29 题项羽

若追虞舜共重瞳，岂叫刘邦唱大风。巨鹿出头威海内，凤凰刎颈愧江东。
秦能灭楚非由德，楚亦亡秦未为公。可叹苍生无尽苦，多因草莽欲称雄。

30 题田横

千秋气节说田横，五百尸成壮士名。即墨岛中来帝诏，首阳山下断王情。
三思似可降高祖，一怒如何煮郦生。薤露歌传今有泪，其中多少误人声。

31 题汉武帝

梦日入怀命是龙，年方十六御群雄。独尊儒术千秋显，众拜汉威六合隆。
一统秦皇堪羡祚，十全清帝应惭功。轮台罪己浇风火，青史长掀武帝风。

32 题董仲舒

若无董子怎兴儒，孔孟当年黯黯途。三策恢恢欣武帝，百家落落隐江湖。
春秋自此垂繁露，大汉因之撼史书。幸有天人说感应，君王岂可恣称孤。

33 题张衡

南阳五圣数君红，星月邀名举世崇。妙笔生花香汉赋，精仪运地达天聪。
河间国相为官肃，云里飞雕治术工。今读归田悲不遇，全才史上几人同。

34 题刘秀

若无时运老秋瓜，梦娶当时阴丽华。勇起舂陵风卷叶，智摧新莽浪淘沙。
昆阳战绩谁能比，建武军威不自夸。高祖窥来当有羡，竟无三杰复刘家。

35 题马援

明君开国息干戈，名将乘时战绩多。堆米如临平陇右，铭铜不语固山河。
五溪当日悲流泪，三浪而今忆伏波。含恨薏苡何足论，不同韩信入阎罗。

36 题杨震

关西孔子足从师，千古闻名有四知。有志清泉冲浊海，无缘宫草厌兰芝。
何由朽木强雕意，终见孤鹏泣鸠尸。莫羡子孙多宰相，天公许是重无私。

37 题张仲景

岐黄之后是何人，圣起南阳学术新。六证开方医道显，八纲治病大夫遵。
可从金匮寻奇略，更入伤寒论热身。四大经书君占二，长沙太守恰无伦。

38 题曹操

朝露人生踏短歌，东临碣石海扬波。阿瞒少击龙潭鳄，魏武终操虎掷戈。
一统何须悲汉献，三分无奈惜阎罗。青梅煮酒英雄气，未恤人民痛苦多。

39 题孙权

十九芳年掌大权，悠悠射虎御英贤。濡须草借曹营箭，赤壁火烧魏武鞭。
天下三分吴太祖，江山四代晋朝天。紫髯碧眼堂堂表，可叹光华不得传。

40 题刘备

虽自寒门大树隆，卖鞋皇叔志英雄。九投玉帐穷飞虎，三顾茅庐赐卧龙。
蜀国三分天下鼎，荆州一失帝图空。不如光武平成量，汉室匡扶一梦中。

41 题诸葛亮

耕读南阳是卧龙，隆中一对入云中。三分天下悠悠扇，六出祁山黯黯功。
自古贤臣依霸主，哪堪独秀困英雄。天时地利难亲蜀，不朽全因坤道隆。

42 题祢衡

如为处士自由行，史上何闻玉碎声。黄祖无明摧傲气，曹操有意避污名。
幸逢鹦鹉能遗赋，今上芳洲可寄情。自古才高多薄命，幽幽天道莫相争。

43 题石崇

由来富贵总为空，金谷园中叹石崇。朱阁生辉惊夏日，绿珠随叶舞秋风。
月盈月缺天光里，花谢花开地运中。世上无如人欲险，行难知易困英雄。

44 题陆机

何事临终思鹤唳，华亭乐土幽魂系。当年入洛胜途兰，此际归天羡谷桂。

西晋朝廷鼎沸深，祖宗大业光阴励。旋涡一入不思回，沉没徒留文采丽。

45 题陶渊明

一脱樊笼道味甘，悠然采菊见南山。壶中日月文中丽，洞里桃源梦里欢。
五柳春风噴五斗，千秋气节振千峦。羲皇以上人难觅，诗赋田园逐字看。

46 题谢安

宰相风流数谢安，当年携妓卧东山。兰亭诗赋庄生笑，淝水军情武帝宽。
富贵不谋来富贵，清欢常在觅清欢。优游儒道神何状，请把行书细细看。

47 题羊祜

汉水千年曲向东，岘山不老念羊公。碑虽零落犹催泪，名看一流似御风。
若水将军辞厚爵，吞吴天子赞头功。当时恩信嗟何似，缕缕春阳照域中。

48 题韩愈

大唐佛老黯群儒，恰有昌黎鼓与呼。文复先秦兴气势，道追孔孟启程朱。
潮州烟瘴诗书化，正定兵危智勇扶。进学解来何所悟，人间学问在穷途。

49 题陈抟

陈抟老祖世难逢，高卧华山别有容。驾雾开张天岸马，腾云奇逸人中龙。
图传才子梅花艳，易卜王侯大号封。雾谷传闻观坐化，今观云彩叹无踪。

50 题周敦颐

是日参禅满帝廷，濂溪活水耀枵星。两仪历历源周易，五运幽幽自内经。
太极图中天理在，爱莲说里藕花馨。四朝国学一人领，道县推来似有灵。

51 题胡林翼

宫保第前草纵横，白云苍狗势难争。封侯有望身先死，破旧无明墓不宁。
兵略犹存缝地裂，箴言更望定天倾。润芝应似泉交水，清澈长流百代声。

52 题东汉太傅胡广

洞庭湖水照时雍，自古人臣莫此隆。位列三公登上寿，宠邀六帝擅中庸。
乡原少节因波诡，故吏多贤见海容。白马之盟天道忌，汉亡不必怨胡公。

53 题北宋胡宿

四代荣华国史闻，晋陵望族自寒门。阳谋筹可通三界，阴德积由救万人。
学劝湖州夸北阙，诗题函谷振西昆。少年不迷黄金术，终见天公佑子孙。

54 谒富厚堂

衡云作别入荷塘，谷口莺啼富厚堂。海内德星当日聚，门前菡萏此时香。
平洪业大新侯府，扶满功成老侍郎。白玉黄金今黯淡，幸观故匾耀文光。

55 谒魏源故居

风流人物数梅山，魏子名高越故关。诸志合图窥海国，古微救世觅金丹。
师夷今叹邯郸步，报国昔空普渡庵。踏破重峦何所见，当年朗月照金潭。

56 游罗浮山怀葛真仙

一自真仙起粤东，罗浮山势向虚冲。黄龙虽在云中觅，彩蝶终归梦里通。
洗药池怜春水冷，衣冠冢对夕阳红。千寻难遇抱朴子，惆怅朱明洞里风。

57 谒九嶷山舜帝陵

惊看万山拱九嶷，南龙妙穴得深窥。卿云久向精魂绕，斑竹长将血泪遗。
身注六爻龙易悔，国传五典马难骑。箫韶已绝南风远，舜日尧天可问谁。

58 谒南华寺

未依活水觅曹溪，云外钟声破路迷。六祖真身门外看，万家宗庙海中栖。
千经犹见菩提树，一句如鸣报晓鸡。念罢试登灵照塔，漫天红火日沉西。

59 崖门怀古

九州南尽见崖门，十万幽幽海上魂。和战相争云不驻，宋元交替水何浑。
风波亭早知龙困，义士祠长伴凤屯。君国古难分泾渭，一腔碧血万年尊。

60 谒康南海故居

葛仙丹灶地名垂，南海后生康有为。托古曾张三世法，上书欲挽六龙疲。
维新百日虽嫌旧，爱国千秋未过时。递领风骚催巨变，至今狮吼若闻之。

61 题广州陈家祠

荔湾花拥古祠妍，陈氏曾经拜祖先。颍水虽遥光后汉，德星同望在南天。
华堂巨族期千世，血食太丘仅数年。百岁沧桑蕉鹿梦，东西风起向何边。

62 题南越王赵佗

南越称王岁月深，至今粤语记秦音。虽延边国百年祚，却负祖龙一统心。
朝汉台犹传美意，和戎策究费光阴。灵渠早汇中原水，六合同流力岂禁。

63 题广东贡院

皇恩浩荡岭南时，贡院风光老树知。百姓昔瞻龙虎榜，万人曾入凤凰池。

天开文运寒门暖，海起坚船洋务迟。八韵题诗今作古，木棉花好孰吟之。

64 题新会梁启超故居

千年文气壮南关，铜像峥嵘起凤山。万木草堂龙得水，九州云雾豹生斑。
可怜一字千金笔，难写三皇五帝闲。唯有欧游心影录，终窥门道入仙班。

65 题张九龄

重峦叠嶂破云烟，齐拜岭南第一贤。诗领唐诗三百首，相登名相五千年。
梅关古道言如矢，韶水清流觉自先。最羡玄宗奔蜀日，三台之祭到坟前。

66 赞文天祥

墨劲诗雄壮海关，九州南尽拜文山。孤忠万里为南宋，傲骨千秋斥北蛮。
丞相有才勤王跪，状元无惧救时难。丹心时若人人有，青史元朝或已删。

67 游陈白沙祠

牌楼磅礴荡云霞，水净珠江见白沙。三落春闱随薄命，十年秋雨入禅家。
茅龙笔把身心正，碧玉楼将母子夸。何故哀荣从孔庙，一时恩宠羡无涯。

68 题袁崇焕

漫天血色夕阳残，末世君臣契合难。五载平辽空自许，一朝入塞未先安。
千刀虽解人间恨，百战谁防天下关。太息朱明王气尽，早无柱石拱金銮。

69 游洪秀全故居

花山千载白云轻，岭绝中原草自荣。禾乃人王图北阙，剑由上帝指南京。
三军破竹锋何利，一旦阅墙势已倾。雷击当年龙眼树，而今昂首似相迎。

70 题虎门炮台

虎踞珠江守大门，高台土炮貌猢狲。销烟虽长中华志，割岛却销赤县魂。
未展地图窥紫电，终逢天气近黄昏。三千变局由来久，望海而今哭独尊。

71 谒翠亨村

珠江入海领潮声，先觉先知在翠亨。五桂连绵摇凤尾，一楼合璧点龙睛。
中山欲复中华盛，帝象终将帝制倾。两岸而今同景仰，兰溪活水亦多情。

72 题增城何仙姑故居

女神或在大罗天，俯视小楼应有怜。丹井涓涓花履秀，寿桃累累庙堂妍。
千年故事如流水，万古人间只羡仙。玉宇广寒终寂寞，可曾念佑太平年。

73 谒船山故居之湘西草堂

草堂隐在大江西，黛瓦白墙比树低。不与清风吹鞑虏，却随明月亮华夷。
六经生面天终改，七尺崇封路不迷。涉水今来何所见，藤龙枫马势犹跻。

74 题阳明心学

欲去心中贼不难，阳明心学赐金丹。良知原在心中住，天理莫从意外观。
从此书生抛古训，因之世态尚空谈。最怜君死煤山际，失节明臣不忍看。

75 谒濂溪故里

一湾荷叶捧红莲，毓秀钟灵窦涌泉。道县有山堪悟道，濂溪无水不兴廉。
元公崛起南蛮地，理学流行赤县天。祠览兴亡祠已毁，月岩犹望月常圆。

76 题程朱理学

千载儒门不禁风，潮流释道渐称雄。程生体贴成天理，朱子综罗立大中。
由是三纲名节显，因之五气佛仙空。精神长叹崖山日，十万君臣蹈海终。

77 谒蔡锷墓

墓碑突兀刺苍穹，白鹤泉声唤旧踪。帝制两摧身挺锷，共和一固影随风。
昔夸湘水独朝北，今叹长江本向东。变局三千多志士，风云际会一时雄。

78 题桃花源

遭逢乱世命堪怜，陶令文章羡大千。莫叹无槎通上界，但求有路到桃源。
秦溪今觅秦人杳，晋洞昔将晋代嫌。可笑渔郎寻乐土，桃源终究梦中鲜。

79 题岳麓书院

千年书院耐消磨，翘角飞檐笑烂柯。宋帝题名初破局，清皇赐匾渐盈科。
小山北叹王侯杳，大道南来屈贾多。闷极生风云乍涌，终观湘水笑余波。

80 谒南岳黄庭观

名山似可入长春，礼斗坛前忆大神。检点清朝南岳志，飞升晋代魏夫人。
九重紫府因何故，千载仙班未更新。今向黄庭经里悟，可迎王母度凡身。

81 题胡安国墓

仙鹅孵蛋隐金身，岁岁清明祭世臣。族大虽言风水妙，根深方佑叶枝新。
春秋胡氏鞭南宋，松柏碧泉耀北辰。千载湖湘风气转，言安大国赞斯人。

82 题黄兴故居

不羡黄兴路夜光，斜阳深处看凉塘。一身许国真无我，四海为家敢克强。

犹忆羊城书绝笔，更钦虎旅困清皇。风云变幻百年看，雪夜梅开故里香。

83 谒左宗棠墓

小山突兀立田中，马鬣崇封若挽弓。南国干戈迎左帅，西疆杨柳忆东风。
虽怜百战斜阳暮，犹叹九州末世功。湘上农人堪慰藉，一番风雨见腾龙。

84 谒陶澍故里

资水东流帝气森，万年古石印天心。陶家湾里魁星耀，水月庵中豹雾深。
自养夏蚕编楚绣，便闻春殿起湘音。咸同人物因君启，遗韵流芳直到今。

85 过宋少帝陵

西望崖山碧水寒，王朝末世做君难。浪翻虎旅浮金甲，风送龙躯过赤湾。
海鸟多情僧亦渡，女仙赐椁魄终安。可怜八岁持神鼎，冷墓天涯夕照残。

86 题曾国藩书法

砚田常叹苦挥锄，仰望天高怅有余。久羡双峰平乱手，独开四海伏波书。
乾由颜柳锋能住，坤自钟王势不虚。衡岳洞庭堪比拟，婀娜刚健几人如。

87 题王莽

篡汉匆匆成过往，骂名千载归王莽。刘邦斩蟒得江山，异姓飞龙称乱党。
有德可怜亦有才，无私更叹尤无享。新朝有志命如秦，民国如潮来赞赏。

88 题班超

命中富贵志悠悠，投笔从戎竟自由。虎穴雄心收虎子，西风铁血任西游。
君王青眼班都护，华夏威名定远侯。三十一年惊鸟兽，玉关遥望志难酬。

89 题燕昭王

黄金台上忆昭王，马骨千金大气张。四海英才争入彀，一时国势盛开疆。
礼贤可叹千秋望，下士却忧三姓郎。到底人心危不测，终迎法术见秦皇。

90 题周瑜

涛声赤壁唤周郎，羽扇纶巾意气扬。生借东风开霸业，死逢演义闹荒唐。
岂嗔孟德抬玄德，莫说吴亡胜蜀亡。无尽英雄煮酒意，换来血泪满长江。

91 题苏武

若无赤胆挂心田，北海何撑十九年。孤月长悬风雪夜，双眸热望汉皇天
河梁话别头虽白，麟阁光鲜像不迁。莫谓艰难三不朽，牧羊亦可大名传。

92 题南海神庙

扶胥浴日景难逢，神庙香灵四海钟。顺水千舟飞玉凤，伏波万里显真龙。
丝绸当忆金涛涌，碑刻犹观瑞气冲。十丈珊瑚今尚在，红花正吐世情浓。

93 题司马迁

若无史册怎知隆，文显中华太史公。下启宏谟规百代，上穿迷雾探千重。
笔能扛鼎公羊笑，志可移山往圣同。书报任安催泪下，终将痛忍化丰功。

94 题仓颉

中华文字妙何如，仓颉神明巧做书。四目龙颜精考察，万端豹采细爬梳。
上天雨粟曾难隐，夜鬼哭啼亦不居。文化因之成大国 滔滔不绝敬当初。

95 题伯夷

兴亡相继叹周期，特立千秋是伯夷。忠义马前拦伐纣，荣华脚底避登基。
首阳饿死非无用，鼎革发生必有医。一缕凉风吹万古，人间清醒几人追。

96 题柳下惠

坐怀不乱岂无能，和圣心中自点灯。男女大妨垂百世，阴阳正位傲千僧。
辱身降志君真逸，直道行人意自澄。三黜不离桑梓地，秦皇也把令名称。

97 题鬼谷子

昔闻鬼谷九流倾，海纳百家创纵横。九鼎一言天下熄，六韬三略战机生。
道心恰有机心会，世象常观物象明。弟子成名师亦显，清溪活水至今鸣。

98 题左丘明

文宗史圣左丘明，文史开山享大名。一氏春秋君子曰，八家国语圣贤声。
素王论语谈荣耻，司马悲书论死生。银杏而今犹茂盛，当时盲目怎相迎。

99 题管仲

名相推来管子贤，上推王道下生钱。一匡天下一人力，九合诸侯九鼎闲。
难贬难褒疑百世，亦儒亦法惠千年。莫嗟器小如夫子，舍却丰功更立言。

100 题商鞅

奇材枯槁盼东风，离魏商鞅遇潜龙。三道孝公求霸道，七雄良造起秦雄。
十年变法民心振，千载图强政法通。徙木百金虽立信，少恩车裂善难终。

（二）胡百年续胡曾咏史诗七绝 100 首

夫诗，文之精华也，所以动天地、感鬼神、厚人伦、移风俗！夫咏史诗，统道与文，融史与诗，直合格物、致知、诚意、正心、修身、齐家、治国、平天下之大学之道也！夫胡曾咏史诗，问世即如春雷震噎，行世则如春风化雨，历八百年不衰，真乃"经国之大业，不朽之盛事"也。夫续胡曾咏史诗，一则胡曾所咏者乃唐以前之史也，李唐以降待续！二则咏史诗之传统当继承光大也；三则欣逢中华文化复兴之际，复兴文言文，复兴古典诗词，复兴咏史诗，正其时也。百年不揣浅陋，效曾公笔法，览唐、五代、宋、元、明、清诸史，以东施效颦之勇，草成百首，有抛砖引玉之心，无哗众取宠之意，望有道诸君赐教也！

1 玄武门

天无二日照红尘，玄武休嗔李世民。自此门前多政变，血光数袭陇西云。

2 凌烟阁

独寻三镜照贞观，杜断房谋魏谏宽。时遇晴明瞻北斗，凌烟阁上众星醑。

3 弘文殿

弘文殿里起文澜，诗国风流自此观。叹此巅峰千载后，莘莘学子诵何欢。

4 感业寺

莫言感业寺中羞，狐媚能消帝子愁。一旦逢时操大国，雄鸡稍逊牝鸡筹。

5 无字碑

乾陵无字见丰碑，日月空中论是非。亘古一人无后继，终留故事教群妃。

6 五王宅

燃萁煮豆痛难言，同室操戈究可怜。花萼相辉淑气满，五王宅里庆开元。

7 马嵬坡

开元盛世自当歌，无奈风流后悔多。可惜华清春浪涌，一朝落魄马嵬坡。

8 望春楼

手平安史固朝基，再造唐朝是子仪。百战归来天子笑，望春楼上候戎衣。

9 天中山

大唐气度仰颜公，书傲羲之节傲松。不世遗风何处觅，天中山上手书隆。

10 狼虎谷

当年赋菊气冲天，一坐金銮运势悬。世族六朝皆捣碎，黄巢化作谷中烟。

11 万人冢

冤魂南诏冷云天，犹记三军命丧年。若请胡曾挥一纸，万人冢处百花妍。

12 三垂冈

秋来大国漫天霜，叶叶枝枝落四方。李氏沙陀虽善战，三垂冈上已非唐。

13 捉月台

唐尊李耳好仙方，多少英皇寿不长。太白诗兴丹与酒，波间捉月止收场。

14 天井湖

既为诗圣命常悲，国乱家贫事事违。天井湖边瞻杜墓，平江水与泪相摧。

15 弘福寺

法师玄奘苦传灯，万里西行译佛经。多少唐人观自在，会昌无奈起雷霆。

16 雁塔

题名雁塔国熙熙，文有玄龄武子仪。自此星辰窥夜客，考生八十不为奇。

17 檀山

遗篇每读入氤氲，我到檀山草木薰。诗至西昆方有味，大唐之后怅浮云。

18 韩江

一封朝奏士无双，妙手文章化远荒。孟子以来观砥柱，至今春浪涌韩江。

19 秋田

平南一牒字融霜，咏史开蒙日月长。应羡秋田多活水，当年清浪洗脏唐。

20 绿天庵

我思醉素望云霄，狂草飞来戏大雕。莫谓书家皆有种，当年翰墨染芭蕉。

21 状元洲

资江最忆状元洲，芳草年年戏水流。怎料一朝名望起，曾公踏破楚天幽。

22 白云亲舍

为官哪得自由身，无奈登高望母亲。莫谓白云随处有，几人能似大唐臣。

23 大同殿

妙曼丹青浪迹羞，明皇一遇势难收。嘉陵江景三千色，尽在大同壁上流。

24　鹿门山

鸟啼花落四时寒，太学当年起凤鸾。一句不才明主弃，换来遗恨鹿门山。

25　凝碧池

空山莫羡晚来秋，凝碧池边恨未休。伪职新官皆不恋，一尊诗佛爱山丘。

26　索靖碑

大唐欧体势崔嵬，横似阵云点似雷。练字由来如采蜜，观碑索靖数天回。

27　未央宫

闻名柳骨自颜筋，节劲凌霜独不群。除却银钩铁画妙，未央三步见诗人。

28　天柱山

一峰如柱沐淳风，大演天机见日红。天象如何连世象，应知大道妙无穷。

29　石笋山

天罡暗夜识精微，石笋山披铁拐衣。称骨幽幽原四柱，更能推背赛灵犀。

30　滕王阁

滕王阁序凤鸾声，秋水长天自此英。四六骈文推此赋，才高命短叹公平。

31　偃月堂

奇花异草月堂中，一片邪心卷恶风。贤相九龄遭贬后，大唐盛世渐成空。

32　华清宫

华清宫里有奸臣，玉宇迎来贵妃春。可叹须臾天宝乱，一摧国祚二亡身。

33　碣石山

少年碣石但为僧，谁料推敲两字称。入世长吟出世句，诗观瘦岛几人能。

34　柳侯祠

春柳依依柳侯祠，似恋河东钓雪诗。宦海浮沉今古事，文称砥柱是逢时。

35　浣花溪

浣花溪上薛涛栖，粉色诗笺翠鸟啼。多少当年骚客醉，那堪迟暮尽孤凄。

36　唐招提寺

鉴真六次渡东洋，盲目终临日本乡。日月同天传佛道，可怜难化野心狼。

37　邙山

南唐花月帝心哀，长短词山后主开。社稷无情归赵宋，北邙寂寂睡文才。

38 牡丹亭

锦城春暖牡丹亭，花蕊夫人正妙龄。才色无由成祸水，两皇泉下目难瞑。

39 东都

全忠名好笑无忠，三百唐朝丧此公。谁料君头为子夺，循环天理究非空。

40 陈桥

陈桥兵变赵家兴，一着黄袍万众迎。笑法舜尧行禅让，却闻深夜斧头声。

41 汴梁

汴梁赵宋立为都，四战之方守势孤。杯酒兵权虽到手，百年之后被金污。

42 永熙陵

金銮一坐惹人讥，金匮之盟李煜妻。北伐南征皆不就，子孙更看被金欺。

43 澶渊

如何胜战约澶渊，虎视燕云岂可眠。春意天随冬肃杀，重文轻武古难全。

44 岳麓书院

真宗赐匾越千年，劝学诗篇代代传。岳麓峰头参太极，南来湘水更新鲜。

45 永昭陵

百川海纳仰仁宗，红日增光万类中。三大发明扬海外，慈君旷代已难逢。

46 五国城

靖康之耻局难堪，五国城中二帝寒。若是明君亲武事，如何骨肉被人残。

47 风波亭

黄龙唯怯岳家军，一遇昏君战绩焚。亭上风波今不去，莫须有罪属奇闻。

48 梁山泊

徽宗李煜属同人，治国无能艺有神。内患外忧皆不觉，梁山泊里已成军。

49 伶仃洋

九州南尽拜文山，墨劲诗雄壮海关。不老神州何所倚，伶仃洋里觅心丹。

50 崖山

君臣无路跳崖山，十万浮尸海浪寒。半壁江山终失守，文章再好抗元难。

51 钓鱼城

临江三面钓鱼城，浪起当年抗战声。不是蒙哥于此死，铁蹄早踏亚欧平。

52 投书涧

首开理学布衣身，教泽苏湖草木春。不隐十年投书涧，如何朝野见麒麟。

53 范公堤

春风杨柳范公堤，千载重来瑞鸟啼。造福一方多后乐，海潮空舞怅云霓。

54 苏堤

西湖春浪涌苏堤，似起文涛映日熙。才气无双输勇气，乌台诗案命如鸡。

55 带湖

铁马金戈梦带湖，平戎万字换农书。偏安无奈嗟南宋，称霸词坛幸不虚。

56 半山园

相公末路半山园，变法由来似变天。不似君诗多激赏，靖康大耻总相嫌。

57 警枕

司马温公宰相才，砸缸刺蟒几能哉。一生学问书通鉴，大半是从警枕来。

58 武当山

仙风道气武当山，始祖三峰练内丹。若问凡人修道法，无机方可列仙班。

59 药王山

药王山上道风清，医圣当年道术成。两卷千金传后世，而今古柏亦青青。

60 濂溪

活水濂溪昼夜鸣，融通三教见峥嵘。大江东去湘波涌，四海由来觅楚声。

61 鸣皋

曾读诗经羡鹤鸣，程门立雪更闻名。古人好学嗟如此，为觅良师万里行。

62 横渠

论易虚心敬二程，曾行周礼井田成。横渠四句冲天气，如沐春风日月明。

63 安乐窝

安乐窝中道不孤，劈柴穷易两相娱。一尘不染渔樵对，数点梅花报帝图。

64 沧州精舍

众流汇入紫阳门，理学由来地位尊。七百余年光道统，沧州精舍觅芳魂。

65 象山

融通佛老象山兴，舌战鹅湖两不平。豪杰可言心即理，凡人怎悟满天星。

66 夏宫
国号乾元至大哉，可怜顺帝却逃回。遥思世祖登基日，夏日金莲艳艳开。

67 天台山
出山事业擅才华，凤翥龙翔胜赵家。若做遗民兴教寺，手书妍媚向谁夸。

68 通惠河
元兴宋灭帝王更，莫道无情却有情。通惠河中春水绿，令人忽忆郭先生。

69 紫荆关
紫荆关败子挥鞭，儿女江南血满川。题字崖山称灭宋，张家灭族几人怜。

70 皇觉寺
布衣天子坐金銮，洪武刀光照吏寒。应是当年皇觉寺，菩提已许杀贪官。

71 应天府
为驱胡虏众兴兵，独有元璋纪律明。血战四年如破竹，应天府里握金陵。

72 鄱阳湖
鄱阳湖水浪犹酣，龙战当年大汉残。天下既然归圣主，因为何事洗湖南。

73 鸡笼山
鸡笼山上数功臣，多是当年草莽身。不是萧条胡虏运，此生怎可步青云。

74 青田
兔死狗烹胜刘邦，朱家大鼎子孙扛。刘基早已归家隐，犹念青田梦不香。

75 定远
江山本自血中争，大宝猜妨半夜惊。定远胡家生吉兆，惟庸不久死京城。

76 聚宝门
聚宝门前叹孝孺，狱中宁死不修书。可怜十族成新鬼，天下争来又姓朱。

77 嵩山寺
僧衣难掩虎眸雄，恰似元时刘秉忠。成祖当年惊瓦落，敢言风雨见飞龙。

78 顺天府
成祖雄才驭大明，长城御敌别南京。若言永乐风光事，船舶西洋万国行。

79 土木堡
英宗宠信宦官年，鞑子图南正乱边。土木堡观天子困，大明从此失威权。

80　南宫

南宫寂寞度穷年，何日重回九五天。不是有贞迎复辟，那能泄愤杀于谦。

81　豹房

泛舟落水武宗亡，尽说生前迷豹房。不是阳明心即理，岂能徒手杀宁王。

82　永昌卫

可怜才子老云南，白发渔樵岂自甘。大礼之争嗟寸目，幸留文藻耀升庵。

83　乾清宫

乾清宫内炼神丹，家国生机竟未残。处女红中多苦泪，一宵杀气月光寒。

84　戚公祠

东南浪起见时英，马上横戈意纵横。阵号鸳鸯倭寇死，吟诗但愿海波平。

85　月港

年逢隆庆即开关，月港熙熙浪亦酣。倭寇摇身商客见，从前战马放南山。

86　琼山

上书皇帝斥求仙，甘愿头颅向日悬。一着险棋千古叹，琼山一拜海青天。

87　江陵

潮流浩荡至江陵，日夜涛声念故丞。不是张公鞭法力，如何万历见中兴。

88　东林书院

东林若只读书声，何谓明亡自党争？自是士林疑天子，悠悠之口不能平。

89　辽东

漫言五载复辽东，谁料后金迫帝宫。菜市凌迟遭死日，督师应悔斩文龙。

90　萨尔浒

辽东酣睡虎相侵，七恨祭天起后金。龙战立威萨尔浒，大明红日见西沉。

91　煤山

治隆唐宋夕阳残，大夏将倾欲挽难。无颜见祖冠冕去，崇祯吊死在煤山。

92　山海关

中原一旦自相残，雄霸清兵即入关。不是亲王多尔衮，如何童子坐金銮。

93　九宫山

九宫山上奈何天，大顺王朝止一年。免赋均田虽得力，江山治理总须贤。

94 梅花岭

梅花岭上叹扬州，十日屠城恨未休。空有孤忠传后世，头颅百万未能留。

95 五台山

欲卸黄袍只作僧，南征北战百忧生。五台山上非阿玛，谁令康熙五次登。

96 台湾

遗臣孤岛起雄兵，开化台湾欲复明。虽叹天心终属满，康熙下诏得哀荣。

97 衡阳

衡阳忽计大周年，可叹登基暴雨天。三桂两朝都得罪，今传一怒为红颜。

98 梨洲

曾入山中起雄兵，漂洋过海亦难成。独凭笔下风雷荡，千字原君帝制惊。

99 石船山

清风有意拂青峰，明月无心照老松。注遍六经生面显，石船山上曙光红。

100 畅春园

畅春园内步从容，定乱平藩见武功。六十一年观盛世，不疑世上有真龙。

（三）胡百年咏史词 50 首

唐有诗，宋有词，诗庄词媚，各显风流。有咏史诗，亦当有咏史词也！较之七绝二十八字，词之字数多，且谐吟唱，增音乐之盛。百年不揣浅陋，作咏史词五十首，抛砖引玉，望有识之士雅正焉。

咏史词 1 临江仙

遥想羲皇八卦，梦回舜日尧天，杏坛明月照千年。濂溪观活水，红日靖云烟。 若论江山故事，不如顾后瞻前，今人犹种古人田。纷纭由我理，莫话太狂癫。

咏史词 2 西江月

五帝三皇安在，武功文治垂名。桥山沮水柏含英，斑竹潇湘更盛。 莫谓歌传击壤，请观复旦云卿。一人承重为苍生，争话重瞳天命。

咏史词 3 浣溪沙

韶乐悠悠引凤凰，虞廷心法寄平章，会稽山上拜君王。 华国由之伤夏桀，神州从此觅商汤，许由洗耳事茫茫。

咏史词 4　卜算子

凤鸣在岐山，未醒朝歌酒。八百诸侯渡黄河，宝玉焚商纣。

采薇羡伯夷，饿死谁人疚。礼乐周公化乾坤，封建王朝久。

咏史词 5　菩萨蛮

幽幽万古如长夜，煌煌夫子开春色。尧舜禹汤周，长河观大流。

六经垂道统，泗水神州涌。华夏起儒家，漫天飞彩霞。

咏史词 6　清平乐

春秋战国，虎斗龙争恶。老子出关人寥落，天子无眠高卧。

先有五霸横行，七雄随后出兵。六国灰飞烟灭，终起嬴氏峥嵘。

咏史词 7　破阵子

无奈秦亡二世，李斯魂断云阳。天下群雄争逐鹿，汉界楚河见两王，苍天有主张。

尽说斩蛇故事，紫微早照刘邦。海纳百川三尺剑，猛士如云定四方，大风唱故乡。

咏史词 8 浪淘沙

向北却匈奴，汉武宏图，和亲羞愧悦单于。四十四年平漠北，大汉通途。起用董仲舒，黄老荒居，独尊儒术重经书。更看丝绸传海外，莫羡灵渠。

咏史词 9 蝶恋花

天下为公当无我，未必刘家，皇帝轮流作。王莽凤鸣登宝座，新朝欲把苍龙搏。　可叹立新四处破。暴雨狂风，花叶嗟零落。光武中兴重掌舵，刘家又复嗟谁错。

咏史词 10 青玉案

乌飞兔走观分合，东汉末，君王弱。三国相争拼死活。孙权豪杰，曹操雄霸，刘备迎诸葛。　托孤帝位终难坐，六出祁山魏难破。五丈原中星斗落。金陵王气，黯然吴浩，司马君臣乐。

咏史词 11 何满子

晋武江山一统，太康一现昙花。帝弱八王杀贾后，五胡祸乱中华。东晋凄然北望，神州南北分家。　羡看寄奴定乱，可怜梁武披裟。好色无如陈叔宝，风中犹唱庭花。刹那乾坤易手，江山一统杨家。

咏史词 12 虞美人

初观杨广为明主，大略开科举。运河浩荡起龙舟，一路哀鸿遍野恨难休。 秦皇商纣皆如此，世代千夫指。若从汉武诏轮台，罪己一篇天下可消灾。

咏史词 13 西江月

若论运河功绩，千秋更胜长城。当年科举亦英明，无奈草菅民命。秦祚亡于二世，宏开大汉峥嵘。杨隋过后李唐兴，岂只江山换姓。

咏史词 14 一剪梅

屈指君王数太宗。四岁英姿，即是真龙。东征西讨服群雄，二十龄时，伟略丰功。 玄武门前冷血红。兄弟相残，此叹无穷。贞观之治后难逢，锦绣诗文，绝世巅峰。

咏史词 15 浣溪沙

龙凤之姿济世民，晋阳促父起雄兵，东征西讨荡烟尘。 玄武门中嗟骨肉，弘文馆里见明君。贞观年号万年薰。

咏史词 16 临江仙

雄主承祧多不寿，秦皇汉武唐宗。承乾太子近痴疯。皇权交李治，秋菊点花丛。 北战南征开国土，永徽之治昌隆。贞观后继守遗风，谁知尊武后，大业庶几空。

咏史词 17 西江月

史上唯观武后，女皇独立千秋。有才有媚迷皇眸，御笔一挥批奏。 李武一番恶斗，代唐圣母称周。最终传子恨难休，无字碑争永久。

咏史词 18 临江仙

帝位难寻尧舜让，血光频照唐廷。太平公主被削平，唐隆成故事，女主自消停。 大略三郎登大宝，开元盛极难争。暮年难弃贵妃情，杨家嚣气焰，大业看流星。

咏史词 19 鹧鸪天

天宝之战南诏雄，安史乘势乱玄宗。六军不发红颜死，三国相争赤日蒙。从此后，盛难逢，黄巢竟坐大明宫。李花犹盼千秋果，终被朱温一扫空。

咏史词 20　西江月

天宝损兵南诏，范阳顿起凶军。马嵬哗变怅明君，忍看红颜自尽。　国乱方思良将，子仪扫荡烟尘。重开锦绣大唐春，无奈下坡国运。

咏史词 21　临江仙

国祚皇威唯自立，诸王诸镇难亲。宦官扶起望何殷，权高反制主，甘露痛难陈。　新贵年年科举试，风光尽是王孙。黄巢落第菊诗新，天灾民变起，赤县乱纷纷。

咏史词 22　西江月

暴动黄巢如虎，僖宗逃难成都。含元殿里亦称孤，美女珍珠无数。　天下仍瞻弱主，朱温反叛来扶。大齐含恨走穷途，廿载亦观唐去。

咏史词 23　忆秦娥

大唐灭，枭雄粉墨登台热。登台热，跳梁一竭，后唐相接。　陈桥兵变黄袍烈，江山一统春融雪。春融雪，百花齐放，宋词一绝。

咏史词 24　临江仙

夹马营中香不散，红光满室通宵。当时天下正喧嚣，神州分十国，彼此斗难消。　能武能文天子相，老僧指点风标。黄袍被拥在陈桥，由之天下定，大宋立新朝。

咏史词 25　小重山

重文抑武攘外难。辽金蒙虎视、扰金銮。可怜春色满花坛。靖康耻、南渡叹衣冠。　王霸不偏安。怅程朱大节、岳飞寒。零丁洋里寄心丹。千古恨、灭宋在崖山。

咏史词 26　临江仙

太祖黄袍惊不寐，酒杯巧释兵权。遥瞻北国月难圆，燕云虽似锦，彼此不同天。　秦汉长城成往事，八牛弩射苍烟。澶渊盟约著新篇，重文何抑武，国运倩谁怜。

咏史词 27　忆秦娥

伤宋史，徽钦二帝靖康耻。靖康耻，金人放肆，帝都吞噬。　岳飞激烈宏图志，高宗鼠胆期和事。期和事，风波亭泣，大鹏折翅。

咏史词 28 虞美人

求全委曲何时了，和议知多少。尽观南宋少明君，纳贡年年称侄或称臣。已知蒙古狼心铁，联手将金灭。钓鱼城下众心齐，无奈奸臣和议误军机。

咏史词 29 西江月

山外青山可叹，铁蹄踏破临安。君臣跳海在崖山，莫怪张家弘范。 赵氏王朝难返，宋词今诵犹酣。皆因皇帝太颟顸，空想和平恐战。

咏史词 30 西江月

纵使朝廷昏暗，程朱理学如磐。零丁洋里照心丹，四十五年鏖战。 三百余秋外患，繁华半壁江山。大元一统版图宽，节烈崖山十万。

咏史词 31 临江仙

四百年分终见合，蒙人入主中原。铁骑无敌到西天，唐宗汉武逊，疆域史无前。 自古江山归有德，岂容压迫挥鞭。石人独眼恨无边，汉家争起义，欲反此乾元。

咏史词 32 渔家傲

钓鱼城下蒙哥殒，元朝一主中华郡，末等汉人无限恨。苍天愤，胡虏真无百年运。 报晓金鸡天下震，残星晓月皆逃遁，血洗湖南心何忍。狼烟尽，江山又见新君奋。

咏史词 33 苏幕遮

布衣身，登大宝。勤政清廉，反腐民称好。可惜除贪如割草。更杀功臣，怨恨终来报。 叹崇祯，臣子跑。吊死煤山，含恨血衣诏。朱氏皇宫重打扫。顺治来时，又起新炉灶。

咏史词 34 西江月

家破艰难活命，可怜为乞为僧。恰逢乱世入红巾，事业婚姻双庆。 天下人才竞聘，帐中文武多英。波平四海见大明，洪武终于定鼎。

咏史词 35 阮郎归

河山重被汉人收，燕云十六州。贪官多少落人头，民心愿载舟。 开八股，合刚柔，心怀万世谋。谁知叔侄竟成仇，初心不可酬。

咏史词 36 西江月

太祖终归失算，建文继统艰难。弱君上位即削藩，无奈顿生大乱。 堪惊燕王善战，三年即坐金銮。雄才大略整河山，永乐一朝璀璨。

咏史词 37　临江仙

成祖五征平漠北，郑和七下西洋。来朝万国羡堂皇，朱明迎盛世，疆域胜大唐。　叔侄相争重又起，瞻基却灭高王。仁宣之治史流芳，英才怜寿短，土木暗朱光。

咏史词 38　浣溪沙

创业艰难盼守成，江山事业付儿孙，帝王肩上负非轻。　成化朝纲嗟败坏，孝宗弘治见中兴，豹房绝嗣叹昏腥。

咏史词 39　西江月

嘉靖内忧外闹，世宗久不临朝。东洋北漠试牛刀，幸有贤臣驱盗。　隆庆开关畅贸，江陵进献龙韬。中兴万历享清高，无奈张亡无靠。

咏史词 40　临江仙

国本党争生乱象，明亡实自神宗。君臣不合驻深宫，朝廷争宝座，鞑鞯渐称雄。　阉党凭依三大案，东林好景成空。崇祯上位志初隆，可怜崇焕死，耀祖梦成空。

咏史词 41　浣溪沙

洪武初年杀大臣，百官有几念皇恩，王朝末世望忠君。　强敌求生观众吏，煤山吊死见崇祯，私天寒极又迎春。

咏史词 42　西江月

汉戚唐藩宋币，治隆应数朱明。可怜奇学乱人心，最后人人称圣。　宋宦崖山跳海，明官北国降清。大妨夷夏已沉沦，剃发孙公相庆。

咏史词 43　阮郎归

边疆自古患难平，建州有女真。祖先欺宋国为金，中原梦未停。　七大恨，志图明，沈阳立大清。雄心勃勃向南行，朱明尽贰臣。

咏史词 44　浣溪沙

三桂削平大顺军，神州笼罩变天云，难从皇帝变金人。　大厦已倾谁可复，南明犹斗梦回春，谁知天意属新君。

咏史词 45　阮郎归

登基六岁在盛京，皇车不与乘。睿王威福擅专横，徒称天子名。　多尔衮，已削平，专权十四龄。读书九载遍诸经，由之拨乱成。

咏史词 46　西江月

顺治继承道统，汉人乐意相从。尊儒崇孝尚关公，祭祀崇祯忠勇。　和煦春风解冻。渐开大地花红。人心思定不弯弓，天下根基已巩。

咏史词 47　临江仙

明主数来千古帝，唯观盛世康熙。经文纬武握天机，少年除鳌拜，亲政树君威。　剿抚三藩天下定，台湾喜看回归。沙俄蒙古比高低，雄才平漠北，大国映朝晖。

咏史词 48　阮郎归

临朝甲子福非轻，诸儿帝位争。康熙有意胤禛争，或观弘历英。　双父子，露峥嵘，康乾盛世兴。闭关锁国自尊荣，因之祸乱生。

咏史词 49　阮郎归

坚船利炮不如人，天朝已不尊。三千变局近黄昏，师夷以保君。　洋务动，武装新，可怜甲午魂。终回天下为公门，东风大地春。

咏史词 50　水调歌头

问乐土何在，觅舜日尧天。南薰一曲堪羡，失唱几千年。大禹私心传子，三代小康不再，嬴政集皇权。可叹廿六史，治乱总相连。　湘灵瑟，斑竹泪，九嶷泉。光华复旦，推背图写大同篇。总揽道心人欲，永执厥中治国，妙手烹小鲜。积善神州满，国祚万千年。

二　胡百年《望云集》

人身难得，乃列祖列宗代代积德、代代传承而来。人到中岁，每望云而思祖、思亲、思乡，情动于中，故成之于诗、词、联、文，经年而集若干，名之《望云集》，望有识君子指正焉。

（一）致舜帝

1　五律　过延庆

万里来延庆，唯思舜帝多。虽怜妫水秀，犹恨洞庭波。
帝子当年德，卿云此际歌。四千年已逝，苗裔怅如何。

2 七律 题戊戌年公祭舜帝大典

欲问繁枝本是谁，零陵一望泪低垂。当年斑竹无由恨，此日卿云恰可窥。
公祭同宗三亿慕，南风拂岁四千回。今宵好梦君宜作，韶乐声中凤正飞。

3 七律《舜帝传奇》完稿有咏

时序壬寅夏至天，南风解愠忆从前。九嶷斑竹犹留泪，四海卿云竟斗妍。
上古传奇来笔下，重华明德涌身边。箫韶不绝书中起，可化人心万万年。

4 舜帝颂

大哉华夏之有文明，久哉神州之有历史。经四百余帝，历二十余朝，虽
治时与乱世相随，然道统与江山同在。亘古亘今之上国，亦新亦旧之大邦，地
球独存，世界唯一。可期万寿无疆，更念千秋有德。小德川流，大德敦化，因
之家有余庆，国有长年。德自何时？粤若稽古，则《尚书》断以尧；如论明
德，则《史记》言自舜。巍巍虞舜，《尚书》着笔最多；赫赫重华，《史记》
考词最细。德源孝祖，开家道四千年；臣范君师，立心传十六字。百姓言尧天
舜日，神州盛世之巅峰；千载颂唐典虞歌，华夏文明之根本。重华列名五帝，
有德而尊；虞舜继统三皇，无思不服。历千秋而名不朽，越万世而德犹高。北
斗泰山，孔孟述之为祖；诗教乐教，儒家重之以光。真内圣而外王，更龙姿而
凤表。然考之生诞成谜，徒叹之圣灵有神。众知虞舜有母，姚墟有处女握登；
却道圣人无父，天际现大虹感孕。姻缘地配，握登出嫁唱桃夭；佳偶天成，虞
鼓迎亲鸣鼓乐。宴宾客而夸新妇，品贤良而喜新郎。握登见木槿起名，虞鼓闻
胎动有喜。一声妙唤啼云外，虞舜降临；五彩凤凰入室中，重华出世。异相天
生，重瞳而有大口；奇姿地重，隆准而有龙颜。弱而能言，幼而知孝。能文能
武，姚墟受教名师；有勇有谋，虞舜伏虎乡里。成人自若，虞鼓尤欣。冬至日
小童祭祖，春来时父子出游。慕轩辕而登泰山，观红日而生猛志。虚心而见东
海，悟道而观江河。会善卷而入洞庭，乐咸池而梦玉女。重五卦抵水帘洞，虞
鼓惊奇；会六龙于九嶷山，善翁叹服。心追圣迹，入潇水而访尧踪；梦绕神
农，抵茶陵而拜炎帝。然恶梦催回，回姚墟外公永别；好情不再，返虞族父母
分离。赶入深山，孤零零重华葬母；返回父地，恶狠狠后母发威。知真相瞽叟
无情，做马牛重华有孝。感动乡里，选族长众推重华；疼爱亲儿，动私心终施
诡计。孤鸟离巢遭驱赶，潜龙勿用尽孝心。象耕鸟耘，耕历山一年成聚；德高

望重，旺妫汭三载建都。仁义广施，渔雷泽网开三面；匠心独运，陶河滨瓷美百家。得志贤能，闻名朝野。奇男未娶，识女英于妫汭；佳人有意，宣盟誓于历山。女英别而约佳期，虞舜念而遇天子。寻贤跋涉，尧帝见龙在田；越岭观瞻，重华使牛以善。历山风云际会，尧舜欣喜相逢。看相察言，尧帝欣喜；应对尽礼，重华周全。天边日月同辉，人世君臣同笑。天子以娥皇配舜，重华娶二女归家。虞象眼红，多次害兄未果；都君胸广，一心帮弟成亲。虞家从此和谐，尧帝因此欣慰。成功初试二女，考察再配九男。二载皆服重华，九男皆从虞舜。天子满意，欲将帝位相传；虞舜谦虚，仅任司徒之职。野心大鲧贪帝位，觉悟高舜察阴谋。织网精良，重华半夜抓刺客；犁庭雄壮，虞舜凌晨拿篡臣。大罪滔天，尧帝于羽山殛鲧；清风扫地，重华查世系溯源。问根本多叶多枝，知鲧言诈；遇贤良八元八恺，喜舜归宗。司徒以教化相托，诸老以诗歌接手。尧帝欣司徒能干，洪灾授虞舜平成。舜不迷雷雨烈风，河犹闹洪灾骇浪。天公托梦，少年玉斧劈龙门；孝子报仇，冷月霜刀识文命。惜其才命禹治水，扶其志破石解难。返唐都舜兴太学，兴礼乐尧祭轩辕。孝化王孙，虞舜言学生三义；傲破规矩，司徒驱顽劣四凶。掌教化六载见功，观人文四民有序。领百揆而升总理，御四门而悦诸侯。以德化人，丹水平三苗叛乱；以言动众，重华解累代深仇。变秋雨为春阳，化干戈为玉帛。转法治为德治，改五刑为象刑。四海欢欣，尧帝入太庙传位；百官拥戴，重华上高台观星。哭尧帝崩，摄政拥丹朱继位；守三年孝，重华避妻舅归家。传彩陶事业，主独子成婚。和乐虞家，丹朱上历山让位；艰辛天子，虞舜抵蒲阪建都。登大宝飞龙在天，祭泰山上帝垂象。考百官而访百姓，嗟五岭而扇五明。拓南疆重华封弟，入潇水虞象开基。夔舞干戚服三苗，舜吹韶乐化百越。王母昆仑献玉琯，诸侯玉帛朝帝都。伯益进献山海经，舜帝欣言大同梦。国泰民安大帝国，臣随君唱卿云歌。重华荐禹于天，拟传帝位；文命劝舜传子，欲改尧规。人心惟危，天子重卦演乱世；道心何在，舜帝南巡祭象王。锦绣湖南，天子逐大同梦；先皇故里，重华登首望山。善卷荐何真元，苍梧寻隐居地。箫韶九曲，何侯治国有圣心；南风一吹，舜日照人无私念。正踌躇而满志，欲奋勇而称心。然百岁登真，三分石兀龙有悔；二妃垂泪，九嶷山斑竹有痕。功未竟但道统垂，人虽古但德辉耀。四千余载，香火袅绕舜帝陵；二十余朝，诸王纷拜虞天子。潇湘夜雨，滴滴追念重华；苍梧愁云，朵朵追寻虞舜。绵绵瓜瓞，仰始祖而自强；郁郁国家，依嘉德而自化。万古藏精而不朽，圣也重华；千秋贯气而常新，神哉舜帝。报本反始，三十万字写传奇；踵事增华，四千余年追道统。至哉幸甚，因赋诗云：

九嶷斑竹犹垂泪，夜雨潇湘泣万家。何故悠悠中国久，只因明德自重华。

好歌一曲忆南薰，韶乐千年数度闻。舜日尧天频入梦，无须再对唱卿云。

（二）致胡曾公

1 四言 辛丑清明祭秋田公文

不居岁月，又届清明，五贤后裔，齐聚佳城。

谷趋东海，星拱北辰，馨香祗荐，祭祖公曾。

缅维我祖，崛起晚唐，三苗古国，首破天荒。

状元及第，邵邑生光，西山一檄，八国来降。

回南一牒，顿服蛮狂，玉琯祭舜，安定建堂。

诗称才调，文耀天潢，史诗三卷，历久弥彰。

德能定国，文能安邦，风流人物，南楚无双。

秋田今抵，涵泳芬芳，追思孺慕，道德文章。

感斯德厚，瓜瓞绵长，光前裕后，特达珪璋。

人文蔚起，桂馥兰芳，九州载誉，四海名扬。

仰祈鉴格，俾炽俾昌。尚飨。

2 四言 曾公赞

巍巍我祖，功德长馨，一牒一檄，字字千兵。

南诏俯首，八国称臣，干戈玉帛，利国利民。

文能退敌，诗可洗心，咏史三卷，陶铸君臣。

启蒙养正，穿越宋明，春风化雨，润泽至今。

诗文不朽，德泽长存，承继先祖，我辈儿孙。

人生楷模，指路明灯，光大姓氏，四海开春。

3 五古 拜曾公墓

秋田似北辰，垂拱满天星，德泽如东海，滋润我后昆。

长安文名起，西川武略兴，滚滚平南牒，席卷南诏军。

文章织锦绣，翰墨写风云，悠悠视富贵，戚戚看国民。

马迹穷岁月，江山助诗人，咏史五千字，绵绵圣贤心。

诗篇传海内，朗月见东升，蒙学成首选，功德昭日星。

祠堂香火旺，国史羡芳名，资江文浪涌，平仄响洞庭。

我来坟前拜，显祖似有灵，玉树临风姿，老牛舐犊情。

谆谆教诲语，殷殷期盼深，光前是我任，裕后念根深。

萋萋状元洲，历历秋田坟，魂牵梦不断，星月伴我行。

4 七律二首 题胡曾试帖诗墨宝

之一

恰似群仙下翠微，峥嵘气象纸频催。虽无款识难猜主，舍却胡曾尚有谁。

律妙清观桐上凤，楷工丽看雪中梅。诗书尽显秋田秀，至宝宜同日月辉。

之二

墨妙笔精耀眼前，哪堪至宝越千年。士生衰世怜才子，身惑前朝谤状元。

八面观锋书似玉，五言排律势如泉。夜深人静痴真迹，宛若深山识大仙。

5 七绝九首 咏曾公

资水悠悠入洞庭，状元洲望状元亭，千年过去风犹雅，似颂大唐文曲星。

斑竹终难去泪痕，九嶷山色戏卿云。南风已度三千岁，恰见秋田咏史人。

沅有芷兮澧有兰，行吟屈子入梅山。千年文种晚唐树，突起诗林耸大观。

春草鸣禽戏柳池，南朝不再读毛诗。谁扶大雅风中立，恰是先生首唱时。

新桂上林巧折枝，西山八国入朝时。弘文殿里龙颜悦，笑看胡君马上诗。

方寸谁能不惹尘，世间最险是人心。蜀王罢宴当年夜，绝句吟来满席薰。

才位由来两不兼，书生梦里做梅盐。可怜三卷成蒙学，无限春心托杜鹃。

素素枣花结实殷，牡丹艳艳是前身。诗家可叹空灵客，怎识绵绵圣哲心。

赤县童歌八百春，良驹四六恰行文。退兵一纸千秋贵，文化湖湘最先人。

6 七律 题胡曾墓

资水空明万古流，一朝突起状元洲。舜皇血脉滋湘浦，屈子文光照楚楼。

牒卸蛮兵数万甲，诗香华夏几千秋。秋田墓冢今犹在，一任斜阳伴客愁。

7 七律　题秋田祠

千载祠堂何处寻，秋田只见墓森森。红羊劫后魂犹在，白虎侵来句似金。
亨宇一番光祖愿，洋中三叹敬贤心。江河行地终难阻，静候人情海聚音。

8 七律　秋田四景

曾公墓

寒冬风雨意沉沉，湖海归来气象森。毓秀秋田观六岭，钟灵资水看孤坟。
金头孔雀谁能证，玉树繁枝倍可欣。遥想曾公当日貌，龙骧虎步意拿云。

曾公塘

风来皱面看方塘，雨落天花耀彩妆。当日状元观活水，今时河海诵文章。
寒波应忆平南浪，云影犹争咏史光。意满深池怀圣祖，似回千载嗅诗香。

状元亭

玲珑六角状元亭，点亮昭阳万古灯。历历秋田辉古月，滔滔资水耀文星。
笔能伏虎千军退，诗可降魔万史轻。独坐华庭天地阔，似闻圣祖御风声。

曾公岭

怀抱秋田曾公岭，孤云自古怅幽青。一朝文气雄山势，万古诗风润树根。
彩凤长鸣南诏信，梅花怒傲北川冰。英雄雨露滋奇岳，满眼新枝绽翠英。

9 七律　清明祭祖胡曾

英雄三立起秋田，健笔一支敢补天。咏史滔滔驱猛虎，答书滚滚伏狂猿。
长阳永照千秋月，资水纷歌万世泉。莫羡清明人浪涌，只因祖泽正绵绵。

10 七律二首　题胡曾咏史诗

之一

舜日尧天岁月深，秋田独得圣贤心。一人咏史三千载，三卷开蒙亿万人。
风雅吟来流似水，兴亡看去字如金。降龙巨笔今何觅，天上繁星拱北辰。

之二

若期华树结兰芝，早读胡曾咏史诗。雷震当年惊末世，风流今岁化愚痴。
七言玉振齐家际，三卷金丹治国时。养正童蒙成上品，白头吟诵不嫌迟。

11 七律　读《答南诏牒》有咏

一纸平南代代闻，焚香读罢意拿云。可堪众赋昭千载，孰比孤篇敌万军。
道若江河犹蓄势，字如星斗已垂勋。今观东海洪波涌，似诵湖湘第一文。

12 七律 《大唐诗人胡曾传奇》终稿有咏

斗转星移渐入冬，一双花眼叹朦胧。三千余日凝心血，八十一回赞祖宗。
春雨如油当日愿，秋风似剪此时浓。文光若照时人眼，应羡幽幽涧底松。

13 七律 自题《大唐诗人胡曾传奇》出版

遥忆初衷廿载消，焚膏继晷用情雕。三番审稿如临敌，四次校疑似过桥。
手捧精华春已闹，心思桃李色多娇。而今一逐书生梦，仰望名山意自遥。

14 七律 论证秋田公生平有咏

资江滚滚浪淘沙，文运初开灿若霞。国史尚书今可觅，状元洲岛昔非夸。
史诗三卷撑天地，答牒孤篇壮国家。雾散云消千载后，秋田更显放光华。

15 念奴娇 瞻曾公墓

资江澎湃，浪涛呼万古，谁是豪杰。首破天荒，点状元，青史曾公名刻。
历历秋田，萋萋洲岛，古月欣新月。流光千载，众星拱此泉穴。

遥想我祖当年，长安名显，史诗补天裂。万里平南一纸牒，天下叹为奇
绝。今抵佳城，崇封马鬣，激荡心头血。绵绵瓜瓞，凤毛麟趾趋谒。

16 浪淘沙 状元洲念祖

佳日上琼楼，资水悠悠，青葱一片状元洲。浪打波推犹不动，砥柱中流。
千载幸幽游，故国当羞，史诗雄牒叹沉浮。若问曾公科举事，幸此名留。

17 水调歌头 秋田怀祖

极目园安岭，风雨怅飞鸿。秋田冬景殊异，双虎踏青葱。如观仙人博弈，
似见三神挑土，山势恰争雄。独立寒塘久，千载忆曾公。 大观岭，河山坝，
问苍穹。文章岂服南诏，咏史只为童？莫小延唐一令，志在尧天舜日，大德世
难逢。夜卧祖居地，旷代梦神通。

18 蝶恋花 壬寅遥祭秋田公

嫩绿枝头欣老树。大好春光，遍地红花吐。欲起山歌闻鸟语，漫游芳草
斜阳暮。 八十一回追先祖。手捧新书，望祭曾公墓。千载传奇今可睹，秋田
喜见春晖舞。

19 浪淘沙二首 论证秋田公状元事

之一：才气壮山川，五代遗篇，退兵一纸羡秋田。妙笔却观双刃剑，毁
誉千年。 高氏叛臣传，才子含冤，州官知县冷乡贤。方志观来多不第，曲笔

堪研。

之二：孺慕探从前，磊落一篇，状元洲上望秋田。满目江花初日起，渐散云烟。　谬种乱千年，今得真言，当时磅礴破荒天。文运已欣胡氏启，公道人间。

20　题胡曾墓二联

之一：音容嗟不再，看秋田不老、资水长流，想当年武略文韬，千载犹余凭吊墓；苗裔似云来，羡一纸退兵、三卷咏史，庆此身天潢贵胄，万世犹存克绍心。

之二：拜墓问昭陵，吾邑名重华夏，屈指生民以来，地老天荒谁先破；焚香邀神采，资水洲忆状元，除却千秋咏史，退兵一纸独称君。

21　题秋田祠三联

之一：三卷咏史诗安天下，一篇答南牒固江山。

之二：尚书世族，咏史名家。

之三：谷趋东海，星拱北辰，窗残夜月人何处；满目恩辉，遍身德泽，帘卷春风燕复来。

22　联题邵阳资江状元洲

地显忆晚唐，状元荣抵，冉冉宫袍映洲岛；

天荒惊初破，文运顿开，滔滔资水涌科名。

23　胡曾墓园赋

昭陵故郡，宝庆古城。南开五岭，北济洞庭。合二水而资东海，倚雪峰而控西溟。万载沉寂，可叹山清水秀；一朝开化，终启人杰文明。湘江北去，舜帝南巡。卿云招白鹤起舞，韶乐引凤凰来迎。鼓瑟湘灵，诵曲南薰。屈原美人香草，赋离骚于湘浦；陶潜乐土桃源，歌武陵以正声。皇天不负，后土有灵。胡曾舜皇血脉，状元及第；秋田邵邑幽村，史册传名。文章退敌，一牒云卷千古将；史诗训蒙，三卷风流五朝吟。邵阳名重，从胡曾始；湖湘文化，自秋田荣。西川书记，汉南从事，内翰御史，延唐县令。盛德唯观百世祀，诗文幸点万年灯。时维三月，节属清明。资水碧而远山青，烟光迷而草木荣。临长阳之宝地，抵曾公之佳城。前依学校，后枕沪昆，群峦拥护，古树垂荫。一园生趣，看琪花之争吐；千载魂牵，观墓冢之峥嵘。马鬣崇封负气，牛眠永固含灵。飞阁流丹，状元亭形如凤翥；迎墙振玉，咏史诗势若龙腾。探古碑，车以遵秋田祠记；观今刻，墓志铭安定家声。焚香叩首，礼炮雷鸣，呈牲献酒，纸花含情。共念祖，同庆恩。星罗四海，今日来拱北斗；棋布九州，此际共仰帅营。礼乐衣冠在是，风流文采宜承。薪尽火传，念今我之难得；光前裕后，期枝叶之常英。克绍箕裘，绝句骈文常读；能许家国，忠臣孝子迭兴。呜呼！云山恒恒，资水澄澄，曾公之灵，如日长明，曾公之魂，长启后昆。

24 状元洲记

邵阳铁打之城，宝庆龙兴之府。城西有水，资江北去洞庭；水中有洲，砥柱南来波浪。立江心而横碧玉，分星月而合潮流。洲名源自胡公，唐季状元及第；际会缘于盛事，长安赐锦荣归。自汉水而抵武昌，经洞庭而达资水。首破天荒，闾里风闻而至；陟升地望，州官鱼贯而迎。云开紫气南来，日照金波北望。洲陈花海，岸列人山。曾公虎步龙行，下船登岛；刺史鹿鸣凤唱，献酒乐心。鼓乐喧天，欢呼动地。琼树瑶林，疑似仙峰人物；儒风道骨，合为天下奇才。退兵百万凭一纸，咏史四千精三卷，邵邑之光，梅山之彩，神州之杰，华夏之英。无名洲岛，因兹而永得芳名；有幸邵阳，自此而长开文运。昔日状元虽渺，士林好梦常温；至今诗赋犹存，新桂蟾宫常折。新灯而驱百暗，古月而耀千江。惟德惟才，资水浪冲海水；允文允武，邵州名响九州。睹芳洲之不改，见豪杰之辈出。武有蔡锷，文有魏源，千秋丕振，万代炽昌。然道心隐而惟微，利欲危而忘大。世情不古，今州之突兀无存；浊浪采沙，昔岛之青葱已没。滚滚凡尘，茫茫江水，盛况不逢已叹，芳洲难觅犹悲。白云苍狗，今临之怅何如；合璧环流，重见之将何日？天地悠悠，春秋继继，感而赋诗曰：

史载江中小岛幽，岛中瑞霭绕琼楼。涛声今忆奎星聚，光影昔从砥柱游。
岸客欲寻先圣迹，邑人犹指状元洲。浮云落日曾公远，幸看诗文共水流。

25 大唐诗人胡曾颂

四海遐邦，无巨子怎闻华夏；三苗古国，有胡曾始识邵阳。之前岁月无华，偶尔圣贤有迹。起浪似追黄帝，资水悠悠；飘云或念虞皇，崀山邈邈。召公甘棠虽有渡，白善城垒却无存。就重华以陈辞，楚来屈子；登首望而成圣，秦见卢生。陶令笔生晋洞，蚩尤魂主梅山。可叹韶乐虽闻，终究南风不化。然山川磅礴，地闷极而必喧；日月氤氲，天荒极而必旺。时逢诗国，安命公喜得麟儿；唐至开成，秋田岭欣迎龙子。虞舜裔而生祥瑞，室满霞光；公曾名而字静轩，庭传桂馥。心慧而天庭饱满，性真而地阁方圆。坐似百钧之鼎，立如千里之驹。夏清冬温，敬双亲而至孝；连枝同气，尊兄长而至亲。命里文昌，三年通古今辞赋；笔头墨妙，七岁效枚叟文章。初吼潜龙，清声雏凤。县试夺魁，童子诗惊明府；衙门对字，垂髫联服学官。天纵之才，瑚琏之器。自此梦入蟾宫，三更灯火；因兹志题雁塔，四渎涛声。学海融通三教，书山出入百家。白公城千载赋诗，洛阳洞一人悟道。莺迁乔木，鹤上晴空。自邵城至潭城，由州学升道学。试诗惊李群玉，作赋步屈灵均。登岳麓而小橘洲，长沙览胜；响洞庭而翻湘浪，诗赋超群。同学少年，望幽台而欣刘秀；书生意气，经古宅而赋贾谊。志在出湖，茂学而别湘水；胸有成竹，加冠而入长安。干青云而直上，梦越关山；遭白浪而横流，魂销灞水。落第而再落第，都门热泪两行；悲己而又思乡，桑梓寒窗十载。上林新桂，折枝不是平人；翰苑高才，投卷方为出路，故自抱荆山之玉，独运灵蛇之珠。始胡曾之咏史，类马迁之壮游。汴水沙丘，刺衰政之荒怠；湘川蟠冢，美盛德之形容。羡诸葛而赋隆中，慕周郎而题赤壁。黄金台咏明主，豫让桥吟义士。东山欣谢安事业，云梦悲韩信遭逢。儒道兼容，至五湖歌范蠡；中庸足法，于上蔡悲李斯。东至蓬莱，北临青冢，南抵铜柱，西达流沙。历史寻四千年，行程计九万里，分上中下三卷，成一百五十篇。字字皆血，所冀盛世唐虞；首首含情，攸关正源道统。稽古以医国病，大雅之音；咏言以谏君臣，国风之旨。然无缘上达天子，君门九重；有幸下悦童蒙，声韵百变。喜风行而草偃，怅名起而位卑。有心吐凤，再试而入京城；无梦怀蛟，又伤而悲皇榜。迷邦足刖，失路肠回。将趋涣汗之程，讵学邯郸之步。恰逢路相，现柳暗而花明；必遇贵人，本浑金而璞玉。辟掌书记，满目恩辉；过剑门关，遍身德泽。志定南疆，天马欣随主帅；功期北阙，将星终耀金台。察边境而窥形势，入西川而献良谋。顺手牵羊，一檄来西山八国；敲山震虎，一牒去南诏千军。挥毫而氛雾晨销，势如红日；下笔而妖星夜落，震若雷霆。卷雾开霞，秋田文赋惊天下；安邦定国，才子史诗动川滇。暂得志而扬眉，锦官城良缘喜结；拒同流而合浊，节度使高位远离。撰安定集而兴家，溯淮阳之世泽；见黄巢起而忧国，振妫汭之家声。居京华而名显，遇科举而众推。乾符四年，胡曾状元及第；天荒首破，刺史资水迎宾。虎步悠悠，风云人物登岛；宫袍冉冉，资水波涛耀金。兹无名芳草地，因有号状元洲。归故里而愧孝亲，立功名而思报国。有心平乱，胡御史返长安；无计拿巢，唐僖宗问对策。江腾海沸，上宜去欲以伏波；山动岳摇，帝当兴廉以固本。可怜不是明君，终究屈从太监。终起高骈以戡乱，诏令御史以监军。嗟藩镇之心离，叹义军之势大。瘟疫离广州城，黄巢北上；朝廷诏延唐令，胡曾南来。动之以情，胡曾闯桂林府；言之以志，黄巢吟菊花诗。话不投机，叹江山之易改；心非同志，嗟人欲之难填。广明元年，草军心随春水涨；湘江岸上，静轩泪共浪涛汹。唐去丑口以安黄，僖宗逃蜀；时观人头纷落地，官宦遭殃。遍地血波，黄巢长安称齐帝；一方圣地，胡曾九嶷觅舜陵。得故寝玉琯岩，翻新陵南龙脉。凤舞卿云，胡曾吉日祭舜；光华复旦，僖宗巴蜀祀神。旋见转机，朱温叛巢换主；初宣政统，舜帝保佑显灵。胡曾延唐国祚，黄巢殒命泰山。且解廷训而治县，施惠政而富民。斑竹浓情，九嶷图经问世；南风渐起，舜帝书院培英。一心创天下桃源，五载见人间乐土。延唐县尧天舜日，淑气三春；大明宫龙困虎窥，危机四伏。君忧臣谏，御史擢升尚书；戴德感恩；延唐难舍县令。欲行舜政以救世，却遇枭群而攻身。田灵芝以诈称，朱全忠以武犯。举世昏昏，逢灵均之绝境；天门荡荡，走玄道之通津。唐才子飞作人仙，白光一闪；胡秋田魂归资水，泪浪千重，烟寺晚钟鸣恨，潇湘夜雨含悲。赤胆忠心，唐昭宗赐御葬；雕羊刻虎，神道碑显哀荣。时观寒暑相推，善见阴阳相继。大唐国夕阳西下，末世惊魂；咏史诗朗月东升，星光安魄。悦童稚而乐大夫，见蜀王之宴罢；荡西川而腾东海，观赤县之风行。历史精华，宋见精雕一本；王朝至宝，元登蒙学三家。恰如化雨春风，诗香三国演义；又似雷霆雨露，道震全唐诗文。椒衍瓜绵，盛德恰有百世祀；金声玉振，平南更有一牒传。五代以来，乡贤祠香火不断；千年已去，胡曾墓纸花常新。胡秋田真三不朽，德功言垂日月星。以笔拓荒，随之邵邑多人物；以文化武，自此湖湘显风流。安定胡之贤孙，虞舜帝之显裔，邵邑闻人之首出，湖湘文化之滥觞，仰之弥高，钻之弥坚，故欣然赋诗曰：

资水风光空旖旎，崀山云锦虞皇喜。曾公文笔破天荒，邵邑因之人物起。

平南一牒滔天势，三卷史诗共水流。才子芳踪何处觅，今人犹指状元洲。

（三）　致家族与祖宗

1　四言　漆家铺胡氏歌

煌煌胡氏，光披中华，古月朗朗，星拱天涯。

黄帝肇造，始祖重华，卿云灿烂，韶乐亨嘉。

胡公崛起，淮海兴家，安定郡望，映玉明霞。

秋田咏史，如水蒹葭，一纸退兵，载誉边遐。

流光泽厚，苗裔瓞瓜，鹏云继祖，锦上添花。

传至元末，马乱兵荒，秋田不守，五贤离乡。

贤隆我祖，落业七江，物华天宝，锦绣村庄。

云山万仞，鼎立中央，瑞霭千尺，仙气悠扬。

玉屏红日，辰水金汤，一狮两虎，气聚风藏。

茂林修竹，鸟语花香，良田万顷，秀嶂四方。

贤隆开辟，子舆发扬，筚路蓝缕，开启家邦。

累仁积善，繁衍三房，诗书耕读，才满八方。

蟾宫折桂，宦海流芳，泽流巴蜀，恩布夜郎。

今逢盛世，气象汉唐，中华千姓，胡氏生光。

人身难得，庆此天潢，水源木本，俎豆馨香。

河出洪源，汇聚汪洋，龙种帝胄，裔裔皇皇。

前程似锦，来日方长，与天不老，与地无疆。

宗功祖德，俾炽俾昌，古亘不老，月恒有光。

地灵人杰，世泽绵长，千秋万代，长发其祥。

2　七古　秋田五贤歌

邵邑始祖胡安命，性厌尘嚣喜安静，作别佘湖到西乡，秋田立业追安定。

竹山湾里诗声朗，唐季胡曾书在掌，一牒平南朝野惊，状元咏史神州响。

是时天下正遭殃，曾公权令到延唐，玉琯岩前修舜庙，南风百里尽薰香。

祭舜迎来黄巢灭，朝纲却被朱温窃。御史长安救乾坤，武昌悲泣忠臣血。

昭宗御葬在秋田，春风燕子空卷帘，虎羊夜守天边月，余庆恰如资水喧。

五子生来喜读文，靖甫经书教鹏云，五代适逢天下乱，辅佐赵帝做将军。

彦翔生子名继祖，主政西京翰林府，书香门第代代传，传至元末有五贤。

至正年间灾难多，水旱瘟灾胜阎罗，靖县瑶民吴天保，聚众抗元起干戈。

攻克武冈图宝庆，邵邑汉人慌逃命，秋田祠毁英敏忧，五贤分散家不幸。

源文避难竹林寨，隆溪新别井石盖，北上梅山莽苍苍，望云山下景自泰。

三贤初落大屋冲，溪水门前意淙淙，红日一轮玉屏捧，顿开大界仰碧峰。

王朝末世生灵苦，三贤无奈寻出路，溪走塘冲新武冈，贤隆亦走迈迹塘。

斜阳遥望漆家铺，三贤兄弟情深处，九鲤云山风水佳，隆溪帽石安金骨。

各栽大树各开花，各有故事各有家，十七八代初修谱，远祖何人怅无涯。

隆新暂寄华林祖，尚十不详未合谱，百年之后咸丰间，茫茫暗夜天欲曙。

知府学官伸巨手，秋田复祠诗书久，更寻三贤上梅山，望云山下苗裔秀。

辰水河边漆家铺，四面青峦齐拥护，学官下马问牧童，可有胡氏居此处。

牧童遥指狮山雄，此地胡氏祖贤隆，相逢一饮寨下院，对谱秋田是祖宗。

皆大欢喜月明中，一纸退兵羡曾公，贤隆后裔齐踊跃，修祠捐款倍光荣。

老大贤隆今觅得，贤溪贤新何处核，亦喜亦忧看学官，拿出老谱除隔阂。

一行走马到塘冲，洞头墓碑信由衷，荷市亦有贤溪后，一本相亲爱意浓。

贤新后裔在西山，山自清幽水潺潺，一闻贤隆已认祖，急把前谱序言删。

学官离去庆凯旋，五贤合聚在秋田，飞阁流丹新祠宇，远孙齐拜月儿圆。

细看秋田乾隆谱，五百年来寻根苦，日破云涛万里红，清明同祭秋田祖。

从此五贤不分开，云贵巴蜀后裔来，追宗慕祖当然孝，耀祖光宗更是才。

圆安岭上看秋田，昭陵望族越千年，曾公德业谁来继，绵绵翼翼有五贤。

3 七律 初拜洞头贤隆公墓

妙穴安神六百年，云山九鲤势依然。峰头帽石钟灵气，冢下桃溪起巨川。

古月高悬沧海外，远孙长望夕阳边。初来莫笑伸空手，金骨无关带纸钱。

4 七律 清明拜必宁公墓

叠翠狮头气势雄，清明一拜必宁公。坟前修竹凌云鹤，山下长河起浪龙。

林桂德音嗟不遇，思南文藻怅难逢。春寒寥落先人远，唯看玉屏旭日红。

5 七律 拜周公山祖父墓

山号周公念圣贤，辰河自此向南边。眼前青嶂生红日，冢下涛声笑稚川。

漫说一朝牛犊喜，难回十载祖孙天。若思灯火临终愿，今到坟前愧盛年。

6 七律 念祖父生平

家史不修理不明，遥追祖父意难平。琼楼易主悲家运，人物飘蓬叹国情。
六度卖兵霜上雪，八年抗日死边生。如丝一脉传今我，遥望苍天泪纵横。

7 七律 拜茶山祖母墓

绿叶思根水觅源，清明随父到坟前。路边祖母呼无应，山下长河泪有年。
一岁哭娘谁不痛，九泉佑子幸相怜。此生争得慈容见，梦里依稀朗月圆。

8 七律 春分日合族祭扫洞头帽子石祖坟

节序春分向祖茔，鲤飞仙雾显峥嵘。人如潮水新花艳，旗入神山老树迎。
延颈三瞻千古石，低头九拜万年城。隆隆更羡冲天炮，百震云开大放晴。

9 七律 春分后一日漆家铺胡氏宗祠祭祖

风云际会玉屏雄，祠宇生辉映日红。鸣炮一声奏大乐，焚香三献拜先宗。
神灵归位高难问，烟火连绵势不穷。今日四房齐饮福，同欣一脉自贤隆。

10 七律 春分扫墓

列宗列祖皆归土，怅对幽林草木春。族谱翻来名字显，坟山巡去墓碑存。
冢前三献虽无应，殁后千年却有孙。料得先人金骨在，一年一度纸钱新。

11 念奴娇 登寨下后山墓园怀祖

久居南海，逐潮声，无事心头堪慰。今上狮山，寻祖墓，眼底江山无际。
少岁依稀，放牛懵懂，曾在坟茔戏。崇封马鬣，涌来多少歉意。

话说漫漫人生，一朝作古，几处留痕迹。族谱寻来数行字，剩有坟头碑
记。才瓒必宁，当年神勇，此际林中睡。天灵当喜，我今熏沐来祭。

12 水调歌头 秋田五贤

长忆清明节，鼓乐响秋田。状元亭下潮涌，苗裔拜坟前。有自梅山深处，
更远西川海外，澎湃羡流传。小雅咏棠棣，曲折话当年。　乐天祖，元至正，
有五贤。吴天保乱，祠毁人散月难圆。犹幸咸丰收族，对谱欣逢一本，离合
五百年。自此阳春会，同诵答南篇。

13 联题漆家铺胡氏宗祠大门

之一：神来宝地，自历山跨淮海，飞安定越秋田，辰水望云堪毓秀；
堂聚祥光，祖舜帝法曾公，振家声承世泽，文韬武略足钟灵。

之二：贤德流芳，永锡千秋荣福；隆功笃庆，宏开万世吉昌。

14 题漆家铺胡氏宗祠楹联

之一：神圣满堂，看子孙绵绵翼翼；春分隆祭，敬先祖继继绳绳。

之二：桂馥兰芳无非蒂固根深，勿舍本逐末；月圆花好常慕宗功祖德，当见贤思齐。

之三：天生好景，水带山襟，古月千年星斗庆；地旺世家，狮腾虎跃，贤隆万古凤毛新。

之四：家无金玉何为宝，善是传家宝；我有祖宗即是神，孝为赐福神。

之五：几千年望族犹存，无非宗功祖德；数百代人身难得，皆因积善累仁。

之六：尚书世族辰河远，咏史名家首望高。

15 狮山才瓒公墓园记

狮山者，寨下院后山也，其形似活狮子，故名。因才瓒公（贤隆公八世孙）夫妇、必崇公夫妇、必宁公夫妇等祖考妣皆葬此峰头，马鬣崇封，森然陈列，故成墓园焉。今俗名禁山，取祖山禁止再葬之意也。余生也晚，近年阅览家谱，与父老清明祭扫，同瞻墓碑，方知先人金骨在兹。叹音容已渺，仙驾难回，仰望白云，须臾苍狗，故有颂云：

邵北奇峦，楚南仙境。传为天子之地，今乃舜裔之乡。妙穴峰头，开自朱明正德；佳城寨上，创自清朝道光。水抱山环之形，风藏气聚之势。辰河如带，翠虎双踞于前；首望摩天，青狮独步于后。观锦天而绣地，羡毓秀而钟灵。鸡唱一声，玉屏捧出旭日；涛声半夜，金寨漫转冰轮。东边舞九金龙，开张万象；南际奔一白马，踊跃七江。欣古亘而不老，慕月恒而有光。摄政周公，礼乐三苗顿化；尹家吉甫，关雎一曲初吟。梅山古邑，资水名都。武将文臣，下马漆家旺铺；骚人迁客，赋诗瑶树亭台。随卢公而入天门，秦时鸡犬；别邯郸而依寿福，晋代衣冠。黄莺欲迁乔木，锦鲤敢跃龙门。状元咏史，胡曾立马咸通；苗裔离南，贤隆躲兵至正。筚路以开原野，恰见桃源；蓝缕以启山林，尤观阆苑。始祖子舆，传七世有才瓒；先公珪玉，生二子以发家。生时建龙山观，殁后葬狮山头。坟前修竹，傲劲节以凌云；墓后茂林，历春秋而涌翠。马鬣封，牛眠吉。根深树大，展茂叶必崇必宁；源远流长，起洪波入湖入海。螽斯揖揖衍庆，麟趾振振发祥。文能安邦，北斗曾光思南府；诗可继世，东山继起后来人。时逢春暖，节序清明。望大椿而思宗，观活水而念祖。绵绵翼翼，子子孙孙。鸣炮献牲，焚香叩首。天高地迥，仰安定而念秋田；古往今来，望妫汭而思淮海。永保其福，长发其祥。千枝玉叶，人文蔚起凤凰池；一派天潢，德泽昭垂龙虎榜。因赋诗曰：

　　节序清明到冢前，未知金骨葬何年。香飘吉壤通灵气，炮响坟头冒紫烟。

　　或许一人前翼翼，可观二子后绵绵。狮山遥望龙山观，恰见滔滔活水鲜。

16 漆家铺胡氏宗祠记

坤轴钟灵，乾枢毓秀，得此漆家铺之壮美。流辰河之远，负首望之雄，有此贤隆公族之繁荣。系出天潢，虞舜帝之苗裔；脉承贵胄，秋田公之远孙。元至正之穷年，始祖卜居而立业；清嘉庆之吉岁，祠堂拔地而生辉。居中位而联众房，处上游而合二水。和美族显，纯懿嗣钟。神圣一堂，看子孙绵绵翼翼；春秋二祭，敬先祖继继绳绳。佑万千人，垂百余载。然故国遭红羊之劫，祠堂遇赤马之灾。愁观一片废墟，如悲离黍；痛念百神荒野，空问苍天。幸再建而逢盛世，重修而会宗贤。公元二零二零，农历庚子秋月，振臂一呼长者，应声四处宗亲。慷慨解囊，男丁继以女眷；激昂捐款，新邵继以巴中。不辞杯土而成泰山，不择细流而汇东海。一族而妙合小我，两年而初见大观。水抱山环，乃妥先灵之宝地；风藏气聚，为荣后嗣之金城。朝引万道霞光，玉屏捧出红日；暮迎千重瑞霭，金寨漫转银台。春时八面青峦，夏季七江碧浪。秋收四围香稻，冬赏万里银装。堪羡卢公，物华天宝；堪夸寿福，心旷神怡。而矗凤牌楼，倍增山川之形势；翔龙书画，恰融日月之精华。右有忠，左有孝。更添恢弘联语，磅礴俪辞。其一云：神来宝地，自历山跨淮海，飞安定越秋田，辰水望云堪毓秀；堂聚祥光，祖舜帝法曾公，振家声承世泽，文韬武略足钟灵。其二云：贤德流芳，永锡千秋荣福；隆功笃庆，宏开万世吉昌。不愧咏史名家，堪称尚书世族。欣此山川胜地，瓜瓞绵绵；日月丽天，麟趾振振。因赋诗曰：

　　水抱山环势纵横，湘中宝地妥先灵。尚书世族辰河远，咏史名家首望英。

　　龛聚祥光迎帝舜，祠开瑞霭拜公曾。满堂神圣春秋会，精气贤隆万岁腾。

17 创修洞头祖茔神道碑文

九鲤上云山，高取其势；六龙钟妙穴，长发其祥。此乃基祖贤隆公、贤溪公暨妣韩氏安神之宝地。后有金石如冠，高瞻远瞩；前有银溪似带，源远流长。瓜瓞绵绵，庆此牛眠之吉壤；麟趾振振，拜此马鬣之崇封。然春分祭祖，路滑阻且长；合族挂青，溪涨愁难渡，子子孙孙熙熙攘攘困此数百年矣。有族贤胡镖胡忠玉者一呼，首倡铺路架桥；即有两房族委会百应，群起出钱出力。动工于2021年，竣工于2023年。利在千秋，金桥飞两岸；功垂万世，神道朝三祖。为旌此善举，兹立碑以记，万古流芳！

18 四川中江一碗水秋田胡氏族谱序

人身难得，中土难生，族谱难能！观华夏五千年文明，探中国为当今世界唯一古国之由，则必有斯叹也！谱者，普也，若日光普照，破暗为明。困扰西方之三大终极之问："我是谁，我从何处来，我到何处去。"中国即以一族谱轻易破解，可谓大道至简、一生万物。而中国有数千年之族谱，于是有普照民众与家国之大光明。自三皇五帝以来，以家族为基，繁衍众姓而长盛不衰，历经国难而分久必合，亲亲不止，生生不息，于是有历史悠久、屹立东方之中华民族！

族谱之能有三，首在于族谱能生出万代之孝道。羊有跪乳之恩，鸦有反哺之义，人为万物灵长，最迟至生儿育女，则可知父母之恩重，身体发肤受之父母，养育之恩昊天罔极，于是由知恩而报恩，生出孝道，但此孝道仅存于可认可亲之两代三代之间也。若族中有谱，详览世系，则由海寻河，由枝觅本，可上溯至曾祖、高祖，以至百代。小寻必有小觉，则可知今日之我，源自几千年前之始祖，可知自始祖而一脉相传至我者，精血也，姓氏也；一脉相承者，字辈也，恩爱也。大觉必有大悟，则可知自始祖以来，曾经多少天灾，多少人祸，多少岁月，多少沧桑！一代不继没有我，百代传承方有我，我得此身岂容易哉？故手捧族谱，往上瞻思，则敬祖尊宗之心油然生矣！往下寻思，则知恩报恩之心油然生矣！有心必有志，则血脉不能因我而断，香火不能因我而熄，字辈不能因我而绝，祖坟不能因我而荒，必欲传至百世千世、天长地久方可。于是正其位，谋其远，今日为祖宗之苗裔，来日我为苗裔之祖宗，由是子又生孙，孙又生子，由两代至万代，代代无穷已，由是万代之孝道终成矣！

　　族谱之能，次在于家族之振兴。从小言之，有谱可查，则可以论字辈、序昭穆、辨亲疏、定伦理，无世疏途人之叹，而有血脉相亲之睦。每岁清明扫墓，合族迎神而千江共月，同宗饮福而万水思源，亲亲之义则大兴矣。从大言之，谱可悟道，谱可开智。详察子孙繁茂、苗裔贤良之门，则可知积善之家，方有余庆；盛德之人，方有百世之祀；万事皆空，因果不空也。由此入明明德、亲民、止于至善之大学之道，一家之内，正人伦而敦孝悌，习诗书而起人文；一族之内，雍睦一堂，彝伦攸叙；本支百世，明德惟馨。由是可成千年望族，百代世家。

　　族谱之能，终益于国家之强盛也。中华乃一族，中华亦乃一家，国人皆为炎黄子孙、伏羲后裔。由是观之，国史、方志、家牒，皆族谱也，国人皆同胞也。一家仁而和谐万邦，九族睦而平章百姓，家齐而国治，由是国家之统一与强盛乃人心所向、众志所趋也。

　　综上三论，族谱之能尽显，族谱之用甚大，族人不能须臾离也，值此太平盛世，我秋田胡氏之谱，或创或修，亦恰逢其时也。

　　胡氏系出天潢，乃舜帝之后，以妫为姓。西周肇造，周武王以长女太姬配舜帝裔孙妫满，封于陈国，陈国历五百余年而亡于楚，子孙四散逃命，或以国号为氏是为陈氏，或以妫满谥号胡为氏，是为胡氏，此乃胡氏之源也。历秦汉魏晋南北朝，胡氏世有望族，代有闻人。至唐安史之乱时，有胡安命之祖自洛阳入楚，落业邵州佘湖山，元和五年胡安命徙居邵州城西秋田村，此乃秋田胡氏之发源地，胡安命即秋田胡氏一世祖也。

　　胡安命生八子，第八子静轩公讳胡曾，唐乾符间状元及第，诗文盖世，谋略超群，初屡次下第，睹吏治之腐败，发救世之强音，遨历四方，马迹穷岁月，撰成《咏史诗》三卷一百五十首，美盛德之形容，刺衰政之荒怠，以裨补当朝。发行即风行朝野，庸夫孺子亦知传诵。宰相路岩闻之，辟为西川节度使掌书记，上任即以一檄来西山八国，以一牒退南诏千军，诗文行处，草木皆化，曾公由是名满天下矣。旋中状元，点翰林，皇帝召见，献《咏史诗》《安定集》，迁都御史兼礼部侍读，赐衣锦还乡，有邵阳资江状元洲名流芳千古。后黄巢事发，曾公以御史监军荆南节度使高骈，待黄巢攻占广州，朝廷委以延唐令，曾公于玉琯岩修复舜陵，并以祭舜一举，立转国运，巢败唐兴，由是迁礼部尚书，返长安。时宦官专权、军阀割据，曾公欲行尧舜之道，终为奸臣所害矣。朝旌其忠，唐昭宗己酉御葬秋田，玉碑志墓。曾公生五子，章甫、良甫、祥甫、清甫、靖甫，俱腼仕显，第五子靖甫生彦翔，建隆间以武功受宣义职，后有功封将军，奏请敕旨飨文庙之祀。彦翔公宗魁，为西京外翰，宗魁生祖荣、祖德，祖荣生肇圣，肇圣生克明，克明生居义、居谦，居谦生仁元，仁元生礼让、礼崇、礼肃，礼崇生诗律、诗扢，诗律生书尧、书舜，书舜生启文，启文生英敏、英略，英敏生五贤，即贤隆、贤溪、贤新、贤源、贤文。

元至正七年，因靖州苗民吴天保乱，秋田公祠遭毁，五贤分散逃命，贤隆、贤溪、贤新避难隆回，贤源、贤文避难距秋田十里之竹林寨，至明太祖一统天下，又有血洗湖南之劫，待天下大治，贤隆、贤溪、贤新后裔竟不知祖自何方，至清咸丰年间邵阳知府倡修曾公祠，贤隆、贤溪、贤新三房始认祖归宗，其间如秦越之隔达五百年之久。所幸祖德深厚，五贤各自发家，人丁兴旺，各有椒聊之咏。

五贤之贤溪落业隆回一都塘冲，生五子，第四子子良徙居和尚桥，又成大族，子孙星罗棋布于湘中蜀中，四川中江一碗水胡氏乃其一派也。其世系为子良生宗荣，宗荣生仲斌，仲斌生应性，应性生天明，天明生思能，思能生祖兴，祖兴生文四，文四生才辉，才辉生孝礴，孝礴生义广，义广生永贵，永贵生兴端，兴端生国富。时"湖广填四川"，国富公于康熙四十三年徙四川潼川府中江县上村龙居里一碗水落业，是为一碗水胡氏始祖。宝地生金，麟趾呈祥，宏开七房，代开十三四世，现人丁昌盛，贤良辈出，云礽诜蛰，星耀四方。

然偌大之族，越三百年无族谱，各亲其亲，各祖其祖，长此以往，不唯同宗将视为秦越，于列祖列宗亦代代淡忘矣！子曰慎终追远，人伦之常，凡有血性义气者，岂可因循而袖手旁观哉？有国富公十世孙胡通，感念国富公入蜀白手起家、开启山林之不易，挺身而出，迎难而上，倡修祖墓，谋划祠堂。热心谱事。公而忘私，遍访长老，遍搜墓碑，详考世系，细叙本支。自仁率亲，上至于祖；自义率祖，下至于祢，亲亲尊祖，敬宗收族。历时五年，首创一碗水胡氏族谱，嘱余作序。

　　胡通因订阅拙著《大唐诗人胡曾传奇》与余相熟，微信往来，多闻其事，其振兴家族之猛志，令我钦佩。今观其谱，异于传统，自成一家，虽拾遗补漏、添彩增辉之处甚多，然源源本本，条分缕析；绳绳翼翼，纲举目张，亦足见仁人孝子之心也。且精神相通，规模初具，更有资于来者；脉络共贯，榜样已成，更可法于后人。余虽贤隆之后，但与胡通同属秋田公之三十八代苗裔也，故乐为之序。

　　念曾公成名于蜀，千古雄文《答南诏牒》亦作于蜀，今蜀中有几十万曾公苗裔，岂非曾公在天之灵暗中护佑而麟趾振振、瓜瓞绵绵乎！余拙述谱义、繁述来源，注解曾公诗文，喋喋不休而翘首热望者，则蜀中宗亲既承祖泽，亦当绳祖武，法曾公之忠孝，诵曾公之诗书，则孝子贤孙足以耀祖光宗，文韬武略足以安邦定国，则中江宗房将式廓以无疆，秋田家声正方兴而未艾也，是为序。

　　癸卯春月吉旦秋田公三十八代孙胡百年字红武薰沐拜撰于南粤鹏城福田。

（四）致父母

1　七律三首　贺父亲生日

父亲七十满寿同游云山有咏

人言七十古来稀，老父今逢上翠微。齐拜贤隆思九鲤，共寻玉瀑怅单衣。
棉花园内苍松劲，首望山中白鹤飞。两代同游何所醉，悠悠云水映斜晖。

贺父亲满 77 岁生日

江湖游荡记生辰，遥望家山贺父亲。草木葱葱欣夏日，云霞历历忆阳春。
可怜点滴屋檐水，难免轻狂浪蝶身。虽道而今滋味苦，人生喜乐在天伦。

甲辰归家贺父亲满 78 岁生日

依然水秀又山明，儿女归来喜贺生。烧纸泪流娘作古，加餐味美父含情。
孤鸾照镜心中苦，独冢悲风梦里惊。天地无穷人是客，但求一笑对阴晴。

2 七律三首　贺母亲生日

普洱祝母亲寿辰

人逢失意苦吟诗，惆怅他乡母寿时。东海南山托美梦，蟠桃白鹤望瑶池。
年羞半百春晖久，路远三千寸草痴。无奈江湖嗟此日，遥将杯酒敬家慈。

庚子岁祝母亲寿辰

家山北望愧微躯，唯叹浮生误读书。梦里常观莱子乐，云中却见雪鸿孤。
昔年灯下迎游子，今日河边听鹧鸪。每念倚门羞落泪，怅吟有子不如无。

癸卯岁题母亲八十满寿

春意徘徊淑气催，深山喜见蜡梅开。八旬且献瑶池瑞，七水同瞻宝婺辉。
桂子兰孙期万代，蟠桃盛宴醉千回。慈颜永驻班衣乐，欣眺无疆后福来。

3 七律五首　念父母

江湖念母

山中老树叶青青，几度依依母子情。少岁如珍传世宝，中年却望启明星。
娱亲戏彩悠悠梦，白发苍颜暗暗惊。何日江湖心愿了，为娘一退佛前灯。

远游

故山松竹应含羞，父母年高亦远游。五十年来嗟逝水，两千里外叹浮沤。
双亲堂上劳依旧，孤旅天涯望未休。问暖嘘寒嗟白发，昊天无极问何酬。

2023 年春分回乡探父母

落魄江湖苦尽尝，浮生最愧是爹娘。春分故里匆匆聚，游子天涯夜夜霜。
牵手家慈怜步慢，开颜老父叹牙荒。每闻泪下天之大，此恨人间何处藏。

春江独坐

堂上椿萱晚照斜，早乘天色已还家。青山不改千年翠，桃树犹开万岁花。
两载重逢人有泪，三春又暖梦无涯。嗟余未识登真术，徒坐江头叹白沙。

伤感母亲心梗

人生难得好怀开，辗转中年苦自来。暮问平安身尚健，朝传胸痛病难猜。
呻吟入耳滂沱泪，生死缠心手术台。再睹慈颜如隔世，百般忧喜总为哀。

4 七律九首　挽母

惊耗

万箭穿心噩耗逢，凶波翻滚苦渊中。百年兀兀曾期永，三界茫茫已落空。

有限慈恩两万日，无涯死别数分钟。春寒今夜成哀子，千里乡关不尽风。

家奠

千里归家泪几重，油灯摇曳照慈容。雷鸣雨注天犹泣，笔落魂摇句不工。

唤母三声伤永诀，哭娘千字痛难逢。八音锣鼓喧哗夜，聚散浮生一梦中。

出殡

草长花开三月天，可怜慈母病相煎。春分此路曾携手，前夜星槎已作仙。

绕道重游肥土地，骑龙尽览妙山川。承欢从此无来日，泪满麻衣阻向前。

归山

定向分金万古城，茂林修竹起峥嵘。天长地久垂桂馥，水抱山环仰松贞。

快乐宫无凡世苦，逍遥府有素娥迎。唯怜哀子从今始，徒剩坟前唤母声。

风木之思

枕上几回怅泣鹃，不如归去每心煎。卅年南海风掀浪，一日北堂树谢萱。

夜雨潇湘魂欲断，斑衣莱子梦难圆，生涯至此徒留恨，五岭云深泪万千。

览先慈遗照

雾愁烟恨雨纷纷，一掬慈容何处寻。苦海无涯追母爱，良辰有照驻身神。

张张含笑思捉影，寸寸凝眸胜望云。争奈春晖终已杳，欣欣看罢更伤心。

中元节念母

母子情深到尽头，阴阳两隔怅逢秋。已嗟入梦娘难见，更忆临终话未留。

一片慈云泉下散，三更残月树边流。中元随俗烧钱纸，摇曳纸灰汗漫游。

中秋念母

中秋曾忆返家乡，慈母掌厨满室香。今岁犹归伤冷寂，从前只觉是寻常。

天边虽有重圆月，世上已无再见娘。含泪焚香呈月饼，心随烟浪到天堂。

先慈冥诞

遗像高瞻岁月寒，去年今日满庭欢。节哀顺变言虽易，卒哭随缘泪不干。

千里归来心满雪，百年看去念颓澜。情深母子一朝别，怅对周天夕照残。

5　悼母词六首

浪淘沙令

心上茧丝团，萱草谁观。风收雨驻月光寒。南海鲛人空洒泪，一夕春残。

杉树拥河湾，水抱山环。慈容一掬再逢难。馥桂贞松唯梦里，生亦何欢。

临江仙

草木逢春生长，凄凉慈母登仙。人间好梦最难圆。春晖两万日，秋雨几千年。　犹记童时乖戾，更惭中岁狂狷。念儿多少夜无眠。望天徒有悔，泪雨落坟前。

鹧鸪天

岭海经年怅落晖。家山遥望尽芳菲。心情每共潮翻滚，人事尤随絮乱飞。　惊杜宇，夜相催。声声似母唤儿归。而今萱室花凋谢，痛忆慈云把泪挥。

菩萨蛮

清幽杉树湾中冢，青山拱卫辰河拥。红日照良田，祥云飘万年。　哀思今岁始，若断除非死。梦里觅先慈，醒来双泪滋。

西江月

欲补韶光已晚，北平南海皆非。悟时已是日沉西，入夜凄凉无际。　地厚天高不语，冷观死别生离。浪花依旧向南飞，更叹云山涌翠。

采桑子　乙巳春节祭母

故乡好景清如画，谈笑田边，漫步山边，母子相牵在去年。　而今又遇春晖暖，烧纸龛前，流泪坟前，团聚唯从梦里圆。

6 怜母十二苦

日落萱堂起暮寒，慈云已杳觅无端。深宵月冷怜先母，十二苦思泪涌澜。
一苦垂髫挽父魂，更怜六岁别娘亲。望云多少思亲泪，长伴人家爱女深。
二苦归来始龆年，家贫夫幼奈何天。志高人小肩挑重，红薯餐餐味也甜。
三苦家贫入学堂，为存学费搓绳忙。更怜腊月雪飘日，赤脚回来已冻僵。
四苦荒唐大食堂，一天三两肚中荒。忽然一日发晕倒，脸色经年是蜡黄。
五苦三年闹饥荒，萝卜猪草作主粮。更怜考上幼师后，才读一年又返乡。
六苦有才亦自豪，领先妇女尽辛劳。十年主任遭排挤，垂翼凤凰入蓬蒿。
七苦有儿会读书，辛勤培育望前途。方欣考入北师大，退学归来泪满渠。
八苦同抬打稻机，踩空跌落砸脊椎。醒来头痛周身冷，此病连年不可医。
九苦练功竟入魔，未痊宿疾反添痾。可怜半夜山中跑，更入河中把水喝。
十苦怜儿办学劳，鱼临旱地日难熬。一朝失败娘心痛，更痛儿家动盾矛。
十一苦为幻又生，日呼神鬼夜难宁。虽经西药清魂魄，发作频繁未断根。

十二苦为大疫情，三年口罩夜心惊。寒冬谁料催心梗，夺命来时未可争。

十二苦思泪不停，阴阳两隔哭娘亲。先慈苦换儿孙福，水阔山高世代铭。

7 念母八恩

故里凄凉杉树湾，滔滔辰水去不还。五十六年恩历历，望云思母泪潺潺。

十月怀胎第一恩，田间劳作至临盆。可怜体重如山岳，还在艰难挣工分。

养育三年第二恩，娘亲怀抱暖如春。吐甘咽苦欣儿壮，就湿推干夜夜心。

养大成人第三恩，三餐饭菜最关心。娘吃红薯儿吃蛋，如此恩情愧恨深。

教育做人第四恩，言传身教化儿心。可怜玩梗迟觉悟，怅叹慈容不可寻。

千里思儿第五恩，江湖行走日担心。嘘寒问暖初相见，打卦烧香别后勤。

生日劬劳第六恩，飘香蛋饺爱儿深。过桥狗在慈云散，此后何人有此心。

身体关心第七恩，一声咳嗽即忧深。铁钉当日穿鞋入，犹记桐油烫脚心。

四处借钱第八恩，家贫学费扰娘心。喂猪辛苦犹不足，无奈求人放自尊。

地厚天高此八恩，百身难报怅为人。先慈大爱终无极，留待将来益子孙。

8 挽母联

之一：地暗天昏，半世纪慈光惊忽灭；雷鸣雨注，五十年悔泪痛长流。

之二：母未因子贵，子常添母忧，大祸横来，万箭穿心，百身莫赎；节可比松贞，善同闻桂馥，懿行纵去，三阳开泰，千载犹馨。

之三：北堂萱草寒，犹记慈音呼老宝；南海泪珠涌，心多悔恨对苍天。

之四：辰水长流，波光闪泪，娘亲昨夜骑鲸去；望云高耸，瑞霭迎仙，慈母何时驾鹤来。

之五：春晖未报，辰水空翻思母泪；秋月无涯，瑶池难送唤儿音。

之六：心苦一世，多难多灾，哪堪子逆贤慈，从前万事皆当悔；海纳百流，任怨任劳，难得缘成母子，此后百苛孰肯容。

之七：父母在，却远游，哪堪有病盼儿，山重水复千里远；阴阳隔，终难补，就算常年有祭，美酒佳肴万般空。

之八：为儿十不孝，愧对娘亲，今见棺材方掉泪；念母五德行，长传后裔，来承遗志以兴家。

9 祭母文

伏维甲辰三月初九日夜，不孝男百年谨具三牲酒礼香楮之仪，泣奠于显姊胡母刘氏讳桂贞老孺人灵前而告以文曰：

呜呼我母，一病云亡。山川变色，日月无光。可怜哀子，千里奔丧。肝肠寸断，眼泪汪洋。千呼不应，百身难偿。娘啊娘，您怎么忍心看到您心爱的老宝如此把心伤？

哀哉我母，苦难尽尝。五岁丧父，六岁离娘。童养媳妇，自立自强。烧茶做饭，样样内行。心善人好，四邻相帮。心灵手巧，自作衣裳。肩挑重担，不输儿郎。生活艰苦，不怨不慌。勤俭持家，红薯当粮。至十一岁，进入学堂。尊敬师长，成绩优良。担任班长，凤鸣高岗。勤工俭学，笔耀文昌。照顾家父，姐弟情长。娘啊娘，您好似蜡梅傲冬雪、金菊斗秋霜，少年志气放金光。

"大跃进"起，局势紧张。正吃长饭，却遇饥荒。一日肚痛，倒地茫茫。后虽苏醒，脸变蜡黄。一十七岁，考上幼师。县城深造，不攀高枝。幼师停办，命运由之。一十九岁，与父成婚。一年之后，大姐出生。一家饱暖，天道酬勤。伺候孤寡，纯粹仁心。根红苗正，富有才能。领导提拔，组织垂恩。妇女主任，服务人群。落实政策，歌颂党恩。说话温柔，理服人心。二十三岁，毛著标兵。长沙开会，全省知名。娘啊娘，您时来运转，草木逢春，眼前似有美好的前程。

政治风暴，随后来临。鼓励造反，官僚记恨。十年主任，复为农民。仕途不顺，家却开新。二十六岁，小我诞生。视为至宝，期盼殷殷。四年之后，我妹出生。为糊五口，风雨兼程。喂猪种菜，四季辛勤。三十七岁，祖父登真。牢记恩德，拳拳孝心。三十八岁，胜廷出生。初为外祖，三代劳神。四十四岁，我读大学。初离父母，抵达北京。儿行千里，日夜担心。未及一年，我即退学。晴天霹雳，夜夜伤神。五十一岁，砸坏脊椎。四处问药，痼疾难医。五十三岁，我得肝炎，牵肠挂肚，遍求神仙。五十五岁，练功治病。走火入魔，大乱心性。幸遇雕匠，魔境方净。至六十岁，天又作弄。疑似肿瘤，淋巴犯痛。幸遇良医，广州化肿。旋逢喜事，嫡孙出生。荣升祖母，无上光荣。娘啊娘，此时您有四个外孙，一个嫡孙，枝繁叶茂，雨过天晴，似乎有无穷的乐趣享受天伦。

六十五岁，我交华盖。四处奔波，厄运难改。娘怜我苦，愁心似海。夜不能寐，神灵遍拜。七十二岁，老屋翻新。掌管茶饭，劳力劳神。华堂气派，欢喜娘心。七十四岁，又起幻听。言多错乱，昼夜不宁。吃药好转，数月又惊。如此反复，幻觉难清。牵连脚痛，小步难行。三年大疫，心痛难消。误为胃病，诸药难调。未知大祸，已把门敲。八十满寿，笑对儿孙。南山东海，祝福深深。饭未煮熟，顿起疑心。难以宽慰，大限已临。未及两月，突发心梗。住院一周，似转阳春。出院半月，痛即夺命。仅数分钟，魂已飞升。

　　呜呼我母，一生坎坷。甜日子少，苦日子多。不了病痛，无尽风波。幸今苦尽，逍遥天河。别人间苦，入安乐窝。呜呼我母，遗恨万千。梦以子贵，终是惘然。愧为逆子，心似油煎。春晖照耀，五十五年。而今弃养，再无机缘。无涯之痛，寒雨挥鞭。风木之思，冷月无边。娘啊娘，不孝的儿子让您挂肚牵肠，更让您的病情雪上加霜，您走得如此匆忙，给我留下了无尽的悔恨、无尽的悲伤。

　　呜呼我母，遗恨难补。功德馨香，流传万古。吾母之功，功在家族。一男二女，四代享福。吾母之德，德言容工。总之有六，新旧通融。一曰忠贞，不嫌家贫。孝敬祖父，不忘养恩。家庭矛盾，忍气吞声。以和为贵，维护家庭。亲情友情，不变初心。节如松柏，一片丹诚。二曰仁义，毫不势利。慈眉善目，布施救济。怜苦扶弱，助人舍己。笑口常开，人见人喜。利人之心，享誉乡里。三曰好礼，以和为贵。尊老爱幼，真心诚意。人情来往，心思周密。亲友生日，心中常记。提醒儿女，祝贺致意。慎终追远，不断家祭。初一十五，一年四季。敬拜神灵，香茶常备。四曰勤俭，朝乾夕惕。春种秋收，心中有计。起早贪黑，劳心劳力。喂猪种菜，增加收益。精打细算，节衣缩食。待客大方，佳肴齐备。厨艺超群，客夸美味。艰苦朴素，杜绝浪费。五曰整洁，干净庭除。厨房内外，及时清污。窗明几净，不染一尘。器皿洁净，饭菜卫生。家务繁重，条理分明。黎明即起，扫地有声。心思缜密，物无遁形。娘啊娘，您的五德，嘉言懿行，教育了儿女，教化了子孙，感动了您亲戚朋友和四邻，感动了您认识的所有人，作为传家之宝，我们一定代代传承，不坠家声。

　　呜呼我母，逆子何惭。今宵一别，明日归山。风悲日淡，一冢孤单。崇封马鬣，再见已难。此痛何极，生无所欢。呜呼我母，灵终不朽。桂馥松贞，精神永久。遗爱千秋，余庆永有。孝子贤孙，永得保佑。娘啊娘，您来格来尝，尚飨。

10 先慈墓志铭

先慈姓刘氏，讳桂贞，本村大屋冲人也。自帝尧之乘马安邦，刘累之御龙启运。本枝承若木之景，余韵接天河之源。丰沛发祥，天台采药。天子达官炳炳于史册。至南宋，豫章泰和籍观文殿大学士刘公义甫，宦游任潭邵刺史，户落发子孙隆回，历元明清至民国，后裔则多为贫寒之家矣。先慈禀气淳和，生于公元一九四三年，祖继嘉，父述田，五岁丧父而孤，六岁离娘而归。别胞衣地，做童养媳。心灵手巧，勤俭足以持家；外柔内刚，谦和足以处世。十一岁入学，人缘好而任班长，学业优而上幼师。时运不齐，返家乡而务农事；仁心有报，管妇女而担主任。好政声而十载为公，劳家事而一朝为妇。一男二女，开枝散叶。四代同堂，三阳开泰。然命运无情，连年生病，昊天不吊，降斯灾祸，于公元二○二四年甲辰三月初七大渐，是夜寿终正寝于寨下院家中，春秋八十有二，于三月初十窆于杉树湾。不孝男百年字红武哀白日之长分，悲事亲之无日，号天叩地，勒此嘉声，寄之玄壤，乃为铭曰：

先慈家世，系出天潢。闻人巨子，史册流芳。千秋望族，开枝邵阳。女慕贞洁，男效才良。诞生寒门，孝忠天授。童养媳妇，顽强奋斗。公事家事，宅心仁厚。桂馥松贞，天长地久。杉树湾中，聚气藏风。良田其下，日出其东。山环水抱，万古长隆。佳城好景，春夏秋冬。母有懿行，德配其位。长发其祥，永慕其义。寒泉之思，昊天罔极。哀子何悲，泣血为记。

（五）致故乡

1 七江九曲歌

望云山上孕清波，七水滔滔入赧河。我泛资江多妙想，欣吟九曲畅游歌。
一曲山溪壮志翩，龙腾虎跃入晴川。六都一抱金潭水，合忆云峰锁翠烟。
二曲米珠峻逸峰，笔尖蘸水绘谁容。书声交响辰河浪，不尽清风醉意浓。
三曲大东看碧山，经年绿海起何澜。药王仙气滋灵水，可酌微波照渥丹。
四曲铜盆汇两流，清波可步北青幽。春来影照桃花赧，一醉风流恋未休。
五曲都梁别凤仪，双江口阔拥夫夷。桂林山水随波跃，一入湘天瑞鸟啼。

六曲资江向北游，玲珑宝庆洗明眸。钟声月影穿花树，日夜波涛卷客愁。

七曲浮舟上冷江，雪峰寒意映苍苍。应怜昨夜云山雨，添得高河几寸长。

八曲弓弦势欲张，波翻新化向东方。莫言安化无心驻，滚滚江声唤益阳。

九曲甘溪入洞庭，遥思东海意奔腾。渔郎无意桃源路，起浪长江别有声。

2 七律 咏狮山

拔地雄狮两虎从，驱星赶月欲腾空。根连首望王侯瞩，气拥辰河海国通。

金骨峰头隆万世，玉章寨下胜千红。最怜登顶观无极，灵秀乾坤尽入胸。

3 七律 题首望山

一山突兀众山迎，形势湘中孰与争。首引六龙红日起，望穿九鲤白云生。

蚩尤洞口迎兄弟，舜帝天门笑太平。更羡卢仙飞踏石，长留宝地万年名。

4 七律 登望云山顶有咏

每望神山气自雄，登临绝境几人同。云浮海上千重锦，日落天边一点红。

道骨寻来偏有印，仙风吹过妙无踪。欣余亦醒邯郸梦，雾散烟消景不空。

5 七律 题光银兄秒剪故乡春景

阆苑飘飘过眼前，瑶池雅乐洒春田。水铺明镜争投影，云抱青峰欲上天。

鬼斧神工嗟造化，红裁翠点羡联翩。知君有叹人为客，已得开心即是仙。

6 七律 谒龙山寺

太阳升起玉屏边，枫木冲深水蜿蜒。飞白初欣坡上瀑，精蓝恰遇海中船。

寺从五百年前立，人向三千代后传。慧眼当时才瓒祖，寻龙点穴御山川。

7 七律 春日过守拙园

武陵春色入桃源，首望山根守拙园。碧水龙回飘玉带，琼楼凤翥耀金檐。

昆仑瑶树花初放，蓬岛松风鸟正喧。曾是卢公难舍处，而今客涌续仙缘。

8 木兰花慢 梅山怀古

古梅山幽险，居化外，几千年。昔虞舜征苗，凤仪韶乐，曾服狂猿。灵均幽居溆浦，九歌悲，骚赋化山川。陶令妙书晋洞，武陵尽见桃源。 天生秀色谁怜，只合避秦鞭？恰唐季胡曾，状元及第，崛起秋田。风流史诗三卷，更惊奇，一纸靖蛮烟。自此允文允武，梅开羡煞中原。

9 念奴娇 寨下院感怀

江湖浪迹，返观胞衣地，神怡心旷。首望山高摘北斗，辰水波翻金浪。

烟树千寻，良田万顷，锦绣祥云傍。人间仙境，静听百鸟鸣唱。 嗟此好景开怀，我生也晚，欲问谁开创。寨下何年初见院，楼宇从前何状？慧眼当时，贤隆驻马，得赏今模样。狮山坟在，仰瞻多少惆怅。

10 水调歌头 望云山

南楚看奇岳，故里望云山。仰观拔地如鼎，仙气溢云端。漫说秦时鸡犬，陶令桃源晋洞，卢慧梦邯郸。绝顶天门寺，千载笑尘寰。 势磅礴，龙凤起，史诗酣。师夷长技，海国图志壮金潭。显宦新疆布政，元老名垂辛亥，抗日振湖南。地脉于斯盛，人杰后猜难。

11 南乡子 首望山怀古

瑞气漫苗疆，首望山高探上苍。舜日尧年谁可遇，茫茫。遥想卢公道味香。 千古笑秦皇，梦断仙班肆虐狂。大火焚坑天地怒，沧桑。宝庆真仙万岁长。

12 联题故里地名

题望云山

望地仰仙山，湘中鼎立，卢公踏石飞升，千载留痕秦皇羡；

云霞开丽色，海内文惊，魏子挥毫著述，九州诵志汉国新。

题寨下院

寨下诗人，兴观咏史，南望秋田传正脉；

院中和气，耕读传家，北瞻妫汭得真传。

题漆家铺

漆家何处寻，莫嗟辰水南去，四海惊澜，三湘激浪；

铺址今犹在，料得元明以来，一轮古月，两岸诗声。

题尹屋冲

尹家昔如何，一河对望，万顷良田，桃之夭夭宜家室；

屋冲隆今日，元古冰轮，玉屏红日，泉自汩汩诵史诗。

题尹家山

尹家当日乐，在河之洲，君子好逑，采诗首重尹吉甫；

山色总年青，望云仙气，邯郸梦醒，咏史还瞻胡秋田。

题大屋冲

大屋忆元末，贤隆驻马，一方宝地成大族；

冲气以为和，负阴抱阳，七水灵光耀高天。

题新屋院子

新屋因何起，族大丁繁，桂馥兰芳迎万旺；

院子喜庆多，父慈子孝，月圆花好念子舆。

题南边湾

南边来辰水，一派长流，万载仙河腾不息；

湾内见人家，三星共照，千年望族庆常新。